法律门启

北京大学法学院◎编

北京大学120周年校庆
法学研究文萃之一

北京大学出版社
PEKING UNIVERSITY PRESS

图书在版编目(CIP)数据

法律门启:北京大学120周年校庆法学研究文萃. 1/北京大学法学院编. —北京:北京大学出版社,2018.5

ISBN 978-7-301-29482-6

Ⅰ. ①法…　Ⅱ. ①北…　Ⅲ. ①法学—文集　Ⅳ. ①D90-53

中国版本图书馆CIP数据核字(2018)第071629号

书　　名　法律门启——北京大学120周年校庆法学研究文萃之一
FALÜ MEN QI

著作责任者　北京大学法学院　编

责任编辑　毕苗苗

标准书号　ISBN 978-7-301-29482-6

出版发行　北京大学出版社

地　　址　北京市海淀区成府路205号　100871

网　　址　http://www.pup.cn

电子信箱　law@pup.pku.edu.cn

新浪微博　@北京大学出版社　@北大出版社法律图书

电　　话　邮购部62752015　发行部62750672　编辑部62752027

印 刷 者　北京京华虎彩印刷有限公司

经 销 者　新华书店
650毫米×980毫米　16开本　34.75印张　567千字
2018年5月第1版　2018年5月第1次印刷

定　　价　98.00元

法律门启

（代序）

1898 年大学堂开，北京大学诞生于风雨飘摇，人心思变的戊戌之年。1904 年法律门启，北京大学设立“法律门”，延聘法学教授，招收学生设立课程，致力于为社会培养急需的法学专业人才。也几乎在同一时期，中国法制变革的大幕徐徐拉开，绵延几千年的中华法制文明开始了艰难转型。光阴荏苒，今年已经是 2018 年，甲子两度，又逢戊戌，北京大学迎来了建校 120 周年。为显拳拳之意，法学院诸位同仁，奉献佳构，联缀成册，以资纪念。

校庆之期，亦是反思之时。120 年的岁月，我们的大学是否养成了一种垂范久远的精神，我们相去“民主与科学”还有多少距离？开启法律之门，培养法学人才，推动法制变革，建设法治社会，已经 100 多年，此间我们收获了多少牢不可破、深植民众精神之中的法治成就？

现状或许并不那么乐观，目标似乎仍然遥不可及。但这不应该成为我们停止求索甚至妄自菲薄的理由。艰难跋涉一个多世纪，我们的法治建设仍然“在路上”，这不是因为我们选择了错误的目标，弄错了努力的方向，而是因为我们要完成的任务实在非常艰巨，我们所致力的乃是一项伟大的事业。而历史告诉我们，伟大的事业从来不可能一帆风顺。

开启法律之门，不只是简单地引入一套来自异域的现成规则体系，然后机械地安放在民众头上，而是要以现代的法律规则去引领中国社会的全面转型。在传统社会向现代社会的转型中，要以新的规则之治去填补因为传统秩序的崩塌所产生的罅隙、空白和断裂；要为正在出现的社会形态，建立一套与之相适应的有实效的调整机制。考虑到自古以来中国就是一个地域辽阔，人口众多，区域差别显著的大国，中国社会转型的缓慢、渐进和复杂，以及由此导致的秩序重构的艰难，就不难预料。

开启法律之门，也同样不是简单地引入一套时髦的法治话语模式。法治的精髓不是私人自治、程序正义、限制公权之类的法律意识形态话语的抽象空转、循环论证，而是渗透到生活世界方方面面、边边角角的"自己与他人一体遵守规则"的意识以及发自内心的对"规则之治、法律至上"的价值认同。但我们知道，几千年传统社会延续下来的稳固的集体心性结构，要普遍性地发生从依赖人治到信仰法治的价值认同上的转变，毫无疑问相当困难。由此也就可以理解，为什么一些不断强调法治建设之重要性的人或者团体，在面对具体的人或问题时，会毫不犹豫地将法治抛之于脑后，认为某个人或某个组织可以凌驾于法律之上，并且不觉得这样做有什么不妥。任何社会群体观念的真正转变都必然是一个漫长的过程，更何况我们这里所谈论的乃是一个拥有十几亿人口的大国。"风物长宜放眼量"，我们只能从长时段的维度上去致力于法治价值观念的培育。

从根本上看，开启法律之门，推动法制变革，最深层次的诉求还超越了器物层面上的拿来主义，而在各种文明形态主动或被动汇入世界普遍历史，人类文明共同体日益凸显的时代背景下，寻求对中华传统文明的再造。法治之所以值得追求，并不在于它是魏源意义上的"夷人之长技"，活学活用，有助于实现富国强兵、救亡图存，复兴崛起之类的功利目标，而在于法治对任何现代社会来说，是具有普遍价值的文明要素。要在中国建设一种现代的文明，就必须引入这种法律文明，进而实现对传统中华文明的再造。而对于中国这样的具有巨大文化惯性的国度而言，通过建设法律文化，来实现传统中华文明的再造，谈何容易！这必然是一项绵延数代、薪尽火传的工作。而且可以预料，因为各种利益的冲突和较量，文明的再造必然充满了曲折、反复甚至血与火的考验。

通向法治的路途虽然充满艰难险阻，甚至会发生一时一事一人一地等各种层面上的倒退、曲折和反复，但无论从哪个角度看，法律之门的开启，注定是中华文明发展中的重要历史时刻。因为一个悠久的文明，从那一刻起，义无反顾地决心拥抱现代法治文明。这是何等令人惊心动魄的大事！从那一刻开始，我们就已经启程，而只要已经上路，就拥有了到达目的地的希望。此外我们也确信,法律之门一旦开启,就不再可能被关上,因为历史的潮流不可阻挡。

当然,历史潮流并不会自动流淌,要取得具体的进步,仍然依赖于个体的努力与实干。百年之中,一批批从法律之门走出的法律人,成为中国法治建设的中坚力量。遥想百年之前,法学人才极度匮乏,以至于编纂重要法典草案时,尚需延揽外国专家来作为主笔,而不过短短二十多年后,我们自己培养的法学专家,就已经能够编纂出极高水准的法典,对中国社会产生长久且深远的影响。在第二次世界大战后的东京审判中,无论是法官还是检察官,都活跃着杰出的中国法律人的身影。1978 年中国实行改革开放,在一片荒芜的基础上重建法治,不过 40 年的光景,就已经有一大批具有相当高水准的律师、法官、检察官在以各种方式推动和维护着日益复杂的法治系统的日常运作。这一切都使得我们对未来充满信心。历史的三峡虽充满激流险滩、惊涛骇浪,但我们总有走出峡口,见证海阔天空的那一刻。“周虽旧邦,其命维新”。中华文明终会成功转型,融入人类共同体的文明体系之中,并且在这一过程中做出自己独特的贡献。

在法律人共同体中,法学教师又是一类特殊的人群。他们站在法律门内,执鞭讲台,培育法学学生,研究法学问题,阐发法学理论,推动法治进步。虽不能说他们一定是法治建设的灵魂和中坚,但的确发挥了不可或缺的重要作用。法律门启 100 多年来,这个学术群体虽然历经坎坷,但最终得以发展壮大。时至当下,他们的活动也不再局限于校园讲堂,无论是立法、司法还是法律实务,都可以看到法律门内的理论研究与法律门外的法治实践的密切交流与频繁互动。正是因为有了与现实的对照,我们逐渐明白,任何高深的法学理论,如果脱离了事实的支撑,都不过是装神弄鬼的自说自话;同样,任何理论,如果一味粉饰现状,失去了批判和反思意识,都会失去知识的品格,沦为下流。历史是最终的裁决者,他不仅会判定理论的真伪,还会鉴别理论者品性的高下。

基于这样的考虑,我们将这一作品摆在读者诸君面前。她由北大法学院诸位老师的学术论文汇集而成,体现了他们对某一个或某一些特定法学问题的思考和评断。这一方面是为了纪念北大建校 120 周年,另外也是为了见证中国法治建设的历史进程。事实上,这本文集也是北大法律学人思想的一个横截面,是生生不息的中国法律思想长河中的一个凝固的瞬间。我们期待通过这本文集，与兄弟院校的法律学人，与广义上的法律人，与所有有着健全理性思维和正常的体面感的学者，分享我们的思考，展开真正的对话与交流。

最后，其实我们还设想着与中国法治建设的后来者，展开一场跨时空的对话。若干年后，这些后来者也许会拿起这本书，在心中悄悄地评估，我们这一代法律学人的所作所为，是否经得起历史的考验，是否对得起在我们每一个人身上所经历的岁月！

薛军

2018 年 4 月 11 日

目录
CONTENTS

法治中国建设中的法治社会建设*

姜明安**

人作为社会动物和政治动物存在，总是在一定的共同体中生活。人类共同体各种各样，但最基本的共同体是国家共同体和社会共同体。现代国家共同体通常设置立法机关、行政机关和司法机关等公权力机构管理公共事务；现代社会共同体则是各种各样的，有行业性的、特定利益特定目标性的、地域性的、血缘性或宗教性的，还有兴趣性的，等等，社会共同体通常也设置一定的组织机构管理内部事务和处理与国家（政府）及其他社会共同体的关系。由于现代社会在任何一国之内总是两种共同体并存，故一国的治理必然包括国家治理和社会治理，一国的法治建设必然包括法治国家建设和法治社会建设。

"法治中国"是中国实行依法治国，建设法治国家和法治社会的统称或简要表述。我们在这里之所以用"法治中国"而不用"法治国家"表述中国实行依法治国的治国方略和目标，是因为"国家"有两重涵义：地域意义的国家和政治意义的国家。就地域意义的国家而言，"法治中国"等同于"法治国家"，"法治中国"指在中华人民共和国这个地域范围内建设法治国家。但就政治意义的国家而言，"法治中国"则不等于"法治国家"，而是包括"法治国家"和"法治社会"，法治社会建设在法治中国建设中占有重要的地位和具有重要的作用。

本文专门探讨法治社会建设，但是探讨法治社会建设不能不涉及法治国家建设，法治社会建设和法治国家建设是法治中国建设必须同时推进的两大宏伟工程。法治国家建设工程主要包括人大制度建设、法治政

---

* 原文刊于《北京大学学报》2015 年第 6 期。

** 北京大学法学院教授，博士生导师。

府建设和公正司法制度的建设等诸项子工程；法治社会建设工程则主要包括社会组织建设、社会行为规范建设、社会监督和解纷机制建设等诸项子工程。

另外，在中国推进法治社会建设和推进法治国家建设，都必须以推进法治执政党建设为前提和保障。作为中国执政党的中国共产党，在性质上既有社会的因素，又有国家的因素，但它又既不完全属于社会①，也不完全属于国家②，而是国家和社会的领导。中国共产党的领导地位和作用，对于依法治国，建设法治中国是决定性的。在中国，没有法治执政党建设，没有执政党的依法执政，法治社会建设和法治国家建设的目标和任务都是不可能完成的。因此，本文研究法治社会建设，不仅要与研究法治国家建设联系起来，而且要与研究法治执政党建设联系起来。

一、法治社会建设与法治国家建设的关系

前面本文概述了法治社会建设与法治中国建设的整体关系，下面我们再具体讨论法治社会建设与法治国家建设（包括法治政府建设）以及法治执政党建设的关系。

本文首先讨论法治社会建设与法治国家建设的关系。关于此二者的关系，笔者两年前曾在一篇文章中提出，法治国家建设是法治社会建设的基础，法治社会建设则是法治国家建设的条件。③

笔者之所以认为法治国家建设是法治社会建设的基础，理由主要有五：其一，建设法治社会需要法律，需要良法为人们行为提供规范，确立社会关系准则。而建设法治社会所需法律，所需良法，需要法治国家供给。没有法治国家，没有人大的科学立法为法治社会建设提供良法基础，法治社会不可能生长、存在。尽管建设法治社会所需法律，所需良法并非完全

---

①　中国共产党中央委员会、政治局、书记处及中央工作部门（中纪委、中组部、中宣部、中央政法委等）的经费由国家财政开支，其工作人员具有公务员资格，党中央和地方各级党委及其工作部门行使一定国家公权力，如就国家重大事项作出决策、党管干部（包括党的干部和国家干部）、党管军队等。这显然不同于一般的社会组织，也不同于一般的外国执政党。

②　中国共产党的机构在法律性质上不属于国家机构，我国《宪法》规定的国家机构只包括人大、国家主席、《一府两院》和中央军委等，但不包括党的机构。

③　参见姜明安：《论法治中国的全方位建设》，载《行政法学研究》2013 年第 4 期。本文引用了该文的某些观点，但有修正，有发展。

由人大立法(硬法)供给,社会自治过程中形成和产生的软法也是法治社会建设的重要法源[①],但人大立法(硬法)毕竟是基本法源。其二,法治社会需要相对稳固的经济基础和相对稳定的社会秩序支撑,而相对稳固的经济基础和相对稳定的社会秩序有赖法治政府的保障。没有法治政府,国家经济基础不可能稳固,社会秩序不可能稳定,从而法治社会也就难以存在和运行。其三,法治社会需要国家公正司法提供有效的解纷机制。法治社会虽然能自生一定的多元化解纷途径,能够通过自治化解大部分社会矛盾和纠纷。[②] 但是,国家正式司法制度毕竟是解决争议,维护社会公正的最后一道防线。如果没有国家的公正司法,社会稳定受到影响,法治社会将难以维继。其四,法治社会公民自治主体的生长、发育需要获得政府的宽容、支持和保障,而能宽容、支持和保障公民自治主体生长、发育的政府只能是法治国家的法治政府。如非法治国家的法治政府,专制国家的集权政府岂能容忍公民自治主体的生长、发育,岂能容忍政府公权力受社会权力的制约?因此,在这个意义上,我们可以说,没有法治国家,就没有公民社会,而没有公民社会,自然不可能有法治社会。其五,社会公权力也需要法治国家、法治政府予以一定的监督、制约。因为社会公权力也是一种权力。凡是权力,就必须有监督、制约,否则,同样可能产生腐败(如中国足协就曾经产生过严重的腐败)。对于社会公权力可能的腐败,有两种最基本的监督、制约途径:一种是社会共同体内部及其成员的监督、制约;另一种即是国家和政府的监督、制约。毫无疑问,能有效监督、制约社会公权力的国家、政府只能是法治国家、法治政府。

笔者之所以认为建设法治社会是建设法治国家的条件,理由主要有三:其一,法治国家建设需要法治社会建设的配合、支撑。只有在加强法治国家建设的同时加强法治社会建设,法治国家建设才能获得适宜的环境。法治国家不可能在虚无缥缈的空间建设,而必须在现实社会中建设。现实社会是法治国家建设的无可选择的空间。很显然,只有不断打造整个社会尊法、信法、守法、用法的法治社会环境,才可能不断推进法治国家的建设。试想,如果我们的整个社会都不尊奉法律,不信仰法律,我们的

---

① 关于"软法",可参阅罗豪才等:《软法与公共治理》,北京大学出版社 2006 年版,以及罗豪才、宋功德:《软法亦法——公共治理呼唤软法之治》,法律出版社 2009 年版。

② 关于"多元化解纷机制",可参阅〔日〕棚赖孝雄:《纠纷的解决与审判制度》,王亚新译,中国政法大学出版社 1994 年版,以及何兵:《现代社会的纠纷解决》,法律出版社 2003 年版。

大多数国民都不懂法、不信法、不守法，在这样的社会环境中，我们还能建设法治国家，建成法治国家么？在这样的社会环境中建设、建成法治国家即使不是完全不可能，也会是非常非常困难的。当然，法治社会与法治国家的建设是一个互动的过程，法治社会的建设也有赖于，而且更有赖于法治国家的建设。其二，法治国家建设有赖于法治社会建设为之提供一定的协助治理机制。现代国家治理不同于传统的国家管理，需要社会的广泛参与。所谓"国家治理现代化"，最重要的特征就是治理主体的多元化。而在多元治理主体中，最重要的主体就是社会公权力主体。另外，像社会公权力需要国家公权力的监督、制约一样，国家公权力同样需要，而且更需要社会公权力的监督、制约。为此，必须加强法治社会建设，促进各种社会自治组织的生长、发展，提高其参与国家法制监督的能力。其三，法治国家建设的主体是人民，而人民是生活在各种不同的社会共同体之中的，他们同时是各种不同的社会共同体的成员。各种不同的社会共同体的成员的素质就是人民的素质。建设法治国家需要有高素质的人民，高素质的人民只能源于各种社会共同体的供给，源于法治社会的供给。没有法治社会培养、锻造高素质的各种社会共同体成员，高素质的人民就没有来源。而没有高素质的人民，就不可能，或至少是难于建设法治国家。

至于法治社会建设与法治政府建设的关系。法治政府本来是法治国家的组成部分。本文前面讨论了法治社会建设与法治国家建设的关系，实际上就已经涉及和包含了法治社会建设与法治政府建设关系的内容。但是，由于政府在国家中相对特殊的重要地位，有时我们研究法治中国的问题时，会将法治国家、法治政府和法治社会三者并列。① 因此，本文在讨论了法治社会建设与法治国家建设的关系后，有时还会进一步单独讨论法治社会建设与法治政府建设关系。对于这种关系，笔者过去在相关论文中曾有这方面的讨论和论述，故本文不再赘述。②

---

① 例如，习近平总书记在2013年中共中央政治局第四次集体学习时指出，要"坚持法治国家、法治政府、法治社会一体建设"，即是将法治国家、法治政府、法治社会三者并列。

② 参见姜明安：《论法治国家、法治政府、法治社会建设的相互关系》，载《法学杂志》2013年第6期，该文第四部分专门论述法治政府建设与法治社会建设的关系。

二、法治社会建设与法治执政党建设的关系

在中国,研究依法治国必须研究执政党依法执政。研究法治中国建设必须研究法治执政党建设。[①] 因此,本文探讨法治中国建设中的法治社会建设问题,就不能不同时讨论法治社会建设与法治执政党建设的关系。

关于此二者的关系,笔者认为,法治执政党建设是法治社会建设(同时也是法治国家、法治政府建设)的前提和保障,法治社会建设是推进法治执政党建设的促动力。

法治执政党建设之所以是法治社会建设的前提和保障,其主要理由有三:其一,中国共产党作为执政党不同于西方国家的政党,它是整个国家的领导,决定国家和社会治理的目标和方式,建立法治国家和法治社会,就是中国共产党确立的治国理政的目标。[②] 然而这一目标的实现,关键取决于中国共产党自身能不能实现法治,能不能将自身建设成法治执政党。如果执政党自己的各级组织、各级党委不实行法治,不依法执政而任性执政,建设法治社会的目标无疑会落空。其二,建设法治社会,涉及国家公权力和政府公权力(如制定规则的权力、社会管理的权力、解纷止争的权力等)适当向社会转移的问题[③],从而社会组织与国家机关、政府部门之间有大量的各种利益和关系需要协调和平衡。谁能担负起这种协调和平衡的重任呢?在中国,当然只能是执政党。但是执政党要协调和平衡好法治社会建设过程中的各种利益关系,其所基于的思维必须是法治思维,其所运用的方式必须是法治方式,执政党自身必须是法治化的执政党;否则,将可能促退而不是促进法治社会的建设。其三,法治社会在建设过程中,不可避免地会受到各种传统观念和传统势力的阻碍,会遇到各种各样的困难和干扰。对此,执政党对法治的坚定信念,对法治社会目

---

① 依法治国,建设法治中国包括四大任务:一是建设法治国家,包含立法、执法、司法等环节法治化;二是建设法治社会,包括社团、基层自治组织、行业协会、NGO、NPO等公益组织的法治化以及宗教法制的健全;三是建设法治执政党,保证执政党依法执政;四是建设法治市场,促进经济、文化活动和生态环境保护的法制。

② 参见2014年10月23日中国共产党第十八届中央委员会第四次全体会议通过的《中共中央关于全面推进依法治国若干重大问题的决定》。

③ 参见郭道晖:《论国家权力与社会权力》,载《法制与社会发展》1995年第2期。

标的坚守是法治社会建设顺利进行的关键。只有执政党在领导法治社会建设的过程中,坚定不移地推进社会自治,培育和发展公民社会,指导各种社会共同体完善自治规则,依规则处理社会共同体内部、外部的关系,依规则解决共同体内部、外部的各种争议、纠纷,法治社会建设才能不断有序向前推进。如果我们执政党对法治不坚定,在法治社会建设过程中一出现问题、困难、矛盾,就动摇、止步不前,甚至退缩,法治社会建设的目标就难有实现的希望。①

至于法治社会建设之所以可成为推进法治执政党建设的促动力,其主要理由有二:其一,执政党对国家、社会的领导在很大程度上决定国家、社会的发展方向和发展模式。但是,执政党对国家、社会的领导并不是,也不可能随心所欲地进行,它必然受社会现实政治、经济、文化及其制度的即成运作模式影响。一个国家,一旦经过执政党和人民共同努力,选择了法治的治理模式,法治社会的形态、制度架构、运作方式初步形成,人民在此过程中逐步产生了对法治的信仰和依赖。这种情况不能不反过来影响执政党的执政方式和推进执政党依法执政,促进执政党自身的法治化建设;其二,执政党的党员和领导者均生活在社会之中而不是生活在真空之中,从而其思想和行为不能不受社会的影响,一个国度或一定地区的社会,其生活方式和治理方式如果已经法治化或初步法治化,这种法治化不可能不对执政党的党员和领导者个人的思想和行为方式产生影响。执政党的全体或绝大多数党员、领导者如果都具有了一定的法治理念,对法治有了一定信仰,这自然会影响整个执政党的执政风格。在法治社会的环境下,即使执政党的个别领导人、领导干部试图背离法治,违法滥权,其行为也会受到社会的制约,其只能要么改弦更辙,要么被社会淘汰;即使执政党的政策违反法治,个别党的组织违反法治,在很大程度上也会受到党内和社会的有形或无形的抵制、反对。因此,法治社会一旦形成,任何个人、组织,即使是执政党,想改变它,扭转它的方向,都不是一件容易的事情。由此可见,执政党领导人民建设法治社会,法治社会反过来又会促进执政党的法治化,促进法治执政党的建设。这是一个互动的过程、互动的

---

① 胡锦涛同志曾特别强调提高党的领导干部运用法治思维和法治方式治国理政的重要意义。在《中国共产党第十八次全国代表大会上的报告》中,他指出,要"提高领导干部运用法治思维和法治方式深化改革、推动发展、化解矛盾、维护稳定的能力"。很显然,执政党,尤其是执政党的领导干部的法治理念和法治能力对于法治社会的建设是至关重要的。

关系。[1]

三、法治社会建设的目标和任务

关于法治社会建设的目标,《中共中央关于全面推进依法治国若干重大问题的决定》提出了一个宏观的总目标设计:"弘扬社会主义法治精神,建设社会主义法治文化,增强全社会厉行法治的积极性和主动性,形成守法光荣、违法可耻的社会氛围,使全体人民都成为社会主义法治的忠实崇尚者、自觉遵守者、坚定捍卫者。"[2]

法治社会建设的这一总目标包括三个方面的子目标:其一,培养自觉遵守法律、真诚信仰法治、忠实崇尚法治和坚定捍卫法治的国民;其二,推进全社会厉行法治;其三,培植全社会的法治环境。第一个子目标针对的是构成社会原子的个人——国民。建设法治社会,首先必须培养真诚信仰法治和忠实崇尚法治的人。没有信法、尊法、尚法的人,国民不信仰法治、崇尚法治,何谈自觉遵守法律和坚定捍卫法治,何谈法治社会建设?而要让国民信仰法治、崇尚法治,必须以法治文化(包括硬的法文化和软的法文化)培养国民的法治理念、法治精神。第二个子目标针对的是社会行为和社会秩序。法治社会必须和必然是厉行法治的社会。社会行为如果不以法律为基本标准、基本准则,人们不依法办事,各行其是,官员和百姓都任意、任性而为,何谈法治社会建设?而要让全社会厉行法治,则必须做到"有法可依,有法必依,执法必严,违法必究"。当然"法"包括硬法和软法。治国的更多地是依硬法,治社会的更多地是依软法。第三个子目标主要针对的是社会环境。法治社会必须有信仰法治的人,厉行法治的法治秩序,而此二者都有赖于法治社会环境的培植和塑造。如果整个社会都弥漫着不信法、不讲法、不守法,不以违法为耻,反以违法为能、以

---

① 这种关系有如经济基础与上层建筑的关系:经济基础决定上层建筑,上层建筑反作用于经济基础。一定的经济基础一旦形成,必然推动上层建筑与之适应。上层建筑虽或可反作用于经济基础,但这种"反作用"不应理解为"反向作用",而是促使经济基础进一步向前发展的作用,尽管落后的上层建筑对经济基础确实会产生一定的"反向作用",但经济基础终归不会被落后的上层建筑一直反推着向后发展,而只可能是经济基础的发展改变落后的上层建筑。执政党与法治社会的关系亦然:党领导人民建设了法治社会,法治社会就必然推动党自身进一步法治化。

② 参见中国共产党第十八届中央委员会第四次全体会议通过的《中共中央关于全面推进依法治国若干重大问题的决定》的第五部分。笔者对这部分的内容做了若干分析和解读。

违法为荣的氛围，何谈法治社会建设？当然，法治社会环境与信仰法治的人、厉行法治的法治秩序之间是互动的关系：一个国家，一个地区，自觉崇尚、遵守、捍卫法治的国民越来越多，依法办事的规矩越来越得到严格遵循，法治社会环境自然会越来越改善。反之，法治环境就会越来越差。我们建设法治社会，就是要形成前述三者的一个良性循环的境界。

关于法治社会建设的任务，《中共中央关于全面推进依法治国若干重大问题的决定》提出了四个方面的具体任务和实现这些任务的措施：一是推动全社会树立法治意识；二是推进多层次多领域依法治理；三是建设完备的法律服务体系；四是健全依法维权和化解纠纷机制。[1]

推动全体社会成员树立法治意识对于法治社会建设是一项基础性工程。美国著名法学家伯尔曼指出，“法律必须被信仰，否则它将形同虚设”。“没有信仰的法律将退化成僵死的教条，而没有法律的信仰……将蜕变成为狂信。”[2]我国三十多年改革开放的经验证明，中国要科学发展，必须推进法治；要推进法治，必须提高全民的法治意识，让政府官员和全体人民均信仰法律，信仰法治。如果我们的政府官员和人民不相信法律而只相信权力，不相信法治而只相信人治，或者只是口头上信仰法治而在内心中迷信权力，迷信人治，法治社会是不可能建成的。

所谓“推进多层次多领域依法治理”，即全方位推进依法治理。“多层次”包括中央层面、地方层面、基层组织层面等社会的各个层面；“多领域”包括政权机关、社会团体、行业协会、居民社区、以及民族、宗教等社会的各个领域。社会的所有这些层级、领域的治理均应依法进行。当然，这里的“依法”，既包括依国家法律，也包括依社会法，依软法。特别是互联网领域的治理、民族和宗教领域的治理，进一步发展和完善社会法、软法有着更重要的意义。

至于“建设完备的法律服务体系”，包括律师、公证、法律鉴定、检验、法律顾问、法律援助等多个类别和环节。现代法治社会建设对法律服务提出了越来越广泛，越来越高的要求。个人、组织在现代社会生活和社会关系中会遇到的各种各样的问题，大多需要依一定的法定途径处理和解

---

① 参见中国共产党第十八届中央委员会第四次全体会议通过的《中共中央关于全面推进依法治国若干重大问题的决定》的第五部分。笔者对这部分的内容做了若干整理和归纳。

② 哈罗德·J.伯尔曼：《法律与宗教》，梁治平译，生活·读书·新知三联书店1991年版，第5页。

决。而社会中的每个人不可能都是法律专家，即使是法律专家，其自身也不可能都有相应的设施、设备和技术来处理和解决相应法律问题。因此，法治社会必须建立一套完善的法律服务机构、机制，逐步构建完备的法律服务体系，以为公民个人、组织和市场提供全面的、经常性的、及时的、高质量的法律服务。

就“健全依法维权和化解纠纷机制”而言，“维权”和“解纷”往往是相互联系的。“维权”通常是在个人、组织权益被侵犯，发生纠纷（民事纠纷或行政纠纷）后寻求法律救济；“解纷”通常是通过法定争议解决渠道（复议、诉讼、仲裁、调解、裁决等）实现维权的目的。中国共产党十八届四中全会决定要求完善“维权”和“解纷”的制度体系，建立健全社会矛盾预警机制、利益表达机制、协商沟通机制和救济救助机制，构建立体化的社会治安防控体系等。这些机制、体系的建立、完善是国家治理与社会治理的协调统一，是建设法治社会与建设和谐社会的协调统一。国家治理与社会治理、法治社会与和谐社会应该和必须协调统一。没有完善的“维权”和“解纷”法治机制，就没有和谐社会，而没有和谐社会，自然也谈不上法治社会。

四、法治社会建设的主要路径①

法治社会建设的路径主要涉及三个环节：社会组织建设、社会行为规范建设和社会解纷机制建设。建设法治社会首先要培植社会组织，培植公民社会。如果没有相对于政治国家的社会组织，没有相对于政治国家的公民社会，或者公民社会不发达，社会被国家覆盖或淹没，是谈不上法治社会的。因此，培植和发展社会组织，培植和发展公民社会是建设法治社会的前提和基础。当然，有了社会组织，有了公民社会，这个“社会”也不一定是法治社会。其是否构成法治社会，还取决于这个“社会”是否依法运作，是否形成构建法治的社会秩序。因此，加强社会行为规范建设，保证“社会”依法、有序运作乃是建设法治社会的关键。此外，法治社会的

---

①　本论文这一部分参考和引用了笔者与本中心刘刚博士合作撰写的，向一个学术论坛提交但未正式发表的会议论文《论法治社会建设的若干问题》中的某些观点。因此，本部分成果也有刘刚博士的一定贡献。

建设还需要加强和完善监督机制和解纷机制的保障。没有监督机制和解纷机制的保障，法治社会的大厦同样是不可能建成的。即使建成，也可能会随时垮塌。因此，法治社会建设的路径主要表现为三大环节：社会组织建设、社会行为规范建设、社会监督机制和解纷机制建设。

（一）社会组织建设

社会组织是法治社会建设的基本主体。尽管国家、政府、执政党对于推进法治社会建设具有重要的，甚至决定性的作用，包括决策、支持、保障的作用。但社会组织乃是建设法治社会的基本主体。一个国家，一个地区，只有培植和生长出充满生机、活力的，能承担与国家公权力相对应的社会公权力，并对国家公权力能加以适当制约的非国家、非政府的社会组织，才可能谈得上建设法治社会。本文使用的"社会组织"，是广义的非国家、非政府、非营利性、非强制性的组织，包括社会团体、行业协会、公益事业机构、基层群众自治性组织、文化娱乐性团体、基金会、民办非企业单位等。

根据中国共产党十八届四中全会的精神，大力发展社会组织是法治社会建设的主要内容之一。发展社会组织既要解放思想，尽量减少和去除各种不必要的条条框框限制，同时也要走法治化的道路：其一，社会组织依法建立和发展。社会组织并不是公民任意的，松散、临时的结合，而是为特定目的组成的具有一定持续性的共同体。社会组织的持续性决定了其成立必须符合相应的法定条件，遵循相应的法定程序。否则，即可能构成非法结社，与法治社会背道而驰。其二，社会组织的内部结构和内部相互关系应通过其组织章程和其他软法规则实现法治化。这种组织的内部法治化可以保证其运作有序，消除可能的矛盾、纠纷和混乱。其三，社会组织的职能应通过其组织章程加以规范，有些社会组织的职能还要受国家法律的直接规范，如律师协会的职能要受《律师法》的规范；注册会计师协会的职能要受《注册会计师法》的规范；村民委员会的职能要受《村民委员会组织法》的规范。社会组织的章程必须遵循和吸收国家法律的相关规定，而不能与之相抵触。社会组织不是如民族或国家那样的自然共同体，而是人们有意创设的一种目的共同体。所谓目的共同体，意味着其并非自然生成，而是人为设计。这种人为设计的特征主要体现为它们必须具有特定而明确的职能。国家法律可以为社会组织的职能范围划定外部边界，组织章程则在此边界内对职能作出具体表述。其四、社会组织成立以后，其运作和发展同样要受硬法和软法的约束和规范。

我国现行《宪法》明确规定了公民结社自由①。但目前我国尚未制定《结社法》，调整社会组织的成立、管理、监督等现行生效的法律规范是国务院于1998年颁布的行政法规《社会团体登记管理条例》。该《条例》发布至今已经近二十年，虽然它在对社会团体进行规范化管理方面发挥了重要的历史作用，但其中许多内容因受时代的局限很不适应法治社会建设的需要。特别是要求社会组织成立登记必须自找“婆婆”（业务主管单位），并经“婆婆”审查同意的“第九条款”②，长期以来受到人们的普遍诟病。近年来，许多地方都通过制定地方性法规或规范性文件，对这一条款予以修正或废止。③ 虽然这样做构成违法（尽管是“良性违法”），因为根据《立法法》，行政法规在位阶上高于地方性法规，地方性法规不得与行政法规相抵触。但许多地方这样做，进一步说明国务院的《社会团体登记管理条例》必须抓紧修改，以适应法治社会建设的需要。在中国共产党十八届四中全会强调法治社会建设、大力发展社会组织的背景下，《条例》的很多其他规定对培植、发展社会组织也构成了明显的障碍。《条例》对于社团的设立登记设置了三道关卡：第一道关卡是要经过业务主管单位审查同意；之后要向登记管理机关提出筹备申请；完成筹备之后，才能正式向登记管理机关提出登记申请。只有顺利通过这三道关卡，才能成立一个社团。这期间耗时的漫长、手续的繁复，即让很多申请者望而却步。如果相关部门再刻意刁难，就会让社会组织的生长发展更加举步维艰。另外，《条例》还限制社团间的竞争发展。《条例》第13条规定，在同一行政区域内已有业务范围相同或者相似的社会团体，没有必要成立新社团的，登记

① 见《中华人民共和国宪法》第35条。

② 该条款规定，申请成立社会团体，应当经其业务主管单位审查同意，由发起人向登记管理机关申请筹备（见《社会团体登记管理条例》第9条）。

③ 例如，2010年12月23日北京市十三届人大会常委会第二十二次会议通过的《中关村国家自主创新示范区条例》第16条规定，申请在示范区设立有利于自主创新的社会团体、民办非企业单位、基金会，除法律、行政法规、国务院决定规定登记前须经批准的以外，申请人可以直接向市民政部门申请登记。2011年11月28日，广东省《关于进一步培育发展和规范管理社会组织的方案》规定，从2012年7月1日起，社会组织“可直接向民政部门申请成立，不再需要挂靠主管单位”。除特别规定、特殊领域外，将社会组织的业务主管单位改为业务指导单位，社会组织直接向民政部门申请成立，无须前置审批。同时，行业协会将率先引入竞争机制，以后将允许一业多会，允许跨地域组建等。深圳市近年亦有类似的规定。

管理机关不予批准筹备。这样的规定导致先成立的社团具有排他性和垄断性。成立社会团体本是宪法赋予公民的结社自由，是公民的一项基本权利，政府从局部和短期利益的角度对之加以限制是没有道理的。

因此，要推动法治社会的建设，必须修改《社会团体登记管理条例》，放宽对社团登记的限制，积极鼓励和推进社会组织的发展。

（二）社会行为规范建设

建设法治社会，必须加强社会行为规范建设。社会行为规范包括国家法律规范和社会自治规范。国家法律规范由国家制定或认可，并由国家强制力保证执行。这些规范即是我们通常所称的“硬法”。硬法既约束国家行为，也规范社会行为。但规范社会行为的规范更多地是社会自治规范，如中共十八届四中全会决定提到的市民公约、乡规民约、行业规章、团体章程等。现代社会的治理日益显现出多元化的特征，硬法虽然能够为社会提供基本的秩序，但不足以保证善治的实现。然而，社会层面的各种主体越来越多地制定各种约束其成员行为的规范，这些规范分别调整一定范围的人群的行为，但它们不具有国家强制力，我们通常称这些规范为“软法”。

考查历史，硬法与软法的关系随着国家与社会关系的变动曾经历过若干次变迁。在原始社会，社会的规范多为软法规范，硬法规范较少，作用有限。而在专制社会，社会的规范多为硬法规范，软法的生长和作用受到国家的限制，人们的行为和社会关系主要受国家硬法调整和规制。到现代民主社会，公民社会逐步生长发育，人们开始组建各种各样的社会团体、组织，逐步形成相对于国家共同体的广泛的社会共同体。社会共同体除了要遵循国家硬法的规范运作外，更多地则要遵循各自共同体内部自然形成和自觉制定的软法运作。

当然，硬法和软法虽然呈现出此消彼长的关系，但是，在当下和今后相当长的一段历史时期内，二者间仍应是互相补充的关系，而不是互相替代、互相排斥的关系。

我国当下法治社会建设常见的软法规范的法源形式主要有五类：一是各种社会共同体的章程。相应社会共同体的章程可以认为就是该共同体的“宪法”，如政党的章程就是政党的“宪法”，大学的章程就是大学的“宪法”。二是各种社会共同体制定的调整其特定内部关系，规范内部成员特定行为的规则，如律师协会制定的规范律师事务所和律师行为的规则，注册会计师协会制定的规范注册会计师事务所和注册会计师行为的规则，等等。三是多个社会共同体共同制定的调整和规范其相互关系、行为的联合公约、协议、规则，如几个村民委员会协商制定的处理其土地、林木、水流等争议的协议、规则，几个大学协商制定的联合自主招生的协议、规则，等等。四是政府和社会共同体通过协商共同制定的社会治理规则，如政府与居民委员会或社区签订的社会综合治理协议、政府与志愿者团体签订的志愿者行为规范，等等。五是网络服务提供者和互联网用户协商制定的网络服务规则和网络使用规则等。

虽然所有这些软法规则对法治社会的建设具有重要的和不可替代的作用，但是，这种作用并不能完全自发地产生和发挥。要充分有效地发挥软法对于推进国家治理现代化，建设法治社会的作用，我们有必要改进和完善软法，使之进一步正当化、规范化和系统化。一方面，由于软法的形成途径和制度主体具有多元性特征，导致其内容可能会良莠不齐，甚至与硬法的基本原则相抵触。这类软法已经超出社会自治的限度，应该定期对其进行清理。另一方面，软法之所以具有优势，是因为社会共同体成员对软法的形成或制定的广泛和直接参与。如果软法的形成或制定缺乏，甚至排斥了共同体成员的参与，就可能沦为相应组织、团体、机构负责人专制和滥权的工具。这样的软法就不再具有合法性和正当性。因此，为保证软法的民主性和规范化，对于软法形成或制定的基本程序应通过硬法加以确定，使之具有一定“刚性”。

（三）社会监督机制和解纷机制建设

建设法治社会，在解决了社会主体问题和社会主体行为的规范问题以后，接着还必须解决社会主体行为监督机制和社会争议、纠纷处理机制问题。不健全完善这两个机制，法治社会的大厦仍然不可能建立起来。

如同国家公权力没有监督和制约必然会滥用和腐败一样，社会公权力没有监督和制约同样会滥用和腐败。[①] 当然前者的严重性和危害性甚

---

① 例如，中国足球协会就曾出现严重的腐败滥权现象，而且排斥司法监督：有球队所在企业对之提起民事诉讼，法院以双方当事人非平等主体为由拒绝受理；另有球队所在企业对之提起行政诉讼，法院又以足协非行政机关、被告不适格为由拒绝受理。从而使足协的腐败滥权难以得到有效治理。

于后者。对社会公权力的监督制约机制主要包括下述五个环节：其一，政府对之实施的法律监督；其二，组织成员对组织负责人实施的民主监督；其三，组织内部实施的自治、自律监督；其四，司法机关对之实施的司法监督；其五，社会公众和媒体对之实施的舆论监督。建设法治社会，一方面要不断加强社会自治权力，另一方面，同样要加强对社会自治权力的适当监督。

至于社会争议纠纷处理机制，即社会解纷机制，对于法治社会的建设同样是不可或缺的。社会解纷机制可分为正式机制与非正式机制。正式机制以国家对争议、纠纷的裁判为主体，以国家硬法为解纷依据。如诉讼、行政复议、行政仲裁等。非正式机制的形式则具有多样性，既可以是国家机构作为解纷主体的机制，如调解、协调等，也可以是相应社会组织自身或专设的特定社会组织作为解纷主体，以软法规范或纠纷当事人的意愿为解纷依据运作的机制，如《人民调解法》规定的人民调解和社会组织的内部实施的调解、协商、协调机制。

推进法治社会建设中的社会解纷机制建设，需要正确处理正式机制与非正式机制之间的关系。人们常说，"司法是正义的最后一道防线"。但是，这句话不应理解为所有的纠纷最终都要通过司法来解决。这句法谚的准确含义是：司法是正义问题的最终裁决者。然而，纠纷的解决与正义的判定是两个问题，纠纷的解决并不要求必须对正义的问题给出明确回答；反过来说，对正义问题的明确回答也并不必然意味着纠纷的平息。对正义问题的回答是对客观秩序的权威裁定，它所解决的核心任务是向全社会宣布对与错的标准，以期为人们的行为提供明确的准则。而纠纷当事人更关注的则是主观诉求的满足，如果主观诉求与客观秩序恰好吻合，那么裁决的结果将会得到当事人心服口服的接受。反之，即使是一个公正的裁决，也不一定会获得双方当事人的满意，这不仅因为双方当事人利益的冲突使然，也源于双方当事人的法律意识、法治理念和法律知识水平等。

法治社会建设中可能发生的争议、纠纷以主体为标准主要包括以下四类：其一，社会成员与国家政府之间的争议、纠纷；其二，国家机关与国家机关、政府部门与政府部门之间的争议、纠纷；其三；社会成员相互之间的争议、纠纷；其四，社会成员与所在社会组织之间的争议、纠纷。一般来说，在任何一个社会，第三类争议、纠纷在数量上是最多的。不仅如此，社会成员的行为规范也不限于国家的正式法律，约束他们行为的甚至更多地是社会组织制定的各种软法规范。制定规范的主体的多样性、程序的民主性、规范内容的灵活性决定了社会解纷机制的多样化。在实践中，发生争议、纠纷的社会成员往往追求的并非一个完全符合客观正义的结果，而是双方能够接受的结果。这就决定了社会纠纷的解决不一定必须诉诸国家司法机关，也不一定必须依照国家硬法来裁决。只要有助于纠纷的平息和最低限度公平正义的实现，社会调解、协商、协调等手段均可以在解决社会纠纷的过程中加以运用。当然，"司法作为正义的最后一道防线"。在法治社会整个解纷机制中有着其他解纷机制不可替代的最为重要的作用。没有公正司法，绝对不可能有法治社会。

滥用知情权命题的逻辑及展开*

王锡锌**

一、“信息公开申请权滥用”命题的提出

自 2008 年 5 月 1 日《政府信息公开条例》(以下简称《条例》)实施以来,对公民、法人或者其他组织可能滥用政府信息公开申请权的问题,实务界时有担忧。但是,何为“滥用知情权”?对滥用知情权该如何抑制?《条例》本身对这些问题并没有规定。关于申请信息公开,《条例》第 13 条规定:除行政机关主动公开信息外,“公民、法人或者其他组织还可以根据自身生产、生活、科研等特殊需要,向国务院部门、地方各级人民政府及县级以上地方人民政府部门申请获取相关政府信息”。在实践层面,公民、法人或者其他组织申请信息数量日益增多,其中也不乏“信息公开申请专业户”和将提出信息公开申请作为与行政机关进行利益博弈策略的“象征性行动”。[①] 对此,赞赏和担忧的态度同时存在。赞成者认为,这些积极公民以信息申请为杠杆,通过行使权利的策略性行动推进了制度的落实。[②]而且,个人和组织的信息公开申请,是政府透明度建设中的自下而上的“社会动员”,与“自上而下”的国家动员相呼应,构成推动我国政府透

* 原文刊于《法学研究》2017 年第 6 期。

** 北京大学法学院副院长,教授,博士生导师。

① 参见韩志明:《行动者的策略及其影响要素——基于公民申请政府信息公开事件的分析》,载《公共管理学报》2010 年第 4 期;韩志明:《象征性行动与制度实施——以公民申请财政信息公开事件为例》,载《南京师大学报》(社会科学版)2013 第 1 期。

② 张墨宁:《申请政府信息公开的“90 后”们》,载《南风窗》2012 年第 26 期。

明度建设的重要引擎。[1] 担忧者认为，一些信息公开申请存在数量大、重复申请、内容琐碎、申请草率甚至“恶意”申请的情形，这导致了信息公开法律程序的变异，背离了《条例》的立法目的，也影响了有限行政资源的公共效用，因此，应当从立法层面考虑对信息公开申请权的行使设定限制性规则。[2]

不过，即便是主张对信息公开申请权设限的论者，也并未将实践中存在的一些大量申请、反复申请行为界定为信息公开申请权的滥用，而是将此类行为界定为“非正常申请”行为[3]，并将其主要表现归纳为：申请人向一个行政机关提出数量众多的申请，或者向多个行政机关提出大量类似甚至相同的申请；申请人把申请信息公开当做信访的手段，或者作为提起行政诉讼的跳板；申请人把申请信息公开当做制造话题和社会压力、设定政策议程的策略。论者指出，这些非正常申请挤占了有限的行政资源，浪费行政机关的人力、财力并对行政机关的正常工作造成了干扰，偏离了信息公开申请权的目的，因此有必要加以限制。[4]

首次将“滥用信息公开申请权”之命题引入我国司法实践之中，始于“陆红霞诉南通市发展和改革委员会”一案（以下简称陆案）。据法院裁定书所载，该案基本事实是：陆红霞及其家人在两年内向包括南通市发改委在内的几十个部门提出了共 94 个信息公开申请，内容涉及各个方面，且申请内容多有重复。陆红霞对南通市发改委向其公开的信息内容不满意，遂向南通市闸港区法院提起行政诉讼。南通市发改委在答辩书中认为：申请人陆红霞及其家人具有明显的“滥用信息公开申请权”的行为，违背了《条例》的立法目的，不具有正当性。在陆案一审行政裁定书中，江苏省南通市港闸区法院首先对原告陆红霞申请信息公开行为的特征进行了描述，在此基础上认定：

> 原告陆红霞不间断地向政府及其相关部门申请获取所谓政府信息，真实目的并非为了获取和了解所申请的信息，而是借此表达不满

---

① 王锡锌：《靠什么持续推动信息公开？》，载《新京报》2009 年 5 月 23 日。

② 后向东：《信息公开申请权滥用：成因、研判与规制——基于国际经验与中国实际的视角》，载《人民司法》2015 年第 15 期。

③ 李广宇、耿宝建、周觅：《政府信息公开非正常申请案件的现状与对策》，载《人民司法》2015 年第 15 期。

④ 同上。

> 情绪，并向政府及其相关部门施加答复、行政复议和诉讼的压力，以实现拆迁补偿安置利益的最大化。对于拆迁利益和政府信息之间没有法律上关联性的问题，行政机关已经反复进行了释明和引导，但原告陆红霞这种背离《条例》立法目的，任凭个人主观意愿执意不断提出申请的做法，显然已经构成了获取政府信息权利的滥用。①

南通市中级人民法院在本案二审行政裁定书中，对一审法院的认定予以确认。法院在裁定书的说理部分认为：

> 陆红霞持续申请公开众多政府信息，借此表达自己不满情绪，通过重复、大量提起信息公开的方式给有关部门施压，从而达到实现拆迁补偿安置利益最大化目的。这种行为已经明显偏离了公民依法、理性、正当行使知情权和监督权的正常轨道，超过了正当行使知情权的合理限度，悖离了政府信息公开制度的初衷与立法目的，故一审法院认定陆红霞滥用获取政府信息权是适当的。②

《最高人民法院公报》2015 年第 11 期选登了该案例，并作出裁判摘要，指出知情权必须在法律框架内行使，并对知情权滥用的构成要素和表现形式进行了概括。裁判摘要认为：

> 知情权是公民的一项法定权利。公民必须在现行法律框架内申请获取政府信息，并符合法律规定的条件、程序和方式，符合立法宗旨，能够实现立法目的。如果公民提起政府信息公开申请违背了《政府信息公开条例》的立法本意且不具有善意，就会构成知情权的滥用。当事人反复多次提起琐碎的、轻率的、相同的或者类似的诉讼请求；或者明知无正当理由而反复提起诉讼，人民法院应对其起诉严格依法审查，对于缺乏诉的利益、目的不当、有悖诚信的起诉行为，因违背了诉权行使的必要性，丧失了权利行使的正当性。应认定构成滥用诉权行为。③

至此，陆案从行政机关答辩、一审、二审到最高人民法院在其公报中

---

① 《陆红霞诉南通市发改委信息公开案一审行政裁定书》[(2015)港行初字第 00021 号]。

② 《陆红霞诉南通市发改委信息公开案二审行政裁定书》[(2015)通中行终字第 00131 号]。

③ 《最高人民法院公报》2015 年第 11 期。

对此案所做的“裁判摘要”等环节，都凸显了同一个关键概念，即“滥用信息公开申请权”（有时也被表述为“滥用知情权”），并强调这种权利滥用行为背离了立法的基本原则和目的，因而不具有正当性。

陆案裁定书公布之后，特别是《最高人民法院公报》选登该案例之后，“滥用信息公开申请权”遂成为一个学界广泛讨论的命题。[①] 就笔者阅读范围所及，对该案所做的学理研究中，有论者认为法院以司法能动主义的态度积极应对信息公开申请权滥用问题，有可取之处[②]；有论者认为信息公开申请权滥用已成为实践中一个突出问题，急需“法律规制”。[③] 简言之，信息公开中“申请权滥用”已成为一个实践和学理上高度关注的热点问题。

不过，对这一可能对我国政府信息公开制度产生重大影响的概念，制定法层面并无明确、具体的规则表达。在陆案的裁判文书中，法院对滥用申请权的判定，只是试图借助立法目的、法价值等法理以及民法、民事诉讼法所确立的诚实信用原则等进行说理。学界对陆案的研究分析，也主要集中于对裁判文书的逻辑、诉讼程序进行分析。对于该案涉及的最为核心的问题，即滥用信息公开申请权之概念，到目前为止，尚无系统的讨论和分析。

本文尝试对司法实践已经提出但远未释明的“信息公开申请权滥用”这一命题进行研究。文章试图回应下述问题：滥用信息公开申请权之命题是否成立？如果这一命题可以证成，实践中应如何判定信息公开申请权的滥用？进一步而言，考虑到滥用信息公开申请权之命题具有很大的自由裁量属性，如何在引入这一命题的同时，对其实践应用进行必要的规则化和限制，从而防止这一命题的误用或滥用？

---

① 主要的文献包括：肖卫兵：《论政府信息公开申请权滥用行为规制》，载《当代法学》2015年第5期；沈岿：《信息公开申请和诉讼滥用的司法应对——评“陆红霞诉南通市发改委案”》，载《法制与社会发展》2016年第5期；吕艳滨：《日本对滥用政府信息公开申请权的认定》，载《人民司法》2015年第15期；后向东：《信息公开申请权滥用：成因、研判与规制——基于国际经验与中国实际的视角》，载《人民司法》2015年第15期。

② 沈岿：《信息公开申请和诉讼滥用的司法应对——评“陆红霞诉南通市发改委案”》，载《法制与社会发展》2016年第5期。

③ 肖卫兵：《论政府信息公开申请权滥用行为规制》，载《当代法学》2015年第5期。

二、权利滥用的法理：一个简要回顾

从逻辑上看，公民和组织“获取政府信息的权力”或“信息公开申请权”，是由“知情权”衍生出来的权利。在我国的制定法意义上，知情权，即获取政府信息的权利，来源于《条例》第1条的规定；信息公开申请权则属于知情权的一项内容，其直接法律规定是《条例》第13条，后者从属于知情权概念的范畴。知情权首先是一项法律权利；更进一步地说，知情权是一项公法上的权利。讨论知情权的滥用，必须简要回顾权利滥用之命题的基本法理和源流。

（一）禁止权利滥用原则的源流

权力滥用之概念发源于大陆法传统，主要从私法领域兴起并不断演进。大陆法中通常以“禁止权利滥用”原则表述之。从字面看，这一原则采用了否定的逻辑形式，实际上是对权利行使的限制性要求。作为对私人权利行使的限制，禁止权利滥用原则是法权观念变迁的结果。在罗马法时期，个人权利绝对的观念盛行，注重个人利益的私法构成了法律的中心，而权利，特别是所有权，构成了法律概念的中心，因此出现了“行使自己的权利，无论对于何人，皆非不法”的法谚。[①] 但在权利行使的实践中，这并不意味着所有权可以不受任何限制地行使。有关罗马法的研究文献表明，自《十二表法》颁布到罗马帝制时期，对所有权的限制一直是存在的，比如基于相邻关系而对权利进行限制，基于公共利益的需要而对权利进行限制等。[②]

对禁止权利滥用原则的明确阐释，源于法国1855年的一个被称为“恶意建筑”的判例。[③] 在该案中，被告在自己房屋上建造了一个假烟囱，其目的是恶意遮挡邻居的光照。法院在该案判决中认定，所有权人对其

---

① 这句法谚的拉丁语表述是“Qui iure suo utitur，nemini facit iniuriam”，或者“Neminem laedit qui suo iure utitur”，此外也有其他表述。这句话没有特别明确的出处，有可能不是直接来自于罗马法文本，而是后人总结提炼的。

② 周枏：《罗马法原论》，商务印书馆2014年版，第344—345页。

③ Perillo，J. M.，“Abuse of Rights：A Pervasive Legal Concept”，*27Pac. L. J.*，37，1995—1996，p.43.

权利恶意的且没有正当利益的行使，构成滥用权利行为，据此，法院判令拆除被告所建的烟囱。[①]在制定法层面，1896 年的《德国民法典》第 226 条规定的“权利之行使不得专以损害他人为目的”条款，已蕴含了禁止权利滥用的精神。禁止权利滥用原则正式进入制定法规范体系，始于 1907 年的《瑞士民法典》。该法典第 2 条规定：“行使自己的权利，履行自己的义务，应依诚实信用为之；权利滥用者不受法律保护。”此后，在大陆法系中，除少数国家（如意大利）不承认权利滥用法理外，绝大多数国家都效仿德国或瑞士的立法例，在民法典中确立了禁止权利滥用的法律原则。如奥地利、巴西、日本、韩国、匈牙利、波兰、荷兰等国家均有类似规定。

大陆法系国家关于禁止权利滥用原则的范围及具体表述不尽相同，不过，1992 年 1 月 1 日生效的《荷兰民法典》对这一原则做了有代表性的重述[②]：

(1) 任何权利人不得以滥用之方式行使其权利；

(2) 滥用权力的表现形式包括：行使权利之意图纯为损害他人；或违背设定该项权利的目的；或者权利人行使权利之行为所带来的收益，与其行为所造成的损害不成比例，因而依照一般常理不会实施之行为；

(3) 依权利的属性不得被滥用（The nature of the right can be such that it cannot be abused）。

在英美法传统中，对于是否存在禁止权利滥用之原则，颇有争议。布莱克斯通在其《英国法评论》一书中认为：“财产权是每一个英国人的绝对权利，包括使用、收益、处分的权利，只受法律的限制。”[③]也即是说，只有议会才能通过立法对权利加以限制，法官并不能这么做，因为法官并不制定法律，而只是发现法律。[④] 一位英国学者在 1933 年发表的论文中指出，英美法中并没有“权力滥用”这一法国式的发明。[⑤] 不过，自启蒙时期以来，“绝对权利”的观念不断衰落，在法律实践中出现了大量的关于财产

---

① Perillo, J. M., “Abuse of Rights: A Pervasive Legal Concept”, *27Pac. L. J.*, 37, 1995—1996, p. 43.

② New Netherlands Civil Code Patrimonial Law: Property Obligations and Special Contracts, P. P. C. Haanappel & Ejan Mackaay trans. 1990.

③ William Blackstone, *Commentaries on the Laws of England*, p. 134.

④ Ibid., pp. 63—64.

⑤ H. C. Gutteridge, “Abuse of Rights”, *5 Cambridge L. J.*, 22 (1933).

权行使的约束性要求。[1] 例如,一些以美国法为考察对象的相关研究显示,禁止权利滥用原则其实普遍存在于美国法之中,只不过以其他一些法律概念出现罢了,如妨害(nuisance)、敲诈(extortion)、威逼行为(duress)、禁止反言(estoppel)、经济浪费(economic waste)、诚信原则(good faith)、公共政策(public policy)、著作权和专利的滥用、税法上的缺乏商业目的等。[2] 相关研究还阐明,在美国,禁止权利滥用的原则在雇佣关系、合同法、侵权法、专利法等领域有着广泛的适用。[3]

禁止权利滥用原则的兴起与法权观念的变迁存在密切关联性。近现代以来权利滥用原则的凸显,在很大程度上是对传统的以个人权利为中心的自由主义法权观念的修正,人们开始意识到所有权的社会观念,在某种程度上体现了社群主义观念对权利的影响。[4] 但是,即便撇开社群主义的法权观念,大陆法系民法上的"诚实信用"原则,以及英美法所强调的"good faith",也完全可以导引出对绝对权利观念的修正,进而发展出"权利相对主义"观念。一些论者指出,诚实信用原则实际上建立了一种期待关系模式,当事人基于这种关系模式而产生某种对他人行动的期待,这种期待同时也就为权利人设定了特定的义务。[5] 这种权利的关系视角也得到社会学研究的重视。例如,社会学家迪尔凯姆从社会分工和社会相互关系的角度,指出"合同是对合作关系的一种法律表达"。在合同中,人们订立合同是要在自愿基础上进行合作,这种自愿的合作关系同时也为当事人之间创设了相互的强制性义务[6],禁止权利滥用本质上就是权利人所负有的一项强制性义务。权利滥用之概念,本身就暗含了对权利绝对性的限制,指向一种权利相对性理论。法律禁止权利滥用并不是为了对权利施加限制,其深层次的目标是为了保护和实现权利。

---

① Morris R. Cohen, "On Absolutisms in Legal Thought", 84 *U. PA. L. Rev.* 681 (1936) (addressing the question from a philosophical perspective).

② Joseph M. Perillo, "Abuse of Rights: A Pervasive Legal Concept", *27 Pac. L. J.*, 1995—1996, pp. 37—71.

③ Ibid., pp. 62—66.

④ 刘作翔:《权利相对性理论及其争论——以法国若斯兰的"权利滥用"理论为引据》,载《清华法学》2013 年第 6 期。

⑤ Charles J. Goetz & Robert E. Scott, "Principles of Relational Contracts", *67 VA. L. REV.* 1089, 1111—26(1981)

⑥ Emile Durkheim, *The Division of Labor in Society*, Free Press, 1964, pp. 123—24.

（二）对私法上禁止权利滥用的解读

那么，禁止权利滥用概念到底指向什么？从语义学逻辑看，禁止权利滥用似乎是自相矛盾的。因为，如果一个行为是行使权利之行为，就意味着该行为是法律允许的；而如果一个行为是为法律所禁止的，那么从逻辑上讲，这样的行为就不是行使权利的行为（比如越权或无权）。不过，撇开纯粹的语词纠葛，禁止权利滥用仍是一个有内容的概念，也是在逻辑上可理解的概念。例如，如果一项权利在一般意义上是绝对的，法律只规定了对该项权利的一些限制，那么即便权利人在法律限制的范围内行使权利（因而是行使权利的行为），但如果权利人行使权利的方式是"不公正的"，则这种行使权利的行为是错误的，因而是应当被禁止的。根据研究者的归纳，这种"不公正的"行使权利的行为可能包括：(1) 行使权利的主要目的是造成损害，无论是对自己还是对他人；(2) 行使权利没有任何正当的利益并且损害他人利益；(3) 行使权利的行为违背设定该权利的目的。[①]《国际比较法百科全书》从行为类型化的角度看，将滥用权利的行为分为六种类型化模式：(1) 故意损害；(2) 缺乏正当的利益；(3) 选择有害的方式行使权利；(4) 权利行使造成的损害大于所取得的利益；(5) 违背权利的目的；(6) 违反侵权法的一般原则。[②] 可见，禁止权利滥用原则对权利行使提出了一些否定性的要求，即"不得为一定之行为"，在这个意义上，该原则与"诚实信用"原则存在密切联系，但后者主要侧重从肯定性的角度对权利之行使提出要求。

在中国民法学界，关于禁止权利滥用是否应该成为一项独立的法律原则，似存在争论。例如，虽然梁慧星教授认为，禁止权利滥用与诚实信用原则一样，是独立的法律原则[③]，但多数学者观点倾向以诚实信用原则吸收禁止权利滥用概念。例如，王泽鉴认为："诚信原则系对权利内容的限制，行使权利违反诚实信用者，乃逾越其权利的内容，构成滥用，法所不

---

① Joseph M. Perillo, "Abuse of Rights: A Pervasive Legal Concept", *27 Pac. L. J.* (1995—96) p.47.

② Viktor Knapp(eds.), *International Encyclopedia of Comparative Law*, Volume 6, Tübingen Mohr The Hague London Nijhoff corp., 1980, pp. 107—117.

③ 梁慧星：《诚实信用原则与漏洞补充》，载《法学研究》1994 年第 2 期。

许。"[1]徐国栋认为，普通的法律规范往往体现了"毋害他人"的要求，而诚信原则体现了"爱你的邻人"的要求。两者的区别在于，在法律就当事人的义务保持沉默的情况下，前者意味的是消极义务，后者课加的是积极义务。[2]他进一步指出：诚实信用原则是"客观诚信"和"主观诚信"的统一。客观诚信主要是行使权利的道德标准；与"客观诚信"相对应的是"客观恶信"，也就是滥用权利的行为。[3]

我国立法和学术界以诚实信用原则吸收禁止权利滥用原则的做法，同样也反映在民事诉讼法领域。2012 年修订的《民事诉讼法》第 13 条规定"民事诉讼应当遵循诚实信用原则"。[4] 虽然在理论上，该原则也适用于对法院审判权行使的限制，但是从立法的逻辑结构和立法背景来看，在民事诉讼中规定诚实信用原则的一个主要目的，乃是对民事诉讼当事人的行为予以规范，遏制滥用诉讼权利、恶意诉讼、虚假诉讼等实践中存在的"非诚信诉讼行为"。[5] 可见，滥用诉讼权利行为，在民事诉讼立法和学理上也都被吸收到诚实信用原则的范畴之中。

应该承认，禁止权利滥用原则和诚实信用原则在内容上存在很大的交叉重叠，但并不能因此而认为这两个原则是完全重合的。笔者认为，二者在法哲学观念、行为模式和判定标准三个方面存在不同：(1) 在法哲学观念上，禁止权利滥用原则主要强调了权利的相对性而非绝对性，而诚信原则重点在于强调法律权利的道德义务；(2) 在行为模式上，禁止权利滥用原则是消极模式，是对权利行使之道德底线的模式要求，类似于"己所不欲勿施于人"，而诚实信用原则是积极模式，是对权利行使之社会道德的法律要求；(3) 在判定标准上，禁止权力滥用原则主要是客观的标准，类似于"客观恶意"，而诚信原则则涉及对行为人主观心理态度的判定，存在比较大的自由裁量。基于以上的不同，禁止权利滥用作为一个独立的法概念，无疑具有重要的立法和学理价值，也有助于发展出一种更为均衡

---

① 王泽鉴：《诚实信用与权利滥用——我国台湾地区"最高法院"二〇〇二年台上字第七五四号判决评析》，载《北方法学》2013 年第 6 期。

② 徐国栋：《诚实信用原则二题》，载《法学研究》2002 年第 4 期。

③ 同上。

④ 《民事诉讼法》第 13 条第 1 款。该条第 2 款规定了当事人行使诉讼权利的其他要求，所以在逻辑上可以说，我国《民事诉讼法》对诚信原则的规定，主要是针对当事人行使诉讼权利的要求。

⑤ 张卫平：《民事诉讼中的诚实信用原则》，载《法律科学》2012 年第 6 期。

的权利文化。如美国法学家埃尔曼教授所言,“今天,大多数法律制度都在试图对不受约束的个人主义表现加以控制,控制的方式是通过法院判决或立法发展出一种广泛而略失雅致地称作‘滥用权利’的概念”。[①]

三、禁止权利滥用之命题在公法中的适用

以上关于禁止权利滥用概念的讨论基本上是在私法领域展开的。如开篇所言,本文的目的,是要分析知情权滥用的命题及其界定,而知情权处于公法的坐标体系之中。那么,一个自然的问题就是:发源于私法语境中的权利滥用概念,是否可适用于公法空间?如果可以,其适用规则与私法领域中该原则的适用是否存在不同?以下分述之。

(一)权利滥用在公法中适用的描述

法权观念的变迁不仅影响到私法上的权利观念,对公法的权利观念同样也会产生影响。因此,在传统的公法领域,包括宪法、行政法、诉讼法等,以及新兴的行政规制、互联网规制、社会法等领域,都涉及禁止权利滥用的问题。

1. 宪法领域

宪法权利领域,一个最好的例证就是表达自由权的行使及其边界问题。通常,表达自由被认为是一项基本的天赋权利。美国《宪法》第一修正案对表达自由的规定,强调的是国会不得立法来禁止或限制表达自由的行使,这种“否定式”的权利表述,也体现了对表达自由作为一项“绝对的权利”的某种承诺。[②] 米克尔·约翰在其《表达自由的限度》一书中,对言论进行了著名的区分,即公共言论和私人言论,并指出前者是一种绝对的自由。根据两种言论的区分,他进一步对联邦最高法院霍姆斯大法官在1919年提出的“明显而即刻的危险”标准提出了批评,认为这一标准在理论上没有区分公共讨论和私人言论的性质及功能,在实践中容易成为政府抑制公共讨论的依据。[③] 但是,在笔者看来,米克尔·约翰的观点最

① 埃尔曼:《比较法律文化》,贺卫方、高鸿钧译,上海三联书店1990年版,第76页。

② 亚历山大·米克尔·约翰:《表达自由的法律限度》,侯健译,贵州人民出版社2003年版,第13页。

③ 同上书,第21—40页。

主要的价值，在于其对言论自由的限制提出了一种批判性和反思性的理论框架，但并不能据此而建构出“公共言论就是绝对自由”这一规范性命题。从言论自由权利行使的实践观察，可以发现即便在公共言论的语境中，煽动叛乱、恐怖主义、鼓动种族仇恨的言论、甚至“要求禁止某些言论的言论”(如禁止共产主义言论)显然是应当受到抑制的。[①] 而在私人领域，言论自由不得侵犯他人的人格、隐私、名誉，这些实际上从侵权法的角度，对言论自由权的行使划出了边界。

2. 行政法和规制领域

由于相对人的权利主要是“法定权利”(statutory rights)或者“特权”(entitlements)，相比于民法和宪法领域而言，行政法上权利的相对性更为明显。理论上，宪法基本权利通常被认为是公民身份的基本要素，而民事基本权利，特别是财产权、合同意思自治等权利，是“私民”身份的构成要素。无论是公民权利还是私民权利，这些权利的“基础性”，意味着法律对权利进行限制的论证，需要更高的正当性门槛。但在行政法和规制领域，法定权利往往伴随着对权利行使的各种限制。例如，获得社会保障的权利(如低保、经济适用房购房资格等)必须严格依照法定的标准认定，也必须依法定条件和要求行使，否则即构成违法或滥用，导致权利失效。在20世纪90年代美国正当法律程序革命的时代，伦奎斯特大法官就提出了著名的“甜加苦理论”(bitter with sweet)来分析制定法赋予的权利与义务的统一性。[②]另一个比较典型的例子是许可(permit)和特许权(franchise)。如果相对人获得了一项许可或特许，但束之高阁，不实施该许可，虽然并不违法，但却违背许可的目的，可能造成公共资源的浪费，因此许可将可能失效，或行政机关可以强制实施该许可。例如，在建设用地管理领域，土地使用权人在竞得土地后两年内不进行开发而被认定为“闲置土

---

① Jeremy Waldron, “Rights in Conflict”, *Ethics*, Vol. 99, No. 3(April 1989), pp. 503—519.

② 王锡锌:《正当法律程序与“最低限度的公正”——基于行政程序角度之考察》，载《法学评论》2002年第2期。

地”的，政府可无偿收回土地之[①]；以及专利法所规定的专利强制实施许可，便是例证。[②]

3. 民事诉讼领域

禁止诉讼权利滥用是一个广泛讨论的问题，但在很多情况下，论者多以“诚实信用”原则而展开分析。例如，有论者指出，将诚实信用原则植入民事诉讼，改造和修正当事人主义、辩论主义、处分权主义等个体本位的法权观念和诉讼模式，体现的是对民事诉讼实质平等和公平正义的价值向往以及实现民事诉讼真实、有效解决纠纷的功能追求，体现了一种社群主义的观念。[③]

从大陆法系民事诉讼的实践看，诚实信用原则包含了禁止诉权滥用的要求[④]。例如，如无正当理由反复要求审理法官回避，期日指定申请权的滥用等，都属于有悖诚实信用原则。张卫平教授认为，在诉讼权能的滥用问题上，需要特别注意但同时也难以把握的是起诉权滥用问题。[⑤] 由于起诉权是一种受宪法保障的基本诉讼权利，因此，在外国民事诉讼实践中，以诚实信用原则对诉权滥用的处置是相当谨慎的。在承认诚实信用原则的国家，关于诚实信用与诉讼上权能或对诉讼权利滥用的规制之间的关系，理论上至今仍存有争议，而争议的实质问题是诚实信用原则是否包含对起诉权滥用的规制。[⑥] 正因为仅仅根据诚实信用原则或权利滥用原则很难对诉权进行限制，国外的实践出现了通过制定法对诉权滥用进行限制的做法。例如，普通法国家，如英国、澳大利亚、美国，都有关于“无理纠缠的诉讼”(vexatious action)的立法和相关实践。英国1896年的《纠缠诉讼法》(Vexatious Proceedings Act)是为了解决 Alexander

---

① 《闲置土地处置办法》(中华人民共和国国土资源部2013年第53号令发布)第14条规定：“未动工开发满两年的，由市、县国土资源主管部门按照《中华人民共和国土地管理法》第三十七条和《中华人民共和国城市房地产管理法》第二十六条的规定，报经有批准权的人民政府批准后，向国有建设用地使用权人下达《收回国有建设用地使用权决定书》，无偿收回国有建设用地使用权。”

② 关于禁止权利滥用在知识产权领域的适用，可参见易继明：《禁止权利滥用原则在知识产权领域中的适用》，载《中国法学》2013年第4期。

③ 参见姜世明：《举证责任与真实义务》，台湾新学林出版股份有限公司2006年版，第490、491页。

④ 张卫平：《民事诉讼中的诚实信用原则》，载《法律科学》2012年第6期。

⑤ 同上注，第156页。

⑥ 关于这一问题的相关学说争议，可参见铃木正裕：《新民事诉讼法中的法院与当事人》，载竹下守夫、今井功编：《新民事诉讼法(1)》，弘文堂1998年版，第40—42页。

Chaffers提起的48件讼案，诉讼对象包括威尔士亲王、坎特伯雷大主教、下议院议长、下议院职员、不列颠图书馆受托人、上议院大法官和不胜枚举的法官等。[①] 由于普通法系对禁止权利滥用原则和诚信原则的强调远不及大陆法系，通过立法对诉权滥用进行限制自然容易理解。不过，或许这背后还有一个非常重要的观念问题，那就是，诉权是一项基本的权利，是救济权的基础，而对这一基本权利的限制，不能过分依赖主观化的诚信原则、禁止权利滥用概念以及法官自由裁量而进行。在这个意义上，通过立法对诉权滥用进行规则化的表达和行为的类型化，相比于抽象的法律原则而言，可以为基本权利提供更高程度的保障。

（二）权利滥用在公法领域适用的不同情境

如前所述，无论在私法还是公法领域，权利的相对性都意味着权利的行使存在一些约束性条件，而这正是禁止权利滥用的逻辑和法理基础。但是，笔者想要特别指出的是，由于私法上的法律关系和公法上的法律关系存在着明显的差别，在不同的法律关系中，个体权利的功能存在着很大的不同，相应地，禁止权利滥用原则在公法领域的适用与其在私法领域中的适用也存在不同。笔者认为，这些不同可以从以下四个方面简要展开。

1. 法律关系的差异

公法中基本的关系结构是“权利—权力”关系。相比于民法领域私人相互之间平等的“横向关系”而言，公法中的关系结构呈现出不对等的“纵向关系”特征。[②]无论在宪法还是行政法层面，个人所拥有的权利，可能就对应着国家或政府所应担负的义务。因此，不应以个体权利行使影响到了公共权力主体为由，而判定前者行为构成权利滥用。实际上，个人权利行使的一个重要功能，就是对公共权力进行约束和监督。例如，知情权不仅是一种“知道”的权利，同时也是一种“监督”的权利。[③] 公共权力的支

---

① See Nikolas Kirby, “When Rights Cause Injustice: A Critique of the Vexatious Proceedings Act 2008 (NSW)”, *Sydney Law Review*, Vol. 31, No. 1 (2009), pp. 174—175.

② 徐国栋：《论诚信原则向公法部门的扩张》，载《东方法学》2012年第1期。

③ 《政府信息公开条例》第1条规定：“为了保障公民、法人和其他组织依法获取政府信息，提高政府工作的透明度，促进依法行政，充分发挥政府信息对人民群众生产、生活和经济社会活动的服务作用，制定本条例。”这实际上以立法形式确认了知情权具有“复合性功能”，即权利功能、透明度建设功能、监督促进功能、信息服务功能。

配性能力和权力滥用的人性假设,要求我们在将禁止权利滥用原则适用到公法领域时,应坚持利益权衡原则,在禁止权利滥用和有效保障权利对权力的监督制约这两者之间进行利益权衡,防止禁止权利滥用原则变异为对个体权利进行限制的借口。

2. 权利的目的和功能差异

禁止权利滥用原则的一个正当化考虑就是权利的行使违背了设定该项权利的目的,但是不难发现,民法上的权利与公法上的权利在权利设定的目的上具有差异性,这种内在目的性的差异,也反映在权利实际行使的外在功能上。例如,所有权的基本目的就是要保障权利人对物的占有、使用、处分和收益,这种权利设定的目的是以个人为本位的。因此,在大陆法系关于所有权滥用的经典案例中,判定所有权滥用的一个核心要素就是,权利的行使是否“与已有利”。如果与已有利,即便影响到相邻权人的利益或者公共利益,也不属于滥用权利,而只是相邻关系的处理;但如果权利人行使权利损害他人或公共利益而对自己毫无利益,也就是“损人不利已”,则很可能构成权利滥用。与此不同的是,公法中的权利设定既有个体本位的目的,同时也有公共目的。如知情权作为一项权利,其设定依据就是从民主政治的品质要求和抑制权力腐败而衍生出来的,这一权利衍生的背景,相应地也决定了该项权利的目的:知情权首先是个体了解公共机构权力运行信息的权利,是一种“知”的权利(right to know);但同时,它也是一项公民用以参与公共生活、监督公共权力行使的权利,也就是说,它也是一种“行”的权利(right to act)。权利行使的公共功能表明,我们不能仅仅从知情权行使是否“与自己利益有关”来判断申请人是否滥用了权利,因为这种权利并不只具有个人的自利性目的,而是具有复合性目的和功能。

3. 资源、信息、权力的不对称分布

与平等民事主体之间的关系有所不同,在个人与政府的关系结构中,政府在资源、信息、权力、话语等方面往往处于更加强势的地位。权利的本质是一种主体间关系,若从这个意义理解,在公法领域中的个体权利,始终面临着来自公共权力的不对称挤压。例如,在信息公开领域,国家安全、经济安全、公共安全、社会稳定等都构成对公民知情权的限制[①],但如何界定这些宽泛的概念？从权力关系的结构看,负有信息公开义务的行政机关,往往被赋予很大的裁量权,而这很可能构成对公民知情权空间的挤压。因此,在这种不对称关系结构中,对权利滥用的判定必须极为谨慎,须由立法机关提出指引性规则,而不应将宽泛的自由裁量权赋予公共机构,否则极易导致裁量权的滥用,加剧这种不对称关系结构的失衡。

4. 自然正义原则

禁止权利滥用原则在公法中的适用,还需要特别考虑程序正义问题。在民法中,权利滥用问题通常涉及权利主体相互之间的争议,这种争议通过中立的公共机构(如法院)进行处理。法院在利益上的超脱以及司法程序的相对中立性,令争端解决获得了程序正当化资源。然而,在公法关系中,个体权利的行使,往往就意味着公共机构的相应义务;而如果由后者来判断前者行使权利的行为是否构成滥用,则违背了"不做自己案件的法官"这一基本的自然正义的要求。在政府信息公开领域,这一情形十分明显。如果一个公民向行政机关提出信息公开申请,而后者根据一些因素(如申请人动机不纯、申请数量大、申请信息无关紧要、申请信息与自己利益不相干等)来判断申请行为是否构成申请权滥用,不论这些判断标准在实体上是否合理,仅就程序而言,行政机关其实是类似于"既当运动员又当裁判员",从而违背了程序正义的要求。当然,我们可以设想,让法院成为滥用权利的判定机构。不过具有讽刺意味的是,在前述陆案中,法院认为由于原告在信息公开申请中存在滥用申请权的行为,所以,认定原告基于前述滥用申请权行为而提起的行政诉讼,亦构成"滥用诉权",故法院对案件实体部分拒绝审理。这就构成了一个死结。[②]

从比较法角度看,一些国家注意到这一程序正义问题,因而设计了相应程序机制予以化解。在英国,公共机构如果认为一个申请构成"无理纠缠",则申请人可以向信息公开专员办公室提出异议;对异议处理决定不

① 《政府信息公开条例》第 8 条的规定。相关分析可参见王锡锌:《信息公开的制度实践及其外部环境——以政府信息公开的制度环境为视角的观察》,载《南开学报》(哲学社会科学版)2011 年第 2 期。

② 在陆案中,存在两个不同性质、但相互联系的法律问题。第一是滥用申请权问题,第二是滥用诉权问题。在逻辑上,申请人在行政程序中是否滥用申请权,是判定其在诉讼程序中是否滥用诉权的前提。但是在该案中,法院并没有对原告申请信息公开行为的实体问题进行审理,就得出滥用申请的判断,并进而判定滥用诉权,这种做法在逻辑上令人费解。

服,可以向相对独立的裁判所提出申诉,后者对争议进行裁决;如果任何一方当事人对裁判所的裁决不服,可以向上诉法院提出诉讼,法院有最终裁决权。但法院裁决必须要对诉讼的实体争议进行审理,而不能以"滥用诉权"为由拒绝审理案件。[①]

四、滥用知情权:一个初步的分析框架

(一) 比较法观察:"纠缠式申请"与知情权滥用

查阅国外有关公共机构信息公开的立法规定和司法裁判,都没有发现"知情权滥用"(abuse of right to know)之概念。国外一些立法和裁判中与此问题关联性较大同时也是国内学界和实务界讨论最多的一个概念,可能是纠缠式申请(vexatious request)或轻率申请(frivolous request)。这些概念应该是对滥用知情权这一宽泛的概念进行限缩和行为类型化的结果。

美国《信息自由法》在法律文本中没有关于"轻率申请"(frivolous request)或"骚扰性申请"(request harassment)这样的立法概念。联邦法院在一些判例中申明,由于知情权是公民了解和监督政府"干什么"的手段,因此,申请人主观上的动机和目的,并不是判定申请行为是否适当的考虑因素。[②]此外,《信息自由法》规定的免于公开的信息,主要是依据目标信息的内容属性,而不是申请行为的属性,而对哪些信息可免于公开进行描述。在2014年的一个案件中,联邦华盛顿特区巡回法院指出,如果申请人提出的申请中对目标信息描述不够清晰,行政机关有义务进行分析和阐明。[③] 在判例法层面,虽然也涉及类似纠缠性申请的问题,但迄今为止,联邦法院并未在裁判中对什么是"轻率申请"或"骚扰性申请"进行界定。

在州这一层面,州法院似乎表现出对信息申请的"骚扰性使用"现象

---

① 《英国信息公开专员办公室指南》,https://ico.org.uk/media/for-organisations/documents/1198/dealing-with-vexatious-requests.pdf,访问日期:2017年4月17日。

② US Department of Justice v. Reports of Comm. for Freedom of Press, 489 U.S. 749, 762.

③ People of the Ethical Treatment of Animals v. National Institute of Health, 745 F. 3d 535(D. C. Cir. 2014).

给予比较多的关注。例如，在2008年，密西根州Kalamazoo县的一位申请人向县政府提出了3500封电子邮件申请函，要求县的信息公开委员在180天内提供超过300份文件。密西根州Kalamazoo县巡回法院裁定，行政机构无需回复这些申请。在2010年的一个案件中，一位政府雇员被其机构解聘后，反复向原工作机构申请相关的调查记录。该案的初审法院认为申请人构成"轻率申请"并对代理该案向法院提起诉讼的律师处以罚款。该案上诉之后，华盛顿州上诉法院维持了初审法院的裁决。[①]

有些州甚至考虑在立法层面对"骚扰性申请"进行规制。例如，2011年伊利诺伊州的《信息自由法修订案》规定了"反复申请人"(recurrent requester)这一概念，即"如果某申请人在连续12个月内向同一个公共机构提出了最少50个申请；(2)或者在30天内提出了至少15个申请；或者(3)在7天内提出了最少7个申请"，这样的人就是"反复申请人"。[②]反复申请人的提出的申请并不一定是纠缠式申请，但应重点审查其申请行为。

关于纠缠性申请，最为典型的是英国《信息自由法》(2000年)第14条(1)的规定。根据该条文，公共机构无须履行向申请人提供被申请信息之义务，如果该申请被认定为"无理纠缠"(vexatious request)。[③]

不过，到底什么是无理纠缠的申请？《信息自由法》并没有进行明确界定。英国信息专员办公室向公共机构提供的指南中认为：公共机构在判定一个申请是否构成无理纠缠时，重点应该考虑申请是否可能造成对行政机构产生"过度的"(disproportionate)和"不必要的"(unjustified)干扰、激怒或苦恼。在进行判断时，公共机构应当结合申请的背景和提出申请的来龙去脉等相关因素进行综合考虑。[④] 在Information Commissioner vs. Devon County Council & Dransfield一案中，英国高等裁判所指出："无理纠缠"不能简单地从词典中去找解释。认定一个申请是否构成无理纠缠，最终需要综合考虑申请行为的各方面因素。裁判所进一步指出，"无理纠缠"可以被界定为"对信息公开的法律程序明显不正当的

---

① Philips v. Valley Communications, Inc., 159 Wash. App. 1008(2010).

② 5 I'll. Comp. Stat. Ann. 140/2.2(g).

③ 英国《信息自由法》(2000年)第14条(1).

④ 《信息专员办公室指南》，https://ico.org.uk/media/for-organisations/documents/1198/dealing-with-vexatious-requests.pdf，访问日期：2017年4月17日。

(unjustified)、不合理的(inappropriate)、不恰当的(improper)利用”。①很明显,裁判所提出的判定标准是一个高度主观的标准。为了对判定标准的主观性进行限缩,高等裁判所认为,在研判一个申请行为是否构成无理纠缠时,需要综合考虑四个因素:(1) 满足申请所要承受的行政负担;(2) 申请人的动机;(3) 申请的价值或目标的严肃性;(4) 申请可能对行政机构或工作人员造成的骚扰或苦恼。②

在同一案件后续的法院审查程序中,法院的态度似乎更为谨慎:“判定无理纠缠的重点应当放在客观的标准之上。判定无理纠缠,应考虑申请行为有无任何合理的基础让人相信该申请对申请者本人、或者对公众、或者对任何一个公共机构具有价值。”③可以看出,与高等裁判所提出的主观标准有所区别,上诉法院似乎提出了一个更高的标准,强调了判定标准的客观性。不过,法院同时也认为:“公共机构在判断一个申请是否为纠缠性申请时,需要对所有的相关因素进行平衡考虑”。④ 这意味着,对是否构成无理纠缠的判断,仍然有相当的主观裁量空间。

苏格兰 2002 年制定的《信息自由法》(FOIAS)在免于公开的事项第(14)类中,也规定了公共机构对“纠缠性申请”可拒绝公开,但该法律也没有对“纠缠性申请”进行界定。苏格兰信息公开专员于 2012 年对公共机构提供了一份指导性大纲,以便他们在判断无理纠缠的申请时参考。根据这份大纲,纠缠性申请是指“申请会给公共机构带来重大的负担(significant burden),但同时(1) 申请并没有严肃的目的或价值;或(2) 其目的就是骚扰或麻烦公共机构;或(3) 在效果上会造成骚扰公共机构的正常工作;或(4) 申请行为在一个具有基本理性的人看来是不合理的或者不成比例的”。⑤

---

① Information Commissioner vs. Devon County Council & Dransfield, 2012 UKUT 440 AAC(28 January 2013).

② Ibid.

③ Dransfield v Information Commissioner and Devon County Council 2015, EWCA Civ 454 (14 May 2015).

④ Ibid.

⑤ Scottish Information Commissioner, 2012a., Cherry M, McMenemy D., “Freedom of Information and ‘Vexatious’ Requests—The Case of Scottish Local Government”, in *Government Information Quarterly*, 2013, pp. 257—266.

(二)对申请权滥用现象的评估

今日,“纠缠性申请”似乎已成为一个在信息公开领域广受关注的概念。然而,一些有关信息公开法实施情况的实证研究表明,这个概念虽然反映了现实的一些情形,但也构建了一个具有误导性的大众想象,好像许多信息公开申请人都是无所事事、整天拿政府部门开涮的无聊之徒。英国学者 Cheery 通过对苏格兰《信息自由法》实施 8 年以来情况的实证研究,指出“纠缠性申请”虽然存在,但很多时候也被官僚机构和媒体进行了选择性的过度放大。① 研究者还指出,人们之所以对纠缠性申请记忆深刻,是因为人们在印象形成上的帕累托效应,即数量较小的纠缠性申请对人们主观印象的塑造产生了较大的影响。② 事实上,这类申请在所有的信息公开申请总量中所占的比例非常低。而且,“纠缠”(vexatious)或“轻率”(frivolous)概念之判断,往往具有很大的主观性,如果欠缺基本原则的约束和行为类型化,将会赋予公共机构和官员过度的自由裁量,而这将是对知情权的巨大威胁。

不过,同样需要意识到,知情权并不是一项绝对的权利,对知情权行使的法律限制是显而易见的。例如,各个国家的信息公开立法中,都有关于“免于公开之信息”的规定,包括国家秘密、个人隐私、商业秘密等,这些都是从信息内容的角度对知情权的限制。从行使知情权的行为方式看,许多国家普遍的实践是,需要考虑对获得信息权的保障与公共资源公平配置之间的平衡,考虑公共支出的成本——效用之间的合比例性,这显然是一种现实主义的态度。从这一现实主义角度而言,提出知情权滥用的概念,并非无的放矢。但正如笔者在前文中所强调的那样,对作为一项公法上基本权利的知情权滥用的界定,需要秉持非常谨慎的态度,并将知情权滥用的判定置放于一个得到良好指引的分析框架之下,方能在对权利行使进行指引和规制的同时,也防止“滥用知情权”之概念的滥用。

---

① Cherry M, McMenemy D., “Freedom of Information and ‘Vexatious’ Requests—The Case of Scottish Local Government”, in *Government Information Quarterly*, 2013, pp. 257—266.

② Hazell, R. and Worthy, B., “Assessing the Performance of Freedom of Information”, in *Government Information Quarterly*, 2011, pp. 352—359.

(三) 滥用知情权:分析框架的必要性

我国《政府信息公开条例》并没有提出知情权滥用的概念。在司法实践中,法院虽然提出了"滥用获取政府信息权"(陆案一审裁定、二审裁定书)或"滥用知情权"概念(《最高人民法院公报》裁判摘要),但是都没有对这一概念的法理和运用逻辑进行足够的推理和解释,因而也引起了很大的质疑和担忧。从实际操作层面看,如果在信息公开实践中的确有可能出现申请权滥用的情形,就有必要在立法和司法层面对这些权利滥用情形进行回应。在某种意义上,陆案就是对信息公开申请权行使过程中所出现问题的司法回应。不过,在立法层面尚没有提供必要判定原则和标准之情况下,这样的司法回应不可避免会带有很强的司法能动主义色彩,也很容易遭遇合法性质疑。

因此,在现行法律对滥用知情权尚未规定的情况下,有必要以宪法和其他相关法律的规定为基础,以禁止权利滥用的法理为依据,以知情权目的和功能为逻辑,建构一个分析知情权滥用的框架。这个框架的使命有两个方面:一是为知情权滥用问题的判定和分析提供说理依据;二是防止行政机构和司法机关在判定知情权滥用问题上的主观化和非理性化。从该分析框架的基本内容看,需要解决三个层面的基本问题:第一,滥用知情权命题的基本依据和法理。第二,如何判定知情权滥用行为的构成?第三,对知情权滥用的认定,举证责任如何分配?以下对这一框架的三要素进行简要展开。

1. 滥用知情权命题的基本依据和法理

对禁止权利滥用原则的法理分析表明,禁止权利滥用这一发源于民法语境中的原则,与诚实信用原则一样,旨在为权利的行使提供某些客观和主观的诚信标准。由于权利的相对性不仅存在于私法领域,也同样存在于公法领域,故禁止权利滥用和诚信原则,在公法领域也同样具有适用空间。尽管公法的法律关系主要是"个体—政府"之间的关系,而且在这一语境中法治主义强调的重点是以法律控制权力,但不可否认的是,"如果人都是天使,也就不需要政府"。麦迪逊的这句名言其实也表明,政府的根本问题,其实是人的问题,这里的人是指普遍的人性。法律权利的行使,既需要法律保障,也需要辅之以公民品格的指引。[①] 诚实信用原则主要从正面提出了权利行使的良好道德追求(good faith),而禁止权利滥用原则则对违背目的、价值的行为(bad faith)进行抑制。

在规范层面,虽然并无法律明确规定禁止权利滥用原则,但是关于权利相对性的理论,以及现有法律的一些规定,都可以为该原则的导出提供依据。例如,我国《宪法》第 51 条规定:“中华人民共和国公民在行使自由和权利的时候,不得损害国家的、社会的、集体的利益和其他公民的合法的自由和权利。”这一关于权利与义务相统一的宪法规定,可以作为禁止权利滥用最基本的规范基础。当然,《民法总则》《合同法》《民事诉讼法》等关于诚实信用原则的规范,也为禁止权利滥用原则提供了基础。

实践中,滥用信息公开权利也日益受到关注。例如,英国信息公开专员办公室在其向公共机构提供的指南中,使用了“滥用 FOIA 权利”概念,主要指纠缠性申请。该指南强调,虽然信息公开的立法旨在保护公民的知情权,但是,“少数申请人有可能滥用立法所规定的权利,这些权利滥用行为可能威胁甚至颠覆整个信息公开制度的权威性,浪费本该配置到更值得的申请事项上的资源,并影响公共机构的正常运作”。[②]如果从公民意识培育和公共文化角度看,尽管也有人将这些以信息公开为策略性手段而进行维权抗争或监督政府的人视为“积极公民”,但不应该过分夸大这些策略性行动的公共效用,因为这些象征性的、策略性的行动其实是“双刃剑”,把握不好则会损害信息公开制度本身应有的严肃性,恶化政府与民众之间的信任关系,并对公共理性的发育造成挤压。

2. 如何判定滥用知情权?

基于以上分析,本文认为,应当将禁止权利滥用作为信息公开制度中的一项基本原则。不过,由于知情权作为一项公法上的基本权利,在权利的性质和功能上具有权利主体的自用功效和对政府权力进行监督的他用功效的统一性,因此,将禁止权利滥用原则用适用于知情权领域时,必须

---

① 这其实是共和主义理论特别关注的一个问题。人如何从关注自己利益的“私民”转变为具有公共德行的“公民”,是共和体制得以运行的基本保障。在这个意义上,宪政的体制结构固然是重要的,但主要是以悲观的人性论为基础而建构的,而公民的品性,则是从理想的人性论为指引的。对于一个好的共同体来说,这两者缺一不可。参见菲利普·佩迪特:《共和主义:一种关于自由与政府的理论》,刘训练译,江苏人民出版社 2006 年版,第 273—280 页。

② 英国《信息专员办公室指南》,https://ico.org.uk/media/for-organisations/documents/1198/dealing-with-vexatious-requests.pdf,访问日期:2017 年 4 月 17 日。

对这一原则进行限缩和提炼。也就是说,滥用知情权概念,本身仍然失之于宽泛,如果不进行限缩,将会赋予判定机构过于宽泛的自由裁量权。因此,禁止权利滥用原则在知情权语境中的适用,必须根据知情权本身的性质和功能而进行具体化,否则这一原则本身将很容易被滥用。

对禁止权利滥用原则的适用进行限缩的第一个路径,是对滥用知情权的行为进行类型化,在立法中引入细化的、具体的"行为类型化"规定。例如,比较法的观察表明,滥用信息公开权利的行为,最主要的类型化行为就是滥用申请权而导致的"纠缠性申请"和"无关紧要的申请"等行为。这实际上是将宽泛的"滥用"概念通过类型化而提炼出更加具体的规定。以行为的类型化为基础,通过相应的立法规则,可以对权利滥用这一宽泛的原则进行限缩,从而压缩自由裁量空间。[①]

在我国,实践中时而发生的大量申请、反复申请的行为,也就是学理上讨论的滥用知情权行为,其实主要是比较法视野中观察到的纠缠性申请、无聊申请等行为。因此,首先可以考虑在信息公开立法的修改中,引入类似的法律概念,对纠缠性申请、无聊申请等进行类型化,并通过立法规则尽可能将其具体化。这一方面有助于遏制申请权滥用的情形,另一方面也不至于因为原则的过分宽泛化而导致对知情权行使空间的挤压。

对禁止权利滥用原则的适用进行限缩的第二个路径,是提炼一些操作性标准。尽管任何一个法律原则都很难有完全客观化、公式化的标准,但如果完全没有标准指引,则在实践操作中会导致裁量的高度主观化,引发比较的非正义(comparative injustice),加大权力滥用的风险。即便在立法层面对一些类型化行为已经完成概念化之后,操作性标准仍然是重要的,因为法律概念本身就具有高度不确定性,如对"无理纠缠"的构成,判定上仍然具有很大的主观裁量空间,所以操作性标准对于限缩裁量的任意性不可或缺。

结合信息公开法律制度的目标、成本以及行为的构成要素,本文作者认为,可以从申请行为的主观、客观、后果三个方面考虑判定知情权滥用的操作性标准。

---

① 遗憾的是,正在修订中的《政府信息公开条例》(征求意见稿)并未对滥用申请权行为的类型化给予关注,既没有引入"禁止申请权滥用"的原则,也没有对滥用申请权行为进行具有指引性的界定和行为列举。面对实践中已经凸显的申请权滥用问题,修订稿采取了回避的态度,令人不解。

第一，主观测试标准。申请人的申请行为是否构成滥用，首先应当分析其主观心理态度，分析行为人是否属于恶意利用信息公开程序，是否符合“主观诚信”的要求。主观诚信的探知，其一是“目的测试”（purpose test），即申请行为是否符合信息公开申请程序的目的。例如，目标信息已经是公开的，或者有证据表明申请人已经获得了目标信息，但仍要通过申请程序而要求行政机构提供该信息，经行政机构告知仍执意申请，该种情况下，申请行为虽然在形式上符合法律程序，但其目的却偏离了程序目标。其二是通过一般的常识和理智来判断主观诚信。例如，基于“好奇心”或者“想象”“猜测”等心理需求提出信息公开申请，但有理由证明这些申请缺乏正常理智的人能够理解的目的，则申请人的主观态度就可能是不正常、不合理的，有可能构成主观恶意（bad faith）。例如，一个申请人向中央情报局（CIA）申请公开信息，因为他相信“政府在他的大脑和身体里安装了电子设备，以控制他的思维”。CIA 认为这种申请是纠缠性申请。类似的申请，包括有关外星人对地球进行攻击的信息等，具有同样的特点。不难发现，这种申请基于不成立的理论甚至主观上的幻觉而启动，因此在主观上欠缺一般人难以理解的目的。①

对于这种欠缺主观诚信，被判定为恶意申请的行为，虽然也可以用“信息不存在”为理由加以拒绝，但对这种申请进行拒绝回复的行为本身，就构成一种回复，因此，在判定某申请具有主观恶意时，应将其界定为恶意申请予以拒绝。②

需要指出的是，主观上目的标准所强调的是申请人有无主观恶意，而不是指申请人获取信息的用途。申请行为的主观目的与获得信息后的用途，是两个不同概念。主观测试要检测的是申请行为的目的，而获得信息之后申请人如何使用该信息并不是申请行为的一部分。担心申请人获得信息用于上访、诉讼取证等，考虑的是信息用途，而不是申请行为的主观态度。由于知情权具有复合的价值和功能，因此在绝大多数国家的信息公开立法和实践中，并不对申请信息的用途加以限制。即使很多国家对用途进行分类，主要也是从申请程序和收费等方面考虑。我国《政府信息

---

① Marino v. CIA, No. 11-813, 2012 WL 4482986(D. D. C. Sept. 28, 2012.).

② 在美国《联邦民事诉讼程序规则》中，法院对于恶意诉讼的当事人之律师可予以罚款。例如，诉讼基于明显不能成立的假设，其目的主要在于拖延义务履行，或增加律师的知名度和影响力等。

公开条例》第 13 条规定的“为了生产、生活、科研的需要”(三需要),但根据该《条例》第 1 条关于立法目的的规定,“三需要”不应当被理解为是申请政府信息所必须符合的法定目的要件,而只是对公民提出信息公开申请的程序性要求(即说明义务),不应据此来判断申请行为的目的是否正当或是否具备申请资格。[①]

第二,手段测试标准。前述申请行为人的主观测试标准,除非在明显可判定主观不诚信的情况下,否则大多数情况都必须同时考虑申请的手段、方式等客观要素而进行综合判断。手段测试标准是行为外在的、客观的判定因素。法律的原则和规则、同理心或诚实信用原则,对行为人的行为提出了符合法律和一般常理的期待性要求。尽管法律规范不一定将这些要求规则化,但这并不意味着那些期待是没有任何约束力的。权利所蕴含内在基本目标和价值理想,以及诚实信用的公民义务,在某种程度上构成了权利行使的边际约束。

诚实信用原则为权利人设定了行为底线,超出底线固然是违法,但即便在底线之内,仍然有理由期待权利人以符合体面、正直、尊严等要求的方式而作出行为。因此,诚信原则使我们有可能通过行为的手段、方式等外在形式来判断和评价一个人的行为是否符合某种基于同理心而被广泛认可的价值,即便法律规则并没有明确规定。毫无疑问,在一个良好的社会中,权利人的行为诚信是一个重要的公共价值期待。具体而言,这种公共价值要求每个人在行使权利的同时,也尊重共同体之维系所依赖的公共理性、合作和最低限度的信任。

例如,有的申请行为伴随着口头或者书面的对公共机构或其人员威胁性的、侮辱性的言辞,这损毁了对法律和公共机构的基本尊重。英国《信息自由法》将此类申请直接定性为“骚扰性”的。另外,向一个机构重复提出内容相同的申请或数量众多的申请,或在内容上实为信访、咨询、或举报的申请,经行政机构告知其改进但拒绝改进的;或要求行政机构提

---

① 在这个意义上,国务院办公厅出台的《意见》中所规定的“对不能说明生产、生活、科研需要的申请,行政机关可不予提供”,应该是对《条例》的错误解读。最高人民法院关于《信息公开行政诉讼的司法解释》中,对“三需要”做了一种更加平衡的解释,认为“三需要”是一个初步的说明和证明责任问题,而不是申请信息公开的目的要件和申请资格要件。在行政诉讼中,“三需要”是审理环节的实体问题,而不是起诉环节的原告资格问题。因此,《政府信息公开条例》修订草案征求意见稿中,已删除了“三需要”之条件。

供需要进行大量统计、分析、处理工作才能获得的信息的申请，在行为方式上都需要进行是否必要、是否符合常理的检测，也就是申请行为是否符合客观诚信的测试。

第三，后果测试标准。即便申请行为在主观上和行为方式上都基于可以理解的理由，但如果从政府公共资源的配置看，申请行为可能导致无意义的资源浪费，或资源投入和效用完全不成比例，或行政机构满足申请将会影响其他法定职责的履行，这样的申请也可能纠缠或者骚扰性的申请，尽管行为人在主观上并没有恶意。或许，在理想主义者看来，考虑资源的问题实际上是将权利庸俗化，但从现实角度看，资源的有限性是一个无法逃避的现实问题。在有限的期间、人员、经费、设备等给定条件下，理想主义和道德高调，并不能化约法律程序操作所面临的资源约束问题。

这种后果分析的核心，其实指向了信息公开申请权行使的公共成本问题，这是一种法律现实主义的态度。权利的行使都意味着一定的成本，这些成本有的由个人承担，但也有很多成本将由共同体来承担。在后一种情况下，有可能出现权利行使过程中的“公地悲剧”。因此，从经济意义上来看，权利行使成本—收益的合比例性（proportionality）是一个可正当化的要求，是对权利行使进行分析的一个重要视角。从比较法实践来看，英国信息公开专员办公室在一份向公共机构提供的信息公开指南中指出，判断纠缠性申请的核心，就是比例性标准，即如果处理申请行为所要导致的成本与该申请的利益“不成比例”（disproportionate），那么这些申请就很难得到正当化。[①]

设想一个情形：如果申请人提出申请，要求行政机关提供其全年行政处罚的数量、案件类别、处理情况、原因分析等信息，这就相当于要该行政机关为其制作一份专题研究报告。这些需要加工、处理、分析、整合方可获得的信息，很明显会对行政机构人力、财力、时间等构成实质性的消耗，从而影响该机构法定公共职责的正常履行。在这种情况下，申请很难通过后果的“合比例性”测试。不过，对成本收益分析的适用，也存在很多难点。很明显，我们很难对一个申请的成本收益进行精确的量化和计算，因此，成本收益分析必然夹杂大量的“估算”，而由于信息和资源的不对称，

---

① https://ico.org.uk/media/for-organisations/documents/1198/dealing-with-vexatious-requests.pdf，访问日期：2017 年 4 月 17 日。

估算很可能强化行政机构的不对称优势，进而可能会压制正当合理的申请。

或许我们也可以考虑通过信息公开申请的收费机制来解决滥用问题。应该说，收费制度是一个比较重要的制度，信息公开申请的收费机制也的确会对申请的数量构成明显的影响。① 例如，在爱尔兰《信息自由法》实施 3 年后，申请信息公开的收费标准提高之后，信息公开申请的数量下降了一半。② 但是，提高收费标准必须全盘考虑各种因素。如果提高信息公开申请的收费标准仅仅是为了限制纠缠性申请，那么必须特别注意，收费标准的提高也将大大增加合理的、正常的申请行为之费用和成本，这就会导致“一人生病，全家吃药”的情形。所以，一般性地提高信息公开申请的收费标准，“副作用”很大，并非抑制申请权滥用的灵丹妙药。

在申请信息公开收费制度方面，英国的立法和实践可作为参考。如同信息专员办公室所指出的，尽管信息公开是一项非常重要的制度，但对于政府资源的使用来说，信息公开并非唯一目的。处理信息公开所需花费的资源，不应过度消耗公共机构的时间、精力和财力，以至于影响其履行其他方面的公共职责。基于这一认知，英国《信息自由法》规定了处理申请的“成本天花板”(cost ceiling)机制。③ 目前，处理同一申请人单个申请或一组相互关联的申请的成本上线，对于中央机构是 600 英镑，对于其他机构是 450 英镑。如果公共机构通过估算，发现处理申请所需的成本超过上述标准，则可以拒绝处理。在估算成本时，检索、查阅、分析所需的人工成本，以每人每小时 25 英镑计算。如果一个申请人(或者一起工作的其他人)在 60 个工作日之内提出一系列申请，这些申请的成本可以合并按照一个申请来估算成本。如果申请的目标信息需要在不同地点查阅大量文件，耗费很多工时，以至于要想搞清楚目标文件是否存在所花费的

---

① 依申请公开政府信息的收费制度是一项世界各国通行的制度，符合公平负担原则，也体现了对权利行使的成本约束。我国《政府信息条例》规定了依申请公开的收费制度，但实践中并未得到有效落实。2017 年，财政部、国家发展改革委《关于清理规范一批行政事业性收费有关政策的通知》[财税(2017)20 号]要求停征“依申请提供政府公开信息收费”，包括检索费、复制费(含案卷材料复制费)、邮寄费，自 2017 年 4 月 1 日起实施。取消依申请公开信息的收费制度的做法，于理相悖，于法不符，应该予以纠错。

② Worthy, B., “The Future of Freedom of Information in the United Kingdom”, in *The Political Quarterly*, 2008 79(1), pp. 100—108.

③ Freedom of Information Act(2000), Article 12.

成本就会超过成本上线，则行政机构可直接拒绝处理该申请。这种对行使知情权成本的考虑，也是考虑"无理纠缠"的申请时考虑的一个基本因素。对权利的保障不可能"不惜一切代价"，而是需要考虑成本和资源分配。英国信息公开高等裁判所在前述最重要的案例中明确指出："《信息自由法》第 14 条关于无理纠缠之规定的目的，在于保证公共机构宝贵的资源免于浪费或不成比例的配置。"[1]

3. 行政裁量及证明责任的分配

如果行政机构适用这些测试标准而判定申请行为属于滥用申请权，必须提供理由和证据加以证明。换言之，对于滥用信息公开申请权的认定，行政机关应负有证明责任。在程序上，这表现为应当由行政机构承担说明理由的义务和证明义务。如果申请人对行政机关的认定不服，可以申请复议或向法院起诉。复议机关或者法院进行审理的核心问题，就是对行政机关提供的理由和证据进行审查。

毫无疑问，行政机构在认定申请权滥用问题上的证明责任，是对其行政裁量权行使的理性化约束，也在整体上有助于申请权与行政机构裁断权的平衡。这种权责安排符合行政法治的权责统一原则，也有了比较成熟的实践。例如，在对"无理纠缠"申请的认定上，英国信息公开专员办公室强调，说明理由和提供证据加以证明，是行政机构应负有的程序义务。在一个案件中，一位申请人提出了一个信息公开申请后，又提出一个后续申请，要求行政机构提供对前一申请处理情况之信息。行政机构认为，提供这种"处于不断变动中的信息"(meta-data)将会令机构花费相当大的成本，而被申请信息的价值与提供这些信息所需支付的成本不成比例。信息专员办公室在复审此案时，认为行政机构没有提供"实质性证据"(substantive evidence)对其理由和认定予以证明，故而撤销了行政机构的决定。[2]

五、初步结论及讨论

从权利相对性的法理以及权利行使的外部性效用看，权利的行使需

---

① Information Commissioner vs. Devon County Council & Dransfield [2012] UKUT 440 (AAC), (28 January 2013).

② Information Commissioner's Office, Reference FS50573503.

要受到规则和法律原则的约束。在这个意义上，禁止权利滥用原则无论在法理、道义还是社会意义上，都有存在的必要性和基础，该原则在私法和公法的领域都具有可适用空间。但是，在公法领域，禁止权利滥用原则的适用必须考虑公法关系的基本特点，这些特点决定了该原则在公法领域中的适用不应简单照搬私法领域的相应规则和技术。具体到政府信息公开领域中的知情权，特别是信息公开申请权的行使而言，虽然知情权是一项基本的法定权利，但从权利行使的外部性、行政资源的有限性、以及对公民行动的理性精神的提倡等多角度看，知情权滥用行为也需要在法律原则、规则和实践层面受到约束。

或许，面对公共权力—个体权利中的不对称关系，特别是行政机构公开文化的脆弱、秘密行政的路径依赖、知情权保障在现实中遭遇的无力感等因素，提出禁止知情权滥用可能会被认为不合时宜，也不符合大众心理意义上的"政治正确"。但从理性和逻辑维度看，上述问题的存在，指向的是如何改进信息公开的法律机制以保障知情权的有效落实，但并不意味着可以无视或否认知情权滥用的问题。今日，知情权保障和落实的不足与知情权在某些情况下被滥用的情形同时存在，但却是两个不同维度的问题。对知情权法律制度的改进，虽然重点仍在于强化对知情权行使的有效保障，但也需要对违背公共理性和诚实信用原则之申请行为进行必要的限制，从有限的公共资源分配这一意义上讲，对滥用知情权行为的限制，也是保障知情权正当、有效行使的一种必要手段。只有同时考虑这两个维度，才能促成知情权法律制度的不断发展，而这也是改进官民信任、促进公民理性和提升公共生活质量的一个重要方面。

不过仍需注意的是，无论是从比较法的视野还是中国的现实情境看，滥用知情权之命题在实践操作中的展开，都会涉及行政和司法的裁量权行使。因而，如何在判定申请权滥用的程序作业中，对行政和司法的裁量权进行有效约束，无疑是信息公开实践中的一个重大而又极具挑战性的问题。本文主张，将禁止权利滥用原则引入信息公开法律制度之同时，必须建构一个限制性的分析框架，以防止判定权利滥用的权力被滥用。这个限制性分析框架包括两个方面：一是对滥用行为进行类型化，如引入类似英国《信息自由法》中的"纠缠性申请"等概念；二是对滥用、恶意申请等不确定法律概念提供基本的分析测试标准。这样就建构起了判定知情权滥用的法律原则—行为类型化的法律概念—基本的分析判定标准等逐步具体化的分析路径，从而有助于抑制行政或司法裁量权的滥用。这种从原则到类型化概念，再到具体测试标准的分析框架，也可以为知情权滥用行为的判定提供更好的分析和说理逻辑。回到本文开篇所讨论的陆案，对此案一个比较有代表性的批评，就是认为该案存在逻辑混乱和说理证明不充分之问题，因而存在滥用裁量权之嫌疑。[①] 如果存在本文所主张的法律原则、类型化法律概念和测试标准，则法院应对此种情形时的司法作业，将免于顾此失彼的尴尬。

在法律依据上，由于目前并无滥用知情权或滥用信息公开申请权之概念或相关原则，所以法院只能依据一些关联条文，结合法律目的、精神等过度宽泛的概念而寻求法律依据。例如，裁定书在法律依据部分主要引用我国《宪法》及《条例》第1条关于"依法"获取政府信息的修辞，法院认为"依法获取政府信息的规定，表明申请获取政府信息也必须在现行法律框架内行使，应当按照法律规定的条件、程序和方式进行，必须符合立法宗旨，能够实现立法目的"。[②]但是，法院对"依法"这一修辞性语句的解释是否过于具有扩张性？而且，如果认为申请行为违反了"依法"这一要件，则逻辑上应认为申请行为违法，而不是滥用申请权，所以法院裁定书也存在逻辑上的问题。总之，由于法律规则的缺位，不难发现法院面临左右为难的尴尬。

在对行为的类型化方面，由于目前法律上并没有"纠缠性申请"或"无聊申请"或等行为类型化概念，法院在处理陆案时试图将申请人行为的目的、动机、行为的来龙去脉等因素加以阐明，但由于立法并无行为类型化的概念，所以法院对申请行为的归纳也显得逻辑不够一致。例如，裁定书对申请行为的特征进行了概括，指出陆的申请行为具有四个特征：一是数量众多；二是家庭成员分别提出申请，且多有重复；三是申请公开的内容包罗万象；四是部分申请的目的明显不符合条例的规定。在列举这些行为特征后，裁定书分析到：

> 上述特征表明，原告陆红霞不间断地向政府及其相关部门申请获取所谓政府信息，真实目的并非为了获取和了解所申请的信息，而

---

① 参见《滥诉还是滥裁——关于陆红霞案的一点意见》，https://wenku.baidu.com/view/0b42121acaaedd3382c4d338.html，访问时间：2017年4月17日。

② 《陆红霞诉南通市发改委信息公开案一审行政裁定书》[(2015)港行初字第00021号]。

> 是借此表达不满情绪，并向政府及其相关部门施加答复、行政复议和诉讼的压力，以实现拆迁补偿安置利益的最大化。对于拆迁利益和政府信息之间没有法律上关联性的问题，行政机关已经反复进行了释明和引导，但原告陆红霞这种背离《条例》立法目的，任凭个人主观意愿执意不断提出申请的做法，显然已经构成了获取政府信息权利的滥用。[①]

我们不难发现，法院对申请行为的特征归纳，目的在于将申请人数量众多的申请行为进行类型化，但其归纳的四个特征缺乏清晰的和一致的逻辑，似有东拼西凑的痕迹。更重要的是，其归纳四个行为特征，与后续的分析和结论之间的逻辑关系并不对应。例如，为什么申请数量多就说明了申请人的真实目的在于“借此表达不满情绪”，或“向政府施加压力”呢？为什么向政府施加压力就“显然构成获取政府信息权利的滥用”？裁定书对这些关键问题并没有提供有说服力的论证。这并不令人感到意外，因为说理的“无力感”和逻辑上的混乱，主要源于目前立法在规则和原则上都没有类型化的法律概念，更没有基于类型化而发展出的测试标准。法院颇有“巧妇难为无米之炊”之尴尬。

所以，可以说在陆案的裁判中表现出来的司法论证和说理的不足甚至草率，也并不全是法院的问题。应当特别指出的是，正在进行的《条例》修订是一个难得的契机，本文作者呼吁：《条例》修订应考虑从法律原则、行为类型化和判定标准三个方面，对知情权滥用予以立法指明，并通过信息公开申请收费制度的改进来抑制非正常申请行为。[②] 但在规则层面的改进尚未实现之际，对陆案的进一步讨论和反思仍具重要意义。由于最高人民法院将陆案作为典型案例在《最高人民法院公报》予以登载并在裁判摘要中加以肯定性指引，该案的裁判思路和逻辑，已在司法实践中成为解决类似案件的一个范本。例如，在陆案之后，已有大量的类似案件直接参照陆案思路进行处理，有很多在分析说理部分是对陆案裁判的

---

① 《陆红霞诉南通市发改委信息公开案一审行政裁定书》[(2015)港行初字第00021号]。

② 从目前公布的文本看，《政府信息公开条例》(修订草案征求意见稿)在这几个方面都采取了回避和不作为的态度，这显然无助于解决实践中愈演愈烈的申请权滥用和与此相关的判定申请权滥用的权力滥用等问题。

“抄袭”。[①] 但从陆案的一审裁定到最高人民法院的裁判摘要，法院对申请权滥用进行判定的法律依据、行为类型化标准、论证说理的逻辑其实远未阐明，而法院对与信息公开申请权相关的“滥用诉权”问题的裁定[②]，以及将当事人列入类似“黑名单”的做法[③]，则存在更大的商榷余地。

---

① 从“中国裁判文书网”查询关于滥用信息公开申请权的裁判文书，发现大量裁判文书直接采用陆红霞案件中法院的说理逻辑。典型案例如《郭兴梅与重庆市人民政府行政复议一案行政裁定书》(37号)、《佘恩如与如皋市国土资源局二审行政裁定书》《陈昌浩与杭州市西湖区人民政府一审行政判决书》等。

② 陆案的另一个重大问题是关于起诉权滥用问题，这个问题同样非常重大和复杂，而在陆案中法院的说理和分析显得苍白无力。本文只是就信息公开申请权滥用问题进行研究，关于行政诉讼滥用诉权问题，将另文分析。

③ 陆案一审裁定书记载：“对于原告陆红霞今后再次向行政机关申请类似的政府信息公开、向人民法院提起类似的行政诉讼，均应依据《条例》的现有规定进行严格审查，原告陆红霞须举证说 明其申请和诉讼是为了满足自身生产、生活、科研等特殊需要，否则将承担不利后果。”这实际上是将陆红霞列入信息公开申请“黑名单”。笔者认为，这种“对人”而不是“对事”的禁止，于法无据，也超出法院的职权。

行政监管的政治应责：人民在哪？如何回应？[*]

沈 岿[**]

一、引 言

2015年10月1日，新修订的、号称"史上最严的"《食品安全法》(以下简称"食安法")正式施行。[①] 较之1982年的《食品卫生法(试行)》、1995年的《食品卫生法》以及2009年的《食品安全法》，这一定位当然并不为过，尽管有点噱头味道。而且，"建立最严格的全过程监管制度"和"建立最严格的各方法律责任制度"，也确实是修法者的主要思路。其中，最严格的法律责任制度，包括"综合运用民事、行政、刑事等手段，对违法生产经营者实行最严厉的处罚，对失职渎职的地方政府和监管部门实行最严肃的问责，对违法作业的检验机构等实行最严格的追责"。[②]

新法实施仅历一年有余，目前尚难以从经验实证的维度评判其效果。在这期间发生的诸如重庆查获涉及3亿元的地沟油案、上海曝光假冒婴幼儿乳粉事件、网络外卖平台食品安全把关不力、多地出现医疗垃圾制成餐具等问题[③]，并不能简单地归结为新法仍然无力。如同食品安全形势

---

* 原文刊于《华东政法大学学报》2017年第2期。

** 北京大学法学院教授，博士生导师。

① 参见邹坚贞：《"史上最严"食品安全法亮相》，载《中国经济周刊》2015年第17期；刘東：《"史上最严"食品安全法严在哪里？》，载《中国质量万里行》2015年第6期。

② 张勇：《关于〈中华人民共和国食品安全法(修订草案)〉的说明》，载信春鹰主编：《中华人民共和国食品安全法释义》，法律出版社2015年版，第440页。

③ 参见赵建平：《新〈食品安全法〉实施一年大事件》，载《中国食品安全导刊》2016年第29期；马昊楠：《"网络订餐"平台情况调查》，载《首都食品与医药》2015年第17期；张海英：《医疗垃圾变一次性餐具责任在谁》，载《宁波日报》2016年4月21日。

不会因为一部最严厉法律的出台，短时间内出现骤然扭转一样，一直以来被诟病甚多的食品安全监管体系和机制，也同样不会因为“最严肃问责”的警告，而发生明显的改观。

不过，未来的缺位并不影响根据既往经验和逻辑，对新食安法建立的监管责任体系的可能实效，进行分析和预判，以发现其中法律预设效果实现的关联因素。2016 年，全国人大常委会委员长张德江亲自担任组长，率领全国人大常委会执法检查组，对湖北、内蒙古等地开展《食品安全法》实施情况的检查①，之后形成的观察指出：“从查处的一系列大要案来看，一些地方政府的领导对食品安全的重视程度不够、责任落实不够，对食品安全形势认识不到位。”②可见，食品安全监管是否依照“最严之法”得以加强和完善，并真正监管到位，在相当程度上取决于地方政府“关键领导”③的意识和行动。那么，食安法有没有足以对“关键领导”施加压力的应责机制，以使其充分提升对食品安全监管的重视程度，从而成为促进食品安全监管的关键（如果不是唯一的话）动力呢？

为回答这一复杂问题，有必要以适当的概念工具，对食安法建立的政府监管责任体系，及其所嵌入的由超越食安法的更多规则塑造的政府责任体系，进行分解和整理：分解不同类型的应责，整理它们之间的关系。否则，笼而统之地以“最严肃问责”看待食品安全政府监管责任，容易忽略其中微妙的应责运作机理，在实践中可能造成应责的失位、错位或越位，影响责任体系的实效。

本文的目标就在于，引入“政治应责”这一概念工具，发现和分析在“最严肃问责”体系中，地方政府及其“关键领导”政治上为人民生命、健康而担纲责任的可能性和现实性。具体展开的思路是：首先对责任、应责和政治应责，给出本文的理解和界定，以形成之后论述以及与读者沟通的概念基础；进而结合事后问责与绩效考核、行政监管规则的制定、代议机关的专题询问三个情境，展开这些情境中政治应责的现实图景；最后达致的

---

① 参见梁国栋：《把法律制度变为法治实践——张德江委员长率队检查食品安全法实施情况》，载《中国人大》2016 年第 12 期。

② 张德江：《全面实施食品安全法，切实加强和改进食品安全监管工作》，载《中国应急管理》2016 年第 7 期。

③ 本文所谓“关键领导”，并未给予精确定义，主要指向地方政府的正职和副职行政首长，有时也指向地方政府食品安全监管相关部门的正职和副职行政首长。

结论在于,食品安全监管的政治应责过程并不是缺位的,但的确在一定程度上是"跛脚的",需要予以相应的完善,才能改进"最严肃问责体系"并使其真正发挥预期的作用。当然,政治应责机制之形成和成熟,需要较长时期的摸索、稳定、变动和发展。

与此同时,本文也希望藉此表达,法学、行政法学对行政机关依法行政、依规范行政的关切,不应忽视行政责任体系中不可或缺的政治应责部分,否则,只会在法律与现实的巨大鸿沟前徒唤无奈。

二、责任、应责和政治应责

本文无意也不可能全面完成食品安全监管责任体系的分解与整理,而是把焦点集中在"政治应责"上,对这一传统行政法学研究甚少但确实关乎政府监管实际效果的环节进行探索。出于论证和交流所需,此处首先给出笔者理解的"责任""应责""政治应责"的涵义。

1. 责任

"责任"一词的一种惯行用法是指当事者因违反行为规范(法律的、纪律的、道德的等)而应当承受的不利后果(即惩戒)。特殊情形下,当事者虽未违反行为规范,却造成他人正当利益损失,并因此承受弥补损失的后果,此通常所谓无过错责任原则下的救济。该词的更大范围内使用不仅限于惩戒或救济意涵,还包括当事者依据行为规范而应当承担的作为或不作为之义务(即分内之事)。类似"保证食品安全、诚信自律,是食品生产经营者的责任所在""组织开展食品安全风险监测和风险评估,乃国务院卫生行政部门的责任所在"的表达,即含有分内之事的意涵。

在我国的法律话语体系里,刑事责任、民事责任多定位于惩戒或救济,这一点较为明显,无需赘言。而"行政责任"的定义,较早时期在是否包括"行政管理相对方违反行政法律规范的责任"的问题上存有争议。肯定观点视行政法主体或行政法律关系主体为行政责任主体,故行政主体及其工作人员和行政管理相对人皆在该词射程之内。否定观点则将行政管理相对人排除在外,认定行政责任只是由行政主体及其工作人员承担。然而,无论肯定论、否定论,都比较倾向于惩戒或救济意义的行政责任,指向行为违法或不当或造成损失所引起的法律后果。[①] 近来的行政法学教科书体系，或者不再专门撰述行政责任，而仅论及实质属于惩戒或救济责任的行政赔偿、行政补偿[②]，或者仍然延续更多在惩戒或者救济意义上的行政责任论。[③]

因此，尽管广义的“责任”含有第一性的分内之事和第二性的不利后果之意，但常见的用法指向后者，尤其是在法律话语和沟通体系里。

2. 应责

“应责”是笔者对英语单词“accountability”的翻译，在我国，更流行的译词是“问责”。在英语世界中，“应责”并不是一个得到充分开发的成熟概念，其意义飘忽不定，外延模糊，内在结构是令人困惑的[④]，很难用精准的语词对其进行定义[⑤]，对于不同的作者和读者而言，其有着不同的含义。[⑥] 不过，就其广义而言，“应责”指的是如下一种关系，在其中，一个个人或机构及其完成任务或职能的情况，受到另外一个个人或机构的监督、指挥，或者后者可以要求前者提供信息或行动的正当性理由。[⑦]

“应责”可谓是一个双维度的概念。一个维度是回应（answerability），向某人“应责”意味着有义务去回应后者提出来的任何令人不愉快的问题，往往是说明自己已经做了或未来准备做什么以及为什么这样做。另一个维度是执行（enforcement），向某人“应责”也同时意味着必须为自己的不当行为接受后者的惩罚和制裁。如果用一句话定义“应责”的话，

---

① 参见许崇德、皮纯协主编：《新中国行政法学研究综述》（1949—1990），法律出版社 1991 年版，第 524—537 页。

② 参见姜明安主编：《行政法与行政诉讼法》（第 6 版），北京大学出版社、高等教育出版社 2015 年版，第六编“行政赔偿”。

③ 参见章剑生：《现代行政法总论》，法律出版社 2014 年版，第 313 页；胡建淼：《行政法学》，法律出版社 2015 年版，“V. 责任论”，第 637 页。

④ Andreas Schedler, “Conceptualizing Accountability”, Andreas Schedler ed., *The Self-Restraining State: Power and Accountability in New Democracies*, Larry Diamond and Marc. F. Plattner, 1999, p. 13.

⑤ Rick Stapenhurst & Mitchell O'Brien, “Accountability in Governance”, http://siteresources.worldbank.org/PUBLICSECTORANDGOVERNANCE/Resources/AccountabilityGovernance.pdf, p. 1, accessed March 2, 2017.

⑥ Mark Bovens et al., ed., *The Oxford Handbook of Public Accountability*, Oxford University Press, 2014, p. 2.

⑦ Rick Stapenhurst & Mitchell O'Brien, “Accountability in Governance”, http://siteresources.worldbank.org/PUBLICSECTORANDGOVERNANCE/Resources/AccountabilityGovernance.pdf, p. 1, accessed March 2, 2017.

那就是：若 A 有义务向 B 汇报 A 过去或未来的行动和决策，提供行动和决策的正当理由，并在出现处理不当时接受惩治，A 就是向 B 应责的。[①]在民主制中，应责意味着作为整体的人民是最终的公议论坛（forum），每个公务官员和公务机构都必须与特定的公议论坛保持对话，如果他们没有履行特定的职责，就要面临一些具体的后果。[②]

因此，尽管“应责”在不同论者笔下有着多样的定义，但其毕竟存在最低共识。首先，“应责”就是回答问题，就是向有正当权利要求其提供说明的他人提供说明。就此而言，“应责”是一个关系概念，连接应该提供说明的人和有权被提供说明的人。另外，作为一个关系概念，它还连接着代理人和代理人履行任务所服务的他人或者受到代理人履行任务影响的他人，所以，这种关系很多时候被描述为代理人—主人关系、代理人—受众关系、行动者—公议论坛关系等。最后，“应责”是一项有后果的活动，略带夸张地说，“应责就意味着惩罚”。[③]

本文之所以未追随我国语境中普遍的“问责”译法，并非有意标新立异，而是在承认“问责”和“应责”乃 “accountability” 这块舶来硬币之两面的基础上，更希望凸显应责者的视角。“问责”一词在字面上更容易形成主人、被代理人、受益人的视角，直接含有“询问”“追究”的意涵。而“应责”一词更多站在代理人、行动者的立场，含有“回应”“担责”的意涵。更何况，“问责”在现实中的使用，还往往落在惩戒的维度上，以至于论及问责，必想到追究责任，而忽视或轻视了“回应性”维度。

可见，虽然“责任”与“应责”有时可通用，且因为使用者的定义各式各样，增加区分它们的难度，但是，二者还是存在基本差异。“责任”侧重于分内之事、惩戒或救济的静态确定，“应责”更侧重于关系的、动态的回应和担责。透过“责任”可以定位某个个人或机构的规范角色——应当为或不为什么以及行为失当的不利后果，却在无意之中假定了该后果的必然

① Andreas Schedler, “Conceptualizing Accountability”, Andreas Schedler ed., *The Self-Restraining State: Power and Accountability in New Democracies*, Larry Diamond and Marc. F. Plattner, 1999, pp. 14—17.

② Andrea C. Bianculli et al., ed., *Accountability and Regulatory Governance: Audiences, Controls and Responsibilities in the Politics of Regulation*, Palgrave Macmillan, 2015, p. 3.

③ Mark Bovens et al., ed., *The Oxford Handbook of Public Accountability*, Oxford University Press, 2014, p. 6.

实现，而把该应然后果转变为现实所需要的关系结构和展开过程，放在了视野的盲区。关系结构和展开过程，既不是落在分内之事的最初配置状态，也不是落在惩戒或救济的最后追究形式，而是在两端之间。对此的观察和研究，更易接近责任能否实现的实际，减少对责任实现及其预期效果的当然想象。

3. 政治应责

就像"应责"的定义存在多样化，对"应责"的分类也是如此。而且，同样的类型学术语，其所指也并非完全一样。择例言之，有横向应责和垂直应责、政治应责和法律应责的区分，以及较为新颖的社会应责和对角应责。[①] 也有政治应责、官僚应责、身份应责、专业应责、绩效应责和慎议应责的分类。[②] 由于划分类别的主要功能是在家族类似中辨识和研究不同特征的成员，故目的决定分类的选择和建构。如前所述，本文意在从"政治应责"切入，对食安法建立的"最严肃问责"体系进行剖析，以预估其可能的实效。而政治应责同特定国家的政治、法律结构和过程有着密切关联，所以，它在本文有着特定的意涵。

"政治应责"在此是指行政机关（特别是其首长）为其管辖范围内的工作绩效，向人民及其代表机关应责，向执政党应责，以及在科层体制内向

---

① Rick Stapenhurst & Mitchell O'Brien, "Accountability in Governance", http://siteresources.worldbank.org/PUBLICSECTORANDGOVERNANCE/Resources/AccountabilityGovernance.pdf, accessed March 2, 2017. 在该文中，横向应责（horizontal accountability）是指国家机构如议会、法院对其他公共机构和政府分支部门权力滥用的控制；垂直应责（vertical accountability）是指公民、大众媒体、公民社会对政府官员提出良好绩效的要求。政治应责（political accountability）是指议会使行政部门在政治上应责；法律应责（legal accountability）是指法院使行政部门在法律上应责。社会应责（social accountability）是指公民或公民社会直接或间接参与到使政府应责的过程中，如参与式预算、行政程序、社会审计、公民报告等。对角应责（diagonal accountability）则是力图让公民直接参与到横向应责的过程中，打破国家对政府官员实施监督的垄断，加强公民社会的监督作用。

② Tero Erkkil, "Governance and Accountability: A Shift in Conceptualisation", 31 (1/2) *Public Administration Quarterly*, pp. 1—38 (2007). 在该文中，政治应责是指统治者必须为其行为向更为广大的公众负责，否则，其就会在民主选举中被替换。官僚应责（bureaucratic accountability）是建立在上下级之间科层制关系、法律法规以及监督基础上的，可以是内部的上下级监督，也包括外部的法院监督（对此不同论者有不同看法）。身份应责（personal accountability）是指个人向其所属组织或集体共享的价值、伦理和信念负责，在公共行政中，就是对通行的行政文化及其价值和伦理负责。专业应责（professional accountability）是指对专家和专业知识负责，尊重和服从专门技术、知识以及专家意见。绩效应责（performance）是督促公共行政为其政策结果和效果负责，慎议应责（deliberation）则是强调公共议论、开放和透明的重要性。

上级应责。

首先,公共行政向人民应责,是任何立足于民主理论或原则的政制之中公共行政的合法性(legitimacy,也译"正当性")所系,公共行政的地位就是执行作为主权者的人民的意志。就此而言,人民是主人、被代理人,公共行政是执行者、代理人。公共行政应当回应人民提出来的问题,汇报其工作业绩,不能令人民满意时当受惩戒。由于人民现实的分散存在,需要有汇聚并集中表达其意愿、想法或问题等的机构,其中,最具理论完整意义的也就是人民的代表机关(又称代议机关)。这里存在"公共行政→代议机关→人民"的应责链条(以下简称A链条)。当然,公共行政不通过代议机关而直接向人民应责,也是可能存在的,典型的如民选总统,有争议的如公众参与的行政。本文将"公共行政→人民"的应责链条称为B链条。

其次,在政党政制之中,无论是多党轮流制,还是一党执政制,公共行政的政策和重大决策,极大程度上受执政党的影响。执政党或者担忧未来选举中被人民选下(在轮流制中),或者担忧执政绩效不佳而失去民心和公信(在一党制中),都会要求公共行政在某种程度上向其应责,从而建立"公共行政→执政党→人民"的应责链条(以下简称C链条)。只是,公共行政向执政党应责的程度,取决于特定政制中执政党的科层组织严密程度及其介入公共行政的广度和深度。在我国,执政党对公共行政的控制较为严格,党政一体特征显著,向执政党应责也自然在政治应责范畴之内。

最后,在行政科层体制内,下级对上级之间的应责关系,只要是法律(人民意志)要求其如此的,就不是简单的内部关系,也不是仅仅关乎行政系统如臂使指的运作效率。如果公共行政在整体上是向人民应责的,上下级之间的应责,也势必关联到对人民的应责,哪怕是非常间接的。在此意义上,"下级→上级→人民"的应责链条(以下简称D链条),决定了下级对上级的应责同样可以归属于政治应责的范畴。只是,不同的政治体制和文化,这种关联的具体体现及其程度,注定是不同的。

以集中制为特点的我国行政科层制,基本犹如"子母套嵌结构"。更大的母体(上级)套着也罩着更小的子体(下级)。由于没有非常清晰的层级分权,也就没有形成下级主要对本选区内人民负责、只在受托执行上级任务时才对上级负责的关系。相反,下级对本选区人民的应责,更多地还要仰仗上级对下级的监督；下级应责的“涟漪效应”会波及到上级乃至最高级。加之党政一体的结构特点，下级对上级的应责甚至最终关乎整个执政党和行政系统的执政绩效和对人民的承诺。这一点典型地体现在中央对地方的监督中。例如，在2003年和2008年先后发生的劣质奶粉事件和“三聚氰胺”奶粉事件中，监督问责的启动，都离不开“党中央、国务院的高度重视和部署”。① 因此，可以基本断言：在我国语境下，C链条和D链条是高度重合的，可称之为“C+D链条”。

三、事后问责与绩效考核

回到前文提及的“关键领导”对食品安全监管的日常重视问题，对此，新的食安法有没有建立有效的“关键领导”应责机制呢？或者，有没有与更大范围内存在的行政应责体系融为一体，促进“关键领导”更加积极地关注和重视食品安全监管问题、以回应人民对食品安全的需求呢？通过观察可知，目前的食品安全重大事件的事后问责制度，以及对地方政府领导的行动有着指挥棒作用的绩效考核，并不足以使“关键领导”为食品安全监管向人民承担充分而有效的政治责任。

1. 事后问责

如果“关键领导”对食品安全监管重要性缺乏发自内心的认同和支持，那么，强有力的应责机制或可促使其感受压力，进而提升其重视程度。表面上看，新食安法的确在数量上增加了地方政府及食品安全监管相关部门的责任条款。② 其中，真正有可能具体而实际地涉及县级以上地方人民政府行政首长责任而不是原则性规定负责制的③，主要是新食安法第117条和第142条。第117条第2款规定：“地方人民政府未履行食品

---

① 参见夏长勇：《监察部严肃查处阜阳奶粉事件有关责任人》，载《人民日报》2004年6月10日第2版；《国务院严肃处理三鹿牌婴幼儿奶粉事件》，载《中国应急管理》2008年第10期。

② 参见《食品安全法》第6—8、117、142—146条。相比之下，2009年的《食品安全法》的相关条款仅为第5—6、95条。

③ 《食品安全法》第6条是关于负责制的原则性规定。第6条规定：“县级以上地方人民政府对本行政区域的食品安全监督管理工作负责，统一领导、组织、协调本行政区域的食品安全监督管理工作以及食品安全突发事件应对工作，建立健全食品安全全程监督管理工作机制和信息共享机制。县级以上地方人民政府依照本法和国务院的规定，确定本级食品药品监督管理、卫生行政部门和其他有关部门的职责。”

安全职责,未及时消除区域性重大食品安全隐患的,上级人民政府可以对其主要负责人进行责任约谈。"第 142 条规定:"违反本法规定,县级以上地方人民政府有下列行为之一的,对直接负责的主管人员和其他直接责任人员给予记大过处分;情节较重的,给予降级或者撤职处分;情节严重的,给予开除处分;造成严重后果的,其主要负责人还应当引咎辞职:(一)对发生在本行政区域内的食品安全事故,未及时组织协调有关部门开展有效处置,造成不良影响或者损失;(二)对本行政区域内涉及多环节的区域性食品安全问题,未及时组织整治,造成不良影响或者损失;(三)隐瞒、谎报、缓报食品安全事故;(四)本行政区域内发生特别重大食品安全事故,或者连续发生重大食品安全事故。"

这些规定透露出的是发生重大食品安全事件后的问责威慑,并且与更基本、更广阔范围的领导干部问责制框架是保持一致的。根据《关于实行党政领导干部问责的暂行规定》[中办发(2009)25 号,以下简称"《领导问责暂行规定》"]第 5 条第(二)项的规定,"因工作失职,致使本地区、本部门、本系统或者本单位发生特别重大事故、事件、案件,或者在较短时间内连续发生重大事故、事件、案件,造成重大损失或者恶劣影响的","政府职能部门管理、监督不力,在其职责范围内发生特别重大事故、事件、案件,或者在较短时间内连续发生重大事故、事件、案件,造成重大损失或者恶劣影响的",党政领导干部会被问责。

立足于重大食品安全事件[①]的事后问责制,对"关键领导"在食品安全监管方面的意识和行动会有何影响呢?鉴于可运用的规范本身以及已有的经验,该问责制的特点有:

第一,偏向于在出现食品安全问题或事故之后的追责,而不是事前、事中的应责监督。如前所述,"应责"本义对应的是"询问—回应—追责模式",若可通过日常性的该模式之应用,无疑较之纯粹的事后追责,对"关键领导"的督促作用更强。

第二,追责的启动只在"造成严重后果或者不良影响或损失"的情况下发生。这不仅容易形成较大、较为灵活的是否追责的裁量空间,也容易

① 为叙述便捷和简洁起见,本文以"重大食品安全事件"泛指并涵盖食安法、领导问责暂行规定等对党政领导干部实施食品安全问责的情形,而不是将其作为一个在特定法律条款中有着具体意义的术语。

形成“不必居安思危、不见得问到自己头上”的投机心态，更是忽略了防患于未然的常规监督的重要性。

第三，追责对象没有具体明确而精准指向。无论是食安法中的“主要负责人”，还是《领导问责暂行规定》中的“党政领导干部”，都包括但并不限于地方政府正职和副职的行政首长。这就使得在食品安全监管资源的配置和使用方面有着决定性作用的“关键领导”避责或免责的可能性加大。[①]

第四，追责程序开启主动权在于党政系统内部，尤其是来自上级对下级的督察。分析表明，上级对下级的监测松紧影响着下级监管的效率。[②]而上级的监测松紧又在相当程度上依赖于两个因素：一是负责的德性；二是民意的压力。在出现重大食品安全事件时，人民以弱势的“受害者”和分散的“监督者”形象出场，一时公共舆论所形成的民意压力，肯定会让上级慎重考虑是否追责、如何追责。但是，更具决定意义的因素还是在于负责的德性。因为，当民意是散在的、无法有效及时转化为“权力间监督”或具有终极意义的“投票权”，是否要回应民意的主动权仍然在于与下级有着利益牵连且许多时候需要依靠下级执行任务的上级。[③]

第五，事后问责缺乏全过程的透明。在见诸媒体的食品安全事件问责事例中，更多得到透露的是事件造成的后果以及为此被追究责任的官员，而较少揭示就此事件“询问”官员和官员“说明”的过程。或许，这个过程根本不存在，追责只是为了寻找平息民议的“有罪者”；或者，这个过程是现实存在的，只是进行内部消化，而有意不为民众所悉。可想而知，若对安全事件的成因缺乏全面了解，人民何以知晓“关键领导”可能存在的问题，又何能使其真正地政治应责？

2. 地方政府的绩效考核

现实中，有可能对地方政府“关键领导”的行动发挥指挥棒作用的，还

---

① 笔者在某省份调研时，曾经遇到基层食品药品监督管理局副职领导抱怨，由于地方政府对食品安全监管的重视不足，其所在局的执法人力（有执法资格的人员）、物力（车辆、电脑设备等）都不足以应对食药监管系统层层下派的执法任务，以至于存在大量执法报告抄袭或造假的现象；然而，一旦出现安全事件，承担责任的往往不是在资源配置上起决定作用的关键领导。

② 参见齐文浩等：《食品安全规制主体行为博弈：基于政府网络的考量》，载《商业经济与管理》2016 年第 12 期。

③ 笔者在另一省份调研时，同一位副厅级领导讨论食品安全问责。该领导以具体事例说明，在地方上，被问责官员的层级会被尽可能地压低，被问责官员的范围会被尽可能地缩小，除非上级直至国务院严厉督察。

有地方政府的绩效考核体系。[①] 2012年,《国务院关于加强食品安全工作的决定》[国发(2012)20号]明确规定,“上级政府要对下级政府进行年度食品安全绩效考核,并将考核结果作为地方领导班子和领导干部综合考核评价的重要内容。发生重大食品安全事故的地方在文明城市、卫生城市等评优创建活动中实行一票否决。”这是“首次明确将食品安全纳入地方政府年度绩效考核内容”,从而备受关注。[②] 这一举措反映中央政府对食品安全的高度关切,也的确应验了我国政府绩效考核的“重心不是处分,也不是对领导干部的表现进行监督,而是要转变他们的态度和行为”。[③] 然而,即便如此,也还是在前述的时隔4年以后的全国人大执法检查中发现地方政府领导重视不够的问题。

更进一步,这又牵扯到地方政府绩效考核中食品安全权重问题。必须承认,地方政府领导需要关切和考虑的事项非常繁杂,食品安全仅仅是其中并不占有举足轻重地位的一项。这与“民以食为天、食以安为先”的民谚所给人的食品安全为头等大事的想象是不符的。以《四川省人民政府市(州)政府目标管理办法》[川府发(2014)26号]为例。四川省各市(州)政府的考核共设有三个等级的指标:一级指标分为“职能职责”“自身建设”和“重点工作”三项,各占一定比重,履职情况占70%;二级指标是在一级指标下进行细分,比较确定的是“职能职责”和“自身建设”下的分项,“重点工作”的二级指标是灵活机动的;三级指标又是在二级指标下的分项。食品安全的考核主要体现在三处:一是作为众多三级指标中的一项指标;二是发生特重大食品安全事故的,该项指标不计分;三是可能因为食品安全问题而受到中央和省级政府批评、主流媒体曝光且报道属实的以及未完成上级指派任务的,予以扣分(详见表1)。

① “很多学者认为,干部责任制中的考核体系对考察地方干部的表现至关重要,并因此而关系到政治运行的结果。”托马斯·海贝勒、雷内·特拉培尔:《政府绩效考核、地方干部行为与地方发展》,王哲译,载《经济社会体制比较》2012年第3期。

② 参见马晓华:《食品安全首次纳入地方政府绩效考核,专家:谨防“养鱼执法”》,载《第一财经日报》2012年7月5日;张永生:《食品安全就该拿“乌纱帽”作保》,载《安徽日报》2012年7月11日;郭文婧:《绩效考核与食品安全》,载《群众》2012年第8期。

③ 托马斯·海贝勒、雷内·特拉培尔:《政府绩效考核、地方干部行为与地方发展》,王哲译,载《经济社会体制比较》2012年第3期。

表 1　四川省市(州)政府绩效考核指标

一级指标	二级指标	三级指标
职能职责(70%)	宏观调控	包括地区生产总值增长率;规模以上工业增加值增长率、服务业增加值增长率;地方公共财政收入增长率、税收收入占地方公共财政收入的比重及变化率;全社会固定资产投资额、社会消费品零售总额增长率、外贸进出口额;地方政府性债务率和新增债务率;高新技术产业总产值、淘汰落后产能任务完成率等
	公共服务	包括城镇新增就业人数、城镇登记失业率;民生支出(含教育科技、医疗卫生、文化体育、劳动就业和社会保障等)占公共财政支出的比重及变化率;城镇居民人均可支配收入增长率、农村居民人均纯收入增长率等
	市场监管	包括行政审批事项按时办结率;居民消费价格指数涨幅;食品药品总体合格率等
	社会管理	包括安全生产重特大事故控制数、生产经营性事故死亡控制数;社会治安状况满意度、实有人口登记管理率;人口自然增长率、符合政策生育率;规模性群体性聚集事件零发生、依法管理藏传佛教寺庙(阿坝州、甘孜州考核内容)等
	环境保护	包括单位地区生产总值综合能耗下降率;主要污染物总量削减;灰霾污染削减及饮用水源保护;耕地保有量等
自身建设(10%)	依法行政	包括法治政府建设推进情况;依法行使行政职权情况等
	廉政建设	包括廉政建设责任制落实情况;行政纪律和作风建设规定执行情况等
重点工作(20%)	根据省委、省政府当年重大决策部署研究确定 5 项左右	
备注:1. 发生重特大食品药品安全责任事故,相应指标不计分;2. 受到党中央、国务院通报批评,每次扣 2 分;受到省委、省政府通报批评,每次扣 1 分。被新华社、人民日报、中央电视台等中央主要新闻媒体曝光并核查属实,每次扣 1 分。未按要求完成省委、省政府交办的工作任务,每次扣 1 分;3. 目标管理考核得分=职能职责考核得分+自身建设考核得分+重点工作考核得分+特殊情况加分-特殊情况扣分。		

结合地方政府的考核指标体系,可以发现:第一,政府统筹管理经济、社会、民生、公共服务、环境保护等各领域众多事项,食品安全只是其中一

项,且其重要性程度丝毫不高于其他诸项,让领导将其列为头等大事予以重视,是不合现实逻辑的。第二,食品安全是一个"不出事"的消极性政绩,"做好了"虽是分内之事,却也不显山不露水,不如地区生产总值增长、地方财政和税收增长、城镇新增就业、城镇和农村居民人均收入增长、教育、医疗、文化、社会保障的投入增长等积极性政绩,后者更具吸引眼球的凸显性,也就因此更具激励性。第三,从人民的视角观之,虽然食品安全极其重要,关乎身体健康乃至生命,然而,若还没有被披露存在风险、安全隐患,也没有被披露存在可见的危害,人民对就业、收入、秩序、环境等的关切可能就胜于对食品安全的重视,也会因此而使得地方政府给予对应的重视。第四,与事后问责一致,在地方政府绩效考核中,影响政府绩效直至领导干部职位的可能性情形,也是更多发生在食品安全重大事件、遭遇主流媒体曝光、高层问责关注等一个或多个要素出现的场合。因此,将食品安全纳入地方政府绩效考核体系,也不足以促进地方政府"关键领导"日常性地重视食品安全监管,关切监管资源的配置、使用以及监管措施的实施和效果等。

尤其值得一提的是,在事后问责和绩效考核中,发挥作用或被预设发挥作用的是前述"C+D链条"。可是,执政党与上级向人民应责的链接机制并不完善,政治应责的根本——"人民",在这样的体系中几乎是看不见的。最多在重大事件、媒体曝光的聚光灯下,人民从幕后走向了前台,但也只是站在舞台的边缘,以若隐若现的绳索拉动本质上是机会主义的应责。绳索的效应取决于高层、上级的政治应责德性,而不是取决于一个应责体系中人民应有的惩戒和制裁权能。前文已述,惩戒、制裁或者一种不利的后果,是应责的应有之义。如果人民缺少由一定惩戒手段作为支撑的日常监督的出场,那么,政治应责就是因情况而异的、随条件的,由此期待"关键领导"平时的充分重视,基本上是一种奢望。

四、行政监管规则的制定

政府及其部门在食品安全监管方面承担政治责任的另一重要场合是行政监管规则的制定。此处所言的行政监管规则,亦简称行政规则,是指行政机关作出的对被监管的不特定多数人发生效力且可以反复适用的决定、命令。其覆盖的范围包括《立法法》上具有法源地位的行政立法(行政法规、规章),以及虽然不属于《立法法》所称立法,但行政机关依据法律授权可制定的、对外发生普遍效力的行政法规、规章以外的其他行政规范性文件。

其他行政规范性文件的外延更加广泛,除执行或解释立法的规定、宣布或实施政策的文件、对外行政程序规则外,规划、计划、标准和特定活动的批准等,也可纳入其中。尤其是,特定活动的批准虽然是应具体被监管者的申请而作出的,但该批准的效力不仅仅及于申请人,而同时及于其他潜在的可能从事该活动的不特定多数行动者。在食品安全领域,最典型的就是食品添加剂新品种的许可。该项许可与普通的仅对申请人产生效力的许可不同,它的批准并公布意味着不仅申请人可以使用该食品添加剂,其他生产者也可以使用。[①]

由于食品安全监管规则涉及相当范围内不特定多数的生产者、经营者、消费者乃至政府的利益,且利益之间常有冲突、需要协调妥协,因此,其毫无疑问具有很强的政治性,应当由行政监管机关承担政治责任。然而,规则制定的人民参与模式,貌似让各利益诉求在行政过程中得以展现,让行政监管机关直接向参与的人民应责,摆脱了间接应责的 A 链条的束缚,而直接诉诸 B 链条。可是,各种人民参与形式的具体设制的阙如,尤其是关于人民所提意见对规则制定者究竟应有何种影响的规则缺乏,使得行政监管机关在可以任意裁量的情况下没有对参与者的真正应责。更为关键而棘手的是,人民参与模式并未解决规则制定者应该沿着 B 链条向参与者直接应责,还是应该沿着 A 链条向代议机关并最终向人民应责的问题。

1. *为何需要政治应责?*

在民主制的行政国家、监管国家中,行政规则的制定是让公共行政陷

---

① 食安法第 37 条规定:“利用新的食品原料生产食品,或者生产食品添加剂新品种、食品相关产品新品种,应当向国务院卫生行政部门提交相关产品的安全性评估材料。国务院卫生行政部门应当自收到申请之日起六十日内组织审查;对符合食品安全要求的,准予许可并公布;对不符合食品安全要求的,不予许可并书面说明理由。”《食品添加剂新品种管理办法》(卫生部令第 73 号)第 12 条规定:“根据技术评审结论,卫生部决定对在技术上确有必要性和符合食品安全要求的食品添加剂新品种准予许可并列入允许使用的食品添加剂名单予以公布。”

于“合法性危机”的主要根源之一。因为,当公共行政只是乖乖地按照所谓“传送带模式”[①],循规蹈矩地执行和适用作为人民意志表达的法律时,那么,其就是人民的仆人,不会与民主原则发生悖逆。虽然历史地看,无论中外,公共行政纯粹是“传送带”的状况从未存在过,但是,公共行政更多只是输送人民意志而较少僭越的话,其“反民主性”就不会凸显而成为众所关切的问题。

然而,随着工业化的进一步发展和信息化、网络化进程的加速,社会分工的细密性,社会关系的复杂性,社会活动的风险性,社会利益的多元性和冲突性,都处在一种无法事先预判的扩展和深化之中。这就给“人民意志”(即立法规范)的及时、明确、周全、细致的表达,带来了极大的挑战。于是,立法出现了大量含糊不清的词语,出现了许多因预料不足而被事后经验证明存在的漏洞或矛盾,同时,也更多地出现了立法授予政府及其部门广泛的规则制定权。换言之,“人民意志”具体内容的形成权,已不再完全由人民代表掌控,在许多时候,该权已经转移到传统民主理论图景中作为执行者的政府手中,人民代议机关仅仅是“空白支票”的签发人。这就使得公共行政僭越代议机关的“反民主性”更加显著,并最终造成民主制中公共行政的“合法性/正当性问题”。这个问题在我国和域外,可能会有不同程度的差异,但都是必须予以认真对待的。

正是因为公共行政在规则制定方面已经成为事实上的立法者,那么,仍然简单地以“合法律性”来要求其应责,尤其是通过司法审查的法律应责,实际上是捉襟见肘的。一方面,即便是在司法有着充分独立地位、公共行政的司法审查较为全面成熟的国家,司法对行政机关的规则形成权也是相当尊重的。[②] 另一方面,在我国,法院对行政规则的审查如果不是望而却步的话,基本也是在是否明确违反上位法这一标准上坚守,而不会

① 参见斯图尔特:《美国行政法的重构》,沈岿译,商务印书馆2002年版,第10—11页。

② 例如,美国法院曾经对行政规则采取从严审查标准,但该标准总是让行政机关处于一种不确定的状态,以至于行政规则制定时间愈来愈长,出现僵化现象,导致行政政策延迟而难以有效回应公众需求,故法院转而采取较弱审查标准,更多地尊重行政机关。参见高秦伟:《程序审抑或实体审——美国行政规则司法审查基准研究及其启示》,载《浙江学刊》2009年第6期。

更多评判规则内容的合理正当与否。[①] 可是，行政规则的具体内容往往关乎利益关系的设定或调整，仅从是否与上位法相抵触角度进行审查，显然会放纵行政规则制定者巨大的立法性裁量。其实，在民主理论图景中，设定或调整各方利益关系的规则创制过程，就是一个由不同的人民利益充分协商和妥协的政治过程。既然行政规则的制定让政府及其部门成为人民利益关系的实际调整者，成为事实上的“人民代言人”，政府及其部门就应该为此向人民应责。此即行政规则制定政治应责的必要性所在。

2. 人民参与的前进与停滞

针对这一政治应责的需求，有一种回应的方案是，立法者在行政规则的制定过程植入“公众参与”的强制性要求，以此使得与拟定的行政规则有着不同利益关联的个人或组织，可以将其关于行政规则的意见向行政机关反映。这种程序要求也就演化成了一个关于行政合法化的神奇叙事，即“利益代表模式”。[②] 在广为流行的间接民主制中，被认为最典型的人民利益表达、协商、议论、决断的政治过程，当属人民利益的代表们组成的代议机关之议事。因此，行政过程的利益代表模式，相当于部分地拷贝

---

① 最高人民法院 2004 年 5 月 18 日发布的《关于审理行政案件适用法律规范问题的座谈会纪要》[法(2004)96 号]指出：“人民法院经审查认为被诉具体行政行为依据的具体应用解释和其他规范性文件合法、有效并合理、适当的，在认定被诉具体行政行为合法性时应承认其效力；人民法院可以在裁判理由中对具体应用解释和其他规范性文件是否合法、有效、合理或适当进行评述。”尽管该《纪要》在此指出法院可以审查和评述行政规则的合理性、适当性，但现有的司法实务，基本上坚持行政规则是否与上位法一致或抵触的审查标准。例如，“张兴诉呼家楼交通大队行政处罚案”[(2009)朝行初字第 88 号；(2009)二中行初字第 677 号]涉及对《北京市人民政府关于实施交通管理措施的通告》[京政发(2008)39 号]的审查，法院在评析时始终强调“对其他规范性文件合法有效的审查”，而在其看来，“合法有效的规范性文件应是具有主体资格的行政主体在其职权范围内，依法定程序制定的，不与上位法冲突，不与相关上位法及立法精神相违背的法律文件”。参见蒋慕鸿：《确定尾号限行的其他规范性文件在行政审判中的适用》，载《人民司法》2010 年第 16 期。“于钦业等诉高密市规划局工程规划许可案”[(2011)高行初字第 70 号；(2012)潍行终字第 50 号)]涉及潍坊市、高密市的技术规定，法官在评析时认为“在不与上位法或相关技术规范抵触的前提下，在当地范围内应当遵守执行”。参见林少华：《日照分析报告是申请建设工程规划许可的必备材料》，载《人民司法》2013 年第 4 期。即便有法院论及行政规则的合理性、正当性，也是承认争议规则合理、正当。例如，在“宜昌市国际管理认证认可促进会诉宜昌市规划局规划行政许可案”中[(2006)宜中行终字第 00022 号]，二审法院在裁判理由中指出：“为了维护城市形象及市容市貌，《通告》及《报建指南》的制定目的是解决户外广告、招牌、标牌的设置严重影响城市形象及市容市貌的问题，并对户外广告的整治、报建作出了明确的要求并规定了具体的标准。《通告》及《报建指南》从城市形象及市容市貌管理的角度而言也是合理、适当的。”

② 参见斯图尔特：《美国行政法的重构》，沈岿译，商务印书馆 2002 年版，尤其是“第四部分 行政法的利益代表模式”，第 129—168 页。

了间接民主制的经典特征，也就让行政机关在规则制定过程中有了向人民应责的印象。

行政监管规则过程的利益代表参与叙事，因其让野性难驯的行政套上民主化的辔头，而产生了广泛深远的共鸣，以至于在立法上多有反映。例如，在国务院行政法规、国务院部门规章或地方政府规章的制定过程中，无论是起草阶段还是送审稿审查阶段，起草者和审查者都被要求以座谈会、论证会、听证会、定向发送征求意见、向社会公开征求意见等多种形式听取有关机关、组织、公民、专家的意见。[①] 又如，作为食品安全监管重要措施之一的食品安全标准的制定，也要广泛听取各方意见。具体而言，在标准制(修)订的立项方面，任何公民、法人和其他组织可以提出建议；在公布食品安全标准规划、实施计划及制(修)订计划前，应当向社会公开征求意见；在起草过程中，应当书面征求标准使用单位、科研院校、行业和企业、消费者、专家、监管部门等各方面意见；在审查阶段，也要将初步审查通过的标准，向社会公开征求意见。[②] 再如，在关系到广大潜在生产经营者、使用者和消费者利益的食品添加剂新品种的批准过程中，虽然申请食品添加剂新品种生产、经营、使用或者进口的是特定单位或者个人，但是，新品种批准前必须向社会公开征求意见，遇有重大意见分歧或者涉及重大利益关系的，还要举行听证会。[③]

人民参与在立法文本上的大踏步前进，似乎也就到此为止了。参与应该以何种形式进行，参与者如何才能具有广泛的不同利益的代表性，如何参与才是充分表达不同利益诉求和价值取向的，行政监管规则制定者应该如何听取不同的意见，制定者是否应该就其听取哪些意见、不听取哪些意见给出理由说明等诸如此类的问题，在许多设计人民参与的立法中都是缺乏明确规定的。如此，这些可能被认为关系到“人民参与是否具有真实意义、是否会形式主义地走过场”的问题，就相当于完全留给行政监管规则制定者自由裁量了。进而，缺少更为具体设制的人民参与规则，很

---

① 参见《行政法规制定程序条例》(2002)第 12 条、第 19—22 条，《规章制定程序条例》(2002)第 14—15 条、第 20—23 条。

② 参见食安法第 28 条、《食品安全国家标准管理办法》(2010)第 9 条第 2 款、第 12、18、22 条。根据《食品安全地方标准制定及备案指南》(2014)第 5 条，食品安全地方标准的制定、修订程序，参考食品安全国家标准的相关程序。

③ 参见《食品添加剂新品种管理办法》(2010)第 9 条。

有可能被认为是一个贴上了"民主化"标签的謦头，失去真正驯化行政自由裁量的作用，而被质疑为花架子、空架子。

3. 人民参与的两难困境：向谁应责？

尽管人民参与的具体操作基本留给行政监管者了，但这种绝对的裁量并未导致人民参与绝对的虚化。听取意见的民主化符号意义，以及对行政监管规则可能导致的民众反应的顾虑，也曾经出现让人民参与真正具有决定性作用的时候。例如，关于金箔是否可以作为食品添加剂的问题，组织安全性技术评审的国家食品安全风险评估中心曾于 2014 年 8 月上网公开征求意见，但未收到任何不同意见。这被认为是媒体和公众没有对此给予足够关注。由于金箔作为食品添加剂比较敏感，为慎重起见，国家卫计委决定向社会再次征集意见，于是在官网上公开发布《国家卫生计生委办公厅关于征求拟批准金箔为食品添加剂新品种意见的函》[国卫办食品函(2015)28 号]。[①] 这已经在相当程度上反映出监管者对民意反应的重视。

而此次的意见反馈非常热烈，肯定和否定的观点截然对立。肯定的观点认为："金箔入酒"并非监管者受到企业绑架；在食品中少量使用并无危害、是安全的；其是否必要则是仁智所见不同的问题，应该交由消费者和市场选择；根据征求意见的添加量，500 克白酒加入 0.01 克，成本较低，即便存在商家因加入金箔忽悠高价的情形，也是一种市场行为，定价过高不会有广大消费者群体，不会助长奢靡之风；其他国家、地区也有将其作为食品添加剂使用的；声称适量金箔对人体有利的误导宣传可以进行规制。[②] 反对的观点认为：金不是人体所需要的元素、没有必要添加；长期饮用金箔酒到底对人体健康有否负面影响，并无准确定论；金箔酒价格可以让企业获得巨额利润；纯粹为改善外观而作为着色剂添加，是满足纸醉金迷的欲望；金箔是否纯金、是否存在虚假宣传等问题，是在金箔入

---

① 参见张卫：《金箔入酒引争议，无益无害影响小》，载《中国食品》2015 年第 5 期；杨笙：《国家卫计委关于金箔入酒意见征求吃黄金引争议》，载《现代养生》2015 年第 6 期。

② 参见张卫：《金箔入酒引争议，无益无害影响小》，载《中国食品》2015 年第 5 期；钟凯：《金箔入酒，不如打开天窗说亮话》，载《生命与灾害》2015 年第 3 期；金振娅、陈海波：《三问"金箔入酒"》，载《光明日报》2015 年 2 月 5 日。

酒后必须进行执法检查的，为此付出执法成本、浪费纳税人的钱是不应该的。[①] 截止本文写作之际，国家卫计委未再就金箔是否入酒作出明确规则，根据食品添加剂许可管理制度，此即意味着金箔仍然不能作为食品添加剂使用。一个原先打算批准的食品添加剂，因支持和反对意见各执一词，且难分高下，最终在监管者那里未获通过。从中亦可窥知，人民参与在此事件中的重要作用。

个别事例中人民参与的积极意义，只能得出并非所有的人民参与都是走过场的结论，但结论也仅限于此。因为相反的事例，也不是没有。任何超越该限度而对人民参与现实作用进行普遍性分析的，不管是其愈来愈见成效的论点，还是其基本只是“花瓶”的论点，都是缺乏统计学数据的。行政监管规则制定者不披露或不完全披露征集的意见，对采纳和不采纳意见的情况及相关理由基本不予详细阐明，不仅使得这样的一般性研判无法进行，更是容易被认为没有彻底实现有力的人民参与，没有真正形成对人民的应责。

然而，在人民参与的具体设计上进行进一步的努力，如行政监管机关公开所征集意见、在采纳意见与否方面充分说明理由以展示理性选择，以大幅度减少规则制定者的自由裁量，从而使其真正应责于人民，这个方向是否可行呢？沿着这个看似合理的方向走下去，终会遭遇一个理论上的困境：作为规则制定者的行政监管机关，究竟是向直接参与行政过程的人民应责呢，还是向授权其进行有效监管的人民代表机关，进而向代表机关背后的人民间接应责呢？原理上似乎是后者。毕竟，行政机关由人民代表机关产生并对它负责，是我国宪制的一项基本原则。[②] 这也可以解释，为什么关于人民参与各种形式的法律规则，皆未要求行政机关或其负责的行政首长，必须以收集的多数意见为依据。这正是行政过程的人民参与同人民代表议事过程（多数决为原则）的关键区别所在。但是，一方面，行政监管规则的制定鲜有受到代议机关的质询和询问的[③]，最高或较高层级的代议机关在授予非常宽泛如空白支票的规则制定权后，基本不再

---

① 参见黄齐超：《金箔能否入酒，需算好三笔账》，载《中国商报》2015 年 2 月 6 日；《金箔入酒引争议，“纸醉金迷”不可取》，载《质量与认证》2015 年第 3 期；柯观：《金箔入酒争议：法律应该满足少数人炫富的需要吗？》，载《北京科技报》2015 年 2 月 9 日。

② 参见我国《宪法》第 3 条第 3 款。

③ 下文提及的人民代表机关对食品安全监管的专题询问，基本不涉及行政监管规则。

过问被授权制定出来的监管规则之内容。行政监管机关向其应责，可谓空谈。另一方面，如果一味追求向代议机关应责，人民参与行政过程所提意见是否采纳以及如何采纳完全听凭监管机关及其首长，那么，且不说监管者的任性难以得到有效羁束，监管者任性背后的利益寻租、俘虏或垄断难以得到有效抑制，即便是参与者的热情，也终究会逐渐式微而形成“参与的冷漠”。因此，虽然相比 A 链条，向参与者应责的 B 链条是有争议的，但若不重视后者，止于现状，也不利于人民参与的深入，不利于监管者政治应责的多样化发展。

五、代议机关的专题询问

在事后问责、政府绩效考核、监管规则制定情境中失位或松弛的政治应责链条，尤其是 A 链条，因为食品安全问题受到党中央、国务院的高度重视，而在代议机关的议事过程中得以渐渐绷紧。自 2011 年开始至今，已有许多地方的人大就食品安全问题展开了“专题询问”工作，这是以往地方人大监督中较为少见的现象。代议机关对行政监管机关的工作提出询问和质询，是宪法和法律所设人大监督体系的组成部分。[①] 代议机关进行专题询问，政府及其相关部门一一予以当场或事后答复，自然也是一种政治应责的方式。“专题询问”的确有其效用，只是，其“刚性问责”的色彩弱，且目前还不能判断是否会常态化，对食品安全监管的作用还有待进一步观察。

1. “专题询问”的展开

顾名思义，“专题询问”是针对专门主题或问题进行的询问。食品安全作为专题，纳入人民代表机关询问范围，之所以在 2011 年开始风起云涌，应当归功于全国人大 2010 年 6 月 24 日首开专题询问的典型。虽然全国人大的首例专题询问指向公共财政，但地方人大的接踵学习和借鉴，很快使得专题询问延伸至关系民生的一系列重点难点问题，食品安全自

---

① 参见《宪法》(2004)第 73 条、《全国人民代表大会组织法》(1982)第 16、33 条、《地方各级人民代表大会和地方各级人民政府组织法》(2015)第 28、47 条、《全国人民代表大会和地方各级人民代表大会代表法》(2015)第 14 条、《各级人民代表大会常务委员会监督法》(2007)第六章“询问和质询”。

然不例外。[①] 迄今为止，全国和地方人大的食品安全专题询问有以下诸方面值得关注：

第一，五年多以来具有连续性。为了解食品安全专题询问的现实情况，笔者在"中国知网"上以"篇名：食品安全（精确）＋篇名：专题询问（精确）"的方式进行搜索，搜索日期是 2017 年 3 月 3 日，获得 140 条结果。这些结果在各个年度的分布是：2011（29）、2012（21）、2013（14）、2014（26）、2015（30）、2016（20）。（该搜索并不是严谨而穷尽的。）每年度的数字只是代表报道或论及食品安全专题询问的次数，而非询问本身的次数（有重复报道同一次专题询问的）。但是，任何其他方式的搜索，都有可能摄入更多并非特定指向食品安全专题询问的文献。以上数据基本指向的是新闻报道，其足以支持食品安全专题询问具有连续性的结论。在有的报道中，也会发现食品安全专题询问已在当地多次开展。[②]

第二，覆盖广泛地域和区县以上各个层级。以上述结果为据，就省、自治区、直辖市而言，已经进行过食品安全专题询问的有上海、山西、湖南、甘肃、福建、山东、贵州、广西、安徽、广东、浙江、江西、重庆、四川、河北、新疆、湖北、青海、陕西、宁夏、黑龙江、河南、江苏、天津。有的在省级层面，有的在省、自治区、直辖市下属的州市、区县。在全国人大中，2016 年 7 月 2 日也就《食品安全法》实施情况举行专题询问，国务院副总理汪洋与 7 位国务院部门相关领导到会应询。[③]

第三，基本都有细致而精心的组织。已经开展的专题询问，一般都经过周密部署。在有的地方，专题询问的准备、组织以及最后的问答，历时近半年。例如，在山西运城，经历的环节包括：（1）人大常委会主任会议研究确定组织专题询问；（2）召开专门的专题询问启动会；（3）明察暗访和重点抽查；（4）通过媒体曝光，调动社会关注；（5）现场询问、回答；

---

① 参见张维炜：《专题询问创新人大监督》，载《中国人大》2010 年第 13 期；金果林：《专题询问"走进"地法人大》，载《中国人大》2010 年第 19 期。

② 参见朱小兵、林鸿：《一场关乎民生的问答——市人大常委会食品安全专题询问会现场记》，载《台州日报》2012 年 8 月 28 日。

③ 参见朱宁宁：《拿什么保障人民群众"舌尖上的安全"——全国人大常委会就食品安全法实施情况开展专题询问》，载《吉林人大》2016 年第 8 期。

(6) 向政府下发审议意见书;(7) 跟踪监督。[①]

第四,问题可谓重点突出,巨细兼顾。食品安全的专题询问基本都扣紧普通民众关心的问题,如地沟油、肉品质量、非法添加、安全检测、食品追溯等[②],也有的问题触及食品安全认知,如为何食品抽检合格率高、但百姓食品安全感很低[③],还有的问题针对政府在食品安全工作上的整体目标和计划。[④] 由于食品安全牵动每个人的心弦,人民代表又对本地的问题较为熟悉,故提问既有重点,又广泛涉及。

第五,政府及相关部门负责人皆需应询。食品安全专题询问的对象,都是负责食品安全的政府负责人以及相关部门的负责人,通常是正、副职行政首长。相关部门涉及食品安全委员会办公室、农业主管部门、质量技监部门、工商部门、食品药品监管部门、卫生部门、出入境检验检疫部门等,有时还会将商务部门、公安部门、编制部门、财政部门等纳入进来。前文提及的行政首长政治应责,在这里得到相当的体现。

2. 成效有待进一步检验

行政监管机关接受代议机关的询问并予以回应,可谓典型的政治应责形式之一。在全国人大的榜样引领之下,各地人大对此予以高度重视,纷纷展开相应工作,尤其在食品安全领域。相比不怎么透明的、同体监督的C链条、D链条、C+D链条,其相对地避免了裁判员、运动员集一身的形式正义缺憾,又在媒体介入下更易为人知晓。相比有争议的、人民参与下的B链条,其更符合我国的宪制安排。据已有的报道,其对行政监管的促进效用至少体现在三个方面:一是,监管者必须认真准备如何应对询问[⑤];二是,监管者必须考虑如何解决代议机关提出的问题或督办的事

① 参见张君蓉:《铲除问题食品生产经营的土壤——市人大常委会启动食品安全专题询问的工作》,载《运城日报》2011年6月23日;常国才:《询出"安全",问出"放心"——山西省运城市人大常委会开展食品安全专题询问纪实》,载《人民代表报》2011年11月29日。

② 参见张永红:《深圳市人大常委会首设食品安全专题询问会》,载《中国食品安全报》2012年6月30日。

③ 参见郑昭:《食品安全,人大政府"面对面"——省人大常委会食品安全专题询问侧记》,载《福建日报》2011年12月2日。

④ 参见朱小兵、林鸿:《一场关乎民生的问答——市人大常委会食品安全专题询问会现场记》,载《台州日报》2012年8月28日。

⑤ "作为此次专题询问会上回答问题最多的政府部门负责人,钟安平表示,在前来参加专题询问前,他作了精心准备。"郑昭:《食品安全,人大政府"面对面"——省人大常委会食品安全专题询问侧记》,载《福建日报》2011年12月2日。

项,并进行后期的汇报[①];三是,监管者必须习惯在媒体和人民瞩目下履职。[②]

不过,暂时还不能对代议机关的专题询问寄予过多的期待,以为可依赖其让松软的政治应责得以强硬。首先,专题询问的"刚性"不足。如果承认前文论及的"应责"必须有"惩戒"之原理,那么,目前的专题询问是"跛脚的"。它有人民代表的提问,也有监管者的回应,确实能揭示出存在的问题,也能督促监管者想辙解决问题。但是,它还没有与严格的、认真的责任追究紧密关联。当然,这可能也要归结于我国当下的政制安排,严格的责任追究的率先启动,往往是在C链条、D链条或C+D链条里发生,代议机关罕见主动、积极开启的。全国人大或地方人大尚且只是用"询问"字眼,而非比较起来更为严厉的"质询"字眼,更遑论因询问而直接问责。总体上,在既有政制框架之中,专题询问更多的是"合作型应责",是代议机关和监管者合力做好食品安全工作。行政首长或感到压力,至于该压力是否足以使其对食品安全监管的重视提到应有的较高水准,还不得而知。

其次,专题询问需要更加全面的动力装置。当前,食品安全专题询问的主要动力来自两个方面:一是党中央、国务院对食品安全的持续高度重视;二是人大通过专题询问这一新的形式加强监督的意愿。但是,仅有这两点,是否足够呢? 特别是,如果专题询问的工作计划、启动、具体展开、媒体报道等,都主要寄望于代议机关的主动性,那么,代议机关是否会因为与被代表的人民(选民)之间的联系度较为松弛,而不能真正感受到专题询问不仅是对监管者的压力,也是自身回应人民所需负起的责任? 此外,食品安全是一个专业性、技术性较强的领域,外行人的询问是否真能"问到要害处、疑难处、关节点,问出深度,问出压力"[③],是否会形成流于

---

① 参见彭昶润、罗金成:《在市第三届人大常委会第二十五次会议上,市政府就食品安全专题询问重点督办事项交满意答卷》,载《巴中日报》2014年8月21日。另外参见国家食品药品监督管理总局局长、国务院食品安全办主任毕井泉在2016年12月23日在第十二届全国人民代表大会常务委员会第二十五次会议上所作《国务院关于研究处理食品安全法执法检查报告及审议意见情况的反馈报告》。

② 人民代表机关的专题询问基本都有媒体进行实录报道,只是报道详略不同。其中,最为全面的是对鄂尔多斯2013年12月专题询问的实录。参见《鄂尔多斯市三届人大常委会第六次会议食品安全工作专题询问实录》,该实录于《鄂尔多斯日报》2013年12月18、19、20、23、24、25、26日分七次连载,都在第002版列为"要闻"。

③ 参见潘一峰:《回应百姓关切,保障食品安全》,载《杭州日报》2015年4月20日。

表面、浅尝辄止的问与答？因此，如何让专题询问更具回应人民性和专业性，就需要考虑和设计更多的动力装置。例如，是否可能通过代议机关的官方网站，任何个人或组织可以就某个或某些食品安全问题进行专题询问提交建议信，而后设定一个附和的人数门槛值，达到该数量的，代议机关就应该考虑是否启动专题询问，不启动的应当向人民作出说明。再如，是否可能让独立公正的相关领域专家参与，或者从拟定询问方案、调查研究、现场询问到跟踪督办的全程参与，或者其中部分环节的参与，从而提升专题询问本身的质量。总之，专题询问应当与代议机关在代表与选民联系加强、专业性加强等方面的自身完善①，紧密而又具体地结合在一起。

最后，专题询问还有待常态化、制度化。在专题询问已有一定成效的基础上，有人大代表以及民众代表希望其能够更经常、更灵活地进行，并使其形成一套规范、成熟、行之有效的制度。② 这种期许在一定程度上折射出对专题询问滑向偶发性、运动性、表面性、象征性的担忧。在我国当下的政制体系和氛围中，政党斗争性的、对抗性的、仅为揭短而不为建设的问责，于代议机关议事过程没有容身之地。而若要使“合作型应责”对监管的改善更具实效，常态化、制度化的专题询问在规范层面上设置更多的动力装置、完善相关的程序、确定询问者和应询者的权利义务等，不失为一个值得期待的前景。

---

① 中国共产党第十八次全国代表大会的报告《坚定不移沿着中国特色社会主义道路前进，为全面建成小康社会而奋斗》也指出加强代表性和专业性的方向，尽管方式不同。“在人大设立代表联络机构，完善代表联系群众制度。健全国家权力机关组织制度，优化常委会、专委会组成人员知识和年龄结构，提高专职委员比例，增强依法履职能力。”

② “市民代表林水仙参加旁听后表示，对政府的有关部门负责人进行询问这种监督形式很好，希望市人大常委会以后多组织，使之常态化、制度化、规范化。”罗超旻、俞杰：《食品安全“面对面”——三明市人大常委会首次食品安全专题询问侧记》，载《三明日报》2001 年 8 月 31 日。“[省人大常委会委员]游劝荣表示：……今后，专题询问应走向经常化、小型化和常态化，形式灵活多样，不断增强人大监督工作实效。”郑昭：《食品安全，人大政府“面对面”——省人大常委会食品安全专题询问侧记》，载《福建日报》2011 年 12 月 2 日。“只有将专题询问常态化，将监督制度化，最大限度地激活人大监督权，才能不负民众重托，保障公众的知情权、参与权、表达权、监督权，也才能促使政府官员知道权为民所赋，做到权为民所用。”蒋伟平：《激活用好询问权——从衢州市人大常委会开展食品安全专题询问说起》，载《衢州日报》2012 年 8 月 4 日。“[市人大常委会主任]王金财强调，……推动专题询问常态化。”潘一峰：《回应百姓关切，保障食品安全》，载《杭州日报》2015 年 4 月 20 日。

六、结语：政治应责得其所、就其位

行文至此，一个粗略的食品安全监管政治应责的图景，已经在描述和评价中得以铺开，其也初步完成对我国行政监管政治应责的例示。其复杂性虽然并未充分展现，但已经得以窥知一二。更多的可能发生政治应责的情境或问题，如监管者选择性执法的政治应责、行政首长出庭应诉与政治应责等，都有待开发和探索。

不过，可以略作总结的是，法律（如声称建立最严格责任体系的食安法）施加于监管者身上的责任，既有适宜通过司法过程（如行政诉讼）督促其完成的，亦即严格意义上的法律应责，也有不适宜借助司法之力实现的。且不论我国司法独立性、公正性、权威性还有待改革完善，单就某些问题（如监管的重视程度、监管资源的配置、监管体系的建构与改革、监管规则的裁量创制等）之本身而言，也并非司法能够胜任给出更可靠答案的。因此，有必要申明："法律的归法律，政治的归政治"，尽管二者之间并非截然的泾渭分明。

而当前，发生重大事件的事后应责，由绩效考核牵动的应责，监管规则制定过程公众参与唤起的应责，以及代议机关专题询问过程中的应责，都在用不同的形式表现着以向人民应责为依归的政治应责。然而，这些政治应责形式，都有这样或那样的问题，尚无法在人民与监管者之间建立有力的桥接。政治应责的各种链条存在不同程度的松弛。虽然人民意志本身是一个抽象的、在具体情境中不确定其内涵的存在，甚至可能只是作为一种叙事的存在，虽然人民意志并不能完全等同于理性或最佳理性[①]，但是，既然民主依然是立国的一项原则，人民依然是主权者，那么，监管者对人民的政治应责就必须存在。只是，更多考验智慧的是，如何建立尽管复杂但确实有效的政治应责。

为应对这样的难题，至少在理念上给政治应责相对独立的位所，在制

---

① 关于作为集体人格的人民的非理性，参见古斯塔夫·勒庞：《乌合之众》，冯克利译，中央编译出版社 1998 年版；塞奇·莫斯科维奇：《群氓的时代》，许列民等译，江苏人民出版社 2003 年版；埃里克·霍弗：《狂热分子》，梁永安译，广西师范大学出版社 2011 年版；哈罗德·伊罗生：《群氓之族》，广西师范大学出版社 2015 年版。

度上给其独特的建构，在法学、行政法学学术上给其区别于法律应责的关照。如此，方可使行政监管的政治应责得其所、就其位，方可使不同特色的应责相互补益、相得益彰。否则，政治应责的不足，会成为整个行政监管责任体系的木桶短板。[①]

① 根据“木桶定律”，一个木桶能装多少水取决于它最短的木板。

宪法的法律性阐释及证立*

陈端洪**

宪法是什么？宪法是法律。

在现代，尤其是在我们生活的21世纪，关于宪法属性的这个界定看起来似乎成了一句废话，但这个命题其实蕴含着深厚的规范意义和复杂的历史内涵。宪法的法律性即宪法的规范性，和宪法的政治性对立，通常被分解为三个子命题：宪法是法律；宪法是根本法；宪法是最高的法律。这三个子命题完整地体现在中国宪法序言最后一段之中："本宪法以法律的形式……是国家的根本法，具有最高的法律效力。"序言此段行文层层递进，气韵浩荡，堪比《心经》之"故知般若波罗蜜多，是大神咒，是大明咒，是无上咒，是无等等咒"。不夸张地说，这三个命题已经成了现代立宪国公民宗教的教义，这门宗教在晚近的几十年前被赋予了一个名称——"宪法爱国主义"。对于一般"公民教众"来说，知其"不了义"即可，关键是信仰；宪法学者——也许可以叫"宪法传教士"——则不仅要信仰宪法，还须参究其"了义"，在理性上证立之。这是由宪法公民宗教与真正的宗教的本质区别所决定的，公民宗教固然需要依赖某种虚构，但它是理性虚构，是讲逻辑的。

何谓"宪法的法律性"命题的了义？"宪法的法律性"命题的了义包括两个方面：(1) 宪法效力的理由；(2) 宪法权威的来源。两个方面换一种方式来表述就是两个问题：宪法为什么是有效力的？宪法为什么必须被尊崇甚至信仰？

---

* 本文原载于《清华法学》2016年第3期。

** 北京大学法学院教授，博士生导师。

凯尔森的纯粹法学试图回答第一个问题，回避甚至排斥第二个问题。他的基础规范，对于建构法律规范体系的统一性无疑是必要的，却无力证立宪法效力的根据，只不过在逻辑上预设了历史上第一个宪法的效力。他在方法论上把权力与规范、政治实然性与规范应然性绝对对立起来，把国家设想为法秩序，把国家权力界定为法律的权能，也就是实在法的实效，于是，权力概念的活力在法律的概念之中被消解了。而历史的实际情况是，中世纪以来的法律政治话语是权力关于自己的论述，法律是作为现行权力的构成部分与之相连的[①]。要回答上述两个问题，我们需要从单纯的法律哲学转向法律——政治哲学，到政治权力话语中去发掘建构宪法话语逻辑的资源。在权力的话语体系中，上述两大问题应该这样改写：**宪法话语是什么性质的权力关于自己的论述？它为什么高于现行的权力，并成为现行权力的缔造性(构建性)和限制性力量而不是作为现行权力的构成部分与之相连？**且看光绪皇帝1906年发布的《宣布预备立宪先行厘定官制谕》的规定："时至今日，惟有及时详晰甄核，仿行宪政，**大权统于朝廷，庶政公诸舆论**，以立国家万年有道之基。"[②]光绪皇帝看宪法完全是以权观权，他眼中的宪法是君权在反思的基础上关于自己的重新论述。顺带说一句，现下时髦的法政语言"把权力关进制度的笼子"，亦可分解为两个问题：这是什么权力关于自己的论述？哪些制度是作为现行权力的组成部分与之相连的，是权力的虎皮？哪些制度才是凌驾于现行权力之上的，是权力的笼子？

本文首先从知识角度阐释宪法的法律性这个命题之下三个子命题各自的规范意义和历史蕴涵，然后对凯尔森关于宪法效力的论述分而析之，揭示规范性论证的困境，进而过渡到人民制宪权的逻辑建构，即用宪法的政治性论证宪法的规范性。我将诉诸人民主权，在思维中再现代表制民主建立之初人民主权的作用形式——人民制宪权，从人民制宪权的政治决断推衍宪法的法律性。本文不探讨其它形式的制宪权，如君主制下的制宪权，是因为一来代表制民主是探讨制宪权的理想场域，二来君主制及其它体制之所以要立宪也是因为存在代表制的压力。为了克服卢梭的主权不能被代表的禁令，成功地从卢梭直接的人民主权过渡到西耶斯的立

---

① 伊夫·夏尔·扎尔卡：《权力的形式》，赵靓、杨嘉彦等译，福建教育出版社2014版，第149—150页，第九章《福柯与权力的概念》。

② 故宫博物院明清档案部编：《清末筹备立宪档案史料》(上册)，中华书局1979年版，第44页。

宪代表制，我提出了最后的人民集会的假设，想象人民在最后一次集会上做出关于未来生存方式的根本决断：**主权所有权和行使权适度分离；我们要制宪。**凭借这个思维实验，我们可以充分论证宪法的法律性，回答下述问题：宪法为什么是法律？什么才是根本的，需要用真经大典的形式固定下来？宪法为什么具有最高的法律效力，高于宪定权力？

我绝不敢低估凯尔森的基础规范对于法律科学的意义，而是主张宪法学把基础规范和制宪权理论对比互参，如此方得见识宪法之真面目。或许可以把制宪权和基础规范分别比喻为一经一纬，经线发出的信号是"我们要制宪"，纬线发出的信号是"宪法具有最高的法律效力"，或如凯尔森所言，"一个人应象宪法的'缔造者'和由宪法——直接地或间接地——授权(委托)的那些人所命令的那样来行为"[①]。经纬相交，织就一幅宪法图锦。

不妨说，本文是对中国宪法序言最后一段文字的知识说明和理论论证。

一、宪法的法律性解析

宪法的法律性是个总命题，下含三个子命题：宪法是法律；宪法是根本法；宪法是最高的法律。三个子命题相互联系，却各有其内涵。

(一) 宪法是法律(law)

当我们说宪法是法律的时候，我们在说什么？我们的意思是：1. 宪法具有法律的形式；2. 宪法具有法律效力。关于宪法的法律效力，在解析第三个命题——宪法是最高的法律时一并处理，这里集中阐释宪法的法律形式。

形式是识别一个事物的直观标准。当我们说宪法具有法律的形式时，意味着什么？意味着宪法和传统的根本法以及宪法背后的高级法之间的区别，也就是说，宪法不是自然法和政治道德，而具有实定法的形式特征。"法的实在性在于这样的事实，它是为人的行为所创造和废除的，因而是不以道德的和类似的规范体系为转移的。这一点就构成了实在法和自然法之间的区别"[②]。根本法的概念，后面再解释。这里需要指出的是：

第一，实定宪法和自然法、政治道德的区分不是绝对的，后者可以被

---

① 凯尔森：《法与国家的一般理论》，沈宗灵译，中国大百科全书出版社 1995 年版，第 131 页。
② 同上注，第 129 页。

转化为实在法，比如通过权利法案或通过违宪审查的解释机制。

第二，实定法包括习惯法和制定法，不要把宪法的实定法形式和形式宪法的概念混为一谈。所谓形式宪法，是和实质宪法相对而言的。"形式意义的宪法是一个庄严的文件，如果有一种宪法形式的话，那么就一定要将宪法性法律和普通法律区分开来。两者的区别在于：宪法性法律的创造（这意思就是制定、修改、废除）要比普通法律的创造更为困难。"什么是实质宪法呢？在凯尔森眼中，"而实质宪法，那就是说，调整一般法律规范创造的那些规范，以及在现代法律里，决定立法的机关和程序的那些规范，是每个法律秩序的主要因素"①。

法律的存在形式最简单的区分是成文/非成文，或制定/非制定（Written or enacted v. unwritten or unenacted）。这种形式的区分对于宪法分类有用吗？采取哪种形式对于宪法之成为宪法有什么区别吗？宪法可以或者应该成文化吗？

宪法史的一个公案是，作为宪法母国的英国居然没有成文宪法典。那么，在英国如何识别宪法呢？这是个知识难题。托克维尔甚至说，"英国宪法没有真实的存在"②。他所言包含了全部的真相吗？戴雪不甘心让出法律人的领地，他写作《宪法法研究导论》一书最重要的知识使命就是要甄别出真正的英国宪法来。他把英国的宪法（constitutional law）分解为两种性质完全不同的规则（rules），或者叫原则、准则：一类是宪"法"，或宪法法（the law of the constitution），另一类是宪法习惯或宪法道德（conventions of constitution or constitutional morality）。

正确意义或严格意义上的宪法是什么？戴雪说，就是"**法院实施的规则（无论成文还是不成文，无论是用法规制定出来的还是源于大量的习惯、传统，或法官制定的被称为普通法的准则）**"③。他提醒读者不要混淆宪法法/宪法惯例的区分与成文法/非成文法（普通法）的区分，不能在二

---

① 凯尔森：《法与国家的一般理论》，沈宗灵译，中国大百科全书出版社 1995 年版，第 142 页。

② Tocqueville, Oeuvres Completes, i. 166, 167. 转引自 A. V. Dicey, *Introductionto the Study of the Law of the Constitution*, 8th ed., Mcmillan, 1915, cxxxix.

③ A. V. Dicey，同上注，p. cxli. 书名很难翻译为中文，英文中"constitution"一词在中文里通常叫宪法，the law of constitution 字面上只能译作宪法法，有嫌累赘，不过似乎也没有更好的选择。也不能译作宪法律，因为戴雪讲的宪法法不仅仅包括法规形式。法字加引号，译作宪"法"在书面上可以看的出来，但口语中很难表达。雷宾南的译作《英宪精义》，流于文学式意译，恰恰失却了戴雪追求概念精确性的精神和全书的理论宏旨。

者之间划等号，因为英国的宪法法有制定法，也有非成文法，还有过去是非成文法的后来被制定为法律的，而宪法惯例即便有书面的形式却也不能记录在法规中，议会所有程序都如此[①]。宪法法/宪法惯例的区别无疑是有意义的，但如果完整地言说英国宪法，我们还得把宪法惯例囊括进来。如何描述其整体上的形式特征呢？宪法学由来已久的做法是采用非成文宪法的标签，也许非法典化才是其真正要表达的含义。

中国《宪法》序言宣告"本宪法**以法律的形式**……"这段话后面的内容不断地被引用和解读，而"以法律的形式"这个片语长期被忽视。"以法律的形式"在这里包含这样几层意思：

(1) 宪法是实定法、制定法；

(2) 更确切地说，宪法具有一种特殊的法律形式，即真经大典(canonical master-text)[②]；

(3) 在否定的意义上排除了其它形式属性，即是说，宪法不是协议，不是纲领等；

(4) 进一步说，预设了制宪权的统一性。

在上述意义上，我们就可以理解为什么博尔纳兹克(Bernatizik)说宪法转变为一种"法律类型"是"当代政治文化的一个成就"了[③]。抛开理论话语，在日常生活中怎么理解"以法律的形式"呢？且听托马斯(潘恩对宾夕法尼亚州宪法文本在生活中如何方便使用的生动描述：这部宪法"是这个州的政治圣经。几乎每个家庭都有一本宪法。政府人员则人手一册。每当对一项法案的原则或对任何一项权力的应用范围有争议时，政府人员便从口袋里取出这本印就的宪法，把有关争议中的事情的章节念一遍，这是司空见惯的事情"[④]。从潘恩的话里，我们理解了宪法的成文法形式的一个实践意义：方便装进口袋，随时取用。法国革命的坚定反对者梅斯特冷嘲热讽地说："潘恩不是以其深刻迷倒各大学，声称，宪法若不能装进口袋，就不存在吗？"[⑤]。

---

① A. V. Dicey, *Introductionto the Study of the Law of the Constitution*, 8th ed., Mcmillan ,1915, p. cxliii—cxliv.

② John Gardner, Can There be a Written Constitution? 载 http://ssrn.com/abstract=1401244。

③ 转引自卡尔·(施米特:《宪法学说》，刘锋译，上海人民出版社 2001 年版，第 25 页。

④ 潘恩：《潘恩选集》，马清槐等译，商务印书馆 1981 年版，第 252—253 页。

⑤ Joseph de Maistre, *The Generative Principles of Political Constitutions*, Jack Lively, editor and translator , Macmillan Company, 1965, p. 150.

美国开国元勋詹姆斯(威尔逊对美国成文宪法的建构潜能阐释的一个与众不同的地方是强调其成文形式的意义。他指出,美国宪法之所以是政治科学的一个飞跃,不仅仅是因为它写了什么还因为它是书写出来的这个事实。理由何在呢?他强调宪法原则必须被广大公民"知晓和辨认",除非这些原则"首先成为我们的知识对象",否则人们不会产生对自由与法律的依赖情感。美国宪法的制度安排体现了自由与法律的平衡,而成文书写的形式将这些自治的教义公开化,使其"在公众心里留下实际的印象,深刻且习以为常"。同时,成文宪法也给每一个个体提供一种共享的政治语言,当大家一起使用这种语言时,它便持续地强化其所内含的教义。只要大家习惯于用宪法术语来谈话,即便大家对宪法术语的含义有异议,说同一语言的事实就能促进政治秩序的活力①。

按福柯的观点,权力具有自我知识生产能力。在共和国,宪法源于人民主权,经由制宪,主权者人民建构起一个政治社会最起码的一套政治语法和词汇。海德格尔说,语言是存在之家。依此观之,宪法的成文书写形式不仅仅是公民教育的方便手段,更是现代公民的存在之家。公民只有在宪法的引导下,也就是在一种能平衡自由与法律的制度安排中才能正确地理解自我和国家;宪法为共和国的生活赋予意义并为其命名,公民不能离开宪法而存在。

1954 年毛泽东主席在《关于中华人民共和国宪法草案》的讲话中说:"一个团体要有一个章程,一个国家也要有一个章程,宪法就是一个总章程,是根本大法。"②毛主席把宪法和团体章程相比,绝无意于把国家类比为团体,因此也不会有什么契约论或多元主义的意思。从源头上说,把宪法和社团章程类比,应该是一种西方的思维,而且是美国的成文宪法思维。潘恩谴责英国没有宪法时就有过类似的说法:"在英国,除国家外,凡事都有章程。每一个社会团体成立,先要对一些原始条例取得一致意见,然后整理成文,这就是该社团的章程。然后,他就按章程中所规定的职权委派一些办事人员,该社团的管理工作就开始了。这些办事人员不论其

① 本段内容参见 James R. Zink, The Language of Liberty and Law: James Wilson on American's Written Constitution, *The American Political Science Review*, Vol. 103. No. 3(August 2009), p. 448. 威尔逊言论出自 *The Works of James Wilson*, edited by Robert Green McCloskey, volume I, The Belknap Press of Harvard University Press, 1967.

② 《毛泽东文集》,人民出版社 1999 年版,第 324—331 页。

职位如何，都无权对原始条纹加以增添、修改或删减。这种权力只属于章程制定者所有。”[①]

真经大典式的成文宪法在国家层面毕竟只有二百多年历史，为什么呢？单从这一点就可以说，成文宪法是人类政治文明和法律文明的一个巨大的转折或飞跃，是启蒙运动以来理性建构主义的胜利。然而，成文宪法在出现之初，并非没有怀疑和反对的声音。1787 美国制宪时，英国人把它当作一个笑话来看。Arther Young 说过一句名言：“好像宪法跟布丁似的，照着食谱做就行”[②]。宪法（国之根本）应该或者可以写成法律吗？19 世纪开初，梅斯特在《政治宪法的生成原理》一文中认为下述命题无可置疑：

（1）政治宪法的根本存在于一切成文法律之先。

（2）一部宪法是且只能是先已存在的不成文的权利的发展或认可。

（3）最重要的，本质上最具有宪制性质的或者真正根本性的东西不是写下来的，甚至不应该这样做，如果不希望国家被毁坏的话。

（4）一部宪法的弱点或脆弱之处与成文宪法的条款数量有直接的关系。[③]

第一个命题即梅斯特在《主权研究》一文中提出的“自然宪法”（natural constitution）命题[④]，这个宪法在中文里叫做“构成方式”比较准确。第二个命题是直接推论。成文立宪主义者虽然相信理性建构，但也不能完全否定之，因为每一个民族都有其特定的构成方式。后来，尤其是在第二次世界大战以后的立宪大潮中出现很多没有历史和社会基础的宣言式的理念型宪法，这些宪法的失败更加证明了上述两点的正确性。但第三点和第四点大有“国之利器不可示人”的神秘主义色彩，更是与他已经见到的欧洲民主势头不容，有愚民之嫌。处于历史河流的拐点上，对成文宪法的出现怀有恐惧的激情也是情理中事。八十多年之后，一位美国学者托马斯（M. 库利对成文与非成文宪法各自优缺点的比较，显然要客观冷

---

① 潘恩：《潘恩选集》，马清槐等译，商务印书馆 1981 年版，第 257 页。

② Arther Young, *Arther Young's Travels in France during the Years 1787, 1788, and 1789*, Gorge Bell &Sons, 1906, p. 183.

③ Joseph de Maistre, *The Generative Principles of Political Constitutions*, Jack Lively, editor and translator, Macmillan Company, 1965, p. 151.

④ Ibid., pp. 107—108.

静得多。他从好宪法的五个标准出发进行比较[①]：

(1) 好宪法的原则应该显易而确定，免于怀疑和质疑。——成文宪法。

(2) 好宪法必须是逐渐形成的，源于人民的历史和经验，是人民对政府的思想、愿望和理想的自然而审慎的表达。——非成文宪法。美国宪法属于少有的例外。

(3) 好宪法应明确地在各部门间分配政府权力，划清界限，防止冲突和越权。——成文宪法。

(4) 好宪法应不受当下令人兴奋之事、民众任性与激情的影响。——成文宪法。

(5) 好宪法应为政府的变化提供安全生长和扩展的机制。——各有所长。

非成 文宪法允许每天不为人觉察地渐变，最终被官方正式认可，但也可能最终诉诸刀剑，危及政府存亡；成文宪法修改困难，但可以用选票替代战斗(ballot vs. battle)。

以上仅就宪法的技术性特征进行了对比，总体而言，成文化具有相对优势。行文至此，必须指出，成文/非成文的区分毕竟是个形式区分，决定人类社会普遍地选择成文宪法形式的根本原因不是成文宪法的技术性优势，而是一种实质性的东西，即政治力量的对比，这种力量的对比被概念化为主权形态。如果主权在民，那么宪法就源出于人民的意志，必须采取成文的形式；如果主权之争旷日持久，逐渐演变为妥协形式或不便作出决断，则未必方便立宪。观乎过去二百多年立宪史，成文宪法之所以盛行，最根本的动力生乎主权，要么是国内革命形成新主权或新的主权代表，要么是民族自决或国家分裂形成新主权，要么是若干地区合并形成新的国家、新的主权，需要一个新的开始。成文宪法是新主权或主权代表自我表达和证明的不可替代的形式。阅读中国宪法文本，看到“本宪法以法律的形式”这个句式时，如果能恍惚觉察到作者的身影，当是觉悟到了成文宪法的本质，心里就会悄然地把这个

句子替换为“我们中国人民以法律的形式”。

---

① Thomas M. Cooley, Comparative Merits of Written and Prescriptive Constitutions, *Harvard Law Review*, Vol. 2, No. 8 (March. 15, 1889), pp. 341—357.

(二) 宪法是根本法(fundamental law)

在自然科学和社会科学领域,"fundamental law(s)"这个词被广泛使用,中文叫做基本规律或根本法则。在政治—法律领域,今天人们在学理上把根本法和宪法当作同义词交换使用。在实践意义上,特别是在成文宪法国家,宪法文本的外延和根本法有交叉也有不同,宪法文本之中的规范不全是根本法规范,文本之外也还存在根本法,但整体上人们把宪法称为根本法,这是相对于一般立法而言的。

人们容易犯一个错误,把今人特定理论中的国家观念和宪法观念强加到古代的根本法一词上去。其实,根本法在16世纪下半叶开始出现的时候[①],算不上一个专门的术语或概念,仅仅是一个偏正结构的名词短语,是一种修辞手法。根本法在字面上包含一个隐喻:基础—建筑,即把国家比喻为一个建筑,而把某些东西比喻为这个建筑的基础,有时也用支柱的意象来表示(在我国,也有宪法学者把四项基本原则称作"宪法的四根柱子")。"根本的"可以释义为"固定而不可更改的"。作为一种修辞手段,根本法表示从王国建立起,甚至是从不可追忆的古时起就存在的特定的权利、特权、制度、法律和习惯,它们足够重要并且受到严重威胁需要特别捍卫。

究竟什么才算是根本法?什么是非根本法?其实,根本法完全是一个松散而模糊的概念。霍布斯在《利维坦》一书中勉强地认可根本法的说法:"还有一种法律的分类是分为根本法和非根本法。但我从任何著作家方面都看不出根本法的意义是什么。然而人们却完全有理由用这种方式来区分法律,因为在每一个国家中,根本法就是取消了以后,国家将像屋基被毁的房屋一样,无法成立并彻底解体的法律。"[②]

在英国,根本法是针对国王和议会而言的,大意是,国王和议会有所不能为。一个代表性的人物是爱德华(柯克首席大法官(1552—1634),他在波翰姆案件(Dr. Bonham's Case)的判决中提出普通法应制约(control)议会法。不过,有两点要说明:一是那时的议会是司法性的,是最高法院,尚未发展为专门的和作为主权机关的立法机关;二是他说抵触普通

---

① 法国人 Theodorus Beza 于1574年写的《论执行官的权利》(Du Droits de Magistrats)被认为是最早使用根本法(loix fondamentales)一词的。

② 霍布斯:《利维坦》,黎思复、黎延弼译,商务印书馆1985年版,第224页。中译本将"根本法"译作"基本法",为了使本文概念上保持一致,我在引用时一并更改了。

的权利和理性的议会立法无效时，不是说法院可以宣布议会越权，而是说要对议会立法严格解释，要么解释为与公认原则一致，要么在议会立法之外判决，从而不适用该立法①。

然而，绝对主权论者不给根本法留什么空间，主张主权者不受(实定)法律约束。霍布斯以彼之道还施彼身，把根本法变成了国王手中的利刃："因此，根据根本法这种法律，臣民就必须支持已经赋予主权者(不论是君主还是主权会议)，而国家缺了又无法维持的一切权力。诸如宣战、媾和、司法、任官以及主权者做出他认为对公共福利有必要的一切事情的权力等属于这一类。非根本法则是废除之后不会使国家解体的法律，例如，有关臣民争讼的法律便属于这一类。"②

同样是绝对主权论者的卢梭，把主权者置换为人民，但他同样认为主权者不受法律约束。在他那里，根本法的概念被保留了，是指找到了"主权者—政府—臣民"三者正确比率的政治法，和理性、科学性连接在一起。根本法自然重要，但他否定根本法是契约，主张人民必须定期集会，而每次集会人民都有权修改宪法，这极大地刺激了欧洲诸政权。在他的祖国日内瓦共和国，他的《社会契约论》和《爱弥儿》遭查禁，最重要的原因就是他颠覆了一切根本法、一切宪法的存在基础。

所谓的根本法究竟是因为其古老而传统才被认为是根本的、不能动摇的，还是因为它在理性上是正当的才被认为是根本的、必须被遵从的呢？学者们在这个问题上从来分为两派，朝两个方向探寻③。两个方向相互对立，有时又相互补充。前者以英国最为典型，德国的历史法学派也很耀眼，后者在方法论上多半依赖自然法和契约论。

不过，在宪政思想史上贡献至伟的孟德斯鸠虽熟谙历史，但他不从历史中探寻根本法的根据，也不诉诸自然法和契约论，而从各种政体的性质直接推衍出各自的根本法。在《论法的精神》第一卷第二章里，他从性质上定义了三种政体，即共和政体、君主政体、专制政体。然后他指出："应

① See J. W. Gough, *Fundamnetal Law In English Constitutional History*, Oxford University Press, 1961, pp. 30—47.

② 霍布斯：《利维坦》，黎思复、黎延弼译，商务印书馆 1985 年版，第 224—225 页。

③ See Martyn P. Thompson, The History of Fundamental Law in Political Thought from the French Wars of Religion to the American Revolution, *The American Historical Review*, Vol. 91, No. 5(Dec., 1986), pp. 1103—1128.

该看什么法律是直接从政体的性质产生出来的，这种法律便是最初的根本法。”在民主政治里，“建立投票权利的法律，就是根本法”；“规定投票方式的法律也是民主政治的一种根本法”；“无疑，人民的选举应当公开，应当把这点看作民主政治的一条根本法”；“民主政治还有一条基本规律，就是只有人民可以制定法律”。君主政体的性质，“指的是由单独一个人依照根本法治理国家的那种政体的性质”。而专制的国家，在他看来“没有任何根本法，也没有法律的保卫机构”，如果一定要说有什么根本法的话，就是，“设置一个宰相”[①]。

值得注意的是，当欧洲人和英国人在围绕根本法的理论问题争执不休的时候，美洲一些殖民地已经把根本法这个词当作文件名称在使用了。1639年《康尼迪格根本令》(Fundamental Orders of Connecticut)被历史学家当作现代世界第一个成文宪法。1677年，基督教贵格会(Quaker)所有权人对西新泽西发布了一个文件，叫做《西新泽西章程或根本法》(Charter or Fundamental Laws of west New Jersey)，这个文件起着根本宪法(constitution of fundamental law)的作用。1682年，一个贵格会集团控制了东新泽西，1683年模仿“宾夕法尼亚政府框架”发布了《根本法》(The Fundamental Laws)[②]。

1776年到1780年之间，美洲制定了11部宪法，均用宪法文本把根本法固定下来，但把宪法当作高于立法机关的观念还不普遍。1787《美国宪法》把根本法或高级法的观念确定下来，首先体现在制宪会议的特别程序中。从此，根本法是不是具有约束力的问题，至少在宪法文本的范围内，被永久性地解决了。至于文本之外的根本法，是否可以作为司法审查的根据，还要继续争议下去。

根本法作为概念确定下来成为标准说法之后到美洲各殖民地立宪之前，应该说“根本法＝宪法”。这意思是说，根本法是建构(to constitute)政治体这个大厦的基础，不可动摇。宪法(constitution)一词指向功能，应侧重从动词或动名词角度来理解。其实，这个“法”是个抽象的说法，未必

---

① 孟德斯鸠：《论法的精神》，张雁深译，商务印书馆1987年版，第7—18页。中译本将“根本法”译成“基本法律”，我在引用时一律更改。

② *Encyclopedia of the American Constitution*, MaCmillan Publishing Company, 1986. 以上内容分别见词条 Fundamental Orders of Connecticut, pp. 828—829; New Jersey Colonial Charters, p. 1309。

指实定法律，可能指的是法律的原则或理性的原则，所以根本法的效力可能是指道德约束力也可能是指法律约束力。在美洲殖民地独立立宪，特别是1787年美国联邦立宪、1791年法国制宪以后，几乎可以说“宪法=根本法”。这意思是说，宪法把政治体的根本形态和存在方式用书写的形式固定下来了，宪法整体上被视为根本法，具有最高的法律效力。用施密特绝对宪法/相对宪法的二分法来准确地表述，应该说宪法被相对化、形式化了，于是，“宪法律=宪法”，“宪法律=根本法”。

人们普遍地把“宪法是根本法”和宪法的最高地位混为一谈。这是完全可以理解的，因为成文化、法典化的根本法预设了一个法律层级，如果宪法不被赋予最高的法律地位，则根本法得不到保障。我只是想指出，根本法和宪法至上在字义上是有差异的，在观念上也有微妙的差别：根本法侧重其对政治形态和存在方式的实质重要性，宪法至上是法律层级体系逻辑建构的必要设定。应该说，因为根本法是根本的，所以不能违背或被摧毁；因为宪法是根本法的结晶，所以必须被赋予最高地位。

如所周知，德国宪法就叫做《德国基本法》。在1806年以前，在帝国法律以及德意志邦联法律中，“基本法”这个概念被理解为一些根本性的规范，这些规范应该具有特殊的稳定性和持久性。当时存在很多的根本法。1945年，基本法的概念从传统语境中被抽离出来，具有了全新的意义。当时德国人民尚无法以一个统一的整体来参与创制1949年的“宪法议案”，因为他们尚没有完全的行为自由。同时，人们不希望因为这个宪法加剧联邦德国和民主德国分裂，甚至使之演变成永久的事实。鉴于这一境况，当时尚无法考虑制定一部“完整的宪法”，而只能先制定一些简约的组织程序性的规则。不过，制宪会议的审议过程与这一原初的想法越走越远，使这个名为“基本法”的文件超越了旧基本法的局部性，变成了一个规范国家生活整体秩序的宪法了。尽管如此，这部宪法的临时过渡性还是被明确表达出来了，这一点和宪法的稳定、持久有效性相区别。但事实上，在实践中这部宪法越来越具有持久性，在这个意义上也表明自己还是“一部宪法”[①]。从联邦德国制宪的苦衷，我们可以体会到宪法和基本法的不同，尽管这个区别在立宪和行宪的实践中被模糊了，那就是：

(1) 基本法可以是局部性的，而宪法必须是完整的；

① 康拉德·黑塞：《联邦德国宪法纲要》，李辉译，商务印书馆2007年版，第60—61页。

(2) 宪法表示制宪权主体是完全建构的(well-constituted),而基本法可以侧重组织功能,淡化制宪权。

由此,我们联想到1949年中华人民共和国成立时制定的基本文件叫《中国人民政治协商会议共同纲领》,而不叫《中华人民共和国宪法》。学者普遍认为,《中国人民政治协商会议共同纲领》起到了临时宪法的作用。为什么当初不起草一部《中华人民共和国宪法》?能否把《中国人民政治协商会议共同纲领》看作一个政治盟约或是一个局部性的基本法?这些问题,岂止一句话可以敷衍?

在宪法学上,在很多国家的宪法文本上,"基本"(fundamental/basic)这个词还用来修饰某些权利,甚至某些义务。其实,基本权利是宪法成其为根本法的一个重要原因。

最后让我们再一次来看中国《宪法》序言最后一段的内容:"本宪法以法律的形式**确认了中国各族人民奋斗的成果,规定了国家的根本制度和根本任务,是国家的根本法**,具有最高的法律效力。"这一段的内在逻辑如下:

(1)《宪法》为什么是根本法?

因为宪法确认了中国各族人民奋斗的成果,规定了国家的根本制度和根本任务。宪法这种自我论述是典型的社会主义宪法文风。注意这里除了根本法这一固定说法外,还有两处使用同一个形容词"根本"。根本用来修饰制度,在宪法学上是通常的修辞术,不过,在西方,根本制度一般不是作为法律语言来使用的,而我国《宪法》第1条就规定:"社会主义制度是中华人民共和国的根本制度。"根本用来修饰任务,带有很强的政治色彩和主观色彩,和宪法的规范性、持久性不协调。

(2)《宪法》根本任务是什么?

我国《宪法》序言就宣告:"今后国家的根本任务是集中力量进行社会主义现代化建设。"这里,没有任何自然法和契约论的痕迹,有的只是主权意志。我认为,还应该补充一项:保障人权和公民基本权利。

(三) 宪法是最高的法律(supreme law)

这是"宪法是法律"这个命题的递进,包括两层含义:宪法具有法律效力;宪法具有最高的法律效力。

1. 宪法具有法律效力

中国《宪法》序言规定:"本宪法……具有最高的法律效力。"这里的

“法律效力”应该如何理解？英文翻译为“legal authority”，再译成中文是“法律权威”，和宪法的用语并不对应。此处“法律权威”，实际上包含两层意思：(1) 法律效力(legal validity)；(2) 法律地位(legal status)。我国《宪法》的本义在于强调其至上性(supremacy)，故而这个英文翻译并无不妥，反而比较高明。

宪法具有法律效力，这是一个规范命题，而非一个事实陈述。无论一国的宪法是否具有法典化形式，只要它是有实效的(effective)，它都具有法律效力(valid)。对于宪法，就像对于整个法律秩序一样，效力以实效为前提。根据国际法的实效性原则，国家的宪法只有在以宪法为基础建立起来的法律秩序大体上是有实效时，才是有效力的①。也就是说，宪法如无实效，也就没有效力。

但是，当我们说宪法的法律效力时，我们在说什么？对于一般的法律规范而言，效力(validity)指向约束力和强制力。但对于宪法而言，其效力的根本体现在于，宪法是全部法律秩序及一切法律规范效力的源泉，是一切的强制力最终的唯一的合法性根据。宪法的根本功能是把权力事实转化为法律主权，即把暴力转化为法律权力，不仅使国家成为暴力的垄断者，而且在观念上把国家从一个暴力机器转换成一个法律秩序。为此，宪法要具体地承载两项功能：一是建构(to constitute)和赋权(to empower)；二是限制权力。不过，宪政主义者更多地强调第二个功能。

在非成文宪法国家，由于宪法和普通法律没有形式上的区分，合宪/违宪就是合法/违法，因此，说宪法具有法律效力似乎就如同说法律具有法律效力一样。然而问题绝非如此简单，因为非成文宪法的渊源包括两类，即宪法法和宪法惯例，宪法法是在法庭适用的规则，而宪法惯例不在法庭适用，却实际地被遵循着，具有政治实效。戴雪对宪法规则进行了分类，却没能在法哲学意义上把政治实效和法律效力、法律实效勾连起来。

我们能否说，**凡是具有政治实效的宪法惯例在法律上也是有效的(legally valid)**？如果不承认宪法惯例的法律效力，那就只能要么将其视为法律上无效力的(legally invalid)规则，要么不作为一个法律现象予以考虑。无论是哪种处理，结果都一样，宪法被划分为两部分——政治的和法

① 凯尔森：《法与国家的一般理论》，沈宗灵译，中国大百科全书出版社 1995 年版，第 138 页。

律的。如果承认政治惯例具有法律效力，那就意味着宪法的法律效力和普通立法的效力在作用的方式上有所不同，政治实施和司法实施一样重要，不能拘泥于司法中心主义。其实，奉行成文宪法的国家也都或多或少存在宪法惯例，无论是否承认其法律效力，它都应该纳入宪法的概念。总之，宪法是政治法(political law)，既是政治的，也是法律的。

人们在谈论宪法的法律效力时常常会陷入矛盾和混乱之中。一方面，从法哲学上说，无论一国的宪政状况如何，我们都不能说它的宪法是无效力的(invalid)，因为这样一来就无法言说全部法律体系的效力了。另一方面，在宪法没有司法化或准司法化的国家，宪法不能由法院或类似机构实施，宪法"不长牙"，宪法对国家机关不能发挥约束力，甚至可能违宪的行为大行其道。在公民的心目中，违宪而不追责就等于宪法没有效力，他们还怎么会相信宪法呢？法律理论家可能指责他们混淆了效力与实效的概念，混淆了应然与实然。然而，如果深刻分析就会发现，普通人把实效等同于效力的观念带有悲观主义色彩的直觉判断，恰恰说明一个正常人在理性和良知两个层面有一个根深蒂固的认知：宪法应该被遵守。这不就是"宪法是有法律效力的"的另一种表述吗？大众的直觉判断非但不是错误的，反而是宪政的社会心理基础。

2. 宪法具有最高的法律效力

实际上，在成文宪法国家，说宪法是法律，具有法律效力，几乎就是说宪法至上，具有最高的法律效力。

宪法至上的观念在纯粹法学上的涵义是，法律是一个内在和谐的规范等级体系，而宪法是这个体系的顶端，任何与宪法相悖的规范都不应该是有效力的。它还有政治的一面，即一切国家机关都必须服从宪法，特别是立法机关。有趣的是，美国国父们在对抗英国非成文宪法的辩论中，这个命题成了他们手中一个有力的攻击武器。他们追问的是：是先有政府还是先有宪法？在他们看来，政府如果没有宪法就成了一种"无权利的权力"(power without right)。[①]

"宪法至上"这个命题预设了一个基本原则：国家主权。无论一个国家采取什么原则把各地方组织起来，主权均是国家的灵魂，而宪法至上是国家主权对内的一种体现。即便在联邦制下承认所谓的联邦与州的双主

---

① 潘恩：《潘恩选集》，马清槐等译，商务印书馆 1981 年版，第 150 页。

权(我不认为是正常的、可以持续的),宪法至上也是中央或联邦主权的标志。《美国宪法》第6条确立了国家至上的原则,是美国联邦主义的制轮楔,通常叫至上性条款,该条规定如下:

"本宪法和依本宪法所制定的合众国法律,以及根据合众国的权力已缔结或将缔结的一切条约,都是全国的最高法律;每个州的法官都应受其约束,即使州的宪法和法律中有与之相抵触的内容。"

一个以独立政治体自诩而没有被国际承认为主权国家的地区也可能会有一部自己的宪法,而且它的宪法在自己有效控制的范围内也具有最高法律地位。主权的缺失导致这样的宪法不具有正当性,但这丝毫也不影响它在有效控制区之内的法律效力,不过超出其实力范围的效力主张则完全无效。这样的事例属于宪法依赖国家主权这一规则的例外,但并不是上述规则的反例,恰恰说明这个地区试图按照一个主权国家的原理来塑造自己,以期获得国际承认。

如何看待"违宪的法律"?汉密尔顿在《联邦党人文集》中有过精彩论述:"代议机关的立法如违反委任其行使代议权的根本法自当归于无效乃十分明确的一条原则。因此,违宪的立法自然不能使之生效。如否认此理,则无异于说,代表的地位反高于所代表的主体;仆役反高于主人;人民的代表反高于人民本身。如是,则行使授予的权力的人不仅可以越出其被授予的权力,而且可以违反授权时明确规定禁止的事。"[①]作为一种政治论述,汉密尔顿的观点很有说服力,影响深远,以至于今日,人们都习惯说违宪的法律无效,进而理所当然地把是否存在违宪审查作为衡量一个国家宪政水平的标准。

然而,从纯粹法律的观点看,凯尔森认为,**"违宪的法律"无效,是个没有意义的陈述。**因为,一个没有效力的规范根本就不是法律,是一个不存在的规范,在法律上是一个非本体。"违宪的法律"如果被适用于一个被认为有效的法律上去,在用语上就是一个矛盾。因为如果这个法律有效力,那么它之所以有效力只是因为它符合宪法;如果它与宪法有抵触,它就不可能是有效力的[②]。

---

① 汉密尔顿、杰伊、麦迪逊:《联邦党人文集》,程逢如、在汉、舒逊译,商务印书馆1982年版,第392页。

② 凯尔森:《法与国家的一般理论》,沈宗灵译,中国大百科全书出版社1995年版,第175页。

那么,“违宪的法律”在什么条件下才不是一个自相矛盾的说法呢?换言之,要确保宪法至上,必须具备哪些条件?概言之,一是宪法与其它法律能区分开来;二是宪法有特殊的修改程序,使得立法机关不能随意修改;三是有一个具有权威的机构控制法律及政府行为的合宪性。

凯尔森说:**“‘违宪的法律’这一表示的意思就是,根据宪法,一个法律可以因特殊理由以异常方式废除。”**[①]此话反过来说就是:**如果根据宪法,一个法律不可以因特殊理由以异常方式废除,那么,“违宪的法律”要么自相矛盾,要么没有意义。**凯尔森这段话包含三个论点:

(1) 违宪的法律不是自始无效,而是可使无效的(voidable)[②];

(2) 违宪的法律可以因特殊理由而废除,理由是,宪法对立法程序或内容有直接规定;

(3) 可以以异常方式废除“违宪的法律”。异常方式是相对于常规方式而言的。常规方式是什么?是后法废前法。根据这个原则,一个法律由另一个新法废除,也就是立法机关自行废除,或者由相反的习惯法规则以所谓的废弃方式而废除。异常方式就是委托除立法机关以外的一个机关予以审查废除。那么,为什么要采取异常的方式呢?

“如果不要求立法机关以外的机关来审查法律的合宪性,法律是否符合宪法的问题就必须只能由并且独一无二地由立法机关本身来决定。因此,凡由立法机关作为一个法律所通过的每一事物就必须被当作宪法意义上的法律来接受。在这种情况下,没有一个由立法机关制定的法律可以被认为是‘违宪的’。”[③]在这种情况下,如何把法律体系解释为一个和谐的体系?凯尔森认为:**“我们就必须推定,宪法关于立法的规定具有可选择的性质。”**否则就会陷入矛盾之中。这是什么意思呢?这就是说,“宪法授权立法者,在立法者认为需要不适用宪法的实定条款的条件下,可以代替宪法来决定立法的程序和法律的内容”。也就是说,“普通的立法者也可以被授权在某些情况下,作为宪法的立法者来行为”[④]。这样理解或安排确实做到了自圆其说,但宪法的至上性也打了折扣。

---

① 凯尔森:《法与国家的一般理论》,沈宗灵译,中国大百科全书出版社1995年版,第175页。

② 同上注,第177页。

③ 同上注,第176页。

④ 同上注。

可见独立的审查机构是多么的必要！然而，如果以异常方式废除“违宪的法律”，无论这个被授权的机构是普通法院还是一个专门的机构，“它就成了一个凌驾于立法者之上的权威，这可能在政治上是不合适的”[①]。这里，凯尔森选择一个模糊的措辞“可能”，意在回避争论。违宪审查机制的“异常性”本身就意味着在政治原理上难以论证。自有违宪审查以来，违宪审查机构的正当性就是一个聚讼纷纭的议题，相关文献极为丰富，这里不赘述。

二、凯尔森的困境：历史上第一个宪法的效力只能依靠预设

上文解析了宪法法律性的三个命题的内涵和渊源。然而，要把这三个命题演化为公民宗教的教义，要使宪法被奉为真经，就必须证明：

（1）宪法效力的理由；

（2）宪法神圣权威的来源。

两个方面换一种方式来表述就是两个问题：宪法为什么是有效力的？宪法为什么必须被尊崇甚至被信仰？这是两个不同的问题，凯尔森的纯粹法学试图回答第一个问题，完全抛开了第二个问题。他的基础规范是一个形式逻辑的预设，对于建构法律体系无疑是必要的，但基础规范并不能真正证立宪法效力的根据，只不过预设了历史上第一个宪法的效力而已。

凯尔森的读者言必称基础规范，却少有人注意基础规范的别名。它的一个别名叫源规范（origin norm），另一个称谓——逻辑意义上的宪法（constitution in the legal-logical sense），后者和实在法意义上的宪法相对而言。凯尔森提出此区分的背景是要把传统所理解的国家职能（立法、行政、司法）化解为法的创设职能，延续其“国家是法秩序”的命题。依传统的理解，国家的三项职能是相互配合的关系（coordination）；而依凯尔森的理解，一旦国家职能转化为法的创设，就展现为一种层层递延的层级秩序，它们之间的关系是上下级关系（subordination）。由此就引出他的层级秩序理论。两种宪法概念正是建构法律规范体系层级秩序理论的基本概念。

---

① 凯尔森：《法与国家的一般理论》，沈宗灵译，中国大百科全书出版社 1995 年版，第 176 页。

在1925年第一版的《一般国家学》中，他是这样论述的："法的层级秩序最终归结于**基础规范**，正是通过它，法秩序的自我创设运动才有坚实的根基，且不同层级的规范才能构成一个统一体。基础规范首先安设一个创设法的机构，此时，基础规范可被称为**法逻辑意义上的宪法**。然后，由此产生的立法者开始制定第一个层级的规范，它的内容是调整法律的创设，这个第一层级的规范就是**实定法意义上的宪法**。其实，真正意义上的宪法（Konstitution）这个词，也就是建构一国的法秩序的行为，应该仅仅指法逻辑意义上的宪法，也就是说，它指的就是那个并非人为制定的，而是预设的基础规范。"①

如凯尔森所指出的，"法——逻辑意义上的宪法"虽然叫做真正意义的宪法，实则不是指任何实定宪法，而是一个理念，这个理念的内涵为何物？依我看来，如果替换为政治逻辑，那就是主权者的制宪决断——"我们要制宪"。奇怪的是，在1945年英文版的《法与国家的一般原理》以及1934年第一版、1960年第二版的《纯粹法律理论》中，"法——逻辑意义的宪法"似乎没再使用，只有基础规范这个术语，"实在法意义上的宪法"也被"历史上第一个宪法"及"具体体现着第一个宪法的文件""特定宪法"所替换。

为什么要追溯至历史上第一个宪法？在《法与国家的一般原理》中，他是这样说的："如果我们问为什么宪法是有效力的，也许我们碰上一个比较老的宪法，我们终于找到这样一个宪法，它是历史上第一个宪法，并且是由一个僭位者或某个大会所制定的。这第一个宪法的效力是最后的预定、最终的假设，我们的法律秩序的全部规范的效力都依靠这一宪法的效力。人们假设一个人应当象制定第一个宪法的那个人或那些人所命令的那样行为。这就是正在加以考虑的那个法律秩序的基础规范。具体体现着第一个宪法的文件，只有在基础规范被预定是有效的条件下，才是一个真正的宪法、一个有拘束力的规范。"②

《纯粹法律理论》对历史上第一个宪法描述得更具体："我们若追问宪法的效力，追问调整一般规范创设的那些规范之所以有效的理由，我们或许会发现一个老些的宪法。这意味着现存宪法的效力有一个事实可以证

① Hans Kelsen, Allgemeine Staatslehre, Julius Springer Verlag, 1. Aufl., 1925, S. 249。黑体部分为作者原文所加，该书名中译名为《一般国家学》。

② 凯尔森：《法与国家的一般理论》，沈宗灵译，中国大百科全书出版社1995年版，第130—131页。

立，即它是按照一个更老的宪法的规则通过宪法修正的方式创设出来的。如此，我们最终找到历史上第一个宪法，它不能是用这样的方式创设的，因此，其效力不能再追溯到法律权威创设的一个实在规范了；我们找到一个用革命方式而变成有效的宪法，即，要么通过违背先前宪法，要么该宪法覆盖的领土从前不属于任何宪法及以之为基础的国家法律秩序的效力范围。如果我们只考虑国家法律秩序不考虑国际法律秩序，如果我们追问历史上第一个宪法的效力理由，那答案只能是(不考虑“上帝”或自然的话)这个宪法的效力——即它是一个有效的规范——必须被预设……由于一个规范的效力理由只能是另一个规范，所以，这个预设也必然是一个规范。”①

如此看来，历史上的第一个宪法是一个具体的宪法，可能是一个建国宪法，也可能是一个革命宪法。可凯尔森说第一个宪法是一个规范，让人感觉“法律—逻辑意义上的宪法”又附体在第一个宪法身上了。有人指出，把宪法说成一个规范，这不符合法律人的常识，因为宪法是复数的规范②。不过凯尔森似乎不以为然，而且他有时也把一个法律说成一个规范。另外，历史上第一个宪法和具体体现第一个宪法的文件不是一回事吗？这历史上第一个宪法的效力的理由何在？

“这第一个宪法是一个有拘束力的规范这一点是被预定的，而这种预定的公式表示就是这一法律秩序的基础规范。宗教规范体系的基础规范是一个人应该像上帝或由上帝设立的权威者所命令的那样行为，同样一个法律秩序的基础规范则规定一个人像宪法的‘缔造者’和由宪法——直接地或间接地——授权(委托)的那些人所命令的那样来行为。以一个法律规范的形式来表示的话，就是：强制行为只有在由宪法的‘缔造者’或受他们所委托的机关所决定的条件和方式下，才应当被实现。”③

如此类比宗教规范的断然预设尽管必要，却并不能构成一个论证。他类比宗教，可是一旦展开想象，他又唯恐掉进了自己的诅咒中去，立马掉头了：“肯定的，有人可能会问为什么人们必须将第一个宪法当作一个

---

① Hans Kelsen, *Pure Theory of Law*, translated by Max Knight, University of California Press, 1967, p. 200.

② Julius Stone, Mystery and Mystique in the Basic Norm, *The Modern Law Review*, Vol. 26, No. 1(Jan., 1963), p. 44.

③ 凯尔森：《法与国家的一般理论》，沈宗灵译，中国大百科全书出版社 1995 年版，第 131 页。

有拘束力的规范。回答或许是第一个宪法的缔造者是由上帝授权的。可是，所谓法律实证主义的特色就是他不需要关于法律秩序的任何宗教辩解。实证主义的最后假设就是历史上授权第一个立法者的那个规范。这一基础规范的全部功能就是以创造法律的权力授予第一个立法者的行为以及以这第一个行为为根据的所有其他行为。"①

历史上授权第一个立法者的那个规范，也就是凯尔森所谓的基础规范，是谁制定的？其效力又从哪里来的？凯尔森解释道：

"基础规范并不是由造法机关用法律程序创造的。它并不是象实在法律规范那样由一个法律行为以一定方式创造的，所以才有效力。它之所以有效力是因为它是被预定为有效力的，而它之所以是被预定为有效力的，是因为如果没有这一预定，个人的行为就无法被解释为一个法律行为，尤其是创造规范的行为。"②

由此，是时候停下来梳理一下他的逻辑了：

(1) 历史上第一个宪法为什么有效力？答曰：它的效力是预设的，这个预设用规范形式来称谓就名之曰"基础规范"。

(2) 基础规范为什么有效力？答曰：它的效力必须被预设。

归结起来，就是两个预设和断言。基础规范，说到底是一个绝对命令：**有实效的法律秩序应该被认为是有效力的**。这无异于说，强权就是效力。凯尔森本人当然不曾说过这样的话，甚至再三反对别人这样曲解他，但是这个意思明显地体现在他对革命的法律秩序的解释中。他自信地认为，正是革命的现象清楚地表明了基础规范的意义。他说，假设一群人企图以武力夺取权力，以便推翻至今是一个君主制国家的合法政府并实行共和制政府形式。如果革命成功了，新的秩序有实效的话，那么，这个秩序就被认为是一个有效力的秩序。

问题是，在法学上这意味着什么？他解释说："**这意思就是一个新的基础规范已被预定。基础规范已不再是旧君主制宪法据以有效的那个规范，而是新的共和制宪法据以有效的那个规范，也就是以法律权威赋予革命政府的那个规范。**如果革命失败，如果他们试图建立的秩序已然并不

① 凯尔森：《法与国家的一般理论》，沈宗灵译，中国大百科全书出版社 1995 年版，第 131—132 页。

② 同上注，第 132 页。

有实效，那么，相反地，他们的事业就被解释为是不合法的行为，不是法律创造的行为，也不是建立宪法的行为，而却是非法行为、犯有叛国罪。”[①]

这确实是法律人的思维，中国的法律人更是如此。诚如凯尔森自己所言，“在陈述基础规范时，我们并没有将任何新的方法引入法律科学。我们仅仅阐明了所有的法学家（其中大多数是不自觉地）所推定的事物”[②]。不过，令人费解的是，为什么革命成功了，基础规范也随之改变呢？

我理解，“一个人应象宪法的‘缔造者’和由宪法——直接地或间接地——授权（委托）的那些人所命令的那样来行为”这样的基础规范如果是一个普遍性的命题，则对于所有的宪法都适用。制宪者变了、宪法变了，这些都属于事实的范畴，而基础规范不应该改变。如果基础规范随着革命或其它行为改变，那它就不是一个普遍性的逻辑预设，而变成了特定制宪者的具体意志表示，凯尔森的公式就该理解为或修改为：“一个人应像本宪法的‘缔造者’和由本宪法——直接地或间接地——授权（委托）的那些人所命令的那样来行为。”

中国《宪法》序言最后那段就是这样宣告的：“**本宪法**……是国家的根本法，具有最高的法律效力。**全国各族人民、一切国家机关和武装力量、各政党和各社会团体、各企业事业组织，都必须以宪法为根本的活动准则，并且负有维护宪法尊严、保证宪法实施的职责。**”可是，如果人民客观上普遍不遵守当下的新宪法呢？那当下的宪法就是没有实效的宪法，既然没有实效，也就不能被认为是有效力的了。

由此看来，一个具体宪法的效力首先体现为该宪法关于自身效力的主张，是主观性的、意志性的。这不就是制宪权的固有内涵吗？其次，如果把有实效的看成是有效力的，基础规范便是对作为事实的法现象的直接承认和“法—逻辑”转换。他的“法—逻辑意义上的宪法”的概念准确地表示它就是一个法——逻辑转换器。凯尔森在《纯粹法律理论》中特别强调基础规范的作用是把创设宪法的行为及根据宪法做出的行为的主观意义解释为客观意义，即有效的法律规范[③]。

说到底，基础规范仅仅是一个逻辑预设，要实际地在一个具体宪法上

---

① 凯尔森：《法与国家的一般理论》，沈宗灵译，中国大百科全书出版社 1995 年版，第 134 页。

② 同上注，第 132 页。

③ Hans Kelsen, Pure Theory of Law, translated by Max Knight, University of California Press, 1967, p. 201.

发生作用，首先取决于制宪者的意志，他们必须有让宪法生效的意志，这意志是制宪权意志的固有内涵；此外，还要掌握足够的权力资源使之产生实效。总之，到了国家法律规范体系的顶端——宪法，权力事实与规范，实效和效力怎能截然分开呢？我们只要联系一下中国的实际，想想《中华人民共和国宪法》和我国台湾地区宪制性法律的效力范围就会发现基础规范与革命是一种什么关系。

凯尔森思维的羽翼一碰到事实、价值和宗教的领空，立马折回到自己设定的逻辑框架中。但是他的羽翼曾经所及之境，确实是一个真正可以回答宪法为什么有效力的思想圣地。一些人指责凯尔森的基础规范神乎其神，这的确冤枉他了，应该说，他几乎触及神秘之地，却如触电般返回原地了。就在他几乎触及神秘之地的刹那间，他窥视到了一线天机，却印象模糊。正是在与宗教规范体系的类比中，凯尔森走到了尽头。他领受了一个诫命，即“一个人应像宪法的‘缔造者’和由宪法——直接地或间接地——授权（委托）的那些人所命令的那样来行为”，并以传授这条诫命为终身使命。他捍卫了宪法，不管这宪法是如何制定的，内容是正义的还是非正义的，却无意也无力使宪法成为一门真正的公民宗教。

三、人民制宪，如是我闻

如上所述，在实在法律规范体系的顶端——宪法，效力和实效，效力和权威不可分割。制宪权理论试图将两个问题一并解决，绕开制宪权既无法论证宪法的权威也无法论证宪法的效力。正如施密特所言：“一部宪法之所以有效，是因为它出自一种制宪权（权力或权威），并且凭借他的意志被制定出来。”[①]凯尔森的尽头处，即施密特的出发点，也是本文的出发点。

为了理论的清晰，我们还是只谈人民制宪好了。这不是说，历史上只存在一种制宪权，也不是说，其它制宪权无法论证宪法的效力和权威。至于制宪权的变迁，特别是通过革命产生的制宪权，只有留待以后专门论述了。

（一）人民制宪，是神话还是谎言？

共和国宪法，以人民的第一人称（We the people）做出决断，仿佛是人民自己在制宪。“人民——宪法”，这很像一个神学叙事结构。人民是谁？

① 卡尔·施米特：《宪法学说》，刘锋译，上海人民出版社 2001 年版，第 12—13 页。

是我们吗？我们何时出场制宪了？我们为什么要制宪？人民制宪是一个伟大的神话还是一个善意的谎言？

一个类似的结构是"佛——佛经"。佛已经成佛，佛要经做甚？原始佛经是佛的弟子记录佛教导修行成佛的书，被尊奉为经而已。名之曰经，用意在于必得信之，从之。宪法其实是"堕落了"的、作不了绝对主权者的人民所"记录"的那个做得了绝对主权者的人民教导他们齐政成主的言论，只是被尊奉为宪法（根本法）而已。

原始的佛教经典以"七叶窟结集"[①]的壮举得以成文，以"如是我闻"开首叙事，以显示佛经的真实性。那么，宪法以什么壮举而成型呢？有人或说是制宪会议。可是，参加制宪会议的人们真的如大迦叶、优婆离、阿难等人是佛陀的亲传弟子，听闻过佛陀讲法那般亲闻过人民说宪吗？为什么宪法不像佛经一样也用"如是我闻"开首，而要用"我们人民"开首，仿佛人民是不朽的，从未堕落，永远在场一样呢？

我这里尝试在思维中构建，或者说还原人民制宪的场景。用佛教的典故来打比方就是，把自己想象成佛陀的侍者，多闻第一的阿难（高比了！），参加"七叶窟结集"，唱说"如是我闻"。请大家也把自己想象成一起与会的众比丘，回忆佛陀的教法，合诵审定之。即是说，我要把自己想象成人民的亲传弟子和侍者，把我经历的故事说出来，把我听闻到的人民的教法唱说出来，请大家也把自己想象成人民的亲传弟子，与我一起参详、合颂。如果你认为你才是持律第一的优婆离，或者多闻第一的阿难，那就请你纠正我的记忆好了。实在要弄出个"窟外结集"[②]，也未必是坏事。

（二）人民直接出场条件下的宪法

记忆回溯到佛陀——主权者人民——驻世传法时那些金色的老日子。那时候，人民直接出场立法。在那样的条件下，有宪法吗？如有，和

---

① 又称"王舍城结集""五百结集""灵鹫山结集"等。发生于释迦摩尼涅槃后第三个月。大弟子迦叶为防止异端邪说侵入佛法，令正法久住，决心结集佛陀的言教。迦叶在摩揭陀国阿阇世王的支持下，挑选五百位上座比丘，在王舍城附近毗婆罗山侧的七叶窟结集佛陀之说。迦叶主持，持律第一的优婆离诵出律，多闻第一的阿难则诵出经（法）藏，经 500 位大比丘合定，分别编成一部《八十诵律》《阿含经》。参见任道斌主编：《佛教文化词典》，浙江古籍出版社 1991 年版，第 222—223 页。

② 迦叶主持第一次结集，因富兰那等南方来的比丘未被邀请入窟，这些比丘与其他未入窟的比丘便在窟外组织结集，整理出《五藏小乘经典》。参见同上注，第 223 页。

我们今天所谓的宪法有什么不同呢?

在卢梭的社会契约中,国家的完整创设,分为两个阶段。首先缔结社会契约,然后创设政府。虽然卢梭说社会契约一经缔结,国家就产生了,因为他的国家和主权者和社会是完全一致的,而国家高于政府,但仍然需要等政府被创设出来之后,国家才能进入正常运作,因为没有政府就没有臣民,也就是没有服从的秩序。

缔结社会契约不是人民出场,而是人民"诞生"的过程。藉由社会契约,众多的"我"形成了一个整体——"我们"。我们人民,被动时称为国家,其积极的状态叫做主权者。社会契约不是宪法,而是宪法的前提。

创设政府以立宪为开端。人民形成之后立即要创设政府,只有当政府被创设出来后,一个政治体才能具有真实稳定的存在。卢梭说:"这种行为乃是一种复合的行为,或者说,是由其他的两种行为所构成的,亦即法律的确立与法律的执行。"①

卢梭所说的法律的创立,在今人眼中就是制宪。社会契约在逻辑上是必要的,而在实践上却可能并未发生,但创设政府是个实实在在的行为。当人民聚集起来创设政府的时候,社会必然已经形成。所谓社会契约无非是对一个平等自由的社会的精神结构的想象,而立宪是以之为前提的,也是对社会契约的确认。

卢梭把法律分成四种,分别是政治法、民法、刑法和习俗。政治法规定全体对全体的比率,也就是主权者对国家的比率,而这个比率是由比率中项的那个比率所构成的。在连比例"主权者:政府=政府:臣民"中,比例中项就是政府。所谓政治法,简单地说,乃是规定政府形式的法。如果这种法律是明智的话,我们也不无理由地称之为根本法。卢梭还把习俗称为"真正的宪法"。我们也可以说这是一个政治体活的宪法,或者成文宪法的真正源泉②。

在卢梭看来,维持政治体生命的关键在于维护主权权威,为此,人民必须定期集会。

"这种只能以维护社会条约为目的的集会,永远应该是以两个提案而告开始;这两个提案绝不能取消,并且要分别地进行表决。

① 卢梭:《社会契约论》,何兆武译,商务印书馆1982年版,第126页。
② 同上注,第69—70页。

第一个是:'主权者愿意保留现有的政府形式吗?'

第二个是:'人民愿意让那些目前实际在担负行政责任的人继续当政吗?'"[①]

这两个伟大的提案,或曰"卢梭二问",是两个伟大的"天问",实际上是任何社会人民永远的心结。每当人们和政府或政府官员发生冲突的时候,他们何尝不在心理嘀咕甚至公开地提出这两个问题。两大提案是社会生命力的"活水",也可能是掩埋社会的"祸水"。所谓革命不就是用非正常的、极端的方式提出这两个提案吗?因此,我称之为"卢梭式的不断革命论"。

这第一个问题是主权者对宪法的诘问,改变政府形式就是改变政治体的宪法。卢梭说,"在国家之中,并没有任何根本法是不能予以废除的,即使是社会公约也不例外;因为如果全体公民集合起来一致同意破坏这个公约的话,那么我们就不能怀疑这个公约之被破坏乃是非常合法的"[②]?

综上所述,在直接的人民主权模式下,宪法就是组织法,不具有最高法律的特殊地位,随时需要被审查,甚至可能予以废除。这就是日内瓦共和国惧怕卢梭的因由。今天我们所说的宪法都是某种代表制之下的宪法,它与卢梭的根本法有质的不同,它是最高的法律,不能随便改变。要探讨这种宪法缘何产生、何时产生以及如何产生,须得深入代表制民主的精神结构。

(三)从直接的人民主权到代表制民主的鸿沟

我们必须转入代表制民主,因为主权者直接出场注定是要终结的,也只有在代表制的精神结构中才能发现今人所用宪法的意义。

政治的本质是统治与被统治的关系,人民同时是主权者和被统治者的辩证法则固然必要,直接体现为经验性结构,则注定不能稳定持久。正如卢梭自己所预言的,政治体会死亡:

(1)直接的人民主权把国家建立在个人意见的流沙之上,随时都可能崩溃。革命是永恒的、随时可以行使的权利,社会就是活火山。

(2)社会契约驯服不了人民,卢梭的公民宗教里没有真神。人民注定要堕落的,他们会变得更爱自己不爱国,更爱金钱不爱自由。或许,我

---

① 卢梭:《社会契约论》,何兆武译,商务印书馆1982年版,第129页。

② 同上注,第129页。

们应该以现实主义的眼光来看人性，把这种堕落当作一个自然而然的现实来接受。

（3）古希腊民主注定被淘汰。在那里，多数人是奴隶，公民是少数。随着社会进步，当所有的人都平等，都要投入生产了，公民大会客观上还如何可能经常召开？

一旦人民不能再（经常）出场，政治体还如何存在？在人民直接出场的条件下，政治体的精神图式为：主权者—政府—臣民。这里，主权者和臣民同为人民，是人民的两种身份、两种心态。人民制约政府，政府管束人民。这对永恒的矛盾就是政治的本质。一旦人民不再（经常）出场，主权者不能（经常）行使主权，政治体的精神图式就会蜕变为暴政结构：政府—臣民。在这个结构中，只有臣民，没有公民；只有奴役，没有自由。如何防止暴政？办法有二：

（1）把人民作为主权者供奉为神，高高在上，但人民不亲临统治，而由少数人代表其统治。于是，政治体的精神结构演化为：【主权者】—政府（代表）—臣民。这里的"【】"包含的内容好比一个神龛，供奉着民主神，表示主权者虽不能出场却又不缺席。然而神龛毕竟是个神龛，不能真正让主权者人民出场，供奉在这里的主权者不过是个牌位。用什么来真正替代主权者出场呢？

在这个结构中，政府声称代表人民，其实暴政结构有时也这样做。可是，政府凭什么把自己当成人民的代表？主权者人民同意了吗？通过选举程序？可谁决定选举可以产生代表的？卢梭发布过禁令，主权决不能被代表。可见，从直接的人民主权到代表制民主之间有一个鸿沟。

（2）作为主权者意志的宪法登场。在现代代表制民主国家，我们发现一个普遍的现象，宪法作为人民的根本意志被尊奉为最高的法律，似乎它可以替代主权者出场。于是，政治体的精神结构增加了一个环节，变成：【主权者人民】—**宪法**—政府（日常代表）—臣民。然而，宪法由何而来？凭什么以人民的口吻言说？怎样的宪法才能有效地控制代表者呢？

（四）最后的人民集会：从社会契约到神圣宪法的逻辑驿站

为了论证宪法从何而来，为什么是有效力的以及缘何具有权威，让我们来做一个思维实验。经过若干时间的人民直接出场的政治实践后，由于国家的幅员扩大、人口增加、人民堕落等诸多原因，公民大会往往凑不够半数，很难举行了。在这种情况下，假定在某个时刻，人民极不容易地凑够了法定人数，举行最后一次公民集会。在最后一次集会上，人民要决定未来的政治生存方式。人民会作出怎样的决议呢？

我设想人民作出如下“决议”：

第一，全体人民构成一个政治民族，社会和国家是神圣的。

第二，共同体一切权力属于民族（人民）。人民主权不可转移，不能被篡夺。

第三，实行代表制。人民指派代表组成代表机构，该代表机构行使共同意志的部分权力，负责制定法律。人民有权罢免、更换代表。

人民直接选举产生政府，或者由代表机构选举产生政府，政府对人民负责或者通过代表机构最终对人民负责。

第四，人民作为人保留若干自然的自由，作为公民行使基本权利。

第五，制宪。为了赋予立法机关和政府以确定的形式使其完成结盟的目的，同时也为了防止代表机构篡夺人民的主权，剥夺人民的自由，背离目的，必须制定一些成文的法律规定立法机关和政府的组成，设定一些限制。这些法律统称为宪法。

为此目的，人民委派特别代表组成专门的制宪团体，该团体代行国民集会的职能。

“人民决议”的第 1 条重申社会契约和**人民的共同身份**；第 2 条宣告**人民主权**，也是对社会契约的信守。

最关键的是第 3 条，它决定选择代表制的政治模式，直接解除了卢梭“主权不能被代表”的禁令，**把主权的所有权和使用权分离，转让使用权**。在卢梭主义者看来，所谓的代表制民主是民主的赝品。但在另一种意义上，我们也可以这样声称，代表制民主不仅不是民主的赝品和堕落，反倒是是民主的高级版。理由何在？

（1）政治离不开代表，不存在不实行代表原则的国家。在直接的人民主权模式之下，出场参与立法的公民也是一种代表。所谓人民主权，就是公意的主权，而公意的内涵是公共利益。即便在卢梭那里，全体人民出场，如果公民们不从公共利益出发，只关心私人的利益或派系的利益，表决所得的莫不过一个数字，或叫众意、派系意见，也是发现不了公意的。因此说，当公民们出席大会的时候，他并非在其“自然的”给定性中作为个人而出场,而是以公民的身份出席的,带上了一个公民的面具,也是一个代表[1]。

(2) 代表是再现,是一种高于原物的艺术处理。这在绘画艺术中是最典型的,绘画再现的是原物最精彩的最能传达某种意义的要素。政治代表是通过这种或那种机制选择出来的贤能之辈,借助它们的德性、知识和理性,社会纷繁复杂、谬误与真理混杂在一起的个人意见得以综合提炼,社会的公共利益被发现,最后形成公意。

(3) 政治代表促进政治的职业化和专业化。随着社会的发展,政治决策越来越复杂,不是普通人可以担当的,代表制使得政治进化为一种专门的职业,成为社会分工的一种,有助于提升政治决策的质量。

(4) 民主代表机制以选举为纽带,为基本仪式,让人民仍然可以定期出场,同时也使得代表产生神圣感、责任感。代表机制可以表述为这样一个结构:"被代表者——选举——代表——责任"。

"人民决议"第 4 条规定的内容是**人民的基本价值共识**,是宪法之所以被当作根本法的一个重要理由。我们知道,卢梭的社会契约要求缔约者全部出让,而洛克主张部分出让,部分保留。为什么一转向代表制民主就修改了卢梭的社会契约条款呢?这是因为人民不能直接地经常出场,怎么能毫无保留地授权一个代表来行使全权呢?为了防止代表堕落为暴君,就必须划定一个个人自由的范围,对政府而言也就是一个禁区。也可以说,我们没有修改卢梭的契约条款,主权者人民自己保留了这部分天然的自由,他们就在宪法的旁边,作为一个无组织、无形态的实体而存在下去[2]。人们习惯于说宪政即有限政府,其实有限政府不能仅仅依靠分权的宪法技术,洛克式自然自由的基本预设,才从根上决定了政府是有限的。

"人民决议"的最后 1 条——第 5 条,也是这个决议的根本条款之一,宣告**人民制宪权**。据此,我们发现,"我们要制宪"是人民的声音,是代表制开启前的主权决断。这个声音多么类似《创世纪》中上帝的命令呀!让我们重温一下凯尔森关于基础规范和宗教规范的类比吧:"宗教规范体系的基础规范是一个人应该像上帝或由上帝设立的权威者所命令的那样行为,同样,一个法律秩序的基础规范则规定一个人像宪法的'缔造者'和由宪法——直接地或间接地——授权(委托)的那些人所命令的那样来行

---

① 卡尔·施米特:《宪法学说》,刘锋译,上海人民出版社 2001 年版,第 220 页。
② 同上注,第 260 页。

为。”他的基础规范不就是“我们要制宪”这个人民诏令的另一层寓意吗？

上述决议完全是杜撰的，但我以为是可以合理地推导出来的。想想《清帝逊位诏书》，这个决议就会显得有些真实了，不就有点类似**人民逊位诏书**吗？

（五）人民制宪可能的方式

人民制宪可能以什么方式完成？在最后的人民集会上，人民直接决定未来政制的根本原则，而把具体的制宪任务委托给了特别代表。这是西耶斯模式。是否还有其它模式？易言之，人民是否可能直接制宪呢？普芬道夫的契约论似乎提供了这个可能性。

普芬道夫认为，建构一个国家需要两个契约，一个是结盟契约，一个是服从契约，两个契约中间穿插一个制宪的法令。

第一步，每一个人和所有其他人缔约，结成社会。普芬道夫的理论有一个特殊性，设定了两种缔约条款，一种是绝对契约，另一种是有条件缔约。所谓绝对契约即无论多数人决定采取何种政体，缔约人都不退出。所谓附条件缔约即只有当多数决定选择了他所要求的政体时才不退出。这是一个极其有意思的分类，因为它预设了第二部曲，即多数人关于选择何种政体的决定。

正如第一步缔约已经预设的，接下来就要由团体对政体做出决断。在这一步，绝对契约下的人将无条件服从多数人的选择。而在附条件契约下的社会，如果多数选择的政体不是他所要求的，他可以选择退出；如果他同意采用这样的政体，也可以选择继续留在该社会。他把团体选择什么样政体的决定称为一个法令（decree）[1]。

普芬道夫的“社会契约—制宪—服从契约”三部曲，在逻辑上看起来很合理，但是和我的上述设想有三个重大区别：

第一，制宪行为、缔结服从契约紧随社会契约之后发生，这和卢梭的创设政府的复合行为一样。我们无法确定团体关于政体的法令究竟应该包含什么内容，亦即，何种政体是唯一正当的，从理论上说不排斥任何一种政体。这和霍布斯相同。而最后的人民集会因为有了若干时间的人民

① Samuel Pufendorf, De Jure Naturae et Centium Libri Octo, Vol. Two, Clarendon Press&Humphery Milford, Heinonline(http://heinonline.org), pp. 974—975.

直接主权的实践,人民对于未来的政治生存方式需要而且可能做出一个具体的决断。因此,普芬道夫的理论并不能弥合直接的人民主权与代表制民主的沟壑。

第二,他的宪法和我们今人所讲的宪法,即最高的法律,很难说具有相同的性质。他的理论不能充分解释现代宪法。

第三,卢梭是一部契约论者,他绝不承认有什么服从契约,而普芬道夫把产生执政者的过程定性为契约行为。人民一旦屈服了,就变成了臣民,人民还能经常出场吗?如何捍卫人民主权?服从的契约和宪法是什么关系呢?理论上可以认为是在承认宪法的前提下进行的,但人民既然变成了臣民,统治者还会遵守宪法吗?这一点和霍布斯也不同,霍布斯不承认两部契约。

我在卢梭和西耶斯之间插入一个"最后的人民集会"。"最后的人民集会"做出决议是不是一个缔约行为?是否需要全体一致同意?我认为不是一个契约行为,无需全体一致同意,只需要多数决。因为社会和国家已经结成,人民共同经历过一段时间的政治生活。倘把最后的人民决议当作一个契约,那就是重新缔结社会契约,而前提是解除原有契约。最后的人民集会不是为了解散社会和国家,而是为了寻找适合整体政治生存的方式。也只有把制宪视为主权决断,宪法才能算是真正的法律。

然而,人们习惯于说宪法是政治契约,怎么解释呢?这话也是可以理解的,因为社会契约从来也未必真正缔结过,实实在在发生过的行为是制宪,而制宪的行为预设了人民的同一性,把缔约的行为吸收了。如果考察一下北美洲殖民地从王权特许状、盟约到自治法令,到各州宪法,再到邦联条例、最后到国家宪法的历史演进,人们就会发现宪法是对盟约的扬弃[①]。不过,这不是本文的任务。

那么,宪法是否需要全民公决呢?假如举行公决,那么,我们就能很直观地确认宪法是主权者的意志。如果在最后的人民集会上,人民已经委派了制宪代表,授权他们制宪,那么,是否再举行全民公决,就不是绝对的了,而可视情权宜。不过,这是一个假设性的决定。

---

① Donald S. Lutz, From Covenant to Constitution in American Political Thought, Publiu, Vol. 10, No. 4, Covenant, Polity, and Constitutionalism(Autumn, 1980), pp. 101—133.

四、结　　语

最后的人民集会不是一个历史事实，而是一个假设。这一点和凯尔森的基础规范有某种相似性，但又有重大的差别，因为在最后的人民集会上做出的人民决议是有实质内容的，而不是纯逻辑的。这绝不是说凯尔森的基础规范过时了，更不是否定其意义，而是主张宪法学把基础规范和制宪权理论对比互参，如此方得见识宪法之真面目。

或许可以把制宪权和基础规范分别比喻为一经一纬，经线发出的信号是"我们要制宪"，纬线发出的信号是"一个人应象宪法的'缔造者'和由宪法——直接地或间接地——授权（委托）的那些人所命令的那样来行为"。我相信最后的人民集会这个假设有其独特的理论价值，可以为解决经线上的两大难题充当一个逻辑驿站。

1. 从直接的人民主权通向间接民主

当今世界各民主国家基本的民主制度都是间接民主或代表制民主，然而，没有一个国家真正是从直接的人民主权直接过渡来的，所谓的间接从何而来呢？难道不是一个公开的谎言吗？直接的人民主权，即便曾经真是存在过，又是如何过渡到间接民主的呢？最后的人民集会就是一个桥梁或驿站。在这个时刻，人民做出了最后的决断。

2. 从社会契约到神圣宪法

为什么宪法是法律，是根本法，具有最高的法律效力？因为"我们要制宪"是主权者人民最后的诏令，宪法是具体创设代表机制的文件，是一切代表权的总源头。

和凯尔森的基础规范相比，最后的人民集会把宪法的效力追溯到人民的制宪权，这就把他的"法——逻辑意义上的宪法"形象化、实质化了。人民制宪权是人民主权的应用，而人民主权不是一个空洞的逻辑预设，它可以也已经成为一种信仰，具有基础规范所不具备的道德感召力，为宪法成为公民宗教奠定了基础。

宪法是民主神的圣经，宪政乃是"借尸还魂之术"，即人们通过敬拜、念诵、解释宪法，把宪法当作日常政治的咒语，从而召回民主神灵的艺术。

香港政治体制应当表述为“行政长官制”*

王 磊**

一、关于香港政治体制应如何表述的不同观点

关于我国香港地区政治体制的表述，学界大致有以下七种观点，即行政主导(或行政主导制)、行政长官主导、行政长官负责制、三权分立、立法主导、司法主导、行政长官制。其中，行政主导或行政主导制的观点影响最为广泛。该观点认为，从香港基本法的有关规定来看，香港政治体制是一种行政主导的体制。① 也有观点认为行政主导实际上就是行政长官主导，认为“行政主导一言以蔽之就是行政长官主导”。② 还有人认为，行政长官负责制是从香港的实际出发，符合香港的具体情况的适宜的政治体制。③ 在《中华人民共和国香港特别行政区基本法》(以下简称香港基本法)的起草过程中，有起草委员认为，香港的政治体制应原则上采用“三权分立”的模式④；也有起草委员主张立法主导⑤；还有人认为香港政治体制实际上是司法主导或司法霸权。另有学者提出了行政长官制，认为：“从

---

* 原文刊于《政治与法律》2016 年第 12 期。

** 北京大学法学院教授，博士生导师。

① 参见王叔文主编:《香港特别行政区基本法导论》(修订本)，中共中央党校出版社 1997 年版，第 207 页。

② 参见宋小庄:《香港特区行政主导体制的特点》，载《港澳研究》2014 年秋季号。

③ 参见许崇德:《略论香港特别行政区的政治制度》，载《中国人民大学学报》1997 年第 6 期。

④ 参见全国人大常委会香港基本法委员会办公室编:《中华人民共和国香港特别行政区基本法起草委员会文件汇编》，中国民主法制出版社 2011 年版，第 61 页。

⑤ 参见上注书，第 61 页。

香港的现有政治结构看，其最主要的机构应当加以改变，港督制改为行政长官制，立法局、行政局也应在不同程度上加以改变。”[①]

若要厘清香港政治体制问题上的争议，就必须先认识清楚“政治体制”这一概念的确切含义。所谓政治体制应当是一个国家或地方的政权组织形式，即一个国家或地方的权力是如何组织起来的。政治体制有时也简称“政体”。经典政治学家大多有关于政治体制方面的论述。柏拉图把政体分为四种，即斯巴达和克里特政制、寡头政制、民主政制、僭主政制。[②] 亚里士多德把政体分为正宗政体和变态政体，正宗政体又分为君主政体、贵族政体、共和政体；变态政体又分为僭主政体、寡头政体、平民政体。[③] 孟德斯鸠把政体分为三种，即共和政体、君主政体、专制政体。[④] 边沁把政体分为君主政体、贵族政体和民主政体三类。[⑤] 洛克把政体分为民主政体、寡头政体和君主政体。[⑥] 阿奎那把政治制度分为不义的政治和正义统治，不义的政治包括暴君、寡头政治或少数人的统治、暴民统治；正义统治包括平民政治、贵族政治、君主制，并认为君主制是最好的政体。[⑦] 卢梭把政体分为民主制政体、贵族制政体、国君制政体和混合制政体。[⑧] 他们的这些分类较为古典、宏观，政治性较强，主要都是以统治者人数、统治者财富状况等为标准来进行划分的。

当代宪法学家一般把政治体制分为议会内阁制、总统制（包括半总统制）、委员会制等几种主要形式。[⑨] 近现代的这种分类较为微观，技术性更强，主要侧重于以立法与行政之间的权力关系为标准来进行分类，这种分类比经典政治学家有关政治体制的分类应用更为广泛。笔者于本文中有关香港政治体制方面的分析也主要是借助当代宪法学家有关政治体制

---

① 肖蔚云：《论香港特别行政区基本法规定的政治体制》，载《法律科学》1989 年第 1 期。

② 参见柏拉图：《理想国》，郭斌和、张竹明译，商务印书馆 1986 年版，第 316 页。

③ 参见亚里士多德：《政治学》，吴寿彭译，商务印书馆 1965 年版，第 132—134 页。

④ 参见孟德斯鸠：《论法的精神》，张雁深译，商务印书馆 1961 年版，第 7—8 页。孟德斯鸠认为：“共和政体是全体人民或仅仅一部分人民握有最高权力的政体；君主政体是由单独一个人执政，不过遵照固定的和确立了的法律；专制政体是既无法律又无规章，由单独一个人按照一己的意志与反复无常的性情领导一切。”

⑤ 参见边沁：《政府片论》，沈叔平等译，商务印书馆 1995 年版，第 168、169、170、172 页。

⑥ 参见洛克：《政府论》（下篇），叶启芳、瞿菊农译，商务印书馆 1964 年版，第 80 页。

⑦ 参见阿奎那：《阿奎那政治著作选》，马清槐译，商务印书馆 1963 年版，第 46—48 页。

⑧ 参见卢梭：《社会契约论》，何兆武译，商务印书馆 1980 年版，第 85—103 页。

⑨ 参见王世杰、钱端升：《比较宪法》，中国政法大学出版社 2004 年版，第 243 页。王世杰和钱端升把“委员会制”称为“合议制”，把“议会内阁制”称为“责任内阁制”。

的分类来进行的。

笔者认为,行政主导制不宜作为描述香港政治体制的名称。行政主导制反映了行政在香港特区政权中的主导作用,反映了权力体系的特征,但将这一特征作为政治体制的名称并不符合宪法学关于政治体制的表述习惯,因为它没有在名称上出现机关的名称。我国虽实行不同于其他国家的人民代表大会制,但在政治体制的名称上还是比较科学的,即以人民代表大会这个机关名称为基础将政治体制称为“人民代表大会制”。尽管我国的人民代表大会在国家机关体系中居于主导地位,但我国学者并未因此将其称为“立法主导制”。另外,香港“建制派”认为行政主导是香港基本法的立法原意,“反对派”的主流并不认同香港基本法所具体体现的香港政制的行政主导原则和精神。[①] 那么,我国学者就应该思考,能否确定一个更为科学合理的政治体制的名称而让“反对派”不得不接受香港基本法的立法原意。

同样,“行政长官主导制”也不符合宪法学有关政治体制具体分类上的习惯。正如行政主导制一样,行政长官主导确实是香港政治体制的特征,但特征不一定要直接出现在政治体制的名称之中。例如,人民代表大会在国家机关体系中起主导作用,但人民代表大会制在名称上并没有出现“主导”字样。总统制显然也是意在显示总统在三权中起主导作用,但总统制在名称上并不直接出现“主导”字样。也就是说,总统制没有必要表述为总统主导制。人们一看到总统制的称谓就知道总统是起主导作用的。“行政长官主导制”的不足之处在于直接将特征表述在名称中。

“行政长官负责制”也不是政治体制的表述方式,它只是一种责任制,而不是一种政治体制。例如,我国的政治体制是人民代表大会制,但宪法规定国务院实行总理负责制,在地方上也实行人民代表大会制,同时宪法也分别规定各级政府实行省长负责制、市长负责制、县长负责制、镇长负责制、乡长负责制。不能因此就说我国的政治体制是行政首长负责制,而必须仍然称其为人民代表大会制。

“三权分立”亦不是一种政治体制的规范表达方式,严格意义上的政治体制没有三权分立这一类别,因为议会内阁制、总统制、委员会制都可

---

① 参见张宏任:《香港发展前景与政争困境》,香港和平图书有限公司 2011 年版,第 38—39 页。

能是三权分立的，当然，其三权分立的程度和具体表现形式可能会有所不同。

“立法主导”显然既不符合《香港基本法》的规定，也不符合《香港基本法》的实际实施情况。立法主导应当较为符合那些实行类似议会内阁制的地方，在这样的一种政治体制下，由在议会选举中获胜的政党组织政府，执政党的领袖自然成为政府的首相或总理。英国的议会内阁制奉行议会至上(parliamentary supremacy)，即使如此，英国也没有把它的政治体制称为立法主导。更何况香港的立法会议员和行政长官是分开选举的，立法会的权力也无法与议会内阁制国家的议会的权力相比。当然，主张“立法主导”的观点某种程度上是从应然的角度出发的，即认为《香港基本法》第 64 条规定特区政府必须遵守法律，对特区立法会负责，因而其政治体制应当是立法主导。① 的确，当行政长官扮演特区政府的首长这一角色时，行政长官要对立法会负责，立法会是立法机关、民意代表机关，但行政长官还对整个特区负责、对中央负责。行政长官对立法会负责只是行政长官所要担负的一个方面的责任，并不是全部责任。另外，也有主张立法主导观点的学者强调从香港的实际管治效果来看待香港的政治体制，认为立法会的“拉布”等一系列措施实际上反映了立法会的主导，而不是行政主导。笔者认为这种观点值得商榷。尽管立法会对行政长官的施政有影响甚至阻碍，但立法会毕竟是消极的、被动的，没有从根本上动摇行政长官的主导地位。

“司法主导”其实也不符合香港基本法的规定，香港法院在性质上是司法机关，它享有独立的司法权和终审权，但它只能在个案中行使权力。主张司法主导观点的人往往并不认同司法主导，而是反对司法主导，他们认为回归后香港法院的司法审查权过多地侵入了行政权的范围，甚至成为一种司法霸权，从而引起人们产生香港政治体制到底是行政主导还是司法主导的疑问。司法主导的观点是那些不认同司法主导的人士对这种政治体制现状表现出的一种不满。他们认为香港基本法没有规定法院享有司法审查权，法院通过行使司法审查权而扩张了自己的权力。这部分人士往往是“建制派”人士，是维护香港基本法权威的坚定力量。其实，司

① 在《香港基本法》起草过程中就有“行政主导”和“立法主导”两种不同观点。参见王叔文主编：《香港特别行政区基本法导论》(修订本)，中共中央党校出版社 1997 年版，第 207 页。

法审查是为了维护香港基本法的法律地位而必须赋予法院的一种权力，法院只是审查行政或立法的行为是否合法，而并没有代替行政决策或代替立法会制定法律。司法审查几乎是世界各国公认的法院应当享有的权力，如果真的将香港法院司法审查权予以取消，将会对香港的法治产生消极影响。

二、为什么香港的政治体制是“行政长官制”

笔者认为，“行政长官制”这一表述比较符合宪法学的习惯。香港的政治体制实际上是一个地方的政治体制，但又有其特殊性，因为它是一个实行高度自治的地方。地方的政治体制的模式相对于国家层面上的分类而言，没有国家层面上的分类那么成熟，这种不成熟性主要表现在对地方政体的称呼上极其复杂多样，也没有公认的分类标准。例如，有的美国学者形容美国地方政府体制犹如一个“百纳被”(crazy-quilt)[①]；有的英国学者认为英国地方政府表面上看很简单，完全由选举产生，但实际上“地方的行政管理特别混乱”。[②] 一个国家之内的地方政治体制尚且如此，世界范围的地方政治体制岂不更像一床“百纳被”？

这里不妨列举一些国家的地方政治体制的名称。在美国，地方政治体制有市长—议会制、委员会制、市长经理制[③]，也有学者把这三种模式称为强市长制(the Strong-Mayor Plan)、委员会制(the Commission Plan)、议会—经理制(Council-Manager Plan)，并且认为大城市通常采用强市长制。[④] 在德国，地方政治体制主要是议会/直选市长制[⑤]，法国实行市镇议会制，市镇长由市镇议会在其成员中选举产生，议会由直接普选产

---

① 参见文森特·奥斯特罗姆、罗伯特·比什、埃莉诺·奥斯特罗姆：《美国地方政府》，井敏、陈幽泓译，北京大学出版社 2004 年版，第 2 页。

② 约翰·格林伍德、戴维·威尔逊：《英国行政管理》，汪淑钧译，商务印书馆 1991 年版，第 121 页。

③ 参见查尔斯·A. 比尔德：《美国政府与政治》(上册)，商务印书馆 1987 年版，第 845—850 页。

④ 参见文森特·奥斯特罗姆、罗伯特·比什、埃莉诺·奥斯特罗姆：《美国地方政府》，井敏、陈幽泓译，北京大学出版社 2004 年版，第 41—45 页。

⑤ 参见赫尔穆特·沃尔曼：《德国地方政府》，陈伟、段德敏译，万鹏飞校，北京大学出版社 2005 年版，第 77 页。

生，巴黎市也是如此。[①] 英国的城市一般采取议会制，但大伦敦市有所改革，采取的是议会、市长直选制。[②] 印度的大城市采取市政自治议会模式，市政自治议会选举市长和副市长，市长和副市长是荣誉职务，主持市政自治会议，没有什么实权。[③] 在丹麦和瑞典，地方政治体制都采用政务委员会制：在丹麦，市长是政务委员会主席；在瑞典，由政务委员会任命执行委员会，执行委员会主席相当于市长。芬兰采用市镇议会制，议会任命执行委员会，在委员会下面设有行政部门，行政部门由任命的行政长官来领导。挪威采取市政委员会制，在市政委员会内部成员中选出主席或市长。[④]

尽管地方政府的政治体制在名称上各不相同，但笔者还是尝试将这些政治体制进行一些归纳，即大致有四类：市长—议会制（或议会/直选市长制或强市长制）、议会制（法国、英国、芬兰、印度）、委员会制（丹麦、瑞典、挪威）、市长经理制。前三类与国家层面的政治体制相类似，所不同的就是第四类，国家政体中并没有这一类。大城市大多还是采取市长—议会制或议会/直选市长制或强市长制（例如美国、德国以及大伦敦市），这三种地方政府体制在名称上不同，在内容上却基本相同，可以看作同一种模式。《香港基本法》对于香港政治体制的设计也基本上属于这个类型，尤其是在行政长官和立法会将来实现"双普选"之后。从地方政治体制的角度来观察香港政治体制也有利于扩大研究者的视野，当然笔者和大多数讨论香港政治体制的研究者一样，主要还是通过借鉴国家政治体制的模式进行类比和分析。

首先，从宪法学有关国家的政治体制的分类来看，国外的总统制、议会内阁制、委员会制，以及我国的人民代表大会制，在这些政治体制的名称上都有一个共同的特点，即都是以机关的名称来表述政治体制的，例如，"总统""议会内阁""委员会""人民代表大会"这些机关名词被分别用来表述相对应的政治体制的名称。从香港回归前的政治体制的名称看，

---

①　参见潘晓娟：《法国行政体制》，中国法制出版社 1997 年版，第 79、84、104、105 页。

②　参见戴维・威尔逊、克里斯・盖姆：《英国地方政府》，张勇、胡建奇、王庆兵、尹春吉、闭恩高译，北京大学出版社 2009 年版，第 86 页。

③　参见林良光主编：《印度政治制度研究》，北京大学出版社 1995 年版，第 207—208 页。

④　见埃里克・阿尔贝克、劳伦斯・罗斯、拉尔斯・斯特姆伯格、克里斯特・斯塔尔伯格：《北欧地方政府：战后发展趋势与改革》，常志宵、张志强译，北京大学出版社 2005 年版，第 18、80—81、158、225 页。

它也是以机关的名字命名的：总督制就是以“总督”为关键词而命名的。可以说，“行政长官制”最能体现我国立法机关的原意，立法机关在制定《香港基本法》时就考虑到要“保持原有政治体制中行之有效的部分”①，当然，《香港基本法》也在民主的维度上改变了原来总督制的很多集权方面的内容，例如，行政长官由选举或协商产生，立法机关不再像 1997 年之前的总督制时代那样是总督的咨询机构，而是独立于行政长官的立法机关。

其次，从香港基本法的内容上看，香港政治体制也应当表述为“行政长官制”。第一，行政长官既代表特别行政区，又代表特别行政区政府，具有较高的政治地位。在这一点上行政长官有些类似美国的总统，总统既代表美国，又代表美国政府。第二，从行政与立法的关系上看，行政长官的权力应当比立法会的权力更突出一些。例如，虽然立法会享有立法权，但香港立法会议员根据香港基本法的规定并依照法定程序提出法律草案，凡不涉及公共开支或政治体制或政府运作者，可由立法会议员个别或联名提出；凡涉及政府政策者，在提出前必须得到行政长官的书面同意。可见，议员的提案权和立法会的立法权是受到了行政权的极大制约的。第三，从中央和特区的关系上看，行政长官对中央人民政府和香港特区负责，也就是说，行政长官是处理中央和特区关系的重要联系人。第四，从行政长官与行政机关的分工上看，行政长官享有的都是决定权，而行政机关行使的几乎都是具体的办理、拟定、编制、制定等具体执行层面的权力，也就是说，在行政权方面，行政长官享有绝对的权威，它不是特区行政机关。行政长官制比行政主导能更加准确地反映香港政治体制起主导作用的是行政长官这一特点，而不是像行政主导那样让人产生疑惑：是行政长官主导，还是行政机关主导，还是既包括行政长官主导也包括行政机关主导的行政主导？当然，行政主导作为一般的说法也没有什么问题，但作为政治体制的表述就显然不够科学、不够严谨了。

最后，从香港基本法的立法原意来看，香港政治体制也应当表述为“行政长官制”。例如，据 1986 年 11 月 8 日香港基本法起草委员会的《政

① 参见姬鹏飞：《关于〈中华人民共和国香港特别行政区基本法（草案）〉及其有关文件的说明》（1990 年 3 月 28 日），载《中华人民共和国香港特别行政区基本法》，法律出版社 1997 年版，第 142 页。

治体制专题小组的工作报告》记载，委员们认为，行政长官“应有实权”。[①]姬鹏飞在1989年2月15日第七届全国人大常委会第六次会议上做的《关于提请全国人大常委会审议〈中华人民共和国香港特别行政区基本法（草案）〉及有关文件的报告》中同样指出：“为了保持行政效率，香港特别行政区行政长官要有实权，同时，又应受到监督。”[②]

从《香港基本法》的立法原意，人们不难看出，起草者并没有强调立法机关或者司法机关要有实权，而是强调行政长官要有实权；也没有强调政府或行政机关要有实权，而是强调行政长官要有实权。所以，“行政长官制”这一表述能够很好地突出行政长官的权威，并准确反映香港基本法立法原意和香港政治体制的特征。

三、“行政长官制”与“三权分立”的区别和联系

“行政长官制”是香港政治体制的最佳表述，虽然香港基本法的条文中并没有出现这样的字眼，但政治体制更多的是宪法学理论上的一个学术范畴，而不在宪法文本中出现，同时它对于在实践中实施宪法也有促进作用。如果人们在政治体制的理解和概括上不够准确，就可能影响一部宪法或宪制性法律中的相关内容的有效实施。反之，如果对《香港基本法》有关政治体制的表述是科学合理的，就有利于促进《香港基本法》相关内容的有效实施，有利于在《香港基本法》实施中理顺行政、立法的关系。

“行政长官制”的具体内容可以表述为：香港特区行政长官是香港特区的首长，代表香港特区，也是特区政府的首长；行政长官对中央人民政府和香港特区负责；香港特区享有行政管理权、立法权、独立的司法权和终审权；行政机关和立法机关既互相制衡，又互相配合。

“行政长官制”与“三权分立”的区别在于，香港特区的政治体制可以表述为“行政长官制”，但不宜表述为“三权分立”，“三权分立”是某些政治体制下一个位阶的概念，它们不在一个层面上。例如，美国就是这样的典型例子，大多数学者认为美国的政治体制属于总统制，而不是“三权分

---

① 全国人大常委会香港基本法委员会办公室编：《中华人民共和国香港特别行政区基本法起草委员会文件汇编》，中国民主法制出版社2011年版，第62页。

② 同上注，第8页。

立”，尽管美国宪法在具体内容上规定了“三权分立”。其实，美国宪法上强调的是分权原则（separation of powers），即政府权力应当是分立的，否则就会造成权力滥用、专制独裁。分权原则（分工或分立原则）几乎是世界各国公认的一项原则，但对于国家权力是否应该分成“三权”，人们却有不同观点。美国历史上也有严厉批判“三权分立”的亨利·琼斯·福特和弗兰克·古德诺等人，他们认为：“政府只有两种职能：阐述和执行公众的意愿，即立法职能和行政职能，而司法仅仅是执法机关的一个部门而已。”[①]弗兰克·古德诺在《政治与行政》这本书中专门阐述了国家的权力应当只有政治和行政两种，司法也属于行政的观点。在实行人民代表大会制的我国，1982年宪法修改委员会认为在由人民代表大会统一行使国家权力这个前提下，“对于国家的行政权、审判权、检察权和武装力量的领导权，都有明确的划分”；“国家机构的这种合理分工，既可以避免权力过分集中，又可以使国家的各项工作有效地进行”。[②] 并且我国《宪法》还规定了公、检、法三机关在办理刑事案件过程中互相分工、互相配合、互相制约。

“行政长官制”与“三权分立”的联系在于“行政长官制”在内容上包括“三权分立”，“三权分立”是政治体制的具体内容，但又不是香港政治体制的全部内容。“行政长官制”与“三权分立”不是非此即彼的关系，也不是矛盾对立的关系，“三权制衡与香港的行政主导体制并没有矛盾”[③]，而更多的是政治体制中的形式与内容的关系。

《香港基本法》确立了“三权分立”的原则。该法在第四章“政治体制”里规定了行政长官、行政机关、立法机关、司法机关、区域组织、公务人员这样几个部分，表明立法者的原意是要采取“三权分立”的原则。该法第2条规定了香港特区享有行政管理权、立法权、独立的司法权和终审权。该法第16条、第17条、第19条则分别规定了行政管理权、立法权、独立的司法权和终审权。

关于“三权分立”的内容，早在1984年12月19日的《中英联合声明》里规定的中国对香港的十二条基本方针政策中就有所体现，该《声明》第

① 查尔斯·A.比尔德：《美国政府与政治》（上册），商务印书馆1987年版，第18页。

② 彭真：《关于中华人民共和国宪法修改草案的报告》，载肖蔚云、王禹、张翔编：《宪法学参考资料》（上册），北京大学出版社2003年版，第101页。彭真时任宪法修改委员会副主任委员。

③ 梁美芬：《香港基本法》，法律出版社2015年版，第230页。

3 条规定："香港特别行政区享有行政管理权、立法权、独立的司法权和终审权。"[①]

1986 年 11 月 8 日的《政治体制专题小组的工作报告》中记载："委员们认为，在'一国两制'的原则下。香港特别行政区的政治体制应原则上采用'三权分立'的模式，虽然有的委员主张三权分立、行政主导，有的委员主张三权分立、立法主导，但对于司法独立，行政机关和立法机关既互相制衡、又互相配合的原则，小组会上没有人提出异议。"[②]

1989 年 2 月 15 日姬鹏飞在第七届全国人大常委会第六次会议上做的《关于提请全国人大常委会审议〈中华人民共和国香港特别行政区基本法(草案)〉及有关文件的报告》中指出："香港特别行政区行政机关、立法机关和司法机关之间的关系，应该是行政机关和立法机关既互相制衡又互相配合；司法机关和检察部门则独立进行工作，不受任何干涉。"[③]

1987 年 4 月 16 日，邓小平在会见香港基本法起草委员会时讲道："香港的制度也不能完全西化，不能照搬西方的一套。香港现在就不是实行英国的制度、美国的制度，这样也过了一个半世纪了。现在如果完全照搬，比如搞三权分立，搞英美的议会制度，并以此来判断是否民主，恐怕不适宜。对这个问题，请大家坐到一块深思熟虑地想一下。"[④]当时邓小平讲话的背景和讲话全文有助于人们理解讲话的内容。此外，邓小平的这个讲话并不表明在香港就不能搞"三权分立"，而是表明应当不照搬西方的那一套，不照搬英、美的"三权分立"。事实上，基本法有关香港政治体制的设计也没有照搬"三权分立"的总统制或议会制。

1990 年 3 月 28 日姬鹏飞在第七届全国人大第三次会议上做的《关于〈中华人民共和国香港基本法(草案)〉及其有关文件的说明》里没有对政治体制进行概括性表述，没有再像 1986 年 11 月 8 日的《政治体制专题小组的工作报告》里讲到"三权分立"模式。可见，在 1990 年 3 月正式通过香港基本法的时候"三权分立"被淡化了，这可能跟邓小平说过的香港

---

① 《中华人民共和国政府和大不列颠及北爱尔兰联合王国政府关于香港问题的联合声明》(1984 年 12 月 19 日)，载《中国人民共和国香港特别行政区基本法》，法律出版社 1997 年版，第 149 页。

② 全国人大常委会香港基本法委员会办公室编：《中华人民共和国香港特别行政区基本法起草委员会文件汇编》，中国民主法制出版社 2011 年版，第 61 页。

③ 同上注，第 8 页。

④ 《邓小平文选》(第 3 卷)，人民出版社 1993 年版，第 220 页。

政治体制不能照搬西方的一套有关。

四、中西方宪法学在政治体制语境上的差别容易形成政治体制上的差别

中国宪法学比较注重“政治体制”这一概念，因此，香港基本法中有专门的一章来规定政治体制。而西方国家的宪法学往往比较注重从政府的原则这个角度来讲解权力之间的关系，一般会讲到权力分立原则，而不直接说“三权分立”原则，只是在解释权力分立原则时会具体表述为权力分工或三种权力分工或多个权力分工，以及描述权力之间的平衡与制约等。因此，人们在香港法院的判决书里很难看到“政治体制”这样的表述，但却很容易看到权力分立的原则。

西方国家往往在政治学教科书里讲解政治体制，宪法学教科书里往往就不讲或少讲。美国的宪法教科书经常在司法审查(judicial review)部分或关于美国宪法制定的部分中阐明美国政府的权力分立原则，往往不单列一章讲政治体制。有的英国的宪法教科书里没有讲政治体制，而有“立法机关、行政机关和司法机关之间的关系”(The relationship between legislature, executive and judiciary)一章，在这一章里有分权原则(The doctrine of the separation of powers)以及分权的含义(Meaning of separation of powers)等。[①] 政治体制往往并不是西方宪法教科书里必提及的内容，相反，分权原则却是一个其必不可少的内容。香港的法官深受英国普通法的熏陶和训练，其往往强调分权原则也不足为奇。

在一些介绍香港基本法的英文书籍里，这样的不同语境所形成的差别更是一目了然。例如，香港出版的英文书籍中讲到“legal system”(法律体系)时，要介绍三个原则，即“rule of law”(法治)、“separation of powers”(权力分立)、“judicial independence”(司法独立)，书中没有专门讲解“政治体制”的内容，并且认为“基本法的许多条文都说明行政长官拥有巨大的权力”(the great power of the Chief Executive can be seen from a

① Wade and Bradley, *Constitutional and Administrative Law*, Longman Group UK Ltd 1993, p. 52、55、58.

number of provisions of the Basic Law)。[①] 该书作者承认香港行政长官的权力很大，也讲到了权力分立、司法独立等原则，但没有提到香港政治体制。

不难看出，我国宪法学和西方宪法学在研究政体方面存在着语境上的区别，我国学者更注重政治体制的阐述，而西方学者更注重权力分工的说明。了解了这一点，就容易理解内地法律界和香港法律界在陈述政治体制时存在的差异。

除此之外，也有英文的香港法律书籍讲到一种“地方长官政府”(其实也可以翻译成“总督制政府”，但这种翻译只适合 1997 年香港回归之前的香港政治体制)，即“gubernatorial government”，该词语与“行政长官制”意思很接近。该书作者认为：“香港政府所有权力都集中在行政长官。行政长官在很多方面与 1997 年之前的总督极为相似。名词‘总督’所对应的形容词是‘地方长官的’，‘地方长官政府’同样可以作为描述回归后的香港体制，它仍然是一个合适的称呼。它意味着占主导地位行使行政权的是行政长官，他控制一切并对所有政府行为向中央负责。”[②]该书作者还认为：“香港行政长官是香港宪制性机关中最具影响力的官员：非经行政长官签署，任何法律不得公布，他代表特区，也代表行政部门，还行使诸如任命法官、赦免罪犯或减轻刑罚等少量准司法权。”[③]

可见，行政长官制也比较接近英文中的“gubernatorial government”，也比较能够被香港的法律界所接受。但行政长官制并不等同于“gubernatorial government”，因为行政长官制毕竟比较民主，而且是“一国两制”之下的一种地方政治制度。

五、“行政长官制”实际上是一种“弱行政长官制”

尽管笔者从法律上承认香港的政治体制是“行政长官制”，但笔者同时认为香港基本法中所确立的“行政长官制”在实践中是一种“弱行政长

① Stefan H C Lo, Wing Hong Chui, *The Hong Kong Legal System*, Stefan H C Lo, The McGraw-Hill Education(Asia), 2012, pp. 42—43、94.

② Peter Wesley-Smith, *An Introduction to the Hong Kong Legal System*, Oxford University Press, 1998, p. 27.

③ Ibid., p. 97.

官制”。这可以从以下几个方面加以观察：

第一，香港基本法所确立的“行政长官制”是总统制与议会内阁制的混合体，它既有总统制的内容，也有议会内阁制的内容。例如，行政长官既代表特区，有代表特区政府，行政长官、立法会各自独立选举产生，这是总统制的内容；而行政长官又可以解散立法会，这是议会内阁制的内容等。有学者认为香港特区政治体制“很明显地不是议会内阁制，它较为接近总统制”。[①]

第二，行政长官没有“执政党”的政治背景[②]，他缺乏一个有政党背景的执政团队，立法会里也没有同一政党的支持者，即使是“建制派”议员，有时也得与行政长官保持一定的距离。这就使得行政长官在执政时缺乏强有力的与其共进退的执政团队。

第三，立法机关对行政长官和政府的过度制约，导致行政长官的权力被弱化。“立法会拥有一些重要的制衡政府的权力，其中要害的是它拥有否决政府法案和财政拨款的实质权力。”[③]一些激进议员“展开‘拉布’行动（对政府法案或决议案提出极大量的修订并无休止地发言以拖延时间），严重阻挠政府的立法和落实政策的工作，导致部分政府的计划无法落实”[④]；“原先中央希望以相互配合为主，但实际上却以相互制衡甚至相互对立为主”[⑤]；“立法会议员认为它比行政长官更具民意授权，也更具政治代表性和‘认受性’。反对派议员无时无刻指责特首由‘小圈子’选举产生，无视特首由中央授权和任命的宪制安排”。[⑥]

第四，媒体的过度监督使得“行政长官制”中的行政主导显得较为困难，新闻媒体是“第四权力”，它的影响不亚于立法权、行政权、司法权的影响。香港特区行政长官和政府的形象被媒体不断打压，使得《香港基本法》所要体现的“行政长官制”难以充分地表现出来，行政主导的特征也难以得到充分体现。

---

① 陈弘毅：《香港政治体制中的行政与立法机关》，载陈弘毅、邹平学主编：《香港基本法面面观》，三联书店（香港）2015 年版，第 285 页。

② 刘兆佳：《回归十五年以来香港特区管治及新政权建设》，商务印书馆 2012 年版，第 203 页。

③ 同上书，第 207 页。

④ 陈弘毅、邹平学主编：《香港基本法面面观》，三联书店（香港）2015 年版，第 200 页。

⑤ 刘兆佳：《回归十五年以来香港特区管治及新政权建设》，商务印书馆 2012 年版，第 200 页。

⑥ 同上注，第 201 页。

除了以上四个方面的原因之外，还有学者认为，导致特区政府是一个弱势政府的原因“很大程度上其实是基本法的制度设计的结果”。[①] 笔者也基本赞同这一观点。香港政治体制在设计上综合了议会内阁制和总统制的内容，并更多地表现为总统制的特点，“行政长官制”虽然具备总统制或议会内阁制的形式，但并没有它们的实质内容，即没有它们那种政党制度。政党是选举的机器，也是政治体制的基础，在实行资本主义制度的香港特区没有资本主义社会普遍实行的政党制度，这就造成了香港政治体制先天发育不良，一个“弱行政长官制”的政治体制的形成也就在所难免了。然而，如果从法律上确立政党政治，又容易恶化香港的政治氛围，不利于国际金融、航运中心等方面的发展，不利于发挥香港在经济方面的独特作用。一个地方的政党政治如果只是针对地方问题，这种政党政治并没有多大政治风险，但如果一个地方的政党政治针对的主要是国家或中央层面的问题，那么是否需要这种地方政党政治就值得怀疑，尤其是在目前香港出现“港独”主张的政治团体的背景下，这样的地方政党政治更不能建立。

六、结　　语

总之，香港的政治体制是“行政长官制”，是“一国两制”背景下一种具有中国特色的地方政治体制。它既不是人民代表大会制，也没有照搬外国的政治体制，而是吸取了总统制、议会内阁制以及总督制的不同特点，类似于国外的市长—议会制并结合香港实际情况的一种制度创新。“行政长官制”的表述比行政主导、行政长官主导、立法主导、司法主导、行政长官负责制、三权分立等表述更符合宪法学的科学性，能够更准确、严谨地反映香港特区立法、行政、司法之间的关系，更直接地表明行政长官应有实权以及行政长官的突出的法律地位，更明确地显现出香港的政治体制是一种有利于以爱国者为主体的“港人治港”的民主政体、共和政体。政治体制的清晰表达不仅仅是一个地方的政治体制的名称问题、形式问题，而是关系到凝聚共识、避免纠纷、提高管治能力和管治水平这一地方政权建设的重大问题。

---

① 陈弘毅、邹平学主编：《香港基本法面面观》，三联书店（香港）2015 年版，第 286 页。

教育法学的理论体系与学科建设*

湛中乐**

近年来，教育法学方面的研究在中国日渐成为热潮，教育法学方面的著作和论文层出不穷，吸引了法学界和教育学界的关注。在学术研究渐趋繁荣的背后，是一系列引人深思的根本问题：教育法学能否成为一个相对独立的学科？它是否存在自身的理论体系？抑或其仅仅是由其他部门法学的理论“拼装”而成的学科，并且不需要自身的一套法理基础和教义学体系？对这些问题的回答，很大程度上决定着教育法学研究的走向和学科的建设方向，这是每一个教育法研究者都需要面对的问题。

一、关于教育法学学科基础的既有研究

学界对教育法学的密切关注已经持续了一段时期。如果自德国学者黑克尔（Hans Heckel）的《学校法学》算起，教育法学的系统研究在国外已经进行了六十年左右，涌现出阿维纳希乌斯（Hermann Avenarius）、瓦伦特（William Valente）、布特勒（Des Butler）、麦卡锡（Martha McCarthy）、兼子仁等一系列学者。迄今为止，教育法学还缺乏像民法学、刑法学、行政法学等学科那样一套较为成熟的理论体系，其研究或者处于问题拼接状态，或者借用其他学科的体系（如德国及日本学者对高等教育法学的研究常借用行政法学的体系）。在我国，倒不乏有对建设教育法学学科知识体系的相关主张。教育法学之系统研究及对学科基础之反思，可以追溯到20世纪80年代中期。近三十年来，劳凯声、孙霄兵、张维平、谭晓玉、

---

* 原文刊于《中国教育法制评论》2016年第2期。

** 北京大学法学院副教授，博士生导师。

秦惠民、程雁雷、余雅风、周光礼等众多学者对教育法学的立身之本进行了众彩纷呈的探讨，提出了不同的主张，也不乏建构教育法学学科体系的尝试。国内对教育法学学科基础的探讨可以大抵分为三个阶段。[①] 在第一个阶段，基于 20 世纪 80 年代的学科建设热潮，一些学者提出了朴素的学科构建设想。有学者将这一阶段的研究现状概括为“四多四少”，认为此阶段的研究是“文本中的教育法”。[②] 此阶段的教育法学研究，尚远未深入教育法律关系进行分析，亦缺乏相应的实践素材可供仔细探讨。在第二个阶段，自 1994 年首次教育法学术研讨会起，学界结合教育法领域的法律实践（尤其是教育行政诉讼实践），开始更为严肃地探讨教育法学自身的学科基础，并且对教育法学有了一些勇气可嘉的反思和主张独立的设想，例如有学者在反思前一阶段研究时提出，教育法学不能是教育法规注释，且不应属于行政法的一部分，而应当成为与行政法并列的二级学科，而且“研究对象、任务、体系和基本内容与行政法学的完全不同”[③]。秦惠民教授也提出了类似的主张，宣称“教育法学应有属于自己学科的基本问题”，“如果只是使用行政法学的概念来研究教育法的问题，那是行政法学而不是教育法学”。[④] 在第三阶段，自近几年来，大学章程的制定及大学治理法治化的探讨在国内渐成热潮，学界开始真正深入思考教育法学的逻辑起点及教育法规范体系的特殊性，以及整个理论体系的建构路径，开启了“学科理论从自发走向自觉的过程”。[⑤] 其中，一些著作已经开始尝试构建教育法学自身的学科知识架构，如张维平、石连海、黄巍、申素平、黄欣、李晓燕、杨颖秀、杨挺、高君智等学者都在这方面迈出了实质性的探索步伐。

尽管上述研究进展在相当程度上可谓精彩纷呈，但却呈现出两个根本的问题。首先，对于教育法学基础理论及学科知识体系的探索各言其

---

① 亦有学者将中国的教育法学研究分为四个阶段，但严格而言，其更多地是从组织机构及制度动态方面进行划分，而本文侧重对学科基础问题的探讨与反思作划分。参见余雅风、劳凯声：《改革开放 30 年中国教育法学研究的回顾与展望》，载《教育研究》2009 年第 2 期。

② 谭晓玉：《教育法学的何谓与何为》，载《中国教育法制评论》2009 年第 6 辑。

③ 蒋超：《中国教育法学学科建设基本问题研究》，载《四川教育学院学报》1998 年第 2 期。

④ 秦惠民：《中国教育法学的产生发展背景与研究状态》，载《中国教育法制评论》2009 年第 6 辑。

⑤ 龙洋、孙霄兵：《对我国教育法学理论体系逻辑起点的思考》，载《教育学报》2011 年第 6 期。

是，较少相互参考，设想大相径庭，缺乏清晰的主线；其次，与前一个问题相伴随的是，在种种关于教育法学理论体系的主张中，实际上欠缺深层的法理思考，也难以找到一套能够比肩民法上的法律行为（目的意思、效果意思、表示行为、要约、承诺等）、刑法上的犯罪构成（构成要件该当性、违法性、责任等）、警察法上的危险预防（Gefahrabwehr，引出警察任务、警察作用、警察措施等）之类相对独立的概念基点设想。在此，我们发现存在一个未被追问的根本问题：教育法学在法理上的特殊性是什么？此种特殊性是否需要一个相对独立的理论体系？这一理论体系的初步展开形态如何？这是我们在探索教育法学学科建设时需要认真考虑的基础问题。

二、教育法学的理论体系

教育法学能否成为一个相对独立、自成体系的学科？这一问题首先取决于它是否拥有自身的理论体系。如果教育法学只能依靠宪法学、行政法学、民法学和诉讼法学等学科的理论研究其面对的问题，它充其量只能算是一个相对独立的研究领域，不是严格意义上的学科。如德国的教育法学，是被作为特别行政法（besonderen Verwaltungsrechts）加以研究的，从理论体系到学科定位，它都缺乏独立性基础。教育法学是否存在自身的理论体系，关系到教育法学未来的发展方向，关系到教育法治化建设的蓝图和具体构思。教育法学是法学的一部分，因此，它是否存在相对独立的理论体系，就要判断它在法学的基本原理和知识框架之下，是否存在自身相对独立的理论基础及法理框架。

（一）教育法学的理论基础

法学是有关公平正义的学问。① 各部门法的理论基础，在于根据这些领域的特点，公平正义在此是否呈现出某些特别的、系统的规定性，或公平正义的实现须经由特定的方式进行。当代法学对公平正义的诠释和

① 此说由来已久，影响广泛，其最初起源已不可考。较著名的经典出处可参见《学说汇纂》第一章第一节："法是善良与公正的艺术"（中译本见查士丁尼：《学说汇纂》（第一卷），罗智敏译，纪蔚民校，中国政法大学出版社 2008 年版，第 5 页）。另见《法学阶梯》著名的断言："法学是关于神和人的事物的知识；是关于正义和非正义的科学"（中译本见查士丁尼：《法学总论 ——法学阶梯》，张企泰译，商务印书馆 1989 年版，第 5 页）。

实现,是通过对权利义务体系进行的;因此,一个具体的法学部门如要具备理论体系上相对的独立性,乃至自成一体,在权利义务关系方面就需要有独特的基点和展开方式。教育法学所面对的权利义务关系,如果在基本权利义务关系具备类型上的特殊性,就能够为教育法学的理论基础提供潜在的坚实支持。

教育法学面对的权利义务关系是复杂的。教育是国家、学校、教师、学生、家庭和其他社会力量共同完成的事业,教育的基本法律关系至少需要处理国家、学校、教师(教育者)与学生(受教育者)之间的权利义务关系。从教育法面对的法律关系主体而言,首先是国家与受教育者之间的关系,其规范基点建立在受教育权与国家义务之上;其次是国家与具体负责教育事务的学校之间的关系,其规范内涵聚焦于在办学自主权问题;其后是学校与教师、学生之间的关系,这既涉及办学自主权乃至学校的自治与治理问题,也涉及学术自由的行使,涉及师生的正当权益保障问题;再者是教师与学生之间的关系,既涉及学校治理问题,也涉及知识和思想的优越地位问题。这些问题之中隐藏着教育法学的核心理论基础,而大部分的基础理论问题都显示出它们对教育法学自身理论体系的突出需求。

1. 受教育权与国家义务

教育法学在中国法律体系中的首要基点,在于中华人民共和国公民依据《宪法》享有受教育的权利(和义务),国家有推广九年义务教育和发展社会主义教育事业的一般义务。这是教育法学的体系得以展开、教育行政诉讼得以进行的首要基础,也是国家依法治教、对教育事业进行管理的根本依据,更是整个教育法学的逻辑起点。[①] 这一基点在法理上拥有鲜明的独特性,遍历我国诸多基本权利义务及法律权利义务,并无与受教育的法律地位相当者。从宪法上看,我国《宪法》明确规定同时作为基本权利和基本义务的惟有受教育与劳动;但在具体法律当中,劳动的义务未有实质性的体现,其仍仅仅是宪法上的"光荣职责";而受教育的义务不仅在《中华人民共和国教育法》(以下称《教育法》)中得到强调,在《中华人民共和国义务教育法》(以下称《义务教育法》)中还得到了具体的规定,是一种有实定内容的基本义务。不仅如此,受教育权还是我国宪法中唯一曾

---

① 参见龙洋、孙霄兵:《对我国教育法学理论体系逻辑起点的思考》,载《教育学报》2011 年第 6 期。

经发挥直接效力的基本权利[①]，更加能够称得上是真正意义上的"基本权利"。因此，严格地看，只有受教育兼备基本权利与基本义务的法理属性；自耶利内克的主观公法权体系中观之，公民在诸多具体的身份中，亦惟有受教育者的身份能兼具个人相对于国家除主动地位以外的其余三种地位[②]：当受教育者履行受教育义务时，其处于被动地位（passiver status）中；当受教育者主张排除行政权力对于行使受教育权的妨碍时，其处于消极地位中（negativer status）；当受教育者请求行政机关履行作为义务、保障其受教育权的实现时，其处于积极地位（positiver status）中。不仅如此，由于我国的宪法、法律为教育事业设置了诸多的国家义务和方针条款（Programsatz）[③]，受教育者在公法上的地位和权利体系实际上相当丰富，远远没有得到充分的阐释和发展，更遑论建立一整套与"教育—受教育"相关的权利义务关系及其法教义学体系。

不仅如此，这一理论基点还隐含着另外一个重要前提：国家义务的履行包含着某种宪法委任[④]，其结果就是国家权力的介入。国家依据宪法的要求，制定各种法律，授予行政机关以教育行政管理权力，也授予公立大学以一定的职权（如学生惩戒权、校园管理权等）。这就使得教育法学在相当程度上需要借助公法学的理论，但又不能完全囿于既有的公法学

① 2001年的齐玉苓案被誉为"中国宪法司法化第一案"。1990年，陈晓琪及其父盗用齐玉苓的姓名获得了济宁商校的录取资格，十年后被齐玉苓发现，后者到法院起诉陈晓琪等侵犯了齐玉苓的姓名权和受教育权。最高人民法院批复："经研究，我们认为，根据本案事实，陈晓琪等以侵犯姓名权的手段，侵犯了齐玉苓依据宪法规定所享有的受教育的基本权利，并造成了具体的损害后果，应承担相应的民事责任。"山东省高院据此判决齐玉苓胜诉。参见张千帆：《宪法学导论》，法律出版社2008年版，第174页。这一《批复》于数年后被最高人民法院废止，但判决依旧有效。

② 个人在公法上的四种地位之说为德国公法学巨擘耶利内克主张。耶利内克认为，个人基于国家成员资格被置于为数众多的地位关系之中：个人对国家的服从状态使个人处于义务领域中，此时个人处于被动地位；个人有排除国家、否定统治的领域，在这种领域是个人的自由领域，个人处于消极地位；国家赋予个人利用国家权力和国家制度的法律上之能力，此处个人处于积极地位；个人被赋予为国家而行动的能力时，则处于主动地位。参见耶利内克：《主观公法权利体系》，曾韬、赵天书译，中国政法大学出版社2012年版，第77—79页。

③ 参见陈新民：《法治国公法学原理与实践》（上），中国政法大学出版社2007年版，第3—10页。方针条款虽然在德国宪法学中已经式微，它依然存在于许多国家的宪法文本中。

④ 关于宪法委托，国内学界通常受依普生等德国学者影响，认为宪法委托即立法委托，仅限于拘束立法者且明示了立法任务。但随着时间的推移，宪法委托理论亦有突破性进展，如U. Kuhlmann批判依普生的理论过于斤斤计较条文，未能重视委托的一体性；Wienholtz在宪法委托强度和拘束对象上的扩展；K. Stern的宪法训令也突破了委托的形式准则。这使得宪法委托的解释范围大为扩张。同上书，第11—16页。

理论体系。在学生与学校关系方面，由于受教育权的特殊性，它在规范上的请求权体系与其他的基本权有别，与公权力之间产生的法律矛盾在内容上也呈现出特殊性（学生可以同时行使积极性和消极性的请求权），但此种特殊性仍然可以为当前的公法理论架构所消化。但在学校与政府、学生的关系而言，受教育权、受教育义务与国家的教育行政管理权力引发了不同的相对面向，引出了既是权利、又是权力的法律关系内容（典型的如高等学校的办学自主权及下属的各项具体权利），它在教育法中处于相当重要的枢纽位置，但很难为严格意义上的行政法理论体系所消化。这就更需要教育法学打破传统学科门类框架与部门法学方法的限制，以公民受教育权与国家义务为出发点，构筑教育法学自身的理论基石。

2. 学术自由与办学自主

学校（尤其是高等学校）承担的事业不仅仅是教育，也包括科学研究。我国《宪法》第 47 条规定："中华人民共和国公民有进行科学研究、文学艺术创作和其他文化活动的自由。国家对于从事教育、科学、技术、文学、艺术和其他文化事业的公民的有益于人民的创造性工作，给以鼓励和帮助。"《宪法》的这一条款规定了内容丰富的文化活动自由，学术自由亦为其所涵盖，它是教育法学的又一重要规范基点。

需要注意的是，一方面，《宪法》中为这一基本自由规定的主体是作为普通公民的个体；在相应的国家方针条款方面，受帮助的对象也只包括从事教育、科技等事业的公民个体；但从另一方面看，宪法又并未限定公民必须以个体的方式或集体的方式行使此权利，也就为权利主体的扩展留下了空间。在此基础上，《中华人民共和国高等教育法》（以下称《高等教育法》）进一步规定："国家依法保障高等学校中的科学研究，文学艺术创作和其他文化活动的自由。"此规定并没有对学术自由的主体作出限制，自规范字义观之，只要相关活动属于科研、文艺创作或其他文化活动，就应当处于国家依法保障的自由领域内。这就使得大学的整体及其中的机构可以作为学术自由的主体，为这一基本自由与《高等教育法》规定的办学自主权乃至更进一步的大学自治的联结奠定了规范上的基础。

但是，除宪法学在方法论和基础知识上的有限支持（如"制度性保障"

等域外理论[①])外，所有其他部门法学提供的法教义学框架，都无法提供这种联结所需要的法教义学结构，也不能梳理大学自治乃至其他类型学校的办学自主权所面对的规范约束体系。对于包含各种公立学校与民办学校的教育机构而言，行政法律关系和（民事）法律关系理论均难以将建立于基本自由之上的办学自主权乃至大学自治展开为一个规范内涵丰富的法理体系。惟有发展一个自成一体的法教义学体系，才有可能超出于行政行为或民事行为等既有的概念群而完成这种建构；这套体系应当是为多元的、自治与治理相结合的法律过程准备的，并不在传统部门法学的方法论视野之内，而需要吸收当代关于治理、善治和多元民主过程的有关理论完善其内部结构。

3. 人本目标与思想尊严

在以上两种基本自由及相应的国家义务以外，教育还有着与一般的民事或行政活动截然不同的属性。一方面，如果将教育单纯看作一种基于合同的服务，即如教育培训机构开展的收费培训服务一样，教育法的问题基本上可以用民法学的框架进行处理。但至少在我国，肩负着国家战略、国家义务、行政计划和文化理想的教育活动，显然已经远远超出了合同法律制度所能处理的范畴，大部分学校教育活动引起的法律纠纷并不是经由合同法途径解决的，甚至大部分学生在学习生涯之中，自公立小学开始至公立大学毕业，都未必接触过任何书面或口头的教育服务合同。另一方面，如果将教育看作一种行政行为，教育法的问题即可纯以行政法的框架处理。但是，教育过程中尽管包含部分行政行为，教育本身却决不是任何形式的行政行为，科研就更不能归诸行政行为了。教育和科研过程中遭遇的种种法律问题，固然需要借助部分民法和行政法的理论与制度，但归根到底仍然需要一套相应于它们自身的法理框架和法律制度去解决。

教育的很多法律问题之所以无法用民事、尤其是用合同的方式加以解决，其根本在于教育传授的不仅仅是信息和技能。如果教育仅仅是对

---

① “制度性保障”学说由魏玛时期的学者托马提出，著名宪法学者施米特加以发扬，广泛见诸德国、日本及我国台湾地区的公法学著作，其主要思想是将某些宪法权利或自由看作一种国家有义务加以保障实现的制度。参见卡尔·施米特：《宪法学说》，刘锋译，上海人民出版社 2005 年版，第 176—190 页。

特定信息和技能的传授，无论是批量销售还是“度身定做”都不影响其被商品化的潜力。问题的关键在于，教育不仅传递信息、传授技能，还陶冶人的情操、塑造人的品格、养育人的灵魂；教育的这些内容是无法被商品化的，甚至很少建立在具体的合意的基础上。更重要的是，违约责任等合同法的核心机制几乎完全不适用于教育：品格和灵魂无法复原，也不能估值。同样地，这种教育活动也不应当是行政活动。教育组织与管理可能包含行政行为，但教学与科研本身，归根到底是基于个体知识、能力与思想的事业，尽管存在各种教学团队、科研团队和合作机制，但学者与教师、包括部分学生之个体，是教学与科研活动的真正实施者。至少在我国的法律框架下，教师与从事教育的学者并非任何意义上的行政主体。进一步看，行政的工具色彩太浓重[①]，其组织管理过程以效率和一致性为基本取向，与纯粹以人本身为目的的教育活动在性质上也相去甚远。在这一点上，我们可以认为，“现有的研究框架窄化了教育法学的问题域，与实际的教育法的范围不相匹配”。[②]

因此，对于教育活动，我们必须寻觅一种新的理论定位，以便对其中存在的已发现或未发现的各种法律问题寻求一种体系化展开的可能性。这种定位既要承认教育与科研活动的个体性，又要突出思想和知识的尊严，使得在以人为目标的教育活动中发生的法律问题能够得到更加深刻而妥当的解决之道。

4. 契约属性与双重义务

最后，教育领域也存在与普通民事活动相似的内容，但却又不能简单地以合同法去进行解决。这些内容包括学校与教师之间的人事法律关系，但更具特色的是学校与学生之间的关系。对于学校与学生之间的关系，国际上曾有特别权力关系理论、公法契约理论、私法契约理论、代替父母理论、特权理论、宪法理论、信托理论等多种立场[③]；在我国，法律没有直接对学校与学生之间的关系作出明确定性，但从实践中看，学校与学生

---

① 参见谭海波：《公共行政价值的批判性反思——基于现代性的分析视角》，载《四川行政学院学报》2012 年第 5 期。

② 褚宏启：《教育法学的转折与重构》，载《北京师范大学学报》（社会科学版）2013 年第 5 期。

③ 参见申素平：《高等学校与学生法律关系的基本理论》，载《中国高教研究》2007 年第 2 期。

之间的关系存在某种程度的契约性，至少可以被理解为一种拟制的契约关系：学生支付学费（部分学生由国家代为支付全部或部分学费），学校负有正常开展教学活动和保护在校学生人身财产安全的义务；这既是法律直接赋予的义务，也是能够从契约性的合意中解释出的义务。如果有可能，应当对合同法的文本及其适用作适当的扩张，或从教育法方面着手完善有关规定。在民办教育形式中，学校与学生之间的契约性更为突出，特别是学生入学时学校所作承诺在法律上如何定性的问题，或学校收费项目中有某项服务而实际未提供的问题，除合同法进路外几乎别无选择，但又不能简单地通过合同法的既有理论去解释相关的教育者义务及受教育者权利等问题。

在当前，教育法学在处理公立学校与其师生关系时，经常从《教师法》《义务教育法》《高等教育法》等法律及下位的行政法规、规章入手，从国家立法直接赋予学校的义务去认识学校的行为，但这对于师生权益的保障远为不足，因为立法中规定的学校义务过于宽泛、抽象，很多法律义务缺乏可直接执行的内容。教育法需要从行政法律关系和民事法律关系中获得另外一种理论资源作为其又一坚实支点，在我国立法未正式承认公法合同的前提下，发展出一套能够准确阐释学校与学生之间具有契约性的法律关系的理论，通过契约义务和法定义务的双重义务体系对学校与学生的关系作出更加有效的调整。

以上这些关键问题都呼唤一种新的法理框架，惟有在此种法理框架中，才能完整而准确地处理教育法治所面对的种种法律问题，加强对教育行政管理权力的有效约束，并促进学校与师生合法权益的保障。

（二）教育法学的法理框架

教育法学是法学的一个子部门，法学所通行的法理框架和基本思维，也应当作为教育法学的法理基础。在当前，尽管以法律关系和法律行为为核心的法理框架面临诸多批判，尚未有一种体系化的替代性架构能够有效取代这种法理框架。此种框架仍然可以作为教育法学认识和建构其规范世界的基础。教育法学的法理框架相当丰富而复杂，其主体框架可以由教育法律关系与教育行为组成，其余部分则围绕此二者展开。

1. 教育法律关系

教育法律关系类型丰富、形式繁多，从基本的类型上看，教育法律关系包括行政法律关系、特殊优位关系、拟制契约关系和契约关系。

（1）行政法律关系

教育行政管理机关对学校进行管理、对教师进行奖励和处罚，公立学校依公法授权对师生进行管理和奖惩，都体现高权属性，其依托的法理关系属于行政法律关系（Verwaltungsrechtsverhältnis）[①]，这些特定的高权行为属于行政行为。自“特别权力关系”理论衰落后，高权性法律关系中不再存在隔阻司法审查的“飞地”，在德日等大陆法系国家及我国台湾地区，公立学校内部高权性法律关系的运行已经完全纳入行政法律关系之中，属于司法审查的范围。在我国大陆地区，教育法中的行政法律关系也正日益如同其他法律关系一样需要接受司法审查，此为教育行政诉讼兴起的基点。

教育法中的行政法律关系，依据法治政府和依法行政理念，必须有法律授权的基础方得成立。对行政法律关系所引起法律问题的审查，在我国大陆地区即为对行政行为的审查，在一般情况下适用《行政诉讼法》中的合法性审查标准，涉及行政处罚显失公正情形时也适用合理性审查标准。这种关系对于处理教育管理过程中引发的部分奖励和处罚问题、尤其是退学和开除学籍等影响学生重大受教育权益的处罚，在理论和实践上都尤为重要。

（2）特殊优位关系

学业评价与学术评价等体现的是知识和专业上的优位，评价者享有专业上的判断余地（Beurteilungsspielraum）[②]，一般情况下专业评价本身不受司法审查，部分学业评价具有高度属人性，甚至属于“不可替代的决定”。[③] 这种优位关系与由高权等原因导致的规范性优位关系有别，是一种作用范围有限、作用方式特定化的特殊优位关系，体现着思想和知识的

---

① 以前的学说曾认为此类关系属于权力关系（Gewaltverhältnis），但无论是“一般权力关系”（allgemeines Gewaltverhältnis）还是“特别权力关系”（besondere Gewaltverhältnis）理论在当前的主流行政法学说中均已经衰落。有关一般权力关系的衰落，Vgl *Erichsen* und *Ehlers*, Allgemeines Verwaltungsrecht, 14. Aufl, 2010, 401；有关特别权力关系理论的演变及衰落，参见湛中乐：《再论我国公立高等学校之法律地位》，载《中国教育法制评论》，2009 年第 7 辑。

② 参见翁岳生编：《行政法》（上册），中国法制出版社 2009 年版，第 252—259 页。

③ 参见伍劲松：《行政判断余地之理论、范围及其规制》，载《法学评论》2010 年第 3 期。

尊严,体现着学术自由的内在价值,也是在教育法中特别发达的法律关系类型和理论构造。对于此种专业判断,法院一般不进行审查;即使进行审查,也仅仅在其明显属于行使行政权力之时介入,而且认为在此种情况下,重要的不是评价结果,而是对价值形塑因素(die wertbildenden Faktoren)的宣告和详细的说明。① 此种法理认知及法律思维为教育法学把握学业评价与学术评价中的特殊优位关系提供了非常有益的参考。

同样地,这种特殊优位关系也体现在高等学校学术委员会等学术机构的运作中,《高等学校学术委员会规程》等行政立法确认了此种特殊优位关系的存在,如"学术自由"和"教授治学"的原则即由此种特殊优位关系引申得出。由于此种特殊优位关系和行政法律关系的并存,学术权力和行政权力之间的关系,在教育法学尤其是高等教育法学当中,就成为一个相当复杂的挑战。只有特殊优位关系和行政或民事法律关系相结合,才能承载大学自治和治理的整套制度安排。

(3) 契约关系

学校聘任教师、采购物资、签订科研协议等,体现的是契约关系。契约关系中包含一般民事合同、劳动合同、劳务合同等不同种类的契约,法律关系丰富而复杂。严格而论,教育法中的契约关系包括公法合同和私法合同,但因我国法律还未正式承认公法合同,因此像科研合同等尚无法完全通过法律手段保障相关各方的合法权益。

如前所述,学校与学生之间还存在一些非严格意义上的契约关系,这种契约关系可以有效地解释出学校的保护义务及附随义务,也可以解释出学校要求学生遵守学校规章制度的正当性基础。这种拟制契约关系作为法律所直接确定的权利义务关系之重要补充,既可以吸纳后者为其中的基本内容,又可以对后者进行体系化和完善化,全面提升师生权益的法律保障。在未来,教育法制和教育法学还需向这些方向努力。

2. 教育行为

此处所言的"教育行为"并不是严格意义上的单个行为(Akt),而是

① Zimmermann, *Sachverständigenpflichten*, DS 2006, S. 313.

一组作用(Handeln)乃至一系列活动(Handlung)的总称。[①] 它至少包括教育行政行为、学校治理作用、专业评价作用和校内管理行为。

(1) 教育行政管理行为

教育行为首先包括教育行政管理行为，主要是包括政府、教育行政管理部门及其他行政机关作出的具有约束力的规则、决定、命令，大部分教育行政管理行为属于行政行为，另外也存在一部分行政指导和事实行为。对此，应当运用行政法学的有关理论知识去把握和处理，但要注意结合教育领域自身的特点和规律。这些行为已经遍及教育的各个领域，如 2015 年制定的《学生志愿服务管理暂行办法》《学校体育运动风险防控暂行办法》《农村义务教育薄弱学校改造补助资金管理办法》等，体现了国家行政权在教育法领域中的作用，它是我国教育法学不可忽视的重要组成部分。

(2) 学校治理行为

学校治理行为包括与治理过程相关的选举、表决、议事、创设与撤销机构、决定机构的合并与分立、制定校内规章制度等。这些行为普遍存在于各种学校之中，而在高等教育领域尤为活跃，在我国的高等教育法制中也开始受到重视。2014 年施行的《高等学校学术委员会规程》就对学校治理行为提出了相当详细的要求。学校治理，尤其是高等学校的治理，应满足充分代表、专业判断、灵活联合、多元参与的原则[②]，它不单纯是一个自上而下的高权活动过程。在治理过程中，对于选举、表决、议事等活动，应当视为自成一类的形成性公法行为，没有高权行为的效力特征；校内主要治理机构作出的决定、命令或制定的规章制度，则是典型的高权行为，部分有明确法律、法规授权的行为还属于行政行为。学校治理行为是教育法中独具特色的一个重要内容，它不同于一般的行政管理行为，因为它

① 在行为的层面上，我们首先需要区别各种容易混淆的“行为”概念，然后才能对教育法中涉及的行为作出区分。目前国内法学著作将大量不同的概念都译为“行为”，极易导致误解。在各种“行为”概念中，Handlung 为没有特定法律内涵、不一定包含意志因素的客观的行动，本文译为“活动”；Handeln 与 Handlung 意义接近，但带有意志因素，经常包含目的意思，台湾地区习惯译为“作用”，本文也从大陆地区一般行为习惯译“行为”，如“教育行政管理行为”“学校治理行为”“专业评价行为”，实际上在很多情况下是“作用”；Akt 较为复杂，一种含义是带有目的意思和效果意思的意思表示，是严格意义上的法律行为或行政行为的中心词，与 Geschäft 相通，本文译为“行为”；另一种与 real 联结为 Realakt(事实行为)，表示不包含明确的意志因素但引起客观事物改变、导致权利义务变动的举动，本文也译为“行为”。

② 参见湛中乐、苏宇：《中国高等学校内部治理结构：基本原则与关键制度》，载《华中师范大学学报》(人文社会科学版)2011 年第 5 期。

在理论上应当是主要依靠自下而上的民主过程和多元参与的合力来进行的；也不同于村委会或居委会的民主自治活动，因为学校的治理强调多元参与而非纯粹的民主表决[①]，并且学术事务（也包括教学与科研的专业事务）在学校治理中拥有重要的特殊地位，它排除行政权力乃至普遍性民主过程的干预，仅限于相应学术群体，因此学校治理行为的特殊性在此尤为鲜明。

（3）校内管理行为

根据学校治理过程所形成的结果或法律、法规、规章的授权，学校有关部门对学校内部具体的人事作出决定，则属于校内管理行为；对于公立学校而言，则是一种高权行为。它包括学生的招录、工作人员的任免、晋升、调动以及学生和工作人员的奖励、处分等。此类行为在有法律、法规明确授权的情况下，应当视为行政行为；否则，即应为普通的校内管理行为，相关纠纷须依照学校内部的规章制度或通过学校内部的治理过程加以解决，对部分符合申诉条件的行为不服可以向教育行政部门提起申诉。

（4）专业评价行为

对于教育法领域而言，最富特色的是此类专业评价行为，即教师或其他专业工作人员以其知识、技能乃至思想为基础，对同行、学生或其他外部机构与人员的学术能力、作品质量、学习成效等作出评价的行为，包括学业评价、成果评价、学术能力评价等。此种行为在法理上属于专业判断，相关判断在其专业范围内享有判断余地，除非存在现行立法规定，或通过自治过程或法律、法规授权制定的既有规章制度中明确规定特殊的救济途径，一般不受外部审查。专业人士的评价应当不受非专业人士评价的干涉，这应当是教育与科研活动的一条基本原则，是学术自由和教授治学的核心准则，也是学校治理最需要确立的制度基点。

专业评价行为往往不是独立发生作用的，而是与其他行为（通常是行政行为或校内管理行为）结合而成为混合的教育治理或管理行为，如授予学位、晋升职称、评优评奖、对学术不端的惩罚等。对于这些混合的行为，我们需要在理论上加以区分，对其专业评价的部分应当坚持判断余地理论，不能轻易由非专业审查机构推翻专业判断；但对相关的行政行为或校

① 参见湛中乐、苏宇：《中国高等学校内部治理结构：基本原则与关键制度》，载《华中师范大学学报》（人文社会科学版）2011 年第 5 期。

内管理行为而言，它应当受到有权机构的法律审查；如果在主体、程序和形式等方面违反法律、法规、规章或校内相关规章制度的规定，它也应当像一般的同类行为被撤销或宣告无效。

专业评价行为目前在我国尚缺乏完善的规则体系和独立的法律调整机制，甚至很多重大评价行为都缺乏说明理由等正当程序的基本要求，这应当是未来我国教育法学努力的一个重要方向。

(5) 民事法律行为和行政私法行为

此外，教育法领域还存在一部分民事法律行为，也包括所谓属于“行政私法”的政府采购等行为，依照一般的民事法律制度及政府采购法制进行。这些行为在制度上和理论上不存在特殊的法理构造，只是需要注意教育领域的特殊性，如政府采购的标准可能需要向安全性倾斜甚至需要制定特殊的法定标准，但在法理上大体可以直接运用其他部门法学的架构与内容。

由此，教育法学的理论体系及法理框架已经基本清晰可见，教育法学确实拥有独具特色的理论基础，在主要的法理构成上也有别于其他的部门法学，这就需要我们进一步思考教育法学的学科地位问题，尤其是教育法学的相对独立性问题。

三、教育法学的相对独立性

(一) 教育法学相对独立性之基础

教育法学是否具备相对独立性？这需要从其研究范围的特殊性、研究方法的专门性、基本问题的重要性和理论体系的自主性等方面进行分析，只有当它在这些方面都具备鲜明的特色时，它才需要获得独立发展的空间。

1. 研究范围的特殊性

教育法学在研究范围上的特殊性非常突出。教育法学的研究范围是教育领域有关教育行政管理、学校治理、招生、教学、科研等一系列活动的法律现象，这一系列活动并不属于单一的规范维度，无法归类于任意既有的研究对象类别，而其中几乎贯穿始终的、在法律上具有特殊地位的专业评价与学术自由在其他部门法学的研究对象中更缺乏有效的参照物。教育法的研究范围不仅在整体上具备特殊性，在个别具体项目上更是具备其他领域研究范围所无法覆盖的特殊性，如对于教学与言论自由、学术自由的关系、科研与文化活动自由的关系，均具备高度的形而上学特征和超越于世俗价值的精神特性，这一点就足以决定教育法学在研究范围上已经超出目前其他类似部门法学的疆域。

2. 基本问题的重要性

教育法学所处理的基本问题有着不可替代的重要性。教育法学的众多法律现象中蕴含着若干基本问题，是解决教育法大部分问题所必须回答的，这些基本问题包括办学自主权的内容与界限、学校行政权力的来源及界限、学术权力与行政权力的关系、学术评价之判断余地的范围与保障、教师享有教学自由与科研自由的依据与程度、教师与学生正当权益受侵犯的可诉性、社会力量办学中国家与社会的分工等，除个别问题已经有部门法学提供一些理论依据外，大部分的基本问题都十分重要，而且在其他部门法学的理论体系内并不存在现成的答案。这些重要的基本问题对教学、科研的组织和实施有着举足轻重的影响，随着教育普及度的不断提升，它们几乎关系到每一个人的一生，因此也更需要对其进行专门的研究。

3. 研究方法的专门性

教育法学在研究方法上的专门性应有体现。教育法学目前的研究方法主要仍然借助于法理学及其他部门法学的研究方法，包括宪法学、行政法学、民商法学、诉讼法学等；教育法学自身应有的研究方法曾长期被掩盖。即使是前述有关教育法学理论基础和法理框架的分析，主要也是基于其他部门法学及法理学所提供的方法论基础。但是，基于教育法学研究范围的特殊性和基本问题的重要性，教育法学在研究方法上也是应当具备专门性的。

法学的研究方法，从一般的哲学社会科学方法论体系上看，有历史方法、比较方法、系统科学方法、逻辑学方法、伦理学方法、诠释学方法、社会访谈与实证分析等；从法学自身特有的研究方法看，最为常用也最为基本是规范实证分析，其余有类观点学（Topik，论题学）、法哲学方法、法律经济分析、价值导向思考（Werteorientiertes Denken）等，但以上常见的法律方法都不能刻画法学各个子学科所真正使用的主要方法。在法学的各个子学科中，其教义学体系和研究方法在某种程度是相互融合的。例如，刑法学以犯罪构成理论为教义学体系的核心组成，其主要的研究方法即隐藏于犯罪构成理论中，“四要件＋社会危害性判断”的犯罪构成体系充满马克思主义法哲学的气息，而三阶层的犯罪构成体系则是以新康德主义法哲学为其方法论的指引。[①] 教育法学的方法论基础，也当隐含于教育法学的教义学体系之中，只要教育法学的法教义学体系具备不可替代的特殊性乃至自主性，其研究方法的专门性也自有根据，所以关键应当是教育法学理论体系的自主性问题。

4. 理论体系的自主性

教育法学的理论体系（主要是其教义学体系）具有自主性，有自己的灵魂所系，不能由“拼装”的其他部门法理论所取代。教育法学的法理框架中固然需要借鉴其他学科的理论，但就其富于特殊性的部分——特殊优位关系、学校治理行为与专业评价行为看，是任何其他部门法学的现成体系所无法涵盖的。这是因为它们在理论基础上源生于知识的优越地位与思想的特殊尊严，而教育活动的灵魂正居于此处。整个教书育人、繁荣科学的事业之所以崇高，并不仅仅是因为知识和思想能够直接转化为可量化的社会效用和国家利益，更是因为它们承载着人类文明薪火相传、继往开来的使命。专业判断与学术评价行为的独立性与学校治理过程的特殊性，也并不完全是因为看得见的功利原因，不仅仅是因为“外行指导内行”容易导致教育和科研的决策失误和经济损失，更是因为知识与思想不可被肆意侮辱的内在尊严。正是这种理论基础的展开，造就了教育法学在理论体系上的自主性和特殊性；如果教育法学不需要考虑知识或思想的优越地位，它和一般的公共服务法制并没有什么特殊的区别。

因此，可以认为，教育法学的核心特殊性在于直面如下问题：对于基于知识或思想的优越地位而作出的行为，应当如何使之受到法规范的最佳约束？法律固然未必可以约束思想、学问，但并非不能约束与思想及学问相关、尤其是凭借思想与学问的名义作出的行为。如果在学术相关事项上采取判断余地绝对化的法理立场，教育法学亦无可资独立之空间，但

① 参见彭文华：《犯罪构成：从二元论体系到一元论体系——以事实和价值关系论为视角》，载《法制与社会发展》2012 年第 6 期；邓君韬：《超规范问题及其意义 ——对犯罪认知体系方法论的初步考察》，载陈兴良主编：《刑事法评论》（第 24 卷），北京大学出版社 2009 年版，第 364、368 页。

往往我们并不能完全承认知识与思想名义下的绝对行为自由。至少有两个标准对于防止滥用知识与思想的崇高尊严而言至关重要：首先，我们需要判定相关行为是完全基于知识与思想作出，而不包含与此无关或关系不大的动机或目的，此可称为"学术相关性审查"；其次，我们需要检视相关行为是否符合学术共同体的基本伦理原则，此可称为"学术原则性审查"。此二种审查均要求独特的规范思维，也包含着特定类型的法律实践与法学方法。例如，在美国，法院区分了公立学校对学生的退学处理，对于"基于学业原因的退学"(dismissals for academic causes)不要求类似于行政处罚的听证程序，但要求对课程信息的专业意见；而对"基于纪律原因的退学"(dismissals for disciplinary causes)则提出了听证程序的要求。[①] 在法院审理案件时，一个重要的考量就是判断学校的决定是否出于"纯粹的学业理由"(purely academic reasons)，其判断范式仅追问客观的学术判断依据是否存在，需要依托类似于"依事物之本质"(the nature of things)的方法论基础[②]，而与行政行为合法性的判断范式截然不同。但是，无论国内或国际学界，都未对这两种教育法学特有的审查方式与思维方法进行系统而深入的探索，也就难以在此基础上建立独具特色的教育法学理论体系。一旦基于这一关键问题的理论体系能够获得系统的归纳和建构，支撑起前述理论框架，则教育法学的理论自主性也呼之欲出。惟有如此，教育法学才能彰显其学科特色与独立定位的需要。

(二) 教育法学的学科定位

教育法学的学科定位问题集中于一点：教育法学能否成为我国法学中的一个相对独立的二级学科？要回答这一问题，需要分析二级学科的标准何在。我国目前学科分类的标准主要有五种：一是国家技术监督局发布的《国家标准学科分类与代码》；二是国务院学位委员会、国家教育委员会颁布的《授予博士、硕士学位和培养研究生的学科专业目录》(以下称

---

① See Board of Curators, Univ. of Missouri v. Horowitz, 435 U.S. 78, at 87, 90.

② "事物的本质"(德文 Natur de Sache)理论是一种根据事物本质来界定规范类型之适用的学说："事物的本质"，根据拉伦茨的定义，在当代是指"一种有意义的、且在某种方面已具备规律性的生活关系，也就是社会上一种已经存在之事实及存在之秩序"。Vgl Larenz, Wegweiser zu richterlicher Rechtssch pfung, in: Festschriftfür A. Nikich, 1958, 275 ff，转引自陈新民：《德国公法学基础理论》，山东人民出版社 2001 年版，第 676 页。这一原则在德国应用尤为广泛，在美国、法国、日本等国家也应用甚多。

《研究生专业目录》)；三是教育部颁布的《普通高等学校本科专业目录》(以下称《本科专业目录》)；四是国家社会科学基金项目申报代码，即由国家社科基金与社科院系统制定的学科级别分类目录；五是《中国图书馆分类法》。[①] 其中，对于学科建设而言影响最直接、最重要的是《研究生专业目录》和《本科专业目录》，两个目录均没有表明一级学科和二级学科划分的原则。事实上，在每一个一级学科之下，划分二级学科的原则都不是既有文件明确规定的，大量的二级学科是在历史中形成并在国际上有一定的参考样本可循的，或者基于现实的迫切需要特别设置的。由此，要研究哪一个学科可以成为二级学科，就需要研究二级学科所属一级学科的传统及特性，研究设置二级学科的必要性与可行性，根据理论和现实的综合需要而作出判断。

对于法学而言，在法学一级学科之下，二级学科可以大致归为两类：一类是传统的二级学科，包括刑法学、民法学、诉讼法学、国际法学、宪法学与行政法学等，此类学科在历史中逐渐形成，由众多学者筑成其法理框架和教义学体系，包含鲜明的理论特色和体系性；另一类是新兴的二级学科，包括经济法学、环境法学、社会法学、体育法学等，此类学科由于社会发展的迫切需要而形成，其理论体系本可具备一定的独立性和系统性，但尚未经过精致的系统化提炼，应用性色彩较强，下属的各部分相互之间也缺乏体系性的整合。判断两类二级学科的标准实际上是有差异的，对于传统的二级学科，历史本身就提供了一部分清单，其余部分注重的是其于学科的逻辑体系中所处的地位，以及该学科自身理论体系的独立性与自足性。对于新兴的二级学科，则在考察其理论体系的独立性与自主性之余，还要追问学科的设置是否符合社会发展的需要、是否有助于系统地解决社会发展和国民生活在某一领域地的一系列问题。

教育法学在法学中的位置目前更加接近于后一类二级学科，因此，对教育法学学科定位的考察就需要分别从理论和实践层面进行。教育法学在理论层面的体系独立性在前文已经得到一定的揭示，但尚未得到充分的发展，如果教育法学能够获得一个正式的平台，教育法学也将提升其体系化的程度，届时教育法学理论体系的特色将更加鲜明。在实践层面，教

---

① 参见袁曦临、刘宇、叶继元：《人文、社会科学学科分类体系框架初探》，载《大学图书馆学报》2010年第1期。

育法学对于当前教育法治化的实践已经呈现出其不可或缺的重要性：学校章程的制定与实施、学术委员会制度的建设、大学治理事业的推进、师生合法权益的保障、义务教育的落实、民办教育培训机构的规范化等，都需要教育法学的理论作为指引，需要符合教育自身特性的教育法制度设计。其中，相当大部分内容都无法指望其他部门法学提供充分的支持，而在其余部分，尽管交叉学科能够提供一定的支持，但却不足以承载全部的重量。例如，在师生权益保障方面，由于教育行政诉讼和教育民事诉讼的兴起，师生权益已经可以在一定程度上得到保障；但是，民法和行政法能够提供的救济是非常有限的，它们几乎无法以任何形式触及学术和学业评价的部分，也很难介入校内的治理和管理过程，对于影响教师重大权益的职称评审及影响学生终身的"保研"(免试推荐攻读研究生)、自主招生加分认定等关键事项，更显鞭长莫及；而这些事项本来可以通过专家复审委员会之类直接归属于教育法的救济机制来为当事人的正当权益提供法律保障。面对此类问题，传统的学科结构限定了救济机制设计的思维，使得适合于教育活动本身的许多法律制度和救济机制没有形成。中国的教育事业覆盖十亿以上的人口，大量公民需要接受十余年的教育，教育过程中发生的纠纷和争议、涉及侵害正当权益的事情何止千千万万；与此相比，我们目前的权益保障机制和纠纷解决渠道的建设还远远跟不上教育法治化的需求。与此相对照的是，"现阶段我国法律体系的部门划分模式有其局限性，传统上教育法被划入行政法部门的现实不应成为教育法学成为二级学科的制度性障碍"①。由此，发展作为二级学科的教育法学，对于中国的教育法治化进程、对于中国教育事业的良性有序发展，有着十分显著的理论和现实意义。

教育法学作为相对独立的二级学科，可以同时隶属教育学和法学，有利于其吸收交叉学科的知识，形成互补，促进专业之间的有益交流和共同合作。退一步看，即使它不能马上成为一个二级学科，也应当至少成为一个专业方向，可能在研究生培养方面发挥作用，为学科建设准备理论、观念甚至制度的基础。二级学科涉及人才的培养和输送，需要制度建设和相关机构的发展到达一定程度或至少展示出相当的潜力，但

① 程雁雷：《诉求与回应：构建教育法学学科的若干思考》，载《中国高等教育》2014 年第 17 期。

专业方向就不需要考虑更多的因素，也可以考虑将专业方向的建设作为一个过渡性的方案，但总体上教育法学仍然需要向二级学科的方向努力。

(三) 教育法学的内容设置

教育法学的内容非常丰富，如果作为二级学科或专业方向，其下属的各个方向也可以进一步发展；但教育法学的子领域划分，亦存在多种方式，各有长短，可供进一步探讨。

1. 以教育形式与阶段划分

从教育形式与阶段出发，教育法学可进一步划分为：(1) 高等教育法学；(2) 高级中等教育法学；(3) 义务教育法学；(4) 职业教育法学；(5) 继续教育法学；(6) 特殊教育法学等。这种划分方式能够有效针对每一种教育形式及各个教育阶段的特点，但各个领域之间会存在一些范围上的交叉。从大的维度上看，公立与私立是一重维度，义务教育与非义务教育是一重维度，初等、中等、高等与研究生教育是一重维度，学历教育与非学历教育又是一重维度，各个维度之间无法做到整齐划一的区分，只能采取相互重叠的方式。目前教育法学的研究主要是以此种方式划分子领域的，且较多地聚焦于公立高等学校的法律问题，应当进一步扩展研究的范围和深度。

2. 以教育管理过程划分

从教育管理过程出发，教育法学可以进一步划分为：(1) 考选招录法学；(2) 教学管理法学；(3) 校园管理法学；(4) 学业评价法学；(5) 学术评价法学；(6) 职称评审法学；(7) 师生权益救济法学；(8) 学校治理法学等。此种划分方式将使问题更为集中、更为专业，但可能研究的问题过于细碎，难以独立支撑一个专业方向，并且研究需要跨越教育形式和阶段进行，在理论的共通性与实践的可行性方面存在一定的挑战。

3. 以法律关系划分

从法律关系出发，教育法学可以进一步划分为：(1) 教育行政法，主要研究基于行政法律关系的教育行政管理行为；(2) 教育合同法，主要研究教育领域的合同与侵权法律关系；(3) 教育治理法，主要研究在学校治理尤其是高等学校依章程进行治理过程中形成的特殊法律关系；

(4) 学术评价法,主要研究在学术与学业评价过程中涉及的特殊优位关系。这种划分方式的优点在于法律关系清晰、理论性强,教育法学的特色一目了然,但实践中往往我们需要面对的是混合法律关系,单纯研究某一个方向的问题,对于处理教育法学的全局性或复合性问题仍多有不便。

教育法学是一门新兴的学问,对于教育法学的内部划分和内容设置,可以有更加丰富的思路,以上模式也仅仅是若干参考依据。但是,它展示了教育法学作为一个丰富而复杂的领域,这一领域有太多的问题值得我们深入研究,最好能够在体系化的前提下、在纲举目张的基础上展开不同分支的探索,否则可能有顾此失彼、全盘失调的可能性,这就对教育法学的学科建设提出了从内容到对象、从形式到方法的体系化要求,需要学界进一步的探索。

结　语

百年大计,教育为本;教育之盛,制度为基。教育法学对于教育事业的健康发展、对于教育法治化的积极推进、对于受教育者的权益保障,有着举足轻重的关键意义。它在理论上既集思广益,又自成一体;它在实践中既适时应务,又别有天地。将教育法学从传统的学科分类中解放出来,建设相对独立的、系统的教育法学,是当代教育学界与法学界的时代使命。

“八二宪法”土地条款：一个原旨主义的解释*

彭 錞**

近年来，由于土地制度运行与改革中的现实问题与挑战，作为宪法基础的“八二宪法”(指第五届全国人大第五次会议上正式通过的《中华人民共和国宪法》)第10条成为学界关注的焦点。首先，为强化国家征地权力的法律控制，缓解大规模征地拆迁带来的剧烈社会不公与冲突，学界着力于“八二宪法”第10条第3款，就公共利益、补偿和法定程序三个要件做了大量解释工作。① 其次，面对城中村、小产权房、概括国有化等颇具中国特色的现实困境，既有文献中有相当笔墨对第10条第1、2款奠定的城乡二元土地管理体制进行分析和批判。② 再次，在农村集体土地改革日益深化、流转秩序日益放活的背景下，如何理解第4款也开始受到重视。③ 最后，以往受关注相对较少的合理用地条款，最近也进入了法学研究的视野。④

公允地说，以上诸多对“八二宪法”土地条款的解释作业体现了历经

* 原文刊于《法学研究》2016年第3期。

** 北京大学法学院助理教授。

① 如胡锦光、王锴：《论我国宪法中“公共利益”的界定》，载《中国法学》2005年第1期；张千帆：《“公正补偿”与征收权的宪法限制》，载《法学研究》2005年第2期；程洁：《土地征收征用中的程序失范与重构》，载《法学研究》2006年第1期。

② 程雪阳：《城市土地国有规定的由来》，载《炎黄春秋》2013年第6期；程雪阳：《论“城市的土地属于国家所有”的宪法解释》，载《法制与社会发展》2014年第1期；张睿：《“八二宪法”中土地所有权条款的正当性基础——基于社会正义与市场经济理论的分析》，载《法制与社会发展》2013年第2期；张千帆：《城市土地“国家所有”的困惑与消解》，载《中国法学》2012年第3期。

③ 程雪阳：《中国的土地管理出了什么问题？》，载《甘肃行政学院学报》2013年第3期；张千帆：《农村土地集体所有的困惑与消解》，载《法学研究》2012年第4期。

④ 李泠烨：《土地使用的行政规制及其宪法解释——以德国建设许可制为例》，载《华东政法大学学报》2015年第3期。

三十年筚路蓝缕后,中国宪法学界回归宪法文本的自我觉醒[①],追寻"宪政的中国之道"的政治成熟[②]、以及在违宪审查机制不彰的背景下勾连宪法与实际问题、使其免于"屠龙术"之命运的智识抱负。[③] 在此意义上,尽管内部存在歧见,作为一个整体,对"八二宪法"第10条的既有研究极大深化了我们对中国现行土地制度宪法基础的理解以及批判。

但既有研究存在系统性和历史性的双重空白。首先,缺乏对第10条的整体解释。现有文献针对具体问题生发,对五款分而释之,未能揭示其间的联系。是松散、随意的罗列,还是有紧密的内在勾连?其次,既有研究也未能解释土地条款的历史生成。如果稍加留心,将第10条与"五四宪法""七五宪法"和"七八宪法"(分别指第一届全国人大第一次会议、第四届全国人大第一次会议和第五届全国人大第一次会议通过、颁布的《中华人民共和国宪法》)的土地条款(前者为第13条,后两者为第6条)做比较,我们不难发现:"一条五款"的土地制度宪法安排在我国是首次出现。横向比较,世界上也找不到任何其他国家宪法有类似规定。[④] 所以,值得追问的是:这一前无古人、横空出世的宪法土地条款究竟源自何处?80年代初的修宪者们为什么如此描画中国的土地制度?短短135字背后有怎样的思虑、纠结与期待?[⑤]

本文回到1982年修宪时刻,梳理和体察土地条款形成的思想、政策与制度源流,对其做历史、整体的解释。笔者将此称为中国宪法解释的原旨主义进路。须开宗明义的是,本文考察"八二宪法"通过时的原文。1988年修宪给第4款末尾加上了"土地的使用权可以依照法律的规定转让";2004年修宪把第3款的征用改成了"征收或者征用",并增添了"给予补偿"要求。本文仅在必要时阐释这两次修改。

本文余下内容分为四个部分。前三部分剖析土地制度条款(第1、2款)、土地转让条款(第4款)、以及土地利用条款(第5款)和土地征收条

---

① 韩大元:《认真对待我国宪法文本》,载《清华法学》2012年第6期。

② 王人博:《宪政的中国之道》,山东人民出版社2003年版。

③ 张翔:《宪法释义学:原理、技术、实践》,法律出版社2014年版,第六部分;白斌:《宪法教义学》,北京大学出版社2014年版,第八章。

④ 在芝加哥大学法学院 Tom Ginsburg 教授领衔的比较宪法项目(Comparative Constitution Project)的数据库搜索"土地"(land),可发现世界上共有159部宪法包含土地条款,但没有一部有同中国类似的规定。https://www.constituteproject.org,访问日期:2016年3月26日。

⑤ "八二宪法"第10条原文共135个字,之后历次修改后现为159个字。

款(第3款)。第四部分总结全文,反思中国宪法学方法论,厘清原旨主义立场的价值。本文的基本观点是:出于改革开放后便利国家建设用地、防止农地流失的迫切现实需要,“八二宪法”土地条款承继和巩固了50年代就已成形的城乡二元土地所有制结构和“农地非农化的国家征地原则”,并试图以合理用地作为证成和规范该制度的价值尺度。但三十多年来的改革和修宪已经给宪法土地条款注入了市场、法治、人权,特别是非国有财产平等保护等新的规范意涵。这要求我们重新思考该条款,清理其遗产。原旨主义的立场不等于抱残守缺,而是提供一个更富历史感和现实感的视角,使我们超脱一时一地的具体土地制度安排,去把握和继承那些宪法条文背后的实践理性、价值平衡等鲜活而深沉的宪政原理。

一、土地所有制条款:伟大的妥协

“城市土地国有,农村土地集体所有”,对于今天的人们来说,这是有中国特色社会主义土地公有制的宪法表达,也许早已稀松平常了。但回望历史,在1982年修宪时,这样的表达至少在以下三层意义上是令人费解的。首先,1921年中国共产党“一大”制定的《党章》把“消灭资本家私有制,没收机器、土地、厂房和半成品等生产资料”确立为党的长远任务。50年代中后期到60年代初,农村土地开始并完成集体化。“文化大革命”期间,国家有关部门发出城镇土地国有化的指示。[①] 从这个角度观察,自中国共产党诞生之初到改革开放前,一条土地国有化的演进轨迹清晰可辨。有人可能反驳:从二三十年代的土地革命战争到四五十年代的土地改革运动,不正是以土地私有、归农为主题吗?这固然不容否定,但我们很难说它是中共革命的初衷。因为即使是在“耕者有其田”运动最高涨的年代,中共也不断提醒:土地私有只是暂时过渡,土地国有方为最终依归。1931年,中共苏区中央局指出[②]:

> 土地问题的彻底解决是土地国有……农民是小私有生产者,保

① 1967年11月4日《国家房管局、财政部税务总局答复关于城镇土地国有化请示提纲的记录》提到:“无论什么空地(包括旗地)无论什么人的土地(包括剥削者、劳动人民)都要收归国有。”

② 1931年2月8日《土地问题与反富农策略》。

> 守私有是他们的天性，在他们未认识到只有土地社会主义化，才是他们的经济出路以前，他们是无时不在盼望着不可求得的资本主义的前途……他们的目的，不仅要取得土地的使用权，主要的还要取得土地的所有权，他们想着在资本主义下找得他们的黄金前途。所以……土地国有只是宣传口号，尚未到实行的阶段。必须使广大农民在革命中取得了他们唯一热望的土地所有权，才能加强他们对于土地革命和争取全国苏维埃胜利的热烈情绪……但是，我们应该预先向广大农民宣传，他们现在虽然是得到了土地，他们散漫的小经济依然是不可免的日趋于破落的悲惨前途，他们的黄金前途只有在土地国有……

1947年8月，董必武在全国土地会议上指出[①]：

> 现在我们进行的土地改革，只是把地主的私有土地，变为农民的私有土地，并没有取消土地私有制。因为今天农民希望分到土地，作为私有……还没有觉悟到土地国有，才能真正保障他们对土地使用权……土地私有的意义，包含得有土地可以自由买卖。有买主必有卖主，买主得了土地、卖主就失掉了土地，所以在土地私有制下，农民不可能永远保持其对土地的所有权和使用权。农民只有在实际生活中慢慢觉悟到土地私有制的不利，那时他们才相信土地国有的办法是好的。

因此，无论我们今天作何价值评判，近百年来，中共土地制度史一个不争的事实是：土地国有是主旋律，私有是插曲。在此背景下，一个以往可能未经反省的现象开始变得引人思量：既然土地国有一直是目标，为什么直到中华人民共和国成立三十多年后的“八二宪法”中才体现？而非意识形态色彩更浓的“七五宪法”和“七八宪法”？其次，无论是马恩经典社会主义理论，还是苏联实践，抑或上文提到的中共自身目标，在土地国有化方面，均不区分城市和农村，要求全盘国有。“八二宪法”为何独独规定城市土地国有？再次，如果说第2款规定的农村土地集体所有不过是在宪法上承认当时既存的集体化运动遗产，第1款规定城市土地国有却并非只是对既成事实的确认。这是因为1982年12月4日《宪法》通过时，

① 1947年8月21日董必武《关于土地改革后农村生产与负担问题》。

私有的城市土地仍然存在,“文化大革命”并未完成彻底国有化。根据“七八宪法”第6条规定的国家可将城市土地收归国有,我们能够推知当时仍有可供国有化的城市土地,否则这一规定将失去意义。更直接的印证来自1982年3月27日发布的《关于城市(镇)房地产产权、产籍管理暂行规定》,国家城市建设总局要求各地审查、确认城市房屋土地所有权,其中就包括私有房产。修宪者也非常清楚这一事实。[①] 那么,是何种原因导致短短数月后的“八二宪法”突然宣布城市土地属于国家所有,包括那些当时还在私人手中的城市土地?这是否是对文革遗产的宪法承认?[②]

归结起来,要历史地理解“八二宪法”第10条第1、2款对于城乡土地制度的安排,我们就必须解开这样一个谜题:为什么修宪者一方面无视土地全面国有的社会主义目标,承认当时农村土地集体化的现实,另一方面又无视当时城市私有土地犹存的现实,要求国有化?换言之,他们为何选择在集体土地上“退一步”,在国有土地上“进一步”?这“一进一退”到底出于什么样的考虑?

1982年2—4月的宪法修改讨论记录表明,修宪者们对土地所有权条款草稿有两种对立意见。一方认为不应该将农村土地留在集体手中,宪法应当规定全部土地国有,农民集体仅保留对农村土地的使用权,其核心理由在于农村土地集体所有会给国家建设带来巨大障碍。[③] 如时任全国政协副主席荣毅仁指出:“除城市外,绝大部分土地归集体所有,问题很大。现在开矿很困难。建军马场、开采石油等都涉及土地问题。”国防部长认为:“这个问题与军队关系很大。空军、海军的机场都在郊区或者农村。宪法应考虑到不妨碍国家建设和将来的发展。”[④]还有一些人也提出了类似观点,认为农地集体所有会给国家建卫星城、利用自然资源、开发新港口等建设造成阻碍。[⑤] 时任国家科委主任方毅的意见最为生动

---

① 1982年4月,时任最高人民法院院长江华在《宪法》(草案)讨论中指出:“宅基地,大城市与中小城市有区别;房改了的与没有房改的,二者也有区别。一下子国有,这些区别全没了。”这里所讲的房改与未经房改的城市宅基地之区别正是前者国有、后者私有。许崇德:《中华人民共和国宪法史》,福建人民出版社2003年版,第681页。

② 程雪阳:《论“城市的土地属于国家所有”的宪法解释》,载《法制与社会发展》2014年第1期。

③ 许崇德:《中华人民共和国宪法史》,福建人民出版社2005年版,第645,680页。

④ 同上书,第637页。

⑤ 同上书,第680页。

鲜明：

> 这两种所有制的矛盾日益尖锐和严重。国家企业、事业要发展，要用地，而土地有限，郊区和农村土地归集体所有，变成了他们向国家敲竹杠、发洋财的手段。一亩地索要上万元，靠卖地生产队可以安排社员一辈子、三辈子都过好日子，不需劳动了。草案虽然规定"任何单位和个人不得买卖'"他可以变相卖地，提出交换条件，如给他办工厂，招收农民当工人，包养到死。矛盾发展到武斗，你盖他就拆……现在国家盖房要比登天还难，而农民自己盖房，却大量占用好地。郊区农民自盖旅馆的很多，有的大队不种地，单靠出租旅馆赚大钱。这样下去，富了农民，穷了全民，矛盾越来越尖锐。我国矿藏发现较少，发现了要开采就与农民发生矛盾，要花很大代价，限制了国家的发展。因此，建议土地一律归国家所有，集体只有使用权。①

与此相对，另一部分修宪者则认为农村土地应留在集体手中，主要基于三点考虑，即国有化农村土地既"不管用"，也"不着急"，更"不好办"。首先，这并不会解决农民抗拒征地的问题，因为即便是征用国有土地也需要给补偿，也会遇到抵抗。时任中央军委副主席杨尚昆指出："土地即使国有，扯皮也解决不了。城市土地国有，天津街道拆迁时有三户硬不搬。北京广安门也有这种情况。"②其次，时任全国人大常委会法制委员会副主任杨秀峰认为在解决以下几个问题之前，国有化没有意义："土地归国有，如何管理？谁来使用？管理很复杂，还有干部的情况。"因此，他认为："国有的问题不是当务之急。"③最后，最重要的是，宪法修改委员会的两位领导人胡乔木和彭真都认为把原属农村集体所有的农地转为国有将引起不必要的震动。前者指出："如果规定农村土地一律国有，除了动荡，国家将得不到任何东西。"后者说得更直白："我们民主革命没收封建土地分给农民，现在要把农民的土地没收归国有，这震动太大"；"农村、镇、城市郊区的土地属于集体所有，这样，震动小一些"。④

事实上，在目前公开的宪法修改讨论记录中，未曾见任何人对城市土

① 许崇德：《中华人民共和国宪法史》，福建人民出版社 2005 年版，第 644—45 页。

② 同上书，第 681，666 页。胡乔木和彭真也有类似的意见。

③ 同上书，第 681 页。

④ 同上书，第 666、681—82 页。

地国有提出反对。这意味着在构想新时代的土地制度时,修宪者当年面临的其实是一个二元选择——城市土地国有化或土地全盘国有化。表面上,两派观点针锋相对,但从上文摘引的修宪记录来看,他们在深层次上殊途同归。

双方均没有援引作为社会主义教条的土地国有化目标,也只字不提"文化大革命"中的城市土地国有化口号。不难理解,经过60年革命之熏陶,80年代初,作为社会主义前景的土地国有已然成为修宪者们共享的一种背景性认识,"无言"便可"意会"。这决定了土地私有化根本不可能成为一个选项。同样不可思议的是,历经十年"文化大革命",尤其是在1981年《关于建国以来党的若干历史问题的决议》盖棺定论后,修宪者仍对"文化大革命"期间的城市土地国有化政策念念不忘,以至于要将它写入宪法!因此,视"城市土地属于国家所有"为确认和延续"文化大革命"遗产完全不符史实。这种观点只看到"文化大革命"中类似政策被提出,却有意或无意忽视了早已有之、长期存在的社会主义纲领。如果非要说城市土地国有是某种传统的延续,那也绝非"文化大革命"传统,而是经典社会主义的传统。但毕竟不是"原汁原味""原版原封"的社会主义——1982年,农村土地集体化的结果获得宪法确认。要知道,"一大二公"的集体化,无论用今天的眼光审察是多么激进、多么"左",在社会主义经典那里,也不过是途中一站,而非终点。修宪者之所以在集体土地上选择"退一步",如前所示,是出于种种实际考虑——国有化集体土地无助于国家建设,且会带来许多麻烦甚至动荡。[①] 更重要的,即便是全盘国有化论者,亦非受意识形态驱动,而是出于极其实际的目的——减少或避免土地所有者"坐地要价"、阻碍国家建设。在此意义上,两方实现了最深刻统一:无人执着于某种前定的教条、陈规或经验,而是从实际出发,共同着眼于如何最大程度、最小成本地方便国家建设取得土地。认识到这一点,我们就能一步步解开现行宪法土地所有制条款之谜。

首先,为什么是"八二宪法"?事实上,国家建设对土地的需要,建国

---

① 这一点进一步为时任第五届全国人大常委会法制委员会副秘书长兼办公室主任、亲身经历八二宪法制定全程的王汉斌先生所确认。他在2011年的访谈中提到:之所以维持农地集体所有,是因为"我国农民对土地有特殊的感情,如果把土地规定归国家所有,虽然由农民长期使用,但在农民的心理上还是不一样的,很可能产生强烈的影响,会影响他们的生产积极性"。见《关于1982年宪法的起草过程(一)——王汉斌访谈录》,载《百年潮》2011年第2期。

以来一直存在,1953年和1958年的两部《国家建设征用土地办法》便是明证。[①] 1982年修宪者所担心的两类所有制冲突,即集体所有钳制国家所有、阻挠国家建设用地的情况也是为时已久。早在1956年,毛泽东就指出:

> 早几年,在河南省一个地方要修飞机场,事先不给农民安排好,没有说清道理,就强迫人家搬家。那个庄的农民说,你拿根长棍子去拨树上雀儿的巢,把它搞下来,雀儿也要叫几声。邓小平你也有一个巢,我把你的巢搞烂了,你要不要叫几声?于是乎那个地方的群众布置了三道防线:第一道是小孩子,第二道是妇女,第三道是男的青壮年。到那里去测量的人都被赶走了,结果农民还是胜利了。[②]

可见,即使是在社会主义建设热情最高涨的年代,国家征地同样遭到农民的极大抵抗。但问题是:为什么不是"七五宪法""七八宪法"这些政治倾向更为激进的宪法规定土地国有,反轮到"八二宪法"来解决国家建设用地的难处?答案非常简单——现实需要。改革开放伊始,中共将党和国家的工作重心转移到经济发展,大规模建设对农村土地的需求骤然增加,国家建设用地与农地集体所有之间的矛盾前所未有地凸显出来。1958年的《国家建设征用土地条例》在当时虽未被正式撤销,理论上应继续有效,但实际中在"文化大革命"期间已停止实施。这也就意味着到80年初,国家征地不复有统一法律规定。1980和1981年召开的几次全国人大会议上,许多代表都要求尽快制定土地征用方面的法律来解决农民集体漫天要价、阻挠国家征地的问题。[③] 作为回应,1982年5月4日,修宪前夕,全国人大常委会通过新的《国家建设征用土地条例》。时任国家基本建设委员会副主任的吕克白就条例产生背景做了如下说明[④]:

> (1958年《国家建设征用土地办法》)对于解决国家建设用地曾经起了积极的作用。但是,二十多年来,随着我国经济的发展和人口

---

① 须稍作解释的是,2004年修宪之前,"征用"指的是所有权的强制转移,现更名为"征收"。

② 《毛泽东选集》(第5卷),人民出版社1977年版,第325页。

③ 《中华人民共和国第五届全国人民代表代表大会第三次会议提案及审查意见》,第408、469页;《中华人民共和国第五届全国人民代表代表大会第四次会议提案及审查意见》,第1838页。

④ 1982年4月28日《关于〈国家建设征用土地条例(草案)的说明》。

> 的增长，国家建设征用土地出现了一些新的情况。一九五八年公布的《国家建设征用土地办法》早已不能适应变化了的情况，致使近年来国家建设征地工作实际上处于“无法可依”的状态……由于“无法可依”，征地管理工作相当混乱。这些年来，有些地区征地费用越来越高，加上有些干部片面迁就和支持农民的要求，把多收征地费当成使农民富起来的捷径……有些地方的政府趁国家建设征地之机，“吃大项”，揩油……少数不法分子，则贪污受贿，敲诈勒索，挖社会主义墙脚。许多建设单位因为满足不了社队或有关方面提出的征地条件，建设工期一拖再拖，影响了国家建设。

回顾上述立法背景，结合前引修宪记录，我们不难看出：1982 年上半年，恰逢新征地条例审议之时，有相当一部分修宪者正是出于对国家建设用地不便的忧虑、对农民集体坐地生财的不满，主张把土地全盘国有写进宪法。坦白讲，这与经典社会主义理论都没有直接联系，遑论“文化大革命”？其背后真正的动力来源于现实的迫切需求。

那么，宪法为何只规定城市土地国有，而接受农村土地集体所有？答案仍是现实需要。前文已充分展示，修宪者其实对国有化集体土地做了一个成本收益分析，最终结论是变的成本大于收益，故选择维持当时的现状。接下来的问题是：难道国有化当时仍部分私有的城市土地就不会带来麻烦和震动吗？国有化城市土地是如何实现降低征地成本、便利国家建设这一目标的？前者是城市土地国有化的成本，后者则是收益——修宪者是否做了分析？如何分析？

首先应明确的是，城市土地国有条款绝非像有的学者所认为的那样，是在民众毫不知情的情况下，一夜之间将城市中犹存的私有土地“宣布”殆尽。[①] 恰恰相反，1982 年 4—8 月间，包含有城市土地国有化条款的宪法草稿公开征求社会意见。据统计，短短几个月内，宪法修改委员会秘书处共收到 1538 封意见和建议来信[②]，其中就有不少关于国有化条款的评论。如北京王永泉等提出“宅基地是属于个人的，不应归国家或集体所

---

① 王维洛：《1982 年一场无声无息的土地“革命”——中国的私有土地是如何国有化的》（上、下），载《国土资源》2014 年 10 月号、11 月号。

② 许崇德：《中华人民共和国宪法史》，福建人民出版社 2005 年版，第 719 页。

有”[①]。但这样的反对并未在全社会造成令修宪者担忧的动荡,根本原因在于该条款的自我限定,即不马上剥夺原私有主对城市土地的占有和使用权利。尽管直到20世纪90年代,这一事实才获得规范性确认[②],但对于当时的城市土地私有者来说,“太阳照常升起”,宪法新规定并没有带来即时可感的冲击。在这个意义上,城市土地国有的成本很低。

那么收益如何呢?虽然不取消原主占有、使用土地的权利,城市土地国有规定的影响仍是巨大的、实质性的。这种影响主要体现在:要取得国有化后的土地,国家无须再征收所有权,而是收回使用权。前者明文规定需要补偿,后者则无须对土地使用权本身做补偿。这并非“八二宪法”的发明。自50年代起,国家收回国有土地使用权都是不给补偿的。如1950年《村镇建房用地管理条例》第13条、1953年《国家建设征用土地办法》第九条和1958年《国家建设征用土地办法》第18条都没有规定国家收回国有土地使用权需要对该权利本身做补偿。类似的规定还可见于改革开放以后的1991年和2001年的《城市房屋拆迁管理条例》。值得注意的是,2011年《国有土地上房屋征收与补偿条例》一定程度上突破了这一传统。该法第19条规定:“被征收房屋价值的补偿,不得低于房屋征收决定公告之日被征收房屋类似房地产的市场价格。”将类似房地产的市场价值作为房屋补偿价值的衡量标准,这实际上肯定了国家应对承载房屋的国有土地使用权做一定补偿,故而是一种突破。但对使用权的补偿并未明确纳入该法第17条规定的补偿范围,所以只是一种间接、有限的突破。[③] 然而无论如何,国有化当时仍在私人手中的城市土地,使得国家将来收回他们继续享有的土地使用权时无须补偿,这就降低了国家建设用地的成本,也正是“八二宪法”国有化城市土地的收益。[④] 尽管这种收益

---

① 许崇德:《中华人民共和国宪法史》,福建人民出版社2005年版,第721页。

② 1995年3月11日,国家土地管理局发布的《确定土地所有权和使用权的若干规定》第28条规定:“土地公有制之前,通过购买房屋或土地及租赁土地方式使用私有的土地,土地转为国有后迄今仍继续使用的,可确定现使用者国有土地使用权。”

③ 关于我国收回国有土地使用权为什么不补偿的原因,参见拙文:《“征地悖论”成立吗?“八二宪法”城市土地国有条款再解释》,载《法制与社会发展》2016年第2期。

④ 由于我国国有土地使用权在20世纪80年代后期允许有偿出让,对那些在出让期满前收回的国有土地使用权,1994年《城市房地产管理法》第19条和2007年《物权法》第148条都规定国家应给予补偿或退还相应的出让金。但这一制度显然不适用于1982年修宪时的土地私有者对自己的土地原来享有的使用权。

在当时不能兑现，但在极低的成本面前，修宪者还是作出了肯定的选择。[①]

时至今日，“八二宪法”第10条第1、2款所奠定的城乡二元土地公有制已早已饱受诟病。呼吁修改者有之，呼吁废除者亦有之。但如果暂时悬置评判，虚心静气地回到历史语境中，站在修宪者的角度，我们也许会对这一制度设计增添几分“温情与敬意”。部分国有化，而非全面国有化；城市土地国有化，而非农村土地国有化——历史记录再清楚不过地表明，修宪者当年的这个选择本质上是一次妥协，甚至可以说是“伟大”的妥协。他们的抉择并非任何意识形态和理论导引的产物，而是基于便利国家大规模经济建设获得土地的急迫现实需求。在设计满足这一需求的具体进路时，修宪者在两个选项间展开成本收益分析，最终选择当时看来更划算的城市土地国有化。在这里，渐进终于取代了狂飙，实践理性压倒了革命激情。以今日眼光审视，这或许是一次不彻底的改革。但放置于整个20世纪中共土地革命史观察，“八二宪法”土地所有制条款标志着“漫长的二十世纪”之终结，也象征着土地问题上的“告别革命”。该条款鲜明反映出问题导向的实用主义立场，很大程度上类似于共产党人在20世纪上半叶的土地革命和改革中，放弃马克思恩格斯理论和苏俄经验，选择更受农民这一中国革命主体力量欢迎的土地私有制，但它又深刻地不同于这些革命先例。耕者有其田的私有制只是过渡，最终在社会主义改造的大旗下翻转。但到了1982年，土地全盘国有的意识形态纲领已不复决定作用，甚至都没有构成一个考虑因素。诚然，中国将来犹有国有化农村土地的理论可能[②]，但其概率极小。因为除非有证据表明某种形式的国有化能以较小成本带来更大实际效益，否则在1982年就被放弃的选择未来也不会再来。在这个意义上，“八二宪法”第10条第1、2款所代表的伟大妥协，尤其是其背后流淌着的实践理性，是且应当作为我们探索中国土地制度下一步改革的起点。

---

① 笔者并不认为城市土地国有化的规定对“八二宪法”生效之后出现的城市土地产生影响。具体论证参见拙文：《“征地悖论”成立吗？“八二宪法”城市土地国有条款再解释》，载《法制与社会发展》2016年第2期。

② 黄忠：《城市化与“入城”集体土地的归属》，载《法学研究》2014年第4期。

二、土地转让条款:旧瓶新酒

"八二宪法"第 10 条第 4 款规定:"任何组织或者个人不得侵占、买卖、出租或者以其他形式非法转让土地。"对新中国土地制度稍有了解的人都清楚,禁止土地买卖或转让是 50 年代以后的常态。一方面,城市土地实行无偿、无限期划拨制度,用地单位从政府申请取得土地的使用权,无需缴费,但也不得转让。[①] 另一方面,集体化运动后,农村土地租赁和买卖市场也彻底关闭。[②] 众所周知,这是效法苏联,消灭资本主义因素、贯彻社会主义土地公有制的产物。因此,上述条款似乎不过是在宪法上确认土地不得流转的既成事实。但问题同样在于:为什么不是"七五宪法"和"七八宪法",而是"八二宪法"?

让我们重回修宪年代。1981 年 4 月 17 日,国务院《关于制止农村建房侵占耕地的紧急通知》规定:"必须重申,农村社队的土地都归集体所有。分配给社员的宅基地、自留地(自留山)和承包的耕地,社员只有使用权,既不准出租、买卖和擅自转让。"这里"重申"的对象,正是 1962 年《农村人民公社工作条例》的禁止集体土地出租和买卖的规定。1982 年 1 月 7 日,国务院批转《第二次全国农村房屋建设工作会议纪要的通知》再次确认:"集体划给社员的宅基地,社员可长期使用,所有权仍归集体,严禁买卖,出租和违法转让。"1982 年 2 月 13 日,国务院发布的《村镇建房用地管理条例》第 4 条规定:"农村人民公社、生产大队、生产队的土地,分别归公社、大队、生产队集体所有。社员对宅基地、自留地、自留山、饲料地和承包的土地,只有按照规定用途使用的使用权,没有所有权";"严禁买卖、出租和违法转让建房用地。"1982 年 5 月 4 日,国务院公布《国家建设

---

① 1954 年 2 月 24 日政务院《关于对国营企业、机关、部队学校等占用市郊土地征收土地使用费或租金问题的批复》第 1 条规定:"政府批准使用土地时,严格掌握使用原则,按照企业单位、机关、部队、学校的实际需要与发展情况,确定其使用土地的面积。不必采用征收土地使用费或租金的办法。同时,收取使用费或租金,并非真正增加国家收入,而是不必要地提高企业的生产成本和扩大国家预算,并将增加不少事务手续。因此,国营企业经市人民政府批准占用的土地,不论是拨给公产或出资购买,均应作为该企业的资产。不必再向政府缴纳租金或使用费;机关、部队、学校经政府批准占用的土地,亦不缴纳租金或使用费。"这一制度到 80 年代末才部分松动,国有土地改为有偿出让。

② 1962 年《农村人民公社工作条例》第 21 条规定:"生产队范围内的土地,都归生产队所有。生产队所有的土地,包括社员的自留地、自留山、宅基地等等,一律不准出租和买卖。"

征用土地条例》第2条要求:“国家进行经济、文化、国防建设以及兴办社会公共事业,需要征用集体所有的土地时,必须按照本条例办理。禁止任何单位直接向农村社队购地、租地或变相购地、租地。”

本文之所以不厌繁复地摘录上述规范,为的是突出如下事实:在1981—1982年间短短13个月,国务院反复强调集体土地不得流转,平均一季度一次。频度之高,足见关注之切。更重要的是,自新中国成立初期关闭城乡土地市场以后,这是中央政府首次密集、公开地重申禁止土地流转。这是为什么?线索要在前引1982年《国家建设征用土地条例》的“草案说明”中去找。如上所示,该说明指出:1958年《国家建设征用土地办法》在“文化大革命”中不复适用,留下国家建设征地领域的法律真空。因此,“宪法所规定的国家依法征用土地的原则得不到贯彻,节约用地的国策遭到了破坏,建设用地出现了‘自由议价’,甚至出现了变相买卖土地和出租土地的现象”,“加剧了耕地的浪费”。面对这种局势,“各地区、各部门强烈要求制订新的法规”。“国务院责成国家建委在一九五八年《国家建设征用土地办法》的基础上,草拟新的国家建设征用土地的法规,国家建委……起草了《国家建设征用土地条例(草案)》”,“严禁用地单位直接向农村社队购地、租地、变相租地和土地入股”。[①] 据此,我们可以梳理出80年代初中央政府重新强调严禁集体土地市场的两点用意:第一,自由买卖集体用地,导致“宪法规定的国家依法征用土地的原则得不到贯彻”。这里的“宪法规定”,无疑指“七八宪法”第6条第3款的规定:“国家可以依照法律规定的条件,对土地实行征购、征用或者收归国有。”第二,集体用地市场“加剧了耕地的浪费”。申言之,集体土地市场与国家依宪依法征地和节约用地之间存在着不可调和的矛盾。要实现后两者,非彻底关停集体土地交易不可。

对今天的读者而言,以上两点用意恐怕并非不证自明。一方面,为什么国家征地与集体土地交易相抵触?两者不应是彼此独立吗?国家强制征地之始,不正是土地自愿交易之止?另一方面,最基本的经济学常识是自愿交易促进资源优化配置,提高资源使用效率。为什么集体土地市场在当时会被认为有损效率、造成土地浪费?要解开这些谜题,我们就必须整体回顾50年代以来的中国土地管理制度。以国家征地法律制度为切

---

① 1982年4月28日《关于〈国家建设征用土地条例(草案)〉的说明》。

入口。新中国成立以后至改革开放之初共有三部相关法律,即1982年《国家建设征用土地条例》和1953、1958年的两部《国家建设征用土地办法》。为行文简洁,以下简称"1982年条例""1958年办法"和"1953年办法"。从名称上判断,三者共享一个特点,即征地是为了"国家建设"。那么,什么是"国家建设"?"1953年办法"第2条规定:"凡兴建国防工程、厂矿、铁路、交通、水利工程、市政建设及其他经济、文化建设等所需用之土地,均依本办法征用之。""1958年办法"第2条规定:"国家兴建厂矿、铁路、交通、水利、国防等工程,进行文化教育卫生建设、市政建设和其他建设,需要征用土地的时候,都按照本办法的规定办理。""1982年条例"第2条规定:"国家进行经济、文化、国防建设以及兴办社会公共事业,需要征用集体所有的土地时,必须按照本条例办理。"在字面意义上,"国家建设"可做两种解释:一是国家(通过党政机关或国有企业)进行的建设;二是为了国家(公共利益)的建设。两层含义之间没有根本冲突。上述条文列举了国防、交通、市政、经济、文化、社会等多方面工程、建设或事业,尽管有"口袋"条款之嫌,但都契合于通行的理解,即征地服务于国家为公共利益进行的建设。但这与事实相去甚远。实际上,自50年代开始,国家征地权力就被广泛运用不是由国家自己进行的,以及非公共利益的建设。"国家建设"的真正含义是一切农村集体不能自行从事的非农建设。

首先,尽管被明示于三部相关规范的名称当中,"国家建设"从来就不是征地的唯一目的。"1953年办法"第19条规定:"私营经济企业和私营文教事业用地,得向省(市)以上人民政府提出申请,获得批准后由当地人民政府援用本办法,代为征用。"1954年,内务部在两次解释如何执行"1953年办法"时,均表示除国家机关、国有企业外,私营企业也可按该办法征地。[①] 这当然不是说私企有权自己征地,而是指其可以向政府提出申请,获得批准后由政府代为征地。据此,私营企业当时可以成为国家征地的启动者,其用地需求也可作为国家征地的目的。这显然就超越了一般理解中的"国家建设"。与"1953年办法"不同,"1958年办法"没有因私

① 1954年3月8日《内务部答复关于国营企业、公私合营企业及私营企业等征用私有土地及使用国有土地交纳契税或租金的几个问题》第1条:"国营企业、公私合营企业及私营企业或私营文教事业等经批准按照国家建设征用土地办法征用之土地及房屋。"1954年4月27日《内务部关于执行国家建设征用土地办法中几个问题的综合答复》第5条规定:"国家机关、企业、学校、团体、公私合营企业、私营企业或私营文教企业等经批准按照本办法征用之土地及房屋。"

企需求而征地的规定,这是否意味着"国家建设"回归应有之意?答案是否定的。之所以有上述变化,真正原因在于1956年中共八大宣布资本主义工商业的社会主义改造完成,将私营企业概念从官方话语中抹除——"1958年办法"自然没必要也不可能包含私企征地的内容。"私营企业"最终回归官方话语体系,要等到1987年中央政治局通过《关于把农村改革引向深入的决定》,提出对私营企业"采取允许存在、加强管理、兴利抑弊、逐步引导的方针"。[①] 据此,我们也就能理解为什么"1982年条例"同样不包括私企启动国家征地的规定。

然而,即便是在私企被封杀的年代,私人需求也能成为国家征地的目的。如1983年《城镇个人建造住宅管理办法》第4条第2款规定:"城镇个人建造住宅需要征用土地的,必须按照国家有关规定,办理征地手续。"这里的"国家有关规定",无疑是指"1982年条例"。可见,私人住房需要也是国家征地的目的。

对此可能的反驳是:从50到80年代,为私营企业、私人建房等私人目的征地不过是例外,为国家举办的、为公共利益的建设征地才是主流。事实果真如此吗?1959年,中共中央政治局发出《关于人民公社的十八个问题》,第5点第2条指出:"公路、铁路、工厂、矿山和其他基本建设占用的土地,除了公社自己兴办的由公社合理调剂以外,应当按照国家关于征用土地办法的规定办理。"这无疑指向"1958年办法",也为国家征地划定了范围,即集体自办的基本建设由集体自给土地,其他基本建设用地都须国家征地。比较这一规定和"1958年办法",不难看出"基本建设"取代"国家建设"成为国家征地目的,具体即那些非集体自办的基本建设。问题随之转化为:"基本建设"是什么?哪些由集体自办?

1952年《基本建设工作暂行办法》是中华人民共和国在该领域的首部系统规范,第1条对"基本建设"界定如下:"凡固定资产扩大再生产的新建、改建、恢复工程及与之连带的工作为基本建设。"在马克思主义经济

---

① 此前使用的语汇是"个体经济"。如1981年,国务院发布的《关于城镇非农业个体经济若干政策性规定》首次明确"在我国社会主义条件下,遵守国家的政策和法律、为社会主义建设服务、不剥削他人劳动的个体经济,是国营经济和集体经济的必要补充";1982年,中共十二大报告提出要"鼓励劳动者个体经济在国家规定的范围内和工商行政管理下适当发展,作为公有制经济的必要的、有益的补充";"八二宪法"第11条规定"在法律规定范围内的城乡劳动者个体经济,是社会主义公有制经济的补充";1984年《中共中央关于经济体制改革的决定》再次确认个体经济"是社会主义经济必要的有益的补充"。

学中,"固定资产扩大再生产"意为资本原始积累的方式。但就上述规定来看,在中国语境下,这一术语指一切工程建设。因此,"基本建设"的范围要远大于一般理解中的"国家建设"。那么,哪些基本建设可由农村集体自办?哪些又必须经国家征地?对此问题,从未有任何法律或政策规定过确切定义,但从1960年出版的一本有关人民公社财会核算的教材或能一窥端倪。该书指出:"人民公社的基本建设投资可分为生产性投资和非生产性投资两类。"前者可分为三种:农业建设、工业建设和交通运通运输建设。后者指:"公社文教卫生福利事业方面的建设,如社员住宅、医院、学校、敬老院、托儿所、食堂和俱乐部等的建造。"①初看起来,从工农业、交通再到住房、公共设施,农村集体能够从事的基本建设似乎无所不包。但熟悉中国当代史的人都知道,改革开放以前,在城乡分工、工农二元的政治经济格局下,农村集体真正能够自办的基建只有两种:农业生产和集体成员住宅与公共设施。而在重生产、轻消费的时代背景下,农村集体自办的基础建设以农业生产性建设为主,辅以农民住宅和集体公共设施建设。② 这两类基础建设用地由集体自己调配、提供。除此以外的所有非农基本建设都不由集体自办,无论用地单位是谁、具体目的为何,其用地必须经过国家征地。

这一点虽从未写进任何法律或政策文件,但在当年的政治经济大环境下,实在是再自然、再好懂不过的道理:农民集体的任务是农业发展,非农建设则是国家政府责无旁贷的职权。这明确体现在中共对农村集体的定位上:"发展农业生产,逐步进行农业技术改革,用几个五年计划的时间,在农业集体化的基础上,实现农业的机械化和电气化。"③集体土地上不搞非农建设。因此,在这种城乡分割体制下,国家征地成为农村土地非农化的唯一途径。只有在此意义上,我们才能真正理解作为征地目的的

---

① 厦门大学经济系财务会计教研组编著:《人民公社财务会计》,农业出版社1960年版,第335页。

② 如1962年的《农村人民公社工作条例》第11条指出人民公社可以兴办"水利建设和植树造林、水土保持、土壤改良等基本建设"。此处并未明确提及村民住宅或公共设施建设。

③ 1962年《农村人民公社工作条例》第1条规定。类似地,1959年的中共中央政治局《关于人民公社的十八个问题》第12条规定:"农村人民公社的全部劳动力,用于农业生产方面的,包括用于林业、牧业、渔业、副业生产方面的,一般应当不少于百分之八十,经常用于工业生产、交通运输、基本建设、文化教育卫生和生活服务等方面的,不能超过百分之二十。"这方面唯一的显著例外在于"大跃进"时期的全国农村大炼钢铁。除开这一阶段,改革开放前,农村集体的主要任务就是发展农业。

"国家建设":它既不必然指向国家机关、企业进行的建设,也不总是为了公共利益;其本质是由国家领导和控制的建设;国家政府垄断一切非农建设,并通过征收取得土地。本文称此为"农地非农化的国家征地原则"。

那么,国家怎样决定何时何处征地?答案是计划。众所周知,50 年代后,我国仿效苏联建立计划经济体制,国家建设依计划开展。根据"1953 年办法"和"1958 年条例"第 4 条所规定的征地流程,用地单位首先须提出征地计划书,然后经两轮审批。第一轮审批按照业务系统报用地单位的上级领导机关或有权批准本项建设工程初步设计的机关,第二轮审批根据征地规模报中央或地方各级有权政府。前者是建设审批,后者是用地审批,前者是后者的前提。因此,征地决定实际上是经济建设计划的反映,依计划作出。同时,即便是农村集体自办基本建设,虽无须国家征地,但也应服从国家计划指导①,取得政府批准②。此外,城市土地划拨同样依据计划。于是,根据经济生产计划,通过针对非农建设的征地权、对农村建设用地的审批权和对城市土地的划拨权,国家实现了对城乡基本建设和土地利用的全面管控。这是计划经济体制在土地制度上的延伸和反映。

回答前文提出的问题:为什么在国家依宪依法征地、农地自愿交易、耕地保护三者存在冲突?一方面,根据"七八宪法"和"1982 年条例",依宪依法征地的核心要求就是坚持"农地非农化的国家征地原则"这一传统。农地市场,特别是那些导致农地非农化的自愿交易,即城市单位或个人直接购买、租用农村土地,无疑会直接冲击这一传统。另一方面,这种自由交易也会颠覆国家依经济计划掌控农地,造成未经政府许可、不受国家监督的农地转用。在当时的政府眼中,这当然是低效和浪费的代名词。同理类推,城市土地也不允许自愿交易,因为一旦放开,就无法保证政府根据经济计划,按照用地单位需求和申请划拨城市土地,对其实现掌控。所以,彻底关闭城乡土地市场成为必然选择。

---

① 1962 年《农村人民公社工作条例》第 3 条规定:"人民公社的各级组织,都必须执行国家的政策和法令,在国家计划指导下,因地制宜地、合理地管理和组织生产。"

② 1961 年《农村人民公社工作条例(修正草案)》第 11 条规定:"公社管理委员会应该根据生产的需要,根据人力、物力和财力的可能,经过公社、有关生产大队和生产队的社员代表大会或者社员大会讨论决定,经过上级批准,兴办全公社范围的或者几个生产大队共同的水利建设和其他有利于农业生产的基本建设。"

接下来的问题是:为什么是"八二宪法"而非更早的两部宪法规定禁止土地转让?答案是现实需要。如前所引,1981—1982年间,中央政府高频度重申严禁土地交易,以应对农地自愿交易激增、耕地流失严重的局面。当时之所以出现这种情势,主要原因在于改革开放后农村建房的政治空间被打开,经济能力也提升。1980年3月14日,多部委联合发布《全国农村房屋建设工作会议的报告》,一改以往压抑消费的惯例,要求"正确处理生产和生活的关系,重视改善农民的居住条件"。1982年1月7日,国务院批转的《第二次全国农村房屋建设工作会议纪要的通知》指出:"党的十一届三中全会以来,随着党的政策的落实,生产责任制的推行,多种经营的发展,农业连年丰收,广大农民收入普遍增加,迫切要求改善居住条件,增加文化、福利设施。许多地方几乎是'家家备料,村村动土',建房规模之大、发展之快,是建国以来所没有的。"与此同时,城镇单位和个人也开始以购买、租赁、土地入股等多种形式大量获得农村集体土地。如1983年11月9日,北京市政府发出《关于抓紧处理租赁买卖社队土地问题的通知》,坦承1982—1983年间对城市单位和个人非法租赁买卖或变相租赁买卖社队土地展开集中清查后,发现"问题是相当严重的,不仅量大、面广、持续蔓延成风,而且手段五花八门"。

由此可见,20世纪80年代初,无论是集体内部占用抑或对外租售,农地流失空前严重。为了应对农地保护的巨大压力,中央政府在20世纪60年代后首次重申严禁集体土地转让,短期内多次发布有关法规或政策。这一策略性应对最终提升为《宪法》明文规定:"任何组织或者个人不得侵占、买卖、出租或者以其他形式非法转让土地。""任何组织或者个人",包括所有城乡公、私主体;"侵占",针对的是集体组织及成员不经政府审批使用集体土地;"非法转让土地",不限于"买卖、出租",还指向"其他形式",为的正是把那些"五花八门"、绕过国家征地的农村土地交易"一网打尽"。由是观之,土地转让条款的真正涵义在于从宪法上确认以经济计划为依据,以征地、审批和划拨为手段的国家对城乡土地利用的全面管控,其中就包括"农地非农化的国家征地原则"。此意义上,"八二宪法"土地转让条款规定延续了历史,是一个"旧瓶"。但此时换了"新酒"——20世纪50年代设立这套体制,很大程度是在模仿苏联,旨在消灭资本主义因素,建立"纯正"的社会主义。但到了20世纪80年代,使得国家三番五次严令重申以至于以宪法明文消灭土地市场的,却不再是经典理论或"老大哥”的先进经验，而是实实在在的农地流失之现实挑战。因此，从外观上看，这套制度三十年间没有根本变化。但透过表象去触摸背后的脉络纹理，我们便能看到其制度理性（raison d'être）已悄然发生天翻地覆的转变。“旧瓶”和“新酒"之间，是实践理性与问题导向对意识形态和教条主义的替换。

需要指出的是，20 世纪 50 年代奠定、“八二宪法”土地条款确认的“农地非农化的国家征地原则”并未因 1988 年修宪规定“土地的使用权可以依照法律的规定转让”而退场，反而延续至今。众所周知，国务院于 1992 年通过《城镇国有土地使用权出让和转让暂行条例》，开辟出城市国有土地使用权流转交易的法律空间。但根据现行《土地管理法》第 43、63 条的规定，农村集体土地要用于非农建设仍须国家征收，无法直接入市流转。近年来，一些学者主张这样的规定违宪。① 他们承认农地保护目标有宪法正当性，但认为禁止农地入市、国家垄断一级土地市场的做法给农村集体和农民的土地财产权造成过度侵害，有违比例原则。诚然，在理论上，“农地非农化的国家征地原则”殊难算作最小侵害手段，但这也仅仅是在理论上。回归历史现场，在“八二宪法”修宪者看来，要最大程度地保护农地，就必须也只能重申和巩固建国以后一直实行的该原则——违宪论者更为青睐的“规划＋市场”手段，即在符合规划的前提下允许农地不经征收入市，在当时根本构不成一个选项。② 对中国规划体制稍有了解的人都知道，规划的触角第一次延伸到广大农村，要等到 2008 年《城乡规划法》的出台。事实上，直到今天，我国的农村规划编制都仍是进行时。③ 在此情形下，“农地非农化的国家征地原则”长期以来一直是唯一现实可行的农地保护手段，尽管其在理论上难以满足最小侵害标准。当然，近年来，有限放松和突破该原则已成改革趋势。党的十八届三中全会决定要求：“建立城乡统一的建设用地市场。在符合规划和用途管制前提下，允许农村集体经营性建设用地出让、租赁、入股。”2015 年 2 月，全国人大常委会授权多地暂停实施《土地管理法》有关规定，展开农村集体经营性建

---

① 李忠夏：《农村土地流转的合宪性分析》，载《中国法学》2015 年第 4 期。

② 程雪阳：《也论中国土地制度的宪法秩序：与贺雪峰先生商榷》，载《中国法律评论》2015 年第 2 期。

③ 2015 年 11 月 24 日，住建部发布《关于改革创新、全面有效推进乡村规划工作的指导意见》要求“到 2020 年，全国所有县（市）要完成县（市）域乡村建设规划编制或修编”。

设用地不经征收直接入市的改革试点。[①] 可见,随着时代发展,作为对集体土地财产权侵害更小的替代性农地保护手段,"规划+市场机制"的现实性正一步步增强。但值得强调的是,这一改革的启动并未涉及修宪或释宪。换言之,不是因为现行制度违宪才改革。"八二宪法"土地流转条款之所以确认"农地非农化的国家征地原则",为的是控制农地转用,防止农地流失。时至今日,后者仍是值得追求的正当目标,前者也依旧是现有条件下最实际可行的手段。

三、征地条款与土地利用条款:隐秘的勾连

在对土地所有制条款和转让条款前述分析的基础上,我们再来考察"八二宪法"第 10 条第 3 款规定:"国家为了公共利益的需要,可以依照法律规定对土地实行征用。"2004 年该条款修改为:"国家为了公共利益的需要,可以依照法律规定对土地实行征收或者征用并给予补偿。"显然,无论是征用改为征收,还是增加补偿要求,均没有改变征地条款的基本结构。那么,它到底意味着什么?

在"八二宪法"第 10 条诸款中,由于引发的大量现实问题,征地条款最受关注,相关论述也最多。现有文献中,不少学者以美国《宪法》第五修正案为参照,就该条款进行比较法研究,得出现行土地管理法因泛化公共利益、缺乏公平市场补偿而违宪的结论。[②] 如今,这已成学界和舆论场耳熟能详的共识。然而,回到"八二宪法"修改的历史情境中,我们有必要重估这一共识。如上所言,六十年来,"农地非农化的国家征地原则"一直是中国土地管理制度独一无二的特点。一方面,与社会主义国家如苏联相比,我国并未实现土地全盘国有化,而是保留了农村土地集体所有制。但通过把国家征地作为城乡土地转化的唯一通道,中国也实现了对农村土地非农化的全面掌控,与前苏联殊途同归。另一方面,更重要的是,与资本主义国家相比,中国的国家征地权力存在本质区别。在以土地私有为制度逻辑起点的西方国家,征地是一种仅在私人财产利益"抵制"(hold-

---

① 《全国人大常委会授权国务院在三十三个试点县(市、区)暂时调整实施土地管理法的相关规定》。

② 如刘向民:《中美征收制度重要问题之比较》,载《中国法学》2007 年第 6 期。

out)公共利益、自愿市场交易无法解困时才诉诸的“最后手段”(last resort)。相反,在中国,征地从来就是实现城乡土地转化每时每刻都需要的“第一选择”(first resort)。换言之,在西方,征地是例外性(extraordinary)权力;在中国,征地则是常态性(ordinary)权力。尽管中国的宪法征地条款看上去同包括美国《宪法》第五修正案在内的诸多西方国家有关条款类似,如都包括公共目的前提、补偿要求等,但这种类似只是表面性的。本文分析表明:中西宪法有关的征地条款对国家征地权力的根本想象南辕北辙,两者貌合而神离,不可比附。

那么,这是否意味着“八二宪法”征地条款中的“公共利益”就彻底“虚无”了呢?[①] 是,也不是。诚然,由于一切非农化建设都需国家征地,这就必然意味着出于私人利益的项目也混杂其中,公共利益要件由此被架空。但之所以“八二宪法”如此规定,修宪者没有对这一今日看来无比清晰的矛盾感到别扭,是因为他们对公共利益有着特殊却也易懂的理解。回顾前文,1953、1958、1982 年等多部征地法律都把“国家建设”作为征地的目的。但上文已经展示,出于私人目的的建设也可启动征地。公共利益和私人目的之间的冲突如何调和?答案是通过国家,即只要经过国家批准后,征地也可为私人目的。国家批准是私人启动征地符合公共利益提供了合法性基础。

有人可能反驳:即便接受上述认识的历史准确性和正当性,几十年来的宪法变迁,特别是“依法治国”和“人权”入宪,已经将其淘汰,并彻底改造了宪法征地条款的内在精神气质。本文的回应是:至少就现行土地管理制度来说,“农地非农化的国家征地原则”并未根本松动。与其坚持该原则的违宪性,不如尝试以下解释方案:“八二宪法”以来,为实现农地保护目标,我国延续了“农地非农化的国家征地原则”这项当时最为可行的制度安排。但随着社会和宪法变迁,这一制度对集体和农民财产权利的侵犯,以及作为其形式化的公共利益界定方式,已日益变得过时和不可接受。尤其是在上述两次修宪后,除农地保护外,尊重和保护非国有财产也成为宪法性价值,征地条款的内在精神由此改变,要求实现农地保护和财产保护两大宪法目标之间的平衡。因此,我们不应把宪法绑定于某种特

---

① 蔡乐渭:《从拟制走向虚无——土地征收中“公共利益”的演变》,载《政法论坛》2016 年第 6 期。

定的土地制度安排,而应着眼于上述价值平衡。这里需要注意的是:同世界上其他国家一样,宪法价值之间的平衡必然是动态、渐进的。在不同时代和国别,平衡点的位置以及达到平衡的进路都会而且应该发生变化。所以,对任何国家来说,宪法实施、宪政建设永无终了,而是在不断调整与试错中勉力前行。对于今日之中国,"农地非农化的国家征地原则"仍是现有条件下保护农地最为实际有效的办法,故依然合宪。但为了将天平更多偏向尊重和保护集体土地财产,从而更好地实现价值平衡,相关具体制度安排必须作出调整。多年来,征地制度的一系列改革,如提高补偿、加强程序的参与度和透明度,以及正在开展的集体经营性建设用地入市改革,都可视作在这个方向上的努力和进步。

然而这场改革还远未达到最终的平衡点,因为把国家当作公共利益的当然代言人始终与现代社会的基本价值相抵牾。但在探索下一步的改革空间之前,我们有必要反思上述传统:国家为何、如何能天然代表公共利益?根据社会主义经典理论,在资源利用方面,社会主义体制优于资本主义的最核心原因在于更高的效率,即集中统一的计划比散漫混乱的市场更能实现资源的优化配置。因此,通过制订和实施计划,国家政府要比自由市场更有利于提高资源使用效率,因而也更符合公共利益。前文已述,50年代至改革开放前,国家征地依据经济计划。这一当年被奉为圭臬的计划征地体制正是"农地非农化的国家征地原则"和征地条款"公共利益"前提能够契合的基础。申言之,国家依据计划批准土地征收和划拨被天然看作最大化用地效率、同时也是最符合公共利益的制度设计。但人所共知的现实是:在计划体制下,资源利用和配置往往低效。这也正是"八二宪法"第10条最后一款规定"一切使用土地的组织和个人必须合理地利用土地"的初衷。

早在1956年1月24日,国务院就发出《关于纠正与防止国家建设征用土地中浪费现象的通知》,承认"一九五三年十二月五日关于国家建设征用土地办法公布以后",短短两年间,土地浪费的现象非常严重。"据武汉、长沙、北京、杭州、成都和河北等五市一省部分地区的不完全统计,几年来共征用土地十万一千多亩,浪费的即达四万一千多亩,占征用土地总数的40%以上。其中最突出的是长沙市,该市从解放后到一九五四年底,共征用两万多亩土地,其中浪费的就有一万六千多亩。"这种现象"不仅是消耗了国家资金,造成了粮食减产,而且不必要地使农民由于土地发

生变化,增加了转业安置的困难”。究其原因,国务院认为:

> 一方面是建设单位制定的用地计划书不妥当,盲目地多要土地,怕征用少了影响自己的“发展”;或者不分别轻重缓急,不顾实际需要而提前征用土地;或者建筑物布置分散,大量浪费土地。有的建设单位甚至不经政府批准就按照制定的计划占用了农民的土地,这就造成了征用土地的混乱现象。另一方面是主管征用土地机关对于征用土地工作管理不严,缺乏健制度,在审核批准征用土地计划时,往往迁就建设单位,要多少给多少,要哪里给哪里;有时甚至在建设单位还没有提出征用土地计划以前,就先期批准了用地。对于已征用土地的使用情况,也缺乏经常的检查,致使浪费土地的现象不能及时得到防止和纠正。

以今日眼光视之,上引论述极易理解。从经济学角度来看,计划征地体制之所以低效,最根本原因在于用地单位无须承担用地成本,即成本无法被“内部化”(internalization)导致低效用地。诚然,1953 年和 1958 年的征地办法都规定用地单位补偿被征地农民。但由于当时的用地单位基本都属于国家机构,补偿成本的最终承担者实际上是公共财政,而非单位自己“掏腰包”。① 在划拨体制下,用地也是免费的。因此,用地单位“搭便车”和道德风险(moral hazard)的行为层出不穷。

在接下来的数十年里,如何在计划体制下防止土地浪费、提高土地利用效率一直困扰着执政者。与“1953 年征地办法”相比,“1958 年办法”第 3 条新加一款:“国家建设征用土地,必须贯彻节约用地的原则。一切目前可以不举办的工程,都不应该举办;需要举办的工程,在征用土地的时候,必须精打细算,严格掌握设计定额,控制建筑密度,防止多征、早征,杜绝浪费土地。凡有荒地、劣地、空地可以利用的,应该尽量利用;尽可能不征用或者少征用耕地良田,不拆或者少拆房屋。”随后,在 1961、1962、1970、1973 年,党政军高层亦反复强调“节约用地”的要求。② 但出于不难

---

① 张敬东:《中国城市土地并非无偿使用:兼论土地利用效率低的根本原因》,载《城市问题》1992 年第 5 期。

② 1961 年 1 月 31 日中共中央批转原国家基本建设委员会党组《关于基本建设节约用地问题的报告》;1962 年 4 月 10 日国务院转发《内务部关于北京、天津两市国家建设征用土地使用情况的报告》的批语;1962 年 10 月 30 日国务院批转内务部《关于各地方各部门检查征用土地使用情况的综合报告》;1970 年 4 月 20 日总政治部《关于部队征用土地问题的通知》;1973 年 6 月 18 日国家计划革命委员会、国家基本建设革命委员会关于贯彻执行国务院有关在基本建设中节约用地的指示的通知》。

理解的原因,计划体制下的用地浪费始终屡禁不绝。

进入改革开放后,如前所述,由于建设占用,农地流失陡然增加。1979 年,《中共中央关于加快农业发展若干问题的决定》再次申明:“一切机关、团体、部队、企业和学校,不准随意占用公社和农场的耕地、草牧场和林地。必须进行的基本建设,也要切实节省用地,并尽量不占或少占耕地。要尽快制定和颁布土地法。”1982 年 1 月《第二次全国农村房屋建设工作会议纪要的通知》首次提出:“珍惜和合理利用每寸土地,是我们的国策。”1982 年 2 月通过的《村镇建房用地管理条例》(第 3 条)和 5 月通过的《国家建设征用土地条例》(第 3 条)均明文规定“节约用地”。当年年底,“合理用地”正式进入“八二宪法”,成为一切用地者都应遵守的宪法原则。“农地非农化的国家征地原则”下,该要求首先适用于征/用地的申请者和审批者,是国家征地符合“八二宪法”第 10 条第 3 款“公共利益”要求之实体标准。由此,一项征地动议如果获得国家批准,则形式上就符合公共利益;而国家批准该项动议是否符合公共利益,则要看是否满足合理用地的要求。在此,征地条款和土地利用条款实现了隐秘但深刻的勾连。

显而易见的是,旨在提高资源利用效率的“合理用地”原则在不同时代具有不同内涵。计划体制下,“合理用地”适用于计划的编订者、征/用地的申请/审批者,要求计划的合理编制与严格执行。在市场体制下,“合理用地”则要求防止和消除降低市场效率的现象,如垄断、投机等。改革开放三十多年后的今天,市场而非政府更能高效配置资源已成共识。党的十八届三中全会更是把“使市场在资源配置中起决定性作用”确立为经济体制深化改革的目标。然而,现行土地管理体制依旧是计划大过市场,这是否意味着“合理用地”宪法原则没有被遵守?上文分析表明,宪法实施永远是进行时——只要中国土地管理制度还走在从计划向市场的转型路上,我们就可以说宪法并未被打破,但可以被更好地遵守。

四、结语:中国宪法解释的原旨主义立场及前景

总结全文,当回到历史现场,整体考察“八二宪法”第 10 条的五款规定,我们便能触摸到这一看似横空出世、独一无二的宪法土地条款背后的纠结和期待,及所蕴藏的宝贵宪政遗产。

首先,土地所有制条款确认城乡二元的土地公有制,近年来饱受批

评。但在“长时段”(longue durée)视角下，它是一次“伟大的妥协”，标志着实践理性压倒理论教条，是中国土地制度的“告别革命”。其背后蕴藏的在便利国家建设和维护农村稳定之间审慎考量、进行成本收益分析的历史经验是值得今天继承的宝贵宪政遗产。

其次，土地转让条款关闭土地交易市场，延续50年代以来的“农地非农化的国家征地原则”，当下已成改革对象。但我们无须轻言违宪，因为表面的延续实为“旧瓶新酒”——“八二宪法”重申严禁土地交易不再出于意识形态考虑，而是为了应对农地保护的现实需要。该制度固然不是理论上最契合比例原则的手段，但在历史和现实语境下，它曾是且在未来一段时期仍将是最实际可行的办法。正在进行的改革并非基于其违宪性，而是为了更好地平衡农地保护与财产保护两大目标。

最后，征地和土地利用条款在“农地非农化的国家征地原则”下具有隐秘的勾连：国家征地要满足“公共利益”，有赖于“合理用地”原则之遵守。在征地作为一种常态性权力和计划经济的时代背景下，将“合理用地”列入宪法，是历史局限中追求提升资源利用效率的最高表现。土地管理体制在今日由计划走向市场，反映的恰是社会观念的更新，为的是更好地落实合理用地这一宪法原则。

综上，我们不难发现：土地条款内部有着极其紧密的关联，可视为一个大写的“征地条款”(takings clause)。第一，土地所有制条款区别城乡两种土地所有制，进而确定国家征地权力的对象——集体土地；第二，土地转让条款禁止土地市场交易，从而划定征地权力的范围——农地非农化；第三，土地利用条款则确立了国家征地的价值标准——合理用地。由此，“八二宪法”土地条款承前启后，既确认传统的土地管理体制，又深刻地更新其背后依凭的制度理性与目标。

这正是“八二宪法”土地条款的历史原意。通过在修宪记录、政策文本、法律规范、领导人论述等历史材料中穿梭往返、发隐钩沉，本文试图最大程度地重现“八二宪法”土地条款的产生的环境、面对的问题和思想的方法。我将此称为“原旨主义”(originalism)的方法。相较于那种以美国、德国或其他任何国家宪法土地条款为参照，解释和批判中国宪法土地条款的研究进路，原旨主义避免“直把杭州作汴州”的简单比附，提供更具历史感和现实感的分析框架，有力挖掘和凸显了中国宪法的“中国性”，也能更有效地描述、说明并解决宪法所面临的现实挑战。

当然,以原旨主义的进路解释中国宪法,将不可避免地遇到以下三个有挑战性但绝非无法应对的问题。

第一,是否有足够的历史材料支撑这种方法?与美国情形不同,中华人民共和国历次宪法制定和修改的历史记录很大程度上没有公开。在这个意义上,在中国开展原旨主义的宪法研究条件的确不如美国,但难度更高不构成不去尝试的理由。本文希望能够成为中国学界对中国成文宪法进行原旨主义解释之努力的开端。

第二,我们究竟应该遵从哪一种原旨主义?在美国宪法原旨主义立场内部,至少存在原初意图(original intent)和原初公共含义(original public meaning)两个流派。[①] 前者更关注修宪者的理解,后者则更偏重于宪法文本的历史公共含义。在美国,两个流派之间的争论已经持续多年。但中国宪法学界无须在现阶段就卷入这种方法论之争,而应"多谈些问题,少谈些主义"[②],先挽起袖子回到宪法的历史情景中去。这并不意味着赞同方法论上的"杂糅主义"[③],或放弃方法论的自我反思。相反,法学研究者应该学习史家"有一分材料说一分话"的训诫,以原旨主义立场解释宪法文本,但时刻注意阐发的限度,避免越界。

第三,原旨主义真的适合中国吗?与美利坚合众国立国两百多年来视修宪者为"半人半神"、奉成文宪法为不易之典所不同的是,短短六十多年间,中国已经历了四部宪法、四次修宪,并实现了革命宪法向改革宪法的重大转型。那么,原旨主义在中国宪法解释中是否应有一席之地?回到本文,有人可能质疑:前述分析是否模糊了政策、法律和宪法之间的界限,以下位法解释根本法?更重要的是,原旨主义立场是否会取消现实和规范的界限,沦为为现实辩护的保守主义?

对此,笔者的回答是:回顾历史不等于固执历史,原旨主义不等于保守主义。知其"来龙",目的不在于固步自封、抱残守缺,而在于探索"去脉"、推进改革。改革开放三十多年来,中国的宪法土地条款和土地管理

---

① Sotirios A. Barber, James E. Fleming, *Constitutional Interpretation: the Basic Questions*, Oxford University Press 2007, Chapter 4.

② 张翔:《答问与延伸——关于〈宪法释义学〉》,载《公法研究》2015 年第 1 期。文中,张翔教授指出:如果一个法教义学的研习者,没有"法教义学论文",而只有"关于法教义学的论文",那将是一个讽刺。

③ 张翔:《走出方法论的杂糅主义——读耶利内克〈主观公法权利体系〉》,载《中国法律评论》2014 年创刊号。

制度已经且正在经历巨大而深刻的变迁。一方面,农地保护和用地效率不再是宪法土地条款的唯一目标,尊重和保护集体土地财产权利已成为重要宪法价值。“八二宪法”土地条款根本宗旨由此变为寻求农地保护、合理用地和集体土地财产保护三者之间的平衡。另一方面,恰是为了实现这种平衡,中国的土地管理制度正由计划向市场艰难转型。由于宪法价值的平衡必然是动态、渐进的,这场转型目前还未到终点。本文试图表明:对“八二宪法”土地条款做原旨主义解释,非但不会阻碍转型,反而能够促进改革。这是因为在历史中把握宪法土地条款,我们就能发现其并不天然与某种土地管理制度形态绑定。本文所揭示的价值平衡、实践理性、成本—收益分析等思想方法,而非任何具体制度安排,才是真正需要理解、值得承继的中国宪政遗产。以这种方式理解现行宪法,一方面能够提高宪法本身的包容性,不轻言修宪,最大程度保证宪法文本的安定性;另一方面也可以为改革提供宪法空间,让我们无须总是打着“违宪”的旗号去呼吁和设计改革。正是在这个意义上,原旨主义立场有效地区分开规范与现实,要求我们对自家宪法自信却不盲信,对现行制度理解但不保守,更为稳健地推动中国土地管理制度改革,更好实现宪法价值平衡。

中国法学研究格局的流变*

苏　力**

> 一个新的科学真理的获胜，并非因其说服了对手，幡然猛醒，更多因对手终已老去，而熟悉新真理的新一代已长大成人。
>
> ——麦克斯·普朗克①

一、引　言

本篇并非一篇必要的文字。

十多年前，针对世纪之交中国法学的发展，我在一篇文章中概括，并进而粗略分析了当时中国三种比较显著的法学研究传统：注重政治意识形态话语的政法法学，注重法律适用解决具体法律纠纷的注释法学，以及借鉴社会科学的经验研究方法、试图发现制度或规则与社会生活诸多因素的相互影响和制约的社科法学。我断言：

> 随着中国社会的发展变化，[……]政治话语派在狭义上的法学研究中的显赫地位会逐步被替代，事实上已经基本被取代，尽管这一派所关注的问题并不一定会在社会中湮灭。这一派所起到的社会功能有可能将为更多的非法律职业的知识分子所扮演，由社会活动家来扮演，而不是由学术法律人或实务法律人来扮演。因此，在这个意

---

* 原文刊于《法商研究》2014 年第 5 期。

** 北京大学法学院教授，博士生导师。

① Max Karl Ernst Ludwig Planck, *Scientific Autobiography and Other Papers*, trans. F. Gaynor, Philosophical Library, 1949, pp. 33—34.

> 义上，并且也仅仅是在这个意义上，……政法法学将逐渐在当代中国法学的舞台上随着中国社会的发展而隐退，随着法学研究的日益专业化而隐退，且仅仅是“隐退”而已。政治标签的翻新、自我排队和给他人排队的做法在法律学术界会变得越来越没有意义。但是，隐退并不意味着政法学派没有价值，而只是说，它已经基本完成了其历史使命……
>
> 在未来中国法学中起主导作用的更可能是诠释法学和社科法学。但是，这两派在社会中所起到的作用是不同的。对于法治和法学的发展来说，它们的功能是互补的，尽管它们之间不无可能产生激烈的、有时甚至是意气化的争论。①

13年过去了，中国法学当然有变化，但基本格局并没有、也不可能有什么重大变化——重大到需要并值得另行撰文分析。两个会议促成了本文：主要是台湾“中研院”法学所的简资修先生邀请我参加“2014年两岸四地法律发展学术研讨会”（台北，2014年6月18—19日），希望我就这三个学派的问题，根据过去大陆10多年来法学的发展，做个专题报告；接着，应侯猛、陈柏峰教授的邀请，此文修改后也提交了“社科法学与法教义学对话会”（武汉，2014年5月31日—6月1日）。

交代写作背景，表明本文是另一种命题作文，缺乏集中的学术问题提炼，因此注定学术意义不足。

也正因为这一自我警醒，我才需要避免托词，认真撰写本文，力求以更多学术思考的“干货”来消除或弱化会议激素留下的早产，即便不可能完全弥补其先天的孱弱，也要令它尽可能获得“脱会议”的、独立的学术智识意义。文章自然还要涵盖这三个所谓流派，但过去十多年来，发表的论文和著作太多了，没有人有能力，其实也不值得，哪怕仅仅全都浏览一遍；这意味着，即便想从宏观上粗略勾勒这些年来中国法学研究的状况，也注定不可能。而且这类描述，若仅仅是描述，即便有资料意义，也没有任何学术意义。我必须从中发现还有些学术意味的问题，做些许理论性分析，对之前某些论断予以调整或限定。这不仅需要重新选择学术争点问题，也还要围绕这些争点来重新结构本文。

但这种努力的优点却会是另一些读者眼中的一个弱点：仅仅以我对

---

① 苏力：《也许正在发生》，载《比较法研究》2001年第3期。

相关学术研究的了解程度，简单勾勒当下中国法学的格局，并且是以对我最便利的方式。这种勾勒一定偏颇，一定不公正，因为我的立场和偏见，因为我毫不掩饰的对经验研究、社科法学的偏爱，对法教义学的质疑和怀疑。但这种有偏见的立场其实是任何人写作时毫无例外的境地，无论他是何等兼容并包或乡愿。我们注定无法作为真理代言人来到这个世界，即便打算扮演神谕者，那也只是扮演。因此我欢迎批评，抛砖引砖——等待拍砖。

二、浴火重生的政法法学，以及为何？

在法学研究中，传统上地位显赫的政法法学确实已经衰落。这个衰落不只是法律学人的更替，也不全是原先有较重政治意识形态意味的专业（“法理”）的转型，最重要的标志其实是，曾构建政法法学的、引发过长期热烈争论的问题，如法律的“刀制”“水治”或阶级性和社会性问题，如今都不再作为学术问题为法律学人关注[①]，尽管如今的法律学人仍会关心一些有政治实践意味的命题，但都不是冒充为学术。如库恩所言，科学革命带来的范式转换会完全改变常规的研究。

但我的话只说对了一半，甚或只有三分之一。首先，尽管当年我已预感，政法法学有可能阵地转移，从学界转向社会，从法学圈内的政治意识形态话语转为公共话语，但我还是严重低估了这一转变。就在我预测之际，一个重要社会现象是，公共知识分子的兴起[②]，一些相对年轻更自由派的法律人和法学人迅速转化为法律公知，政法法学的一些关键词和理念，通过他们，而不是通过我预言的“非法律职业的知识分子”或“社会活动家”，通过数量日益增多且总体来说趋于宽松的各类公共媒体，起初主要是报纸和周刊，后来则有了更为便利的博客甚或微博这类自媒体，针对或创造公众关注的政治法律事件，很快在整个社会普及了，也影响了中国社会的法治实践。尽管如何评价法律公知的这类影响，会因评论者的视角和意识形态倾向不同而不同。

---

① 凌斌：《中国法学时局图》，北京大学出版社 2014 年版。

② 苏力：《遭遇哈姆雷特》，载《读书》2002 年第 5 期；该文是波斯纳著《公共知识分子——衰落之研究》中文版（徐昕译，中国政法大学出版社 2002 年版）的代译序。

但无论如何，由于阵地转移了，政法法学对法律学术的影响总体上是日渐式微。在校园内，最多只是在大学本科甚至新生中，它还有些许影响。但这究竟说明了什么，却还是可能给出不同的解释。一种解释会是，政法法学主张的一些核心观念如法治和权利等已深入人心，已经成为中国法学的共识甚或背景知识，乃至令其在学界才变得寂寞起来，波澜不惊了。而另一种解释则是，由于意识形态化和教条化，缺乏足够的思想和学术深度，政法法学已经边缘化了。

但学术影响的衰落是一回事，甚至从社会角度来看是相对不重要的一回事，重要的是，政法法学对中国当代的法律实践仍然保持了一定影响。事实上，法律公知的社会影响力和知名度普遍，甚至远远高于法律的"专业"知识分子。而仅此一点就可以解说，也可以推断，法律公知一定后继有人，一定会有人乐此不疲。

与偏右的法律学人的日益非学术化趋势同时，过去十多年来，法学界出现了显著的意识形态的分殊，出现了一些学术研究的政治倾向显著"左倾"的法律学人。但有别于昔日无论左右的政法法学人士的是，这些"左倾"学人可以说重新构造了政法法学；他们以智识和学术获得了相当数量的读者，引发了至少一部分法律人对当代中国社会的一系列法律问题的重新思考，从而大大拓展了法学学术背后的意识形态频谱和格局。这是我错失的另一个三分之一。举两个例子。

冯象 2003 年出版的《政法笔记》以近乎冷酷的眼光从政法的视角考察了当代中国法律的实践，将中国法学界 25 年来一直全力回避的"政法"这个词重新打造，成为一种重要的且很有智识意味的学术考察视角。

冯象的法律专长其实是知识产权法。即便如此，他的知识产权法律观也完全有别于习惯于"王婆卖瓜"的部门法学者。例如，他认为互联网的出现，已经令诸多知识产权成为"孔雀的尾巴"——美丽的累赘；他因此预言了知识产权的终结(the end of intellectual property)。[1]

托克维尔的一个获得广泛赞同的经典观点是必须将政治问题转化为法律问题才可能进入[美国]司法[2]，而冯象在《国歌赋予自由》一文中针

---

① Feng Xiang, "The End of Intellectual Property: Challenges beyond the 'China Model'", *International Critical Thought*, Vol. 2, No. 1, March 2012, 99—106.

② 托克维尔：《美国的民主》(上)，董果良译，商务印书馆 1991 年版，第 310 页。

对罢工权问题的研究指出，在当下中国，许多法律问题必须先转化为政治问题方才可能进入司法。[①] 而有不少例证支持了他的这个结论。

冯象其实是一位严肃深刻的学人，涉猎极为广泛，现任教于清华大学法学院，却很难说法律是他的专业，最多是他的专业之一，却并不是其主要关注点。在他的研究中，法律居于颇为次要的地位，更显著的是他的政治学、伦理学和社会关切，是他的文学、西学乃至古典（圣经）研究等。[②]

在宪法学界，近年来，政治宪法学开始显著，同规范宪法学在学术追求上针锋相对；在一定意义上，或可视政治宪法学为宪法学研究中的政法法学。但无论政治宪法学者还是规范宪法学者，都太多拷贝或复述了外国的研究，与当代中国其实是有点隔的。相比之下，强世功的几篇论文反而显得比较突出。主要汲取了德国学者卡尔·施密特的政治哲学和宪法思想，强世功在这些文章中集中讨论了中国近代"党国"体制的政治实践，展开了有一定深度的分析和阐述。[③]

党国问题在近代中国是有历史的，最早也许是我将之纳入法学话语的，在回应美国学者阿帕汉的一个书评中。[④] 我将之视为现代中国的民族国家重建（the constitution or reconstitution of China as a modern nation-state）的一个重要经验现象和政治制度实践，是近代中国的一个重要制度创造。[⑤] 我的分析很快获得了美国以及其他西方学者的关注。[⑥] 强

---

① 冯象：《国歌赋予自由》，载《北大法律评论》2014 年（第 15 卷第 1 辑）。

② 关于冯象的学术，我曾有过较为系统的分析讨论。请看苏力：《经意与不经意之间》，载《法律书评》（第 4 期），北京大学出版社 2006 年版。

③ 强世功：《中国宪法中的不成文宪法》，载《开放时代》2009 年第 12 期。强世功：《中国宪政模式？——巴克尔对中国"单一政党宪政国"体制的研究》，载《中外法学》2012 年第 5 期；强世功：《"白轲论中国的党国宪政体制"和"如何探索中国的宪政道路？"》，两文均见《开放时代》2014 年 2 期。

④ Frank K. Upham, "Who Will Find the Defendant if He Stays with His Sheep? Justice in Rural China", 114 *Yale Law Journal* 1675 (2005).

⑤ 苏力：《中国司法中的政党》，载《法律和社会科学》（第 1 卷）（创刊号），法律出版社 2006 年版。英文版则请看："Political Parties in China's Judiciary" (Annual Herbert L. Bernstein Lecture in International and Comparative Law, Duke University School of Law, November 2, 2006), 17 *Duke Journal of Comparative & International Law* 533—560.

⑥ 此文英文版被先后收入下列英文书籍中。Judicial Politics' as State-Building, in *Building Constitutionalism in China*, ed. by Stephanie Balme and Michael W. Dowdle, Oakgrave MaCmillan, 2009, pp. 23—36; The Party and the Courts, in *Judicial Independence in China*, ed. by Randall Peerenboom, Cambridge University Press, 2009, pp. 52—68; Political Parties in China's Judiciary, in *The Citizen and the Chinese State*, Ashgate Publishing, 2012, pp. 533—60。

世功试图进一步开发这个概念，实质成为一个具有规范意义的宪制或政体概念，并引发了美国学者白柯（Larry Catá Backer）的关注，以及他们之间的对话。[①]

但在时下中国法学界，占主流的是自由主义的宪法学者，无论规范宪法学者还是政治宪法学者。在他们看来，只有自由主义的三权分立的、有司法审查的宪法政体才是规范的，也是普世的，党国政体或体制不但不可接受，而且注定是不值得研究的。即便在社会主义宪政学派学者看来，党国体制也是必须以社会主义宪政和法治改造的。因此，目前，并没有自由派或其他宪法学人就此展开什么学术讨论，偶尔听到的只是一些“诛心之论”了。“寂寞开无主”，无言是最大的轻蔑；在一些学人看来，视而不见或许是最佳的学术应对策略。从福柯的权力观来看，这其实从来就是学术中的重要权力策略之一，并因此也算得上政法法学的实践之一种。

强世功的研究，在我看来，总体上是断言多于分析，立场强于论证。然而，无论其倾向如何，结论如何，政治正确与否——符合或不符合哪位读者的先期判断，强文都毫无疑问触及了近代中国政治法律宪制的一些重大问题。不管个人好恶，党国体制，不仅仅是在 1949 年之后，而且在 1927—1949 年间，起码是塑造现代中国的，甚至是令其得以发生成长的，最基本和最核心的制度。鉴于这方面的学术研究空白，它可能为中国的或一般的宪法/宪制研究提供新的视角和新的刺激。这需要将党国问题置于近现代中国民族国家发生和建设的宏大国际和社会语境下，需要对中国现代政治历史和政治实践的了解和洞察，需要更为细致的经验研究。而这不大可能仅仅，甚或主要诉诸作者本人更偏好的政治哲学或理论辨析和推演。

政法法学的这段很容易为人忽视的历史变迁给人以启发。我不曾相信意识形态可能终结，却曾相信完全可能严格区分学术与意识形态，并因此相信，随着学术发展和法学研究的职业化和专长化，政法法学会退出历史舞台。但 15 年来中国法学发展的经验令我觉悟，这注定只会是我一厢情愿。法学研究很难避免意识形态的影响，更难避免人们对法学研究作

① 白轲：《强世功对“不成文宪法”以及中国宪政秩序的研究》，以及《创建发展一套健全的中国宪政理论——强世功有关中国宪政形式主义与合法性问题的论述》，均载于《开放时代》2014 年 2 期。

品做政治意识形态的理解；重要的是意识形态倾向也并不自动决定研究之水准高下[①]，即便这可能影响读者喜欢或不喜欢，或哪些读者喜欢，读者的喜欢或不喜欢往往受读者的意识形态影响，而不因为读者没有意识形态！

但值得提问的是，为什么会是如此？政法法学之所以可能浴火重生，根本原因或许在于，在我看来，尽管都生活在这个社会中，生活在这个世界，但由于利益、社会地位、教育甚或仅仅是偏好不同，人们就一定会有“道不同”的艰难处境。即便我们可能分享一些可能被视为普世价值的语词，如“善恶”什么的，我们也很难分享这些词所指向的具体的人和事。什么是好的、可欲的，社会一定会并永远会有不同判断；即便种种都可欲，这种种可欲在人们各自的或各自不同时期的计算公式中，权重也一定会不同。“不作死，不会死”，道理都懂，但人类有时就是一种爱“作”的动物——因为它的利益和偏好会随着各种境况的改变而改变，他们就没法不折腾。即便在一些问题上此刻有重叠共识，但在另一些问题上，或在另一时空，也无法获得共识，只能“不相为谋”，最多也只能“和而不同”。

人类的许多禀赋在如今的市场经济和传媒条件下有时也会变得意义重大了，因为市场和传媒会极大地放大人的某些自然禀赋或能力或机遇的差别，放大与这些差别相伴而来的经济和社会后果。而在这种状态下的人们就一定会提出各种根据和理由，要求“损有余而补不足”，要求社会资源的各种形式和名号的重新分配。很难坚持只是“多劳多得，按劳分配”，“按资分配”，或只是由企业家获得创业的全部风险剩余，或福利国家，或其他。注意，这里的问题是我们没法找到一个能说服并让一切人接受并自觉遵循的应当或不应当，各种“应当”会在现代社会中以各种根据和理由不断塑造出来。

此外，无论怎样努力，也一定会有国家和民族的政治经济文化利益的分歧，一定会有认同的分别。

---

① 马克思、凯恩斯在西方经济学界都受到了严肃批评甚至彻底清算。但马克思和凯恩斯都如马克思笔下的那个在欧洲（如今已不只欧洲）徘徊的幽灵，不时来骚扰经济学界。关于马克思，请看：Thomas Piketty, *Capital in the Twenty-First Century*, trans. by Arthur Goldhammer, Harvard University Press, 2014；关于凯恩斯，请看：Gregory Mankiw, “What Would Keynes Have Done?”, *New York Times*, November 28, 2008；Richard A. Posner, “Keynes and Coase”, *Journal of Law and Economics*, Vol. 54, No. 4; Markets, Firms, and Property Rights: A Celebration of the Research of Ronald Coase (November 2011), pp. S31—S40.

正是因为这一切，政法法学的重生，就是必然的，注定的，是迟早的。但这丝毫不意味，我也反对，把政治态度或立场本身当成政法法学，它还必须是学术，而不只有姿态，不是伪学术，它必须给法学研究带来的新的刺激或新的可能。而只要不在经验事实上有错，或有意扭曲，你也还很难说这些受意识形态影响和塑造的话语和结论谁对谁错，更难令对方信服自己错了。即便硬梆梆的经验事实，对于不同的人来说，意义也完全不同；因为，如尼采所言，“没有事实，只有解释”。① 许多法学的问题将注定有强烈的意识形态意味，争论不清，化解不了。也许结果只能是，少数派给多数派让道；但如詹姆斯·斯蒂芬所言，那也不是因为少数派知道自己错了，而是他们知道自己是少数！②

三、法教义学与社科法学的边界流变

在多年苦苦追求之后，当年的诠释法学或注释法学，以传统刑法和民法为典型，如今在国际的学术语境中找到了自己的位置，将自己同德国接了轨，如今更多自称法教义学、规范法学，有的则译为法律信条论，是以法律的教义/信条(Dogma)为核心意念展开的理论话语，“高大上”或令人不明觉厉的说法则是“纯粹理性在现有理论架构上运作，而为现行批判它自身的能力”。③

如果仅仅是以教义、信条或概念为中心展开的法学话语，也好理解，也不会有其他什么麻烦。只是有一些学者将法教义学全等于或几乎全等于法释义学或法解释学，而这个法解释学又宽泛到几乎在任何条件下都可以做目的性解释，在刑法中甚至包括极为宽泛的刑事公共政策，乃至已经无所谓什么必须信守的教义之际，麻烦就来了，因为这时，无论谁说法教义学之际，没有人能大致确定地知道他究竟指什么。例如，有学者将法教义学等同于除法社会学、法史学之外的关于法律司法适用的一切法学。

---

① Friedrich Nietzehe. *The Will of Power*, trans. by Walter Kaufmann and R. J. Hollingdale, Vintage Books, 1968, p. 267, § 481.

② James Fitzjames Stephen, *Liberty, Equality, Fraternity: And Three Brief Essays*, University of Chicago Press, 1991, p. 70

③ 这是康德的说法。转引自考夫曼：《法律哲学》(第 2 版)，刘幸义等译，法律出版社 2011 年版，第 12 页。

这种山不厌高海不厌深且有容乃大的博大胸怀令人感佩，只是这般界定的法教义学中已经消解教义以致不知教义为何物之际，这个概念也就没有了“能指”的意义，这就没法讨论一些学理问题了。

因此，我在此必须首先界定一下我所说的法教义学是什么，同时也界定一下社科法学，就为了让读者清楚，我说的法教义学或社科法学大致是指什么样的法学研究。因此，这里给出的定义都是功能主义的，是初步的，而不是本质主义的。它不代表，也不追求获得学界的一致认可，因为不可能，除了各方都有误解。[①] 甚至读者可以说，我下面给出的界定不过是我自己树起来的一个“稻草人”，为了便于展开后面的一系列分析和论述。

我理解的法教义学主要关涉制定法的司法解释，也包括各部门法学界长期奉行的学说，如刑法的犯罪构成理论、民法的意思自治原则和诚信原则等。这是以规范和教义为中心的研究，通常法教义学主张要尽可能避免关注法律的社会实践后果，因为那就会导致实质正义，就不是以法律为中心了；不得已而必须关注时，也只作为考量因素之一纳入司法。但这种观点如今已经有所改变。例如在刑法中，由于德国学人已不断将法律之外的知识判断吸纳到法教义体系和论证当中，不再仅仅关注教义了；日益增多的中国刑法学人也开始强调将刑事政策整合到刑事教义学中。[②] 但这种整合的说法也表明，刑事政策考量完全是配角，刑法理论的基本框架和主干是也应当是教义的。法教义学研究中想象的法律解释者是稳定和统一的，通常仅仅是法官或是以法官角色思考的法学人。

相比之下，社科法学是针对一切与法律有关的现象和问题的研究，既包括法律制度研究、立法和立法效果的研究，也包括法教义学关注的法律适用和解释，主张运用一切顺手的、有理论解说力且简明的经验研究方法，首先注重甚至集中关注其专业领域的问题（内在视角），并注意利用其他可获得的社会科学的研究成果因此也包括有根据有理由的常识（外在

---

① 正如波德莱尔所言：“只因误解，社会方得以运转。……如若不幸，人们相互理解了，他们就再也达不成一致了。”Charals Baudelaire, *My Heart Laid Bare and Other Prose Writings*, trans. by Noman Camerson, Soho Book, 1986, p. 201。看似愤世嫉俗的断言，其实并非；无数青年男女间的恋爱和分手就是注。

② 陈兴良：《刑法教义学与刑事政策的关系：从李斯特鸿沟到罗克辛贯通》，载《中外法学》2013年5期。

视角)。社科法学也关注法律适用和解释,但它关注的法律适用者或解释者也不局限于传统的法官,常常包括了一切相关案例或纠纷的的裁断者,有法院,也有其他适用解释法律并做决定的行政机构决策者,如证监会、银监会、专利局、反垄断部门、环保局的官员。就此而言,社科法学与法教义学的关注领域有重叠,却不重合。

在关注司法或准司法的法律适用、解释和裁断问题上,两者对事实和规范的关注程度也很不同。法教义学首先关注法律和教义,事实或非常规只是法律教义分析必须应对考量的要点之一。几乎完全相反,社科法学则集中关注事实,包括本领域的相关知识、相关制度机构的权限、历届政府和本届政策导向,可能的当下和长期效果、社会福利,甚至影响本领域的最新技术或最新科研发现,眼下的突发事件等,甚至法律、规范和教义在这里是作为事实之一在法律实践中必须给予足够的关注,却从来不是必须不计代价予以恪守的天条或"教义"。它更注重司法或准司法的系统后果。在这个意义上上,社科法学其实拒绝社会效果/法律效果的分别——法律逻辑推导的结论只是推导结论,根本就算不上效果(effect);法律的效果只能是社会效果。而正由于法教义学和社科法学各自将对方的核心考量仅仅作为自己的考量因素之一,就此而言,两者看待法律和世界的方式一定是尖锐对立的。①

在时下中国法学特别是传统的民法(或许主要只是物权法,因为诸如侵权法和合同法这些法律领域的实践,如今也已受到美国法传统的较大影响),以及传统的刑法研究中,法教义学受到了学者普遍和高度的赞赏,在学术发表和学界关注度上,已是绝对主流和主导。这两个部门法研究的精细程度也确实有很大推进和提高,并影响到了相关的立法。

或许也应当提一下规范宪法学,因为其也自视为法教义学,坚持法教义学的传统。但由于还缺乏有足够影响力的成果,至少目前在学术上还不大成气候。宪法研究的教义学之路能否走得通,也很可疑;至少,中国宪法过去 10 多年来的几次重大修改,无论是"三个代表"重要思想入宪还是保护公民合法私有产权入宪(2004 年);都更多是社会和政治变迁的后

---

① 但真正值得注意的是,从逻辑上看,在司法实践层面,两者不仅在许多具体司法问题上有可能重合,而且有可能整体上会聚甚或重合,即便术语不同。但这得取决于在研究中,自觉或不自觉地,各方会以何种方式包容对方,以及包容多少;而一旦包容对方的量与质的超过自身时,即便坚持原名,自身也就变质了。

果，与规范宪法学没有什么的联系，甚至与之毫无关联。规范宪法学在我看来基本停留在一种独孤求败的境地，甚或就是一部分规范宪法学者的屠龙术。

法教义学最喜欢自称是自给自足的法律科学，可以从法律文本和法律教义中求发展和圆融，即便在疑难案件中，也"能为[……]案件的裁决提供理论上可行、规范上可欲、实证上充分的说明"。[①] 但我后面会说，这些说明即便再充分、可欲和可行，在司法实践中也没有独立的用处，就因为"这个社会更看重判断(judge)[②]，而从来都不是说明(elaboration 或 justification)"。

这里先要指出的是，如今用作支持和主张法教义学的学者的一些主要理由或核心论证，公开的或隐含的，但很少自觉的，却是政治学、社会学、历史的甚或信念的。例如，最重要的理由之一是，当代中国法治建设的重点如今从立法研究转向了司法研究，因此需要法教义学。[③] 而另一个不大公开说的，而是摆在那里让人看或用来炫耀的，是法教义学历史悠久，其纯正的罗马法的或德国法血统和门第。

这两个理由其实都没有丝毫法教义学的意味，其核心其实恰恰是社会学和政治学的。即便后者强调学术的传承和正统，其实关注点也不是法律教义本身，而是知识的谱系和门第。而从另一角度看，无论这种法教义学如何自诩纯真，说到底，不用细看，就可判定其完全是赝品，因为其写作用的是中文，而不再是高贵的拉丁文或德语了。而语言影响思维，并且任何翻译都必定有创造，因此也必定是背叛。

但上述几点，尽管犀利甚至刻薄，却不构成反对法教义学的理由，相反我从来都高度支持和尊重法教义学，也尊重法教义学者的那份骄傲、矜持和自豪。首先，因为只有热爱学术的学人才会有这份骄傲、认真且矫情，但更重要的是，我对法教义学的社会功能主义和实用主义理解，即在传统的刑法和民法等长期稳定的领域内，就如同围棋的定式，法教义学可

---

① "教义学理论……坚持疑难案件裁判的法律属性，进而捍卫法律的自治性。"Ralf Poscher、隋愿：《裁判理论的普遍谬误：为法教义学辩护》，《清华法学》2012 年第 4 期。

② Oliver Wendell Holmes, Jr., John Mashall, in *The Essential Holmes: Selections from the Letters, Speeches, Judicial Opinions, and Other Writings of Oliver Wendell Holmes, Jr.*, ed. by Richard A. Posner, University of Chicago Press, 1992.

③ 冯军：《刑法教义学的立场和方法》，载《中外法学》2014 年第 1 期。

以稳定、有效地应对大批量的常规案件，稍加拓展，还可以用来应对许多稍有异常的案件。在传统刑事、民事司法实践中的这种有用性，确定了法教义分析在法学教育中一定会甚至永远会占据一个重要位置。

而如此界定法教义学，那么法教义学就是一个比先前的注释法学或诠释法学边界更狭窄的领域。因为，在今天日益增长的法律部门中，真还能拿出“教义”的法律部门并不多，往往就是传统的刑法民法领域。越来越多的、之前理所当然属于注释法学的一些部门法领域，如今越来越有别于传统的刑法和民法研究，它们已经开始摆脱了1990年代普遍流行的那种对相关立法或法规的字面含义解说，开始关心立法或司法的实际后果，它们不得不根据变化的社会语境而不再仅仅是根据某外国法的变动来调整修改中国的法律，它们开始注重应对中国新出现的有法律意味的社会事件，因此，它们变得越来越像基于经验的政策性和对策性的研究。如今，对策研究在法学中已不再具有15年前人们提及法学对策研究所伴随的贬义了。从研究类型和知识类型上看，这些部门法领域如今更像是社科法学主导了，尽管这些研究者根本不在乎或并没在乎“社科法学”这个不会带来任何智识收益的标签。

之所以可能如此，是因为在诸如金融、证券、税收、环境、资源、劳动、反垄断、社会法、国际贸易和WTO、知识产权等法律领域，本来就几乎没有什么非常确定和稳定的教义，甚至很难说有什么可以配得上“教义”一词（屡试不爽乃至接近永恒的套路或定式）。想想不断衍生的金融工具，想想金融数学和金融工程，这些领域如今还在迅速扩大，在这里，重要的往往已不是事后救济，而更多是事前规管，一般也都有专业对口的政府部门或机构来管，很少有案件走进法院。或者就算有教义，如反垄断法中的“追求垄断”(monopolize)，或著作权法中的“合理使用”等，但今天的法律实践都已表明这都是一些“伪装”的教义。因为这些教义在这些部门法实践的经验确认上常常很不确定，有时几乎在每个案件中的确认都不一样，根本无法直观地从现象本身来认定或判定，常常需要在具体语境下通过经验数据或材料甚至通过专门的经验研究才能判定，还常常伴随了执法者或裁断者的其他众多政策考量。换言之，这些“教义”在经验世界中并没有持久、稳定且易于识别的对象。因此，反垄断法中的 *per se* 原则如今几乎没法用了，而“戏仿”的出现令版权作品的合理使用的数量或比例原则也不好用了。

但是，更多的相关法律领域是之前就没有教义的领域。如腾讯公司为计算机游戏发行了 QQ 币，这种虚拟货币违反了国家的金融法规吗？是否违法，其实取决于这对国家的金融有没有以及有多大冲击，有多少风险乃至需要设计监管？这些问题的研究，从部门分类来看属于金融法研究，但从知识类型和研究风格上来看，完全构成社科法学。甚至，对这一问题的研究结果是一则引发监管者或金融法学者兴趣和关注的新闻或新闻周刊的长篇报道，或是一篇正式发表的论文，或是一个向相关部门提交的研究报告，也不那么重要。[①] 而从去年开始的关于余额宝的大量讨论和研究，吴志攀教授新近对商业预付卡作为部门货币的讨论，都属于典型的金融法研究，却也是社科法学的研究。[②]

这类研究都注重从经验层面关注这些事件或现象对国际国内的真实影响或风险，关心其对整个社会生活可能产生的不同后果，几乎从不过分纠缠教义或概念，即便纠缠也并不真的因为教义，而是借题发挥；它们总是尽可能从具体法律争点所必需和必备的专业和相关理论和技术知识切入和展开的研究、分析和论证；不关心本学科是否有独一无二的理论，也不一定真的以学术发表为追求，以推进学术发展为指导，甚至是否承认其是学术对研究者都不太重要，这类研究关心的仅仅是有效应对本领域内日新月异的现实问题。

因此，侯猛教授在 2013 年讨论社科法学的论文[③]中认为，目前中国地区社科法学研究的队伍不够壮大，缺少强有力的实证研究的断言，在我看来，就很值得商榷。如果仅看侯猛教授分析的社科法学，确实格局不大，无法同传统刑法、民法的强大军团媲美。但侯猛关注的更多是从传统法理学中蜕变出来的社科法学学者，这些法律学出身的作者也许是，尽管未必都是，今天中国最自觉的社科法学追求者，甚至是代表性力量，但他

---

① 杨旭：《我国网络货币的发展与政策研究》，载《财经问题研究》2007 年第 10 期；邹恒：《构建我国虚拟货币监管制度的思考》，载《南方金融》2008 年第 5 期；又请看，彭燕：《虚拟货币对中央银行职能的影响》，东北财经大学 2010 年硕士论文；肖永红：《虚拟货币法律规制研究》，浙江财经学院 2012 年硕士论文。而且，这些研究也确实影响了法律法规 2008 年 10 月 29 日，国家税务总局在相关批复中明确规定，个人通过网络收购玩家的虚拟货币，加价后向他人出售取得的收入，属于个人所得税应税所得，应按照“财产转让所得”项目计算缴纳个人所得税；税率固定为 20%。

② 吴志攀：《金融多元化：“部门货币”问题研究》，载《北大法律评论》第 14 卷第 2 辑，北京大学出版社 2013 年版。

③ 侯猛：《社科法学的跨界格局与实证前景》，载《法学》2013 年第 4 期。

们至少从数量上看未必是，从他们涉及的领域来看则肯定不是，当下中国社科法学的最主要的研究者，因为社科法学的研究早已不限于侯猛教授关注的从传统法理学中蜕变出来的社科法学研究。[①] 而按照这一思路，上一节我在政法法学名下讨论的，例如冯象的研究，就同时也属于社科法学。社科法学的研究不应当仅仅以学者的学科出身来界定，而应当以其研究法律问题的思路和方法来界定；就此而言，社科法学已经蔚为大观了。

四、法教义学的尴尬

但同15年前相比，由于一系列新的社会经验，令我对法教义学在中国的未来并不十分看好，甚至还不如当年我对注释法学的未来的判断。

第一，尽管刑法民法教学在法学院中举足轻重，但就如今一个国家的整个法律体系而言，就法律实践而言，就对社会影响的深度和广度而言，由于其他法律部门的兴起和扩展，平心而论，已经很难说，传统的刑法、民法仍然是一国最重要或最主要的法律部门了。想想美国的次贷危机，以及雷曼兄弟破产引发的全球性的金融危机！想想反恐带来的刑法、刑讯逼供和情报收集与公民隐私问题，想想“棱镜门”和斯诺登事件！

第二，法教义学的适用范围也在收缩，而不是在拓展。例如，如今，即便商法（公司法、破产法、票据法、海商法、信托法和保险法）也很难恪守教义了，公司的组织结构已基本没法用教义来确定了，必定要由具体的公司根据各种复杂综合性的社会、制度因素来确定；不仅要考虑政府规制、税收等相对稳定的制度因素，也要受行业甚或企业家精神这些高度不确定的因素影响。

第三，即便传统的刑法、民法也受到众多非教义性质的而是经验性质的社会实践的冲击。如果不是法律保守着欧洲传统的法律分类，例如，知识产权就已完全可以整合在物权或财产法名下了，在美国年轻一代的学者都已经是如此授课和写作的；当年郑成思也曾有过这样的建议，仅仅因

---

① 以法律社会学之名，强世功也曾讨论过社科法学的“困境”问题，但他同时也指出，不应当仅仅以学者的学科出身而应当以其研究法律问题的思路和方法，来界定问题。请看强世功：《中国法律社会学的困境与出路》，载《文化纵横》2013年第5期。

其势单力薄，未能如愿。换言之，物权法之所以神圣或独立，部分原因在于，德国是其法律学术的传统——沉淀成本或路径依赖；在当下中国除了民法物权法学者“人多势众”外，另一个因素则是考虑海峡两岸的统一。这两点都表明，不论将物权法说得多么科学和了不起，这个体系都不是天然或必然的，而是有学术以外的力量挤塑的。

传统民法曾经的核心构成部分，如侵权法、亲属法、遗产继承的许多问题，如今都已就很难仅用甚至主要无法用教义学来处理了。想想各种类型的产品责任、代孕和克隆。中国一个晚近的司法案件是有关受精胚胎能否作为遗产为两家失独老人继承[①]，对传统民法的核心——物权也提出了挑战。尽管我相信通过物权法解释可以有效应对，但需要解释，并且无论解释为何，解释者都不可能仅仅考虑甚至主要不是考虑物权法的法条，即便他自称如此。在刑法上，许多涉嫌金融犯罪的问题，特别是有关互联网金融问题，首先涉及的就是公共政策分析和经济效用分析，而不是教义分析，尽管在法庭辩论上看到的往往有教义分析的包装。[②]

社科法学甚至会通过常识或民意侵入法教义学的坚强领地，传统刑法、民法，乃至刑法、民法学者并不自觉。一个典型的例证是在醉驾入刑后，最高人民法院有关负责人关于醉驾未必一律入刑的说法引发了公众讨论[③]，这一事件就可以视为一个有公众参与的经验导向的社科研究，其中隐含的公共选择就改变了或是规定了相关部门的法律实践。这种说法的理论和教义根据是《刑法》第 13 条的“但书”规定，但广大民众，包括公安交警和检察院部门，都没理睬也没纠缠这个教义。[④] 不理睬不纠缠不是因为他们不懂或反对这一教义，他们完全理解，一般说来也支持这个抽

---

① 《失独老人“争孙”请求被驳回：受精胚胎不是遗产，不能继承》，载《现代快报》2014 年 5 月 16 日。

② 请看吴景丽：《互联网金融的基本模式及法律思考》（上、下），载《人民法院报》2014 年 3 月 26 日和 2014 年 4 月 2 日。又请看彭冰：《非法集资与 P2P 网贷》，http://finance.sina.com.cn/money/lcp2p/20140524/110019215025.shtml，访问时间：2014 年 1 月 20 日；刘燕：《深度剖析：监管余额宝的真问题与假问题》，载《互联网金融与法律》，http://www.mpaypass.com.cn/news/201406/23145121.html，访问时间：2014 年 1 月 20 日。

③ 2011 年 5 月 10 日，时任最高人民法院党组副书记、副院长张军在“全国法院刑事审判工作座谈会”上表示：“不应仅从文意理解《刑法修正案（八）》的规定，认为只要达到醉酒标准驾驶机动车的，就一律构成刑事犯罪。”他引用《刑法》第 13 条的规定：“危害社会行为情节显著轻微危害不大的，不认为是犯罪。”

④ 《公安部：警方对醉驾一律刑事立案》，载《新京报》2011 年 5 月 18 日；最高人民检察院：《醉驾案证据充分一律起诉 不论情节轻重》，载《新京报》2011 年 5 月 24 日。

象的教义——他们都不会认为偷人10元钱就构成盗窃罪；但在醉驾问题上，在中国当代社会条件下，他们知道不能只看这个天然正确的教义，而必须有根据地想象如此执法和司法的可能后果：对有权有钱有势者网开一面，很可能会引发法官、警官和检察官的腐败，损害法律和司法的权威。他们基于日常经验作出判断，因此就只能"委屈"一下相关教义了。同样，在遗产继承问题上，在遗嘱继承与法定继承冲突的条件下，法院采纳了与民意更为一致的观点，并不因为他们不懂得尊重立遗嘱者的意思自治，他们的更大关切是，如果开了这个"口子"，当代中国家庭内财产关系以及配偶的预期利益就会变得相当不稳定①，尽管在判决书中，他们的这个关切被包装为符合法教义学的公序良俗。

我只是说这类考量是属于社科法学主张、倡导和坚持的，但严格说起来，却与社科法学的坚持、主张和倡导根本无关，而主要是普通人和许多法律人在涉法事务中(也可能包括一些阅读)逐渐感悟到的、追求的并得到法院认可的个人的或社会利益，他们自觉实践，并由此获益。因此，即便法教义学学者针对这些问题可以提出德国或法国或美国在此类问题上做法和论证时，但那也只有博学上的意义，却缺乏实践上的意义，不仅缺乏法律上的合法性，也缺乏修辞上的说服力。说博学上的意义，并不是否认其有学术参考价值；但所谓参考价值在教义学上的含义就是，你也可以不参考。

因此，一些学者用来主张教义学之高大上的所谓圆融、自洽或自给自足，是真的，但又是造作的。其所以自洽或自给自足，只是因为大家都愿意接受这个解释，因为这个解释与法律人愿意接受的那个利益基本格局一致，而不是相反；而一旦遇到某个就是想从逻辑上矫情的人，他就一定挑得出"刺"，因为"哥德尔不完备定理"。因此，法教义学的自给自足、自洽圆融是知识权力的产品，而并非教义学自身的规定。

这种例子在司法实践中也很多。换言之，在司法上，法教义学的严谨和缜密必须通过权力架构和系统来保证，而不是教义学之内生的，也不像法教义学者认为的那样是与权力无关的。这就是美国杰克逊大法官说

---

①　"四川省泸州市纳溪区人民法院民事判决书[(2001)纳溪民初字第561号]"和"四川省泸州市中级人民法院民事判决书[(2001)泸民一终字第621号]"。又请看，《"二奶"该不该按遗嘱继承遗产？》，载《南方都市报》2013年11月8日。

的："如果我们之上还有一个法院，我们的一些判决，我们对法律的解释就一定会被推翻"；"我们说了算不是我们不出错，我们不出错只是因为我们说了算"。[①] 当然这个例子是美国联邦最高法院，对于精通德日法教义法学者，因此没有说服力了，甚至不耻。但不耻并不是论证。请关注一下德国或日本在"二战"期间的一些判决，战后受到严厉谴责的。[②] 我手边还就有一个日本的例证：对于同一事件，相邻两县的地方法院在两个月内对同一当事人所作的完全相反——甚至包括罚款的数额也完全一致——的判决。[③] 卡夫卡若有在天之灵，也一定会感叹！

但是，我并不是借此来轻薄法教义学。我其实相信日本这两县的地方法官都很真诚，各自也都有自己严谨、缜密的法教义支持，也有对制定法的坚信等一系列法解释的前提条件；我甚至接受这两个判决都可以成立——世界上有许多事情确实并不都那么黑白分明。正如波斯纳所分析的，许多法律判决之所以看起来很严谨，例如赔偿数额居然精确到几分钱，其实仅仅是为了掩饰其不严谨；而且，也真有些事本身就没有那么明确的是非，只因为矫情多了，才有了是非。[④] 但恰恰因此才表明，法教义学的逻辑严谨和分析缜密在任何司法中都足以保证一个必然结论的观点是虚幻的，那么，法教义学的自给自足、自治圆融自然也就应声倒下。

法律教义的功能在很大程度上是为了简化法律人在常规或同类案件决策时的信息需求，因此可以用规则或教义来置换许多相关但在历史上

---

① Brown v. Allen, 244 U.S. 443, 540 (1953), Justice Jackson, concurring opinion.

② 穆勒：《恐怖的法官：纳粹时期的司法》，王勇译，中国政法大学出版社 2000 年版。该书揭示的事实之一就是，德国法官是在经过严谨、缜密且富于逻辑性的"法理论证"之后，才有了臭名昭著的"纽伦堡法"，而并非其他。

③ 日本西部相邻的佐贺县与长崎县的交界处有个名叫"谏早"的海湾，中央政府出钱在那里修建了大堤，要将堤内海水抽干造田。这个工程同时引发赞同和反对的人士也都不少。反对方要求"开门"，打开大堤的水闸，而另一方则反对"开门"。2014 年 4 月，佐贺地方裁判所（地方法院）判决"开门"，否则每天罚款 49 万日元；同年 6 月，长崎地方裁判所则作出了相反判决，禁止"开门"，否则每天罚款 49 万日元。载日本《读卖新闻》2014 年 6 月 4 日，"社会"，http://www.yomiuri.co.jp/national/20140604-OYT1T50085.html，访问时间：2014 年 6 月 20 日。

④ 这并非调侃，太多的学者从经验和研究中得出了这样的结论。例如，蒙田称"学识制造纷争"；米兰·昆德拉称：为什么人类一思考，上帝就发笑，就因为人们越思考，彼此分歧就越大。请看拉莫尔：《现代性的教训》，刘擎、应奇译，东方出版社 2010 年版，第 184—85 页。也正因如此，波德莱尔称："只因误解，社会方得以运转。……如若不幸，人们相互理解了，他们就再也达不成一致了。"Charals Baudelaire, *My Heart Laid Bare and Other Prose Writings*, trans. by Noman Camerson, Soho Book, 1986, p. 201。这种看似愤世嫉俗的断言，其实不然；无数青年男女间的恋爱交往是因为他们相互不真正理解，而分手却常常是因为他们相互增进了理解。

无法或很难获得的信息。也因此在传统刑法、民法领域，教义学通常茁壮成长。只是一旦社会发展了，人们获得相关信息很是便利之际，或是决策必须考虑大量不同信息之际，教义在这些法学部门的位置就会改变。大数据的出现，例如，就改变了因相关数据不够而发生的对于理论模型和理论推论的需求，全数据的分析甚至可能令刑法和民法中的因果关系也变得不那么重要了，而关联关系变得更重要了。典型的例证是，严格责任在古代各个社会都流行，但在《法国民法典》和《德国民法典》中，这个原则就一度被过错原则置换，这是因为在近现代社会获得确定过错之信息的手段增强了；但在现当代社会，严格责任又重新在产品责任或高风险行业中全面复兴，根本原因也许并不是经济学理由——信息不对称（这只是反转了举证责任，但不对称的说法还是假定这些信息可以获得），而更可能因为在社会层面上这种关联关系太强大了，因此完全可以取代过错责任的因果关系。

因此，在法教义学传统上占支配地位的刑法、民法中，不属于教义的统计概率也已悄然进入，常常置换了传统法教义学的因果律或因果律推定。今天基于基因测试的亲子鉴定，即便从来也没有完全符合过，还是令各国民法中的亲子关系推定（婚姻存续期间所生的孩子，若在一定年限内不提出质疑，就不得再质疑亲子关系）只剩下（包括母亲、婴儿和儿童）公共政策上的意义了，或许还有减少无谓诉讼的功能，在世界各国都无法能阻挡人们诉诸 DNA 鉴定来验证和重新确定亲子关系。[①] 刑诉法学者，至少在中国，对证据确定性之言辞表达仍然是在传统教义学或哲学层面的，特别是强调“不存在合乎情理的怀疑”，但事实上，即便 99.99999％概率的 DNA 证据也是概率论的——他们在智识上已经接受概率论上的确定性，只是言辞上坚持的还是教义学上的确定性。

相较之下，其他法律部门干脆在概念层面的坚持也不见了。欧盟或美国对中国太阳能发电的光伏板征税的税率完全建立在统计分析之上，看是否为保护欧洲或美国的相关产业之“必需”，一个完全非教义的概念，

① 在中国，2007 年的一个报道称，亲子鉴定业务每年都以 20％的高速度递增，在浙江等部分省市增幅竟高达 50％左右，http://www.people.com.cn/GB/news/36248/36249/2813971.html。德国的情况，又请看：《秘密亲子鉴定生意火，德国政府出面欲叫停》，http://news.sina.com.cn/w/2005-01-04/15574713215s.shtml，以及《德国：私自进行亲子鉴定引发社会许多争议》，http://news.sohu.com/20070313/n248689328.shtml，访问日期：2007 年 8 月 11 日。

一个完全是经济学或政策的概念。美国政府不允许采购华为或中兴公司的通讯设备,中国政府时下禁止使用美国微软 win8 操作系统,同样可能与教义无关,而与国家战略安全的公共政策有关。欧盟对来往于欧洲和其他各国的飞机航班征收大气污染税,但除了欧盟有相关立法外,还有什么样的教义可以支持如此的法律?至于欧元区的希腊债务问题,意大利、葡萄牙、西班牙等国的债务问题,以及为解决欧债危机德国提出的货币主权让渡的问题,又如何伪装或包装成教义?

最后,尽管法律教义学在中国法学界获得了很大发展,我也完全支持其进一步发展。但也必须注意,过去十多年里,在许多案件或事件上,有些甚至本来颇为常规的案件,法教义学并没能事先帮上什么忙,相反因恪守某个常规的教义惹出了一些持久的麻烦。例如,有关奸淫幼女的司法解释①,据说是很符合刑法的教义学②,但最高人民法院自身前前后后的诸多举动就表明了教义学可以帮助消除语词涵义上的困惑,却无法帮助其消除真实世界的尴尬与困惑。③ 从其颁布至今十多年过去了,即便该司法解释悄悄停止适用了,却还是一直受到中国社会的诟病。细想之下,怎么可能在这个问题上,整个中国社会都错了,一错就错了十多年,而就教义对了?! 即便真的是中国民众错了,那么这个错误也必须作为教义学的真理标准,变成刑法的教义,而不是相反。④ 这类案件还真不少,如刘涌案、药家鑫案、许霆案、李昌奎案。而每一次这种事件发生,不仅令刑事司法的权威在社会层面受损,也同样令法教义学的声望在法学界受损。我也不是没说法教义学没拿出好办法;只是全都是事后拿出来的,是损害发生后,用来止损的,因此是后果导向的伪装成教义学的。

---

① 《关于行为人不明知是不满十四周岁的幼女,双方自愿发生性关系是否构成强奸罪问题的批复》,2003 年 1 月 8 日最高人民法院审判委员会第 1262 次会议通过,2003 年 1 月 24 日起施行。

② 阴建峰:《主客观相统一原则岂能动摇——有关"奸淫幼女犯罪"司法解释专题研讨会纪要》,载《法学》2003 年第 10 期。

③ 据称,最高人民法地院于 2003 年 8 月在内部发布了《关于暂缓执行〈关于行为人不明知是不满十四周岁的幼女,双方自愿发生性关系是否构成强奸罪的批示〉的通知》。因为是法院内部通知,法院没有公开承认自己的解释有问题。参见最高人民法院、最高人民检察院、公安部、司法部印发的《关于依法惩治性侵害未成年人犯罪的意见》的通知(2013 年 10 月 23 日)。

④ "真理就是为历史焙烤硬化,因无法否证,也无法拒绝的错误"。Friedrich Nietzsche, *Gay Science*, ed. by Bernard Williams, trans. by Josefine Nauckhoff, Cambridge University Press, 2001, pp. 110—112、151,第 110、265 段。波斯纳对军队中的迷信,也曾做过类似的实践性分析。

相反，只要社会认同司法判断和处理基本公正，有些看起来似乎不符合或不那么符合法律教义的司法处置，如成功指控危害公共安全罪孙伟铭案件[①]，不但获得了社会普遍的好评，事实上为诸多后来的法院作为先例予以遵循[②]，也推进了中国的立法。在民法上，并不那么教义学意味的四川泸州“二奶继承”案的处置没有尊重当事人的意思自治[③]，也不仅获得了民众的广泛认可，同样为其他法院自觉遵循。[④] 所以，难以想象这么多法院或法官都错了。

前面提到法教义学倡导者的一个重要的社会学和政治学根据是中国的法律体系已经基本建成[⑤]，依法治理需要更多法教义学。我对此不争辩。但即便真的如此，首先必须看到，由于中国在继续深化改革，它必定要有也一定会有制度创新，因此就需要并一定会有大量立法或修法了。而且，千万不要误以为坚持法教义学适用就一定能消除或限制立法效果。2013年6月，广东省高级人民法院曾解释，提供手淫服务（俗称“打飞机”）不是卖淫服务。[⑥] 这个解释看起来很教义学，但主要还真不是法教义的结果。法教义学并没有规定对“卖淫”一定要做狭义解释，也没规定“淫”这个词的字面含义一定不包括手“淫”。若仅就字面来说，似乎应当包括，只要法官愿意，因为一笔写不出两个“淫”字吧。不但字面解释成

---

① 2009年7月23日，成都市中级人民法院对发生在2008年底的孙伟铭无行驶证且醉酒驾车造成四死一重伤案进行了公开宣判。法院一审认定，孙伟铭的行为已构成以危险方法危害公共安全罪，且情节特别恶劣、后果特别严重，故依法判处其死刑，剥夺政治权利终身。孙伟铭不服一审判决提出上诉，2009年9月8日上午，四川省高级人民法院作出二审判决，改判无期徒刑，剥夺政治权利终身。

② 其实，孙伟铭案并非首创，而是遵循先例。早在2007年年初，佛山市人民检察院就曾以危害公共安全罪指控黎景全醉驾，佛山市中级人民法院也曾判处其死刑，剥夺政治权利终身；2008年广东省高级人民法院维持原判。最高人民法院复核也认定，黎景全的行为已构成以危险方法危害公共安全罪，但量刑不当，未核准被告人黎景全死刑，发回广东省高级人民法院重审。孙伟铭案之后的相关案件，请看：《以危险方法危害公共安全罪，醉驾“悍马”一审获刑12年蒋佳君不上诉》，载《华西都市报》2010年7月16日。

③ 《四川省泸州市纳溪区人民法院民事判决书[（2001）纳溪民初字第561号]》和《四川省泸州市中级人民法院民事判决书[（2001）泸民一终字第621号]》。

④ 《“二奶”持遗嘱，告原配索财产被驳回》，载《南方都市报》2013年11月7日。

⑤ 2011年3月10日，时任全国人大常委会委员长吴邦国向十一届全国人大四次会议作全国人大常委会工作报告时宣布，一个立足中国国情和实际、适应改革开放和社会主义现代化建设需要、集中体现党和人民意志的，以宪法为统帅，以宪法相关法、民法商法等多个法律部门的法律为主干，由法律、行政法规、地方性法规等多个层次的法律规范构成的中国特色社会主义法律体系已经形成。

⑥ 《发廊提供色情服务，广东高院：“打飞机”不属卖淫》，载《深圳晚报》2013年6月27日。

立，而且之前的一些司法判例，全国的包括广东的，就表明是包括了手淫服务的。[①] 当然刑法中涉及人身自由的条款应当做严格解释，刑法应当谦抑，这些“应当”只是看起来像教义，即便我赞同，其实却是伪装成教义的公共政策，而公共政策不能算教义吧；即便法教义学包括刑事政策，包括的含义也恰恰因为它不是。

其实，广东法院在处理这类案件一定有其他非刑法教义学的考量。因素之一，不很重要，但法官都可能且应当想到，只是想到了也不大会公开说的是，在广东特别是东莞这个色情业相对发达或猖獗的地区[②]，若卖淫包括了“手淫”，就一定会增大执法的要求，增加公安的工作量，引发治安案件和司法案件激增，也会对法院构成案件压力；这样一来，很可能超过当地的执法和司法能力，且不说引发其他社会热议或争议了。而仅此就可能迫使广东省高院对卖淫作出限制解释。设想一下，如果当地很少有“手淫”服务，假定一年全广东省也就三五件，我敢断定无论广东省高院将之视为或不视为卖淫都无大碍；甚至为表明改革开放的前沿广东省执法“两手都很硬”，作为一项政绩追求，就将每年这三五起手淫案件全都定为卖淫案，又有何妨?! 只是此案的政策意味太强烈，广东省高院就不能不考虑诸如法不责众的问题，就不能不考虑执法、司法能力的问题。因此，法教义学的谆谆教诲，法律解释的种种理论，根本无法阻挡法官的实用主义思考，然后再用这些教诲或理论来支持他们的政策性判断。

因此，广东省高院在此案中的法教义学解释很明智，但明智在此的意思并不是他们诚实，而恰恰是他们不诚实——不带贬义的；他们用法教义学避开了可能激化纷争的道德因素。但这并不等于该解释没有立法效果，事实上广东法院法官追求的就是这样的立法效果。在他们看来，这就是非道德意义层面的社会功能层面的“好”的立法效果。

---

① 2004年福建省福清市法院审理的汤某等涉嫌按摩店“手淫”服务案，被告人的行为构成容留卖淫罪；2008年重庆市黔江法院审理的庞某涉嫌会所色情按摩案，其协助组织卖淫罪未获认定；事实上，就在广东高院2013年6月认定“打飞机”不属卖淫前不久，江门法院在认定一宗组织卖淫罪案件中，也曾认定“手淫”服务属于卖淫行为。

② “(东莞)当地对色情行业表现出不可思议的宽容甚至是纵容。尽管各种扫黄打非行动时常进行，但最后的结果，是从业人员号称不怕警察怕记者，平日里招摇过市、肆无忌惮……记者两次拨打报警电话，犹如石沉大海，再无音讯；是色情服务在一座城市司空见惯，甚至以‘性都’之名积聚人气。这样的情况，在其他一些地方也或多或少地存在。”《人民日报》2014年2月11日。

广东省高院的这个例子还表明,所谓法教义学追求的是以理想法官为主体的司法思考,有关法律解释和适用,这个说法就不可能为真。即便外国学者、法官真这么说了,那么他们如果不是真糊涂就一定和广东省高院一样有意装糊涂。如果真的如此,那么德国联邦最高法院为什么还将它认为特别重要的民事裁判编辑成册呢?编辑成册的意义,我想来想去,就是立法或指导司法的意义。而且,如果可能把律师、检察官、警察、政府公务员或那些不搞教义学的法学人都被排斥在法教义学之外,那就没有作为法教义学发生和存在之前提的那个法律人共同体了。如果没有其他法律人的合作,单靠法官,法教义学可能搞下去吗?应当消极被动的法官,他如何可能在这样的环境中实践其法教义学?一个自诩为法教义学者又何以判断自己的研究真的符合法官的法教义学需求,从而为法官提供有效的法教义学指导呢?更重要的是,如果一位法官遵循法教义学规则屡屡受困,而以注重判决之系统后果的实用主义思考却令法官一再获益,那么我敢说,法官最后都会选择后者,除非他不是理性人,除非他是一台"自动售货机"。但有哪个国家真的希望法官成为"自动售货机"?即便是马克斯·韦伯,他为德国的法教义学传统提供了最强大的宏观理论支持——形式理性法,却也担心司法变成了"自动售货机"。①

最后也许还要提下法教义学的"啦啦队"。在整编注释法学并遣散了其麾下的部分部门法后,法教义学从原先政法法学中获得了一批新的"志愿者"。后者当年曾热情参与诸如"刀制"与"水治"、人治与法治等有强烈法治意识形态的法学主题的讨论,只是自1990年代后期开始,政法法学的老范式已失去了学术繁衍能力,学术的潮起潮落促使较为年轻的学人关注起抽象的法律人思维或法官思维这类问题。而且,有学者又先后从美国和德国引进了法律推理和法律解释或法律方法论这类新"设备",以自己更为抽象的有关司法论证、推理和解释的理论阐述加入了广义的法教义学的行列。

但是,这类抽象的理论叙述的最主要功能其实是传播了法律教义学以及相关概念,培养并强化了部分法律人对法教义学或与之相伴的法律解释或法律思维或法律方法的信任。就此而言,这类著述的主要功能其

---

① Max Weber, *On Law in Economy and Society*, ed. by Max Rheinstein, trans. by Edward Shils and Max Rheinstein, Harvard University Press, 1954, p. 354.

实还是法治意识形态的，而不是法教义学的。法教义学永远必须附着于对日常具体案件的分析。也因此，持久专注于部门法的法教义学者通常不在意这支法教义学的志愿者队伍。倡导法律推理、法律解释和法律思维的志愿者只是在宣传教义学，不是运用，甚至都算不上推广。他们只是一支活跃气氛的"啦啦队"。

五、社科法学的几个问题

除了各部门法自身的社科法学的转变外，一些年轻学者也在努力推动以社科法学为旗帜的发展。[①] 我不打算描述这些发展，而试图讨论这类努力中提出的一些问题。

侯猛曾经提到，目前社科法学的一个重要不足是缺少强有力的实证研究。我认为，这个问题不很真实。若仅从学术著作上看，确实缺乏这样的有广泛影响的研究。但这真的是社科法学发达或有影响力的标志吗？当下中国的法教义学中也没有这样的有广泛影响力的著作，外国学者的除外；而且，外国人著作的所谓影响力，也主要是有较多中国学者引证其著作，但这种引证并不一定证明了其在中国的学术影响力，在我看来，也可能甚至更可能证明了中国学者由于种种原因就是追求"高大上"而不大愿意引证中国学人特别是同代学人的著作。因此，在这里引证其实不代表学术影响力，不引证反而是因为学术影响力。换言之，无论引证或不引证都被操纵为一种微观的权力运作，即便这些引证者没有读过或没读懂过福柯。因此，也就不能将时下的引证这点太当真了。

但更重要的问题是，法学研究在很大程度上更像工科，其主要追求并不是"学术"或理论创新，而是能有效回答和解决问题，当然能发现全新的问题，或展开焕然一新的视角也很好。而一旦理解法学研究的工科特点，在我看来，鉴于外国学者已经做了大量研究，目前的最大问题反倒可能首先是：中国学者如何学会运用已有的研究成果，用来具体分析研究中国的问题，即便是简单地适用；而只要适用得多了，中国法律人就一定会遇到

① 主要在侯猛教授的努力下，从 2006 年起持续出版了《法律和社会科学》系列图书，如今已经有一定的学术声誉，也一直在召开社科法学的年会。会同其他青年学者，侯猛还同尤陈俊(人大)、王启梁(云南大学)、陈柏峰(中南财经政法大学)和李学尧(上海交大)等，于 2013 年创立"社科法学联线"和"社科法学论坛"。

并会发现新问题，就会充实、丰富并推进相关的研究成果。在这一方面，社科法学研究者其实更应当向法教义学者学习，就是先不太计较创新，而是先踏踏实实学习甚至复制。

其实，真正重大的研究成果一定会很难出现，因为那需要范式的转换，而范式转换几乎不是，至少不全是，努力的结果，而是各种条件的促成，不可能经常发生。即便不是范式转换，而是新资料的发现，或对旧有资料的全面重新解读，也需要各种条件的促成。侯猛提到的我的《送法下乡》，其实真算不上什么重大研究成果，即便对当时中国的法学研究有一定冲击力。那本书不过是在一个法律人高歌前行的时代，把绝大多数法律人其实都知道影响中国基层司法的众多事实或条件揭示出来，令法律人无法用高歌理想替代现实。我只是把这些具体问题带进入了学术分析和话语；而在此之前，中国学者习惯于认为学术是用来勾勒宏大理想的，是不能甚至不应用来描述和分析卑微现实的，似乎只要正眼看了这些卑微现实就已丧失了学术的贞洁。

此外，尽管社科法学是社会科学导向的，注重经验的，但必须注意，在有了足够质量保证的前提下，修辞会影响学术研究成果的传播和影响力。这在之前的法学研究和写作中，学者们是一直关注不够的，乃至于许多学人不但习惯了而且已经认定了那种沉闷得不动声色的所谓法学学术文体，或是因翻译造成的冗长文体。这是一种自绝于读者的文体，意思是，你不关心读者，不关心他们的疑问或疑惑，不关心他们的知识水平和理解能力，那么你的分析论证就更少可能获得读者的由衷关切。而且，注意修辞，并不是花里胡哨，排比或堆砌，常常相反，好的修辞必须是干净、洗练、简洁甚至直白，但必须是有趣的：问题有趣、结构有趣、表达有趣。在中文社科学界中，这种例子也早就有了，如费孝通的文字、张五常的文字。而与此有关的另一个问题是想象力。

侯猛在讨论实证研究时，隐含的一个假定就是，这个世界上有某些地方，学者通常称其为“田野”，会更有利于产生重要学术成果的；而现在社科法学受制于学者没有自觉找到并长期进入这个“田野”。对于这种说法，我首先承认，对于某些社科法学的研究者，是可能有或应当找到或建立这样的一个“田野”的，如上访研究，或调解研究，或基层司法研究。但另一方面，我又必须跟侯猛“抬一下杠”，不能将“田野”太当真，将之实体化或本质主义化，乃至窒息了自己的学术研究。我觉得，这样一个“田野”

概念，与当年强调文艺界“深入生活”的说法一样，很可能变成一个神话。

例如，《江村经济》是费孝通摔坏了腿，根本走不到田野，只能呆在姐姐家中的产物。《乡土中国》几乎全是中年费孝通对他早已疏远的早年乡间生活的回忆和反思，最多也只能算是在都市中远眺了一下“田野”。但这两部作品给人的启发远超过许多人的田野调查，也包括费孝通自己的一些完全基于田野调查的成果。

因此，必须基于法学研究来思考和反思“田野”。作为学术训练和研究，从理论上看，一个学者必须有自己的“田野”，但这个田野可以就是他自己的专业实践；其中，也可以包括他的一部分日常生活，尽管不能全等于书斋。重要的是，他要有问题意识，包括对自己的生活或书斋，即在沉浸于其中的同时，至少偶尔还能用旁观者的眼光来看自己的生活和书斋，以旁观者的或反思者的视角把自己的专业、生活或书斋构建成一个有问题也可能有答案的“田野”。一个典型的范例是现象学，那就是以研究者自身的思维过程作为“田野”的。

就中国法学的社科研究而言，需要有学者在自己的校园生活之外找到一个学术研究的“田野”，但未必都需要一个很特别或很外在的“田野”。如果没有学术的自觉，即便真到了一个“田野”，也会什么都看不到。例如，有多少大学教员后来进了法院任职或兼职，如今法院里也有很多法官曾先后获得了硕士或博士学位，他们的核心工作是审判，没有多少时间从事研究，但他们中有不少人还是希望做些研究，希望自己能充分发挥和利用自己的优势，也希望获得学界的认可。但他们大多一直站在“希望的田野”上，但就是没——或至少还没——站在丰收的田野上。“田野”之缺乏并不是制约中国社科法学发展的主要问题。

社科法学研究成果的真正不足，并不是没有进入“田野”，在我看来，更可能是有志于社科法学研究的学人还没能在自己的专业和日常生活中自觉构建起自己的那个“田野”，并保持学术的敏感。对于绝大多数法学人，田野其实一定不是一个自然地理空间，而是一个由思想构建的空间。要构建这个田野，除了需要日常的经验材料外，更需要的是熟练运用各种可适用的相关理论和工具（如逻辑分析和统计分析、大数据），才能如鱼得水。例如，我们还有谁不知道科斯定理呢？但能如庖丁解牛那般将其运用于我们的感官获得的所有材料吗？如果对理论、资料和相关信息的提炼不是纯熟，我们就无法看到“田野”，也就无法看到值得研究和分析的有意思的问题。

要构建这样一个广阔且有丰富产出的“田野”，另一必备的条件是想象力。社科法学强调并注重经验和实证，但这丝毫不意味着不需要或是可以放逐想象力。任何出色的研究，都需要强大并坚实的想象力。自然状态和社会契约是想象，甚至因为霍布斯和洛克两人各自对这两者的想象不同，他们各自的国家理论和社会理论也就不同了。康德关于世界永久和平的未来，关于死刑正当性的论证，都基于想象；事实上，他对死刑正当性的论证：即使人类明天灭亡，我们今天也有义务将所有待决死刑犯处决——仅仅基于我们对于死刑犯的自由意志的尊重①，即便在我这位死刑的铁杆支持者看来，也太矫情了。科斯的放牧者和种植者的想象，罗尔斯的初始位置、无知帷幕和重叠共识的想象等，都是其研究成果的不可缺少的在先条件。甚至在自然科学上，也是如此。牛顿的万有引力定律无论如何都不可能从普通人的日常直接感官经验中概括产生；爱因斯坦相对论在经验上根本就是不可思议——一个人以光速运动时看到的扭曲的时间和空间，这需要何等的想象！甚至一个好的提问也需要想象，提出遗传学两个基本规律——分离规律和自由组合规律——的伟大生物科学家孟德尔，最早的提问产生于在他当神父时，为什么会“种瓜得瓜，种豆得豆”？

想象力的意义或功能就是在这样一个构建的思想空间中尝试着将那些之前怎么看都不大可能相关的经验现象一一勾连起来，凭着某种“神龙见头不见尾”的直觉或预感，探究这个联系能否成立，是否有“料”，令研究者决定尝试一下，甚至常常是推动、鼓动甚至激励着这个学人如同一位恋爱者，知道可能被拒，还是希望并感叹自己能有一次机会告白。即便错了，也挺有意思，无怨无悔。这种想象力既是一种社科的能力，也是一种人文的能力，其中或许有天赋，但至少这种想象力的展开和铺陈是可能通过训练而得以强化的。

六、也算结语

以上对时下中国法学格局的勾勒，是以我最便利的方式进行的，这种

---

① 参见康德：《法的形而上学原理——权利的科学》，沈叔平译，商务印书馆 1991 年版。

勾勒一定偏颇，甚至不公正，不仅因为材料不完整，更因为我的立场和偏见，因为我毫无掩饰的对经验研究、社科法学的偏爱，对法教义学的质疑和怀疑。我们注定无法作为真理代言人来到并待在这个世界。因此我欢迎批评，抛砖引砖——等待拍砖。但最后我还要说几句。

第一，我支持法教义学——鉴于其对于处理常规案件以及对于法学教育的意义，但我没法坚信法教义学。因为对我这种人来说，法教义学的最大弱点不是不适用，而是不长知识，无法以简单的统一规则系统来解说复杂问题；其中，还隐含了对语词和概念的迷恋，一种柏拉图主义倾向。我更偏好实用主义，注重经世致用，相信知识源自生活，反感“本本主义”，相信“尽信书不如无书”。任何喜欢抠字眼、搬书本、说人名而不是观察和解说社会经验现象的做法，在我看来，都有“本本主义”的嫌疑。但我还真不认为中国的法学出路在理论上交战。在思想和学术的市场上，我相信的是自由竞争，物竞天择，用进废退；因此，我还不相信什么乡愿式的“兼容并包”。这场竞争已经开始。社科法学最重要的工作就是要以有说服力的简单便利的理论，以及有效可行的解决问题的办法，来争夺法律学术的和法律实践的受众。这个竞争还不能仅仅停留在谦谦君子，各自守住自己的“一亩三分地”，相安无事，不碰法教义学的禁脔，只在法教义学不屑或没法进入的领域或边缘地带做道场。社科法学必须进入，其实也已经进入了刑法和民法这些传统法教义学固守的核心阵地。

时下社科法学的最大问题就是，特别是在诸如刑法和民法这些领域在司法实践上同法教义学竞争时，社科法学还拿不出什么像样的东西来，或还没拿出有足够数量且更令法教义学者信服的学术成果，拿出来的成果至少还不像拉伦茨或考夫曼或李斯特或罗克辛那么令中国的法教义学者信服。“知耻者近乎勇”，社科法学学者必须持久努力；更必须准备好，在部门法的每一个街角，每一座高楼同法教义学展开厮杀，准备自己倒下，但也要等着看最后是谁倒下。无论谁胜谁负，或是双赢，才可能完成中国法学的历史转型，才可能进行有必要的学术创造。

基于这一残忍的达尔文主义或丛林原则，以及我个人对当代世界及其对法律法学需求的理解，即便不想得罪人，结论却还是会得罪人：如果坚持纯粹法学的路数，坚持教义、语词甚或词典定义的进路，那么作为一个传统，法教义学很可能最终将为法律人遗忘，无论它曾经或还有多么辉煌。就如同当年圣·托马斯·阿奎那《神学大全》中展现的那个惊人辉煌的经院哲学一般——“教义”一词也正源自经院哲学！但今天，除了研究中世纪学术的人，以完全有别于中世纪哲人的外来者的视角切入外，还有谁或几人关心?！若按照目前的法学发展趋势来看，我的很可能过于乐观的估计是，大约 30 年后，法教义学的研究——有别于教学，很可能不再能进入中国顶尖高校法学院顶尖学者的视野，相关的研究会转移到二流或三流法学院中去。[①]

这并非一个居心叵测、存心恶心人的希望，而只是一个推断。但这也并非法教义学的唯一前景或规定出路。它也可能，完全可能，如同中国的一些法教义学研究者倡导、主张和努力的那样，坚持其学术开放性，注意吸纳有关法律的多学科经验研究的知识和成果，以各种途径或设置甚或伪装将法律的系统社会后果考量纳入法教义学分析或话语系统中，在这个不断自我修改、吸纳和融合过程中，华丽转身，实际变成了社科法学。它还完全可能“成功”保留其教义法学的名号，尽管衣钵没了。但这是成功吗？什么意义上的？而且有必要争一个名分吗？真正的法学人关心的从来都是真实世界，用马克思的话来说，改造世界而不是解释世界；用霍姆斯的话来说，想事儿而不是想词儿。

最后，本文的写作起因也反映了中国法学学术的一个现象：如今许多所谓的学术“研究”部分地甚或完全因会议的激素而催生！无论好坏，这种激素都在剪裁着我们和后人视野中当今中国学术的那道风景线！在这个学术太繁荣的年代，记忆中的或想象性记忆中的那个以研究者个人智识追求为导向的、“潜心向学”的学术传统已悄悄被置换。而仅此一点，也值得法学人警醒，值得纳入我们对中国法学格局的审视。

---

① 但这一格局不仅取决于法学人的帝国心态和行为，在更大程度上更得取决于其他学科的帝国主义格局和态势。

论中国法理学的死亡*

徐爱国**

一、法学世界里的"死亡通知书"

"上帝死了""哲学的终结"是西方哲学史上常见的命题。其实,在法律史上,类似的命题同样存在。早在19世纪,梅特兰(Frederic W. Maitland)在分析英国法律史的时候,称"我们埋葬了令状制度,但是它依然在坟墓中制约着我们"①。令状制度是英国普通法的起点,但现代普通法的发展却埋葬了令状制度。20世纪70年代,吉尔莫(Grant Gilmore)宣告"契约的死亡"②。现代契约是两个自由意志之间的合意,后自由主义社会引发法律社会化运动。社会法、劳动法及产品责任法宣告了合同法的死亡,契约不再仅是双方当事人之间的合意。传统上讲,侵权法的核心是"过错",是被告行为在"道德上的可谴责性"。现代社会的高风险和高危险催生了商业保险和责任保险,有了充分和完备的保险,基于加害人主观过错的侵权法就死亡了。20世纪60年代,激进的侵权法学者喊出了"侵权法死亡"的口号。③

宣告西方法的三次死亡,但是西方法最终没有死亡。新法改装后,法

---

* 原文刊于《中国法律评论》2016年第2期。

** 北京大学法学院教授,博士生导师。

① 李红海:《普通法的历史解读——从梅特兰开始》,清华大学出版社2003年版,第137页;F. W. 梅特兰:《英格兰宪政史》,李红海译,中国政法大学出版社2010年版,第301页。

② 格兰特·吉尔莫:《美国法的时代》,董春华译,法律出版社2009年版,第109页。

③ 胡雪梅:《"过错"的死亡——中英侵权法宏观比较研究及思考》,中国政法大学出版社2009年版,第302页;Robert L. Rabin, "Some Reflection on the Process of Tort Reform", 25 *San Diego L. R.* 13, 1988.

律形式依然保持了下来。令状消失了，普通法依然以开放的形态持续发展。社会法和劳动法从合同法中分离出去，私法的整体性依然存在。严格责任原则成为侵权法的“例外”，保险法与侵权法并存。此三番法律的死亡，在中国语境下尚不存在。中国从来没有令状制度，合同法和经济行政法、侵权法和保险法并行不悖，或者说，其中隐含的法律冲突尚未被揭示出来。中国法律体系属于初始阶段，初始时代的法律兴旺发达，构建是新生，不是死亡。有生必有死，与西式法律的死亡相比，死亡的不是新创的法律体系，而是新法律体系成就时刻要剥离的非法律因素。从非法律的语境中分离出独立法律知识与法律理念，则是中国法学新生的紧迫任务。旧法律理论和法律意识形态不死亡，一个全新的法学就不会诞生。其中，需要死亡的，首当中国法理学。

二、内在连贯性与思辨论证性的缺失

(一)“沙质的”城堡

一门学科要称得上一门值得研究的“科学”，至少要合乎最基本的条件，其中包括统一的观念主题、连贯的逻辑体系、独到的研究方法。拿哲学术语来说，在“一”与“多”之际，“一”才是形而上学的基本属性，“多”整合为“一”，才可以称为形而上学①。法理学各成分元素有机结合构成和谐体系的时候，才是逻辑自洽的法理学；如果各元素缺乏内在融合的属性，那么法理学则是一座“沙质的城堡”②，而非土木或钢筋水泥的城堡。

回顾中国法理学史，可以发现，中国法理学的统一化发生在两个时期：一是1983年前后司法部组织的法学统编教材，当时称为“法学基础理论”；二是1999年教育部组织编写的法学核心课程教材，采用了“法理学”的称谓。

20世纪80年代早期的法理学教材，这里以北京大学出版社1984年出版的《法学基础理论》作为分析的对象。此书的“出版说明”称，要以党

---

① 叔本华:《作为意志和表象的世界》，石冲白译，商务印书馆1981年版，第131页；〔德〕哈贝马斯:《后形而上学思想》，曹卫东、付德根译，译林出版社2001年版，第140页。

② 温里布:《私法的理念》，徐爱国译，北京大学出版社2007年版，第35页。

的十二大和新宪法为指导思想编写。[①] 除"导论"外有三篇：一为"法律概说"，包括法律的本质与一般规律、法律与其他社会现象的关系、法律发展史；二为"中国社会主义法律的本质和作用"，包括中国社会主义法律的性质、产生和发展、作用、与其他社会现象的关系；三为"中国社会主义法律的制定和实施"，内容有二：一是静态的法律形式、权利义务和法律体系，二是动态的法的制定、适用、解释、制裁、遵守和实施。以今天的法学知识来看，教材的知识来源有三：一是马克思主义法律原理；二是中共党史的文献；三是分析法学或规范法学范式。前二者有内在的联系，都基于相同的意识形态和哲学倾向；第三项貌似中立，因为法律的基本概念、规范体系结构和层次，都以"纯粹法学"的面貌出现，与法律的价值无涉。从这个意义上讲，1984 年版的《法学基础理论》算得上具有内在统一体系的法理学教材。但是，如果我们比较马克思与凯尔森(Hans Kelsen)，问题就来了。马克思认为法律是有阶级性的、意识形态的和带有价值性的，强调社会经济关系对法律的决定性支配；而在纯粹法学的凯尔森那里，法律必须独立于政治、价值和社会效果诸因素。一个马克思主义者不能与一个凯尔森主义者并存；两者结合在一起，法理学城堡依然是沙质的。

至于 20 世纪 90 年代末至 21 世纪初的法理学教材，这里以 2003 年高等教育出版社的《法理学》版本（以下简称"高教版"《法理学》）予以分析。篇章的用词变了，除"总论"外，另有五篇，分别为"本体论""起源与发展""法的运行""法的作用和价值""法与社会"。从逻辑上看，五篇名称并非基于同一标准，看不到哲学史上本体论与认识论、演绎与归纳、事实与规范、先验与经验、文本与语境之类具有美感的分类，也看不到霍尔(Jerome Hall)或斯通(Julius Stone)"法律规则、法律价值和法律效果"综合法学的框架。本体论与运行论对应于早年的静态与动态法律体系论。法律的效果与价值合为一体，法律与社会单列成篇，这就完全打乱了法理学内在的结构。最有趣的是"法律与社会"一篇的内容，"法律与社会"不讲通过法律的社会控制、法律与社会的相互关系、法律与社会的同步发展，而是讨论"法与经济""法与政治""法与文化""法与道德""法与科学技术"

① 北京大学法律系法学理论教研室编：《法学基础理论》(新编本)，北京大学出版社 1984 年第 2 版，第 1 页。但凡再版的畅销书或长销书，第 1 版尝试，第 2 版成型，这是本文乐于选择第 2 版予以分析的缘故。

和“法与生态文明”[①]。在编写者看来，经济、政治、文化、道德、科学技术和生态文明似乎都可以纳入“社会”的范畴。从行文内容上看，教材中关于中共党史的内容没有了，马克思主义法学原理的篇幅少了。通篇的写作指导思想仍然是马克思主义，但没有专门论述马克思主义法理学之处，西方各流派的法学理论填充其间。1984年版38万字的教材扩充到了2003年版的64万字，结构依然是疏散的，质料依然是沙质的。

(二) 法学院的政治课

从学术的角度说，配得上“法理学”名称的，必须得有思辨和论证，既不是意识形态的宣讲，也不是毫无边际地自说自话。不管法理学是马克思主义的，还是新马克思主义的，都不能给学生灌输“大道理”，而应该以理服人。即使是法理学承担了政治宣讲的功能，也应该从学理上论证出政治决策的正当合理性。很不幸，法理学的教材没有做到这些。

一方面，某些法理学教材编写者的官员身份影响了法理学教材的意识形态导向。这不是说法学教授不能做官，也不能说做官的学者没有学术素养，更不能够否定高校校长和院长尽力为中国法学勤勤恳恳、忍辱负重；但是，学者和官员在写作过程中不可避免地带有意识形态先见。一个学术中人有先见的写作肯定不同于无先见的写作；而官员写作中的政治意识形态导向值得注意，因为意识形态讲究的是政治正确，然后才是学术的严谨论证。

另一方面，时代在变，政治意识形态的强弱也在变。20世纪80年代的学者也有“紧箍咒”，21世纪初的官员也要解放思想。从北大1984年版的教材来看，主题观念是一致的，就是要以马克思主义和毛泽东思想贯穿中国法理学的始终。法律本质是统治阶级的意志，法律是阶级统治的工具，是阶级社会特有的现象；法律的历史分类如同历史唯物主义分类一样依次为奴隶制法、封建制法和资产阶级法律。这一部分经典的引用以马克思、恩格斯和列宁的著作为主。中华人民共和国成立后，法律性质发生变化，从法律的本质到法律的性质和作用，基本上复述了中共党史的政

---

① 张文显主编:《法理学》(第2版),高等教育出版社2003年版,第429页。

治法律学说[1]。法律形式、法律规范、权利义务、法律体系、法律渊源、法律解释等概念，并不是马列经典作家们的强项，疑似来自分析法学或规范法学；但是在写作过程当中，抽象掉了西方法学的内容，保持了概念框架，具体内容则体现了中国法律的现实和党的政法观念。

"高教版"《法理学》，没有了中共党史的复述，减少了马克思主义法学原理的篇幅，总体创作思路依然突出政治性。从该书"后记"来看，1999年第一版称，"高举邓小平理论伟大旗帜，切实反映建设有中国特色社会主义理论和实际"，"本书作者试图以马克思列宁主义、毛泽东思想、邓小平理论为指导"。2003年该书第二版"后记"称，"高举邓小平理论伟大旗帜，充分反映三个代表重要思想，切实贯彻党的十六大精神"，"理论创新意味着解放思想、实事求是、与时俱进"。2007年该书第三版称，"坚持以发展着的马克思主义为指导，坚持邓小平理论、'三个代表'重要思想以及科学发展观和和谐社会理论在教材编写中的指导地位"，"创造性地把马克思主义渗透到法学教材之中"，"展示出法理学作为法的一般理论、法学的基础理论、法学方法论与法理学作为社会主义法治意识形态的一致性"。2011年该书第四版称，"高举中国特色社会主义伟大旗帜，坚持中国特色社会主义理论体系，把中国特色社会主义理论体系，特别是科学发展观的思想理论发展成果转化为教材的内容"[2]。

在法律原则与规则、法律行为、正当法律程序、法学方法论等方面，"高教版"《法理学》的每一次再版都吸收了西方法学研究的新成果；但是，所占篇幅不多。以"法律与经济"为例。自20世纪60年代以来，法律经济学异军突起，横扫美国法学界，解构法学各部门，渗透法律活动全过程。以经济理性人为出发点，以效益最大化为基本准则，以成本—收益分析为尺度，重新描述和评论法律世界。西方法学的规范法学和分析法学因其表层的中立性、法律道德哲学因其价值论的可塑性、法律社会学因其现象描述的客观性，都可以部分纳入中国法理学中来。但是，法律经济学则不可以，因为法律与经济的关系，连同法律的统治阶级意志性一起，构成马

---

① 北京大学法律系法学理论教研室编：《法学基础理论》（新编本），北京大学出版社1984年版，第264、256、276页。

② 第四版的教材末尾，附录了每一版的写作"后记"，这里以第四版后附录为参照，参见张文显主编：《法理学》（第4版），高等教育出版社、北京大学出版社2011年版，第368、365、362、360页。

克思主义法学的根基。体现统治阶级意识的法律最终是由经济关系所决定的，这是马克思主义法学的核心；如果把庸俗的成本—收益模式取代法学中的历史唯物主义，那问题就大了。虽然从学术的意义上讲，马克思的经济学实际是政治经济学，而科斯(Ronald H. Coase)和波斯纳(Richard A. Posner)倡导的法律与经济中的经济学是微观经济学；但是，中国法理学者中谁有这种理论勇气？

三、根基的丧失与一颗不安分的心

（一）法理学的主观性和独特个性

法理学是一门主观性显著的学说，不存在客观的真伪标准。有了预设的逻辑前提，提出了独到的法律命题，展现严密的论证过程，就可以称之为一种理论。这里，法理学既不同于法律史学，也不同于部门法学。法律史学的根基在于历史的材料，史学的考据也好，史学的评论也罢，总不能离了史料而随意发挥。历史文献可能作假，历史的评论也可能因人而异，但是历史求真的理论追求不变。《法国民法典》的知识来源是古罗马的《法学阶梯》，还是中华帝国的《大清律例》？比较勘对三部法典的异同就是了，怎么也不会把《拿破仑法典》追溯到北美的印第安人。部门法学的根基在于现行的法律规范，学者可以讨论有效法律规范之前的更合理的法律应然，也可以比较不同法律文化下的法律规定，还可以拿法律规范之后的不利后果评判现行法律的不足。但是，无论如何，部门法的研究脱离不了有法律效力的法律规范。法律研究的客观性，并不存在于法理学领域之中，法理学是一个主观的世界，或者说是一个自言自语的、随意发挥的和不着边际的世界。

再者，法理学的主观性与法理学者的个性紧密相连。既然无需客观的标准与尺度，每个学者的法理学都带有作者自己的个性特点。个性化的法理学也可以有统一的趋势，每一次统一的结果，就是取多数法理学知识的最大公约数；这个公约数就形成一个法学的流派。举例来说，洛克(John Locke)从人的本性予以推演，人的自然本性就是一种法，这就是自然法。人的本性是追求生命、自由和财产，但极端的个人主义会导致无政府状态。为了追求更好的生活，人们在“被狮子吞没”与“狐狸骚扰”之间选择，于是有限度地转让自然权利、授予给公共的权力，避免无政府的自然状态；通过社会契约的方式成立有限的政府，政府的职能就是捍卫自己的天生权利。卢梭(Jean-Jacques Rousseau)与洛克不一样，他与洛克的差异是全方位的：法国人/英国人，感性/理性，平等/自由，集权/分权，直接民主/间接民主，全部转让自然权利/部分转让自然权利，全能国家/有限政府。但是，卢梭也提自然状态、自然法、自然权利、社会契约、法律统治和反抗暴政，这是卢梭和洛克理论的公约数，这个公约数就构成1世纪到18世纪的共同理论，后人称之为古典自然法学。

法理学的主观性和个性多样化导致了理论统一的不可能性。前面提及的中国法理学统一运动，其实是违反法理学自身规律的。实际上，法理学的统一者们也意识到这个问题，"高教版"《法理学》第一版"后记"就有这样的文字："各校教师在教学过程中，可以把本书的观点作为有一定代表性或较大参考价值的观点在课堂上讲授，但不强求大家接受"，"至于教师持什么观点、怎样讲授由教师自己决定"。[①] 可惜的是，从第二版后，"后记"里就没有了这样的文字。

在实际的法理学教学中，特别是在历史悠久、高手云集的法学院里，谁也没把"红宝书"当作真正具有"最高指示"意义的必备书，每个法学院都有自己的教材，每个教授在讲授自己的法理学。法理学，或者专门化，走向一种特定的西式法理学；或者泛泛化，走向辞典型的法理学。前者称为"法理学原理"或"法理学研究"；后者称为"法理学导论"。中国政法大学2009年版的《法理学原理》是前者的典型，这是一本遵循分析实证主义法学传统的教材。第一编"法律概念论"，由自然法学导出分析法学；第二编"法律规范论"，内容涉及奥斯丁(John Austin)的法律命令说、凯尔森的规则论、哈特(H. L. A. Hart)的规则论和拉兹(Joseph Raz)的法律体系论；第三编"法学方法论"，内容涉及阿列克西(Robert Alexy)的法律论辩说或称数理逻辑运算。教材还想以分析实证主义来批判道德哲学，但做得不成功，因为迄今为止，法律的道德哲学与分析哲学没有输赢。表现在这本《法理学原理》里的，便是第四编"法律价值论"，全编就一节内容："法律价值总论"[②]。研究法律价值或者法律的道德，不是分析法学的强

---

① 张文显主编：《法理学》(第4版)，高等教育出版社2011年版，第369页。

② 徐显明主编：《法理学原理》，中国政法大学出版社2009年版，第277页。

项,或者说,分析法学本身就是反价值、反道德的。呈现在读者面前的《法理学原理》,实际上就是一部没有完成的著作。浙江大学2004年版的《法理学导论》是后者的典型,既不要原理,也不要学说,甚至不要体系,全书分列十八个概念,法律概念、法律要素、法律分类、法律体系等,一个概念一章[①]。与其说是一本法理学的教材,还不如说是一部《简明法学词典》或《法学概念指南和索引》,压根就不成其为"学"。

(二)政治法理学者与明星法理学者

失去根基和信仰的法理学,就如同没有了爹娘的孩子。在实行母权制的地区,问采母权制的优势在哪里?得到的回答是,母或妻在家里呆着,男人们不管走到哪里,不管做多大的官,挣多少的钱,最后都要把钱交给家中的"母亲"。母在,家就在。孔子也曾经说过,"父母在,不远游,游必有方"。一旦父母没了,家就散了,孩子们就开始撒野了。拿这个比喻来形容中国法理学的现状,再合适不过:没有了马克思主义这个中国法学的"爹娘",中国法理学者们就开始跑马占地、攻城略地、自立为王和画地为牢,中国法理学进入"军阀混战""封建割据"和"先占为王"时代。每个人都穷尽自己所能,争抢法理学的"头牌""领袖""首席"和"大佬"。

政治法理学者将法理学与政治密切相连,官方提出一个口号,法理学家们就把政治口号演绎成法学的口号,写成法理学的官样文章,登上法学权威或核心期刊。官方说要发展市场经济,法理学家就写市场经济就是法治经济;官方说尊重权利,法理学家就写法律权利本位说和中国人权体系;官方说走中国特色,法理学家就写法治与本土资源;官方说改革开放,法理学家就写法律全球化;官方说依法治国,法理学家就写法治中国。在"中国知网"(http://cnki.net)上按时间顺序搜索一下知名法理学者的最新论文,这样的文章标题赫然在目:《中国特色社会主义法治理论的科学定位》《中国法治新常态》《中国特色社会主义法治道路如何走?》《全面推进依法治国的伟大纲领——对十八届四中全会精神的认知与解读》《建设中国特色社会主义法治体系》《中国法治建设站在了新的历史起点上》《法

① 参见孙笑侠、夏立安:《法理学导论》,高等教育出版社2004年版。

治化是国家治理现代化的必由之路》[①]。不否认法理学与意识形态相关，但在一年多的时间里，如此多的论文发表在法学权威或核心期刊，几乎摧毁了法理学作为一门法学学科的独立的学术品格。

还有一种明星法理学教授，言必称西方，把洋学者介绍到中国，再找一些学者，造造势、抬抬轿，造一个法理学的热点，进而将自己塑造成明星学者，垄断资源，相互提携，共享殊荣。早些年，博登海默（Edgar Bodenheimer）和庞德（Roscoe Pound）传了进来，于是博氏、庞氏两人成为中国法学的红人；晚些时候，哈耶克（Friedrich A. Hayek）、哈特和哈贝马斯（Jürgen Habermas）传了进来，中国法理学有了热门的"三哈现象"；前几年，韦伯（Max Weber）和伯尔曼（Harold J. Berman）传了进来，"法学研究类型和范式"和"法律的信仰"充斥着中国法理学文献；再后来，波斯纳传了进来，"法律与经济"占领法理学半壁江山；最近，施密特（Helmut Schmidt）又传了进来，"新威权主义"成了法学的新宠。正宗"法统"既倒，法理学就是一片新大陆，"喜欢谁就是谁，管他明天洪水滔天"，占了先机就占领了法理学的最高点，就可以成为法理学的领军人物。那个曾经政治挂帅、引领法律意识形态的法理学，现在却完全无视这些外国法学家的政治倾向了。例如，庞德与集权主义，哈耶克对共产主义的攻击，施密特的法西斯主义。仔细琢磨这些年来法理学的热门话题与热门人物，不难发现：这不是西方法律思想史吗？

（三）法教义学与社科法学的对垒

"法律教义学与社科法学之争"，是法理学开启的新热点，法理学这次向部门法学发起了进攻。法律教义学是民法学界和刑法学界一直热衷讨论的问题，其实与法理学相去甚远。早些年，已有法理学者们从法学方法论的角度写过法教义学的论文。但成为法理学的热点，要回溯到2014年。先是2014年5月24日，中国政法大学法理学研究所和《环球法律评论》编辑部联合召开"多学科背景下的法学及其方法"学术研究会；紧接着，5月28日，《法学研究》《法商研究》和《法律和社会科学》编辑部联合

---

① 通过法理学论文的"形式"来宣讲国家政治在法律世界中的方略，这样的论文是否算是"学术的""实质的""法理学"论文，值得深入探讨。中国法理学特殊的法律意识形态地位，导致法学期刊刊登大量的此类文章，这里仅以个例说明，不再广泛引证。

主办[①]，中南财经政法大学法学院承办了“社科法学与教义法学的对话”；其后，8 月 30 日，中国政法大学法理学研究所和上海交通大学凯原法社会学研究中心联合召开“中国法律学术的社会构建及其方法”研讨会。《中国法学》《法商研究》和《中外法学》也开专题刊登系列文章。[②] 法理学界出场豪华阵容，专家领衔，附和者众。反观刑法学界和民法学界，却只是少数年轻学者据理力争。

当年，被人问及何为法律教义学和社科法学，第一联想就是“关公战秦琼”，两个武将在隔时空地干仗。严格意义上的法律教义学是 19 世纪下半叶德国的产物，往前推追溯到基督教的学者研究罗马法，“社科法律”则是生造的一个新词，从内容上看，要追溯到美国 20 世纪 60 年代之后的“法律与……”运动，也就是法律交叉学科的研究，其中有 60 年代以来的法律与经济运动，有 70 年代以来的法律与政治之批判法学运动，以及后来的“法律与文学”运动等。中国法理学者们联合了美国历时 60 年的“法律与经济”“法律与政治”和“法律与文学”，合并统称“社科法学”，共同讨伐大陆法系传统历经 150 余年的法律教义学。这里无意去追溯法律教义学和“法律与……”的来龙去脉和内在的含义，因为只要进入一个法学数据库，就有读不完的文献；只集中讨论法理学发起的争议是如何的无趣，进而展现中国法理学临死之前无谓的挣扎。

首先，将“法律与经济”“法律与政治”和“法律与文学”统合在一起，就是一个知识上的堆积，而不是知识上的融合。“法律与经济”是典型的西学右派，其前提就是自由竞争的市场经济，终极目标是效率、效果和价值的最大化，判断的标准是最低的成本与最大的收益。[③] “法律与政治”则正相反，是西学中典型的左派，法律是经济发展的工具，法律体现权力者的意识形态，法律是用形式的平等掩盖实质的不平等。[④] 把这两派组合到一起，同时纳入法理学，只能是中国的法理学；而在西式法学背景下，它

---

① 孙光宁、焦宝乾：《法治中国背景下的法律方法论研究——2014 年中国法律方法论研究学术报告》，载《山东大学学报》(哲学社会科学版)2015 年第 3 期。

② 2014 年和 2015 年，法学“核心期刊”“权威期刊”及 CSSCI 期刊以社会科学法学和法教义学为题的论文爆炸式增长，篇目过多，这里不再一一列举。

③ Joshua D. Wright and Douglas H. Ginsburg, “Behavioral Law and Economics: its Origins, Fatal Flaws, and Implications for Liberty”, 106 *NW. U. L. Rev.*, 1033, 2012.

④ Duncan Kennedy, “Teaching from the Left in my Anecdotage”, 31 *N.Y.U. Rev. L. & Soc. Change* 449, 2007.

们本身就是水火不容。

其次，把法律教义学当作自己的批判对象，实际上是降低了法理学的地位。法理学本义为法律哲学或法律的形而上学，是法学中的纯粹理性。按照传统的看法，那是凌驾在各社会科学之上的神祇；而法律教义学则是法学中的实践理性，是法律规则和法学理论中间的准形而上学。一个意大利的税法教授这样形象地描述，法律从规范到理论的排列顺序是“法律规则—法律教义学—法学理论”，法律规则是形而下，法律教义学是形而上，法学理论是形而上之形而上。[①] 拿康德的术语作类比，他的书里虽然还没有出现教义学，但有法理学和法的形而上学的区分。法理学是法律知识，是立法者和司法者的世界，而法的形而上学则是法律的理念，是哲学家讨论的问题。在思维类似关系上，他的法理学类似于今天的教义学，法的形而上学类似于今天的法理学。在古典哲学家那里，一个哲学家与一个法学家的差异，那是一个在天上，一个在地上。法理学把自己降低到法律教义学的层次，玷污了我们内心神圣而向往的法理学。法理学走下了神坛，与庸俗的、市侩的、粗俗的市井之技为伍了。

再次，社科法学学者没有细致地研究教义学的思想史，更没有洞察到当代哲学的最新变化。前者让他们误解了法律教义学，后者让他们无视了法教义学和社会科学在思维上的趋同性。其一，教义学不是简单的三段论，耶林（Rudolph von Jhering）所批判的概念法学与弗兰克（Jerome N. Frank）所批判的法律形式主义并不能与教义学画等号。任何一个法官，甚至是初审法官审理最简单的案件，都有一个复杂的思辨过程，规则的理解、事实的认定、规则应用于法律事实，依然是经验的，而非逻辑的。明显地，弗兰克在其《法律与现代精神》中，把兰代尔（Christopher C. Langdell）法律形式主义与奥斯丁的分析法学混用，他想当然地把这两者当作法律现实主义的敌人，把他们理解的司法过程当作了“自动售货机”[②]。中国的社科法学学者犯了弗兰克同样的错误，错把法律教义学当作了机械论法学，当作了简单的逻辑三段论。其二，法律教义学也并非一成不变。它最早起源于教会里的教士以亚里士多德的学说整理和评注罗

① Carlo Garbarino, “Comparative Taxation and Legal Theory: the Tax Design Case of the Transplant of General Anti-Avoidance Rules”, *Theoretical Inquiries in Law*, V. 11 No. 2, 2010, p. 768.

② Jerome Frank, *Law and Modern Mind*, Anchor books, 1963, p. 207.

马法，开启了罗马法复兴的先河，亚里士多德的形而上学加上经院主义的神学演绎出了法律教义学；其后，萨维尼（Friedrich Carl von Savigny）与普赫塔（Georg Friedrich Puchta）的历史法学与温德夏德（Bernhard Windscheid）的潘德克顿学派，创立了"科学的法学"，完成了韦伯意义上的"形式理性"[①]，以内在的、和谐的、统一的法律学说闻名于世。中国民法学者和刑法学者，或者从我国台湾学者那里，或者从日本学者那里，或者从德国学者那里继受了这样的法律传统。潘德克顿学派仍然是一门学说，是"规范"意义上的高度形式性。当规范用之于案件事实的时候，不会是简单的逻辑，其中存在着规范与事实的转化。无视这个转化过程，把潘德克顿学派当作形式主义和机械论，同样委屈了教义学。其三，当古典哲学或形而上学衰败、解释学和语言学取而代替古典哲学地位的时候，法学家们不会置新的哲学成果而不顾，没有意识到传统哲学和语言的局限性，从法律规范之外寻找适用法律的资源。要知道，新哲学的开山鼻祖洪堡（Wilhelm von Humboldt）、尼采（Friedrich Wilhelm Nietzsche）、弗雷格（Friedrich Ludwig Gottlob Frege）、胡塞尔（E. Edmund Husserl）和海德格尔（Martin Heidegger）都是德国人。当解释学区分文本与语境，当语言学从语义学转向语用学的时候，20 世纪的德国教义学与美国的"法律与……"后现代主义逐渐靠拢，只不过德国人保持法学"内在、和谐和统一"的传统[②]，而美国人则更喜欢"交叉的、开放的、'case to case'"的传统[③]。从实际的情况来看，德国传统与美国传统的战斗并未结束，一个德国人在美国法学院施展不了功夫；同样，一个美国人在德国大学的法律系也无用武之地。

中国社科法学的学者，要么是法学界的大腕，要么是法学界的新锐，即使没有专门研究过法律教义学，也应至少了解"拉德布鲁赫公式"（die Radbruchsche Formel）[④]和德沃金（Ronald Dworkin）所谓"语义学之

---

① 韦伯：《论经济与社会中的法律》，张乃根译，中国大百科全书出版社 1998 年版，第 63 页。

② Ralf Poscher：《裁判理论的普遍谬误：为法教义学辩护》，隋愿译，载《清华法学》2012 年第 4 期。

③ Marc A. Loth, "Limits of Private Law: Enriching Legal Dogmatics", 35 *Hofstra L. Rev.*, 1725, 2007.

④ 拉德布鲁赫：《法律智慧警句集》，舒国滢译，中国法制出版社 2001 年版，第 16—18 页。

刺”[①]里面暗藏的教义学和交叉科学各自的法学传统，只是他们选择性地看到了法律正义论和道德论表面上的胜利。“明知山有虎，偏向虎山行”，法理学者的勇气可嘉。除此之外，能够解释法理学杀向刑法学和民法学的，只能是法理学的垂死挣扎、害怕失去法学“精神导师”地位的自尊心作怪罢了。

四、法理学消散后的灵魂飘荡

文章的最后，不想再做总结，也不想发出“中国法学向何处去？”式的英雄主义宣示，只想摘录一段《西藏生死书》的文字作为结尾：

> 佛法告诉我们，证得惊人而无边无际的自由，是在现世可以做得到的。这个自由，让我们可以选择死亡，并进而选择再生。对已经做了准备和修行的人来说，死亡的来临并不是失败而是胜利，是生命中最尊贵和最光荣的时刻。[②]

---

① 德沃金：《法律帝国》，李常青译，中国大百科全书出版社1996年版，第42页。

② 索甲仁波切：《西藏生死之书》，郑振煌译，中国社会科学出版社/青海人民出版社1999年版，第21页。

党法和国法:政党法治国下的思考*

强世功**

从中国共产党十一届三中全会到十八届四中全会,中国法治发生了飞跃性的发展。其中最具有革命性的是将党法体系名正言顺地纳入到法治秩序中,改变了过往国家法中心主义的法治观,确立了法律多元主义的法治观。然而,在多元法治秩序中,要真正理解党法和国法的关系,就必须将其放在人类法治发展的脉络中加以把握。

三种法治秩序模式

从人类法治秩序的形成和发展历史看,法治发展经历了几次变迁,形成了三种法治秩序模式。

第一种就是"神圣法之治"的古典法治。"轴心时代"以来,全球主要文明形成了宗教法、天道自然法、礼法、律法、习惯法等相互交融的多元法治秩序。其中,起主导作用的乃是与宗教思想融为一体的天道自然法或神圣法。因此,古典法治的核心含义乃是"神圣法之治"(the rule of sacred law)。然而,目前主流法学界由于过分受到西方现代法治观念的影响,用现代法治秩序的眼光阅读古典法治秩序,以至于仅仅关注其中制定法的要素或理性化的要素,不仅无法理解古典法治秩序的精神,而且其解读充满了无知的偏见和傲慢的批判,甚至用韦伯的"实质非理性"的"卡迪司法"概念来概括中国古典的司法审查。然而,如果我们不能认真对待古典法治秩序中天道人心对政治权力的正当约束,而过分迷信国家法,试图

---

* 原文刊于《中国法律评论》2016 年第 3 期。

** 北京大学法学院教授,博士生导师。

人为地确立宪法至高无上的神话来实现法治,最终可能会变成法学家们的一厢情愿。

第二种就是"国家法之治"的现代形式法治。商业资本主义的发展、加速的社会分化、战争和理性化,都在推动现代主权国家的兴起。古典法治秩序中的法律多元主义最终让位于国家法或实定法一元主义的法律帝国或法律霸权模式,从而形成国家法中心主义的法治观。这个过程无疑是一场漫长的法律革命。"法治"概念也就从古典法治秩序中的"神圣法之治"变成了现代法治秩序中"国家法之治"(the rule of state law),这种"国家法之治"在大陆法传统就变成"制定法之治"(the rule of statute law),而在普通法传统中就变成了"判例法之治"(the rule of case law)。

在古典法治秩序中,神圣法之所以能够超越于其他多元法律之上,就在于神圣法的超验性,而在现代法治秩序中,国家法治所以能够超越于其他多元法律之上,就在于国家法的抽象性和形式合理性。因此,现代法治采取一种高度形式主义的立场,高度抽象的科学理性主义和非人格化的程序主义构成了现代法治的基本特征,国家法由此才能获得普遍性,从而取代其他多元法律规范,或把其他多元法律规范降低为"地方性知识"而强化国家法的普遍性权威。而现代法治背后的自由资本主义经济方式,要求现代法治约束国家权力,从而为资本主义的自由发展提供法律空间。

第三种就是"公共政策之治"的后现代实质法治。随着社会主义运动的兴起和大众民主时代的到来,社会主义国家出现,自由资本主义也向福利国家时代转型。而在后形而上学时代,现代法治理念也走下启蒙时代形而上学的价值神坛,正在变成了一种社会治理的工具。形式法治所推崇的"自治型的法"也开始转向了"回应型的法",法律成为回应社会问题、解决社会问题的工具。法律工具主义和法律实用主义也由此兴起,推动了现代形式法治转向后现代的实质法治。法治不仅意味着约束国家权力,同时也意味着赋予国家推动社会发展的权力。法治由此变成一项特定条件下的"治理术"。在这种法律的治理化时代,推动社会发展的主要力量是大规模的行政规章和日益庞大、处于不断变化中的公共政策。"法治"概念也从现代法治秩序中的"国家法之治"变成了后现代法治秩序中的"行政规章之治"(the rule of regulation)或"公共政策之治"(the rule of public policy)。

在现代法治秩序时代,欧洲大陆法系国家主要依赖立法机关制定的法律和法典，从而形成“立法法治国”模式，而普通法法系国家主要依赖法院的司法判决从而形成“司法法治国”模式。然而，到了后现代法治秩序形成的过程中，这两种模式同时转向了“行政法治国”或“行政规制国”模式。在欧洲大陆法传统中，这种法治秩序的转型引发了基于公共领域的协商民主、政策性民主的兴起，逐渐取代过往以立法机关为中心的代议民主概念，社会运动和公共参与对于民主的重要性甚至超过了代议选举。然而，在普通法国家中，特别是美国，法院逐步参与到公共政策制定中，特别是罗斯福新政推动的“宪法革命”导致美国向福利国家全面转型，而法院的司法审查也日渐从经济问题转向公共政策问题，从而成为“公共政策的法院”，而公共政策的政治意识趋向推动美国联邦最高法院最终变成了“政治的法院”。

如果说现代法治秩序强调的形式理性法或形式法治始终以自由资本主义的市场经济作为奠基性的法，那么后现代法治秩序强调的实质理性法或实质法治始终以社会主义思想中的公共福利作为奠基性的法。如果前一种法治理论的奠基人乃是韦伯，那么后一种法治理论的奠基人无疑是哈贝马斯。可以说，在后现代法治时代，社会主义法取得了决定性的胜利，法律要服务于公共福利，法律要在不同的利益之间进行均衡和选择，这些实质性的利益标准成为法律必须服务的准则。

政党法治国：新旧法治的钟摆与混合

如果说对于西方发达国家而言，从古典法治、现代法治到后现代法治的发展乃是一个单向度的线性发展过程，那么对于后发达国家而言，在从古典法治秩序向现代法治转型的过程中，却要始终面临在英美与欧陆、资本主义与社会主义、现代形式法治与后现代实质法治、立法法治国、司法法治国与行政法治国之间的选择。而一旦将欧洲历史发展平面化之后，后发达国家的法治秩序事实上很少能够作出非此及彼的选择，而往往是这些不同道路和模式之间形成钟摆，形成不同道路和模式之间的竞争、斗争乃至最后相互混合。在这方面，中国无疑是后发达国家成功发展的典型。

1. 旧法治与新法治：中国法治秩序建构中的钟摆

从1840年以来，中国处于从古典法治秩序向现代法治秩序的转型的法律革命时代。在这个时代,中国法治建设始终面临现代形式法治和后现代实质法治的影响和竞争,从而呈现出两种法治模式之间的钟摆现象。对于中国古典法治秩序而言,这两种法治秩序都是“新法治”。然而,在西方历史线性发展观的背景下,二者在中国法治秩序形成中始终在争夺“新”来否定“旧”的正当性。

社会主义的法治秩序之所以将形式法治看作是“旧法治”,不仅在于阶级利益问题,根本在于法律仅仅认可并确认了现实社会关系的法,而自己作为一种“新”法治,其“新”恰恰在于法律要作为一种自由意志的体现,从而成为改变社会关系的工具,从而推动社会进步,建立社会主义社会甚至实现共产主义。这种新法治的建立无疑是一场法律革命,它在多元法律法治秩序中凸出“政策”的重要性,正如毛泽东在1958年的一段讲话中所说的,“我们不靠这些”(宪法和法律),而是靠“开会”“决议”之类的政策,靠对政策的意识形态宣传所形成的整体社会风气(mores)或民众的习惯。而之所以强调政策的重要性就在于表明法律不是既定秩序的确认,而是对社会秩序的改变,试图通过政策和法律来改变整个社会的法则,从而让人为的法与自然的法、社会的法相统一,让自由与必然性获得统一。

然而,改革开放以来,这种“新”法治因为被打上“文革”“维辛斯基”和“阶级意志论”等烙印而被看作是“旧”的东西,而曾经被批判为“伪法统”的“旧法”又随之复兴为“新”法治。在这种现代法治观念看来,政策、决议之类的东西之所以不能被看作是法治的要素,重要的其实不在于阶级性或暴力性,而在于缺乏稳定性、规则性和程序性,它使得社会生活不是出于相对稳定的状态,而是出于始终不稳定的变革状态之中,而任意性、不稳定性和缺乏稳定预期恰恰是“人治”而非“法治”的特征。因此,现代法治和后现代法治、法律和政策、国家法一元论和法律多元论,这两种法治理念始终处于争论之中,形成了中国法治发展中的内在张力。

由此,从晚清法律改革到废除“六法全书”,从“文化大革命”到党的十一届三中全会,从九届全国人大到党的十八届四中全会,这两种法治秩序构想在中国法秩序建构中始终处于钟摆运动状态,导致中国法治发展呈现出新、旧法治两种理念相互交织的图景。特别是党的十一届三中全会以来,由于全球化导致西方资本主义呈现出“历史终结”的扩张态势,以至于中国法治发展在话语表达层面上,“旧法治”始终占据着上风并掌握着意识形态的话语权。然而,中国的主体意识始终推动中国牢牢扎根本土大地来建构完善自己的法治新秩序，在这个前提下充分吸收旧法治的有益要素。由于中国处于后发达国家的历史处境，中国要赶超西方必须采取跨越式发展道路来推进现代化，这就意味着中国法治建设始终要坚持通过政策和法律来改变社会，推动经济基础和上层建筑的变革，这种客观发展的必然性决定了中国法治在“实践”层面上必须采取以政策为主导的后现代法治模式，始终坚持党的路线、方针和政策在法治秩序建构中的主导作用，国家和法律始终是执行和落实党的政策的有效工具。党的十一届三中全会以来，每年“中央一号文件”无疑都成为推动中国社会进步最有力量的根本法。时至今日，中国法治秩序中最重要的依然是历届党的代表大会和历届中央全会所形成的“报告”和“决议”。这些报告和决议在法律规范的意义上无疑属于政策范畴，在中国法治秩序建构中依然发挥中根本性的作用。

因此，改革开放以来中国法治秩序建构中，新旧两种法治理念和法治模式始终交织在一起，并在话语“表达”与“实践”经验之间、职业法律人阶层和执政党之间形成张力和背离，导致“能说得不能做”，“能做的没人说”。正是为了缓解二者的紧张，中国法治建设只能在社会主义“新法治”模式上，不断吸收“旧法治”模式中的有益要素，采取边施工边设计，边发展边补课，边吸收边消化。这种矛盾的交织的局面往往被表面化地理解为社会主义和资本主义左右意识形态分歧，或者人治和法治的分歧，而实际上真正的分歧在于：面对人类法治发展进程，我们究竟要“哪一种法治”？是18世纪自由市场时代的旧法治，还是20世纪乃至21世纪公共治理和公共福利时代的新法治？是完全照搬西方既定的法治模式，还是立足中国本土大地确立符合自身历史经验的法治模式？中国法治秩序建构的现实“身体”已进入21世纪，然而法治理念的“脑子”依然处于18世纪，由此形成种种“阶段论”“补课论”之类“刻舟求剑式的”法治论调。这种法治理念中的“本本主义”“教条主义”无疑忽略了中国法治建构的经验现实，不利于从中国法治建设的历史经验中提出具有普遍历史意义的法治理论。

2. 大众民主、党国宪制和行政法治国：西方的历史经验

从西方的历史经验看，旧法治迈向新法治的过程中，无论大陆法传统中的立法法治国模式，还是普通法传统中司法法治国模式，都共同经历了向行政法治国模式的转型。这种法治形态的转型的背后乃是经济形态和

政治形态的转型,从经济上看就是自由资本主义向社会主义性质的福利国家转型,而政治就是欧洲社会主义运动推动了西方民主从早期精英民主时代向现代大众民主时代的转型。而在大众民主时代,现代政党扮演了重要的角色,大众民主和现代政党乃是一个硬币的两面:大众民主推动现代政党崛起,而现代政党始终凝聚并代表着大众的诉求。政治现代化就是强调要有一套成熟的制度设计来回应大众民主推动的现代政党对政治的参与。

由此,在大众民主时代,我们所熟知的经典的"三权分立"理论在现实中就遇到来自现代政治科学的挑战。从政治科学的经验眼光看,大众民主和政党政治兴起之后,政治权力划分为选举奠定的执政党所掌握着政治决定权和国家机构掌握的执行权,由此现代政治权力的运作表面是按照宪制框架中的"三权分立"运作的,可在实际上是按照"政治"与"行政"的逻辑运作的。政党掌握着政治决定权,尤其是政策的制定权,而国家机构,无论是立法、行政和司法实际上都可以看作是广义上的"行政"范畴,都属于执行政治政策的工具,由此执政党将自己的政治主张和公共政策通过立法、行政和司法的方式展现出来。

由此,在政治科学中,传统分权学说和政体理论就丧失了原来的支配地位,代之而起的就是现代政党理论和公共行政理论,因为无论总统制还是议会制,这些传统的政体理论无法准确地概括大众民主时代的宪政体制的运作。以美国宪政为例,传统的政体理论将美国概括为总统制,可是从美国宪政体制的具体运作看,从早期到重建时代以来,美国宪政体制的运作重要围绕着国会展开,实际上形成了国会主导格局,然而到了罗斯福新政时代才开始慢慢趋向于总统主导格局,宪法中赋予国会的诸多权力(如战争权)在实践中转移到总统手中,这甚至构成了美国宪法中的"不成文宪法"。在从沃伦法院以来,联邦最高法院始终以积极能动的姿态推行公共政策和政治核心价值问题,从而一度又形成司法主权的主导局面。而同样的宪政体制之所以能够展现出不同的面目,是由于政党政治,既取决于执政党掌握着那一个国家机构,执政党更方便通过哪个国家机构来推行其公共政策。这样的宪政体制实际上就是政党驾驭国家机器的党国宪政体制。正因为如此,从罗斯福新政以来,联邦最高法院的法院任命变成了了一场政党争夺战,最高法院的司法独立性和司法理性化日渐沦丧,司法判决结果往往变成"5∶4"的党派政治投票,而司法判决理由也从传统普通法中的法律推理变成了政治修辞。正是在这种党国宪政体制的现实运作中,小布什时代由于共和党一度控制了议会和总统,导致具有"共和党大脑"之称的卡尔·洛夫(Karl Rove)一度构思过将美国变成"一党长期执政"的宪政体制。

由此可见,从政治科学的眼光看,在大众民主的政党政治时代,所有的宪政体制都属于党国宪政体制。前面所说的"行政法治国"实际上就是大众民主时代现代党国宪政体制的产物。因为执政党最直接、最方便的政策落实工具就是自己直接掌握的政府,这样既可以避免议会机构中其他党派的扯皮,也避免司法独立带来的制约,这在客观上也推动行政法治国的兴起。所不同的是,在自由民主体制下,通过多党竞争形成了党国相对分离的"党国分离体制"。在这种体制中,政党只有在通过竞争性选举执政之后,只能才能将自己的政治主张和政策通过国家机器中的立法、行政和司法展现出来。然而,如果政党频繁轮流,必然导致政治政策的不稳定,导致立法、行政和司法陷入不稳定的运转之中,甚至出现国家机器"空转"的局面,致使自由民主体制陷入治理危机,甚至导致了"失败国家"的出现。

相反,在人民民主体制下,通过一党执政形成了党国处于整合状态的"党国整合体制",其典型就是苏联模式。在这种体制下,一个政党完全控制着国家,政党和国家融为一体制。这种体制的优势在于政策的稳定性和连续性,有利于推动国家的长远发展和迅速崛起,因此,这种体制对于后发达国家而言具有很大的吸引力。然而,这种体制的弊端在于政党官僚化很容易陷入腐败,形成一个特殊的利益集团,不能代表人民大众,从而窒息了政治流动的渠道,丧失了政治活力。而在大众民主时代,这往往反过来会导致政治不稳定。

3. 政党法治国:一种混合的法治模式?

从戊戌变法到国民党改组,中国现代政治迅速从精英民主转向了大众民主,通过现代政党来组建国家,构成了中国现代政治中党国宪政体制的共同基础。中国共产党在江西瑞金时完全学习苏俄党国高度合一的整合模式,然后逐渐脱离了苏联模式,探索出党多合作、党国既分离又整合的"党国互动体制"。在西方的党国分离体制中,行政法治国的一个重要特点是在立法、行政和司法权力的相互制约竞争关系中,执政党需要选择主要依赖哪一个机构更为方便来推行其政策。而在中国的党国互动体制中,党同时拥有组织化的政党体系和国家官僚体系两个相对独立的系统,因此,执政党的施政方略不仅可以通过党法在党的系统中来落实,而且可以在转化为国法在国家的系统中来落实。

更重要的是,在这种党国互动体制中,执政党全面掌握和领导国家,因此立法、行政和司法之间并不存在竞争,执政党不需要考虑由哪一个机构来落实其政策,而恰恰需要根据立法、行政和司法这些机构自身的性质来落实其政策。由此,我们看到中国的立法依然可以按照18世纪的经典模式,考虑长远,追求稳定,从而进行原则性立法,避免西方行政法治时代大量法案涌入立法机关,形成快速立法、快速废法的局面。而法院在个案中始终需要考虑政策因素,考虑判决的法律效果和社会效果的统一,最高人民法院通过司法解释拥有公共政策的制定权,以至于最高人民法院始终是一个"公共政策的法院",但它又不像美国联邦最高法院那样成为"政治的法院",因为政治的决断权始终掌握在执政党手中。

可见,在新法治时代,西方的党国分离体制主要依赖行政机关来推行公共治理和公共政策,从而形成"行政法治国"模式。中国的法治模式虽然也受到整个实质法治倾向的影响而具有行政法治国的诸多特征,尤其是公共政策主导的特征。然而,在中国的党国互动体制中,一方面执政党同时借助党和国家两个系统来"治国理政",推动公共治理,落实执政党的路线、方针和政策,不同于西方国家执政党只能借助国家体系来推行公共治理,因为西方国家的政党仅仅是一个单纯的"选举机器",而自身不具有组织和治理职能。另一方面,由于执政党全面掌握国家机器,完全可以按照每个机构的性质不同而以不同的方式来共同落实其治理思路,而不需要向西方国家那样主要借助自己掌握的行政机构来实施。那么,这种法治国模式可不可以称之为"政党法治国"呢?即在法治秩序中,起主导作用的不是行政机关,而是政党本身。在现代政党政治下的党国体制中,西方的行政法治国主要展现为"政党通过行政规章或公共政策的统治"(the rule of party by regulations or public policy),那么中国的政党法治国可以看作是"政党通过党法和国法的统治"(the rule of party by party law and state law)。

在政党法治国中,由于执政党在党国互动体制下既拥有独立的党法体系,同时又领导着整个国家体系,只要能够完善和巩固党国互动体制,只要能够确保党对国家的领导,执政党完全可以为了推动国家治理体系和治理能力的现代化，在国家治理体系中放手学习西方的法治经验，不管是 18 世纪的旧法治，还是 20 世纪的新法治，完全可以拿来为我所用。例如，立法机构可继续学习大陆法系中的立法法治国模式，甚至是在 21 世纪日新月异的互联网时代中，依然采用 18、19 世纪欧洲的法典化技术，编纂民法典；在行政机构则按照西方行政法治国的要求，在开展大规模的行政立法同时，强化行政程序法，强化信息公开，强化公共参与来体现政策民主；而在司法改革中，则可以按照司法法治国的普通法理念，学习英美诉讼制度，强化法官个人在案件中不受干扰的独立审判权。

正是在政党法治国的模式下，中国法治建设出现了前所未有的学习西方不同法治传统的动力，以至于中国法治建设表面上看起来就像一个规模庞大的"山寨"工厂，各种不同型号的零件拼凑组装在一起。立法体制继续学习大陆法模式，而司法制度则试图学习普通法模式；民法和刑法这些相对稳定的法律倾向于采用欧洲的法律教义学，而在公司、金融和知识产权领域这些变化世界的法律领域则充满美国式的法律经济学思维。西方不同国家的、不同历史时期的、不同文明传统的法治要素，在中国通过比较法这种思维模式加以平面化、共时化。例如在民法典编纂中，古代罗马法、18 世纪法国法、19 世纪德国法、20 世纪的日本法和民国法以及当今埃塞俄比亚法、乌克兰法还包括中国古代法等，完全处在同一个平面上来斟酌损益。当年，在德国民法典制定过程中，曾经在"西化"和德国民族本土文化的论战中激发出影响深远的历史法学。然而，最近这些年在民法典制定过程的辩论中，历史法学派的思想在中国找不到一丁点回声。关于要不要学习乌克兰民法典的辩论实际上继承了当年"宪法司法化"延续，即要不要"通过宪法私法化"（民法化）而实现宪法司法化的问题。而在这种争论的背后，主流思想实然是"现代、后现代、更现代"，"新、更新、最新"，实际上是近代以来法律革命在中国的主导精神。这种非历史化、非时间化的努力恰恰是希望创造一种能够普遍适用于全世界的民法典。

因此，就像"山寨"中包含的创新冲动逐渐演变发展为新的技术和品牌，今天中国法治秩序建构也似乎具有类似的冲动，即全面吸收西方不同法治模式中的理念、制度和要素，把不同的模式混合在一起，从而在政党法治国的有机体中慢慢成长为一种混合类型的新型法治模式。中国的法治建设实际上要同时融合西方立法法治国、司法法治国和行政法治国模式，并把其中的不同的要素都混合、组装、吸收和消化在政党法治国之中。这样表面上看起来杂乱无章,但似乎唯有如此才能和中国崛起推动法律革命精神相匹配。当年,罗马帝国和大英帝国都采取的混合宪制模式,从而将古希腊的不同类型的宪制模式加以平面化,最终组装到一个新的宪制模式。而在中国的政党法治国建设中,是不是也有类似的冲动,将西方一切法制成功经验都组装到政党法治国的模式之中呢?这需要我们在未来的历史中加以关注和考察。无论如何,只要在目前的政党法治国模式中,核心就在于处理好党和国家的关系,处理好党法和国法的关系,同时发挥党和国家的积极性,让二者保持动态平衡。

正是在这个意义上,党的十八届四中全会中提出的法治理念无疑在推动一场法律革命,它彻底抛弃了18世纪启蒙时代形成的国家法中心主义的法治旧理念,而采纳20世纪以来特别是中国社会主义法治实践中形成的法律多元主义的法治新理念。这在法治理念和实践上结束了晚清以来中国法治秩序建构中的两种法治理念之间的钟摆,正式把党法纳入到法治秩序的建构之中,解决了两种法治理念钟摆过程中始终未能解决的"党的领导"与"依法治国"的关系。由此,中国法治理念和模式就会在同时吸收立法法治国、司法法治国和行政法治国的理念和制度的基础上,构建多元一体的政党法治国,一种基于党国互动体制的混合法治模式。

党法与国法:礼法传统的复兴与重构?

无论是行政法治国还是政党法治国,都是在大众民主时代,政党政治将国家法律机器看作是回应大众需要的工具。如果说形式法治及其背后的资本主义理念是将国家法律机器看作是保证自由的工具,那么实质法治及其背后的社会主义理念将国家法律机器看作是推进人人平等的工具。无论自由还是平等,都在世俗化轨道上推动人类文明的日益趋同,实现"历史的终结"。也许"历史终结"的地方不是福山最初设想的"旧法治",而是普遍福利国家时代的"新法治"。福山后来将"国家建设""法治"和"负责任政府"看成现代政治秩序的核心要素时,三者都指向后现代的实质法治。

然而,"历史终结"只是人类发展的一种趋势,我们不能无视人类发展同事也在走向"文明冲突"的趋势。从"9·11"恐怖袭击一直到穆斯林移民进入欧洲引发的冲突,文明的冲突始终存在。经济全球化引发的自由与平等的冲突往往是通过宗教信仰、文明传统和文化认同方式展现出来。今天,在中国法治秩序建构中不仅有新旧两种法治在自由和平等价值上的冲突,而且有西部边疆日益突显的族群和宗教信仰问题以及东南边疆港台问题凸显的“去中国化”的文化认同问题。无论全球法治秩序,还是中国法治秩序,都迫使我们认真思考政治价值、宗教信仰和文化认同问题,而在这些问题上,唯有超验的神圣秩序和天道自然法才能为这些问题提供判断的准绳。在这个意义上,中国法治建设不能仅仅新旧两种现代法治模式中打转,而且要重新思考古典法治秩序提出的问题。在政党法治国之中,政党秉持的核心价值和文化精神就构成法治秩序的价值。

1. 政党法治国的价值重构:如何融合三大法律传统

晚清以来,中国从古典法治秩序迈向现代法治秩序始终以西方法治为蓝本采取激烈的反传统立场来建立新法治,从国民党主张的现代法治的“新”迅速转向共产党主张的后现代法治的“新”。中国共产党的法治建设一度以“共产主义”作为“历史终结”的最高价值标准。然而,在改革开放之后,这种新法治的价值标准随着革命浪潮的衰退逐渐难以获得人们的认同,而随着旧法治的复兴自由理念逐渐获得更多人的认同。中国共产党从革命党向执政党转型,这种价值认同的困境就越来越突出,新法治的价值难以赢得认同而变成了旧法治,而旧法治理念的复兴变成了越来越多人认同的新法治,由此形成法治秩序中“表达”与“实践”的背离。中国法治在新旧法治之间的钟摆也变成了“老路”和“邪路”之间的钟摆。如果说执政党依赖政党法治国模式,在保持党的领导前提下不断调整和控制新旧法治两种模式之间钟摆幅度,那么,当执政党面临“老路”和“邪路”两条道路之间的钟摆,用什么样的核心价值来调整和控制着两条道路之间的钟摆?

正是在这种背景下,中国共产党在核心价值上作出了一场静悄悄的革命,即“中华民族的伟大复兴”逐渐成为新的凝聚党和人民的核心价值。而走中国特色社会主义道路,建设政党法治国,恰恰是中华民族伟大复兴的必由之路。正是由于树立了中华民族伟大复兴的“中国梦”这条“人间正道”,执政党成功地摆脱“老路”和“邪路”的困扰,确立了“道路自信、理论自信和制度自信”。也就意味着执政党必须放弃过往的反传统立场,而重新回到中华文明的历史传统中来,认真对待中国古典法治传统。执政党的这种价值选择也意味着政党法治国的建构并不满足于提供一个现代行政法治国模式的中国版本,而是包含了一种前所未有的雄心,即不仅要把西方现代和后现代新旧两种法治模式吸纳到政党法治国之中,而且要激活中国古典法治秩序,将古典法治秩序也吸收政党法治国的建构中。在党的十八届四中全会的决议中,我们恰恰可以看到将三种法治传统融为一体的努力及其面临的艰难,而这恰恰是扎根中国大地建设法治,在中国文明传统中建设法治国家必须面对的困难。

其一就是中国古典的法治传统,其核心就在于德治与法治、礼治与法治相辅相成的礼法传统。这个传统强调天道自然法的普遍性,并以此确立道德教化、风俗习惯对于良好秩序的塑造作用,强调君子这样的精英领导集体的道德信念、人格楷模对于良好秩序的推动作用。党的十八届四中全会决定中特别提出"法律的权威源自人民的内心拥护和真诚信仰",并提出要"坚持依法治国和以德治国相结合",无疑是吸收中国古代法治秩序中的有益的要素。

其二就是中华人民共和国成立后形成的社会主义法律传统,也就是通常所说的"政法传统",也就是上面讨论的后现代的实质法治传统。这个传统强调人民当家作主的主体地位和人民群众积极参与的重要性,由此必然强调政治原则和公共政策高于法律,法律服务于政治目标,是推行公共政策的工具。党的十八届四中全会决定旗帜鲜明地将"党的领导与依法治国的统一"确立为法治原则,并始终强调人人平等原则,强调人民群众在立法、执法、司法和守法各个环节中的积极参与,无疑是在坚持和发扬社会主义政法传统。

其三就是改革开放以来复兴西方现代法治而形成的形式法治传统,今天不少人试图使用"法政"这个概念来强调这个传统。这个传统强调法治保护公民个人权利、促进公平正义的重要性,强调法律的形式合理性、程序性、公开性和专业性,强调法律规则内在的逻辑性以及法院的独立审判的权威性。党的十八届四中全会决定提出"公正是法治的生命线",并按照法律理性化和程序化的内在逻辑,以司法权的合理配置为目标,提出了一系列司法改革的具体内容,实际上就是对西方形式法治传统中有益要素的积极吸收。

可见,政党法治国的建构意味着要面对"通三统"的问题,打通古今中西,甚至立足于中国古典法秩序的传统,同时吸收 18 世纪资本主义基于市场经济的旧法治传统和 20 世纪社会主义和福利国家基于公共治理的新法治传统，建构全新的法治传统。这意味政党法治国的建构不再会出现旧法治和新法治之间钟摆，也不满足于西方某种法治模式在中国进行简单翻版，而是在中华法系礼法互动的传统基础上，经历近代以来持续不断的法律革命的挑战、考验和损益更新之后，重新在党法和国法的基础上重构现代的中华法系。因此，如何处理党和国家、党法和国法的关系，不仅意味着党国互动体制和政党法治国的建构，或许意味着要在复兴古典礼法互动的传统上，重建政法传统中的政治与法律、政党与国家、党法与国法的内在互动，从而在历史断裂之中重新建构起中华法治秩序的内在连续性。

2. 政党法治国中的党法与国法：新礼法传统的建构？

在政党法治国中，政党所秉持的政治原则或核心价值始终统帅着法治秩序，这恰恰是西方党国分离体制和中国党国互动体制的根本区别所在。在西方党国分离体制中，执政党作为某个党派无法代表全体人民整体利益和最高价值，而这些最高价值凝聚在宗教信仰或宪法之中，因此，宪法及其背后的宗教信仰作为“高级法”体现了全体人民乃至整个民族的核心价值，也就有了神圣性，所谓的“宪法爱国主义”的主张也由此而来。然而，在中国的党国互动体制中，中国共产党不仅是全国人民整体利益的代表，而且优秀的传统文化的忠实继承者和弘扬者，因而是中华民族最高价值的凝聚者和承担者，它承担的不仅是政统，而且承担着道统，在某种程度上承担着凝聚宗教信仰的功能。因此，西方的政党主要在宪法之下承担起公共政策的制定和推行，而中国共产党作为核心价值承担者，作为整个国家的领导者，承担着引领整个国家走向未来的价值方向，承担起在法治秩序中奠定“高级法”的政治职能。

因此，如果从西方法律传统的角度看，党法与国法的关系就类似于高级法与国家法的关系或者自然法与实定法的关系，然而如果放在中国法律传统中，党法和国法的关系就类似于天道自然法下礼和法的关系。习近平总书记在《纪念孔子诞辰2565周年国际学术研讨会的讲话》中指出：“当代中国是历史中国的延续和发展，当代中国思想文化也是中国传统思想文化的传承和升华，要认识今天的中国、今天的中国人，就要深入了解中国的文化血脉，准确把握滋养中国人的文化土壤。”这段话虽然说的是思想文化，但也完全适用于理解中国法治。当代政党法治国实际上是对中国历史上礼法传统的传承和升华。

中国几千年历史中形成了一套复杂多样的法律规则体系来治理国家,形成了多元一体法治秩序。其中最重要的就是礼制系统和法制系统的二元格局,而在这背后乃是君子、百姓和小人的三元社会格局。“礼”是对天道自然法的表达,它是一套系统的规范和体制,是中国古代士大夫阶层(君子)修身教化、治国理政的行为指南。其中既有“天下为公”“修身治国平天下”这样的崇高理想信念,也有祭天地、祭鬼神、祭祖先的宗教规则;既有类似于今天宪法功能的法则,也有处理对外关系类似于今天国际法的准则;还有处理君臣父子相处的原则,及婚丧嫁娶分家析产的类似于今天民法的规则。礼既强调礼乐教化的意义,也重视刑赏征伐的功能。中国古代的德治实际上是指礼治,德治和礼治互为表里。与此同时,礼治和法治也互为表里,礼用来治君子,法用来治小人,“出礼入法”“礼法互补”,由此形成儒法并用的古代礼法传统。党的十八届四中全会决定既然强调“以德治国”和“依法治国”的有机结合,那就需要在中国古典礼法传统中来思考党法和国法的关系,思考党和国家的关系,进而思考执政党与人民大众的关系。

中国共产党作为中国工人阶级的先锋队以及中国人民和中华民族的先锋队,继承了“天下为公”“天下大同”的古代政治理想,继承了古代士大夫阶层“先天下之忧而忧,后天下之乐而乐”的道德情操,以实现共产主义作为自己的政治信仰,以“全心全意为人民服务”作为自己的道德信念,以实现中华民族的伟大复兴作为自己的政治目标。在这个意义上,我们可以将中国共产党看作是现代的士大夫阶层,是一种跨地域、跨阶层、跨族群、跨宗教的信仰共同体。由此,党法就如同古代的礼一样,是规范执政党的理想信念、伦理准则、政治规矩、施政方略和行为规范的体系。其中既有党的理想信念宗旨,也有党的领导组织体制;既有路线、方针和政策,也有具体的行为规范;既有党内政治生活准则,也有党员日常活动的纪律;既有规范党组织运作的法规,也有规范党员道德修养的规矩。这套庞大复杂的规则体系完全可以看作是现代的礼制。《中国共产党党章》以及党规党法所确立的理想信仰、政治准则、行为规范和道德规范等,无疑要高于国家法律的要求。国法是对普通老百姓的底线要求,而党规对党员干部提出了更高的政治和道德要求。党规和国法的关系类似于古代礼和法的关系,二者相辅相成,相互促进。

3. 从礼法传统到政法传统:核心价值的重建

无论是党国互动体制,还是政党法治国的建构,核心就在于执政党能否成为凝聚全体人民的价值认同和代表全体人民的利益诉求的先锋队政党,这恰恰是区分自由民主和人民民主、党国分离体制和党国互动体制的根本所在。在这个意义上,政党法治国的核心在于"治党",党的十八届四中全会特别强调"治国必先治党,治党务必从严",无疑是在古典礼法传统中重建党和国家、党法和国法的关系。然而,正是在这个问题上,政党法治国的建设必须摆脱新旧两种法治模式由于受到现代法律思想的影响而过分强调法律对行为的外在约束("他律"),而普遍忽略基于内心道德信念和价值认同而产生的内在约束("自律"),而现代新旧两种法治的短板恰恰是古典法治秩序的最大成就和优势所在。

因此,"从严治党"关键在于如何"治心"。这恰恰是古典法治秩序中儒家的关注所在。中国共产党起源于"治心",有一套共产主义理想信念和推翻"三座大山"、救民于水深火热之中宗教情怀。然而,随着共产主义信仰的衰落,执政党始终缺乏一套凝聚人心和信仰的"心学",以至于中华民族伟大复兴仅仅局限在口号和朴素意识上,缺乏一套围绕经典阅读、思考和批判展开的核心价值体系和思想体系,也缺乏用这个核心价值和思想体系与各种不同的思想进行交锋、论辩从而说服、教育和引导群众的能力。由此导致执政党始终善于搞经济建设,却不善于引导舆论,以至于在公共传媒日益发达的互联网时代,无论国际还是国内都陷入被动局面。

可见,"从严治党"的重心不在于"从严",而在于怎么"治党"。"治党"的根本在于"治人心",因为执政党作为先锋队就是依靠"人心"凝聚起来的,而且也要依赖"人心"凝聚全国人民。因此,"治党"不仅要关注党员的外部行为,不能满足于通过严刑峻法而导致党员小心翼翼"不敢腐";而必须要关注党员应有的权利和保障,尤其是作为领导干部具有的起码的体面、尊重、尊荣和相应的生活福利,从而使其"不能腐";更要关注党员的信仰、价值认同和精神追求,通过对核心价值和理想信念进行理性反思、认知和教育、通过批评与自我批评的思想坦诚沟通凝聚共识,通过政治动员和平等的政治参与获得情感上的政治认同,从而使其"不想腐"。

因此,无论是党国互动体制的完善,还是政党法治国的建构,无论是中华民族的伟大复兴,还是中华文明的重新再现,执政党急需要一套有效的价值体系来凝聚人心,急需要掌握和提升治理人心的"软实力"。"政者,正也。子帅以正,孰敢不正。”由此,“政治”不是单纯的权力支配、利益分配和敌我划分,而首先就是凝聚人心的正当性力量,就是天道自然法基础上形成的核心价值。仁爱与正义就是这样的核心价值。因此,要在礼法传统的基础上重建新中国依赖形成的政法传统。政法传统之所以称之为“政法”,就在于始终强调信仰和道德价值要高于法律规范,具有理想信念的先锋队团体要领导掌握法律运作技术的职业法律人,培育人心向善的教化、风俗习惯和政治风气要优先于对行为的法律约束和暴力惩罚。因此,政党法治国的建构无疑要重建礼法传统或政法传统,使得执政党在全球文明冲突背景下有能力回应各种价值和思想的挑战。只有这样,执政党才能作为凝聚中华文明核心价值的政治力量,回应全球化的挑战,实现中华文明的伟大复兴。

就政党法治国的建设而言,执政党最起码要成为遵纪守法的先锋模范,在依法治国中起到率先垂范的作用,要善于学习运用现代法治技术来解决棘手的政治法律问题。总而言之,党的十八届四中全会虽然开辟了中国法治发展的新传统和新模式,即将古典礼法传统与现代政法传统融为一体,试图重建新的礼法传统或政法传统,将传统法与现代法、大陆法与普通法、旧法治和新法治融为一体,在重建中华法系的基础上形成了多元一体的政党法治国。

当代中国法治实践中的“法民关系”*

凌　斌**

当前，具有中国特色社会主义法律体系已经基本形成，国家经济、政治、文化、社会生活的各个方面基本做到有法可依，为依法治国、建设社会主义法治国家、实现国家长治久安提供了有力的法制保障。① 可以说，中国的法治建设取得了卓越成就——确立了法治之“法”，随之而来的是如何真正实现法治之“治”。法治实践中的突出问题在于，因为法律职业没能树立对于法律外行的专业优势和职业壁垒，民众普遍缺乏对法律职业的司法信任和法治信仰。这个问题背后的实质，是法律职业与普通民众的交互关系。本文将普通人与法律人之间在法律实践中形成的交互关系，称之为“法民关系”。②

伴随着公民意识和权利意识的发展，人们越来越热衷于对法律问题发表意见。一个匿名的“网络 ID”，或者大街上拉过来的“路人甲”，都可以信誓旦旦地对一个热点案件作出“判决”。普法宣传里曾经因为不懂法

---

* 原文刊于《中国社会科学》2013 年第 1 期。

** 北京大学法学院教授，博士生导师。

① 参见吴邦国：《中国特色社会主义法律体系已经基本形成》(2008 年 3 月 8 日)，http://www.gov.cn/2008lh/zb/0308d/content_913826.htm，访问时间：2012 年 10 月 10 日。

② 本文将详细界定这一概念。“法民关系”一词在司法实践中也已出现，但是概念的外延和内涵都与本文有所不同。实践中的用法相对狭窄，仅限于法官与民众的某种具体关系。参见陆海云：《法院开放日　拉近法民关系》，http://fh.cnnb.com.cn/system/2011/01/07/010038788.shtml，访问时间：2012 年 4 月 17 日；中共大庆市委：《红岗区人民法院紧紧围绕三项重点工作 深入推进公正廉洁高效执法》，www.dqsw.gov.cn/zfzx/115255.shtml，访问时间：2012 年 4 月 17 日；孙保顶：《泗洪：送戏下乡宣传法律》，http://js.legaldaily.com.cn/content/2012-04/16/content_3497225.htm? node=34622，访问时间：2012 年 4 月 17 日。

而吃了亏的反面典型，也已经进化成了互联网上多线程操作的微博博主，甚至从“法盲”升级为了“公知”。重要的是，这些言论的确构成了现实压力，的确在影响甚至支配着中国小到个案裁判、大到司法改革的法治进程。

从法民关系的角度来看，社会各界的外在力量无孔不入地渗透到司法过程和法治进程当中，无处不在地影响着中国的司法改革和法治建设。这个时代常常被提起的“司法公信力不足”乃至“法律信仰危机”的法治困境，就是源自法民关系的相对紧张和互不信任。从某种意义上说，法民关系的实践制约，构成了影响中国司法改革和法治建设的一个深层的基础性问题。要继续推动中国的法治进程，我们不能把眼光仅仅盯在顶层设计上，还应当看到决定着顶层设计的底层架构。

一、法民关系的理论意义

对于中国法治理论的重新审视，首先指向的是影响着当代中国法治思考的西方法治理论。西方法治思想中涉及法民关系问题的概念和理论，主要局限于下述两个方面：不是通过客体化而彻底忽略了法治实践的主体性问题，就是将法治实践的主体仅仅局限于法律职业内部。

西方的法治理论往往预设了民众对法律和法官的高度信任和严格服从。这种源自欧洲法学院校和美国上诉审法院的知识体系，集中讨论的是法律职业的内部关系。其所聚焦的法民关系，主要是以法官和律师为核心的，实际上是一种职业主义的、“去民化”的“法民关系”。在西方现代法治理论中，除了对法律职业自主地位的阐释与捍卫，大多是描述只有法律职业才能理解和掌控的规则、程序和制度特点。无论是戴雪[①]、富勒[②]、德沃金[③]、

---

① 参见 J. Finkelman, “Dicey's Introduction to the Study of the Law of the Constitution”, *South African Law Journal*, vol. 98, No. 4, 1981, pp. 565—579.

② Ralph Savarese, “Lon Fuller's The Morality of Law”, *The Georgetown Law Journal*, vol. 53, No. 1, 1964, pp. 250—265.

③ George Christie, “Dworkin's Empire”, *Duke Law Journal*, vol. 1987, No. 1 1987, pp. 157—189.

拉兹[①]等学者关于"法治"的标准论述，还是霍姆斯[②]、斯卡利亚[③]这些大法官的司法哲学，以及韦伯[④]、卢曼[⑤]这类法律社会学理论，看到的都只是基于职业垄断的法律品格和法律人的自我意识。[⑥] 伯尔曼的名言"法律必须被信仰，否则形同虚设"[⑦]广为流传，他所说的法律信仰指的是民众对法律的抽象信仰。这种信仰诉诸于"仪式、传统、权威和普遍性"、诉诸于"权利与义务的观念，公正审判的要求，对适用法律前后矛盾的反感，受平等对待的愿望，忠实于法律及其相关事物的强烈情感，对于非法行为的痛恨"[⑧]这些法治要素，与戴雪、富勒等人关于法治原则和美德的描述并无二致，折射的是一种法民之间具有充分共识的法治状态，一种特定类型的相对和谐、彼此互信的法民关系。伯尔曼将法律信仰的养成寄希望于类似宗教仪式的"正义的蒙眼布"。然而，正如冯象所追问的，问题的关键在于，"蒙眼如何成为信仰，法治怎样获得对象"?[⑨] 伯尔曼没能回答的是，如果在一种已然高度紧张、彼此疑忌的法民关系中，这些威仪程式蒙不上民众"雪亮的双眼"，不能成为"看得见的正义"，如果连法官律师更不用说民众都把司法程序当成了形式和过场，那么法治的信仰如何可能?

这并非是说，西方法治下的法官和学者没有意识到法民关系的重要，或者西方法治不存在相对紧张的法民关系。[⑩] 伯尔曼就警告欧美国家"对于法律信任的严重缺失——不仅遵守法律的民众如此，立法者和司法

---

① 拉兹:《法治及其价值》，载《法律的权威》，朱峰译，法律出版社 2005 年版，第 183 页。

② Oliver Wendell Holmes, "The Path of the Law", *Harvard Law Review*, vol. 10, 1897, pp. 457—478.

③ Antonin Scalia, "The Rule of Law as a Law of Rules", *University of Chicago Law Review*, vol. 56, 1989, pp. 1175—1188.

④ 韦伯:《支配社会学》，康乐、简惠美译，广西师范大学出版社 2004 年版，第 24—31 页。

⑤ 泮伟江:《作为法律系统核心的司法:卢曼的法律系统论及其启示》，高鸿钧主编:《清华法治论衡》(第 12 辑)，清华大学出版社 2010 年。

⑥ 参见凌斌:《法治的两条道路》，载《中外法学》2007 年第 1 期。

⑦ 伯尔曼:《法律与宗教》，梁治平译，生活·读书·新知三联书店 1991 年版，第 28 页。

⑧ 同上书，第 39 页。

⑨ 冯象:《政法笔记》，江苏人民出版社 2004 年版，第 152 页。

⑩ 实际上，西方的法治进程，同样走过了一个逐步建立司法公信的发展历程。参见 Herbert Hovenkamp, Troubled Beginnings of the Modern State 1888—1910, *Yale law journal*, vol. 104, No. 8, 1995, pp. 2309—2378;斯蒂芬·布雷耶:《法官能为民主做什么》，何帆译，法律出版社 2012 年版，第 3—5、97—99 页。

者亦如此”[①]。美国南北战争[②]，以及洛杉矶骚乱[③]，也都源自于司法裁决所激化的法民关系。[④] 只是这些警告与事件并未改变欧美国家的法治基础。正如凡登比尔德法官所言：“我们的公民首先是在法院里，而不是在立法机关中感受到法律那锋利的爪牙。如果他们尊敬法院的工作，他们对法律的尊敬就能够使得任何其他政府分支的缺陷得到谅解；但是如果他们对法院的工作失去了敬意，那么他们对法律和秩序的尊敬就会消失不见，并同时对整个社会造成极大的损害。”[⑤]如今，美国的官员民众早已呈现为第一个“如果”所描绘的“他们尊敬法院的工作”，对美国的司法实践和法学研究而言，重要的只是如何维护和保持人们对法院的这种尊敬，而不是如何培养和建立人们对法院的尊敬。[⑥] 中国的情形则恰恰相反，我们的官员民众对应的是第二个“如果”：“他们对法院的工作失去了敬意”，以至于“他们对法律和秩序的尊敬就会消失不见，并同时对整个社会造成极大的损害”。中国的司法实践和法学研究亟需解决的问题，反而在其效法的母邦那里不易找到现成的答案。[⑦]

法理学中有两个概念与法民关系最为贴近，但是都以“客体化”的方

---

① 伯尔曼：《法律与宗教》，梁治平译，生活·读书·新知三联书店 1991 年版，第 35 页。

② 参见 Dred Scott v. Sandford, 60 U.S. 393 (1857).

③ Douglas Linder, “The Rodney King Beating Trials”, http://jurist.law.pitt.edu/trials24.htm，访问时间：2012 年 4 月 17 日。

④ 斯科特案与南北战争的关系，学界耳熟能详，不必多言。而洛杉矶骚乱中的司法角色，从美国法学教授 Linder 的如下叙述中可见一斑：“1992 年 4 月 29 日下午三点一刻，司法秘书宣读了陪审团裁决。不到两个小时，洛杉矶一片火海。”Douglas Linder, “The Trials of Los Angeles Police Officers' in Connection with the Beating of Rodney King”, http://www.law.umkc.edu/faculty/projects/ftrials/lapd/lapdaccount.html，访问时间：2012 年 7 月 15 日。

⑤ 亚伯拉罕：《司法的过程》，泮伟江等译，北京大学出版社 2009 年版，第 1 页。

⑥ 正如美国联邦最高法院布雷耶大法官所言：“美国的官员和人民，已逐步接受最高法院的判决和宪法解释。民众已形成一种习惯，哪怕内心极不认同，也能遵循最高法院的宪法解释。今天，尊重最高法院的判决，已经和呼吸一样，成为一种生活常态。”（布雷耶：《法官能为民主做什么》，第 98 页）因此，布雷耶大法官坦言：“[美国联邦]最高法院做裁判时，不考虑民意好恶，也不会受民意影响。……我们通常只审理法律问题。”布雷耶、何帆：《法官职业很神圣，也很艰难》，http://www.21ccom.net/articles/zgyj/fzyj/article_2012060160971.html，访问时间：2012 年 6 月 24 日。

⑦ 当然，很大程度上也是因为中国学者在学习西方法律理论时的选择性，使得关于西方法民关系的论述往往得不到应有的重视。例如，同样是托克维尔关于法律职业对于民主自由的政治意义的论述，法律人往往关注的是，法律职业如何成为对抗多数暴政的自由力量，而忽视了关于民情重于法律的论述。参见 Alexis de Tocqueville, *Democracy in America*, Harvey C. Mansfield and Delba Winthrop, eds., The University of Chicago Press, 2000, pp. 242、252、256.

式取消了法民关系中"民"一方的主体意义。一是"法律实效"。用凯尔森的话说:"所谓实效是人们实际行为的一种特性,……法律是有实效的说法,仅意指人们的实际行为符合法律规范。"[①]法律的实效性,在总体上确保了每个具体法律规则的有效性:"规范只能在属于一个规范体系、属于一个就其整个来说是有实效的秩序的条件下,才被认为是有效力的。"[②]这个作为规范效力基础的"整个来说是有实效的秩序",也就是我们如今所谓的"法律权威"或者"法治信仰"。然而,在凯尔森的理论中,法民关系或者说法律实效问题,仍然是一个"守法性"(legality)问题,即一个行为在实际上而非规范上是否符合法律规定。[③] 这种认识本质上仍然没有作为法治主体的"人"的位置,有的只是一个有待核查是否合法的客体"行为",并不包含普通人以及法律人在司法过程中围绕法律解释展开的争夺与妥协,更不包括官员民众以各种合法方式对司法过程和结果的干预问题,如通过互联网表达的民意压力,通过人大、政协、检察院施加的政治压力,更不用说通过人情关系施加但却并不违反法律的私人影响。所有这些干预司法的行为都会秉承"依法裁判"的名义,满足凯尔森所谓的"实际行为符合法律规范"。但究其实质,早已远远超出了"纯粹法学"关于"法律实效"的技术定义。二是"法律实施"。随着法律体系的初步建立,立法者、司法者和学者都意识到,"法律的生命力在于实施"[④],"法的实施是实现立法者的目的、实现法律的作用的前提,是实现法的价值的必由之路"[⑤]。很显然,这其中,实际上并没有作为实践主体的民众的位置,他们仍然只是法律实施的客体对象,实现立法目的的人为手段:"严格地说,法律实施是指法律在社会中的运用、强制贯彻,即法律自公布后进入实际运行。这是个活动过程,它包括法律执行机关执行法律和一般公民遵守法律。"[⑥]在这些概念中,我们看到的只是单向(自上而下的强制贯彻)和单

---

① 凯尔森:《法与国家的一般理论》,沈宗灵译,中国大百科全书出版社 1996 年版,第 42 页。

② 同上书,第 45 页。

③ 关于其背后的政治和哲学基础,参见施克莱:《守法主义》,彭亚楠译,中国政法大学出版社 2005 年版,第 50—51 页。

④ 吴邦国:《中国特色社会主义法律体系已经形成》(2011 年 3 月 10 日),http://news.xinhuanet.com/legal/2011-03/10/c_121170711.htm,访问时间:2012 年 4 月 21 日。

⑤ 张骐:《法律实施的概念、评价标准及影响因素分析》,载《法律科学》1999 年第 1 期。

⑥ 夏锦文:《法律实施及其相关概念辨析》,载《法学论坛》2003 年第 6 期。

面(实现立法目的、作用和价值)的法民关系,本身没能包含民众对法律执行的积极影响和法民之间的交互关系,而是仅仅着眼于立法的贯彻执行和公民的遵守服从(法律执行机关执行法律和一般公民遵守法律)。这其中甚至也没有法律人的位置。我们看到的只是法对人的权力支配和绝对统治。[①] 这些法律实证主义概念,表达的仍然不是法治尤其是法民关系的"实然"状态,而是一种关于法治的"应然"意愿:法治应当是"法律的统治",是法律对公民的有效控制或者公民对法律的严格服从。[②] 与此相关的一系列概念,如"法律实现""法律效果""法律效益"等,也都大同小异。[③] 纯粹法学看到的只是法与法的关系,或者法与人关系,而没能充分揭示更为根本的围绕法律形成的人与人的关系。

不仅是纯粹法学和法律实证主义,几乎在重要的西方法理学研究中,都没有活生生的"行动的人",而只有冷冰冰的"人的行动"。结果,即使在现实主义法学著作中,也常常让我们觉得不够现实。所谓"行动中的法",往往不过是"书本中的法"的变体而已。[④] 法律现实主义受制于本国的法官中心主义,把太多注意力集中在法官身上。没有了那个撕扯着法官衣角的活生生的"行动的人",我们就很容易忘掉,什么是真正左右着法律实践的力量与信念。那里往往看不到法律人以外的世界,而只有一个聚光灯下的舞台,由法官主持,由律师表演。人们关注的是这些法官律师之间的喜怒哀乐、爱恨情仇,乃至晚上有没有睡好,早餐吃了什么[⑤],是什么性

---

① 参见福柯:《治理术》,赵晓力译,载《社会理论论坛》1998 年 5 月总第 4 期。

② 中国法律学者,一定程度上注意到了法律实施过程中实施对象的法治意义,因而改造了这一概念的原本含义。参见江必新:《司法视域中的法学研究课题》,载《法学研究》2011 年第 6 期;刘作翔:《中国法治国家建设的战略转移:法律实施及其问题》,载《中国社会科学院研究生院学报》2011 年第 2 期;张骐:《法律实施的概念、评价标准及影响因素分析》;夏锦文:《法律实施及其相关概念辨析》。

③ 张骐:《法律实施的概念、评价标准及影响因素分析》;夏锦文:《法律实施及其相关概念辨析》;邹晓红:《法律实效与法律效力、法律实施及法律实现的区别与联系——法律实效系列研究之二》,载《松辽学刊》(人文社会科学版)2002 年第 5 期。

④ 参见 Roscoe Pound, "Law in Books and Law in Action", *American Law Review*, vol. 44, 1910, pp. 12—36.

⑤ 参见 R. Graveson, "Jerome Frank's Law and the Modern Mind", *Journal of Comparative Legislation And International Law*, vol. 32, No. 3, 1950, pp. 110—113; Joseph Hutcheson, Jr., "The Judgment Intuitive: The Function of the 'Hunch' in Judicial Decision", *Cornell Law Quarterly*, vol. 14, April, 1929, pp. 274、285; Martin Shapiro, "Judges as Liars", *Harvard Journal of Law & Public Policy*, vol. 17, 1994, pp. 155—156.

别、性取向、种族、党派、宗教[①]，运用了什么手腕、技巧和修辞艺术。[②] 普通的官员百姓大都只是看客，只有鼓掌或是喝彩的资格。最多充当一下群众演员，在证人席或陪审席，展现一个好公民的守法意识。即使是布什和戈尔，不也是用以展现法治之魅力的道具么？[③] 即使是“占领华尔街”，又能对美国的金融法治产生多大的冲击呢？[④] 归根结底，西方的法治理论，是基于法官和律师这一基本的法民关系，构造了关于法治的价值理想与制度设计。也正是法官和律师组成的职业关系，将普通民众自然屏蔽在了法民关系之外。这时，法民关系就被转化为了法律关系。对于中国法治格外重要的法律人与普通人、特别是法官与当事人之间的法民关系，也因此在西方法治理论中仅仅处于边缘的位置。

二、法民关系：法律世界的主体间性

要充分理解当代中国的法治特点，需要深入理解法民关系，深入研究那些传统法治理论所忽视的、仅仅作为默认假设而不再具体研究、分析和证明的、使法治得以可能、得以实现和得以持久的法民关系问题。

法民关系是普通人与法律人之间在法律实践中围绕解释权分配形成的一种相互关系。借用现象学上的概念来理解，“法民关系”不是从“客体性”，也不是从“主体性”，而是从“主体间性”的角度提出的一个概念定义。“主体间性”(inter-subjectivity)，也称为“交互主体性”或“间主体性”[⑤]，是

---

① 参见 Richard Stewart, “The Reformation of American Administrative Law”, *Harvard Law Review*, vol. 88, 1975, pp. 1667—1813; Tracey E. George, “Court Fixing”, *Arizona Law Review*, vol. 43, 2001, pp. 9—62。

② 参见苏力：《修辞学的政法家门》，载《开放时代》2011 年第 2 期；冯家明：《提高表达能力改善法庭形象美国律师纷纷学表演》，载《环球时报》2005 年 08 月 19 日。

③ Bush v. Gore, 531 U. S. 98 (2000). 参见 Jack Balkin, “Bush v. Gore and the Boundary between Law and Politics”, *Yale Law Journal*, vol. 110, 2000—2001, pp. 1407—1458.

④ 参见 Hundreds of Occupy Wall Street Protesters Arrested, *BBC News*, October 2, 2011, http://www.bbc.co.uk/news/world-us-canada-15140671, 访问时间：2012 年 7 月 15 日。

⑤ 参见倪梁康：《胡塞尔现象学概念通释》，生活·读书·新知三联书店 1999 年版，第 255—257 页。

指共在主体之间的交互形式和相互关系[①]。从主体间性的角度来理解“法民关系”,法律人与普通人之间不再被简单理解为一种二元对立的主客体关系,而是交互主体的共在与交往,是主体之间的互动关系。

现代哲学经历了从主客体性向主体间性的方法论转向,从而“超出了主体与客体关系的模式,进入了主体与主体关系的模式”[②]。因为“就单纯的主体与客体的关系而言,主体所面对的是客体,他人也被视为客体”。这样,“单纯的‘主体—客体’或‘主体—中介—客体’模式,……在处理人与人之间的关系时,就遇到了‘他人不是客体’的困窘”。这就需要“在面对人与人之间的关系时,从‘主体—客体’或‘主体—中介—客体’的模式向‘主体—主体’或‘主体—中介—主体’的模式转变”[③]。

后文将会更为清楚地看到,影响当代中国学术传统的法治理论,往往是从主客体关系出发来理解法民关系,从而将法民关系中的“法”或“民”单方主体化,也就是将对方客体化。这突出体现在法理学界关于中国法治进程中的“职业主义和大众主义”“精英话语和大众话语”“形式推理与实质推理”等一系列主客体二元对立的讨论当中。职业主义与大众主义是法律职业内部的两种不同的解释立场,其“根本分歧”仅仅在于,是以法律人及其职业伦理和专业知识,还是以普通人及其社会伦理和社会常识,作为法治的主体[④]:一边强调“中国司法要成其为司法,就不可能大众化”[⑤]。而另一边则强调,“良心教育优于业务教育”,“民主化必须优于职业化”[⑥],“法官职业化决定于司法民主化”[⑦]。这些主张自然见仁见智,但都是主客体二元对立的典型思维,割裂了法律职业与普通民众的交互关系。而且,即使主张“大众主义”的相关论述,也仍然脱胎于某种职业主

---

① 现象学上的“主体间性”,尤其是舒茨在其现象学社会学中阐述的主体间性,有助于理解法律实践中的法民关系。主体间性的概念伴随着现代哲学的发展也在被不断重新界定,本文使用的只是其最基本的含义。关于主体间性概念的哲学史和科学史脉络,参见朱葆伟、李继宗:《交往·主体间性·客观性》,载《哲学研究》1992年第2期;张再林:《关于现代西方哲学的“主体间性转向”》,载《人文杂志》2000年第4期。另参见倪梁康:《胡塞尔现象学概念通释》,生活·读书·新知三联书店1999年版,第255—257页。

② 郭湛:《论主体间性或交互主体性》,载《中国人民大学学报》2001年第3期。

③ 同上。

④ 陈忠林:《中国法治应该怎样向前走》,载《经济观察报》2008年7月21日。

⑤ 张千帆:《司法大众化是一个伪命题》,载《经济观察报》2008年7月28日。

⑥ 陈忠林:《中国法治应该怎样向前走》,载《经济观察报》2008年7月21日。

⑦ 何兵:《司法民主化是个伪命题吗?》,载《经济观察报》2008年8月25日。

义：不论是“常识常理常情”的解释原则[①]，还是引入人民陪审员制度设计，虽然有助于将法律以外的知识带入法律实践[②]，但是并不意味着法律人以外的其他参与主体因此同样进入了法律实践。诉诸“大众主义”的法治主张，视野仍然局限于法律职业内部，诉诸于法律职业本身的理想建构，因而始终脱离于法民之间的实际状况和实践关系。这些主张对于“大众”主体究竟在实际上而非理念上如何与“职业”主体之间展开互动，如何共同塑造着中国的法治形态，尚且缺少应有的研究和反思，也就难以得出真正具有事实根据的理论主张。同样，不论是“形式推理”与“实质推理”，[③]还是“原则解释”与“法律适用”[④]，不论是“精英话语”与“大众话语”，还是“职业法律家的远见卓识”与“一般民众的内心共鸣”[⑤]，也都是一种法律职业内部的推理方式，是“有权解释”法律的法官应当适用的原则、方法、态度、立场。正如刘星教授看到的，去除“法律解释的表象差异，在其背后实质是大众话语与精英话语的‘霸权’争夺”[⑥]，是职业主义内部解释学方法上的分歧。这些论述都颇有见地，各具真知灼见。但是从主体间性的角度看来，这里仍然只有“话语”和“推理”，没有真正的“大众”和“实质”。总之，围绕职业主义与大众主义等一系列主客体二元对立问题展开的上述讨论，都是从单方的主体性出发提出的应然理念，是以某种政治意识形态为标准的规范性主张。从主体间性的角度看来，不同主义和方法究竟对于法律实践中的主体互动事实上以及规范上具有怎样的影响和意义，尚未得到充分的讨论。

相反，“法民关系”是从普通人和法律人的主体间关系，尤其是主体间的实然关系，来理解不同主体的相互影响和对法律实践的共同塑造。这一概念虽然延续了法律职业主义关于法律人与普通人、法律职业与普通民众的类型区分，但是这种区分的基础不是主客体关系，而是主体间关

---

① 陈忠林：《中国法治应该怎样向前走》，载《经济观察报》2008 年 7 月 21 日。

② 何兵：《司法职业化与民主化》，载《法学研究》2005 年第 4 期。

③ 张骐：《形式规则与价值判断的双重变奏——法律推理方法的初步研究》，载《比较法研究》2000 年第 2 期。

④ 葛洪义：《法律原则在法律推理中的地位和作用——一个比较的研究》，载《法学研究》2002 年第 6 期。

⑤ 孙笑侠、熊静波：《判决与民意——兼比较考察中美法官如何对待民意》，载《政法论坛》2005 年第 5 期。

⑥ 刘星：《法律解释中的大众话语与精英话语——法律现代性引出的一个问题》，载《比较法研究》1998 年第 1 期。

系。在现象学看来,“主体间性比主体性更根本”[1],主客体关系派生于主体间关系。“自我主体”只有在与“相对主体”而非“对象客体”的关系中才能够得到界定。从法民关系的角度来看,不论是法律人还是普通人,只有在作为共同主体的交往关系中,在彼此承认和相互影响的实践关系中才能被充分理解,即“在主体与主体相互承认和尊重对方的主体身份时才可能存在”[2]。不了解大众与法律人的交互关系和相互影响,就不可能提出真正的大众主义;仅仅是从法律职业共同体的价值、精神和理念出发,也不可能充分讨论职业主义。职业主义与大众主义的概念与主张,必须放置在法民关系中重新加以理解。从主体间性的角度出发,就必须摆脱单一的职业主义或大众主义的二元对立观念,而是从法律实践的参与主体之间的交互影响和相互关系展开思考。

首先,法民关系中的法律人与普通人,构成了相互影响的共同主体。从主体间性的视角来看,法民关系首先意味着一个实然而不是应然问题:参与一个法律实践的哪些主体事实上构成了相互影响的“交互主体”,共同的法律实践(如一个案件或事件)构成了主体间性的“共同客体”。而以自己的意向性行动参与到法律实践当中的所有人员都构成了主体间性的“共同主体”或“交互主体”。区别于传统法理学的主体性概念(比如职业主义还是大众主义)所蕴含的规范性前提(职业取向还是大众取向),法民关系的概念首先是描述性的,关心的是主体间性的实然状态,是对法律实践中客观实际的主体关系的理论呈现,而不是关于什么人应当成为主体或者什么是获得主体资格的必要条件的应然规定。从主体性的角度、即从职业主义或者大众主义的任何一个角度看来,只有符合特定理想标准(如职业资格或者大众趣味)的参与者才具有“主体”资格,其他人都只能作为被支配的客体。然而从主体间性的角度来看,所有能够在与其他参与者的交互关系中获得彼此承认的参与者,都是法民关系的共同主体。法民关系的共同主体是其法律实践中客观上相互承认的参与主体。

其次,法民关系中的共同主体,基于其法律实践的参与主体的相互承认,构成了法民关系的主体范围。一方面,不被其他主体承认的参与者不

---

① 杨春时:《文学理论:从主体性到主体间性》,载《厦门大学学报》(哲学社会科学版)2002年第1期。

② 郭湛:《论主体间性或交互主体性》,载《中国人民大学学报》2001年第3期。

能成为法民关系的共同主体。因为主体间性中的共同主体"是以交互主体的存在为前提的。整个人类主体或某一群体主体只有在它的成员都意识到自己的主体身份……才真正称得上是一个共同主体"[①]。也就是说，只有有意识地参与到一个案件或事件的法律实践当中，并且获得了其他参与者的明确承认，才构成法民关系的"共同主体"。另一方面，一个参与主体只要与其他主体形成了交互承认，就成为了法民关系的共同主体，就会和其他主体一起对法律实践产生直接或间接的影响。这些对法律实践有着实质影响的参与者（如一个媒体记者），而不是那些空有其名的正式成员（如某些出工不出力的人民陪审员），才是法民关系中的共同主体。法民关系因此不限于法律共同体内部，也不必以某种精神价值的重叠共识为前提，更非总是与一个案件所在法院的管辖为界。总之，一个法律实践中所有客观上相互承认的参与主体，构成了特定法民关系的主体范围。

再次，法民关系的主体范围影响着参与主体的实践特点。相比单一的主体性问题，主体间性显然"无论其主体方面还是其客体方面都是特殊的、多样的和易变的，因而共同主体和共同客体的关系呈现出极其复杂的面貌"。[②] 即使是相同或类似法律关系的案件，也可能由于"共同主体"的范围变化，而在法民关系上有着极大的差别。参与一个常规案件的共同主体可能只是法官和律师，但是一旦这个案件成为了热点案件，参与主体就很可能扩展到一般公众，除了法官、律师也许还要包含进当事人以外的媒体记者乃至网民——这取决于其他主体是否承认这些参与者对案件决定的实质影响，而这在不同国度乃至不同地区、不同时期都可能不同。随着通讯信息尤其是互联网的发展，法民关系主体边界的可变性越来越强。这时，法民关系主体范围的边界弹性越大，也就是法民关系的主体范围越容易发生变化，法治的不确定性就越高。这也是前文提出的法律解释权分散和司法公信力缺失的问题在当下中国变得格外突出的原因。

最后，法民关系中相互承认的共同主体，构成了一个共同的"法律世界"。从主体间性看来，面对共同客体的共同主体，构成了一个"共同世

---

① 郭湛：《论主体间性或交互主体性》，载《中国人民大学学报》2001 年第 3 期。

② 同上。

界”[1]：“我们生在其中的这个世界，从一开始就是一个主体间际的世界。”[2]在交互影响和相互作用的法民关系中，参与其法律实践的共同主体构成了相应的法律世界。作为法律世界的基本现象，法民关系是法律世界中参与主体的交互影响和相互作用。法民关系就是法律世界的主体间性。“法律世界”显然有着不同于一般的“生活世界”的独特的实践特点。我们在后文将会更为详细地看到，法民关系的共同主体之间，并非仅仅是“相互尊重、相互协调、共同行动、共同面对”的友善关系，相互承认并不必然意味着相互尊重。[3] 法律世界的共同主体在相互协调的同时也相互博弈，乃至斗争。很多时候，他们只是不得不接受和承认彼此的共在。在法民关系的共同世界中，参与法律实践的所有主体通过分享经验和相互理解，在交流和共享中共同建立这个法律世界的意义。但是法律世界的本质是一个陌生主体构成的世界，能否达成主体间际的彼此理解与相互协调，恰恰是法律这个“共同世界”能否获得美好意义的关键所在。这未必总能甚至常常不能实现。正如舒茨看到的：“在主体间沟通的过程中，主体间性的肯定功能预期在具体情况中可能失灵：认识的可能性有可能被认识的失败所取代，理解有可能导向误解，合作也有可能为冲突所代替。但这并不意味着主体间性的消失，而只是意味着主体间性的否定性功能代替了肯定性功能。”[4]一如前述，现象学研究倾向于探讨的那种互为“友伴”的友好世界，而法律世界，尤其是当代中国的法律世界，则展现了另一种生活世界，主体间性的特点是陌生与怀疑，其中的交往主体常常缺乏共同的经验和理解，因此也难以产生共同的主观意义。要从这种给定的主体间性达致和谐互信的法律世界，无疑是更为困难的。至少在法律实践中，我们不能高估法民关系的“共同性”，而必须看到共同主体之间的隔阂与疏离。法律世界的“共同主体”并非理所当然的“法律共同体”。

从主体间性的角度来看，以法律共同体为“法律世界”的现代文明，只是法民关系的一个特殊类型。植根于这种法民关系的法理学思想，假定

---

① 参见弗莱德·多尔迈：《主体性的黄昏》，万俊人、朱国钧、吴海针译，上海人民出版社1992年版，第63页。

② 许茨：《社会实在问题》，华夏出版社2001年版，第295页。

③ 或者遵守规则的协调行动。参见童世骏：《没有“主体间性”就没有“规则”——论哈贝马斯的规则观》，载《复旦学报》（社会科学版）2002年第5期。

④ 何林：《许茨的主体间性理论初探》，载《求是学刊》2005年第3期。

法律人生活在一个由自我构成的世界里，是法律解释的绝对主体，而民众和一般官员则只能是服从的客体。传统的法学概念，往往源自于这种法律职业主义的主体性视角，强调的是作为主体的法律人的自由心证或内心确信、个人或系统的独立自主、法律体系的内部解释、职业内部的法言法语，强调的是法律职业共同体的内在精神和内在价值。这一系列"内"化的主体性概念，呈现为在法律人相对于普通人的主客观关系，意味着对法律职业以外的其他参与者的"客体化"。由此出发，法民关系被去除了主体间性，而被转变为了一种"客体间性"。如此理解的法民关系常常被等同于"法律与民众"的关系，因为在法律人作为唯一主体的统治秩序当中，普通人和法律一样都是实际上被法律人支配的客体，都是客体关系中的一个组成部分。这是一种"主体—中介—客体"的典型结构，法律不过是作为主体的法律人对作为客体的普通人的支配中介。

本文提出的"法民关系"概念，所指并非法律与民众的客体间性，而是法律人与普通人、法律职业与普通民众的主体间性。作为共同客体的规则程序意义上的法（法律），与作为共同主体的职业身份意义上的法（法律人），意义并不相同。比如所谓"信访不信法"，很容易被误解为不信法律（共同客体），实际上是不信法官（共同主体）。信访群众之所以信访，往往相信法律——只是他们不相信法官理解的法律，而是相信自己理解的法律，由此与法律人构成了潜在的主体间性。"相信法律"，不是抽象笼统的对法律客体的信仰，而是主体与主体之间的信仰，是特定主体（比如当事人或一般公众）对特定主体（比如法官或律师）解释法律的资格、能力和权威的信仰，这是一种特定的主体间性。反之，如果认为人人都可以解释法律，法律也就不再是法律。这是另一种特定的主体间性。信仰始终是一种主体间性，而非主客体关系。从法民关系的角度来看，法律信仰的一般结构是"主体—中介—主体"，普通人和法律人都是共同主体，而法律则是共同客体，是共同主体交互作用的客体中介。

因此，我们必须重新理解"法律世界"的一般结构。法律人与普通人、法律职业与普通民众之间的法民关系，可能随着主体范围的变化在实践上表现各异。我们还需要从"共同客体"的角度进一步限定法民关系的实质含义，从而描述共同主体和共同客体构成的"法律世界"。法律实践中法律解释权的分配，是法民关系中共同客体的核心所在。[①] 法律世界就是参与法律实践的共同主体对法律解释权这一共同客体的分有和参与。法民关系的本质在于，法律人与普通人、法律职业与普通民众围绕法律解释权分配形成的法律世界的主体间性。因此，要充分理解这一法律世界，就必须从主体间性的角度，对"法律解释"这一共同客体的概念含义作出重新的理解和界定。"法律解释"的以往含义，是从主体性的规范和应然层面所做的定义，"由宪法、法律解释法和其他有关宪法性法律所建置"[②]，为"有权解释"的"特定国家机关"所垄断的[③]、由具有专业知识的法律职业者[④]"根据法定的解释权限和程序对国家制定和认可的法律以及有法律意义的事实按照一定的逻辑规则所做的通俗化、延伸化或限缩化的说明活动"。[⑤]。这一概念明显是从国家机关和法律职业共同体的主体性出发，强调的是合法主体在权力和知识上对法律解释的绝对垄断。但是，如果是从法民关系的主体间性来看，从事实和实然层面来看，实际的而非名义的、行动中的而非纸面上的法律解释，是相互承认的共同主体对作为共同客体的具体条文的特定含义作出的最终界定。从法民关系来看，法律解释权问题的关键在于，究竟是哪些人的相互作用，在共同影响乃至决定着一个法律条文的最终解释。[⑥] 由此理解的"法律解释权"，不再是一个传统的法学概念，而是一个社会学概念：实际影响法律条文最终解释的共同主体在法律适用中所具有的支配权力。[⑦] 从主体间性而非国家机关或法律共同体的主体性出发，法律解释权分配这一共同客体指向的是这样一个问题：究竟是哪些人的交互作用，在共同影响乃至决定着一

---

① 应当强调的是，法律实践并不仅限于法律解释。法律实践具有多重维度，因此可以因关注角度不同而体现为不同性质。学者当然可以从法律解释之外的其他角度展开讨论。本文的关注点在于前文提出的司法公信力缺失和法律解释权分散问题，因此强调法律解释在法律实践这一共同客体中的地位和作用，从而形成法民关系的界定和区分。

② 周旺生：《中国现行法律解释制度研究》，载《现代法学》2003 年第 2 期。另参见丁戌：《法律解释体系问题研究》，载《法学》2004 年第 2 期。

③ 参见魏胜强：《论法律解释权的构成要素》，载《政治与法律》2004 年第 1 期。

④ 参见董皞：《论法律适用中的法律解释权》，载《法商研究（中南政法学院学报）》1998 年第 6 期。

⑤ 谢晖：《解释法律与法律解释》，载《法学研究》2000 年第 5 期。

⑥ 一个更为详尽的分析，参见凌斌：《法治的两条道路》，载《求是学刊》2005 年第 3 期。

⑦ 这种法律解释权的理解实际上是一种人与人之间的治理关系。参见福柯：《治理术》，赵晓力译，载《社会理论论坛》1998 年 5 月总第 4 期。

个法律条文的最终解释。[①]

与法律解释密切相关的是法律语言的实际选择。作为法民关系的交流中介,法律语言的选择同样取决于主体间性的实际结构。如果法民关系的共同主体都是法律人,仅限于法律职业内部,那么法言法语毫无问题。但是,如果法民关系的共同主体既有法律人也有普通人,那么主体间沟通交流的媒介就必须依托于双方都能理解的日常语言。即使法律人必须使用法言法语,也需要为普通人提供即时的翻译服务,如由法官随时随地向当事人释明。毕竟,"语言是主体间性的信息和意义的传递手段"[②],差别只在于共同主体的构成范围。

法民关系的本质在于,作为共同主体的法律人与普通人、法律职业与普通民众围绕作为共同客体的法律解释权分配,形成的法律世界中的主体间关系。围绕法律解释权分配形成的法民关系,不是法与人的关系,而是人与人的关系。所谓法与人的关系,不过是人与人经由法律形成的交互关系。

本文将致力于分析和研究法民关系的理想类型与一般原理。舒茨创建的现象学社会学,致力于研究那些"传统的社会理论所忽视的""仅仅作为一种假设,而没有加以具体研究、分析和证明"的、"那种使他人存在的东西、使他人的活动获得主观意义的东西、使主体间际的交流和理解成为可能的东西"。[③] 在这个意义上,本文提出和研究的是一个"现象学法理学"问题,关切的是传统的法治理论所忽视的、仅仅作为一种假设而没有加以具体研究、分析和证明的、在法律实践中使法民关系得以存在的、使法民关系的交互活动获得主观意义的、使法民关系中的理解和信任成为可能的那些问题。

三、法民关系的理想类型

从法民关系的主体关系出发,可以区分为法民关系的不同类型。法民关系的类型划分可以随着标准的变化而多种多样。本文论述的是法民

---

① 一个更为详尽的分析,参见凌斌:《法治的两条道路》,载《中外法学》2007 年第 1 期。
② 郭湛:《论主体间性或交互主体性》,载《中国人民大学学报》2001 年第 3 期。
③ 何林:《许茨的主体间性理论初探》,载《求是学刊》2005 年第 3 期。

关系的两个“理想类型”。[①]

从法民关系的角度来看，任何一种法律解释权的分配方式都是一种法民之间的主体关系。如果一个外行人取得了和法律人类似的解释法律的主体资格，意味着形成了一种法律人与普通人之间分享法律解释权的特殊关系：普通人和法律人共同承认，普通人可以和法律人一起共同理解和掌握法律，法律的最终含义因此不再取决于法律人的单方决定，而是取决于普通人和法律人的交互关系。如果国家机关或法律共同体完全垄断了法律解释权，这也仍然构成了一种法律人与普通人之间分享法律解释权的特殊关系——只不过这是一种法律解释权分配的极端形式：普通人和法律人共同承认，只有法律共同体内的职业法律人“有权解释”法律，而普通人只能信奉和服从权力部门或法律人对法律的权威解释或专业解释。

普通人和法律人的共同承认，首先植根于两者之间的相互信任。法民之间的信任程度，最终决定了解释权的分配方式。从信任的角度来看，两种最为典型的法民关系，一种是相对和谐、相互信任的交互关系，一种是相对紧张、互不信任的交互关系。体现在法律解释权的分配上，和谐互信的法民关系倾向于将法律解释权全权委托于法律职业共同体，而紧张疑忌的法民关系则倾向于将法律解释权分散于普通民众和法律职业之间。本文将这两种法民关系的“理想类型”，分别称为“消极法民关系”和“积极法民关系”。

“消极法民关系”中的法律解释权由法律人垄断，作为共同主体的普通人和法律人相互信任，作为共同客体的法律解释权的分配仅限于法官、检察官和律师这些法律人内部。仅就法律解释权分配而言，法律人与普通人之间的外部关系只是派生性的，服从于法律人之间的内部关系。这不是因为普通人是权力支配的客体，只能受制于法律人的权威统治；而是因为，普通人和法律人的相互信任，使得普通人愿意将法律解释权交付给

---

① 理想类型或纯粹类型，是社会学家马克斯・韦伯系统阐释的研究方法。参见 Marx Weber, *The Methodology of the Social Science*, The Free Press, 1949, pp. 90、98—99。周晓虹：《理想类型与经典社会学的分析范式》，载《江海学刊》2002 年第 2 期。需要说明的是，下文论述的不同类型的法民关系，并非总是表现为截然不同的实践特点。也不是说，法民关系只有这两种极端情况。实践中的各种法民关系结合在一起，可以将这两种法民关系连接成一个职业化程度不断升高的光谱。这里关于两种法民关系的类型区分，是社会学意义上的“理想类型”建构，用以揭示法治实践中最为基本的典型差异。

法律人掌握，而法律人也愿意承担这一法治和政治责任——即使法律人的法律解释在个案中或特定时空造成了负面的社会影响，双方主体也不会因此陷入互相责难的紧张状态。这时，除非产生了诸如前文所述的种族冲突一类的严重的政治危机和社会动荡，法律人对法律解释权的垄断都不会动摇，而且责无旁贷。也就是说，消极法民关系中普通人和法律人关于法律解释权分配的共同承认是一种原则性授权，只是在少数例外中会发生变化。正是由于这种总体上的相互信任，消极法民关系中的法律人与普通人之间的主体关系才会反而显得“消极”。

与之相对，“积极法民关系”中的普通民众和法律职业共同分享法律解释权，作为共同主体的普通人和法律人互不信任，作为共同客体的法律解释权分散于法律人与普通人之间。仅就法律解释权分配而言，处于主导地位的是法律人与普通人之间的外部关系，而法官、检察官和律师这些法律人之间的内部关系反而是派生性的，取决于法律人与普通人的外部关系。这不是因为缺少名义上关于“有权解释”的立法规定，也不是因为法律人缺少职业技能、伦理和理想；而是因为，普通人和法律人的互不信任，使得普通人有时不愿意将法律解释权交付给法律人全权掌握，而法律人也常常难以承担这一法治和政治责任——一旦法律人的法律解释在个案中或特定时空造成了负面的社会影响，双方主体就会陷入互相责难的紧张状态，对法律解释权的争夺就会更为加剧。这种情况下，除非法律人能够以自己的行动赢得普通人的信任，否则其法律解释权的垄断壁垒始终是脆弱的。也就是说，积极法民关系中普通人和法律人对于法律人掌握法律解释权的共同承认，只是一种例外性授权，法律人只有在普通人共同承认的情形中，才能够排他性地垄断法律的解释权。在大多数时候，普通人和法律人都处于潜在的相互防范和彼此争夺当中。也是由于这种总体上的互补信任，积极法民关系中的法律人与普通人之间的主体关系才会显得格外“积极”。

两种法民关系的核心，都是法官和他人的关系。以此为中心的法民关系，如同费孝通先生说的层层推展的水波纹[①]，由内向外扩展为包含了上述各种各样身份职业的人们之间的关系。消极法民关系的核心，是法官和双方律师。因此律师职业在消极法民关系中往往不可或缺，也享有

① 费孝通:《乡土中国 生育制度》,北京大学出版社 1997 年版,第 27 页。

较为尊崇的法律地位。与之相对，积极法民关系的核心，是法官和双方当事人。即使双方都有律师代理的案件，实质仍是如此：法官与当事人的关系，决定了法官与律师（检察官）、律师（检察官）与当事人的关系。在积极法民关系中，律师职业的法律地位相对较低，甚至法官和检察官也并没有明显高于普通公众的尊严与荣耀。①

法民关系的主体结构，意味着其交互关系具有不同层次。法民关系在微观和宏观层面的交互作用，本文称之为“微观司法环境”与“宏观法治状况”。

两种法民关系，都在具体案件层面形成了交互作用的“微观司法环境”。不论是积极法民关系还是消极法民关系，总要体现为具体事实和特定条文的法律解释。积极法民关系的微观司法环境是一种相对紧张的交互关系。积极法民关系中的法律人与普通人之间，由于缺少足够的共同知识和重叠共识，往往存在着天然的陌生、隔阂与紧张、疑忌。因此法律人必须赢得而不是理所当然地获得普通人的信任与遵从。这往往需要法律人充分考虑法律关系以外的各种因素，运用包括法律救济在内的一切手段。而且，由于积极法民关系中的普通人和法律人最初没有彼此的信任，他们之间往往会产生一系列策略行为，呈现为信息经济学上所谓的“逆向选择”：双方都会投入更多的防范成本和交易成本。② 这些司法策略甚至会因为行之有效和重复博弈，而随着法民关系的趋于稳定逐渐制度化和定型化。与之相比，消极法民关系中的微观司法环境相对和谐。作为法律共同体，法官、检察官和律师具有充分共识，多数时候只需要单纯考虑法律推理。而对于消极法民关系下的普通人而言，如果他们不能接受法律人的司法垄断，那么出路往往并不是用自己的或者其他法外的力量来干预法律人的司法决策，而是放逐法律和法律人，寻求其他替代性的救济机制。比如黑社会的同态复仇。由此导致的结果，可能是在一个社会中存在着两个“平行宇宙”，一个法内世界，和一个法外世界。这种退出法民关系共同主体的方式，以消极法民关系的解体为解决方案，因此只

① 这也决定了辛普森案和刘涌案在两个国家的不同命运。参见苏力：《面对中国的法学》，载《法制与社会发展》2004 年第 3 期。

② 关于逆向选择，参见 George A. Akerlof, “The Market for ‘Lemons’: Quality Uncertainty and the Market Mechanism”, *Quarterly Journal of Economics*, vol. 84, Aug 1970, pp. 488—500；拉斯缪森：《博弈与信息》，王晖等译，北京大学出版社 2003 年版，第九章。

能是“相对和谐”。至少从法治的角度来看,找人施压法官判对方死刑,与找人替自己直接杀了仇人,有着本质的不同。不同法民关系的微观司法环境,在实践倾向上有着很大差异。

“宏观法治状况”体现的是一个国度或法域内普通民众与法律职业之间的整体关系。“司法公信”和“法治信仰”,就是法民关系的宏观体现。宏观法治状况因此表现为一般公众和普通官员具有的司法信任和法治信仰的总体程度。一个特定的法民关系在宏观层面的影响通常是微弱的,但是却不能忽略不计。而在某些极端情况下,随着其共同主体范围的扩大,一个法民关系在微观层面的交互作用,的确有可能在宏观层面产生影响,进一步作用于“宏观法治状况”。如在“彭宇案”[①]和“药家鑫案”[②]中,随着媒体记者、一般公众以及党政官员的加入,主体范围远远超越了本案的司法者和当事人,这些共同主体的交互作用也远远超越了个案当中的具体博弈。这时,尽管并非所有法律人和普通人都参与到了这一案件的法律实践之中,但是这一案件的影响所及却覆盖了整个社会,从“微观司法环境”波及到了“宏观法治状况”。就一个具体的法民关系而言,如果说“微观司法环境”是共同主体之间的直接作用,那么“宏观法治状况”则是共同主体之间的间接作用。笔者在后文将会论述,特定法民关系的这种宏观作用,不同于微观影响,有着自身独特的互动原理。

正是通过宏观与微观之间法民关系的普遍联系,个案裁判的具体效果与司法公信的总体影响,结合成了一体。不同类型的法民关系中,微观司法环境与宏观法治状况相互作用,进而影响具体的个案裁判与整体的法治进程。宏观和微观层面的法民关系,仿佛形成了一个“法治云”(Rule of Law Cloud):宏观法治状况是法治的云端,而微观司法环境则是法治的终端。法民关系的云端和终端一起,不断输出着法治的实践形态。

法民关系的理想类型虽然是一种理论抽象,但是可以在一定程度上对应于法治现实。现代西方社会的具体个案中也会有积极法民关系,但是其法治的常态往往是一种消极法民关系。而在当代中国,自然也不缺少消极法民关系,但是日常的司法实践常常体现为一种积极法民关系。

---

① “徐某某诉彭宇人身损害赔偿纠纷案”[(2007)鼓民一初字第 212 号],[法宝引证码] CLI. C. 85983。

② “药家鑫故意杀人案”[(2011)西刑一初字第 68 号],[法宝引证码] CLI. C. 348825。

当代中国的法治实践，不论是否存在律师代理，案件的核心关系通常都是法官和双方当事人。而且法官与当事人的法民关系，又往往影响到与其他法律人之间的关系，既有当事人与法官、检察官和律师的关系，也包含受制于当事人的律师、检察官、法官之间的交互关系。[①] 例如，当事人对代理律师的不信任，往往导致律师把败诉的责任推给主审法官；再如，当事人对法官和法院的不信任，便会给检察机关留出"检察建议"的余地。更有甚者，当事人以外的普通民众，作为潜在的利害关系人或者影响波及人，但凡可以对法律内容表达公共意见的人，都可以构成这种法民关系中法律人的相对方。还有一些法律学者，如果加入了普通民众的意见阵营，也会构成法民关系中"民"的一员。这其中自然还可以细分为许多维度。其中格外重要的，是法民关系与官民关系的纠缠。一方面，从普通民众的视角来看，中国的法民关系，是官民关系的一部分，法官是官员的一部分。中国的所有官员乃至公共机构的工作人员（如医生）都要承担连带责任。很多关于法官的怀疑乃至质疑，实际上来自于对整个官员体系的不信任。法官被视为一种"官"，恰恰反映出法民关系中普通民众对于法官的理解：他们并不认为法律人是一个区别于其他人的职业共同体。而另一方面，从法律职业的视角来看，普通官员与普通民众其实并无二致，都是"法—民关系"中"民"的一员。普通官员不仅和普通民众一样不信任法官而相信自己的法律认知，而且往往是作为普通民众的"民主代表"来批评和干预司法。这种普通人和法律人两种视角并存的现实，正是中国积极法民关系的典型表现。

总之，依据法民关系的主体范围和交往方式，我们可以区分出两种法民关系的理想类型：一种是在主体范围上以法官和律师为核心、在微观层面相对和谐、在宏观层面相互信任的消极法民关系，另一种是在主体范围上以当事人和法官为核心、在微观层面上相对紧张、在宏观层面互不信任的积极法民关系。从法律解释权的分配来看，消极法民关系是法律职业主导的"法—民关系"，是一个从法官到律师到当事人再到一般公众的金字塔式的垂直结构，而积极法民关系则是普通民众和法律职业共同主导

---

① 中国的检察机关究竟在法民关系中处于何种位置，仍然处在争议和发展过程当中，现今还不能形成定论。特别是对于检察机关的监督权力应当如何定位和行使，经历了一波三折。对这一问题的深入研究，应当有助于对中国法民关系乃至法民关系基本类型的理解。

的“民—法关系”，是一种法官和当事人为支撑、律师和检察官处于两者当中、周边包围着各类民众和官员的水波型的差序格局。[①]

三、法民关系的微观分化：司法环境与职业伦理

从法民关系的两个理想类型出发，我们可以进一步探索法民关系的一般原理：法民关系的共同主体如何共同作用于微观和宏观层面的法治实践。首先是微观原理：不同类型的法民关系，在主体结构上如何呈现为不同类型的微观司法环境，进而影响着法律职业的伦理取向。不同类型的法律职业伦理，并不是理所当然的，而是不同类型的法民关系结构的产物。要充分理解法民关系的微观原理，需要首先理解法民关系的形成机制。在任何社会，都会形成人与人之间的利害关系。法治的基本作用，就是以法律关系调整人际关系，将原本具有人身性特殊性的具体纠纷，转变为普遍抽象的权利义务关系。但是，“徒法不足以自行”，要把具体的人际关系转化为抽象的法律关系，需要首先将人际关系转化为法民关系，将普通人之间的关系转化为法律人与普通人的关系。将人际关系转化为法民关系，是法治历史进程的第一步。法治的首要目标，就是通过整体上立法性的制度设定，由法律人代表国家全面接管私人之间的利益纷争。要实现这一历史转变，不仅需要完善立法，更重要的是建立司法对纠纷解决的合法垄断，实现法律人对法律解释权的名义控制。此时，从法治的角度来看，在法律的名义上，普通人之间再无关系，而是转变为各自与法律人的关系。一旦双方诉诸法院，或是选择法律作为争端解决的最终方案，那么原本的人际关系就不复存在，一个人际关系就变为了两个法民关系：争议或交易双方分别与法律职业之间实际的或潜在的关系。普通人也由此被纳入到法律范围之内，成为了诉讼或者合同的“当事人”。进而，通过实际的或潜在的法律职业相连，两个法民关系又合并为了一个法民关系，一个三方的法民关系。

这就是法治的第一阶段：法治建设的重点在于法治之“法”。对应现

① 在消极法民关系中，由于法官、检察官和律师的地位不同，法律人之间又可以有不同的内部组合关系，从而形成更为多样的“亚种”(sub)类型。而在积极法民关系中，由于法律职业以外普通民众类型的多样性，也由于法律职业与普通民众外部关系的多样性，这种法民关系包含的具体类型将会非常丰富。

实，中国法治的三十年成就，在于确立了法治之“法”，在名义上以法民关系取代了人际关系。正是由于这一转化，所有原本由当事人制造的矛盾（也包括政府政策改变产生的官民矛盾），全都集中到了法律职业特别是司法部门面前。司法因此必然面临空前的压力，司法的公信力问题也就凸显出来。于是，接下来的法治目标便在于法治之“治”，树立司法公信，培育法治信仰，最终将法民关系转化为法律关系。这时，法民关系的类型差异也就制约着从法民关系向法律关系的实际转化，制约着由“法”而“治”的法治进程。很显然，从人际关系向法民关系的转变过程，不是只有一个演化结果。人类历史的实践表明，法民关系的形成过程也会和自然生命的演变过程一样发生物种的“变异”。因此问题的关键在于，法治初级阶段的转变过程，形成的是哪一种类型的法民关系？是消极法民关系还是积极法民关系？

也就是说，法治进程首先体现为法民关系在微观上的类型分化，形成了不同的“微观司法环境”。法民关系的微观原理，首先表现为特定的主体结构。形象地说，原本“一字型”的双方人际关系，经过法律的疏导，就分为了“八字形”的双列法民关系。由此，可能分化出两种法民关系的主体结构。消极法民关系最终合成的三方法民关系，是一个“人字形”的法民结构。法官处在“人字形”法民结构的顶端，双方律师分别处于两个底端。这样，人字形法民结构的这个“人”，就全都是“法律人”：消极法民关系就是三方法律人组成的人字形法民结构。人字形法民结构因此突出体现为法律人的内部关系，而法律人与普通人的外部关系则成为了陪衬的背景。与之不同，积极法民关系最终合成的三方法民关系，是一个“众字形”的法民结构。这时法官虽然依旧处在法民结构的顶端，但是底端已经变为两个“人字”，分别代表双方当事人，或者当事人与自己的律师或代理人结成的两个“子法民关系”。这样，“众字形”法民结构的这个“众”，就包括了来自三方的“人”：三方“人”中，既有“法律人”也有“普通人”。积极法民关系并未将普通人排除在法民关系之外，而是由普通人与法律人共同形成了法民关系的基本结构。一如前述，积极法民关系的“众字形”结构也可以化约为“人字形”结构，只是这时的两个底端不是法律人，而是当事人或其律师所代表的普通人。

正是实践参与的主体结构，形成了不同法民关系的微观司法环境，最终影响着法律职业本身的类型分化。法民关系的微观原理意味着，参与法律实践的共同主体，会形成不同的微观结构，对于法治实践尤其是法律职业本身的伦理形成，有着重要的影响。

在消极法民关系中，双方当事人往往聘请而且信任自己的律师，律师就从中截断了当事人与法官的关系，并且取代当事人成为了法民关系的底端。最初的普通人之间的关系，就彻底转变为了法律人之间的关系。甚至，即使没有律师参与，当事人与法官之间的关系，也会被彻底转变为法官内在的自由心证，可能是一个法官独断，也可能是数位法官合意（合议）。不论是法官自己，还是法官与律师、检察官，他们所代表的都是职业主义的法律视角，都只需要考虑法律关系，用法律关系认知和规范原本的人际关系。因此，消极法民关系中知识的运用和积累，乃至精神气质和价值追求，必然具有强烈的专业化和职业化取向。不论是法律实践还是法学教育，乃至于法学研究都会以法律的内在视角为核心。法律人因此会天然地倾向于成为法律形式主义者，法律教义分析派，信奉法条主义和法律系统的内在价值。消极法民关系下的法律人会不约而同、不知不觉中成为“专家”。这就是传统法治理论所奉行的“职业主义”法治理念的由来。

反之，积极法民关系中的法律人，往往不能仅仅局限于法律人的视野和价值，仅仅依据法律关系来理解和规范人际关系。这时，在积极法民关系之中，法律人就要被迫地在法律关系之外探究原本的人际关系，在研究法律系统的同时，思考社会、经济、政治、文化的深层问题。对应现实，中国的法律人特别是法官，即使没有受过任何法律交叉学科的专业训练，也都会潜移默化中成为一个自学成才的法律社会学家、法律经济学家、法律政治学家乃至法理学家。中国法官乃至律师的知识类型往往非常朴素而丰富，来自于自己可能接触的一切阅读范围，如电视剧、微博乃至“路边社”。只有调动一切可能的知识和智慧，才能克服积极法民关系的信息不对称，化解逆向选择的囚徒困境，实现规则适用和纠纷解决的有效统一。尽管经过法学院校和司法考试的职业训练，中国的法律人已经越来越具备专业精深的法律素养，但他们的思考方式，却毫无疑问是一个法律交叉学科意义上的“杂家”或者“通才”。他们是“赤脚的波斯纳”。更重要的是，所有这些知识都必须转化为实践理性、技艺理性。柯克勋爵所谓的作为法律职业技能的技艺理性[①]，在中国则远远突破了“法律”范畴。其中最为重要的，是与人打交道的能力。用法官们的话说，是做“当事人工作的能力”，“群众工作的水平”。这也是前述的“大众主义”法治主张在法民关系上的微观原因。

专家和通才都有高下优劣之分，只不过评价的标准各有不同。专家型法律人也具有通识，甚至可能产生霍姆斯、波斯纳这样博学多才的杰出法官。但是其总体水平并不以此为判。专家型法律人的职业素养，在于能够把一切政治问题、经济问题、社会问题、文化问题都转化为法律问题，找到足以吸收各种外在因素的法律类型。[②] 而通才型法律人的法学功底当然也很重要，但这只是他们的必备素质，就如同法定婚龄之于婚姻登记。决定其职业水平的通才型法律人的宝贵品质，在于能够敏锐地观察到法律关系背后隐藏的法民关系，洞察法民关系背后的人际关系，以及与此相关的政治经济社会文化的深层矛盾。只有具有了这样的经验和洞察力，才会尽可能避免微观司法环境的扰动乃至震荡，确保每一个案件都能作为常规案件来处理，确保每一个法律关系都能准确适用，从而取得百姓的理解，缓解司法的压力，培育法治的信仰。积极法民关系中职业法律人特别是法官的核心竞争能力，就是控制法民关系的能力。具体而言，就是将法民关系转变为有利于职业活动的特定类型。对于法官来说，通常就是通过自己的努力将积极法民关系转变为消极法民关系，从而将法民关系转化为法律关系。而对于某些律师来说，也许激化积极法民关系中当事人与法官的矛盾，甚至通过媒体效应放大法民矛盾，用宏观社会环境来左右微观司法环境，是其最重要的胜诉手段。就此而言，即使法槌、法袍乃至法庭、法律都和西方并无二致，中国的法律人也与马歇尔、霍姆斯、弗兰克福特、卡多佐、波斯纳没有丝毫的相似之处。不论中国的法学专业化和司法职业化走得多远，马锡五、宋鱼水乃至狄仁杰、包公、宋慈和海瑞，仍然是中国法官的精神导师和人格榜样。而药家鑫案、吴英案的律师，充分调动了各类媒体的司法介入，则是掌握了积极法民关系中的实践诀窍。

总之，法民关系的微观结构，制约着法律人的行为模式和价值观念。

---

① 参见考文：《美国宪法的“高级法”背景》，强世功译，生活、读书、新知三联书店 1996 年版，第 35 页。

② 这就是托克维尔所说的美国法治的卓越之处：“几乎所有政治问题迟早都要变成司法问题。”托克维尔：《论美国的民主》，董果良译，商务印书馆 1997 年版，第 310 页。

从人际关系到法民关系的转化,是法治的"惊险一跳"。不同类型的法民关系,形成了不同结构的微观司法环境和不同取向的法律职业伦理,法治形态由此分野,法治道路自此分途。我们应当从法民关系造成的微观司法环境出发,来理解和反思职业主义或大众主义的法治理念。这是一种客观的规定性,不会由于法治理论的主观意愿和价值取向而转变。只要中国的微观司法环境始终呈现为积极法民关系的"众"字型结构,法律解释的原则就必然始终在"职业主义"与"大众主义"之间摇摆,在"大众话语"与"精英话语"之间徘徊。法律解释的归宿,不是取决于法学方法的主观选择,而是取决于法民关系的微观结构。

四、法民关系的宏观连带:司法公信与个案裁判

那么,零散的微观司法环境是如何作用于整体性的法治实践呢?个案中的人际关系总是具体特定的,但是个案中的法民关系则会产生总体性和普遍性的实践意义。从宏观法治状况的角度来看,不同的微观司法环境之间,实际上存在着是一种连带关系——本文称之为法民关系的"连带性"。这就是我们要进一步探讨的法民关系的宏观原理。

法民关系的连带性在于,虽然司法实践总是个案性的,总是表现为微观司法环境,但是个案性的微观司法环境往往与总体性的宏观法治状况彼此关联。培根的名言"一次不公正的司法裁判就会污染水源"[①],正是这个意思。

首先,法民关系在宏观层面会表现为一种"微—宏"作用。只要是一起案件造成了公信危机,就足以形成人们关于整个司法系统的负面评价。一个"彭宇案",就足以毁掉多年积累的司法公信和法治信仰。这里实际上存在着一个法治的"临界点"。临界点的两端极不对称:一百万个公正案件也抵消不了一个不公案件的负面影响,而一个不公案件就足以毁了一百万个公正案件建立起的司法声誉。宏观法治状况一旦跌落到"法治临界点"以下,正当的个案裁判就不再取决于法律职业内部的选择和意愿。当今中国法官在具体案件中承受的社会压力,很多不是由于自身的伦理操守,而是源自他们前辈就没能化解的来自普通民众的怀疑猜忌。

---

① 参见培根:《论司法》,载《培根论说文集》,水天同译,商务印书馆1983年版,第193页。

反过来，法民关系在宏观层面也会表现为一种“宏—微”作用。作为水源的司法公信一旦受到污染，就意味着宏观法治状况降到了“法治临界点”以下，整条法治河流中的每个案件都会受到怀疑。由于一个不公裁判形成的“初始印象”[①]，会导致中国的普通民众包括法学学者们，对于法律职业特别是法官作出“腐败无能”的“有罪推定”。即使法律上再公正无误的司法裁判，仍然可能由于宏观法治状况的公信力缺失而无咎得过。这时，微观司法环境就总要受到宏观法治状况的强烈影响。一个微观司法环境究竟是紧张还是和谐，将取决于宏观法治状况究竟是信任还是疑忌，是否存在司法公信和法治信仰。这时，不同类型的微观司法环境，实际上是不同类型的宏观法治状况在个案中的具体体现。

最终，法民关系的宏观原理表现为一个“微—宏—微”式的宏观交互作用。这就是为什么一个广东民事案件的裁判不公可能会影响到一个辽宁法院的刑事审判，一个基层法院的错误判决可能会导致最高人民法院的工作报告低票通过。更不用说，司法威信降低，诉讼律师的社会地位也要受到连累。这些原本毫不相干的不同时间、不同地点、不同人物甚至不同案由、不同职业、不同法律关系的个案裁判，通过宏观法治状况的整体连带，产生了或多或少的相互影响。法民关系的连带性，产生的是法律职业的连带责任。

总之，法民关系连带性的作用机制是：宏观法治状况影响微观司法环境，微观司法环境影响法官个案裁判，最终塑造着法律的职业理论与法治理念。这正是两类法民关系形成和作用的基本原理。就消极法民关系而言，相互信任的宏观法治状况，往往形成的是相对和谐的微观司法环境；相对和谐的微观司法环境，确保了个案裁判聚焦于法律关系，也支撑着法律职业共同体诉诸的独立、自主、职业、专业这样一系列法治理念和司法制度，从而有助于消极法民关系的形成。即使特定当事人不接受法官的心证和判决，也很少会影响到个案的裁判过程，法官仍然可以只会考虑法

① 从认知心理学来看，这种“第一印象”往往具有“固着效应”，难以改变。参见 Edward Jones, “Pattern Of Performance And Ability Attribution: An Unexpected Primacy Effect”, *Journal of Personality And Social Psychology*, Vol. 10, No. 4, 1968, pp. 317—340; Craig Anderson and Elizabeth Sechler, “Effects of Explanation and Counterexplanation on the Development and Use of Social Theories”, *Journal of Personality And Social Psychology*, Vol. 50, No. 1, 1986, pp. 24—34.

律效果、法律依据、法律推理与法律真实，只是依法裁判。与之相对，就积极法民关系而言，宏观法治状况的互不信任，则易于导致微观司法环境的相对紧张；相对紧张的微观司法环境，又会规定具体的个案裁判、制度选择乃至于法学研究和法学教育的实践选择，最终倾向于积极法民关系的建立。当且仅当获得了双方当事人至少是默认的接受时，法官的心证和裁决才可能免受到来自当事人乃至一般公众的强烈质疑和强力干预。这时，法官就必须综合考虑法律效果和社会效果，法律依据和政治依据，法律推理和常识判断，法律真实和客观真实，就更可能采取调解而不是判决的方式结案。

结　　语

本文提出和探讨的是法民关系的基本理论，但是最终关切则在于当代中国的法治实践。特定的法民关系，要求特定的法治理论。中国的法治理论，同样应当从中国法治所植根的法民关系出发，重新理解中国法治实践的基本特点与终极理想。

法民关系的实践制约，影响着法治理念的价值取向。源自西方法治实践的职业主义法治理论植根于一种法律职业主导的相对和谐、相互信任的消极法民关系，而当代中国法治的实践处境则是一种法律职业与普通民众之间相对紧张、互不信任的积极法民关系。而中国当代的种种司法难题和法治困境，很多时候不过是其相对紧张、互不信任的积极法民关系的表现形式。从十几年前的莫兆军案①、张学英案②、刘涌案③，直至今天的彭宇案、药家鑫案、李昌奎案④，这些对“宏观法治状况”产生重大影响的热点案件都是如此。许多司法改革和制度创新，也往往是为了应对这种相对紧张、互不信任的法民关系而出现的。比如，尽量避免受理法院注定无法解决的纠纷，更多选择调解而非判决，寻求实定法的庇护而尽力

① “莫兆军玩忽职守案”[(2004)粤高法刑二终字第24号]，[法宝引证码]CLI. C. 39527。

② “张学英诉蒋伦芳遗赠纠纷案”[(2001)纳溪民初字第561号]，[法宝引证码] CLI. C. 37779。

③ “刘涌组织、领导黑社会性质组织等案”[最高人民法院(2003)刑提字第5号]，[法宝引证码] CLI. C. 71653。

④ “李昌奎故意杀人、强奸案”[(2010)云高法终字第1314号]，[法宝引证码] CLI. C. 806834。

避免没有明确法律依据的法律解释，追求尽可能接近客观真实的法律真实，判决书避免写明心证过程和推理逻辑，中止暂时无法执行的案件，等等。甚至这也是“大调解”“能动司法”的一个现实原因。

中国当代的积极法民关系，不仅制约着法治实践的具体形态，而且定义了中国法治的理想内容。由法律人和普通人共同构成的积极法民关系决定了法治的中国理想既有法律人的职业理想，如司法独立、法律科学、职业自治、宪法审查等，也有普通人的日常理想：什么是公平、自由、正义？什么是天理、国法、人情？法治理想在当代中国的具体含义，同样取决于积极法民关系对微观司法环境的具体规定与宏观法治状况的整体塑造。积极法民关系之所以“积极”，正是因为中国的普通民众和法律职业都在以自己的信念和力量，不断提出自己的、也在不断接受他人的同等甚至更为重要的法治理想。当代中国的法律职业和普通民众一起构成了这个法律世界的共同主体。对他们而言，问题从来不是要不要法治，而在于要什么样的法治。经过了几十年的不断积累与持久推动，积极法民关系塑造下的中国法治实践，必然要求从质料上升为形式[①]，从西方法治的“本土资源”，上升为中国法治的“本土理想”。

因此，关于法民关系的理论探索，不仅是对西方现代法治理论及其理想的检讨批判，而且是对中国当代法治理想以及相应法治理论的发现与重建。前文论述的法民关系在微观司法环境和宏观法治状况中的种种表现，实际上都是对法治的中国理想的理论呈现。法治的中国理想，只能来自于法治的中国实践。而法治的中国实践，深深植根于当代中国的积极法民关系之中。这些法民关系的实践影响，经过了三十年法治进程的不断积累和反复塑造，已经逐步制度化和均衡化，日益呈现为名副其实的中国特色。这种法治的中国实践的确开始形成了自己的道路与模式，体现出中国法治无法违背的客观规律。积极法民关系下的法治实践，有很多不同于消极法民关系的自身特点。这些特点当然有待进一步的评价与批判。但是评判的前提不应仅仅依据那些源自消极法民关系的法治理念。更重要的是，在评判之前，我们必须对积极法民关系下的法治特点，作出更为细致的论述和更为深入的研究。

---

① 关于质料和形式在哲学上的含义和差别，可参见亚里士多德：《形而上学》，吴寿彭译，商务出版社 1995 年版，第 6 页以下。

中国的法治理论，理当回答中国法治实践自身提出的问题。首当其冲的问题在于，为什么中国法治的起点是积极法民关系？如何实现当代中国法民关系的和谐互信？这也正是本文的用意所在：促使人们注意到并且认真对待中国法民关系的自身特点，从而找到中国法治的实践之路。对“原因”问题的回答，将会是多方面的。答案可能来自于中国自身的历史文化传统，近代以降的政治和社会转型，中国共产党奉行的群众路线，司法改革的具体路径，乃至当代中国社会观念变化与治理模式调整之间的张力等，都可能提供某种解说。[①] 而且这些解说很可能都无法是终局性的，并且逐渐形成相互竞争的理论传统，有待深入的树立与辨析。[②] 但就理论研究而言，将问题提出来，往往要比仓促解决问题更为重要。一个好的问题，可以催生一系列好的理论。对中国法民关系形成原因的追问和讨论，将不仅有助于解决当前司法公信力缺失和法律解释权分散的法治难题，而且有助于中国法治理论的发展和完善。

而就“出路”问题而言，前文的分析或许有助于明确法治实践的改革方向。必须强调的是，法民关系的宏观原理仍有其微观基础：宏观法治状况最终取决于微观司法环境的积累。个案裁判只有在微观作用中获得了正面评价，才可能在宏观层面增进司法公信和法治信仰。在消极法民关系中，个案裁判的公共评价主要取决于法律共同体的主流意见。而在积极法民关系下，究竟什么是公平和公正，什么是“正当的”个案裁判，往往由不得法官律师的职业判断，而是取决于当事人、特别是老百姓的一般意见。法治信仰和司法公信，因此既不是简单的法律移植所能奏效，也很难通过“寻求正当的个案裁判”[③]加以解决。要从紧张疑忌的积极法民关系出发，必须首先在其微观司法环境和宏观法治状况两个层面上，培育和树立包括当事人在内的普通民众对于法律职业的理解和信任。这就首先需要立足于积极法民关系的微观司法环境，遵循积极法民关系要求的职业伦理，在与包括当事人在内的普通民众的交互作用中，逐步积累司法公信

---

① 从群众路线角度对法民关系形成原因的探讨，参见凌斌：《普法、法盲与法治》，载《法制与社会发展》2004 年第 2 期。

② 对这一问题的回答显然需要专文的系统论述，限于篇幅本文无法展开讨论。关于中西不同法民关系形成的历史原因的一个简要的论述，参见凌斌：《法治的两条道路》，载《中外法学》2007 年第 1 期。

③ 参见拉伦茨：《法学方法论》，陈爱娥译，商务印书馆 2003 年版，第 18—24 页。

和法治信仰的实践资源。

名义上的制度立法总是相对容易，以建立法治之“法”为目标的法治初级阶段可以很快取得成功。艰难的是第二步，是如何实现法治之“治”，如何确保“法律实施”和“法律实效”。法民关系的微观和宏观原理意味着，法治建设要从法治之“法”的初级阶段发展到法治之“治”的高级阶段，就必须面对法民关系的现实制约。对于当代中国的法治建设，这一点尤为重要。尽管如何解决这一问题难免见仁见智，但是从当代中国的积极法民关系出发，充分认识宏观法治状况实践影响和微观司法环境的现实制约，无疑是一切可能的司法改革和法治进程的必要前提。如此广大精微的法治连带关系，显然超出了任何个人和单一立法的干预限度，绝非某个权威人物的意愿或者某部法律的内容修改所能左右。

本文只是努力界定和提出了法民关系最为基本的概念、类型和原理。依然有待回答的问题还有很多。为什么会有中西法民关系的不同类型？从不同类型的法民关系出发，应当如何重新理解和定义法理学和法治理论的基本概念？如何转变当代中国相对紧张、互不信任的法民关系，化解极端对立的法民矛盾？如何在积极法民关系的微观基础上，实现宏观的司法公信和法治信仰？什么是中国老百姓和法律人共同渴望的法治理想，应当如何在微观具体的个案裁判中加以呈现和予以尊重？所有这些，都是中国法治进程必须解答的问题，也是中国法学能够创新法治理论的源头活水。

当代中国的法学研究，不能再将中国的法治实践作为西方类型的反面、亚种或者初级阶段，不能总是通过“没有”“欠缺”或者“不”、“非”这样的方式来定义中国和中国法治。必须将中国法治的实践特点，作为一个独立类型加以建构，走出一个独具中国社会主义特色的法治之路。本文致力于分析法民关系的理论意义、概念含义、理想类型和一般原理，就是这样一个最为初步的努力，希望通过理解和思考作为法治基础的法民关系问题，为理解和思考中国法治的实践特点和内在逻辑，提供必要的理论准备。

司法中的社会科学判断*

侯 猛**

法社会学有广义和狭义之分。从狭义上来说，法社会学是法学理论学科下的三级学科，主要运用社会学知识方法研究法律在社会生活中的作用。从广义上来说，研究法律在社会生活中的作用，除了运用社会学以外，还包括人类学、经济学、心理学，文学等，因此，又称为法律的社会科学研究（简称"社科法学"）。

在当代中国，社会科学的引入和强调，目前还主要局限于法律的学术研究；重视经验调查，但往往是事后观察。[①] 研究的学术意义大于实践意义，读者对象主要是同行。[②] 在法律实务特别是司法实践中，社会科学如何引入，对法律人有何意义，学界尚缺乏基本共识。不少学者认为，法解释学以及具有"家族类似"特征的法教义学[③]，围绕司法裁判来展开，成为法律职业的基本训练。社会科学只是法教义学补充和考量因素，不是独立的思考方式。也有少数学者提出异议。他们认为，法教义学主要用来

* 原文刊于《中国法学》2015 年第 6 期。

** 北京大学法学院副教授，博士生导师。

① 代表性的研究，例如，John Donohue and Steven D. Levitt, "The Impact of Legalized Abortion on Crime", *Quarterly Journal of Economics*, Vol. 116, No. 2. (May 2001), pp. 379—420。作者运用定量方法分析罗伊案（Roe V. Wade, 410 U. S. 113, 1973）与 1990 年代中期美国犯罪率大幅度下降之间的因果关系。不过，尽管很多研究的解释很有说服力，但却未必是事实真相。这本身就是社会科学研究的局限性。

② 但这并不是说法律的社会科学研究没有实践意义，其实践意义往往最后会指向立法或政策的制定和修改。

③ 国内的法教义学研究和教学刚刚起步，有关一般性的讨论，参见许德风：《法教义学的运用》，载《中外法学》2013 年第 5 期；有关具体司法适用的讨论，参见陈兴良：《寻衅滋事罪的法教义学形象：以起哄闹事为中心展开》，载《中国法学》2015 年第 3 期。

处理常规案件，社科法学主要是法律经济学，在疑难案件中更具指导优势。[①]

与上述两种见解都不同，本文认为社会科学不只用来处理疑难案件，而是可以贯穿于整个司法裁判过程之中。并且，在社会科学诸领域，也并不只有经济学才能影响裁判，社会学、人类学、心理学乃至文学都可能影响裁判过程。

相应地，在法学院进行社科法学的教学，旨在训练法律人对社会科学的判断能力，而不是或主要不是社会科学知识方法的传授。社会科学的学习主要也应当在专门的社会科学院系完成。与社科法学的教学形成对比，法教义学主要是训练法律人的逻辑推理判断能力。社科法学的教学与社科法学的研究也有明显差别。研究的主要目标，是为了让对法律问题的解释更有说服力[②]；而教学的主要目标，是为了训练法律人对案件的判断力，增强案件的说服力。因为能够说服力当事人的裁判，不仅需要法律逻辑推理，有时也必须包括因果关系解释。社会科学的核心是解释因果关系，法律人在裁判过程中进行社会科学判断，有助于实现法律效果与社会效果的统一。

一、以事实为中心

裁判过程可以简约为事实认定和法律适用两个阶段。“法院实务上最主要、最困难的工作在于认定事实，以适用法律。”[③]所谓“最主要”，是指在大多数案件中，当事人争议的主要是事实问题，而不是法律适用问题。所谓“最困难”，是说事实认定是法律适用的前提。如果事实认定有问题，则直接影响法律适用的结果。

法律人在裁判过程中所进行的社会科学判断，主要是围绕事实问题

---

① 参见桑本谦：《“法律人思维”是怎样形成的——一个生态竞争的视角》，载《法律和社会科学》（第13卷第1辑），法律出版社2014年版。

② 同样针对司法个案，社会科学研究往往从个案出发，但超越个案，讨论个案背后的一般性、制度性问题。这与运用社会科学进行司法个案裁判完全不同。参见苏力：《医疗的知情同意与个人自由和责任》，载《中国法学》2008年第2期。

③ 王泽鉴：《民法思维：请求权基础理论体系》，北京大学出版社2009年版，第20页。

展开。事实认定必须通过证据来完成，证据在裁判过程中的作用十分关键。[①] 这样，社会科学与证据的关系就相当密切。而法解释学特别是法教义学，主要是围绕法律问题来展开："法律人从事的工作在于将抽象的法律适用于具体个案，涉及法律的解释、漏洞的补充或法律续造等法律方法的问题。"[②]对于事实问题的处理，基本交由证据法来解决。

（一）法教义学对事实的理解

不过，法教义学已经形成处理事实问题的特定范式：其对事实的理解，服从于规范前提。这个规范前提就是预设："法教义学是以现行法律的内容和适用为对象建立的法律知识体系，包括从制定法中，学术研究中以及相关判例中得出的关于现行法的所有理论，基本规则与原则"，"法教义学的方法就是对现行有效的法律规范进行解释、归类于系统化的方法，而这种方法必定是在现行法所确立的体系之内进行的"，"保证体系内部无矛盾性是法教义学的首要任务"。[③]

法教义学是从法律（规范、体系、秩序）出发去分析判断整个事实过程，并将案件日常社会事实转变为法律事实。法律事实或称"要件事实"[④]，是根据证据法、程序法和实体法裁剪以后，能够产生法律效果的案件事实。[⑤] 由于法律事实必须用法律概念来指代，因此法律概念在功能上就勾连起案件事实与法律规则，成为事实问题与法律问题的"接口"。[⑥]

---

① 甚至认为，证据法已经成为裁判的核心。参见杨秀清：《民事裁判过程论》，法律出版社2011年版，第156页。

② 王泽鉴：《民法思维：请求权基础理论体系》，北京大学出版社2009年版，第16页。

③ 卜元石：《法教义学及其功能》，载《中德私法研究》（第6卷），北京大学出版社2010年版，第3—25页。

④ 日本司法研修所的定义是："实体法权利的发生、妨碍、消灭等法律效果是否产生，与是否存在相应的具体事实紧密相关，这些事实就被称为要件事实。"参见许可：《民事审判方法：要件事实引论》，法律出版社2009年版。

⑤ 按照人类学家纪尔茨(Geertz)的解释："法律的事实是被制造出来的而不是天生的——若由以为人类学家来讲，他会这么说——是运用从证据至上的规则、法庭上的规矩、法律记录的传统格式一直到申辩技巧、法官的修辞以及法学院教育推重经义训诂的传统学风等等一切元素，社会性地建构出来的东西"。克利弗德·纪尔兹：《地方知识：诠释人类学论文集》，杨德睿译，台湾麦田出版城邦文化事业股份有限公司2002年版，第238页。

⑥ 概念是"能指"事实，但一个法律规则不能直接指代社会事实，其必须通过概念来完成。概念的作用，犹如乔姆斯基所讲的边界效应(edge effect)，是指两个边界在形成对比时出现的效应。参见诺姆·乔姆斯基：《语言的科学：詹姆斯·麦克吉尔弗雷访谈录》，曹道根、胡朋志译，商务印书馆2015年版，第430页。

这样，由法律概念所界定的法律事实，有时既是事实问题，也有可能是法律问题，两者之间难有清晰边界。[①]

法教义学更关心与法律适用相关的法律事实，而不太关心案件社会事实。案件社会事实虽与适用无关，但却可能反映当事人所重视的事实上的因果关系。在裁判过程中，法律事实主要是由律师而非法官裁剪完成，法官更多是在此基础上进入找法，例如民法上的请求权基础阶段。[②]在法教义学的教学中，基于教学时间成本考虑，案件事实往往给定，法律人更多精力投入到法之发现及法律适用。然而，给定事实的信息有限，就会影响法律适用。此外，事实认定更多是交由证据法来完成，本质上与法教义学并没有关系。由此可以认为，法教义学的核心是法律问题，而并非事实问题。

（二）社会科学对事实的理解

裁判过程的事实问题，在两大法系中的重要性有所不同。大陆法系以制定法为中心，注重演绎推理，法教义学得以发展，形成教科书体系以指导法官裁判。英美法系以判例法为中心，注重类比推理，形成遵循先例的司法传统。没有知识和规范体系化追求，也就没有法学家指导法官的可能。[③]

与演绎推理相比，类比推理的裁判过程需要更多精力处理事实问题。类比推理的基本步骤，首先是对已决案件和待决案件的事实比较，归纳出相同点和不同点，然后再对相同点和不同点的重要性进行衡量。[④]而要对这些比较的事实差异加以精确处理，不但需要逻辑、理性、直觉和经验，更需要社会科学判断。

---

① 参见王林清：《司法裁判中的意义分歧及其消解路径》，载《中国法学》2015年第1期。

② 律师代理案件，首先当然要弄清楚本案的事实并为在法庭上证明本案事实准备各种证据，然后就要从现行法律、法规中找到本案应当适用的法律规范，建议审理本案的法官采用这一法律规范，作为裁判本案的裁判基准。此项法律规范，理论上称为“请求权基础”。参见梁慧星：《裁判的方法》，法律出版社2012年版，第289页。

③ “在德国，显而易见，是教授在法律秩序的形成中起到了举足轻重的作用。”但在英美法系，法官才是法律秩序的主要形成者。参见大木雅夫：《比较法》，范愉译，法律出版社1999年版，第263、280页。

④ 史蒂文·J. 伯顿：《法律和法律推理导论》，张志铭、谢兴权译，中国政法大学出版社1998年版，第30—49页。

虽然演绎推理的裁判突出强调逻辑三段论[①]，但事实问题同样甚至更为重要。三段论是以法律规则为大前提，案件事实为小前提，最后得出发生法律效果的结论。但实际上，法律人首先面对的是作为小前提的案件事实，然后才是寻找作为大前提的法律规则。而且，中国大陆裁判文书的表述，也是遵循先陈述案件事实，再给出理由，最后依据法律裁判的顺序。这样看来，虽然在理论上，具有一般化意义的法律问题，比特定案件的事实问题更重要。但在实务上，法律人在处理特定司法个案时，事实问题更重要。没有个案的事实问题，就没有个案的法律问题。法律人可以通过证据规则将社会科学引入个案的事实判断。

如果进一步反思逻辑三段论，其中涵摄(subsumtion)的推论过程实际上也语焉不详。涵摄作为一项法学思维过程，"一方面，须从法律规范去认定事实，另一方面，亦须从案例事实去探求法律规范，剖析要件，来回穿梭于二者之间，须至完全确信，案例事实完全该当于所有的法律规范要件时，Subsumtion 的工作始告完成，可进而适用法律，以确定当事人间的权利义务关系"。[②] 由于涵摄所强调的是在事实与法律之间来回穿梭，也不知道有多少个来回，这本身就已经弱化了只有"三步走"的三段论的神圣性。更重要的疑问是，什么是来回穿梭，什么才是完全确信，法教义学已经无法解释。如果将这些归结为是法官心证，那从认知心理的角度，法律人在此过程中就更需要社会科学判断。

大致来说，可以归纳如下几点作为本文立论基础：

第一，法律人所面临的首要问题是事实问题，而非法律问题。无论注重演绎推理，还是注重类比推理，都要首先面对事实，都需要证据认定事实，都需要社会科学来支持证据的证明力。在这个意义上，事实问题就是证据问题，就是社会科学问题。

第二，两大法系证据证明标准不同，社会科学的运用也存在差异。法教义学在大陆法系占据绝对优势，注重演绎推理，围绕法律问题展开。事实问题主要由证据法处理，但证据制度总体上并不发达，不利于社会科学

---

① 民事法官在裁判当中，所遵循的逻辑规则，就是形式逻辑的三段论。一个判决是否正确、妥当，就看它是否符合这个裁判逻辑公式。参见梁慧星：《裁判的方法》，法律出版社 2012 年版，第 8、11 页。

② 王泽鉴：《民法思维：请求权基础理论体系》，北京大学出版社 2009 年版，第 162—163 页。

的引入。而在判例法传统的英美法系，注重类比推理，事实问题是核心，相应的证据制度也比较发达，更利于社会科学的引入。

第三，不同的诉讼结构，产生不同的社会科学需求。例如，1990 年代以来进行的民事审判方式改革，是从职权主义转向当事人主义模式。法教义学所对应的职权主义纠问制，由法官主导事实认定和法律适用。这样在裁判过程中引入社会科学的关键在法官，但法官缺乏有效激励。而在由双方当事人律师主导，法官相对被动的对抗制中，社会科学引入的关键在律师，律师有激励机制，并促使法官进行社会科学判断。

二、社会科学与裁判事实

依据案件类型，裁判过程中的事实至少可以分为裁判事实（adjudicative facts）和立法事实（legislative facts）。裁判事实是指与特定案件当事人密切相关的事实："当法院对于本案中当事人有关的事实——当事人做了什么，当时的情况怎样，事件在何种背景下发生——进行认定时，法院便是在执行裁判的功能，这些事实可称为裁判事实。""立法事实是指不针对特定案件当事人，但有助于判断案件的潜在影响力的事实："当法院考虑法律或者政策问题时，它就在进行立法，而那些为其立法判断提供信息的事实可以称之为立法事实。"[①]这一部分先讨论裁判事实与社会科学的关联性。

（一）科学证据的准入[②]

在裁判过程中，（社会）科学必须借助于证据规则，才能作为认定裁判事实的理由。但科学知识作为证据准入标准，经历了从"专门领域被普遍

① See Kenneth Culp Davis, "An Approach to Problems of Evidence in the Administrative Process", 55 *Harvard Law Review* 364, 402 (1942).

② 此处内容部分参考 John Monahan, Laurens Walker, *An Introduction to Social Science in Law*, Foundation Press, 2006，并核对了其中所涉及案例的裁判文书的原文。国内的中译本可以参见约翰·莫纳什、劳伦斯·沃克：《法律中的社会科学》（第 6 版），何美欢、樊志斌、黄博译，法律出版社 2007 年版。

认同”标准到“有助裁判者理解”标准的阶段。[①] 在1923年的Frye v. United States案中，美国哥伦比亚特区上诉法院认定，“收缩血压测谎实验还未能在生理学和心理学权威中获得地位和科学认同，法院据此不会承认迄今发现、发展和实验所推导出来的专家证言”。[②] 但到了1975年，美国《联邦证据规则》第702条规定：如果科学、技术和其他专业知识，有助于事实裁判者在争议案件中理解证据或认定事实，专家证人可以以发表观点或其他形式作证。[③] 美国联邦最高法院在1993年的Daubert v. Merrell Dow Pharmaceuticals案中进一步认为，“Frye标准被《联邦证据规则》取代，但这并不意味着《联邦证据规则》对据称是科学证据的准入不设置任何限制。初审法官并非没有能力筛选证据。相反，根据规则初审法官必须确保所有科学证言或证据，不仅具有相关性，还具有可靠性”。[④]

相关性已经成为美国证据法的核心原则。因此，社会科学证据与裁判事实之间必须具有相关性。依据《联邦证据规则》第401条的规定，“相关证据是指那种有可能使得任何事实——该事实对案件事实认定产生影响——的存在概率较之于没有该证据时增加或者减少的证据”。相关性意味着，一方面证据必须与影响案件的事实有关，同时还必须使得那个事实相较于没有此证据时存在概率增加或者减少。[⑤]

以商标案件为例，如何判断消费者混淆，最初法院以属于传闻证据为由拒绝基于调查所获得的经验数据。在1928年Elgin National Watch Co. v. Elgin Clock Co.案中，原告提交给法院2000份返回的调查问卷，法院认为被调查人的陈述难以被证实，而且没有出庭，因此拒绝了这份调查数据。[⑥] 但1963年的Zippo Manufacturing Co. v. Rogers Imports案改变了调查数据的证据准入要求。[⑦] 新的社会科学证据标准得以确立，

---

① See Adina Schwartz, "A 'Dogma of Empiricism' Revisted: Daubert v. Merrell Dow Pharmaceuticals, Inc., and the Need to Resurrect the Philosophical Insight of Frye v. United States", 10 *Harvard Journal of Law & Technology*, 149, Winter, 1997.

② Frye v. United States, 293 F. 1013 (D.C.. Cir 1923).

③ Federal Rules of Evidence, Rule 702, Testimony by Experts.

④ Daubert v. Merrell Dow Pharmaceuticals, Inc., 509 U.S. 579, 113 S.Ct. 2786(1993).

⑤ Lawrens Walker, John Monahan, "Social Facts: Scientific Methodology as Legal Precedent", 76 *California Law Review* 877(1988).

⑥ Elgin National Watch Co. v. Elgin Clock Co., 26 F. (2d) 376 (D.C. Del. 1928).

⑦ Zippo Manufacturing Co. v. Rogers Imports, Inc., 216 F. Supp. 670 (U.S. Dist 1963).

即社会科学证据并不必须对裁判事实起到决定性作用，只要有任何可能性证明存在消费者混淆。此证据就是相关性的，因此被推定准入。

(二) 研究方法的判断

作为证据的社会科学，有的是个案或定性方法得出的结论，有的是定量方法得出的结论。定性证据包括证人证言、司法鉴定等。例如，在轰动全国的“南京宝马案”中，肇事者被鉴定为急性短暂性精神障碍，就是针对特定个案进行定性分析获得的证据结论。尽管存在巨大争议，但这一定性证据的证明力最终需要法官来判断。

定量证据的运用也相当广泛。例如，在前述 Zippo Manufacturing Co. v. Rogers Imports 案中，为了判断 Zippo 与 Rogers 的打火机在外观上是否会造成消费者混淆，原告基于全国烟民的概率样本进行了三个独立调查，每个样本规模为 500 人。在第三项调查中，被访者被递给一个带有其全部标识的 Rogers 打火机，然后被要求回答其品牌。34.7%被访者认为它是 Zippo 牌，只有 14.3%的被访者认为是 Rogers 牌；不需要超过 50%，就可以认为原告已经证明 Zippo 和 Rogers 打火机会被混淆，而且已经实际发生。

与定性证据相比，定量证据证明力的争议更大。最有代表性的案例是 2011 年 Wal-Mart Store, Inc. v. Betty Dukes 案。原告 Betty Dukes 和其他几位(前)员工认为沃尔玛公司存在普遍性的性别歧视。原告提出的证据是运用回归分析方法得出的结论。回归分析主要针对不同地区中提拔到管理岗位的女性数量、女性在整个沃尔玛公司的比例、沃尔玛与其他与其相竞争的零售商中女性受到提拔的比例、女性与男性员工在沃尔玛公司中的差异等。最后得出结论：沃尔玛公司经理当中女性缺乏代表的规模、普遍性和一致性，表明这种缺乏代表是深植于该公司组织文化和全公司的就业态度、政策和实践中的，后者反映并维持前者。但美国联邦最高法院最终以 5∶4 推翻了这一结论。法院认为，即使从表面上的价值来看，这些研究也是不足以支持被上诉人(原告)的主张。在 General Telephone Co. of Southwest v. Falon 案中，我们认为，单一原告受到歧视，是不足以证明在雇佣过程中，这种差别对待是普遍存在的。同样，在本案原告的主张中一个类似的论证错误——就像 lkuta 法官所指出的那样，即使在地区和国家层面存在歧视对待，不能够表明在单个门店中也一定存在，更不用说从(沃尔玛整个公司存在歧视政策)就推论出所有门店也在执行这种歧视政策。一个地区性的收入差异，只能说明一小部分沃尔玛门店存在这种现象，但不能说明每一个门店都存在歧视。而所有门店都存在歧视正是原告主张其能够代表沃尔玛所有女性职工的立论所在。[①] 法院的结论表明，定量分析虽然能够说明普遍性问题，但结论不一定适用于分析的所有个体。回归分析虽然揭示平均性因果关系，但却无法否认个案中"极值"的存在。所以，代表多数意见的斯卡利亚大法官才认为，依据定量方法就是根据公式的裁判，而这会侵犯沃尔玛公司在每一个个案中辩护的权利。

(三) 新兴技术的引入

能够引入裁判过程的证据，不仅包括科学知识，也包括技术。长期以来，美国最高法院对于视听资料的态度相当保守。例如，法院拒绝庭审录像，是担心录像会影响法官中立裁判。但法院排斥视听资料作为证据，最主要的担心可能是认为，科学判断会取代法官的专业判断。在现有的裁判过程中，法官需要构建证据链来解决事实问题。但这是法律事实而不是案件真实，甚至法律事实与案件真实并不一致。而视频所呈现的影像是记载而不是还原现场，因此，视频录像要比原来的证据资料，更能接近案件真实。一旦视频录像被作为证据广泛使用，法官专业判断的重要性就会降低。[②]

但在 2007 年 Scott v. Harris 案中，美国联邦最高法院对视频录像的态度有所改变。Harris 因为高速驾驶受到警察 Scott 追捕。在追捕过程中，Scott 刻意碰撞原告驾驶的车辆以阻止其继续高速驾驶。事后 Harris 指控 Scott 执法过当，违反美国《宪法》第 4 条修正案。法院认为，警察阻止会危害无辜民众生命安全的高速驾驶行为，并不违反第四修正案，即使这会导致逃逸者严重受伤或死亡的风险。没有任何合理的陪审团会认为，被告刻意碰撞原告驾驶的车辆以阻止其继续高速驾驶，是一个过度执

---

① Wal-Mart Store, Inc., Petitioner v. Betty Dukes Et Al., 564 U.S. _(2011).

② 举例来说，最近几年中国老人摔倒讹诈事件时有发生。如果没有现场视频，纠纷最终交由法院处理的可能性很大，这就会凸显法官专业判断的重要性；但如果有现场视频，纠纷就比较容易解决，甚至不需要法官介入。

法行为。[①] 法院之所以作出这样的事实认定，就在于法院将清楚拍摄事故的现场视频，作为其判决理由的一部分。现场视频对法院最终判决产生了强烈影响。最高法院甚至邀请社会大众观看该现场视频，以判断法院多数见解的认定是否正确。三位学者作出回应，通过实验设计，让1350名来自不同地区、不同背景、不同族群的美国公民，观看法院所公开的本案追捕过程的视频。研究结果显示，虽然大多数的受访者，形成与法院多数相同的意见，然而，在不同族群之间却存在显著的差异：白人、男性、政治观点趋于保守，富裕者，较易形成支持被告立场的看法。非裔、女性、政治观点倾向自由派，受到良好教育但较不富裕者，则较易形成支持原告立场的看法。[②]

由此来看，视听资料以及其他新兴技术的引入，尽管更有可能呈现案件真实，但不同的受众由于自身存在差异，其认知程度各自不同，对事实的理解也各不相同。这意味着科学判断的客观性仍然存在问题，反而彰显出法官专业判断的重要性。当然，这也意味着在裁判过程中，原有的科学证据还不够，需要引入认知科学的证据判断。

三、社会科学与法官心证

科学证据的准入、研究方法的判断、新兴技术的引入，常见于证据规则发达的美国。中国也遇到上述问题，但处理方式上与美国有相当不同。美国对证据的要求比较宽松，根据相关性原则，只要与案件相关的任何事实都可以成为证据。而中国更强调证据的合法性。例如，我国《民事诉讼法》第63条列举了8种法定证据。这意味着如果相关证明材料不属于以上8种证据，都不能作为证据使用。从表面上来看，中国对证据要求更为严格，但司法实践中却出现很多证据上的问题难以解决。中国的证据规则实际上并不发达。例如，很多具有社会科学属性的材料，虽然与个案当

---

① Scott v. Harris, 550 U.S. 372 (2007).

② Dan M. Kahan, David A. Hoffman & Donald Braman, "Whose Eyes Are You Going to Believe?: Scott v. Harris and the Perils of Cognitive Illiberalism", 122 *Harvard Law Review* 837 (2009).

事人密切相关，但不能作为证据使用，往往就只能成为法官心证的来源。[①]

（一）只能考虑的专家意见

社会科学进入司法的主要方式是专家意见，但专家意见不属于《民事诉讼法》上的 8 种法定证据。因此，专家意见中的社会科学结论很难作为证据使用。因为没有证据作为有力支撑，社会科学与事实认定之间的联系就相当脆弱。退而求其次的做法是，具有社会科学属性的证明材料，成为法官心证的范围。但既然是法官心证，社会科学采纳与否没有严格要求，这反而又会增加裁判的不确定性。典型案例是最高人民法院二审的"3Q 垄断案"，即国内两大互联网公司 360 与腾讯之间的反垄断诉讼案件。在"3Q 垄断案"中，腾讯和 360 都向法院提交了经济学家的专业报告作为证据。在裁判文书中涉及专家意见的表述如下：

> 本院审查认定如下：证据 1 实为 RBB 经济咨询的 Derek Ridyard 出具的专家意见。作为专业经济咨询机构的专家，Derek Ridyard 应根据自身的专业知识对本案所涉及的经济事实等专业问题发表意见，但是其却完全针对一审判决发表评论，认为一审判决的分析存在漏洞且举证不符合相关经济测试所要求的基本标准，实际上是提供法律意见。……对证据 1 不再予以考虑。……证据 3 实为 CRA(Charles River Associate)的特别顾问 David Stallibrass 出具的专家意见，David Stallibrass 本人也已经出庭接受质询，本院将结合证据 3 以及 David Stallibrass 的庭审发言对其专家意见予以考虑。……证据 36 和证据 37 系全球经济咨询的 David Evans 出具的专家意见，本院将结合案件具体事实对其予以考虑。……证据 36 和证据 37 系全球队经济咨询的 David Evans 出具的专家意见，本院将结合案件具体事实对其予以考虑……
>
> 上诉人主张，一审卷宗中有全球经济咨询出具的《关于奇虎 360

---

① 法官通过对证据的审查判断所形成的内心确信，称为心证。最高人民法院《关于民事诉讼证据的若干规定》第 64 条规定："审判人员应该依照法定程序，全面、客观地审核证据，依据法律的规定，遵循法官职业道德，运用逻辑推理和日常生活经验，对证据有无证明力和证明力大小独立进行判断，并公开判断的理由和结果。"

相关市场界定、市场力和滥用市场支配地位指控的经济报告》,一审法院大量采纳与该报告相同的观点和事实,但未组织质证,违反证据规则。本院认为:关于全球经济咨询出具的《关于奇虎 360 相关市场界定、市场力和滥用市场支配地位指控的经济报告》。被上诉人在一审过程中将该份报告提交审理法院作为参考,并非作为证据使用。一审法院亦未援引该份报告作为裁判依据。一审依据的部分事实和观点与该份报告有相同之处,并不能说明一审法院采信该报告。由于一审法院并未将该份报告作为裁判依据加以采信,对于该份报告无需组织双方当事人质证。[①]

本案中,上诉人 360 提交的证据是《奇虎 360 诉腾讯:对广东省高级人民法院判决书的经济评论》(证据 1)和《关于 360 和腾讯反垄断诉讼案件的经济分析报告》(证据 3);被上诉人腾讯提交的是《关于奇虎 360 相关市场界定、市场力和滥用市场支配地位指控的经济报告》(证据 36)和《关于奇虎 360 和腾讯反垄断诉讼案件中 STALLIBRASS 先生对广东省高级人民法院判决结果批判的经济分析报告》(证据 37)。对证据 1,法官加以排除,主要理由是认为这是法律意见,而并非经济评论。对证据 3,法官认为专家意见的出具人同时出庭接受质询,因此予以考虑。对证据 36 和 37,法院认为是专家意见对其予以考虑。专家意见并非证据,即使是出具意见的专家出庭接受质询,可以视为法定证据的证人证言,但法官的态度仍然只是予以考虑。考虑意味着什么?这已经进入到法官的心证范围,具有很大的不确定性。

另一方面,既然专家意见并非证据,就不应该写入裁判理由。如果专家意见的观点一旦写入裁判理由,就是定案依据,应该接受质询。正如裁判文书中上诉人所主张的,一审法院大量采纳与该报告(证据 36)相同的观点和事实,但未经质证,违反证据规则。但二审法院采取专断的态度,认为尽管有部分相同,但并不能说明法院已采信。而且,专家意见既然不是证据,也就不需要质证。因此没有证据有力支持的社会科学,其在中国司法裁判过程中的作用相当有限。

---

① 北京奇虎科技有限公司与腾讯科技(深圳)有限公司等滥用市场支配地位纠纷案。《最高人民法院民事判决书[(2013)民三终字第 4 号]》。

(二)不只是修辞的文学典籍

在裁判文书的理由部分,常常还会出现援引文学典籍的情形。这不仅出现在英美法系,也出现在大陆法系特别是中国台湾地区的裁判文书中。这些文学典籍可能并不是只具有修辞的意义,但严格说来也不是证据,只能算是法官心证的来源。以我国台湾地区的两个刑事案件为例。

其一,与定罪理由相关的案例是"他妈的案"。在本案中,被告因对原告辱称"你他妈的给我走走看"等语,一审被判公然侮辱罪。但二审法院判决无罪。法院的判断是:"他妈的"三字,通常是詈词(骂人的话),在一般语境里,是用来表示怨恨、愤怒、惊诧等情绪的一种口头禅。中国作家鲁迅在《坟·论"他妈的"》一文中即指:"无论是谁,只要在中国过活,便总得常听到'他妈的'或其相类的口头禅。"在台湾的外省男性,特别是军队出身者,大多数均有不经意地口出此语的情形。正因为是种口头禅,言者经常不自觉地表达出来,事后若要细究言谈过程中有夹杂此三个字,也常难以反思辨觉。于表达愤怒、惊诧情绪时,此三字虽显不雅,略带轻蔑的意味,但字眼中却无指涉性龌龊或其他粗鄙不堪等贬抑他人名誉感情或中伤人格评价之语意。因其为口头禅的一种,语气上多仅止于表达主观的内在情绪,尚难认系出于恶意的攻击、贬抑他人人格之意念。听者主观上或许意识到名誉情感受伤,但大多数情况,是对言者愤怒情绪所发出决断式语气的不悦。①

在这一判决中,法官援引《论"他妈的"》与随后的表述,共同构成法官心证的部分,成为定罪与非罪重要的事实和理由。

其二,与量刑理由相关的是"台开案"。陈水扁女婿赵建铭因违反证券交易法而获刑,一审判决书科刑部分,法院提出特别考虑的量刑事由:本件所应特别考虑之量刑事由:早在春秋战国时代,"庄子""胠箧"篇即提及:"彼窃钩者诛,窃国者诸侯;诸侯之门,而仁义存焉。"亦即偷窃腰带钩之人受到处罚,甚而处死,可是窃国者,反而封侯,可谓一语道出不同社会阶级犯罪,存有截然不同之社会后果。而从二千三百余年后之现在社会犯罪现实加以观察,前述庄周之论点,依旧是社会现实,亦即在监狱服刑中者,绝大多数是属于下层社会之传统罪犯;相对而言,违反社会规范之

① 台湾"高等法院台南分院"刑事判决(2015 年度上易字第 474 号)。

权贵阶级，或利用法律漏洞而自始不构成犯罪，或因潜逃出境逍遥法外，绝大多数得以继续享受其犯罪成果，依然光鲜亮丽地行走上层社会，或是继续支配着台湾之政经社会资源，此即“权贵犯罪”之现象。[①]

在这一判决中，法官援引《庄子·胠箧》构成量刑事实和理由，同样属于法官心证范围。中国大陆将这称为酌定量刑情节，与法定量刑情节相对。[②] 与法定量刑情节不同，酌定量刑情节是一个十分开放的量刑情节体系[③]，这样一来，社会科学就更容易进入中国的量刑体系之中。

四、社会科学与立法事实

如前所述，立法事实是法官造法时所使用的事实，而并非仅仅适用既有教义解决特定案件当事人的纠纷。裁判事实的确定只影响案件当事人，但立法事实的确定却影响法律教义本身的内涵，除了影响案件当事人以外，还会影响其他潜在诉讼当事人。由于引入社会科学的立法事实，主要考虑案件的法律影响和社会影响，借助立法事实所形成的法律（裁判规则）就具有国家治理的意义。与法律（裁判规则）相比，社会科学也是近代民族国家形成和治理需求的产物[④]，同样具有超越个案的一般性。在这个意义上，社会科学与法律（裁判规则）一样具有权威性。此时进行社会科学判断，就不必如裁判事实证据规则要求那样严格。只需说服法官这一社会科学判断具有因果关系的解释力，即可引入裁判过程之中。

在美国，作为立法事实来源的社会科学主要出现在宪法和普通法中。例如，最早将社会科学判断引入立法事实的案例是 Muller v. Oregon 案。[⑤] 在本案中，布兰达代斯作为俄勒冈州方律师，在辩论摘要中引入社会科学材料，证明保护女工的必要性。法院所需要进行判断的社会科学材料，包括 90 多份来自本国和欧洲国家的委员会、统计局、卫生大臣、工

---

① 台湾“台北地方法院”刑事判决（2006 年度矚重诉字第 1 号）。

② 刑事法学界通常将量刑情节分为法定量刑情节和酌定量刑情节两种。参见马克昌主编：《刑罚通论》（修订版），武汉大学出版社 1999 年版，第 331 页。

③ 陈瑞华：《量刑程序中的理论问题》，北京大学出版社 2011 年版，第 25 页。

④ 参见华勒斯坦等：《开放社会科学》，刘锋译，生活·读书·新知三联书店 1997 年版，第 1—34 页。

⑤ Muller v. Oregon, 208 U. S. 412, 28 S. Ct. 324, 52 L. Ed. 551(1908).

厂检查官的报告。而最著名案例则是 Brown v. Board of Education 案。[①] 法院引用不少社会科学研究推翻了 Plessy v. Ferguson 案[②]，判定公立学校的种族隔离政策违反美国《宪法》第十四修正案的平等保护条款。

中国与美国有很大不同。中国没有遵循先例原则，也没有宪法案例，不会出现"法官造法"所需要的立法事实。但中国属于政策实施型司法程序和科层型权力组织体制[③]，越是上级法院特别是最高人民法院，其判决可能具有的政策意义就越大，更需要社会科学判断来确保其影响的可预测性。不仅是判决，具有更大法律影响力和社会影响力的是司法解释，司法解释的科学性也直接决定其实施效果。

(一) 有影响案件中的立法事实

中国有两类有影响力的案件有立法事实的需要，因此，社会科学的引入也有必要。一类是具有法律影响力的案件，这主要针对那些已经形成裁判摘要的案件。这些裁判摘要已经超出司法个案，具有法律适用的意义。另一类案件是具有社会影响力的案件，包括轰动案件。这些案件的影响已经超出当事人，对社会政治经济生活都有不同程度的影响。

构成立法事实的社会科学，本应由案件当事人提供给法院，或法院主动调查获得的。但就目前来看，至少在裁判文书中很少能呈现出来。以最高法院再审的"海富投资案"为例[④]，在一审和二审法院相继否定了对赌协议(Valuation Adjustment Mechanism)的效力以后，最高人民法院如何再审引起整个资本市场的关注。法院最终否定了股东与公司之间的"对赌条款"的效力，但肯定股东与股东之间"对赌条款"的效力。这意味着私募股权(PE)投资基金在没有法律规定的情况下，司法首先赋予"对赌协议"的法律效力，但前提是不得损害公司和公司债权人的利益。但从判决文书中的表述来看，对于 PE 投资、"对赌协议"的说理还很不够。例

---

① Brown v. Board of Education, 347 U. S. 483, 74 S. Ct. 686, 98 L. Ed. 873(1954).

② Plessy v. Ferguson, 163 U. S. 537, 16 S. Ct. 1138, 41 L. Ed. 256(1896).

③ 参见米尔伊安·R. 达玛什卡:《司法和国家权力的多种面孔:比较视野中的法律程序》(修订版)，郑戈译，中国政法大学出版社 2015 年版，第五章。

④ 海富投资有限公司诉甘肃世恒有色资源再利用有限公司不履行对赌协议补偿投资案《中华人民共和国民事判决书[(2012)民提字第 11 号]》。

如,可以对"对赌协议"进行经济学解释,并且用经济数据说明,签订"对赌协议"是中国目前私募股权融资或者其他投资方与内地企业上市、并购活动中的合作基础和基本形式等。

(二) 司法解释中的立法事实

与裁判文书中出现社会科学理由不同,社会科学知识往往并不出现在司法解释文本之中。或者由利益相关方主动向法院提供,法院在采纳以后,可能出现在相关司法解释的理解与适用的文章和书籍中。人们常常对司法解释的反应极大。因此,如果司法解释没有经过科学论证,在实施过程中出现问题,利益相关方仍会用统计数据和事实来推动司法解释的修改。例如,2000年12月13日最高人民法院《关于适用〈中华人民共和国担保法〉若干问题的解释》开始施行,但在2001年6月15日,中国工商银行等五家银行联名提交给最高人民法院《关于最高人民法院适用〈中华人民共和国担保法〉若干问题的解释有关问题的函》。其中说明,根据银行业的统计,这一司法解释主要是第4条将会影响2700亿元信贷资产的安全。[①] 之后,最高人民法院在具体判决中严格限定了该司法解释第4条的适用。

再如,民间借贷四倍利率规则问题。1991年,最高人民法院发布的《关于人民法院审理接待案件的若干意见》规定:"民间借贷的利率可以适当高于银行的利率,各地人民法院可根据本地区的实际情况具体掌握,但最高不得超过银行同类贷款利率的四倍(包含利率本数)。"但足够的事实已经表明四倍利率严重背离市场,银行的个人信用贷款业务普遍存在规避四倍利率的现象。为了修改这一条款,需要更多的市场经济分析数据和事实。[②] 最高人民法院最终对现实作出反应。2015年9月1日最高人民法院《关于审理民间借贷案件适用法律若干问题的规定》开始施行,取消了四倍利率的限制。

---

① 参见侯猛:《中国最高人民法院研究——以司法的影响力切入》,法律出版社2007年版,第一、六章。

② 参见程金华:《四倍利率规则的司法实践与重构——利用实证研究解决规范问题的学术尝试》,载《中外法学》2015年第3期。

五、社会科学与后果判断

社会科学判断不仅用来理解事实问题，同时也可以贯穿于案件的整个法律适用过程。从国外经验来看，不仅是英美法系的美国，即使是同属大陆法系的日本，受怀疑精神的影响，在第二次世界大战后也出现了关于法律的解释和适用的几种有弹性的见解。从法律以外寻找客观性标准的科学化主张（川岛武宜）、从法律内部寻找客观性标准的利益衡量论（加藤一郎、星野英一）就是最典型的学说实例。棚濑孝雄第一次明确提出“从制度分析转向过程分析”，过程分析就是把审判视为过程，即程序参加者的相互作用的过程。[①] 除了学说之外，在司法实践中，“现实中的审判制度往往以各种形式超出通过一般规范的适用解决具体的纠纷这一给定的功能，在某种程度上把一般规范的制定、修改作用也纳入自身的功能范围”。[②] 这意味着司法裁判不仅需要后果判断，而且需要社会科学上的后果判断，以更好回应社会变化。

（一）价值判断与利益衡量

作为被批评为法律形式主义的回应，法教义学提出了价值判断问题。法教义学尊重既定法秩序，这一法秩序包含人权、自由、民主基本价值。因此，在法秩序下展开的法教义学，又称价值法学。[③] 这意味着价值判断已经先于法教义学存在。“法教义学与价值判断之间其实并不存在固有的矛盾或是无法跨越的隔阂，与此相反，现行法的制度在大部分情况下已经固定了立法者的价值判断，法教义研究是为了发现这些价值判断并对其合理性进行论证，法官在一目了然的具体案件中，只要适用法律即可，无须过问法律规定背后价值判断的合理性。只有当法律规定不明确，需要进行目的解释来查明法律的内容，或是没有明文规定，法律需要填补法

---

① 季卫东：《当事人在法院内外的地位和作用（代译序）》，载棚濑孝雄：《纠纷的解决与审判制度》，王亚新译，中国政法大学出版社 1994 年版。

② 同上书，第 159—160 页。

③ 参见顾祝轩：《制造“拉伦茨神话”：德国法学方法论史》，法律出版社 2011 年版。

律漏洞时,才需要进行价值判断。"①

由此可以理解,法教义学集中处理法律问题,即是在法律事实(要件事实)形成以后的法律适用阶段②,而这一阶段已经由立法者完成了价值判断。对于其中法律规定不明确或需要填补法律漏洞的例外情形,法教义学允许法官进行价值判断,留出体系的缺口,将社会科学引入。但主要是将社会科学判断转换成法律的具体解释方法,如社会学解释,从而仍旧保持法教义学的纯洁性和体系性。另一方面,按照法教义学的观点,在判断案件事实是否符合法条的构成要件,即从案件社会事实转化为要件事实时,判断者需要作各种不同种类的断定,这包括以感知为基础的判断、以对人类行为的解释为基础之判断、其他借社会经验而取得之判断、价值判断。③ 这些标准都会给法官针对个案留有判断余地。也因此,拉伦茨也承认:"可以想像,当法官最后终于在两个均可认为正当的判断中作出抉择时,他事先已经考量过各该判断的后果(即由各该判断将推论出的案件裁判结果)。"④

拉伦茨所讲的事先考量后果,以及前述法官如何在事实与规范之间来回穿梭过程中进行判断,被日本学者进一步发展为利益衡量论。"对于应该适用法规进行解释的纠纷,必须考察有怎样的对立着的利害关系。即使是在解释法规之际,也有必要把适用该规定的社会问题进行再分类,明确类型之间相互利益状态的不同。这是为了考虑承认这些场合的不同效果是否妥当而有此必要的。""在利益衡量和价值判断方面,法律家并没有特别的权威,法律家所有的权威,只不过是在法律技术的方面,例如进行逻辑的方法,或者是概念、制度的沿革的意义,即所谓理论构成的方面。关于利益衡量、价值判断,即便法律家,亦只有一介市民,或者说是一个人

---

① 卜元石:《法教义学及其功能》,载《中德私法研究》(第 6 卷),北京大学出版社 2010 年版,第 3—25 页。

② 邹碧华法官将法官的法律适用方法归纳为"要件审判九步法",受到普遍推崇。参见邹碧华:《要件审判九步法》,法律出版社 2010 年版。

③ 参见卡尔·拉伦茨:《法学方法论》,陈爱娥译,商务印书馆 2003 年版,第 165—174 页。按照拉伦茨的主张,假使将案件事实涵摄于法律规范的构成要件之前,必须先依据"须填补的"标准来判断该案件事实的话,判断者于此就必须作价值判断了。此类须填补的标准有:"善良风俗""诚信原则"、交易上"必要的注意",以及(作为即时终止持续性债之关系的前提之)"重大事由"。

④ 同上书,第 175 页。

的资格而已。”[1]这就是说，法律人在裁判案件时，首先需要对双方当事人的利害关系进行分析，这并不需要法律逻辑推理判断，在大致确定后果之后再去找合适的法条加以适用。

也正是利益衡量无需进行法律逻辑推理，这一理论因此遭受到容易导致法官主观恣意性的批评。法官主观恣意性的情形肯定存在，究其原因还是在于法官的科学知识储备不足，无法对利害关系进行较为准确的衡量。如果能够建立一个司法竞争市场，通过双方当事人律师，让更多社会科学进入裁判过程之中。这样就能够帮助法官进行更好的社会科学判断。但社会科学判断，特别是法经济学所主张的权利相互性、成本效益分析，与自然法学包括法教义学的价值判断发生对立。在后者看来，人权作为基本价值已经写入宪法，有些不可克减的基本权利已经成为信条。如此看来，法教义学并不是反对事先后果判断，而是反对不按照法治原则（如自由、民主、人权原则）进行后果判断。如拉伦茨所言："因为法官希望尽可能对事件作出'正当'的裁判，在事件中实现正义也是司法裁判的正当意愿，因此，预先考量法官自己认为正当的事件裁判，原无不可。"

（二）后果导向的司法裁判

即使法官以法治原则为由拒绝后果判断，或只按照法治原则进行后果判断，但对于律师来说却是必须。他要从当事人的利益出发来推动整个裁判过程。由于律师受当事人委托存在报酬激励[2]，因此，律师对于案件的态度一定是后果导向，要么胜诉，或至少打个平手。特别是经济案件，律师不仅需要分析和筛选当事人提供的案件信息，还需要调查对方的信息；不仅需要关注当事人的经营状况和市场走向，还要跟踪法律和最高法院政策的变化情况，甚至国家整个政治经济形势和政策的走向。在案件基本信息确定以后，寻找合适的法条，可能有数个法条适用方案，最终选择能获得利益最大化的法条。在大的律师事务所特别是从事知识产权业务的律所，法条的最终选择适用还会交由其中的市场部决定，因为这需

---

① 星野英一：《民法解释论序说》，载星野英一：《现代民法基本问题》，段匡、杨永庄译，上海三联书店 2012 年版，第 220、216 页。

② 例如，律师费用或由败诉者负担或采取成功报酬模式，胜诉才收费。关于律师报酬的介绍，参见田中英夫、竹内昭夫：《私人在法实现中的作用》，李薇译，法律出版社 2006 年版，第 17—27 页。

要对市场和案件后果进行经济分析。

由于案件双方当事人和律师都采取后果导向的态度，当法官在面对双方的诉讼请求时，不可能不对双方所主张的利益，也就是他们所期待的案件后果进行权衡取舍。如果是高度同质化的常规案件，由于法教义学已经形成对常规案件的裁判模式，法官无须考虑后果，直接适用法条即可实现双方的利益诉求。但至少有两种类型案件，法官不能按照既定裁判模式处理，必须进行后果判断。

第一种类型是案件只涉及双方当事人，但如果按照法律逻辑推理适用特定法律，会出现显失公平的裁判结果。英国普通法之外的衡平法，就处理这样的问题。但中国没有衡平法，法官必须从案件的社会后果出发，寻求另外的法律进行解释，哪怕不符合法律形式理性。例如，有一起交通事故导致甲乙两人死亡，但导致两人死亡的情形并不相同。按照犯罪构成要件，检察院认定司机导致甲死亡属于交通肇事罪，而导致乙死亡属于过失致人死亡罪。但法院最终认定司机导致甲乙死亡都属于交通肇事罪。这其中的原因何在？因为按照过失致人死亡罪所能够获得的赔偿，要比交通肇事罪少的多。特别是在同一案件中，死者获得的赔偿数额存在巨大差异，这非常不公平。对于当事人来说，他们关心的不是定什么罪，最终还是赔偿。法院只有从案件的社会后果出发，重新选择法条解释，才能实现法律效果和社会效果的统一。

第二种类型是案件的影响已经超出双方当事人，对行业和社会经济生活产生更大影响。法官必须从所可能导致的潜在的社会后果出发进行裁判。典型案件如“微信商标案”。最先申请微信商标的是个小公司——创博亚太公司，而不是腾讯公司，但法院运用法经济学分析突破了商标申请在先原则，裁定维持商标异议复审裁定。法院在裁判文书中作如下表述：

> 第三人提交的证据显示，“微信”即时通讯服务应用程序由腾讯公司于 2011 年 1 月 21 日首次推出，晚于被异议商标申请日 2 个月，早于被异议商标初审公告日 7 个月。此后，“微信”注册用户急速攀升，根据相关报道的记载，至 2013 年 7 月用户已达 4 亿，至 2014 年 11 月用户更超 8 亿。“微信”在信息传送等服务市场上已经具有很高的知名度和影响力，广大消费者对“微信”所指代的信息传送等服务的性质、内容和来源已经形成明确的认知。

在这种市场实际情况下，如果核准被异议商标注册，不仅会使广大消费者对“微信”所指代的信息传送等服务的性质、内容和来源产生错误认知，也会对已经形成的稳定的市场秩序造成消极影响。

先申请原则是我国商标注册制度的一般原则，但在尊重在先申请这个事实状态的同时，商标注册核准与否还应当考虑公共利益和已经形成的稳定市场秩序。当商标申请人的利益与公共利益发生冲突时，应当结合具体情况进行合理的利益平衡。本案中，一方面是商标申请人基于申请行为产生的对特定符号的先占利益和未来对特定符号的使用可能产生的期待利益，另一方面是庞大的微信用户已经形成的稳定认知和改变这种稳定认知可能形成的较大社会成本，鉴于此，选择保护不特定多数公众的现实利益具有更大的合理性。因此，被告认定被异议商标的申请注册构成《中华人民共和国商标法》第十条第一款第（八）项所禁止的情形并无不当，本院予以维持。①

法官从市场后果出发进行法经济学分析有其合理性，意在避免判决对市场的负面冲击，维护既有的市场秩序。但对当事人来说，是否是一个公平判决，可能难有定论。

（三）不确定状态下的法官决策

法官进行后果判断时，往往处在一种不确定状态。所谓不确定状态，是指法官是有限理性。法官信息加工的能力是有限的，无法按照充分理性的模式去决策。法官没有能力同时考虑所面临的所有选择，无法总是在决策中实现效率最大化。② 由于法官总是在不确定状态下进行决策，就会出现认知偏差。③ 社会科学的引入，能够缓解法官的认知偏差，从而提高后果判断的准确程度。

社会科学如何引入以解决决策的不确定性，受到司法体制的制约。不同诉讼结构遵从不同的法律逻辑推理，不同的社会科学需求，从而作出

---

① “创博亚太科技（山东）有限公司诉国家工商行政管理总局商标评审委员会案”[（2014）京知行初字第 67 号]。

② See Herbert A. Simon, *Administrative Behavior*, Free Press 1957.

③ See Daniel Kahneman, Paul Slovic, and Amos Tversky, *Judgment Under Uncertainty: Heuristics and Biases*, Cambridge University Press 1982.

不同的制度安排。[1] 例如，当诉讼结构从纠问制转向对抗制时，证据要求也会发生变化。律师比法官有更强激励引入社会科学判断，给定理由并说服法官。因此，双方当事人律师之间，甚至律师与法官之间存在一个博弈过程，而且是信息不对称情形下的博弈过程。律师必须进行策略选择，法官也必须能够应对选择，才能优化律师与法官的共生秩序。

六、社会科学与形式法治

在司法裁判过程中强调后果主义，强调社会科学的引入，会不会违反形式法治？这为法解释学者，特别是一部分中国法教义学者所担心。这里可以做如下澄清：

只注重后果的司法裁判，的确有可能构成韦伯意义上的“实质理性”裁判。[2] 而且，社会科学也不是绝对真理，不存在问题。[3] 社会科学结论仍有相当大的风险，特别是存在人为控制的因素。这就要求在裁判过程中仍需保持怀疑态度。但总的来说，对后果进行社会科学判断，有助于减少裁判的恣意性。[4]

社会科学引入司法仍然能够坚持法治传统。法律人的任务是确保法律的不可中断的连续性和保持法律思想的传统，从而避免法律的专制独裁。“解释的任务就是使法律具体化于每一种特殊情况，但法官正如法律

---

① 例如，在法院人员分类管理制度中，司法技术人员原来是只属于法院，而实行对抗制以后，技术问题可以通过专家证人解决，无需法院来提供，因此，法院的司法技术人员越来越少。

② 实质理性裁判意味着，“它追求的不是形式法学上最精确的、对于机会的可预计性以及法和诉讼程序中合理的系统性的最佳鲜明性，而是在内容上最符合那些‘权威’的实际的——功利主义和伦理的要求的明显特征”。参见马克斯·韦伯：《经济与社会》(下卷)，林荣远译，商务印书馆 1998 年版，第 139 页。

③ 例如，在德国终身自由刑案中，联邦宪法法院在对新近的研究成果进行梳理之后，无奈地指出，科学研究、经验实证研究和心理学上的研究等都无法对终身自由刑的后果给出一个确定性的评估答案。对于两种截然不同的观点，一种观点认为，长期渐进并不会产生负面后果；另外一种观点认为，长期监禁会给被监禁者带来不可估量的损害后果，联邦宪法法院认为要从中加以识别，其困难在于二者之间没有一个能够通过充分可靠的研究而得以确证。参见张翔主编：《德国宪法案例选释》(第 1 辑·基本权利总论)，法律出版社 2012 年版，第 194—195 页。

④ (社会)科学除了不可靠之外，还有一种可能是与后果判断相冲突。例如，关于亲子鉴定问题，即使技术上能够做到。但最高人民法院曾经规定，如果是一方反对，或子女超过三岁的，应视具体情况，从严掌握。参见最高人民法院《关于人民法院在审判工作中能否采用人类白细胞抗原作亲子鉴定问题的批复》[法(研)复(1987)20 号]。

共同体里的每一个其他成员一样，他也要服从法律。”[①]社会科学的判断并不否定法治的基本价值，但差别在于灵活性。强调后果导向的司法裁判，更注意在追求形式法治的过程中实现法律和社会效果的统一，以尽可能减少法律与社会之间的隔阂。在裁判中引入社会科学最多的美国，注重类比推理，同样坚持了形式法治的价值。因此，一部分中国法教义学者所担心的，与其说他们担心社科法学违反形式法治，不如说他们只认为法教义学（演绎推理）才能坚持形式法治。[②] 反讽的是，法教义学一代大家拉伦茨在构建法教义学体系的同时，还从事非正义的纳粹活动。[③] 作为第一本全面而广泛地对德国法学进行历史和体系研究的《法学方法论》，拉伦茨对于“纳粹”这个字竟然在标题、目录或内容上均未提及。教科书刻意删除这部分的做法，客观上已经形同“伪造历史”。[④]

一部分法教义学者的担忧，可能是基于他们自身地位的考虑。社会科学引入法律，打破了法学体系的神话。重新界定学术边界，正是这些学者们念兹在兹的大事。[⑤] 另一方面，“在立法主导法学发展的时代结束以后，学术界的首要任务就是同化这些外来的法律制度，构建中国自己的部门法知识体系，为中国的司法部门提供现实的知识辅助。而这种同化的过程，需要以中国自己的判例为基础对中国现有法律规范进行注释、整合与研究的互动与良性循环。学术研究的目的是为法官提供法律适用的指南”。[⑥] 因此，法教义学如果不能影响法官裁判，则学说已无意义。

如果能够消除彼此偏见进行合作，法教义学和社科法学可以联手对抗的共同敌手是政治专断。法教义学主张政治问题科学化处理，社科法学其实也是。只不过前者的科学化是法律科学，解释稳定的社会结构中

---

① 汉斯·格奥尔格·加达默尔：《真理与方法——哲学诠释学的基本特征》（上卷），洪汉鼎译，上海译文出版社 1999 年版，第 423—424 页。

② 参见张翔：《形式法治与法教义学》，载《法学研究》2012 年第 6 期。

③ 参见顾祝轩：《制造“拉伦茨神话”：德国法学方法论史》，法律出版社 2011 年版，第 260—270 页。

④ 同上书，第 258 页。

⑤ “这一目标要求法学理论清除一切不纯粹的东西，也就是有关政治现象、经济现象、道德现象或文化现象的考虑可能带来的后果”。“这种理论的发展过程中的大部分动力，都是源于法律学者的欲望：提升其研究地位，与科学并肩而立。”〔德〕彼得·瓦格纳：《并非一切坚固的东西都烟消云散了：社会科学的历史与理论一探》，李康译，北京大学出版社 2011 年版，第 24—25 页。

⑥ 卜元石：《法教义学及其功能》，载《中德私法研究》（第 6 卷），北京大学出版社 2010 年版，第 3—25 页。

出现的问题,而后者则加入了社会科学,解释动态社会变迁中出现的问题。社会科学中的个体主义、理性主义、现代主义思想,与法学思想都是相通甚至相同的。社会科学中的核心概念,例如选择、决策,甚至更微观的概念,例如有限理性、信息成本,都会让法律从抽象变为具体,有助于增强法律的正当性。

同时,法教义学给出理由,社科法学也是给出理由。法律和社会科学合作,有助于增强裁判的说服力。法律是准则,社会科学是专业表述,对于"准则不需要太多的解释,只要它们遵循现有的规则。"而"专业表述则宣称建立起可靠的因果关联"①。在过去,法官借助法律规范给出理由,就可让当事人服从。但在现代社会,当事人对司法的要求越来越高,如果当事人提出质疑,或对法院不够信任,抑或当事人的智识足以挑战法官,这就要求法官给出更充分的理由,这种理由往往是因果关系意义上的。这就迫使法律人在处理案件时,必须同时运用逻辑推理和社会科学的解释。

总的来说,司法实践中引入社会科学,可以从宏观社会结构、微观社会互动和微观个体三个视角加以理解。在宏观结构上,可以运用社会科学分析司法体制和司法改革;在微观社会互动上,可以在具体案件中通过证据或其他证明材料引入社会科学,让律师协助法官进行后果判断;在微观个体上,运用社会科学特别是认知科学认识法官心态,帮助法官作出最优裁判策略。

---

① 查尔斯·蒂利:《为什么?》,李钧鹏译,北京时代华文书局2014年版,第16、18页。

历史与神话:800 年的传奇*

李红海**

2015 年,英国《大宪章》800 岁了!这个数字听起来让人有些惊愕,但如果和《汉谟拉比法典》(公元前 18 世纪)、《法经》(公元前 5 世纪)、《十二表法》(公元前 450 年左右)、《摩奴法典》(编成于约公元前 2 世纪—公元 2 世纪,一说为公元后的头几个世纪)、《民法大全》(公元 6 世纪),甚至是 5 世纪之后开始编纂的日耳曼诸法典相比,这个岁数又稀松平常。即使是就英国本身而言,包括《埃塞伯特法典》《伊尼法典》和阿尔弗雷德大王以及忏悔者爱德华国王编纂的法典在内的一众盎格鲁—撒克逊法典(7—11 世纪)、末日审判书(1086 年)、亨利一世的宪章(1100—1135 年),也都比《大宪章》更早。再者,又如霍尔特所指出的那样,与大宪章大约同一时期,欧洲大陆上也曾出现过类似的宪章或文献,这其中大宪章也并不是最早的。①

因此,单从法律史的长河中钩沉扒梳,单纯计算年龄,《大宪章》并不突出;但如果考虑到历史影响力,尤其是影响力之持久、深刻和广泛,则应该是没有哪份文件能出其右。如我们今天所知,《大宪章》在中世纪被重新签署颁行及确认多次,后又在 17 世纪在以柯克为代表的反君权神授论者手中发挥了重要作用,再后来又对美国《联邦宪法》及其《人权法案》、法国《人权宣言》、英联邦多国之宪法及《联合国人权公约》等都产生了直接的影响。更为重要的是,正如麦克奇尼所述,《大宪章》抓住了人们的心,

---

* 原文刊于《中外法学》2016 年第 5 期。

** 北京大学法学院研究员,博士生导师。

① 例如,腓特烈·巴巴罗萨皇帝在 1183 年,莱昂的国王阿方索九世在 1188 年,阿拉贡的国王彼得二世在 1205 年,都曾颁布过类似的文件。参见霍尔特:《大宪章》,毕竞悦、李红海、苗文龙译,北京大学出版社 2010 年版,第 21—23 页。

激发起了民众的想象。[①] 因此,我们今天看到的依然是一个沉稳却鲜活的《大宪章》,外表虽已昏黄,内容虽大部分已被取消,但却仍然保留了最根本性的原则,而且历久弥新,不断调适以适应时代的变化。如今,全世界都在以不同的方式纪念《大宪章》,也就不足为奇了!

2015 年一开年,全世界就在以各种不同的方式纪念《大宪章》,各种学术会议层出不穷,演讲、座谈彼伏此起,出版的文章、书籍包括翻译作品也是卷帙浩繁。在英国本土,大不列颠博物馆还将至今尚存的四份 1215 年《大宪章》原件(大不列颠博物馆自己保存的 2 份,索尔兹伯里教堂的 1 份,林肯教堂的 1 份)史无前例地放在一起进行展览。而且,英国政府还将《大宪章》进行全球巡回展出,并于 10 月份抵达中国,展出大约 10 天。

国内也有很多类似的纪念活动,但纪念需要以事先了解、理解为前提。而要理解《大宪章》,只关注其文本是远远不够的。因为《大宪章》不止是一个历史文本,它还是一个历史事件;这个事件不止是 13 世纪的,而且也是 12 世纪的,是 14、15、16、17 世纪……直到今天的事;它甚至也不止是英国的事,今天它几乎已经成为了一个全球性的事……所以,要了解《大宪章》,不能仅局限于其文本,不能仅限于 13 世纪,而要像麦克奇尼所指出的那样,要把它放在一个历史的长河里来考察[②]:不仅关注它本身,而且要关注 13 世纪之前它发生的背景,还要关注 13 世纪之后它的发展演变历程。因此本文想借此机会对《大宪章》的产生、发展和意义等诸方面进行系统梳理,也算是对这个文本及其传奇的一个纪念。

本文将从以下几个方面展开:一是介绍 1215 年《大宪章》产生的背景和过程;二是 1216、1217 和 1225 年三个不同版本《大宪章》的产生背景;三是《大宪章》在中世纪及之后的发展,主要是它被神话以及又被祛魅的过程。

需要事先说明的是,《大宪章》总共有四个版本,分别于 1215、1216、1217 和 1225 年颁布。这四个版本各有其颁布的背景,内容也不完全相同,但毫无疑问,后三者都是以 1215 年《大宪章》为基础的。因此为了讨论的方便,在没有特别说明的情况下,本文后面的讨论都将以 1215 年的版本为基础,请读者明鉴!

---

① See William Sharp McKechnie, Magna Carta (1215—1915), in Henry Elliot Malden (ed.), *Magna Carta Commemoration Essays*, for the Royal Historical Society, The University Press, 1917, p. 8.

② Ibid., pp. 8—9.

一、1215年《大宪章》

(一) 背景

《大宪章》的产生是一个复杂的过程，是多种因素交织作用的结果，也是多种情绪不断累积之后的爆发，任何只强调其一点的观点都是有局限性的。经过分析，笔者将这其中比较重要的因素归纳如下。

1. 一种个性

有观点认为，是约翰王的个性导致了《大宪章》的产生。对这种过于简单武断的观点，麦克奇尼已经进行过批判，认为《大宪章》的产生显然是和此前的社会历史背景密切相关，而绝非某个人的个性能够左右的。[①]麦克奇尼的观点得到了广泛的认可，笔者也非常赞同，但这并不意味着约翰王的个性在其中就没有起到多大作用；相反，笔者认为，约翰王的个性在《大宪章》的产生过程中起到了不可忽视的作用，从一定意义上说，正是他个性方面的原因促成了《大宪章》产生时的复杂和恶劣形势，并最终为走向兰尼米德铺平了道路。一般而言，个性的问题属于历史研究中的偶然因素，好像不应该过于强调；但历史上偶然因素对重大历史事件的发生起到关键作用的例子也不胜枚举，因此，此处仍将对约翰王的个性进行简略评述，以便更全面地解读《大宪章》的历史背景。

与《大宪章》产生的背景相关，约翰王的个性大致可以归纳为不忠、不孝、不仁、不义四个方面。

不忠。约翰是狮心王理查的弟弟，理查对约翰不薄，鉴于后者从其父亨利二世那里未分得什么封地[这也是约翰被其父戏称为“无地王约翰”(John the Lackland)的原因所在]，理查还封给了约翰格罗斯特的封地。但约翰却乘理查不在国内之际，与法王腓力二世勾结，图谋推翻理查取而代之。约翰这种身为人臣却不仅不为其王兄排忧解难反而趁火打劫、图谋不轨的行为，堪称不忠。

不孝。约翰是亨利二世最小的儿子，深为后者所宠爱，一度其父曾考

---

① See William Sharp McKechnie, *Magna Carta: A Commentary on the Great Charter of King John, with an Historical Introduction*, Maclehose, 1914, p. 3.

虑立其为储君,但在亨利二世生命的最后两年,约翰却加入到了反对其父王的队伍中,从而实际上加速了亨利二世的驾崩。约翰这种身为人子不仅不为其父尽孝反而落井下石的做法,实乃不孝。

不仁。为了加强对地方权贵的控制,约翰要求地方要员将自己的亲属,尤其是儿子,送到伦敦做人质。1212 年,当他听说威尔士王卢埃林跨过边界图谋反叛之时,就下令绞死了威尔士的人质 28 人,其中很多都是孩子。因此,当时的编年史家称之为“阿瑟王以来最令人胆寒的国王”。此外,约翰还被怀疑谋杀了他的侄子阿瑟,因为当时后者是他最有力的王位竞争对手。约翰这种身为人君却滥杀无辜的做法当为不仁。

不义。约翰年幼之时即被其父奉为爱尔兰之主,造访爱尔兰时曾讥讽爱尔兰男人的胡须。即位之后,在已有妻室的情况下,为了打通诺曼底到其在法国南部之领地的通道,在其封臣之女已有婚约的情况下,强行迎娶,导致该贵族反戈归顺法王,并成为引发法王进攻、继而失去诺曼底的直接原因。约翰这种对待其臣下的行为,当为不义。

约翰的这些不忠不孝不仁不义之举,直接导致了当时及后人对他人格的差评。后世有很多以约翰为主角或背景的戏剧作品,其中多将约翰描述为反面人物。因此,毋庸置疑,约翰人格上的缺陷,尤其是他对待其手下贵族的态度,是导致失去诺曼底等的直接原因。从这个意义上说,约翰的人格因素,也是《大宪章》产生的重要推动力。

2. 两种传统

丹宁勋爵曾说过,英国人实际上是三种血统融合的结果,即盎格鲁—撒克逊血统、诺曼血统和丹麦血统;其中盎格鲁—撒克逊贡献的是守法的精神,诺曼贡献的是管理的天赋,而丹麦人贡献的是勇武之气。[①] 单就政治和法律的发展而言,前两者对英国的贡献尤为突出。返回到大宪章的话题,麦克奇尼就认为,《大宪章》实际上是盎格鲁—撒克逊的自由民主传统和诺曼集权传统相互博弈的产物。[②] 的确,这两种传统对英国的政治、经济、社会、法律等各方面的历史影响都非常大,因此,如果不了解这两种传统,就无法真正理解《大宪章》。

---

① 丹宁勋爵:《家庭故事》,刘庸安译,“前言”,法律出版社 2000 年版,第 2 页。

② See William Sharp McKechnie, *Magna Carta: A Commentary on the Great Charter of King John, with an Historical Introduction*, Maclehose, 1914, p. 4.

（1）盎格鲁—撒克逊传统

盎格鲁—撒克逊属于日耳曼传统，其最大的特点是注重个人的自由和群体的民主决策。所谓个人自由，集中体现在日耳曼人在扩张过程中及之后在西欧所编纂的各类蛮族法典中，主要内容涉及财产归属、立约、损害赔偿、继承、治安和刑事惩罚等方面；对此，布莱克斯通曾有过总结。[①] 在英格兰，这些个人自由曾被盎格鲁—撒克逊诸王编纂进自己的法典，知名者如阿尔弗雷德大王和忏悔者爱德华国王的法典。后者据说流传至爱德华四世时湮灭了，但它们所记载的英国人的自由在诺曼征服之后却一直为英国人所珍视并强调，以至于在每个紧要的关头（如遭遇外族征服）他们都会奋起抗争，直至征服者同意尊重其权利和自由为止。例如，威廉一世征服英格兰之后，为了安抚英国人而被迫同意沿用并尊重原先的英格兰法，即忏悔者爱德华国王的法律，这在《威廉一世之法》中已有体现。再如，亨利一世即位后也颁布了多种特许状和宪章，对各自治市和某些个人的固有的特权和自由进行了确认。[②]

所谓群体的民主决策，实际上指的是自马尔克公社流传下来的集体决策机制，即公社内的重大事务均由公社全体成年男子集体表决。曾有史料记载，法兰克人的首领克洛维在攻下苏瓦松教堂后，要将作为一只作为战利品的广口瓶还给教堂，以缓和与教会的关系；但手下的一名士兵则掏出战斧劈碎了它，原因是对战利品的处置依照习惯应该由全体将士（即过去的公社社员）集体决定，而不是由克洛维一个人说了算。[③] 这种集体决策、集体负责的传统在日耳曼法中也有体现，如部落时期的血亲复仇，以及与罗马法及后来法国民法典所包含之个人本位相对立的、在德国民法典中加入的团体本位因素等。

崇尚自由，意味着对个人权利、利益的尊重和维护；追求民主，则意味着对个人间不可避免之公共事务的集体决策，说到底也是为了更好地保护个人的权利和利益。这二者加起来都是为了避免任何个人对他人事务、权利的不当干涉，是对独断专权的天然拒绝。这样的传统，加上日耳曼早期封建化过程中所采取的特恩制（无对价的分封）和日耳曼部落的多

---

① 参见 Sir W. Blackstone, 64—69 *Commentaries* I.

② 参见 Sir F. Pollock & F. W. Maitland, *The History of English Law before the time of Edward I*, vol. I, Cambridge University Press, 1968, pp. 88—93.

③ 参见张芝联主编：《法国通史》，北京大学出版社 1988 年版，第 17 页。

样性,实际上使得后来的日耳曼王国林立,封建割据严重,盎格鲁—撒克逊时期的不列颠同样如此。但凡事有利必有弊,如果说这种传统对于形成一个统一的英格兰王国不利的话,对于那些割据一方的地方贵族领主来说则是求之不得。其结果,正如麦克奇尼所指出的那样,盎格鲁—撒克逊自由民主的传统实际上造就了一个弱的王权[①],北欧人以及诺曼人的先后入侵和征服就是明证。

(2) 诺曼的集权传统

诺曼征服的直接结果,就是在英格兰造就了一个前所未有的、强大的中央集权,而威廉一世、亨利一世和亨利二世三位国王的全部努力,就在于建立、巩固和恢复并加强这种集权。

首先,王权得以不断加强,这部分源于征服的事实和征服者威廉的个性。1086 年,征服者威廉在索尔兹伯里召开王国民众大会,要求各地派代表出席,并向他直接宣誓效忠,所谓"我的封臣的封臣还是我的封臣"。这就打破了欧陆封臣只向"自己的领主"而非"自己领主的领主"效忠的格局——"我的封臣的封臣不是我的封臣",使得英国的封建体制呈现出了欧陆所不具备的集中统一的特点。其次,征服者以自己的御前会议取代(如果不是融合的话)了原有的贤人会议,成为辅佐国王进行统治的有力工具。御前会议由国王的家臣、直属封臣、主教、大主教、修道院院长等成员组成,它不仅议事并作出决策,其中的一些成员还负责落实执行这些政策,包括司法。如果从后世三权分立的角度看,此时的体制显然并非分权而是各种权力混合为一体的,立法、行政、司法都由这个以国王为核心的团体在操持。只是到了后来,为了提高统治效率,文书、财政和司法才纷纷从御前会议中独立出来。其次,先前的部落民众大会现在已转化为王国的民众大会,由各地各阶层派代表出席——这映射了后来的平民院。但其召开的次数已经极少,即使召开,也更多的只是为了实现国王的某种目的,比如获取王国民众的效忠、征税等。最后,亨利二世通过改革,尤其是其司法改革,实际上在不断削弱贵族的特权。这主要体现在,亨利二世通过巡回审判直接向普通民众提供司法救济,这在很大程度上是剥夺或限制了领主既有的司法管辖权,从而达到了联合下层限制贵族力量膨胀

---

① See William Sharp McKechnie, *Magna Carta: A Commentary on the Great Charter of King John, with an Historical Introduction*, Maclehose, 1914, pp. 4—5.

的效果。最后，理顺了和英国教会的关系。通过人事变动(任命自己的好友兰弗兰克为坎特伯雷大主教)等策略，征服者威廉确立了自己对教会的主动地位；虽然在其子统治时期有反复，亨利二世时出现了贝克特被刺等不利因素，但13世纪之前，英国国王还是取得了对教会的优势地位。因此，总体而言，从诺曼征服直到13世纪初，英国的王权和中央集权进一步加强，地方贵族和教会的力量受到制约，民众能够更多地越过地方权贵而直接享受到王室司法雨露的滋润。[①]

一方面是英国人对自己固有权利和自由的坚守，另一方面是王权的不断加强，前者强调个人的权利和利益，后者则强调中央集权，而后者的发展势必要以前者利益的牺牲为代价，因此这二者间的交锋不可避免。其实，这种交锋在诺曼征服之时已经以非常激烈的方式得到了表现：征服者威廉杀掉了大量英国贵族，并以法国贵族取而代之；但另一方面，如前所述，他也不得不认可英国人固有的习惯和权利，以稳定自己的统治。所以，这一时期的交锋主要是种族间(诺曼人和英国之间)的矛盾。但亨利二世之后，这种交锋转化为了等级间的交锋，主要是国王和其贵族之间的矛盾，而正是这后一种矛盾直接导致了《大宪章》的产生。因此，当我们说盎格鲁—撒克逊的民主自由传统和诺曼的集权传统发生矛盾时，其实它在不同阶段有不同的侧重点：如果说诺曼征服之后主要是一种种族矛盾的话，那么13世纪初则是一种等级间的矛盾；前者是英国人和诺曼人的矛盾，后者则是英国内部贵族和国王间的矛盾。但无论如何，《大宪章》的诞生与这两种传统间的矛盾和博弈密切相关，而且从一定意义上说就是这二者博弈的后果。

3. 四种怨念

亨利二世之后，盎格鲁—撒克逊传统和诺曼传统之间的交锋从种族矛盾转化为了等级间的交锋，即贵族与国王间的交锋，而正是这种交锋直接导致了大宪章的产生。那么，为什么会发生这种转化呢？主要原因在于诺曼人的英国化。在从诺曼征服到13世纪初将近一个半世纪的时间里，经过不断的分封和继承，同时能在大陆和不列颠都保有领地的贵族越来越少。例如，诺曼征服之初，原先在诺曼底保有领地的诺曼贵族来到英

---

① 关于诺曼与安茹前期对王权的加强，请参见梅特兰：《英格兰宪政史》，李红海译，中国政法大学出版社2010年版，第41—47页。

格兰之后很可能在这里也获得受封,因此变成在海峡两岸都保有领地的贵族;但去世之后其领地则可能分给自己的两个或多个儿子,常见的情形是一个儿子保有诺曼底的封地,而另一个则保有英格兰的封地。如此,同时在两地保有领地的情况就会逐渐减少。这样,经过几代的传承,到 13 世纪初,后来的封地保有者已经和诺曼底没有太多关系了,他现在已经变成了英国贵族,他对于其诺曼老家已经不再像其祖辈那样满怀感情,而是越来越视自己为英国人。他们的领主是英国国王,而封臣则是本土的英国人,他现在是正宗的英国贵族。因此,诺曼征服之后的种族矛盾,现在已经基本消失了,并逐渐等级间的矛盾所代替。

那么,究竟是什么原因导致了贵族和国王间如此尖锐的矛盾?贵族的怨忿都集中在哪些方面呢?

是封建负担的沉重。十二三世纪时,所谓国库的概念尚不清晰,国王的各项开支主要来自自己的个人收入,只有在极少数的情况下才会向整个王国收税——如过去为了对抗丹麦人入侵而收取的丹麦金;而且这种税收一般也不会持久,在所针对事项结束后即告终止——如丹麦金后来就为犁头税所代替。据梅特兰的说法,国王收入的主要来源包括:王室自领地的收益、因土地分封而从封臣那里所获得的封建收益、司法所得、出让特权和官职之所得、教会所应缴之税金、王室自领地的地租、关税等,这些都属于比较常规的收入。此外还有一些额外的收入,如丹麦金(后来的犁头税)和后来对动产的征税所得,但这些都不是当然的收入,而是需要国王与其臣下进行协商方可征收。[①] 鉴于国王将大部分土地都进行了分封,因此国王的收入主要来自于封建收益,即其封臣的各种贡奉。由于保有形式不同,封臣所尽义务的内容也不同,就战争而言,其义务主要落在了世俗的封臣尤其是骑士役封臣的头上。这其中具体的负担此处不再赘述,但有以下几点需要强调。

第一,目前已自认为是英国人且对诺曼底无甚感情的贵族们没有多少动力前往海峡对岸作战,他们因此提出,随王出征的地域范围仅限于英格兰境内而不包括海外,而且作战的时间依惯例每年不能超过 40 天。这导致约翰王在其早期同法国的战争中无法得到英格兰贵族人力方面的支

---

① 参见梅特兰:《英格兰宪政史》,李红海译,中国政法大学出版社 2010 年版,第 62—64 页。

持，而只能依靠雇佣军。鉴于全国性的征税在当时并不普遍，那么雇佣军的军费负担就只能主要落到作为国王封臣的英国贵族头上，免服兵役税就是一个集中体现，而麦克奇尼和霍尔特的研究都表明，约翰对免服兵役税的征收无论在税率还是频次上，都大大超过了其父亨利二世和其兄理查一世，因此给英国的贵族们带来了沉重的负担。

> 亨利二世看起来只在真的发生战事时才以免服兵役税之名征收钱款，在其35年的统治中共有七次；而且仅有一次税率超过了20先令……贪婪如理查一世，在十年中显然也只征收过四次免服兵役税；即使是在国王有紧急需要之时（1194年被迫缴纳拖欠德皇的赎金以及同时为诺曼底之战做准备），税率也没有超过20先令。①

表1 亨利二世、理查一世、约翰在位期间免服兵役税征收情况表

国王	在位年限	免服兵役税征收次数	最高税率
亨利二世	35	7	20先令
理查一世	10	4	20先令
约翰	17	11	3马克

表2 约翰在位期间免服兵役税征收情况表

征收的次序	征收年份	每份骑士领的数量
第一次	1198—1199	2马克
第二次	1200—1201	2马克
第三次	1201—1202	2马克
第四次	1202—1203	2马克
第五次	1203—1204	2马克
第六次	1204—1205	2马克
第七次	1205—1206	20先令
第八次	1209—1210	2马克
第九次	1210—1211	2马克
第十次	1210—1211	20先令
第十一次	1213—1214	3马克

① See William Sharp McKechnie, *Magna Carta: A Commentary on the Great Charter of King John, with an Historical Introduction*, Maclehose, 1914, pp. 76—79.

凭良心说,约翰王带给其国民的沉重负担其实与其父兄时代的累积有一定关系。其父亨利二世统治期间也曾战事不断,其兄理查更是以勇武闻名,为十字军东征而大肆搜刮以筹备军费,在被德皇扣押后英国民众又不得不为其支付了巨额赎金。只是理查的勇武和献身于东征的"圣战"精神,得到了教会的极大赞许和支持;加之他很少呆在国内(10年的统治期内呆在英格兰的时间大约只有半年左右),民众即使有怨气,主要针对的也是像胡伯特·沃尔特这样的摄政官,理查则尽享了勇武和高尚的美名。但从上述表格可以清晰地看出,约翰实际上是将免服兵役税从一个为紧急关头保留的武器,变成了一个常规的收入来源,他还将税率提高并超过了公认的最高额2马克。而诸如协助金、继承金、骑士未成年子女的监护权和婚姻指定权等其他封建负担,也都大大超越了以往的封建惯例,基本上成为了约翰实现自己私人意愿的工具。约翰打破常规完全根据自己所需征收免服兵役税的行为,不仅加重了其臣下的负担,而且大大提高了行事的不确定性,使得其臣下无法容忍,这是导致贵族们反叛的重要原因之一。

第二,贵族的封建特权被剥夺。随着英格兰每一寸土地的封建化,原来日耳曼部落的公社社员早已分化,一部分转变为了从国王处保有土地的贵族,其他人则下降为从这些贵族处保有土地的一般自由民,原来的部落习惯也在一定程度上转变为了庄园习惯。现在的社会变成了一个金字塔式的结构,国王、贵族、自由民、农奴……庄园变成基本的经济单位,领地成了一个个的政治单元,王国之下充斥着各个贵族的领地,因此中央和地方关系的实质是国王与贵族的关系,其间有自治市等夹杂其中。如同国王对这些作为其直属封臣的贵族们享有一些特权一样,这些贵族对其手下的封臣也享有一定的特权,这其中最典型的就是司法管辖权。据说领主对封臣的民事司法管辖权是依封建习惯当然享有的,而刑事司法管辖权(至少是其中的一部分)的获得则需要国王的特许。[1] 通过行使这些司法管辖权,作为封建领主的贵族可以获得罚金等方面的收入。但亨利二世的司法改革却触动了贵族们的这些利益,因为通过文秘署签发的某些令状[比如指令令状(praecipe)],当事人(如这些贵族的封臣)可以将其

① 参见梅特兰:《英格兰宪政史》,李红海译,中国政法大学出版社2010年版,第31—36页。

案件(至少是部分案件,如关于自由保有地的权利争议)由庄园法庭转移到郡法庭(此时已由作为国王在地方之代表的郡长主持,因此实质上已经成为了王室法庭在地方的代表),或是等待巡回法官前来审判。这意味着就会有部分案源外流,领主的收入也会因此而下降。所以有人认为,亨利二世司法改革的实质,从一定意义上说,是国王通过为贵族(国王的封臣)之下的自由民(贵族的封臣)提供王室的司法救济来"拉拢"普通自由民,从而削弱了贵族的领地管辖权,损害了贵族的利益。

第三,外来暴发户的专权。由于在王位继承的合法性方面有缺陷,亨利一世开始重用一些草根出身但有能力的人士,而不是仅依靠传统的诺曼贵族。这个做法在后来得到了延续,到约翰时尤甚。因大量使用雇佣军,一些雇佣军首领得到了约翰的青睐,为了收买这些人,他经常乱点鸳鸯谱,通过行使婚姻指定权将那些贵族出身的寡妇嫁给这些莽夫。而这些暴发户也成了约翰的死党,在《大宪章》的签署过程中是约翰为数不多的支持者。他们被约翰委以重任和大权,并在权力行使过程中飞扬跋扈,恣意妄为,为自己赚取了大量不法收益,这激起了民众的普遍不满。

第四,国王的恣意任性与反复无常。这主要体现在司法及国王对贵族的态度方面。前面已经提及,亨利二世的司法改革实际上是为普通的自由民提供了直接享用王室优质高效司法服务的机会,而作为国王的直属封臣,他们的案件却要在国王的封建法庭上解决。理论上说这个封建法庭应该由国王及其直属封臣组成,但实际上经常是由国王和他的近臣(即御前会议的成员)在做决定。毫无疑问,这些近臣可能也是当时未成形之皇家民事法庭(Common Pleas)和王座法庭(King's Bench)的主要成员,但国王这个封建法庭无论在程序还是实体上都远没有上述两个王室法庭那样正规。个中原因可能在于,国王本人对于普通民众的事务并不关心,觉得这些交给其法官处理即可,这反而有利于王室法庭形成自己在程序和实体方面的规则。但对于作为其直属封臣的贵族间的纷争,国王却相当关注。一方面这是封建原则所决定的:领主或其管家要主持此类封建法庭;另一方面,这些争执一般标的额比较大,国王经常会从中获得更多的收益;再者,这些案件的当事人经常会向国王或其身边的人贡奉许多礼品,以求获得国王对自己的支持。也正因此,国王对这类案件的干预要比普通案件多得多,而其恣意也就不可避免。霍尔特的书中提供了很多这方面的实例,展示出双方当事人如何竟相向国王贡奉礼品,即使有理的一方也不能例外,而结果往往是出价最高的一方获胜。因此,从享受公正司法服务的意义上说,此时的直属封臣反而还不如其手下自由民更幸运,以至于霍尔特会认为贵族们对平民反倒生出羡慕嫉妒恨来。[①]

国王的恣意还体现在他对待贵族的态度方面。前面论及约翰的个性时曾提到他对待贵族的傲慢和不义,但这只是冰山一角,霍尔特还给出了很多相关的例子,让人觉得约翰对待其贵族的态度毫无人情可言。为了保证贵族们能够到期偿还债务,约翰经常要求他们提供人质或以城堡等作为担保,并在债务未予偿还时将人质监禁或扣押城堡;后来约翰对背叛十分敏感,甚至怀疑到了之前信任的对象和支持者,为此,他要求有嫌疑者签订忠诚契据,且要发誓用所有土地或以城堡来担保;为了获取臣下的感激之情,他经常突然因某事而对其处以重罚,后再借机予以赦免,或先要求提早偿付后又放弃甚至完全免除债务,以换取他们在政治上的卑躬屈膝……[②]类似的做法不胜枚举,这导致了一种不确定和不安定的气氛,贵族们几乎无所适从!

因此,一方面是封建负担不断加重,另一方面是既有的特权不断地被侵蚀和剥夺,再加上外来新贵的冲击,国王的恣意任性和反复无常,日积月累,贵族们的这些怨忿终于压倒了最后一根稻草,他们忍无可忍,最终采取了措施,走向了兰尼米德。

4. 七种力量

大宪章是诸多力量相互博弈的结果,因此有必要在这里列举参与这一博弈的主要力量。

一是约翰及其保王党。这是《大宪章》的主角,这场历史大剧的反派人物。约翰王本人不必赘言,其雄心完全被其对待国内外各种政治力量的低级策略所摧毁,而这又与其个性不无关系。其自私、残忍、多疑、傲慢、怯懦,是造成他个人悲剧的主要原因,也是导致《大宪章》产生不容忽视的要素。与约翰站在一起的还有他的那些雇佣军首领等人,很显然,约翰的倒下意味着他们生意的消失,因此他们支持国王也就不奇怪了。

二是英国贵族。贵族是约翰的直接对立面,斯塔布斯将其细分为以

---

① 参见霍尔特:《大宪章》,毕竞悦、李红海、苗文龙译,北京大学出版社 2010 年版,第 110—175 页。

② 同上书,第 177—184 页。

下几个派别：(1) 率先起事、立场最坚定的北方贵族；(2) 准备与北方贵族合作的、来自英格兰各地的其他贵族；(3) 在伦敦领导下的温和派，其中甚至包括国王同父异母的兄弟（索尔兹伯里伯爵，the Earl of Salisbury）、忠诚的马歇尔、胡伯特·德·伯格（Hubert de Burgh）以及国王的其他一些大臣，他们的名字都可以在《大宪章》的序言中读到。其实在这个群体中还应该包括英格兰的高级教士，如各大主教、副主教，修道院院长、副院长等人，他们也是国王的直属封臣，也对国王负有相关的义务。除此之外，这个群体还应该包括当时的很多骑士。之所以这样说，是因为当时所谓的"男爵"（Baron）其实更多的是指国王的直属封臣，他们中有地位较高的贵族，也有国王直接分封的骑士。但后来这二者有了比较明显的分裂，前者逐渐被成为我们今天意义上的贵族，后者则逐渐沦为与普通的自由民差别不大。在召开大谘议会或后来的议会时，前者是由发给每个大贵族个人的专门召集令召集的，而后者则由郡长在郡法庭通过宣读召集令统一召集。[①] 所以，在此有必要说明的是，《大宪章》历史中提到的"baron"理解为男爵并不准确，而是国王直属封臣的统称。

这些贵族的总体特征是，已对诺曼底等大陆的领地没有了感情，因此没有动力为之而战，对国王的军事征召及免服兵役税和其他税费的征收，经历了从消极到积极抵抗的过程，是大宪章产生过程中的主力。

三是斯蒂芬·朗顿。之所以将这位教宗任命的坎特伯雷大主教单列，是因为他的立场与罗马并不完全一致。英诺森三世后来因约翰的屈服转而坚定地支持了后者，并最终反对、取消了《大宪章》；而朗顿则更多地站在了贵族一边。他小心翼翼地在国王和贵族间维持平衡，同时还要维护英国教会的利益，但总体上和贵族的立场相近，并在整个谈判过程中给予了后者很多方向性和方法方面指导、鼓励。可以说，如果没有朗顿，也许就不会有这个《大宪章》。

四是英格兰低级教士、普通民众。前已述及，英格兰高级教士基本上可归入贵族的行列，而低级教士和普通民众（自由民）则属于一个阶层。约翰没收教产之前，他们其实更多地是站在国王一边，这部分是因为亨利二世司法改革所带给他们的好处：可以在王室法庭寻求司法救济。但教

---

① 参见梅特兰：《英格兰宪政史》，李红海译，中国政法大学出版社 2010 年版，第 44—46 页。

产的没收直接影响到了英格兰的教会,而由于济贫等事务都由教会负责,平民也因此受到了极大的影响和冲击,最终导致他们站到了反对国王的一边。

五是金雀花帝国在西欧领地上的贵族。他们还是金雀花国王的封臣,但与英格兰的感情已无法与其祖辈相比,而且必须考虑与其近邻法国国王的关系,因此在政治上多少有些骑墙。亨利二世和理查利用策略和自己的实力掌控了这些地区,但约翰的傲慢和失策使之付出了代价:失去了诺曼底!第一次对法战争前期的胜利后,约翰对待其功臣之傲慢和对俘虏(多为本地贵族)的虐待,终使这些贵族倒戈,反而支持法王。可以说,正是大陆领地上贵族的不支持,使得约翰的处境日渐被动,从这个意义上说,这些人对《大宪章》的产生也有着重要的作用。

六是法王。法王的作用也不容忽视。时刻担心身边兴起一个强大帝国的法王无时不在惦记如何削弱金雀花家族的统治,况且,就原来的诺曼底和其他附近几片领地而言,他本来就是后者的领主——至少是名义上。所以,与约翰一样,腓力二世同样也在合纵连横,纵横捭阖,在众多伯爵、德国皇帝、教皇等多种势力间穿梭,争取削弱约翰而壮大自己。从结果上来说,法王腓力二世成功了,他成功地击败了约翰,夺取了其在大陆上的多片领地,为法国的统一和崛起及中央集权的建立奠定了基础。对《大宪章》的诞生而言,毫无疑问,如果诺曼底还在约翰手中,也许就不会有《大宪章》了!

七是教宗。考察中世纪的欧洲,罗马教廷总是一个绕不开的角色和话题,《大宪章》的研究同样如此。教皇英诺森三世对《大宪章》的影响也许可归纳为两个方面:一是他任命了斯蒂芬·朗顿为坎特伯雷大主教,而后者对《大宪章》的诞生贡献良多;二是他和约翰的争斗实际上使得约翰处于了非常被动的境地,而这种困境被朗顿和英国的贵族所充分利用,从而推动了《大宪章》的产生。这些是教皇举动的客观后果,但从主观上来看,教皇关心的是自己的利益,因此当约翰屈服之后,英诺森三世又应约翰的请求而宣布大宪章无效,并对英国的反叛贵族和法国的路易王子处以了革除教籍。

了解了这几种主要的政治力量,我们就可以大致看清他们各自是从哪个方向、以怎样的方式参与博弈,并最终导致《大宪章》的产生的。

5. 三个阶段

《大宪章》的诞生不是一蹴而就的，而是经过漫长的酝酿才完成的。此处所提到的各种背景、因素、过程，都是这个漫长酝酿过程中的原料，是它们的共同作用才导致了《大宪章》这个最终的成果。

就约翰的整个统治而言，他在位的17年都与《大宪章》相关。麦克奇尼将此分为三个阶段：失去诺曼底(1199—1206)；与教皇的争执(1206—13)；与贵族们的剧烈纷争(1213—16)。[①]

第一阶段，失去诺曼底。失去诺曼底是约翰王一生永远的痛，如果没有这回事，也许就不会有《大宪章》。约翰的即位本身就存在争议，加之法王对身边存在一个强大的帝国(亨利二世建立起来的金雀花帝国)一直耿耿于怀而时刻希望瓦解之，因此便扶植阿瑟(约翰另一个强有力的王位竞争者，约翰兄长杰弗里的儿子)与约翰对峙。这种对峙最终因为约翰的一个失策之举而最终导致了诺曼底的丧失。

不知出于真感情还是打通诺曼底与南部领地通道的考虑，约翰决定迎娶昂古莱姆的伊莎贝拉(Isabella of Angoulême)，但后者已与普瓦图的休·德·吕西尼昂有了婚约——约翰此举无疑是横刀夺爱。尽管是约翰的封臣，但也属普瓦图贵族大家的休·德·吕西尼昂转而向约翰的领主法国国王腓力二世申诉，后者于是传唤约翰到庭，并在约翰拒绝时出兵诺曼底予以讨伐。约翰先以围魏救赵之策取得了胜利，并生擒阿瑟，但其对待功臣威廉·德·罗什的傲慢态度和对俘虏(多是当地贵族子弟)的虐待，却使得其安茹、阿基坦等地贵族纷纷倒戈，转而投靠了法王腓力。当后来战事又起之时，本来就缺乏英格兰贵族支持的约翰现在又失去了其大陆领地上贵族们的支持，而谋杀阿瑟的嫌疑则更加重了贵族们对他的背离。1204年，约翰战败，诺曼底、安茹、普瓦图纷纷陷落，他在西欧的领地只剩下了阿基坦公国。

诺曼底和安茹的陷落是约翰心中最深的痛，毕竟，这是他们的老巢，其祖上就发端于此，并由此征服了不列颠。祖上积累的基业毁于一旦，任何人都于心不甘，约翰也不例外，这也为后来他力图收复诺曼底而横征暴敛及最后兵败埋下了种子。

第二阶段，与教皇交恶。1205年，坎特伯雷大主教胡伯特·沃尔特

① See McKechnie, p. 22.

去世,这使得约翰失去了一位得力的能臣。围绕新任大主教的人选,英国的教会与约翰展开了角力。前者推举修道院副院长雷吉纳德(Reginald)就任,而国王心仪的则是诺里奇主教约翰·德·格雷(John de Gray)。双方的争执为教皇英诺森三世创造了机会,他委任斯蒂芬·朗顿就职。约翰不从,并开始报复:他没收了教会的教产——大约如后世亨利八世那样;教皇则在 1208 年发布禁行教权令,1209 年将约翰革除教籍,1211 年又下令解除英国人民对于国王的效忠义务,后来又指令法王腓力二世来执行教皇的谕令。这一连串的组合拳最终打到了约翰,后者被迫向教皇屈服,不仅承诺归还教产,参加十字军东征,而且成为了教皇的封臣。

约翰与教皇这些年的争执实际上是使自己蒙羞,但他也因此最终获得了教皇的庇护和支持,一定程度上避免了法国的入侵,并在《大宪章》签署之后能够马上求助于教皇并使后者宣布之无效。

第三阶段,与贵族的纷争。与教皇和解之后,约翰觉得可以安心准备收复诺曼底的事了。但归还教产后他的财政署又空空如也,筹集军费和军队又让他必须面对本已怨气冲天的贵族。果然,贵族们找遍了各种借口来拒绝国王的要求:起初他们的理由是约翰还没有被教皇完全赦免无罪,之后的托辞则是他们对其土地的保有并未要求他们在海外服役,而且英格兰境内的征伐已使他们精疲力尽。1213 年 8 月 25 日,约翰带着他的雇佣军出发前往讨伐这些拒不服役的北方巨头后,斯蒂芬·朗顿与南方显贵们进行了一次会谈,他向他们展示了亨利一世加冕时所颁布的宪章,所有在场的人都宣誓"若有所需,愿为自由而战,宁死不辞"。

约翰继续北进,但中途又返回以会见教皇特使尼古拉斯,并在 10 月 3 日于圣保罗大教堂向后者行了效忠、臣服礼,降顺教皇。在完成与罗马方面的缔盟以后,他对于击败英格兰之敌法国感到信心满满。1214 年春初,约翰又掀起对法战争,但 7 月 27 日的布汶战役之败使之不得不与法王签下为期 5 年的休战协定,放弃其对大陆领地的所有主张。

约翰身处法国开战之际,在既未经同意也没有先行警告的情形下,他下令向每一骑士领征收前所未有的三马克的免服兵役税,最终点燃了贵族们的愤怒弹药库。当 1214 年 10 月 15 日约翰灰头土脸地从法国撤退回来之后,他被迫与叛乱者在贝里圣埃德蒙兹进行了谈判(11 月 4 日),妥协已无可能:约翰催逼税款,而贵族们则断然拒绝。约翰离开之后,贵族们以到修道院进行宗教礼拜为名悄然召开了一个更加私密的会议,其间人们宣誓决定反叛约翰。温多弗的罗杰对此有生动的叙述：权贵们汇聚一堂"好像是为了祈祷，可实际上另有所谋，因为在一番密谈之后，人群中有人拿出了坎特伯雷大主教朗顿在伦敦交给贵族们的国王亨利一世的宪章"。人们庄严宣誓，收回对国王的效忠并向国王宣战。国王也意识到诉诸干戈已是迫在眉睫，他一方面招募雇佣军，另一方面则试图通过允诺空缺主教职位的自由选举来换取教会的支持，但最终未能得逞。

1215 年 1 月 6 日，一个来自叛乱者的代表团与国王会谈，前者要求国王确认爱德华时期的法律以及亨利宪章中所提出的种种自由。大主教与马歇尔作为调停者建议休战到复活节。四月份，北方贵族挥师南下，并向国王提出了正式的要求。但约翰在读到这些要求时气急败坏，"这些提出无理勒索的贵族，为什么不干脆要我把王国拱手相让?"5 月 5 日，贵族们举行了弃绝仪式，正式宣布放弃对国王效忠，推举罗伯特·菲茨·沃尔特作为其司令官，号称"上帝与神圣教会之师的统帅"。5 月 9 日，约翰将一份新的特许状颁发给了伦敦居民，希望换取他们的支持，但又一次失败了。次日，或许出于拖延时间的考虑，他向贵族们提出进行仲裁。因为该仲裁请求被轻蔑地拒绝了，5 月 12 日，约翰强硬地要求郡长们不必等待"同侪之审判"而径直对反叛者采取暴力措施。贵族们拒绝了所有的提议，继续进军，直逼伦敦。5 月 17 日，伦敦城大门洞开。此刻，约翰发觉自己已无力回天，只好同意会谈。6 月 15 日是个星期一，双方在斯泰恩斯与温莎间一块被称为兰尼米德的草坪上正式开始会谈。

（二）签署、落实与被取消

1215 年 6 月 15 日，国王与贵族展开了为期五天的会谈。当天，贵族们提供了一份《封臣法案》(Articles of the Barons)，约翰被要求首先在其上盖印确认。这很可能是此前 4 月下旬他们在布拉克利向国王使者提交的诉请，后来又进行了些许修改。极有可能的是，贵族们要求国王先盖印确认，然后以此法案为基础双方再进行具体商讨。到 19 日时，已就最终的文本达成协议，并誊写了很多份加盖印玺。同时依照第 61 章，由反叛者们提名、国王默许，选出 25 名贵族出任"执行人"，庄严地盖上印玺并提交了宪章的几份最终版原件，各方宣誓受条文之约束，发布第一批令状向郡长发出指令；也是在这一天，贵族们恢复了他们对约翰王的效忠与臣服宣誓。这大约就是 6 月 15—19 日双方谈判签署《大宪章》的简要经过。

接下来是对《大宪章》的落实。6 月 19—27 日,公布宪章条款的令状被陆续签发,郡长们受命在郡法庭当众宣读《大宪章》,并召集其辖区内的民众按照宪章规定的形式向 25 名贵族或是其代理人宣誓。国王则下令停止此前已经着手的征税行动,归还贵族城堡,释放人质,等等。但双方对大宪章的态度据说都并非严肃认真,而 25 人贵族委员会则尤甚。比如,佩蒂特・杜泰利(Petit-Dutaillis)认为,约翰在六七月间的行径无可非议,是贵族委员会的背信弃义才使他不得不保卫自己。① 但约翰在大宪章签署后不久就派人去见教皇又当如何解释呢?而贵族这边更难说是信守诺言。国王无论如何还交出了伦敦城和伦敦塔作为自己守约的担保,而贵族们却拒绝以正式宪章的形式来将其效忠条款具体化,为此国王曾吁请坎特伯雷、都柏林大主教以及一些副主教担任仲裁人,而后者则记载了国王对贵族背信弃义的抗议。此外马修・帕里斯还详述了人们发现为了限制 25 名执行人的滥用权力,而有必要重新提名由两方共同组成一个 38 人委员会。② 以下这个例子则更能说明 25 人委员会的傲慢和蛮横:有一天,他们要到王廷去"做一个决定";此时约翰王卧病在床,无法前往接见,遂请他们去内室;然而他们却草草拒绝,坚称国王不能行走,抬也要抬到他们跟前来。③

于是,约翰转向罗马求援,而且双方很快进入了备战状态。北方贵族料定国王会径直违反和约,于是开始加固堡垒,粗暴对待国王的官员;同样满腹怀疑的约翰,一面函邀国外盟军,另一面焦急地等待着教皇对其诉请的答复。朗顿及主教们则仍致力于恢复和平,但教皇诏书却将朗顿驱离了英国。历史证明,朗顿在这个关键节点上的缺席是这个国家的不幸:造反者们不仅因此丧失了结盟的纽带,同时也失去了审慎的节制。他离开以后,一份签署于 8 月 24 日的教皇诏书送达(送达时间在九月底),它以最直白的语言宣布《大宪章》无效并将其废除。英诺森三世后来在拉特

① *Louis VIII.*, p. 57. Cited from McKechnie, William Sharp McKechnie, *Magna Carta: A Commentary on the Great Charter of King John, with an Historical Introduction*, Maclehose, 1914, p. 24.

② M. Paris, II. 6o5-6. 转引自 William Sharp McKechnie, *Magna Carta: A Commentary on the Great Charter of King John, with an Historical Introduction*, Maclehose, 1914, p. 44.

③ *Hist. des ducs de Normandie*, 151. Cited from McKechnie, William Sharp McKechnie, *Magna Carta: A Commentary on the Great Charter of King John, with an Historical Introduction*, Maclehose, 1914, p. 45.

兰宗教公会上宣布，将英国的反叛贵族革除教籍。《大宪章》在诞生后不到3个月即被宣布无效，内战随即开始。

英国贵族们转而向法王的儿子路易表示了好感，请他担任英格兰国王，法国大军直抵伦敦。内战持续了一年多，1216年10月19日清晨，约翰在纽瓦克城堡暴卒，他与贵族的争斗终于告一段落。

二、1216、1217和1225年《大宪章》

（一）1216年《大宪章》

1216年10月28日，约翰之子亨利在格洛斯特（Gloucester）即位，并对教皇的使节瓜拉行了臣服礼，因为英格兰国王此时是罗马教廷的封臣。11月11日，彭布洛克伯爵威廉·马歇尔被任命为"国王和王国的监护人"（Rector regis et regni）。翌日，《大宪章》便以国王之名重新颁布，是为1216年《大宪章》。

一年半之后重新签发《大宪章》可谓意义重大，因为它意味着当政者对反叛贵族们要求的接受，是围绕在幼主周围那些温和人士的一个表态，是作为摄政者及其同僚对其基本政策的一个宣示，同时也是一个要约：要从仍依附于法国王子路易的贵族们那里获得支持。分化敌人的功用立刻见效：马上有11位主教改弦易辙，站到了国王这一边！

就内容而言，新宪章绝非旧宪章的逐字重复，而是尽力解除对当政者手脚的束缚，因此不仅篇幅从63章减为了42章，更重要的是原来极具压迫色彩的执行条款第61章也被废除了。因此麦克奇尼认为，"新宪章不再是当局面对敌人之要求而不情愿地表示同意，而是它为了自己的目标刻意接受的一套规则"。教皇最终还是批准了这个新宪章，使得局势开始发生变化，对此佩蒂特·杜泰利教授有这样的评价：法国人的入侵拯救了《大宪章》，而教皇的支持又将英格兰挽救于路易之手。①

---

① See Petit-Dutaillis, Louis, 181. Cited from McKechnie, William Sharp McKechnie, *Magna Carta: A Commentary on the Great Charter of King John, with an Historical Introduction*, Maclehose, 1914, p. 141.

(二) 1217 年《大宪章》

新宪章的后续效果好像并不如想象的明显,除那 11 位主教外,敌人并未如何分化,战事只得延续。在此情形下,威廉·马歇尔的军事才能起到了关键作用。1217 年 5 月 19 日,保皇党人在"林肯之劫"(Fair of Lincoln)的战役中取得了决定性的胜利;紧接着在 8 月 24 日,胡伯特·德·伯格摧毁了法王路易倚仗的舰队。在此情形下,路易选择了接受一些体面的条件而停战。在这些条件中,就包括"恢复英格兰贵族和王国内所有其他人的权利、遗产及先前曾主张的自由",这实际上是对大宪章实质内容的重申。9 月 8—12 日的谈判最终签署了《兰贝斯条约》或《金斯顿条约》(Treaty of Lambeth or Kingston)。"就实际重要性而言,兰贝斯条约并不亚于大宪章本身。"它标志着国王的顾问们最终接受了《大宪章》,并将其实质内容视作和平时期英格兰政府进行统治的永久性基础,而不再是一个战时的权宜之计。

条约里特别提到了财政署卷宗、犹太人宪章、约翰王时期的自由宪章以及所有其他的财政署文件;显然,由亨利来恢复权利和自由是这份条约的主要内容,这最终在 1217 年 11 月 6 日全部完成:颁布了经修订的自由宪章和一个独立的森林宪章。也就是从此时起,原来的《大宪章》成为两个宪章:自由宪章和森林宪章。后者以 1215 年《大宪章》中跟森林[①]有关的内容为基础扩展而成,此时拿出来独立成篇;前者则是将上述跟森林有关之内容除开,把原来宪章中剩下的部分重新整合而成。因此从篇幅上来说,这个以自由为主要内容的新宪章要大于森林宪章,故有人认为当时的抄写员就以"*Magna carta libertatum*"(自由大宪章)一词来与"*Carta de Foresta*"(森林宪章)相区别;但后来"*Magna Carta*"一词就被回溯性地指代先前的两个宪章,汉语中的"大宪章"大概由此得名而来。

(三) 1225 年《大宪章》

1225 年《大宪章》的重新颁布,据说与贵族们对如下事实心存焦虑有关:1216 和 1217 年《大宪章》的两次颁布都不是国王个人亲自所为,因此

---

① "forest"在英国法中是一个重要的术语,通译"森林",但可能更多是指供国王狩猎之地,故有人将之译为"猎场""狩猎场"。此处依循了传统的译法。

并不能反映国王对于《大宪章》的真实态度。因此他们有要求国王亲自颁布《大宪章》的心理需求。而这个需求实现的时机在 1225 年到来了，亨利三世因财政问题需要征收十五分之一的动产税，这成了要求国王重新签署《大宪章》的条件，因此便有了 1225 年的《大宪章》。

新的森林宪章实际上与 1217 年无异，而新自由宪章则不再记录原先那些令人不快之宪章颁布的背景，亨利在前言中声明，对本次颁布他是“出于自愿和寄予了美好的愿望”。但事实上，按照当时的规则，此时亨利并未成年(18 岁)；加之 1227 年 1 月，咨议会授权国王向其郡长签发令状：所有被认为有效的对土地、保有产和特许权的授予，都必须经国王的印玺加以确认——这更加剧了人们对亨利成年后会对《大宪章》采取何种态度的疑虑！好在 1237 年 1 月 28 日，作为民众授予国王三十分之一动产税的一个条件，亨利终在成年之后正式确认了《大宪章》。当时通过一个小宪章(parva carta)，确认了包括 1225 年《大宪章》在内的过去的一系列法律文件。也因此有人认为，所谓“大宪章”的提法是和这里的“小宪章”相对而言的。

1225 年《大宪章》的意义在于：(1) 它更类似于一个国王和其臣民间的一个私人协定，而不像过去那样更像是对立双方签订的条约。(2) 本宪章确立了《大宪章》的最终文本，自此之后《大宪章》再未像过去那样屡经(3 次)修订变更，而是保持不变并被收入王国制定法汇编；换言之，《大宪章》再无修订一说，而只是不断地重新签署、确认而已。

三、中世纪：静默的威严

《大宪章》在中世纪的历史，我们将以“编年体”的形式简要叙述如下。

1265 年，西蒙·德·孟福(Simon de Montfort)在他短暂的掌权期间，从亨利和他的儿子爱德华(未来的爱德华一世)那里获得了一份确认，该确认模仿了约翰宪章的第 61 章：授权“整个王国可以反叛并尽其所能伤及吾等”。西蒙被推翻并处死之后，国王和年幼的爱德华主动通过 1267 年的《马尔伯勒法》第 5 章，确认了《大宪章》和《森林宪章》。

1297 年，为换取新的税收，爱德华一世颁布了《恩准宪章》(*Confirmatio Cartarum*)，对 1225 的宪章进行了确认。《恩准宪章》类似于亨利三世 1237 年的那个小宪章，都是以一个单独的立法对原来的宪章进行确认。贵族们力图在《恩准宪章》中插入“非经同意不得征税”的条款,但未能成功。

1300年,作为对《大宪章》重新确认的一部分,爱德华一世又颁布了《宪章则例》(*Articuli super Cartas*, The Articles upon the Charters),内容涉及如何执行上述宪章。

1305年,教皇克莱门特五世宣布废除《恩准宪章》,《宪章则例》随之自然无效。

1331—1369年,爱德华三世先后通过了6部制定法,俗称《古六法》(Six Statutes),意在对《大宪章》的相关部分给予澄清和明确化。其中最为重要的是1354年的第三法,它将1225年《大宪章》的第29条(1215年《大宪章》的第39章)进行了两处修改:将原来的“free men”(自由人)修改为“no man, whatever estate or condition he may be”(任何人,无论其身份和地位如何);将“lawful judgment of his peers or the law of the land”(依同侪审判或依王国法律之判决)修改为“due process of law”(法律的正当程序)。

《大宪章》在中世纪曾被反复确认,据柯克统计可能多达32次,但也有人认为多达45次。据说中世纪英国议会开会的重要任务之一就是公开宣读并请求国王确认《大宪章》。但有人提出这样的问题:《大宪章》在整个中世纪的影响都不是很大,并不像13和17世纪那样波澜壮阔,这其中的原因是什么呢?笔者认为,这可能跟整个十四五世纪的政治形势相关。其实,这两个世纪《大宪章》并未默默无闻,因为如上所述,每届议会开会都要公开宣读《大宪章》,还要请求国王予以确认;爱德华一世和三世就《大宪章》所做的工作我们已经看到;晚至15世纪中期,亨利六世也对《大宪章》进行了确认。实际情况可能是,兰开斯特王朝开始后,王位继承问题一直处于争论中,主张王位的各方都需要讨好议会、获得议会的支持,因此此时的议会不像都铎时期那么柔顺,更不像斯图亚特王朝时期那样被长期关闭,而大宪章所关心的那些权利和自由,此时都可以通过具体的制定法予以落实和实现,因此《大宪章》就显得不像13和17世纪那样引人瞩目了。

四、都铎时期:冰火两重天

亨利七世强势结束玫瑰战争和亨利八世对这种强势的延续,使得英格兰的王权强大到了几乎是史无前例的地步,对王权的任何反对都被视为非法,无论这种反对是来自平民、贵族或教会,抑或其三者的联合。在这种背景下,对大宪章的解读也随之发生了转向。主流的观点是视约翰王为与教皇斗争的英雄,而对反叛的贵族和《大宪章》则几乎不持任何同情的立场。因此在都铎王朝前期,《大宪章》的影响力陷入了低谷。

16 世纪末,英格兰出现了复古的热潮。当时流行的观点认为,英格兰自古就存在一套习俗和法律,只是在诺曼征服时被暂时中断了,后来又在 1215 年《大宪章》中得以恢复,并对后世的英国法影响深远。比如,时人威廉·兰巴德(William Lambade)认为,英国的议会可以追溯到盎格鲁—撒克逊时期,而且他还出版了他认为属于盎格鲁—撒克逊和诺曼的法典。培根则认为,《大宪章》第 39 条是 16 世纪陪审制和司法程序的基础。当时众多学者都认为,《大宪章》是对民众自由的宣示,是英国政府权力最高和最基础性的来源。颇为夸张的是,这种意识形态化的观念其时相当盛行,甚至曾有议会议员因质疑这些说法的客观性而史无前例地遭到议会驱逐。

显然,都铎后期对《大宪章》开始热捧与前期对《大宪章》的冷漠形成鲜明对比,颇像从一个极端走向了另一个极端,大有"冰火两重天"之感。而正如我们已经知道的那样,都铎后期这些意识形态化的观点大部分都只是"神话",而并不是客观事实;但同样真实的却是,这些"神话"式的观点却又深刻地影响当时以及接下来 17 世纪的英国人,并在很大程度上奠定了后世辉格党人的观点。

五、17 世纪:神话的开始

斯图亚特王朝的头两位国王詹姆士一世和查理一世运用君权神授论来强化王权,而且——尤其是后者——经常不召开议会,这种**无议会而治的专制**与都铎时期**有议会的专制**(尽管是温顺的议会)颇为不同,让英国人颇难适应和接受。在这种情况下,《大宪章》又被祭出以反对君权神授论。

国王的反对者们延续了都铎后期对《大宪章》的神化,认为《大宪章》认可并保护英国人的自由,将国王置于了普通法之下,还构成了陪审制的起源,并认为议会的古老起源可以直溯盎格鲁—撒克逊时期;正因为《大宪章》和这些古代宪制的存在,英国国王才不能也不应改变这些久已存在的英国习俗。尽管这些观点并不具有多少历史的精确性,但它们却具有某种象征性的力量,而《大宪章》的影响力也携都铎后期开始抬头之余威和此时日趋紧张的政治形势而不断扩大,它显然已经成为了议会中的政治家们凝聚人心、联合对抗国王的重要武器。在利用《大宪章》反对斯图亚特王朝国王的过程中,柯克是其中最重要的代表和领袖。

与此相关,柯克对《大宪章》的理解主要有两点值得强调。首先,他将《大宪章》提升为了一个全民而不只是部分特权阶层的保护神。柯克认为,《大宪章》中的"liberties"几乎就是"individual liberty"——这显然是不符合历史事实的,因为前者更多的是指国王授予贵族或其他人的特权(比如开设法庭等),而后者的主体显然范围更宽泛。换言之,柯克犯了以今释古的错误,他将《大宪章》所保护的权利主体从主要是贵族、国王的直属封臣,扩展到了王国所有的臣民,即所有民众都平等地受到大宪章的保护。尽管这是个史学上的错误,但它显然有利于提升《大宪章》在全体民众中的认同感,更便于民众间的相互认同和团结一致。其次,柯克认为国王应该处于法律和《大宪章》之下,国王对王国的治理应该依照法律和《大宪章》而展开。其推理的思路在于,英国当今的宪制其实早在盎格鲁—撒克逊时期即已存在——不仅是民众的权利和自由,而且还包括像议会这样的王国治理机构;尽管后来受到了诺曼人的抑制,但这一切在《大宪章》之后又得以恢复,而《大宪章》则是记录和确认这些权利、自由和宪制的重要文献,因此它实际上就是古代宪制的见证者和载体,在中世纪又被多次反复确认,已经成为英国政制的基础,即使是国王也应该遵守之。依此,国王并非绝对的,而法律和《大宪章》才是,《大宪章》之上没有更高的主权者。

因此,柯克极力倡导重新确认大宪章;1621 年,这一动议被提出,但最终在议会中失败了。之后他又主导了《权利请愿书》的起草,不仅重申了对《大宪章》中有关保护公民自由和权利的内容,还在序言中力图扩展其条款的适用范围,使之对法官也有拘束力;他还努力争取将《权利请愿书》像《古六法》或《大宪章则例》那样加入到确认《大宪章》的法律系列中去，但最终还是失败了。当然，在与斯图亚特王朝国王的斗争过程中，柯克并不只是一个人在战斗，其他人也不同程度地诉诸了《大宪章》。如约翰·塞尔登(John Selden)在1627年的达内尔案(Darnell's case)中就争辩说，获取人身保护令的权利是《大宪章》所支持的。只是查理一世固执己见，拒绝对《大宪章》予以确认。国王认为自己不需要受到法律之限制，而且议会派所主张的那些历史和法律情形并不真实清楚，因此拒绝了他们的主张，并对其展开镇压，内战遂开始。

可以看出，柯克对《大宪章》的解释其背后是有一定的政治背景和目标意图的，因此必然会出现(如果不是刻意出现的话)一些历史时代性的错误。正因为这种错误，包括与柯克同时代的、他的对手大法官埃尔斯米尔(Lord Ellesmere)，同是17世纪的罗伯特·布雷迪(Robert Brady)，以及后来的历史学家特纳、霍尔特，都对柯克这种不加批判、混淆年代的工具主义立场进行了批评。但无论如何，以柯克为首的议会派借助于《大宪章》，通过对《大宪章》进行神化，形成了(如果不是简单延续过去的话)一种新的、革命性的意识形态话语，使之成为鼓舞英国人民反对专制国王的重要精神支柱，而且为后来的辉格党史观提供了基础。

共和时期《大宪章》是否得到了适用存在疑问，弥尔顿视之"高于法律和习惯"，克伦威尔则鄙视之，轻蔑地称之为"Magna Farta"，但他同意依其咨议会的建议和同意而治。

平等派(Levellers)则拒绝了同时期的主流观点，而采取"反诺曼"的立场。约翰·李尔本(John Lilburne)认为，《大宪章》所包含的并不是那样一种自由：人们假定它存在于盎格鲁—撒克逊时期，后来却为诺曼人所摧毁。理查·欧弗顿(Richard Overton)则视《大宪章》为"包含有许多令人无法忍受之奴役的可怜虫"。但二人都视大宪章为对自由的宝贵宣示，能够用来对抗人们不满意的政府。李尔本就说过，"我把我的自由建立在英格兰的《大宪章》基础之上"；欧弗顿则在遭逮捕时紧紧抓着《柯克论大宪章》的本子，并高呼："杀人！杀人！他们夺走大宪章赋予我的权利和自由！"

掘地派的首领杰拉德·温斯坦莱则认为："大宪章是我们的先辈经再三请愿才从国王那里获得的英格兰最好的法律，然而这些最好的法律却是锁链，它将一些人变成了另一些人的奴隶：教士和有产者获得了自由，普通人仍然而且一直都在为他们所奴役!”

但这一时期也有为数不多的人对《大宪章》从历史的角度进行了客观审视,罗伯特·布雷迪就是其中的代表。布雷迪认识到《大宪章》所包含的自由是有局限性的,其有效仅仅是因为国王的赋予;他驳斥了议会古老性和法律连续性的说法,通过将《大宪章》置于其历史的语境中,他质疑了大宪章在当时的政治含义。但可惜的是,布雷迪的历史主义的立场却为“光荣革命”带来的逆流所扼杀。

六、“光荣革命”之后:辉格史观及其挑战

“光荣革命”强化了 17 世纪初以柯克为代表的、对于历史的意识形态化的解释,这在后来发展成为辉格党人对历史的解释。[①] 借助于洛克的观念,辉格党人认为英国的宪制是一种社会契约,建立在《大宪章》《权利

---

① 辉格党(Whig)是英国的两大政党之一,自由党的前身。“辉格”(Whigs)的名称可能是“Whiggamores”(意为“好斗的苏格兰长老会派教徒”)一词的缩语。1679 年,因约克公爵詹姆斯(后来的詹姆斯二世)具有天主教背景,就詹姆斯是否有权继承王位的问题,议会展开激烈争论。一批议员反对詹姆斯公爵的王位继承权,被政敌讥称为“辉格”。

该党的领导人包括沃波尔(Robert Walpole)、老皮特(William Pitt the Elder)、格伦维尔(George Grenville)、福克斯(Charles James Fox)、格雷(Charles Grey)、兰姆(William Lamb)、罗素(John Russell)和坦普尔(Henry J. Temple)等知名政治家。起初其群众基础并非传统的贵族,而是金融和商业人士以及新教徒,19 世纪后更多代表工商业资产阶级利益。辉格党得益于 1688 年“光荣革命”带来的政治变化,于 1714 年之后长期支配英国政治,连续执政达 46 年之久;它通过捍卫包括有限君主制和议会至上等原则而获得了不少支持。到 18 世纪末期,辉格党势力逐渐衰退。1830 年重新掌权。19 世纪 60 年代,辉格党土地贵族的代表、保守党的罗伯特·皮尔派分子,以工商业资产阶级为基础组建自由党。也有人认为,辉格党是于 1839 年改称自由党的。辉格党与其说是一个统一的政党,不如说是大致遵循下述原则的各种信仰的综合体:提倡以君主立宪制代替神权统治,站在资产阶级和新贵族的立场上拥护国会,反对国王和天主教。

19 世纪初期,属于辉格党的一些历史学家从辉格党的利益出发,用历史作为工具来论证辉格党的政见。1827 年,作为辉格党人的英国著名历史学家哈兰(H. Hallam)出版了其代表作《英国宪政史》,他在其中提出,英国自古以来就有一部不成文的宪法,一向就是主权在民的,并高度赞扬 1688 年的“光荣革命”,歌颂君主立宪制。这部著作成了一部具有深远影响的英国近代史,也开创了一代辉格史学。因为它“虽然完全避免了党派热情,却自始至终地充满了辉格党的原则”。另一位有代表性的辉格党的历史学家麦考莱(T. B. Macaulay)则更明确地指出,在很长的时间中,“所有辉格党的历史学家都渴望要证明,过去的英国政府几乎就是共和政体的;而所有托利党的历史学家都要证明,过去的英国政府几乎就是专制的”。就历史学后来发展的主要趋式来说,辉格党的历史学似乎占了上风。直至 20 世纪,像屈维廉(G. M. Trevelyan)这样的英国自由主义历史学家,在其著作的倾向和历史观方面,也继承了这种辉格党人的史学传统。1931 年,英国历史学家巴特菲尔德(H. Butterfield)出版了《历史的辉格解释》一书。在这部史学名著中,巴特菲尔德将“辉格式的历史”(或称“历史的辉格解释”)的概念作了重要的扩充。

请愿书》《权利法案》这些历史文献基础之上。作为辉格史观的重要代表，斯塔布斯(William Stubbs)在《英格兰宪政史》(Constitutional History of England)中认为，《大宪章》在型塑英国民族的过程中意义重大，并认为在兰尼米德签署《大宪章》的不只是贵族，而是全体英国人民。因此，在对待《大宪章》的问题上，辉格党人采取了浪漫主义的立场，对此笔者认为有两个方面值得强调：(1) 如前文所述，他们将历史作为工具加以运用，为了今天的目的而工具主义地解释历史，为了其政治立场而别有用心地解释《大宪章》，这实际上是对历史的歪曲。(2) 与第一点相关，《大宪章》因此而被神圣化，其条文被视为神圣而不可取消、改变。针对这二者，从 18 世纪开始，就有一些反对的声音。

首先，如前所述，辉格史观的工具主义立场其实发端于都铎后期的复古思潮。对此，伊莉莎白一世时期就曾有议员对这种不客观的解释提出过质疑，却不幸遭议会驱逐；早在 17 世纪，布雷迪也曾逆当时之潮流而力图从历史的角度客观地解读《大宪章》，但终被“光荣革命”之后的逆流所吞没。19 世纪，德国兰克学派(注重史料的客观真实性)的方法和观点传到英国，这极大地影响了英国的历史研究。梅特兰(Frederic William Maitland)在《爱德华一世之前的英国法律史》中为《大宪章》的研究提供了一个更为学术化的历史背景，从此开始逐渐将《大宪章》从神话回转到历史现实中。1904，甄克思(Edward Jenks)在《独立评论》上发表了《大宪章的神话》(The Myth of Magna Carta)一文，对传统上对《大宪章》的神话进行了相当激烈的批判。波拉德(A. F. Pollard)则同意甄克思的观点，认为是柯克“发明”了《大宪章》，兰尼米德的《大宪章》并不是保护了所有人的自由。豪伊特(William Howitt)也认为，那种将约翰《大宪章》和制定法中的《大宪章》等同视之的说法只是神话，并将那些贵族视为英格兰有史以来最大的反叛者。而作为一个新的革命时代的先知，托马斯·潘恩(Thomas Paine)则藐视了《大宪章》和《权利法案》，理由是它们并非由民选代表设计出来的成文宪法。今天，经过麦克奇尼、霍尔特等一系列学者的认真研究，大宪章发生的真正历史已经不断地被揭示，《大宪章》也在不断地被“去魅”。

其次，针对《大宪章》的条文能否像一般制定法那样被废除、取消和改变的问题，也产生了激烈的争论。激进者如弗朗西斯·伯德特(Sir Francis Burdett)认为，《大宪章》的条文不可被取消。格兰维尔·夏普

(Granville Sharp)则认为,《大宪章》是我们宪制中最基础的部分,取缔其中的任何部分都将是叛逆。但 1716 年通过《七年任期法》(将先前立法规定的议会之 3 年任期修改为了 7 年)后,议会关于法律性质的看法也开始发生变化:它不再认为过去的法律是神圣不可变更的;加之议会主权已经取代王权至上,议会马上意识到《大宪章》过去对国王的限制现在很可能也会转变为对自己的限制。因此,议会对《大宪章》的态度也随之发生了微妙的变化。从 1829 年开始,曾经被视为神圣不可变动的《大宪章》,其条文终于开始被逐步取消;时至今日,《大宪章》只有 3 个章节还保留了效力:即第 1、9、29 章(1225 年《大宪章》),分别对应 1215 年《大宪章》的第 1、13 和 39、40 章。[①]

由上可以看出,《大宪章》从 16 世纪末开始被误读、利用,并脱离了其真实的历史而被别有用心地构建,这显然与 17 世纪反对专制王权的需要密切相关,但也不能说与英国人对自己权利的珍视以及愿为之拼死奋斗的传统毫无关系。但无论如何被利用、误读和神话,无论它如何地被祛魅,在众多中世纪的文献中,《大宪章》仍然是英国人反对专制统治的号角和旗帜,是英国人权利和自由的守护神,也是构建英国民族身份的基石。

七、《大宪章》的世界影响

随着英国世界影响的不断扩展,《大宪章》也影响到了其他国家的宪政之路和宪法发展。美国《联邦宪法》及其《人权法案》将《大宪章》视为了自己的先驱。为此,美国律师协会(American Bar Association)于 1957 年在兰尼米德捐建了大宪章纪念亭。1976 年美国独立 200 周年时,英国还曾将现存四个《大宪章》原件中的一份借于美国展览。而加拿大、澳大利亚、新西兰、南非、津巴布韦等英国过去的自治领,包括今天英联邦成员国的宪法,都在一定程度上受到了《大宪章》的影响。此外,法国的《人权宣言》和《联合国宪章》《世界人权宣言》等法律文献据说也都曾受到过《大宪章》的影响。

综上,本文梳理了 1215 年《大宪章》产生的背景、过程,以及后来

---

① 1759 年,布莱克斯通出版了 1215 年《大宪章》,并对其进行了序号的标注,使得原本并不区分条款章节的《大宪章》有了直到今天仍在使用的编排方式。

1216、1217 和 1225 年三个版本《大宪章》的基本情况，追踪了它在中世纪的被反复确认以及都铎前期和后期所受到的不同待遇，分析了它在 17 世纪后被神化的原因和 19 世纪后被祛魅的发展历程。可以看到，《大宪章》的历史差不多就是一部英格兰的宪政史，是英格兰这个民族的发展史。因此，对《大宪章》的考察不是一件容易的事：不能仅从它的**条文**本身出发，而要将之作为一个**事件**来整体看待，顾及到这个事件的背景、过程、结果和影响；也不能仅停留在 **13 世纪**，而是要向前推及 **12 世纪**甚至更早的**盎格鲁—撒克逊时期**，往后则直至**今天**；不能仅仅视之为一个封建性的协议，而是要看到它在宪政以及法律和政治各个方面的作用……从这个意义上说，本文只是对《大宪章》研究的一个小小尝试，希望能够抛砖引玉，吸引更多人的关注。

时光飞逝，800 年过去了，今天当我们再次注目《大宪章》，重温它的历史与内容，兰尼米德当年的一幕仿佛就在眼前。我们今天感叹《大宪章》之伟大，但不应忘记它仍然只是英国历史上的一个里程碑，英国宪政的成功虽然与其密切相关，但也远非《大宪章》本身毕其功于一役的，后世历代英国人的拼搏奋斗、赴汤蹈火也是非常重要的组成部分。但值得敬佩和艳羡的是，英国人将《大宪章》作为了一个很好的起点或台阶，并对之进行了充分的挖掘和利用，从而建成了今天的宪政伟业。很难想像，如果没有《大宪章》，英国的宪政之路会是怎样的？反过来，如果没有后世英国人的前仆后继，《大宪章》的命运又会是什么呢？英国的宪政之路又会是怎样的呢？也许，也曾出现过各种宪章（如前文所引霍尔特的列举）的欧陆会是一个很好的比较研究对象——但这是另外一个话题。因此，《大宪章》不仅是自我成就的，因为它本身就具备了很多内在的价值；同时也是后世历代英国人成就的，是全体英国人民共同成就的，这其中的古今配合之默契也许才是真正值得我们去玩味的！

国体鼎革、精英吸纳与荣典制度：以民初袁世凯时期为例*

章永乐**

“勋之谓者，必王者之走狗也，皇帝之奴隶也。”① 1912年12月8日，戴季陶在其政论《民国之怪物——勋位》中如是说。他所评论的是袁世凯总统于当年8月8日颁行的《勋位令》，以及之后因为勋位授予所引发的一系列风波。戴季陶反对《勋位令》的核心理由是：“民国对于专制君主国，所标榜者曰平等，曰自由，曰博爱……以国民言，为国民尽力，以谋公共之幸福，其尽力也，应尽之责也，是不必为功。果以为国民尽力者为功，是轻视国民，亦轻视尽力之人也。”②

我们无法确证熟读卢梭《社会契约论》的戴季陶在写下这些文字的时候是否已经阅读严复所翻译的孟德斯鸠《论法的精神》，但这些文字的精神却与孟德斯鸠对共和国的描述如出一辙。在《论法的精神》里，孟德斯鸠指出，因为民主制下执行法律的人本身也需要服从法律，因此就需要美德作为其动力；由于统治集团比在民主制下小，贵族制需要的美德比民主制少一些，但同时需要节制；君主制并不依赖于美德，而是“……有另一个动力，这就是荣誉。荣誉就是每个人和每个阶层的成见，它代替了我所说的政治品德，并且处处做品德的代表。在君主国里，它鼓舞最优美的行动；它和法律的力量相结合，能够和品德本身一样，达成政治的目的……

---

* 原文刊于《华东政法大学学报》2016年第1期。

** 北京大学法学院副教授。

① 戴季陶：《民国之怪物——勋位》，载《民权报》1912年12月18日。

② 同上注。

有君主政体就要有优越地位、品级，甚至高贵的出身。荣誉的性质要求优遇和高名显爵”。[①]共和制（含民主制和贵族制）与君主制的对比，因而集中到美德与荣誉的对立上。荣誉可能是对美德的奖赏，但与美德终究是两种不同的东西。美德发自内心，而且并不要求回报；而荣誉本身就是一种奖赏，鼓励特定的外部行为和状态，并不直接追问人的内心状态。美德与公民的平等状态相匹配，而荣誉却总是对人进行区分，打破人的平等状态。[②]

在新生的中华民国中，显赫的总统荣典权和丰富的荣典实践，在很大程度上挑战了孟德斯鸠和戴季陶的国体论述。荣典权一般被界定为宪法规定的代表国家颁赐荣典、荣誉以及对有重大贡献或特别优秀者授予勋章、荣誉职衔、荣誉称号等的权力，通常属于国家元首的职权。[③] 1912 年南京临时参议院制定的《中华民国临时约法》第 39 条规定“大总统得颁给勋章并其他荣典”[④]，从而确立了总统的荣典权。“其他荣典”四字为总统留下了很大的自由裁量空间。而这也是袁世凯比较倚重的一个条文。袁除进一步完善孙文已开始建设的勋章制度之外，还进一步发展了爵位、勋位制度，在亚洲内陆边疆地区，他甚至比清朝更慷慨地授予爵位。1914 年开始，袁又广泛授予“将军”称号，并建立文官官秩；1915 年，早在复辟帝制之前，袁已经放出在内地恢复爵位制度的风声。对这些荣典实践的常见回应是，这恰恰说明袁世凯时期的中华民国是一个“伪共和国”，袁的种种荣典实践，指向的是君主复辟的目的。

笔者并不怀疑袁世凯的个人权力欲望膨胀的事实，但怀疑用袁世凯的个人动机就可以完全解释北洋政府的荣典实践。举例来说，在中国的

---

① 孟德斯鸠：《论法的精神》，张雁深译，商务印书馆 1995 年版，第 24—25 页。孟德斯鸠在这里所作的君主政体和共和政体的区分，清末民初人士更倾向于用“国体”来表述。关于“国体”的概念，参见林来梵：《国体概念史：跨国移植与演变》，载《中国社会科学》2013 年第 3 期。

② 当然，在《论法的精神》中，孟德斯鸠根本不是将中国作为君主制国家看待，而是归入所谓的“专制”国家。专制政体的原则是“恐惧”，连“荣誉”也不讲。孟德斯鸠用这个概念来探讨奥斯曼帝国、俄罗斯帝国与中国，其历史依据错乱悖谬之处，已有许多人撰文驳斥。很难想象孟德斯鸠式的专制政体能够持续存在。就中国古代而言，礼乐制度对君主施政有实实在在的限制，而荣誉等级在礼乐制度中无疑占据重要地位，是激励臣民效忠君主的重要动力。即便是被人认为最“专制”的秦国/秦朝，不仅存在军功爵位制，也存在农耕爵位制，普通臣民也可以通过自己的努力在荣誉体系中步步高升，而这明显是孟德斯鸠笔下君主政体而非专制政体的特征。

③ 《中国大百科全书 · 法学卷》，中国大百科全书出版社 2006 年版，第 430 页。

④ 夏新华等编：《近代中国宪政历程：史料荟萃》，中国政法大学出版社 2004 年版，第 156 页。

亚洲内陆边疆地区继续颁发爵位，很大程度上是1912年“大妥协”的结果，这一做法也得到了同盟会/国民党的认可，甚至国民党在1928年完全推翻北洋政府之后，也无法做到在内陆边疆地区取消王公爵位；袁世凯所建立的荣典制度，一些（如官秩）在其死后被废除，但也有不少被后来的北洋政府继承下来。事实上，没有任何一个现实中的共和国是真正按照孟德斯鸠和戴季陶的美德理念来运作的。诞生于大革命的法兰西共和国建立了勋章制度，诞生于独立战争的美利坚合众国也向国民授予奖章。用一种过于简单的君主/共和、荣誉/美德的两分法，完全无法理解这一时期中国所面临的错综复杂的内外挑战，以及政治精英对这些挑战的回应。

要理解民初北洋政府的荣典实践，在国体转换的视角之外，有必要增补一个国家建设（state building）的视角。从这一视角来看，尽管中国的国家建设领先于欧洲一千多年，但从19世纪中期以来，当欧美列强加速自身的国家建设进程的时候，中国经典形态的“君主—官僚制”国家却陷入了空前的危机。辛亥革命是这一危机的继续而非解决：各省独立继而联合的革命建国路径，进一步削弱了中央政府的财政、军事和人事权力，孱弱的中央政府同时还要面对来势汹汹的边疆分离主义的压力；而且，这一革命路径，使得地方主义势力可以极其便利地以共和主义政治话语为自己辩护。袁世凯所接手的，是一个碎片化（fragmented）的政治局面，如何从财政、军事、官僚制度等各方面重建一个可以运转的国家，是各派政治势力都必须要思考的问题。然而民初政治精英的高度分裂，使得国家重建的工作变得异常困难。北洋政府的荣典实践，可以被看作是对这种高度分裂的精英政治局面的回应。从事后的眼光来看，这种回应并不成功；但哪怕是失败，也是20世纪中国“旧邦新造”历程的有机组成部分，值得我们总结和反思。

本章试图呈现1912—1915年围绕着总统荣典权所展开的各种实践与政治争论。下文将先阐述与荣典相关的若干原理，接着从作为历史遗留物的爵位制度开始，继而探讨勋章与勋位制度，同时也简单涉及袁世凯在1914年建立的将军制度与文官官秩，最后将回顾1913年朝野制宪大讨论中对于荣典权的争论。这一切实践和争论都有助于呈现这个过渡时期政治制度和政治正当性观念上的混杂性。

一、品位、职位与荣典

顾名思义,荣典是一种奖励,但奖励又存在各种不同类型,有的奖励以事为中心,重在肯定和鼓励特定的行为,作出突出的贡献,才会获得相应的奖励;但有的奖励以人为中心,被授予者是否作出突出贡献是次要的,甚至有可能仅仅凭借其身份与地位,就可以获得奖励,因此这种奖励的关注点在于区分不同的社会与政治等级,以实现"精英吸纳"(elite co-optation)的政治效果。这两种奖励当然会有很大的交集,以事为中心的奖励在客观效果上可能会区分出不同的社会与政治等级,而以人为中心的奖励也不会完全不考虑贡献,从而形成一条连续的光谱。

阎步克先生在《品位与职位——秦汉魏晋南北朝官阶制度研究》一书中对"品位"与"职位"作出细致区分,对于我们理解荣典制度上的侧重点有很大帮助。①品位"以人为中心",职位"以事为中心"。重职位,待遇就跟着职位走,官员若无职无权,也就没有待遇可言;重品位,则即便官员无职无权,也能得到跟着品位走的一系列待遇。而品位的授予就未必基于官员的突出贡献,而是基于对出身、资历、贡献等方面的综合考虑。因而,重品位通常意味着统治者更重视官僚个人利益,对官员积极笼络;重职位,意味着统治者要求官员更具服务精神,做好螺丝钉。

虽然阎步克先生所评论的是郡县制下的官僚制度,但其阐发的原理也可以转用到对荣典的探讨上来。基于这一原理,或许我们可以理解孟德斯鸠对君主制与共和制的区分。对孟德斯鸠而言,君主制的特征就在于其对于"品位"的重视,"有君主政体就要有优越地位、品级,甚至高贵的出身。荣誉的性质要求优遇和高名显爵"。②君主制下的荣誉授予重在将人分为不同等级,并通过一定的上升渠道,鼓励臣民效忠于君主。而就两类共和国体而言,民主制下人人平等,贵族制下虽存在贵族与平民之分别,但至少贵族统治集团内部有平等性。孟德斯鸠所讲的共和国公民的美德,可以与"职位"的精神关联在一起:共和国公民本身就是一种"职

① 阎步克:《品位与职位——秦汉魏晋南北朝官阶制度研究》,中华书局2009年版,第1—16页。

② 孟德斯鸠:《论法的精神》,张雁深译,商务印书馆1995年版,第24—25页。

位”，承担这种“职位”，为国服务而不求回报，是共和国公民的基本精神。

但孟德斯鸠提供的二分法过于刚性，根本无法把握中国历史的复杂性。18世纪的欧洲学者很难认识到，当时的中国根本不是一个均质的政治共同体，而是一个结合了郡县制和封建制的文明秩序。如果说清朝皇帝所统治的内地行省还与路易十四领导下的法国有一定可比性的话，其在藩部与属国的治理则与路易十四大相径庭，而是根据藩属与皇室的亲疏远近而采取高度多元与灵活的统治策略。清朝君主在其“大皇帝”的普遍身份之上，针对不同的地区和族群，往往会叠加其他的身份，他是满人的族长、蒙古的可汗、西藏喇嘛教中文殊菩萨的化身。[①]这一统治秩序从结构上也具有某种“贵族联盟”特色：满、蒙、藏贵族结成某种联盟关系，同时吸纳汉族和穆斯林政治精英。皇帝是实行郡县制的中国内地与实行多种多样封建制度的亚洲内陆边疆地区结合在一起的枢纽所在。在内地，皇帝依靠官僚制度进行比较精细的治理，但在亚洲内陆边疆地区，他根本无法建立起系统的官僚制度，而只能借助上层精英来实现“羁縻”。由此，“荣耀”的内涵在内地与亚洲内陆边疆地区必然出现分殊。在内地，“品位”与“职位”的逻辑可以在一定程度上结合在一起，但在亚洲内陆边疆地区，要推行“职位”的逻辑，可谓举步维艰。

爵位制度无疑是最体现君主制特色的荣典制度。[②]但我们只要对清朝的爵位制度投以一瞥，即可探知其复杂性。清朝爵位大致可以分三类：第一类为“功臣世爵”，由吏部掌管，封授八旗满洲、蒙古、汉军及汉人中的文武功臣（称“酬庸”或“奖忠”），外戚（称“推恩”），孔子后裔（称“加荣”），朱明后代（称“备恪”）等。“功臣世爵”采用五等爵制，即公、侯、伯、子、男，同时，兼采唐宋之勋称，即轻车都尉、骑都尉、云骑尉、恩骑尉等。[③]第二类是宗室世爵，由宗人府掌管，封授宗亲与觉罗（大宗之外的远支），包括和硕亲王、多罗郡王、多罗贝勒、固山贝子等十二级，封授方式分为功封、恩封、袭封、考封四种：以功勋受封的为“功封”；以天潢近支得封的称“恩

① 参见本书第一章对于清朝皇权的讨论。

② 就爵位制度而言，今人通常认为这是最讲“品位”的制度，但这一印象恐怕来自离我们最近的明清两朝。秦汉两朝的二十级爵位制度，从其制度设立的出发点而言，实际上具有很强的以事功为中心的特征，是对臣民耕战绩效的奖励，臣民表现突出则晋爵，表现不佳则降爵乃至夺爵。

③ 杨树藩：《中国文官制度史》（下），台湾黎明文化事业公司1982年版，第389页。

封”;亲王至奉恩将军出缺,由钦定承袭的称“袭封”;亲王以下,除袭封的一子外,其余诸子年至二十按例考试受封,称为“考封”。[1]第三类为外藩蒙古世爵,由理藩院掌管,封授蒙古、回部、唐古特等少数民族上层,等级有亲王、郡王、贝勒、贝子、镇国公、辅国公、札萨克台吉、台吉到郡主额驸、县主额驸、郡君额驸、县君额驸等,共十七等,其封授方式大体比照宗室封爵。[2]可以看到,“功臣世爵”中只有“酬庸”或“奖忠”是以具体的功勋为基础的,“宗室世爵”与“外藩蒙古世爵”中也只有“功封”可能以具体的功勋为基础,剩下的爵位封授基本上是基于形形色色的“精英吸纳”的考虑。在这三个封爵体系中,属于内地汉人的只有“功臣世爵”,在这里保留了最多的奖励功勋的色彩。

民国袁世凯时期存在的荣典主要有三种:勋章、勋位与爵位,但同时还存在两种与荣典制度非常接近、并发挥一定荣典功能的品位制度:将军制度和文官官秩。将军与官秩是分授给文武官员的品位等级,与职位并不对应,完全有可能无职无权而位居极高品级,在此意义上,它具有一定的荣典意涵。因此,我们可以将这两种从形式上属于“官制”的制度视为“准荣典”来讨论。如果按照这些荣誉的品位属性而言,大致可以作如下排序,从左到右,品位属性依次增强:

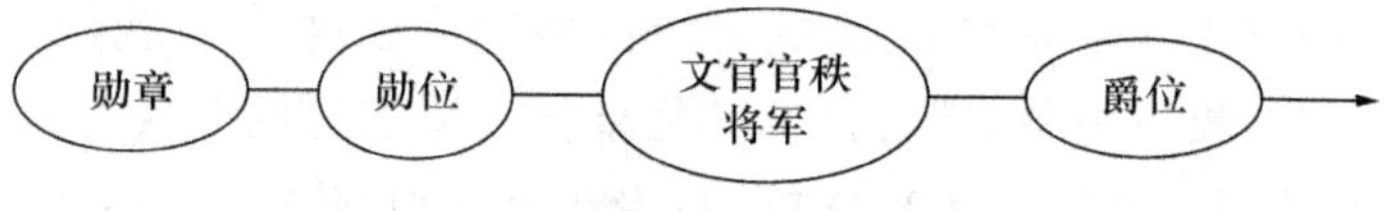

图 1　品位属性的依次增强

在民国袁世凯时期,爵位制度是品位属性最强的,因为它首先是清朝皇权与藩属制度的残留物,本来就是清朝统治者用来巩固满族精英团结和笼络各少数民族上层人士的制度。这种爵位的授予通常不问功勋,而只看精英吸纳效果。

笔者将文官官秩和将军制度排在第二位。这两种制度本来就是被作为品位制度设计出来的,以补充民国政府已存在的职位制度。袁世凯设计出这两种制度,固然是对中国古代品位制度的模仿,但其更为紧迫的考虑是为了整顿官僚系统和军队,将一些领导人不信任的官员和将领调离

---

① 杜家骥:《清代的宗室封爵及其等级差别的特殊性》,载《满族研究》1997 年第 1 期。

② 晏子友:《清朝外藩封爵制度》,载《社会科学战线》1999 年第 3 期。

领导岗位,同时给予品级作为补偿。在此意义上,它与功勋的关系也比较淡薄。

从名义上说,勋章和勋位都是对功劳的奖赏,只是针对不同的对象,前者针对文武职官,后者针对全社会。但勋位从数量上比勋章要少得多,袁世凯利用这一针对全社会的荣誉制度来笼络社会精英人士,尤其值得一提的是,他为爵位的持有者同时也配发了勋位,而这跟功勋实际上也并没有多大关系。因此,袁世凯所颁发的勋位比勋章的品级色彩要更浓厚一些。但即便是勋章,与功勋的关系也未必非常紧密。袁世凯制定的勋章制度与文武职官的职位等级挂钩,一定等级之下的职官,哪怕有天大的功劳,也无望获得高等级的勋章;而职位高的职官,即便没有太大功劳,也能轻而易举地获得较高等级的勋章。

因此,从总体上看,袁世凯时期的荣典,即便是在内地,其"奖功"的属性也不是很突出。我们更容易看到的是袁世凯利用荣典来笼络各个派系人士和各民族上层精英,从而发挥某种"精英吸纳"的作用。下文将按照上图的顺序,对各项荣典(或"准荣典")进行分析。

二、作为君主制遗留物的爵位制度

人们常常忘记,从 1912 年到 1949 年,中华民国一直是一个有爵位的共和国。不仅北洋政府一直在边疆颁发爵位与王公称号,后来的国民政府也对此加以承认。因而,以在边疆保留爵位为据来指责北洋政府领导人的帝制野心,并不是强有力的论据。

爵位是《临时约法》第 37 条所说的"其他荣典"中隐含的第一项荣典。早在《临时约法》出台之前,南京临时政府就已经确定保留爵位了。而这一决定的背景是 1912 年的"大妥协"。10 月 10 日,武昌起义爆发了,南方各省纷纷宣布独立,形成了南北对峙局面,双方均无法消灭对方。作为清廷内阁总理大臣的袁世凯与南方联手逼迫清帝逊位,换来"借壳上市"、出任民国临时大总统的结果,而清廷也提出了逊位之后的优待条件。经过南北议和代表的磋商,南京临时政府方面于 1912 年 2 月 9 日向清政府提交有关清帝逊位优待条件的修正案,12 日隆裕太后代表清廷认可了这一条件,并作为清帝逊位诏书的附件而发布。就程序而言,《优待条件》一经南京临时参议院通过,就作为一项特殊立法,被纳入到民国法统内部。

《优待条件》中有若干项与爵位制度的保留密切相关。第二项“关于清皇族待遇之条件”第一条规定“清王公世爵概仍其旧”;第三项“关于满蒙回藏各族待遇之条件”第三条规定“王公世爵概仍其旧”。在宽泛意义上,我们甚至可以说,第一项“关于大清皇帝辞位之后优待之条件”第一条“清帝尊号仍存不废,中华民国待以各外国君主之礼”也是认可(但并非授予)逊帝的“世爵”。由此形成的结果是,“五族共和”中满蒙回藏四族都保留了爵位制度,只有汉人没有——从孟德斯鸠的角度来看,所谓“五族共和”,可以被理解为引入了较为典型的共和制度的汉族和其他四个保留了君主制残余的民族的“共和”。

要理解这种特殊的“五族共和”模式的形成,不妨来看一看南北谈判之时拥护清廷的蒙古王公联合会以内外蒙古十盟部一百三十五旗的名义向革命军和谈代表伍廷芳发出的函电:“诸君子所主张之共和国将仅以十八行省组织之乎? 抑将合满、蒙、藏、回共组织之乎? 如诸君子欲合全国共谋组织,则满、蒙、藏、回土宇辽阔,占全国之大半,其人民习惯,只知有君主,不知何所谓共和,更深惧诸君子少数专制之共和。治国必因其俗,不能强异以为同,且强邻窥视已久,向恃大清藩属之名义,尚未公然见噬于人,若君一去则不知鹿死谁手……如诸君子固持己见,骛虚名、速实祸,以促全国之亡,则我蒙古最后之主张,未便为诸君子宣布,敢布腹心惟诸君子其图利之天下幸甚。”[①]此函提出,满、蒙、藏、回人民不知道何谓“共和”,如果要继续保持中国的统一,就不能向他们强加共和制度,而保持其原有生活方式,做到“治国必因其俗”。清廷与袁世凯当然赞同这一立场,当其获得南方同意之后,即上升为当时的精英主流共识。在这一共识下,民国政府继承了清朝笼络少数民族上层人士的做法。而对曾在清朝政府中位居高位的袁世凯来说,这更是驾轻就熟的做法。

(一) 蒙藏

本章将蒙藏放在一起讨论,首先是因为在清朝的制度中,满、蒙、藏三族精英之间存在着某种较为紧密的同盟关系,理藩院(部)出台的许多政策往往同时针对蒙藏。民国建立之后,也很快成立了蒙藏事务局,针对蒙

---

① 渤海寿臣:《辛亥革命始末记》,载沈云龙主编:《近代中国史料丛刊》(第 42 辑),台湾文海出版社 1969 年版,第 901—905 页。

藏事务推出诸多相似政策。除去行政体制与旧制度的连续性之外,辛亥革命之后,蒙藏都存在分离主义问题,针对类似问题的治理,从实质上也需要类似的政策。

在蒙古方面,尽管库伦宣布独立,但多数蒙古王公仍然希望留在中国之内。南方革命势力的汉民族主义和共和主义却又使得他们惴惴不安,因此他们积极介入当时的南北和谈,希望促进袁世凯和南京方面接受他们的主张。1912 年 2 月 4 日,蒙古王公联合会就曾提出《关于大清皇帝优礼之条件》《关于皇族待遇之条件》,要求"列于正式公文,照会各国",对"大妥协"的最后形成,起到了积极促进作用。蒙古王公也获得了《关于满蒙回藏各族待遇之条件》对他们的利益保护。

在南北共和政府统一之后,4 月 6 日,蒙古王公联合会又提出了"蒙古特别待遇"十一项条件,一方面要求废除藩属称号,另一方面要求扩大统治精英的特权。其中第三项称"内外蒙古汗、王、公、台吉世爵各位号,应予照旧承袭,其在本期享有之特权,均照旧无异"。第五项称"蒙古各地胡图克图、喇嘛等原有封号,概仍其旧"。第六项称"蒙古王公世爵俸饷从优支给"。[①]对蒙古王公的要求,袁世凯政府陆续作出回应。

1912 年 4 月 22 日,袁世凯发布临时大总统令,重申"五族共和"原则,宣布废除藩属名称,蒙、藏、回、疆与内地省份地位平等。[②]在民族平等的原则下,原来的理藩部体制就显得过时了。袁世凯要求内务部接收原清朝理藩部,内务总长赵秉钧则虽同意接受,但主张成立专门机关来处理蒙藏事务。经协调后的安排是,前清理藩部官员荣勋出任内务次长,袁世凯准许其在必要时"酌调理藩部旧人若干员襄办一切"。[③]内务部内设立了蒙藏事务处,以专门处理蒙藏事务。7 月,蒙藏事务处进一步升格为蒙藏事务局,直接隶属于国务总理,以适应繁重的边疆治理工作。

1912 年 8 月 19 日,袁世凯政府颁布《蒙古待遇条例》,这是民国政府在蒙古王公提出的"蒙古特别待遇"十一项条件基础之上修改而成的。其中有若干条与爵位制度密切相关:

(三)内外蒙古汗、王公、台吉世爵各位号,应予照旧承袭,其在

---

① 日本外务省记录:《蒙古联合会要求蒙古特别待遇之件》,明治 45 年 6 月 1 日。

② 参见《中国大事记(四月二十二日)》,载《东方杂志》第 8 卷第 12 号。

③ 《治理蒙藏之预备》《藩部归并内部之手续》,载《申报》1912 年 4 月 15、18 日。

本旗所享有之特权，亦照旧无异；

（四）唐努乌梁海五旗、阿尔泰乌梁海七旗，原系副都统及总管治理，应就原来副都统及总管承接职任之人，改为世爵；

（五）蒙古各地呼图克图、喇嘛等原有之封号，概仍其旧；

（七）蒙古王公世爵俸饷，应从优支给；[①]

值得一提的是，在这个文件中，袁世凯甚至扩大了世爵的范围，将唐努乌梁海五旗、阿尔泰乌梁海七旗的副都统和总管都纳入"世爵"授予范围。在清朝的"将军"制度下，副都统辅佐将军，总管则在副都统之下统领各旗，均为实际管事的职位。唐努乌梁海五旗、阿尔泰乌梁海七旗受到外蒙独立与沙俄的压力颇大，但中央政府在这些地区的控制力十分有限，比以往更需要获得地方精英的配合。向副都统与总管授予爵位，无疑是争取他们忠于中央政府以继续拱卫边疆的重要手段。

1912 年 9 月 20 日，袁又颁布《加进实赞共和之蒙古各扎萨克王公封爵令》，对未参与库伦叛乱的蒙古王公均晋封爵位：

……现在边事未靖，凡效忠民国实赞共和之蒙古各扎萨克王公等均属有功大局，允宜各照原有封爵加进一位。汗王等无爵可进者封其子，若孙一人以昭荣典。其著有异常功绩或首翊共和或力支边局以及劝谕各旗拒逆助顺者，并应另加优奖。[②]

总统令颁布之后，除了那些公开响应库伦"独立"的人士，几乎所有的蒙古王公扎萨克都获得晋封。其中一些人升迁速度十分惊人，如哲里木盟盟长、郭尔罗斯前旗扎萨克齐默特色木王勒不到两年的时间里就从辅国公晋升到亲王。不属于王公扎萨克的贵族上层中，也有许多人获得了世爵，如内蒙古科尔沁右翼前旗原协理台吉绷束克巴勒珠尔，因为没有附和乌泰"东蒙古独立"叛乱，即被封为镇国公衔并署理旗扎萨克。即便是一些参与了外蒙"独立"的人员，在作了反省的政治表态之后，也得到了封爵。如喀喇沁右旗原旗府梅林海山参与了外蒙"独立"，并被库伦伪政府封为公爵，1915 年从外蒙回归，被袁世凯封为贝子。[③]袁世凯政府在封爵问题上的慷慨程度，是清朝几百年中所未见的。之所以如此，是为了奖赏

① 《政府公报》第 113 号，1912 年 8 月 21 日。

② 《政府公报》第 144 号，1912 年 9 月 21 日。

③ 参见白拉都格其：《袁世凯治蒙政策刍议》，载《中央民族大学学报》2006 年第 6 期。

未参与库伦叛乱的蒙古上层精英,获得他们的政治效忠。慷慨背后是深深的无奈。如果民国政府具有充分的军事能力,就无需使用这种非常软的手段。即便是这种手段,也不是没有代价,那就是进一步增加中央政府的财政负担。

西藏实行政教合一的体制,在清朝藩属中亦为一种特殊制度。从法律形式主义角度来说,西藏喇嘛封号属于宗教制度,既不能被算入爵位,也难以算入官制。考虑到达赖喇嘛的政治功能,其封号所起的作用接近于爵位。1909 年驻藏大臣联豫改革引发西藏动乱,川军入藏平乱,1910 年 2 月 12 日,因十三世达赖喇嘛逃往印度,清政府革去其"阿旺罗布藏吐布丹甲错济寨汪曲欲勒朗结达赖喇嘛"名号。由于西藏地方政府和清廷在辛亥革命之前关系就已经比较紧张,在辛亥革命爆发后,喀厦政府以达赖名义宣布独立。为了维持藏区平稳,1912 年 10 月,袁世凯发布大总统训令称"前达赖喇嘛诚心内向……应即复封为诚顺赞化西天大善自在佛,以期维持黄教,赞诩民国,同我太平",宣布恢复了达赖名号。[①]

1913 年 1 月 19 日,民国政府颁布《蒙回藏王公等爵章条例》,规定了蒙回藏王公爵章的质地和形式,并指定爵章由蒙藏事务局制造和颁发。[②]同年 3 月 1 日,公布《喇嘛印信定式》4 条,对自达赖、班禅、国师以降的各级喇嘛的印章规格、文字、质地作了详尽规定。[③]当月,又公布《民国初立初次来京蒙回藏王公等特别川资条例》,规定了来京西藏王公之川资待遇,其中第 1 目"西藏办事长官属唐古忒等旗王公等川资"共列 7 条:"(1) 亲王川资共给洋二千元;(2) 郡王川资共给洋一千四百元;(3) 贝勒川资共给洋一千二百元;(4) 贝子川资共给洋一千元;(5) 镇国公、辅国公川资共给洋八百元;(6) 扎萨克、台吉、塔布囊川资共给洋六百元;(7) 协理台吉、塔布囊川资共给洋四百元。"其川资待遇明显与爵位等级挂钩。[④]

1913 年 3 月 28 日,西藏办事长官钟颖致电袁世凯表示效忠中央政府。4 月 1 日,袁世凯致电班禅,称"……兹特加封执事致忠阐化班禅额尔德尼,以彰民国优待忠勋,振兴黄教之意。……其襄同执事助顺出力人

---

① 中国第二历史档案馆藏蒙院档案:《元以来西藏地方与中央政府关系档案史料汇编》,中国藏学出版社 1994 年版,第 2354—2355 页。

② 《政府公报》第 254 号,1913 年 1 月 20 日。

③ 《藏文白话报》,第 1—14 期。

④ 同上。

等，并可呈请奖赉，用励忠诚。”正式对班禅进行加封。[①] 1913 年 5 月，民国政府又赞许嘉木样呼图克图“首赞共和、深明大义”，加封“静觉妙严”法号[②]；12 月，在蒙藏事务局提议下，民国政府又表彰阿拉善旗大批“诩赞共和、维护秩序”的王公、官员、喇嘛，其中，台吉旺塔阿拉布坦“晋封镇国公并加贝子衔”，额尔德尼堪布班第达呼毕勒汗丹僧甲木素“加呼图克图衔”等，连文案委员仁愈等人都获得了九等嘉禾章。[③]截至 1914 年 4 月，民国政府先后表彰、嘉奖、加封喇嘛教活佛僧官 118 位。[④] 此外，还“由国务院将优待蒙回藏各族条件、待遇各王公爵秩等公布命令，译成各体合璧文字，刊刻颁发各旗各城，榜示晓谕，俾众周知”。[⑤]

1914 年 4 月 7 日，蒙藏联合会向中央提出将《蒙藏待遇条例》写入约法，称“大总统于晋爵、崇教虽均按照旧制施行……前此特颁之待遇满蒙回藏七条件，……恩遇至为优渥，然不于增修约法之中妥为厘订，无以垂永久以便遵从……”[⑥]而对此，袁世凯于 1914 年制定的《中华民国约法》也作出了积极回应，其“附则”一章的第 65 条写道：“中华民国元年二月十二日所宣布之大清皇帝辞位后优待条件、清皇族优待条件、满蒙回藏各族优待条件，永不变更其效力。其与待遇条件有关之蒙古待遇条例，仍继续保有其效力，非依法律不得变更之。”[⑦]“永不变更其效力”的表述，凸显出优待条件在该宪法文本中作为“刚性条款”的地位。

在 1914 年《中华民国约法》颁行之后，袁世凯改革官制，将蒙藏事务局改为蒙藏院，从直属国务总理变为直属总统。1915 年 1 月，蒙藏院制定《驭蒙说帖》，其内容有“保全利益”“优给俸饷”“因仍习惯”“增议优容”等条策。[⑧]这一阶段的政策表现出更强的接续清朝旧制的倾向，而对共和

---

① 中国第二历史档案馆藏蒙院档案：《元以来西藏地方与中央政府关系档案史料汇编》，中国藏学出版社 1994 年版，第 2362—2373 页。

② 《政府公报》第 379 号，1913 年 5 月 27 日。

③ 《政府公报》第 582 号，1913 年 12 月 16 日。

④ 孙宏年：《蒙藏事务局与民国初年的边疆治理论析》，载《中国边疆史地研究》2004 年第 1 期。

⑤ 《中国大事记》，载《东方杂志》九卷七号，1912 年 11 月 23 日。

⑥ 《蒙藏联合会为请将待遇蒙藏条例交约法会议公决增入专条事致国务总理呈》，载中国藏学研究中心等编：《元以来西藏地方与中央政府关系档案史料汇编》，中国藏学出版社 1994 年版，第 2355 页。

⑦ 转引自白蕉编：《袁世凯与中华民国》，中华书局 2007 年版，第 121 页。

⑧ 唐在礼：《辛亥以后的袁世凯》，载杜春和等编：《北洋军阀史料选辑》（上册），中国社会科学出版社 1981 年版，第 118 页。

制与清朝旧制之间的关系已不再有之前的顾虑。

我们可以在蒙藏事务局 1912 年 9 月 9 日文件关于礼节、恩赏的规定中看到当时袁世凯政府在遭遇到共和法理时小心翼翼的态度:“嗣后内外蒙古各盟旗扎萨克、汗、王、贝勒、贝子、公、额驸、台吉、塔布囊等……来京谒见大总统者,悉依民国礼制行脱帽三鞠躬礼。”但“关于宗教各仪式,仍照旧时礼节”。见大总统时,“其依蒙藏惯例献哈达者,亦听其便”。目的是做到“于民国新仪及边地旧习两无妨碍”。[①]这一文件表明了共和制度与清朝旧制对接时的尴尬。朝觐制度是清朝藩属制度的衍生品,它的核心是皇帝的身体,这个身体在不同民族的文化中扮演着不同的角色,时常承载着某种宗教意义。没有这种制度,中央政府就很难整合边疆少数民族精英。因而,民国总统不得不承担起皇帝的礼仪角色,但这种角色却是与共和的法理相悖的。我们可以看到,1912 年 9 月 9 日的文件努力对二者进行调和,既允许总统接续皇帝的礼仪角色,又尽可能从形式上淡化君主制的色彩。

袁世凯在 1913—1914 年对革命派势力进行了全面压制,以至于到了 1915 年,即可放手恢复许多清朝旧制,而无需顾虑革命派的舆论压力。1915 年 5 月 14 日,袁世凯政府仿照清王朝旧制,依王公等级规定了严格的服冠款式。9 月 23 日,袁世凯政府的政事堂礼制馆制定《特赏蒙古荣典条目》,分别以服章、荣章、紫绶、佩剑饰用珠宝、帽章加用珠数、增设护卫六条来怀柔蒙古王公。还恢复了清初即开始施行的“年班”制度[②],对年班进京觐见袁世凯的蒙古僧侣上层也赉与例行的筵宴和封赏。[③]袭清代陈例,袁世凯政府还设立了类似清侍卫制度的翊卫处,每月由蒙藏院按翊卫职级给俸,对在京王公进行保护,有典礼时派充“侍班”[④]。设立翊卫处,其实质是增加一个发放资源的名目,以笼络蒙古王公贵族。

(二) 新疆

新疆于 1884 年建省,从形式上建立起中央政府的直接统治,但旧有

① 《政府公报》第 134 号,1912 年 9 月 11 日。

② “年班”制度始于顺治朝,是清朝针对蒙古王公的朝觐制度。每逢年节,蒙古王公贵族及僧侣上层须来京朝觐清朝皇帝,进献贡品并获得皇帝的赏赐,因各王公轮流来朝,故称“年班”。

③ 参见内蒙古档案馆藏北洋政府蒙藏院档案(复印件):第 440-18 号。

④ 钱实甫:《北洋政府时期的政治制度》(上册),中华书局 1984 年版,第 79 页。

的羁縻政策在许多方面仍在延续。袁世凯政府对新疆的政策安排大体同蒙藏类似,其基调仍是通过授予荣典和特权,以笼络少数民族上层精英,达到羁縻的效果。除前述针对蒙藏的许多政策在新疆发挥作用外,新疆掌政长官杨增新较好地贯彻了袁世凯的治疆思路,将新疆牢牢地整合在中国版图之内。

杨增新为清朝旧臣,辛亥革命前夕调任镇迪道尹兼新疆提法使。1912 年 6 月 5 日,杨增新除下顶戴,一变而为民国新疆都督,采取亲袁自守的政策。如包尔汉所言,袁世凯"把他视做北洋系的羽翼,密令他严防……革命势力的扩张。终袁世凯之世,杨都是拥护袁的,尽管他对袁的帝制自为有过微词,但仍然表示拥戴"。[①]袁世凯对杨增新也以勋爵名号加以笼络,1915 年开府设将军时,杨增新得封"威武将军",又得授勋二位。杨增新长期为官西北,了解当地复杂的民族宗教状况,袁世凯以抚为主的宽和民族政策,从客观上也有利于杨增新在新疆维持自己的实际统治地位。由于中央政府的政策能较好地服务于其个人目的,在中央政府鞭长莫及的情况之下,杨增新相当自愿地执行了中央政府的政策。

民国初期,新疆王公的势力情况大致如下:焉耆的和硕特部、青河的新土尔扈特部、阿山的乌梁海部等部王公对属民仍有极大的控制力;维吾尔族王公只有哈密王还能控制族人,库车、和田等地王公地位下降,地主商人兴起。王公内部的分化也开始出现,有些封号或职位较低的蒙古或哈萨克王公,政治经济地位已经超过更高的王公。1912 年北洋政府颁布《蒙古待遇条例》后,杨增新以民国大总统名义对新疆各王公加封官爵,赐以旧禄,不但将他们的爵位全部保存并呈送北京重新册封,还给予拥护中央的王公比前清更为优厚的待遇。值得一提的是,北洋政府为了稳定边疆,往往以双亲王、亲王、郡王等极高位阶爵位册封王公,特别是针对那些对族人影响力减弱的部族首领,在一定程度上提高了这些王公对属民的影响力。[②]

杨增新贯彻落实了袁世凯的羁縻政策,具体治理策略是先羁縻王公头人,再以王公力量来羁縻百姓。对王公头人,"不触动他们的既得利益,

---

① 包尔汉:《新疆五十年》,文史资料出版社 1984 年版,第 72 页。

② 同上书,第 74—76 页。

但限制他们进一步扩张”。[①] 限制的办法就是让不同的王公头人乃至不同的民族相互牵制。他任命各族王公上层担任军职或议员,给以优渥待遇并使其相互牵制;司法悉由贵族、阿訇掌握,地方政府不予过问;王公贵族相互发生争执时,地方官仅作调解。在羁縻封建上层之外,杨对于杂居新疆境内维、蒙、哈、汉、满各族,分而治之,不使任一方势力过分膨胀。

这些手段,从根本上是古老的帝国治理术。杨增新加固了旧式精英的地位,对于新疆的工业化也没有表现出什么兴趣。相较于四十年后新中国的社会革命者而言,杨增新无疑是十分保守的,眼光向后而非向前。但在周边强权尚无暇顾及新疆的条件下,杨增新的“老手段”还可以维持基本的稳定,给他一个“守土有功”的评价,并不过分。

荣典制度上的“一国两制”不仅在袁世凯时期存在,甚至贯穿了整个民国时期,这说明它是时势大局而非袁世凯个人意志的产物。民国继承了清朝庞大的疆域和多民族人口,而法国大革命之后欧洲盛行的共和制与民族主义的联姻政治方案,并不足以解决中国的问题。民初的“五族共和”,不仅承认文化和风俗的多样性,甚至在共和国的顶层框架下允许一些族群保留君主制遗产,这是一种务实的政治安排。但在列国竞雄的世界局势下,这种“一国两制”的局面不可能永远保持下去。毕竟,各种间接统治模式不利于国家动员地方力量参加列国竞争,间接统治模式也为列强插手中国边疆事务留下了一定空间。在各种政争中疲于奔命的北洋政府努力维持当下的稳定,但对未来缺乏前瞻性的安排。

三、“品位”的回归:将军制度与文官官秩

接下来,我们将从边疆的封建制回归到郡县制之下的官制。袁世凯于 1914 年引入将军制度与文官官秩制度。从法律技术的角度来说,这两种制度都属于“官制”而非“荣典”。但即便算入官制,它们也是可与职位相分离的、“以人为中心”的品位制度。在现实之中,袁世凯也将将军名号与文官官秩的授予作为笼络精英的手段。

辛亥革命中,革命各省宣布独立于清廷,一些革命派人士出任都督,但也有一部分旧官僚(如江苏巡抚程德全)摘下顶戴,摇身一变成为都督。

---

① 包尔汉:《新疆五十年》,文史资料出版社 1984 年版,第 76 页。

可以说，都督的产生具有“自我任命”的性质。不仅如此，南京临时参议院直接从各省都督府代表联合会转变过来，在建国立宪过程中，省因而处于比中央更为基础的地位。而《临时约法》也没有规定央地关系，中央政府对各省的行政很长一段时间处于无法可依的局面。各省都督拥兵自重、不听中央号令的情况非常普遍。袁世凯努力获取一些重要的实力派的支持，推动“军民分治”，中央向各省派遣民政长。1913 年，袁世凯通过镇压“二次革命”，剥夺了国民党在南方的军队，但执行镇压任务的北洋军驻扎到地方之后，又形成了一些新的地方实力派。于是，在 1914 年，袁世凯着力削弱各省军权。6 月 28 日，袁世凯公布了《各省军政民政长官管辖军队权限条例》，提升省长权力，削减都督权力。随即，袁世凯又废除都督名号，改设直属于将军府的将军，并特任陆军上将段棋瑞为建威上将军兼管将军府事务。[①] 7 月 18 日，颁布《将军府编制令》和《将军行署编制令》。前者规定，“将军府直隶于大总统，为军事上最高顾问机关”。将军府设置将军、参军、参谋、副官等。将军由大总统于陆海军上将或中将中特任，“承大总统之命，会议军政，校阅陆海军”。其称号“由大总统特定”。[②]后者规定，将军“于驻在地方设置将军行署”，执行大总统的命令，受到陆军部、参谋部的监察、指示，执行军政事务及军事计划，这就大大压缩了将军在地方上的用兵自由度。通过将都督制度改成将军制度，军界的地方实力派从名义上由直属于大总统的将军府直接管辖，而其督理地方军务，只不过是一个兼职。

“将军”名号为军阶之外的荣誉衔。袁世凯根据多种标准来授予将军名号。首先是依据将军是否掌有地方实权。“督理”某省军务的地方实力派通常被授予冠“武”字的将军名号，而任职中央或闲置的被授予冠“威”字的将军名号，一些被任命“署理”地方军务的将领，也被授予“威”字名号。如 1915 年北洋陆军第 2 师师长王占元获任壮威将军并署理湖北军务，至 1916 年春，改“署理为督理”，同时其名号也从“壮威”变成“襄武”。[③]比较特殊的是奉天、吉林和黑龙江三省，其将军分别称镇安上、左、

---

① 《政府公报》第 773 号，1914 年 7 月 1 日。

② 《大总统公布将军府编制令》(1912 年 7 月 18 日)，《政府公报》第 791 号，1914 年 7 月 19 日。又参见《将军府沿革调查表》，载《将军府第三次统计调查表》(1920 年 9 月后)，中国第二历史档案馆藏档案，一 O 一五/40。

③ 参见钟壁容、孙彩霞编：《民国人物碑传集》，四川人民出版社 1997 年版，第 51 页。

右将军;而以文官巡按使兼督办该省军务者,则只加将军衔。[①]为贯彻“军民分治”思想,将军名号中往往还刻意显示与民政官员的分别。如阎锡山当时被授予“同武将军督理山西军务”,“同”即大同,暗示以后要驻节大同而非省会太原。而山东都督靳云鹏被授予“泰武将军督理山东军务”,“泰”即泰安,暗示以后要驻节泰安。[②]

不仅如此,袁世凯还逾越自己制定的《将军府编制令》,创设了“上将军”名号,授予实力较强以及与自己关系较为亲密的部分将军。段祺瑞最早获得建威上将军称号,后来获得上将军称号的还有张锡銮(镇安上将军)、冯国璋(宣武上将军)、段芝贵(彰武上将军)、龙济光(振武上将军)、张勋(定武上将军)、姜桂题(昭武上将军)、陆荣廷(耀武上将军)等人。[③]

从1914年建立将军府到1916年袁世凯去世,北洋政府共封授21位将军。袁世凯鼓励地方实力派放弃自己的军队和地盘,到北京入住将军府,入府者给俸千元,待遇超过陆军总长与驻各省的将军。[④]此略有“杯酒释兵权”之意,只不过在民初,大洋并不足以让地方实力派放弃实权,而只是给已经在权力斗争中失势的地方实力派以某种安慰罢了。入府的将军,一些一直驻扎北京,从未成为地方实力派,如获授“建威上将军”的段祺瑞;一些早在建府之前就丧失地方实力派地位,如获授“义威将军”的孙武,1912年3月即因武汉革命党人反对而引退;获授“昭威将军”的蔡锷,1913年10月即被袁世凯调到北京;获授“宣威将军”的蒋尊簋,1912年7月即因派系斗争,被排挤离开浙江都督位置。但也有在建府之际刚刚丧失权力的,如前陕西都督张凤翙。1914年,袁世凯心腹陆建章率军以追讨白朗的名义进入陕西省,顺势夺取了张凤翙的军权,袁世凯于6月免去张凤翙在陕西的职务,将其调至新建的将军府担任“扬威将军”;1915年7月,袁世凯授予原督理四川军务的胡景伊以“毅威将军”衔,并授以“参政”头衔,以“入觐”名义调离四川,为其亲信陈宧督理四川军务留出空间。

同时,也存在入府后被改派到地方督理军务的情况。1914年8月,

---

① 张建军:《北洋政府时期的将军府及将军名号的封授述论》,载《民国档案》2008年第4期。

② 阎锡山:《阎锡山早年回忆录》,台湾传记文学出版社1968年版,第143—144页。

③ 张建军:《北洋政府时期的将军府及将军名号的封授述论》,载《民国档案》2008年第4期。

④ 沃秋仲子:《民国十年官僚腐败史》,载荣孟源、章伯锋主编:《近代稗海》(第8辑),四川人民出版社第1987年版,第33—35页。

豫南剿匪督办赵倜因剿灭白朗有功而获授"宏威将军"，9 月，即改任"德武将军"兼督理河南军务。陈宧于 1915 年 6 月被任命为"毅威将军"，8 月即改任"成武将军"兼督理四川军务。但以上两位都是袁世凯所着意重用的人。相比之下，王占元的例子就比较特殊。王在镇压"二次革命"之后即成为湖北地方实力派，先后赶走了段芝贵和张锡銮两位顶头上司，1915 年 10 月袁世凯封其为"壮威将军"，但王占元并不到北京入将军府，而是继续呆在湖北，并于护国战争打响后的 1916 年 1 月从袁世凯处获得了"襄武将军兼督理湖北军务"头衔。

我们不能说将军制度毫无用处，它从制度上将地方都督纳入中央直接管理，对于袁世凯重建中央对于地方军权的控制起到了一定的辅助作用，至少给了失势的地方实力派以某种安慰，稳定其心态。然而，像王占元这样拥兵自重，逼迫主上连授"威""武"称号的地方实力派的存在，说明中央政府在军事上并不具有绝对优势。

将军制度的建立也带动了与武官相对的文官序列的官秩的出现。北洋政府废除了清代的 9 品 18 级制，1912 年 10 月 16 日颁布的《中央行政官官等法》将行政官分为特任官、简任官、荐任官和委任官 4 级。特任官由大总统以特令任命，简任官由大总统直接选任，荐任官由各主管长官推荐呈请大总统任命，委任官由主管长官直接任命。[①]特任官、简任官、荐任官和委任官四个等级略有品位之意，但并不与职位相分离。

袁世凯 1914 年 7 月 28 日颁布《文官官秩令》，令称："历代官制精意，重在官与职分。诚以因资序官，斯人无躁进，量才授职，斯事有专责。"故"本九品官人之法，仿六计弊吏之道"，特定官秩令，以便"贤者在位，能者在职，矢靖共之意，杜奔竞之风"。[②]文官分为九秩，即上卿、中卿、少卿、上大夫、中大夫、少大夫、上士、中士、下士，另外还有同中卿、同上大夫等秩。此制源于《礼记》"夏后氏官百，天子有三公、九卿、二十七大夫、八十一元士"之记载。九秩制度与原有的特任官、简任官、荐任官和委任官四等品级制度挂钩，具体是：特任级官吏可授上、中、少卿，简任级官吏可授少卿及上，荐任级官吏可授中大夫，中、少大夫及上士，委任级官吏可授上、下士。按照此令，授徐世昌为上卿，杨士琦、钱能训为中卿，各部总长除海、

① 参见钱实甫：《北洋政府时期的政治制度》（下册），中华书局 1984 年版，第 352 页。
② 《政府公报》，1914 年 7 月 28 日。

陆两部属武官外，都授中卿，章宗祥、汤化龙授少卿加中卿衔。已死的赵秉钧追赠上卿，宋教仁追赠中卿。[①]

尽管获授官秩的基本上是在职官员，但文官官秩的建立，为重新引入古代的“官职分离”提供了条件。在此制下，袁世凯可以通过封授没有职权的散官，以笼络各路政治精英，同时也可以通过授予较高官秩，将一些其不愿意任用的官员放到闲职上去。只是因为官秩运行时间比较短，其作用并未得到充分的发挥。随着 1916 年袁世凯称帝失败，该制度也被废止。而将军制度在袁世凯死后也发生一些变异，各省将军改称“督军”，“将军名号只限于退职及长官以下各员，略示鼓舞之意”。[②]其“统战”军界精英的特色比袁世凯时期更为突出。

最后，值得我们注意的是将军名号与官秩秩序的象征符号维度。将军用“威”“武”字样，官秩设九卿，指向的是中国古代的伦理与政治世界。那个世界从价值观、制度到器物，是浑然一体的。而共和革命之后，我们看到的是价值、制度和器物等各个层面之间的脱节乃至激烈对抗。袁世凯改官制，无疑代表着一种重建与古代世界连续性的努力。至少在 1914 年，这种努力基本上还能得到厌倦 1912—1913 年政争的立宪派和北洋集团人士的容忍乃至认可。

四、荣耀的泡沫：勋章与勋位

（一）勋章与勋位制度

中国的勋章制度首设于晚清。光绪十七年（1891 年），出于与列强接轨的需要，总理各国事务衙门奏请勋章章程，清廷最后设立了五等十一级的“双龙宝星”勋章。而清朝并未设立勋位制度，该制度系由北洋政府参照日本勋位制度而引入。

孙文于 1912 年 3 月 1 日颁布的《勋章章程》将其授予对象限定于军人，袁世凯于 7 月 29 日颁布的《勋章令》和《颁给勋章条例》则将受勋的范围扩展到文武官员。根据这两个文件的规定，普通勋章分为大勋章和九

---

① 钱实甫：《北洋政府职官年表》，华东师范大学出版社 1991 年版，第 228 页。

② 《致王政务厅长东电》（1918 年 10 月 1 日），载中国社会科学院近代史研究所近代史资料编译室编：《徐树铮电稿》，中华书局 1962 年版，第 361 页。

等嘉禾章共十种：大勋章由大总统佩带，或由大总统特赠外国大总统、外国皇帝君主；一至九等嘉禾章分授予“有勋劳于国家者”和“有功绩于学问及事业者”。值得一提的是，在官级和勋等之间存在着一定的对应关系。“初受嘉禾章特任官自三等起，简任官自四等起，累功俱得递进至一等。荐任官自七等起，累功得递进至三等。委任官自九等起，累功得递进至五等。凡著有功绩于学问或事业者，初受嘉禾章时自九等起，亦得因所著功绩自七等起，但俱得累进至一等。”①

袁世凯对孙文奠定的军人勋章制度也进行了调整。1912 年 12 月 7 日，北洋政府颁布实施《陆海军勋章令》，将陆海军勋章分为“白鹰”“文虎”两种，规定“凡民国陆海军人于平时、战时著有勋劳，或非陆海军人及外国人于陆海军特别任务中著有勋劳者，皆得分别给与”。同期施行的《陆海军叙勋条例》则提供了叙勋“白鹰”“文虎”的衡量标准，列出战时与平时 35 项勋绩，并将其划分为“殊勋”及“武功或劳绩”。②但同样，军人勋章的等级又与官职级别挂起钩来。“各种勋章均分九等，一、二等给与上等官佐，三等至六等给与中、初等官佐及准尉见习军官，七、八、九等给与士兵”。③ 1913 年 4 月 10 日，北洋政府修正了《陆海军勋章令》中官勋对应级别，“一二三四等给与上等官佐，三四五等可给与中等官佐，四五六七等可给与初等官佐及准尉见习军官，六七八九等可给与士兵”。

文武官员与军人都已有自己的荣誉制度，但如何奖励没有政府和军队编制的社会人士的功劳呢？勋位制度应运而生。1912 年 8 月 8 日，袁世凯颁布《勋位令》，规定了从“大勋位”到“勋五位”的六级勋位制度。勋位由大总统亲自授予，勋位获得者尽管不享受除年金之外的特权，但可以终身保有勋位，除非“依刑法受褫夺公权之宣告”。而最具特色的条文是第七条：

> 第七条 前条世爵与勋位比例之等级：甲. 亲王郡王贝子贝勒亲大勋位；乙. 公亲勋一位；丙. 侯亲勋二位；丁. 伯亲勋三位；戊.

① 《勋章令》《颁给勋章条例》，载天津历史博物馆编：《北洋军阀史料》（袁世凯卷 2），天津古籍出版社 1996 年版，第 427—440 页。

② 《陆海军叙勋条例》，载蔡鸿源主编：《民国法规集成》（第 15 册），黄山书社 1999 年版，第 244—250 页。

③ 《临时大总统公布陆海军勋章令》，载中国第二历史档案馆编：《中华民国史档案资料汇编》（第 3 辑），江苏古籍出版社 1991 年版，第 1098—1100 页。

子亲勋四位;巳. 男亲勋五位。[①]

如同勋章的级别与授勋者的行政级别挂钩,勋位的级别也与受勋者的社会地位密切关联。“凡依优待条件保有亲王以下之世爵者”均根据一定的换算公式享有勋位。按照《勋位令》第一条的陈述,勋位是要颁发给“勋劳于国家或社会者”。而依照优待条件享有世爵者又对国家或社会有何功劳呢?结合前面讲到的袁世凯为蒙古王公加封进爵的逻辑,即便这些人什么都没有做,至少还有一点功劳,就是不反对新生的民国。民国专门奖励那些不反对自己的人,其虚弱由此可见一斑。

1913 年,袁世凯政府又进一步完善了勋位制度。1 月 14 日,编定《勋位授与条例》,规定了勋位徽章样式、佩带规则、授勋仪式等。[②] 11 月 4 日,又颁布《代授勋位礼节》。[③]为方便多位受勋者同时受勋,重新颁布《授勋礼节》作为仪式依据。[④]

勋章与勋位授予的具体实施单位是铨叙局与临时稽勋局。两个机构都始建于南京临时政府时期,袁世凯沿袭并改革之。1912 年 1 月的《铨叙局官职令草案》规定,该局由总统直接领导,掌管给予位阶、勋章、荣典、赏恤等事务。1914 年,北洋政府将之划归国务院管辖,并增加了“勋绩考核”职能。临时稽勋局的职能是“恤死”和“赏生”,即抚恤烈士和稽查各地对开国有功之人士。1914 年,该局撤销,其职能由铨叙局接管。

就颁给程序而言,勋位由大总统亲授;宝光嘉禾章由大总统特令颁给;嘉禾章和各种陆海军勋章授予方式分别有两种,除由大总统特令颁给外,由铨叙局呈请,大总统以命令颁给,或陆海军总长呈请,大总统批准遵行。大总统特令至高无上,可以不受颁给勋章条例中“一年内对于一人不得颁给勋章两次”“不得越等”等规定的限制。[⑤]

---

① 蔡鸿源主编:《民国法规集成》(第 15 册),黄山书社 1999 年版,第 215—216 页。

② 《勋位授与条例》,载蔡鸿源主编:《民国法规集成》(第 15 册),黄山书社 1999 年版,第 217—218 页。

③ 《代授勋位礼节》,同上注,第 219 页。

④ 《授勋礼节》,载天津历史博物馆编:《北洋军阀史料》(黎元洪卷 10),天津古籍出版社 1996 年版,第 113—114 页。

⑤ 《颁给勋章条例》,载蔡鸿源主编:《民国法规集成》(第 15 册),黄山书社 1999 年版,第 239—240 页;《陆海军叙勋条例》,载《民国法规集成》(第 15 册),第 244—250 页。

（二）勋位与勋章制度的运行

下面需要考察的是勋位制度的运行。从1912年开始，袁世凯领导的北洋政府就形成在“双十节”赏功的制度。从历年实践来看，每次都是场面盛大，受赏人数众多。尤其是1912年的国庆纪念仪式上，“凡民国革命之新人物，识时之旧官僚，迴翔于政界、党界、军界之中者，或膺上赏，或被殊荣，几无一夫不获矣”。[①]袁世凯授予自己与孙文、黎元洪大勋位；授予唐绍仪、伍廷芳、黄兴、段祺瑞、冯国璋、程德全勋一位，孙武勋二位。清朝遗老赵尔巽，内阁各部部长及地方各省都督等均获二等嘉禾章。[②] 1913年国庆，授予清室太保世续、徐世昌及赵秉钧勋一位。[③]同时，各省都督中未获勋位或只获得二等以下勋位的，均一体授予勋二位。[④]可以看到，革命功臣、北洋部属、地方实力派、清朝遗老，都被袁世凯纳入授勋的行列。而较低的勋章和勋位之颁发，更是泛滥成灾。据霍慧新统计，截至1916年，全国近3/4的高级官员均受懋赏；现任简任以上高等文官共555人（包括国务院总理、各部总长、各省省长、各部次长、多数司长、各省厅长、高等审判厅厅长、各道道尹等），67.93%的人员均受勋章；由大总统特令任用的武职官员（即陆海军总长、参谋总长以及各省都督等）29人，高达93.10%受勋，近60%同时获得嘉禾、文虎章；陆军部暨所属中央和地方各机关共321人，上至上将，下至少校，受勋比例亦达87.54%。[⑤]

勋章颁布对象是文武职官与军人，由于存在从属关系，在其发放过程中很少出现风波。但在颁发勋位时，就出现了非常复杂的反应。一些人士不愿意接受袁世凯所颁发的勋位，另外一些人则认为勋位分配不公而心怀怨愤。

如前所述，袁世凯首批授予孙文以大勋位。孙文坚辞不就。袁世凯来信劝说，孙文于1912年12月复书称：“赏位固国家应行之典，惟当今国家基本未固，尚非国人言功邀赏之时。国家所认以为功者，个人方将认为

① 梦幻：《国庆謄言》，载天津《大公报》1912年10月16日。

② 《临时大总统令》，载《政府公报》（第163号），1912年10月10日。

③ 《世徐力辞勋位之封赏》，载天津《大公报》1913年10月14日。

④ 梦幻：《闲评二》，载天津《大公报》1913年10月15日。

⑤ 参见霍慧新：《北洋政府时期“双十节”赏功制度述论》，载《河南大学学报》（社会科学版）2013年第2期。

一已对于祖国所当尽之义务,而无丝毫邀赏希荣之心。文不敏,窃愿以此主义为海内倡。”[①]孙文在这里提出的理由与本章一开始戴季陶所提出的理由非常相似,即认为共和国崇尚的是美德而非荣誉,为国服务是个人之义务,不应求取回报。

吴稚晖也拒绝了袁世凯颁发的勋位,并给袁世凯去了一封辛辣的信:“……敬恒狂妄,于勋位之名目尚极端反对,何论授受!我等在民国为百姓头衔。自诩极品。安肯受公等公仆之勋位者!令朝下,夕痛诟矣,非为不谢,不感也。至于勋之一字,他人吾不知,反问敬恒,敬恒骇汗如雨,何来此不祥之声,令我腾笑举世!即挫我骨,扬我灰,使最高明之化学家分析化验,必不夹杂一毫此等梦想之分子。不然如何敢抱一头两腿,强颜游行于光天化日之下耶?切盼公等宝贵精神,专注于国难,勿更以揶揄为消闲,侮弄书生……”[②]吴稚晖从根本上否认袁世凯所颁发的勋位具有荣典意义。有人或许会认为吴稚晖嫌袁世凯所授勋位过低,但从吴稚晖的一贯作风来看,他不可能是出于这样一种动机而对袁世凯进行嘲讽。

本章开头所提到的戴季陶政论《民国之怪物——勋位》一文则评论了孙文与吴稚晖的辞勋位姿态,称“中山之辞勋位,其言婉,吴稚晖之辞勋位,其辞激”。戴季陶揣测袁世凯的心理是“若辈为我尽力,造成一大总统,是不可不勋之,而勋位之授,乃于是起”。[③] 但这一心理与君主的心理并没有什么两样。从这个角度去解读孙文和吴稚晖的举动,不难读出这样的意涵:革命义士从一个“摘桃子”的守旧派人物中领取荣誉,这就是示弱和低头,在无形之中减损了革命所带来的象征资本。[④]戴季陶又进一步认为,“是稽勋局之设,《临时约法》本条之规定,已属不伦不类,而大总统特授勋位,更为无双之怪物。”[⑤]这其实是已经在批评南京临时政府时期

① 《致袁世凯书》(1912 年 12 月 17 日),载中国社会科学院近代史研究所中华民国史研究室等编:《孙中山全集》(第 2 卷),中华书局 1981 年版,第 553—554 页。

② 《致袁世凯辞勋位书》,载罗家伦、黄季陆主编:《吴稚晖先生全集》(第 8 卷国是与党务),中国国民党中央委员会党史史料编撰委员会 1969 年版,第 414 页。

③ 戴季陶:《民国之怪物——勋位》,载《民权报》1912 年 12 月 18 日。

④ 据瞿骏考证,广益书局 1912 年 5 月出版、1913 年 2 月重版、当年 4 月又再版的畅销书《满清稗史》,在 1913 年 4 月版的正文前附有摄影二十余幅。袁排名第一,孙则从数月前版中的第一降至第二,更重要的是孙氏摄影后附的已不是孙氏手迹或言论,而是袁世凯特赠授的大勋位证书文。参见瞿骏:《辛亥革命与城市公共空间—以上海为中心的研究(1911—1913)》,华东师范大学 2007 年博士论文,第 64 页。

⑤ 戴季陶:《民国之怪物——勋位》,载《民立报》1912 年 12 月 18 日。

的荣典制度也不合理,为袁世凯对荣典的滥用提供了基础。

黄兴也断然拒绝了袁世凯于 1912 年 10 月授予他的勋一位,退回了所有礼物,只留下了两匹马,说以后打仗时用。①不过,一向拥护黎元洪、反对黄兴的《群报》却对他进行了嘲讽,认为他说谎,实际上是嫌袁世凯给他的荣誉太低。②

革命派中也有不少人并不反对勋位制度本身,但认为袁世凯授勋不够公平。1912 年国庆日受勋之后,《民立报》就发表文章认为"民国酬庸之典竟如是轻率倒置,大拂人情"。③文章抱怨黄兴不能与孙中山、黎元洪并列勋位,冯国璋居然与黄兴并列;唐绍仪、伍廷芳、周学熙、许世英等勋位显赫,汪精卫、陈其美、汤化龙却不得其位。作为革命派的重要宣传报纸,《民立报》所表达的观点,在革命派中应该说具有相当的代表性。

避居青岛的徐世昌于 1913 年 10 月也辞掉了袁世凯颁发的勋一位。这位北洋集团要人在清末时候担任过"太保",与清室有着非常密切的联系,袁世凯请其入仕,徐世昌用"遽仕无以对清室"应对,最后与袁世凯约定 2 年之后才能出仕。④"遽仕无以对清室"恐怕也只是一个便利的借口,徐世昌更担心的恐怕是民国初建,政局凶险,是否参与政治,还要看看风头。1914 年,袁世凯政府以《中华民国约法》取代 1912 年的《临时约法》,北洋集团已然控制局面,徐世昌于是出任国务卿,顺势也接受了之前推辞的勋一位。徐世昌出仕的决定得到了清室的支持,但身边的遗老们仍纷纷责难。⑤

清室太保世续曾代表清廷参与磋商优待条件,也被袁世凯列为共和功臣。1913 年 10 月,袁世凯向其授予勋一位,但世续没有接受。世续属于满族亲贵,辛亥革命爆发之后,北京国库空虚,他倡导亲贵王公向国库捐纳,因为荣禄、那桐等响应不积极,他还"日夜慨叹满人无忠君爱国之

---

① 黄一欧:《回忆先君克强先生》,载中国人民政治协商会议全国委员会文史资料研究委员会编:《辛亥革命回忆录》(一),文史资料出版社 1981 年版,第 618 页。

② 参见刘望龄:《黑血·金鼓——辛亥前后湖北报刊史事长编》,湖北教育出版社 1991 年版。第 342 页。

③ 龙田:《读国庆日命令之感言》,载《民立报》1912 年 10 月 14 日。

④ 警民(费行简):《徐世昌》,载《近代中国史料丛刊正编》(第 4 辑),台湾文海出版社 1966 年版,第 25—26 页。

⑤ 张达骧:《袁世凯与徐世昌》,载吴长翼编:《八十三天皇帝梦》,文史资料出版社 1983 年版,第 207—208 页。

诚”。[①]“脚踏两只船”的徐世昌在接受袁世凯颁发的勋位的时候尚且要推辞一下,世续拒绝接受勋位,那就是再自然不过的事情了。但除了铁杆的革命派和清朝遗老,在当时能抵抗住勋章和勋位诱惑,坚辞不就的还是极少数。革命派中,孙武、蒋翊武、陈其美、汪精卫等著名人物都领取了勋位。而对清朝比较有感情的官员和将领中,赵尔巽在辞去奉天都督后不久,就领受了北洋政府颁发的勋二位,并应袁世凯之邀出任民国清史馆总裁;张勋从未放弃过复辟清朝的想法,但在民初“曲线救国”,跟随袁世凯,在1913年7月获得勋二位,不久又因为攻取南京有功,升为勋一位。

而像梁启超这样的立宪派名士不仅乐于接受北洋政府荣典,甚至主动讨要。1915年1月,梁启超给曾任总统府秘书长、时称“二总统”的梁士诒去信,称:“家君寿日福庆,甚思自获一勋位,为娱亲之助。诚知不免世俗之见,然扬显之义,古人盖亦有取焉。十年来文字鼓吹,于新邦肇造,或不无微劳,即两年来与乱党相薄,亦间接为政府张目。若府主录其微庸,援张季老之例,有以宠之,稗得极舞彩之荣,则其感激岂有涯涘?”[②]梁启超讨要勋位,名义是为了尽孝心,让父亲寿诞开心,但他自信对民国是有功劳的。一是多年文字鼓吹利于民国建国——这一说法足以令许多读者莞尔,因为作为立宪派的梁启超多年来正是革命派的敌人,“于新邦肇造,或不无微劳”或许要从他多年攻击革命派因而有利于北洋集团掌权的意义上去理解。二是民国建立以来,他率领亲政府的进步党人与国民党人对抗。而他所说的“援张季老之例”,说的是1915年1月1日袁世凯发布的《大总统策令》授予立宪派人士张謇“中卿”官秩的事。[③]这个要求上不了台面,梁启超因而要求梁士诒阅后即焚。梁士诒没有烧掉该信,但替梁启超办成了事。1月27日,袁世凯发布了梁启超“授为少卿,并加中卿衔”的策令。[④]梁启超回到家乡,给自己写了块“一等嘉禾章中卿衔少卿/司法总长参政院参政”的功勋匾挂起来。这块匾额累加了他的职务及所获得的荣典,其中“一等嘉禾章”是袁世凯之前颁发给他的勋章。[⑤]

---

① 《世续叹满人之鲜有忠君者》,载《盛京时报》1911年12月20日。

② 苏文擢编:《梁谭玉樱居士所藏书翰图照影存》,香港广记印务1986年,第16—19页。

③ 《政府公报》第956号,1915年1月6日。

④ 《政府公报》第978号,1915年1月28日。

⑤ 当然,梁启超并没有因为获得袁世凯颁发的荣典,就全心全意支持袁世凯。在袁世凯称帝之后,他马上与西南地方实力派结合,起兵反袁。

我们现在已经很难以量化的方法去衡量袁世凯通过颁发勋章和勋位所获得的精英吸纳的效果。但从1915年其放风称帝前立宪派和北洋集团总体上的平静而言,勋章和勋位的颁发,显然是有一定的安抚和拉拢人心的效果的。但是两个因素可能起到了弱化作用:

第一是勋章和勋位发得过多过滥,其含金量自然下降。革命人士、旧官僚、清朝遗老、少数民族世爵人士等一体受勋,所谓"勋劳"的实质标准变得模糊不清。正如当时有论者指出:"第不知所谓有功者,谓其有功于大总统乎?谓其有功于中华民国乎?抑大总统即民国、民国即大总统乎?"①在梁启超主动讨要勋位的信中,我们也可以体会到这种暧昧——梁认为自己在晚清的文字宣传对民国的建立作出了贡献,但这究竟是什么意义上的贡献呢?

第二是勋章、勋位与行政等级及社会地位挂钩过于紧密,由此形成的结果是,基层人士很难获得荣典。嘉禾、文虎章的授予几乎均为四等以上的级别,适用于普通文官、士兵的六等以下的嘉禾章、文虎章很少被颁发。授予人数更少的勋位更是如此,基层人士根本没有机会获得勋位。当然,这个批评或许显得有点吹毛求疵,毕竟,民初的北洋政权只是一个漂浮在社会之上的"军绅政权",还根本不可能考虑后来国共两党考虑的基层动员问题。

五、关于荣典权的宪法讨论

由于荣典权对于共和制的特殊敏感性,在革命派人士在政坛中尚有一席之地时,始终对此报以警觉的目光;而前立宪派人士关心君主制与共和制之间的连续性,也对这一权力表现出了浓厚兴趣。其结果是,在1912—1913年的宪法争衡中,关于荣典权的讨论占据了一个非常重要的位置。

《临时约法》第39条规定:"大总统得颁给勋章并其他荣典。"② 1912年袁世凯充分运用这一条款,广颁荣典,笼络人心,引起了许多革命派人

① 梦幻:《闲评一》,载天津《大公报》1912年10月16日。

② 转引自夏新华等编:《近代中国宪政历程:史料荟萃》,中国政法大学出版社2004年版,第156页。

士的警觉。如前所述,戴季陶在1912年12月18日即提出反思《临时约法》中这一规定。1913年,制定正式宪法提上日程,各派人士围绕荣典权,纷纷发表意见。

国民党人的宪法主张是在《临时约法》的基础上,进一步扩大国会与内阁的权力,缩减总统的权力,将其变成"虚君"。而立宪派与北洋集团的宪法主张比较接近,都是主张在《临时约法》基础上增强总统权力,最核心的主张是赋予总统以自主任命国务员和解散国会的权力。国民党当然要对这两项主张大加鞭挞,阻碍其实现。

国民党经过党内讨论形成的《国民党宪法主张全案》之"纲领三十一"规定:"大总统除颁给勋章外,不得授予他种荣典。但为优待条件所许者,不在此限。"理由是:"荣典授予权。民主精神,万物平等。凡妄生差别,创设阶级之制度,皆所不容。故勋位爵秩之类,不应发生在民国。唯社会恒性,崇尚报功。苟有殊勋异劳之人,由国家特为表章,以志不忘。如勋章之类,既无阶级之嫌,殊有激权劝之美,亦维持社会者所不废也。"[①]在此,国民党诉诸"平等"精神,这与戴季陶所阐发的民国法理是一致的。不过,国民党人并没有忘记中国边疆地区,仍在条文中为《优待条件》下的爵位制度开了一个口子。

国民党法学家、耶鲁大学法学博士王宠惠在《中华民国宪法刍议》中则提议实行比《国民党宪法主张全案》更严格的荣典制度:"大总统得于中华民国元年二十二日颁布之优待条件范围内,颁给勋章及其他荣典。"其说明曰:"民国人民一律平等,本不应有特别殊异之称号及标识,此为至浅易之理,故共和宪法多禁止之。如使此等制度再存留于民国,则人民之间又生阶级,与共和之理,实属于相背。至对于前清议定优待条件,乃立国之始,力保和平,不得已之办法,是为仅有之例外,绝不可援以为例者也。"[②]王宠惠把勋章制度也限定在《优待条件》的范围内,事实上意味着汉人不可能获得勋章。

相比之下,立宪派对总统的荣典权就比较慷慨。康有为所作的《拟中华民国宪法草案》第13条规定:"大总统有陟黜文武官吏之权,其定官制

---

① 转引自夏新华等编:《近代中国宪政历程:史料荟萃》,中国政法大学出版社2004年版,第245页。

② 同上书,第304页。

官俸、颁阶位勋章各荣典，得依法规行之。惟法官依特别例。”[①]同时，第106条规定：“凡中华国旧传经义、典章、律例、法规者，未经民国议院特议删改，及核与民主政体不相违背者，一概照行。”[②]康有为对“荣典”的界定非常广泛：阶位勋章，除了可以包含爵位、勋章、勋位之外，还孕育着其他的可能性。而第106条则交代了这一安排的理论依据：在他看来，共和制和君主制之间并不是非此即彼的对立关系，君主制下的许多遗产，完全可以在共和制下继续保存。而对康有为这样的儒家来说，古代的荣典制度是礼乐的重要构成部分，为了一个抽象的平等观念而否弃传统礼乐制度，是一种错误的方向。

梁启超所起草的《进步党宪章》第60条规定：“大总统制定勋位、勋章，及其他荣典并颁予之，但不得附以特权。”[③]这条规定同样给了总统以广泛的荣典权。“不得附以特权”这一但书，同时表明梁启超与其恩师之间的差异：尽管他本人不尽赞同共和制度，他对共和国身份平等的诉求所带来的规范约束还是有更强的意识。而在1913年国会宪法起草委员会拟定的《天坛宪法草案》中，关于总统荣典权的规定非常简洁。其第72条规定：“大总统颁予荣典。”[④]这或许有点让人困惑：国民党占多数的国会何以给予袁世凯这么大的空间呢？要理解这一条，我们需要理解《天坛宪法草案》之总体精神。国民党人的全部努力是将袁世凯变成彻底的“虚君”，《天坛宪法草案》在字面上实现了这一目标。这是一个内阁制政体，国会具有极大的权力，能够弹劾总统，对内阁提出不信任案，但总统却不能反过来解散国会。总统的所有命令都需要国务员副署，任命国务员需要经过国会同意，几乎就是一个傀儡。在这个总体结构下，即便授予大总统以笼统的荣典权，也逃脱不了国会与内阁的控制。

在1913年的宪法讨论中，袁世凯始终无法在国会中实现他的主张。同时，在镇压“二次革命”之后，他又已经积聚了足够的硬实力。11月4日，袁世凯以国会议员与“二次革命”乱党勾结为名解散国民党。至1914年1月，袁世凯又下令完全解散国会两院。2月，袁世凯又下令解散各省

---

① 转引自夏新华等编：《近代中国宪政历程：史料荟萃》，中国政法大学出版社2004年版，第319页。

② 同上书，第327页。

③ 同上书，第260页。

④ 同上书，第446页。

议会与地方自治会。这对中国刚刚兴起的政党政治来说，是一个致命的打击。革命派在体制内丧失了发声渠道，要么放弃自己固有的政党政治主张，要么沦为体制外力量。

袁世凯随即动手制定一部自己可以控制其内容的宪法。在此过程中，王公贵族们不失时机地发出自己的声音。1914 年 4 月 7 日，蒙藏联合会向中央提出将待遇蒙藏条例写入约法，称"大总统于晋爵、崇教虽均按照旧制施行……前此特颁之待遇满蒙回藏七条件……恩遇至为优渥，然不于增修约法之中妥为厘订，无以垂永久以便遵从……"。[①]显然，蒙藏王公贵族们担心之前的《优待条件》法律位阶不够高，很容易通过国会修法程序予以废止。但如果将之写入民国的宪法，修改起来就会更加困难一些。而对此，袁世凯于 1914 年制定的《中华民国约法》也作出了积极回应，其"附则"一章的第 65 条写道："中华民国元年二月十二日所宣布之大清皇帝辞位后优待条件、清皇族优待条件、满蒙回藏各族优待条件，永不变更其效力。其与待遇条件有关之蒙古待遇条例，仍继续保有其效力，非依法律不得变更之。"[②]"永不变更其效力"的表述，凸显出《优待条件》在该宪法文本中的重要地位。

袁世凯之所以对此"从善如流"，与其立法思路对清朝与民国之间连续性的强调有很大关系。关于民国政权的由来，袁世凯发表《对于增修〈约法〉之意见》明确称"方今共和成立，国体变更，而细察政权之转移，实出于因而不出于创"。[③]这里所涉及的，正是 1912 年《清帝逊位诏书》引发的民国的两种正当性基础之争。1913 年，袁世凯的日本宪法顾问有贺长雄在其文章《革命时统治权移转之本末》认为，中华民国的统治权系由清帝下诏让与，而让与的条件是由袁世凯作为民国首脑。因此，民国的建国，与法、美等共和国都有很大不同，其制度也不必模仿法美等共和国，而可以体现出自己的特色。[④] 1914 年，在袁世凯全面压制国民党势力之后，

---

① 《蒙藏联合会为请将待遇蒙藏条例交约法会议公决增入专条事致国务总理呈》，载中国藏学研究中心等编：《元以来西藏地方与中央政府关系档案史料汇编》，中国藏学出版社 1994 年版，第 2355 页。

② 转引自夏新华等编：《近代中国宪政历程：史料荟萃》，中国政法大学出版社 2004 年版，第 475 页。

③ 转引自白蕉编：《袁世凯与中华民国》，中华书局 2007 年版，第 109 页。

④ 参见有贺长雄：《革命时统治权移转之本末》，转引自王健编：《西法东渐——外国人与中国法的近代变革》，中国政法大学出版社 2001 年版，第 109 页。

以有贺氏的“统治权移转说”作为宪制改革的理论基础。据此，袁要求约法会议考虑将清帝优待条件写入新的约法，因为民国的主权既然源于清帝禅让[①]，清帝提出的禅让条件就应当具有宪法性意义。

这一总体思路还直接影响到了《中华民国约法》在荣典权上的规定。其第27条规定：“大总统颁给爵位、勋章，并其他荣典。”[②]与《临时约法》相比，这条规定多了“爵位”，而且对爵位的颁予并没有地域和民族限制。而这就为在内地引入爵位制度提供了宪法空间。

在1915年袁世凯与冯国璋的一次谈话中，袁世凯指出：“新约法规定大总统有颁赏爵位之权，遂有人认为改革国体之先声；但满、蒙、回族都可受爵，汉人中有功于民国者岂可丧失此种权利？”[③]袁世凯试图通过诉诸族际平等的观念来论证在汉人中恢复爵位制度的正当性。如前所述，民初的“五族共和”，是推翻了君主制的汉族与保留了许多君主制遗产的其他四族之间的共和，从待遇上讲，五族之间的确有许多不平等之处。但要实现平等，既可以往前走，也可以往后退。往前走就是逐渐废除满蒙回藏四族中的君主制残余，推行与内地一样的共和主义制度；往后退就是用满蒙回藏四族保留的君主制残余来改造内地。袁世凯显然选择了后者。

但细察袁世凯1915年恢复爵位制度的轨迹，我们可以看到，他并没有在共和制的招牌下直接在内地恢复爵位制度，而是在12月12日发表接受帝位申令之后，在次日才开封黎元洪等128人爵位。这说明袁世凯自己也非常清楚，爵位制度从本质上是与君主制配套的，如果说民国在边疆地区保留爵位制度是一种不得已的妥协，要在全国全面恢复爵位制度，却必须要经过国体上的根本转换。

六、余　论

君主制需要荣耀，共和国也需要荣耀。以取得报偿为目的的美德不

---

① 此处关于有贺长雄所用“统治权”一词与“主权”的关系，参见本书第二章的讨论。

② 转引自夏新华等编：《近代中国宪政历程：史料荟萃》，中国政法大学出版社2004年版，第472页。

③ 参见张国淦：《洪宪遗闻》，载《文史资料选辑》(第1辑)，中华书局1960年版，第143—144页；陶菊隐亦有类似论述，参见陶菊隐：《武夫当国：北洋军阀统治时期史话(1895—1928)》(第2册)，海南出版社2006年版，第10页。

是真美德，但不给予美德以荣耀的社会必定不是好社会。在荣典问题上，无论是孟德斯鸠，还是戴季陶，都夸大了国体的决定性影响。在笔者看来，二者的差别，仅仅在于荣耀背后可能承载着不同的“主流价值观”。君主制下，君主就是国家的象征，制度鼓励对君主个人的忠诚，身份等级与特权也可以直接呈现在大众面前。共和国需要倡导对更为抽象的国家与人民的忠诚，同时倾向于隐藏身份等级与特权——注意笔者用的是“隐藏”而非“消除”，功能意义上的身份等级与特权在每个社会都存在，只不过共和国对其进行了特殊的处理，使之显得是对功劳与美德的奖赏，以避免触犯大众的平等激情。在此过程中，甚至还可能保留君主制时代的某些象征符号。今天的英国女王继续对杰出的社会人士封爵，而受封者对女王个人表示效忠。在法国，杰出的社会人士可以获得“荣誉军团勋章”(Légion d'honneur)。这一荣誉体系创设于1802年拿破仑执政时期，那时候的拿破仑距离称帝只有一步之遥，其中的“骑士勋章”，还多少保留着君主制时代的某些遗留，但这套荣誉制度仍然保留至今。只是与法兰西共和国的拿破仑时代相比，民国袁世凯时期的荣典制度更为复杂，保留了更多君主制色彩而已。

从上文的分析来看，我们可以总结出民国袁世凯时期荣典制度的几大特征：

第一是“一国两制”：由于民国建国特殊的历史历程，不得不在边疆地区和满、蒙、回、藏四族中保留了君主制的遗产爵位制度，而民国总统也在礼仪上承担起以往皇帝的功能。这种“一国两制”使得作为大总统的袁世凯在中国内地与亚洲内陆边疆地区占据了一个独特的位置，可以针对不同的空间和族群而采取不同的国体实践。但这与清朝的“制度多元主义”仍存在很大区别。清朝皇帝固然针对不同地区和族群采取不同的治理实践，但跟民初共和制与君主制的冲突相比，这些治理实践在法理上的相互冲突激烈程度根本不可同日而语。主张平等、反对爵位制度的革命者只是出于权变，接受“一国两制”，这并不等于他们承认边疆爵位制度包含的价值是正当的。反过来，边疆的王公贵族们也恐惧内地的共和主义进一步蔓延会导致他们特权的消灭，而要保护既有的特权，他们只能依赖于袁世凯，并希望袁世凯将他们的特权写入民国宪法。这一主张在1914年《中华民国约法》中得到了满足。

而从袁世凯的角度来说，亚洲内陆边疆的君主制遗产，恰恰构成其在内地复辟君主制的重要资源。在荣典制度上,在内地恢复爵位制度,打的恰恰是"五族平等"的旗号,即汉人也应当获得与其他四族一样的获得爵位的机会。没有亚洲内陆边疆地区的君主制遗产,在内地恢复爵位制度乃至恢复君主制会困难得多。袁世凯恢复君主制的图谋最终失败。但后世反向的努力,即以内地的共和理想为号召,在边疆取消王公贵族称号与爵位制度,也遭遇到巨大的阻力。1928 年国民党从形式上统一全国之后,仍然选择了与边疆的君主制残余进行妥协。最后,是中国共产党通过轰轰烈烈的新民主主义和社会主义革命,消除了边疆的君主制残余,其路径是发动各民族的下层阶级打倒上层旧精英,并以一种新文化来塑造一个各民族共享的身份认同。至此,内地与亚洲内陆边疆地区在政制理念上的冲突才得以消除。在今天,边疆的统战往往是通过"政协委员"和"人大代表"的身份授予而实现的,但这与民国时期直接授予爵位,不可同日而语。

第二是非常突出的以人而非以事为中心的色彩,重在笼络精英而非奖励功劳。这在几个项目上又有不同体现:爵位本来就是笼络精英用的,不需赘言;勋位和勋章的发放非常重视受奖励者的既有政治地位和社会地位,而非具体的功劳,而且完全不重视奖励基层人员的功劳;而作为"准荣典"的将军名号与文官官秩,其精神本来就是要实现"官职分开",以安慰失去实权的官员,或笼络政权外围精英。

这当然不是因为袁世凯比其他领导人更重视笼络精英,而是在当时复杂的政治形势下不得不为。中国有"帝王将相,宁有种乎"的传统,大乱之世,哪怕是乞丐、流民都可能觊觎皇帝之位,更不用说总统了。一场大革命爆发之际,往往也是精英人心浮动之际,许多人会从混乱中找到上位的机会,甚至会蓄意制造混乱。哪怕在袁世凯领导的北洋集团中,这种人心浮动的状况也时时可见。如"北洋三杰"中的冯国璋自从辛亥革命以来屡为北洋立功,但并未得到与段祺瑞一样的待遇,就颇有不满之意,不能不适时安抚。而像张勋这样为形势所迫附从北洋集团的外围势力,更需要加以笼络。大量北洋地方实力派有枪和地盘,要确保其效忠,不能不付出一定代价。在北洋集团之外,革命派、立宪派、清朝的遗老遗少们,在政治上都有一定能量,内部又存在很多派别。如果说每个政权都存在一个以其领导人为核心的"差序格局",由一系列同心圆组成,那么袁世凯政权的特征就是核心圈过小,外围的圆过大。他只能徐图进取,化"外"为

“内”。一旦把握这个背景，就可以理解，袁世凯在颁发荣典上的慷慨大方，反映出来的并不是他的强大的施恩力量——一个总统天天干统战部部长的活，反映的恰恰是政权的虚弱。

第三，由于荣典重在笼络精英，而民初精英群体又颇为混杂，理念相互抵牾，导致的结果就是荣耀缺乏实质价值标准。袁世凯政府给革命派、旧官僚、清朝遗老以及北洋将领同时颁发荣典，这背后又能有何种统一性呢？袁世凯只能笼统地谈“有功于民国”，而无法具体探讨到底是什么功劳。

荣耀承载着社会集体意识，也集中反映着一个社会的团结程度。一个较为团结的社会能形成比较强的集体认同和集体利益观念，哪些行为促进集体利益，哪些行为损害了集体利益，也就变得清晰可辨了。但民初的中国显然不是这样的一个社会。这是一个碎片化的、充满冲突的社会，不同派别的政治精英就国家如何治理，很难达成共识。古老的文教制度随着君主制的衰败而凋零，而与共和配套的新文教制度仍在艰难的生长之中。在这个“青黄不接”的时段，很难产生一种强有力的“主流价值观”，因而也很难产生能被社会广为接受的荣耀观念，至于通过荣典来对基层社会实行“教化”，更是遥不可及的目标——或许，正是为了建立一套清晰的政治与伦理标准，袁世凯选择了回归传统的伦理世界，恢复祭天，支持尊孔，最后黄袍加身。然而，那个“青黄不接”的社会尽管无法在短时间内形成新的伦理共识，但也无法回归旧的伦理世界。在两次恢复君主制的尝试失败之后，中国不再回头，而是继续踉跄前行。

国际法与“一带一路”研究*

李　鸣**

“一带一路”是我国新时期对外关系的重大构想。如何将愿景变为现实,各方人士都在出谋划策,开展研究。国际法与“一带一路”关系如何?从国际法角度研究“一带一路”目的何在?如何开展研究?研究的重点领域有哪些?这些是本文探讨的问题。而且显然,这些问题是从国际法角度研究“一带一路”的首要问题。本文旨在通过对这些问题的探讨,为相关的研究提供一些原则性的和方法上的建议,期望能够达到抛砖引玉的效果。

一、国际法与“一带一路”的关系

首先,国际法与“一带一路”关系密切。“一带一路”是走出去、通过“互联互通”进一步加强我国与沿线国家经贸关系、实现共赢的构想。“丝绸之路”很好地表达了这一构想的性质,因为从历史上看,“丝绸之路”所代表的正是“通商、友好、和平”之义。“丝绸之路”一词不仅具有中国特色,而且容易为国际社会所理解和接受,“丝绸之路”体现了话语的力量和中国话语权的重要性。毫无疑问,“一带一路”是助推中国崛起的构想,包含我们的重大利益,但这一构想旨在通过通商和友好关系而非武力征服或殖民掠夺来实现,其应该是一个中国和平崛起的构想。从国际社会的反应来看,除了少数国家心存芥蒂,绝大多数国家尤其是发展中国家,普遍欢迎“一带一路”倡议。亚投行的成功筹建即为例证。这些积极态度表

---

* 原文刊于《法学杂志》2016 年第 1 期。

** 北京大学法学院教授,博士生导师。

明,发展仍然是世界历史进程的主旋律,"一带一路"的构想符合国际社会共同利益。

发展国际经贸关系离不开国际法。近代国际法始于欧洲基督教文明。当时的欧洲各国随着生产力的发展、新大陆的发现以及航海技术的完善,迫切要求利用海洋开展国际贸易,海洋自由论开始盛行,并最终导致公海自由原则的确立。[①] 为了开展国际通商,美国还与不少国家签订了"友好、通商、航行条约"[②],以此规定相互的权利、义务。这说明,国际经贸交往需要国际法,并依赖于国际法的保障。公海自由原则的提出和确立,对于促进欧美各国之间的国际贸易,对于促进资本主义繁荣起到了重要作用。当然,在资本主义殖民扩张年代,国际法包括公海自由等原则和制度,成了西方列强弱肉强食的工具。这是另一个话题。国际经济法的诞生也能说明国际经贸发展离不开国际法。第二次世界大战以后,在市场经济和自由贸易理论及政策驱使下,国际社会建立了多边贸易体制,比如 GATT(关税与贸易总协定)和 WTO(世界贸易组织)。由于发达国家资本输出的需要,国际投资法律制度逐渐发展。而无论是国际贸易或投资,都需要资本的支持,因此国际金融组织应运而生。国际经贸关系的深入发展导致了国际经济法的出现,这进一步说明了国际法对于国际经贸交往的重要性。

这里有必要强调两点:第一,国际经济法不是自成一体的法律。国际经济法不能脱离国际公法而存在,国际公法的原理构成国际经济法的基础。此外,从不同视角或目的出发,国际法的许多领域都可能与国际经济法发生联系。这就是理论和实践中为什么会出现贸易与知识产权、贸易与环境甚至贸易与人权等问题,以及为什么会出现贷款和投资的不同门槛或标准问题。国际法与国际经贸关系不单单是一个国际经济法的问题,它涉及到国际法的方方面面。这就要求从更大的国际法角度来看待

---

① 格老秀斯于 1609 年出版了《海洋自由论》(Mare Liberum),书中称:"海洋是所有人的公共品,它如此广阔而无人能够据为己有,它适宜为所有人享用。"公海自由原则自 19 世纪初开始逐渐确立。*Encyclopedia of Public International Law*, Published Under the Auspice of the Max Planck Institute for Comparative Public Law and International Law Under the direction of Rudolf Bernhardt, Vol. III, North-Holland (2000), pp. 528—530.

② 美国 1778 年与法国签订了第一个此类条约,其目的是通过政治友好互信加强双边的经济和文化关系,尤其是促进互惠的商业交往。20 世纪中期,美国还与不少国家签订了此类条约,但这一模式已日渐式微。Ibid., Vol. IV, pp. 953—958.

国际经贸关系。

其次,《联合国宪章》的宗旨和原则对于发展国际经贸关系具有重要指导意义。《联合国宪章》所述维持国际和平与安全、发展各国间友好关系和促进国际合作的宗旨,以及主权平等、禁止使用武力和不干涉内政等原则,与顺利开展国际经贸交往与合作密不可分。试想,如果没有和平的国际环境,动辄武力相见,如果一国内战频繁、战火连天,如果国际通道上海盗成群、劫匪成帮,如果政府和人民之间缺乏友好关系,如果没有促进国际合作的机制,如果没有平等互利或共同利益,如果没有契约精神,如何发展国际经贸关系?无数经验告诉我们,国际经贸交往与合作是一个整体的国际秩序问题,需要从国际法基本原则和目的的角度来加以考虑。因此我们不能忘记“和平共处五项原则”。“和平共处五项原则”体现了中国关于国际法的基本立场和观点,是中国关于国际法基本原则的话语表达。六十多年来,“和平共处五项原则”一直是中国外交的基石。改革开放之所以取得今天的伟大成就,与我们坚持在“和平共处五项原则”基础上善用国际法密不可分。“一带一路”是以我为主的构想,其实施必然关系到如何更好地运用并进一步发展“五项原则”的问题。换言之,“一带一路”还必须放在中国眼中的国际秩序下予以考虑。如此来看,国际法与“一带一路”的关系就更加丰富了。其还涉及到如何对待“五项原则”以及如何建立一个更加公正合理的国际政治经济秩序问题。

可以说,“一带一路”作为国际经贸交往与合作的构想,必然与国际法发生密切关系,“一带一路”必须在一个体现中国立场、观点和话语的国际秩序下进行,并依赖于这一秩序的有效保障。“一带一路”肯定将是国际法学界研究的对象。

二、从国际法角度研究“一带一路”的目的

从国际法角度研究“一带一路”应努力达到四个目的:第一,助推“一带一路”建设;第二,促进对国际法的深入研究;第三,推动中国国际法理论体系建设;第四,带动国际法交叉学科发展。

从国际法角度研究“一带一路”,首先是一个理论联系实际的问题,是国际法为对外政策服务的问题。“一带一路”为国际法学界提供了难得的学以致用的机会。改革开放以来,这样的机会出现过三次。第一次是在

改革开放初期，我国结束了闭关锁国的状态，开始与世界各国建立和发展友好交往及合作关系，当时的形势要求重视和发挥国际法的作用。在邓小平同志“要大力加强对国际法的研究”[①]的指示下，北京大学、武汉大学等高校还设立了国际法专业。第二次是在中国加入世贸组织前夕，进一步融入国际社会的需要导致学者们都在谈与国际接轨、按国际规则办事，相关著述层出不穷，WTO成为法学教育的重要课程。第三次是日本对钓鱼岛实施所谓“国有化”到菲律宾提交南海仲裁这一阶段，国际法维护国家领土主权的作用受到政府的高度重视，其也成为国际法研究的重要内容。这一次的“一带一路”为国际法学界“接地气”提供了广阔土壤。国际法学者要抓住机遇。

如何“接地气”？立场很重要。国际法肯定是要服务于对外政策的，这在任何国家都一样，国际法对国家的实际作用就在于此。“一带一路”是中国的构想，立足于中国的立场，我们的研究必须服务于“一带一路”，必须有助于推进“一带一路”建设。作为研究者，我们的角色是智库，任务是理论联系实际，为国家提供助推“一带一路”建设的国际法建议，以便国家更好地利用国际法实施“一带一路”构想。

从国际法角度研究“一带一路”的第二个目的是促进对国际法的深入研究。“一带一路”涉及许多国际法问题，其中不乏国际法基本或重要问题，阐明这些问题不仅是“一带一路”建设的需要，也有助于我们对国际法的研究深入进行。以不干涉内政原则为例。“一带一路”的顺利实施有赖于沿线国家与中国的友好关系，友华、亲华的政府很重要，巴基斯坦就是个典型。我们过去严守不干涉原则，认为政府更迭是一国内政。美国则不然，扶植代理人、支持反对派、对不听话的政府实施制裁，只要符合其利益，各种办法无所不用。在政府承认问题上，美国也是不断变换承认原则，符合其利益是唯一标准。我们不学美国，但在不干涉等原则的运用上应保持足够的弹性。维护和支持友华、亲华政府，应是确保“一带一路”顺利实施不可或缺的。而弹性有多大，法律上如何说得通，需要深入研究才能得出结论。无论如何，只要我们面向“一带一路”的具体问题，着手于这些具体问题的解决，研究就能够向纵深发展，而不再局限于对国际法原

① 邓小平在1978年12月13日的中共中央工作会议闭幕会上的讲话稿：《解放思想，实事求是，团结一致向前看》。

则、规则、概念、程序的一般性表述上。

从国际法角度研究“一带一路”的第三个目的是推动我国国际法理论体系建设。结合“一带一路”进行国际法研究，需要总结我国以往的国际法实践，从中提炼我国的国际法理念、方法、观点，并以此检验、解释和丰富现行国际法的原则、规则及制度。这些都是构建我国国际法理论体系的应有之义。我们应该抓住这次机遇，争取用几年的时间提出我国关于整个国际秩序的全面、系统的认识，完成构建我国国际法理论体系的任务。

从国际法角度研究“一带一路”的第四个目的是带动国际法交叉学科的发展。我国国际法学科建设通过改革开放后的几次机遇得到了很大发展，“一带一路”又带来了新的发展机遇。这次机遇还有可能带动国际法交叉学科的发展。国际实践和我们利用国际法的经验都表明，国际法绝不是一个自我封闭的体系，它和国际政治包括对外政策、世界历史包括中外关系史、国际经济包括中国力量的崛起等，都有着十分密切的关系。因此，从国际法角度研究“一带一路”必须要跨界，与其他学科交叉，唯有这样才能有效解决“一带一路”面临的难题；国际法学也才可能获得新生。这不仅是国际法学人的自我反省，也是“一带一路”建设的要求。“一带一路”本身就是综合性的构想，跨学科的方法与之完全契合。从国际法角度开展“一带一路”研究，至少应能够探索出一条如何将国际法与其他学科联系起来的路径，或许还能够衍生出新的交叉学科，如国际法与国际政治学。①

三、从国际法角度开展“一带一路”研究的路径

“一带一路”是我国新时期对外关系的重大政策构想，因此，从国际法角度开展“一带一路”研究，必须考虑政策与法律的关系。工具论强调政策是法律的实质，法律是政策的形式；政策是法律的目的，法律是政策的工具。在国际法领域，工具论是许多学者都承认的，因为它反映了国际关

---

① 参见李鸣：《改革开放、丝绸之路与国际法——从政治角度看待法律》，载《石河子大学学报》（哲学社会科学版）2014 年第 6 期；王逸舟：《重塑国际政治与国际法的关系——面向以人为本、社会为基的国际问题研究》，载《世界经济与国际政治》2007 年第 4 期。

系的现实,解释了国际法的本质。工具论是一种现实主义学说。[①] 现实主义学说论者还认为,国际法主要是大国意志的体现,是国际力量对比的结果,因为大国有能力将自己的立场、观点摆到国际法中,并有能力将国际法朝着对自己有利的方面加以解释和适用。因此,国际法主要是大国推行自己的政策、实现自己利益的工具。[②] 现实主义学说要求充分考虑力量的因素在国际法整个过程中的作用,包括在国际法的制定、解释、适用、评价和重订等各个环节的作用,并要求这些环节均以政策的实现作为目标追求。[③] 现实主义学说得到了许多经验的证明,是一种经验论,值得借鉴。而且,我国目前的实力也允许借鉴。"一带一路"是大国战略构想,正是因为改革开放以来我国综合实力大大增强,我们才敢于提出这一构想。"一带一路"是一个需要力量支撑的战略构想。而任何一个大国都是要把自己的意志摆到国际法中的,都要在国际秩序中拥有足够的发言权,都要通过国际法实现自己的愿望,这一点我们必须要清楚。

现行的国际秩序基本上还是西方主导的秩序,现行国际法带有浓厚的西方色彩,中国基本上未参与其建设,即使参与也多为配角。在这个意义上说,中国还是一个国际法的小国。这种状况与我国的地位不相匹配,应设法改变。不过这并不意味着应推翻现行秩序,不现实也无此必要。中国既无称霸的力量,也无称霸的野心。更重要的是,中国是现行国际秩序的受益者,也就是西方常说的"搭便车"。我国的改革开放之所以取得今天的经济成就,现行国际秩序起了很大作用。因此,我们要争取的是一个与我们的地位相称的国际秩序,是一个能够充分反映我们的立场、观点和话语的国际法体系。

然而,国际法不仅仅是大国意志的体现,它还需要国际社会其他成员的同意。国际法也并非追求一己私利的工具,它以国际社会共同利益为目标[④],各国的利益只有融入共同利益才符合国际法的理想。国际法不

---

① 参见马尔蒂·科斯肯涅米:《国际法的目的是什么?》,陈一峰译,载《北大国际法与比较法评论》(第11卷),北京大学出版社2014年版,第81—85页。

② 同上书,第98页。

③ 参见 W. Michael Reisman, "Law from the Policy Perspective", in *International Law Essays: A Supplement to International Law in Contemporary Perspective*, New York, 1981, p. 6.

④ The Case of The S. S. Lotus, Publications of the PICJ, Series A. -No. 10, Collection of Judgments (7 Sep 1927), Judgment No. 9, p. 18.

仅是现实主义,也是理想主义。理想主义是国际法发展的动力。[①] 因此,我们的研究应该立足于现实主义和理想主义的结合,在两者之间有所平衡,而“一带一路”契合了这种方法。

“一带一路”是凭实力追求中国利益、实现中国崛起的构想。在这个意义上说,它是现实主义的。同时,它又试图颠覆“强大必用武、必称霸”的观念,走一条中国崛起的道路。它的目标是共赢或共同利益,它的手段是合作及和平,它是将中国的利益融于国际社会共同利益之中的构想。在这个意义上说,它又具有浓厚的理想主义色彩。现实主义与理想主义相结合的方法正适用于“一带一路”的国际法研究。这一方法要求所有的研究,包括提出问题和解决问题,要紧扣国际法服务于“一带一路”的主题,既要思考用足中国力量,又要知其限度;既要思考力量之间的博弈,又要考虑其如何妥协;既要思考满足中国的利益,又要顾及共同利益,既要思考对现行秩序的遵守,又要对其展开批判。

从国际法角度开展“一带一路”研究,还应将国际法视为一个过程,这一过程包括国际法的制定、解释、适用、评价、修改、重订等环节。“一带一路”肯定包括新的原则、规则的制定问题,肯定发生对于现行原则、规则的解释及适用问题,肯定需要评价或修改现行秩序(原则、规则),甚至不排除某种推倒重来的可能。这些都应成为我们的研究对象。

现在我们有了两条路径,一是现实主义与理想主义相结合的路径,二是国际法过程的路径。两条路径合二为一,就是本文推荐的从国际法角度研究“一带一路”的方法。第一条路径所述基本观点,应贯穿于第二条路径的始终,并可以通过第二条路径发展出新的具体观点。

四、“一带一路”相关国际法重点研究领域

与“一带一路”密切相关的国际法领域或方面有不少值得研究的问题,需要群策群力来发掘。

第一个领域是国际法基本原则。实施“一带一路”构想需要基本原则

---

① 战争与和平是国际法的永恒主题。欧洲史上 30 年战争,催生了近代意义上的国际法。拿破仑战争导致维也纳公会召开,第一次世界大战迎来了国际联盟,第二次世界大战战火正酣就酝酿出联合国组织。人类虽然不能达到康德所言“永久和平”,但始终为和平的理想而努力奋斗。

的引领。《联合国宪章》的宗旨及原则或和平共处五项原则，一般来讲应适用于"一带一路"建设，但仍有一些重要问题值得深入研究并予以澄清。例如，主权与人权或不干涉内政与人权的关系。这一关系已经渗透到了国际法许多领域，我们虽然已有研究，但缺乏深度也不够具体。"一带一路"建设已经提出了这一关系问题，最明显的例子就是亚投行贷款标准如何制定的问题。此外，"一带一路"强调国际合作，但国际合作是不是一项国际法基本原则？它是否要求合作方承担某种法律义务？1970年《关于各国依联合国宪章建立友好关系及合作之国际法原则之宣言》起草时，学者围绕着国际合作是一般性义务还是纯粹条约义务争论不休。[①] 这个争论今天仍有意义，尤其是对于"一带一路"建设，我们应如何看待这一争论？持何种立场更有利于国家利益？还有"约定必须遵守"是国际法基本原则，但不能否认有些国家根本就缺乏契约精神，在这种情况下如何投资以及如何保护投资？单方面毁约时采取何种救济措施？制裁是否可以成为政策选项，尤其是在排除动武选项之后？这些问题都有待于深入研究才能得出结论。

国际法基本原则实则一般国际秩序问题。由于法律原则充满不确定性或弹性，解释的重要性凸显。如何运用现实主义与理想主义相结合的方法合理解释法律原则，并以此服务于"一带一路"建设，值得相关研究重视。在这个意义上说，建立更加公正合理的国际政治经济秩序，主要是"旧瓶装新酒"的问题。

第二个领域是海洋秩序，其中与"一带一路"关系密切的是航行自由原则。现在一些国家经常拿航行自由攻击中国的海军军备及南海岛屿建设。我们要敢于亮明态度，维护中国的安全利益。南海是中国海上国际贸易的生命线，最关心南海航行自由的当然是中国，这种正当性、合法性必须要向国际社会明确。此外，专属经济区的军事利用也值得研究。无论从沿海国和平、安全的角度看，还是从友好关系与合作的角度看，这种军事利用都缺乏正当性。

第三个领域是国际经济法。"一带一路"是发展国际经贸关系的设

---

① Piet-Hein Houben, "Principles of International Law Concerning Friendly Relations and Co-operation among States", *The American Journal of International Law*, Vol. 61, No. 3. (Jul., 1967), p. 721.

想，涉及的国际经济法问题更多、更具体。从公法的角度来看，这个领域主要是贸易、投资、金融的国际法与人权、环境保护的关系问题，以及与沿线国家签订协议、建立机构的问题。总的来讲，条约和国际组织都是确保"一带一路"建设顺利进行，确保我们的利益包括公民人身及财产安全的比较有效的手段，"一带一路"应尽可能在条约和国际组织的框架下实施。需要强调的是，无论是条约或国际组织，都只是形式，而形式的国际法必须贯穿政策的内涵才有实际意义，因此，如何根据我们的力量将我们的利益和话语权通过这些形式最大化，是相关研究要解决的问题。

第四个领域是保护中国海外利益。这里有一般国际法问题，例如武力保侨，但更多的是中国与有关国家的双边和多边机制问题。关于武力保侨，我们有一个最新的实践。2015 年 3 月底至 4 月初，由于也门内乱，我国海军在亚丁湾的护航编队急赴亚丁港执行撤侨任务，共撤离 600 余名同胞，同时协助撤离 15 国公民近 300 人。这次行动对于如何布局、实施"一带一路"建设有诸多启示。其中很重要的一点是，我军在世界各地保持存在，对于应对危机、确保我国公民人身及财产安全十分必要。这次撤侨之所以迅速、及时，得益于我护航编队在亚丁湾的存在。因此，我们要加强在世界各地的军事投射能力，包括军舰在各大洋游弋、获得补给港口甚至建立军事基地。从国际法来看，这样做应无问题，但要修正我们的一些传统观点，尤其是对武力保侨的态度。过去我们反对西方国家动用武力保护本国侨民，认为此举非法。[①] 这主要是因为中国海外利益有限。现在情形完全变了，我国已经成为国际贸易和资本输出大国，利益遍布世界各地。因此，再用以往观点看待武力保侨肯定不合时宜。实际上，国际法上人权及保护的责任等概念的发展，也进一步支持了武力保侨一说。我们尽管可以不赞成西方在人权及保护的责任上的一些立场，但不能不承认，这些概念为武力保侨提供了新的正当性理由。只要我们纯粹出于人道考虑，不带有任何领土企图，而且尽可能征得东道国政府同意，在危急时刻动用武力保护、撤离我国公民，应不存在任何国际法障碍。国际社会对也门撤侨行动的赞赏态度也能够证明这一点。

第五个领域是提供国际公共产品，涉及维和、反恐、反海盗、人道援助等问题。也门撤侨的另一个启示是通过提供国际公共产品来增加中国影

---

① 参见王铁崖：《国际法》，法律出版社 1997 年版，第 113—114 页。

响力或软实力的重要性。这次撤离还惠及15国的国民，实则是为国际社会提供公共产品。为各国及其人民做好事、做善事，符合国际社会共同利益。正是因为如此，撤离行动不仅得到有关国家的支持和感谢，还得到国际社会的赞誉。为国际社会提供公共产品，对我国益处很多。它可以成为我军伸展于世界各地、维护国际和平与安全、维护中国国家及人民利益、打击国际恐怖主义的正当理由，同时，也有助于我国维护海洋权益，有效回击对我国南海岛屿建设的质疑。更重要的是，提供具有人道目的的国际公共产品的行为能够大大提升我国的软实力。“一带一路”的实施需要软实力支撑，需要以德服人，争取国际民心。尤其在人的生命处于危难时刻施以援手，是提升软实力的有效方式。因此，我们应源源不断地提供更多的具有人道目的的国际公共产品，例如，组织应对地震、海啸、台风等天灾的国际救援队，组织应对各种重大疾病、传染病的国际医疗队，随时开赴事发国家或地区，实施人道目的援助。

提供国际公共产品，特别是人道目的的产品，既有高投入，又有高风险。在欧美力量下降、中国国力增强的今天，我们比以往更有可能运用这一办法争取外交上的突破，以此带动“一带一路”建设。总之，通过提供国际公共产品提升中国软实力，是一个与“一带一路”密切相关的重大国际法课题，需要分门别类深入研究，本文只是提出一些初步意见。

第六个领域是网络法。互联互通包括信息互通，涉及网络安全、知识产权等问题。网络法是国际法新兴领域。现在一提网络法，就容易联系到网络战，进而又联系到使用武力、自卫及战争法，这是一个误区，有可能为大国滥用武力提供口实。网络国际法的发展，应该沿着制止对网络安全的犯罪、保护网络知识产权的方向进行。“一带一路”的国际法相关研究也应如此。

走出国际组织法的迷思

——试论何谓国际组织法*

饶戈平**

从19世纪初叶莱茵河委员会在欧洲的诞生算起，政府间国际组织已经跨越了两百年的历史。① 它们从最初的各国政府职能部门间合作性的国际行政联盟，发展到今天林林总总遍布人类生活所有方面的国家间、政府间多边合作的制度性安排，俨然已成为国际社会组织化、全球化的载体，成为国际体制和全球治理的组织形态，发挥着不可或缺的重要作用。富有洞察力的学者早就指出，当代国际关系的一大特点是"迈向组织"(the move to institutions)②，而国际社会早已生活在一个国际组织纵横其间的时代了。③

政府间国际组织从其诞生之日起，就生活在国际法的特定环境中，构成与适用于国家间的传统国际法有别的法律秩序，逐渐形成所谓国际机构法或国际组织法，迄今越来越引起人们的关注。但严格地说，它在理论上还不是很成熟、很完善的，甚至不妨说，整个国际组织研究领域尚缺乏

---

* 原文刊于《北京大学学报》2016年第6期。

** 北京大学法学院教授，博士生导师。

① See Jan Klabbers, "The Life and Times of the Law of International Organizations", 70 *Nordic Journal of International Law*, 2001, pp. 287—317.

② David Kennedy, "The Move to Institutions", 8 *Cardozo Law Review*, 1987, p. 841.

③ M. Lachs, "Legal Framework of an International Community", 6 *Emory International Law Review*, 1992, pp. 334—335.

有广泛影响力的理论框架[1],不能不引为学界的憾事。不过理论研究方面的短板似乎并未妨碍国际组织自身的蓬勃发展,也不足以否认在国际秩序中的确存在和运行着规范国际组织的法律。诚可谓理论是灰色的,生命之树常青。

尽管如此,从学科建设的角度看,人们至今对国际组织法毕竟还持有不少疑惑和迷思的目光,仍然困扰、限制着这一学科的发展。同国际法的其他分支相比,国际组织法究竟是一个什么样的法,怎样理解其法律渊源和法律性质,其类别划分和学科体系如何,国际组织法同国际法存在什么样的关系?对于诸如此类问题,国际学界仍然存在各式各样的说法,莫衷一是。就中国学界而言,很少有研究成果对这些基本问题作出有说服力的阐述,在教学中也难免出现似是而非、模棱两可的解说,阻碍人们对国际组织及国际组织法的准确理解,实有深入研究、走出迷思、以求甚解的必要。为此,本文试图围绕何谓国际组织法的理解,就国际组织法学科中的一些基本问题作一初步探讨,以期抛砖引玉,推动该学科的基础建设。

一、何谓国际组织法

现在国内的教科书里常常会把国际组织法一般地界定为规范和调整政府间国际组织产生、运作的原则、规则、章程和制度的总称。[2] 虽然这一说法尚属允当,也能给人一个粗略的概念,但是似乎过于笼统,不足以圆满解答人们在实践中产生的种种困惑:国际组织法究竟是否已构成自成一类的国际法分支体系?是否存在一部可以规范所有政府间国际组织的普适性法典?国际组织法的法律性质和具体表现形态到底是什么?其研究对象究竟是作为国际组织这一国际现象整体的法律,还是单个国际组织法律的总和?如此等等。在国际组织法产生半个多世纪后的今天,人们尚在纠结于这些基本问题的讨论,似乎不免有些尴尬。倘若这些问题得不到合理解答,国际组织法的研究恐怕很难谈得上有根基、有方向。究其迷思的根源,很大程度上还是受限于对政府间国际组织这一概念的

---

① See Jan Klabbers, *An Introduction to International Organizations Law*, 3rd Ed., Cambridge University Press, 2015, pp. 2—6.

② 参见梁西:《国际组织法(总论)》(第5版),武汉大学出版社2001年版,第3页;饶戈平主编:《国际组织法》,北京大学出版社1996年版,第19页。

缺失。

鉴于政府间国际组织自身的多样性、异质性，迄今为止，国际社会对之仍然缺乏一个公认的界定，或者说尽可能回避作一个精准的定义。尽管西方学界的主流意见认为，一个政府间国际组织通常需要具备以下四大要素：其主要成员是主权国家，国际条约构成其成立依据，设有常设机构并具备自己的独立意志，以及具有针对成员国制定规范的能力。[①] 这种四要素的归纳法显然回避了直接界定国际组织，但看起来似乎抓住了问题的本质，有助于加深人们对国际组织的理解，在学界也有较大的认同。即便如此，对何谓国际组织的这种概括也仍然受到实践的挑战与学者的质疑。[②] 人们对如何界定国际组织之所以非常审慎，不是不想为，而是不易为、不便为。实践中也曾经有过一些试图界定国际组织的先例，例如在个别国际多边条约中对国际组织加以定义，不过似乎并未获得普遍采用。[③] 即使是权威的国际法委员会，也仅仅是在五年前针对《国际组织责任条款草案》作出了一个非常有限的工作定义[④]，其慎重可见一斑。国际组织的界定问题固然十分重要，而且迄无定论，但不属于本文的讨论重点，也不妨碍下面问题的讨论，故在此不予细说[⑤]。

也许正是因为考虑到国际组织及其法律的多样性、异质性，国际学界长期以来对于何谓国际组织法的“法”这个基本问题始终语焉不详，似乎

---

① Philippe Sands & Pierre Klein, *Bowett's Law of International Institutions*, 6th ed., London: Sweet & Maxwell, 2009, pp. 15—16.

② 参见饶戈平:《本体、对象与范围——国际组织法学科基本问题之探讨》，载《国际法研究》2016 年第 1 期；又见饶戈平主编:《全球化进程中的国际组织》，北京大学出版社 2005 年版，第 37—90 页。

③ 例如，1979 年的《维也纳关于国家在其对国际组织关系上的代表权公约》，1986 年的《关于国家和国际组织间或国际组织相互间条约法的维也纳公约》。

④ 作为国际法委员会“国际组织责任”专题特别报告员，Gaja 在其 2003 年第一次报告中指出，之所以“就国际组织无法达成一个令人满意的定义，主要困难是当下被认为是‘国际性’的组织具有极大的多样性”。参见 First Report of the Special Rapporteur, Giorgio Gaja, A/CN. 4/532 (March 26, 2003)。国际法委员会最终在其《国际组织责任条款草案》第 2 条采纳了如下工作定义：“为本条款的目的，‘国际组织’是指根据条约或受国际法制约的其他文书建立的具有独立国际法律人格的组织。国际组织的成员除国家以外，还可包括其他实体。”这个定义强调了国际组织须具有国际法律人格，主要是考虑到不具有国际法律人格的国际组织难以在国际法上承受国际责任，此类国际组织的责任问题不必适用该条款草案。条款草案文本，参见联大决议 A/Res/66/100(2011 年 12 月 9 日)。

⑤ 有关国际组织的界定问题，可参见饶戈平:《本体、对象与范围—国际组织法学科基本问题之探讨》，《国际法研究》2016 年第 1 期。

一直是在采取回避态度。欧洲学者早期的两本国际组织法教科书代表作,即鲍维特(D. Bowett)1963 年的《国际机构法》和谢默思(H. G. Schermers) 1972 年的《国际机构法》,就完全回避了界定问题,虽然这并不妨碍他们将其研究对象和领域定性为法律,而不是法理学或者政治学。谢默思和布洛克(N. M. Blokker) 在其 2011 年第五版的《国际机构法》一书中反复使用了国际机构法(international institutional law)或国际组织的机构法(institutional law of international organizations)的措辞,并且明确主张国际组织法应列为国际法下面的一个次级学科。[①] 但令人不解的是,这部将近 1300 页的教科书从头到尾没有给国际机构法作出一个明确的定义。本世纪初,塞恩茨(P. Sands)和克莱恩(P. Klein)修订的第六版《鲍维特国际机构法》,仅仅用了不到一页的篇幅对国际组织法做了一个欲言又止的说明,仅仅提到说"并不排除存在一个国际组织共通法的可能性",让人感觉他们更多的是在刻意回避而不是意在具体讨论。[②] 芬兰赫尔辛基大学的克莱博斯(J. Klabebrs)教授是当前国际组织法研究的领军人物之一,但是在其 2015 年出版的第三版《国际组织法导论》一书中,同样回避了这个问题,而只是一般的援引说"有社会,即有法"。[③] 也曾有个别学者试图对国际组织法的这个本体问题做正面探讨,但显然没能获得学界的一般性接受。[④]

这些国际组织法专家对于国际组织法的概念本身采取了回避态度,显然并非出于疏忽,而是有深层原因的。最根本的原因,恐怕在于到底什么是国际组织法,在他们看来仍然是一个见仁见智、实践也仍在不断发展的、不明确的问题。然而,人们既然主张把国际组织法作为一个独立学科

---

① See Henry G. Schermers & Niels M. Blokker, *International Institutional Law*, Fifth Revised Edition, Martinus Nijhoff Publisher, 2011, p. 27.

② See Philippe Sands & Pierre Klein, *Bowett's Law of International Institutions*, 6th ed., Sweet & Maxwell, 2009, pp. 16—17.

③ Jan Klabebrs, *An Introduction to International Organizations Law*, 3rd Edition, Cambridge University Press, 2015. 尽管克莱博斯教授在赫尔辛基大学主讲国际组织法课程,但是他对于国际组织法是否构成一个独立的学科都提出了质疑,不过他也同时认为这并不减损在大学里教授国际组织法的必要性。参见 Jan Klabbers, "The Paradox of International Institutional Law", 5 *International Organizations Law Review* (2008), pp. 151—173.

④ See C. F. Amerasinghe, *Principles of the Institutional Law of International Organizations*, Second Revised Edition, Cambridge University Press, 2005, pp. 13—21; Finn Seyersted, *Common Law of International Organizations*, Martinus Nijhoff Publisher, 2008, pp. 1—29.

来认识和研究，就不能长期回避对这个本体问题的正面回答。不妨说对这个问题的解说，从根本上影响到国际组织法是否构成一个独立的学科，影响到国际组织法作为一个学科的定位以及具体的研究方法等理论和学术问题，同时也不可避免地在规范层面上影响到对各种具体的国际组织法问题的正确认识和解决。

其实，困扰国际组织法概念的关键问题，似在于人们理解和认识上的差异：到底是否存在一个专门调整国际组织的、对各类国际组织都可以统一适用的一般性的国际法规范体系，抑或说所谓国际组织法仅仅是对国际组织存在的若干共同法律问题加以比较研究的学科。诚然，林林总总的国际组织各不相同，每个国际组织都自成体系，具有独特的原则、规则和具体实践，都有其不同的法律秩序。但是所谓国际组织法究竟是旨在揭示和构建一个具有普遍适用效力的规范性体系，抑或说仅仅是一个对各个国际组织的法律和实践加以比较研究或个别研究的学科领域？这似乎是一个我们无法推诿、有必要加以明确的重大问题。

国际学界对这一问题的专门讨论虽然不很充分，岐见纷呈，但是若把他们的论述汇总一下，还是可以清晰地归纳出以下四种代表性意见的：

第一种意见认为，国际社会存在着一套普适于所有国际组织的法律体系，可以挪威学者塞耶斯泰德（F. Seyersted）为其代表。他在其代表作《国际组织的共通法》（*Common Law of International Organizations*）中认为，国际实践中存在一套完整的、可以一般适用于所有国际组织的法律。他强调自己所研究的“common law”，是指政府间国际组织的“共通法”，而非流行于英美法系的“普通法”。“尽管各类政府间国际组织存在种种差别，但是存在一套事实上对包括超国家组织在内的所有政府间国际组织都适用的重要的习惯法。”[①]按照塞耶斯泰德的观点，这套国际组织的共通法并非来源于国际组织的章程性文件，而是在国际组织的实践中发展出来的习惯法。从其内容上来看，包括了处理组织内部关系的内部法、处理组织对外关系的相关国际公法，以及处理组织对外与私人关系的冲突法规则。[②] 显然，塞耶斯泰德在这里把国际组织法定位为具有一

① Finn Seyersted, *Common Law of International Organizations*, Martinus Nijhoff Publisher, 2008, p. 1.

② Ibid., pp. 21—23.

般性的习惯法、共通法。其观点虽然属于独树一帜的少数派，和者甚寡，但其内含的学理智慧至今仍回荡在学术殿堂，令人回味。

第二种意见认为，国际组织法不过是所有国际组织各自法律的一个总汇，可以法国学者鲁特(P. Reuter)为其代表。他认为，现实生活中不存在一个统一的、可适用于所有国际组织的国际组织法，而是每个国际组织都有其自成体系的组织法。所谓国际组织法其实只能是一个复数的法(laws of international organizations)，即每个单个的国际组织法律和实践的总和。[①] 在他看来，国际组织法似乎只能是见木不见林，所谓“林”也仅仅是一个汇集众多国际组织的单个法律体系的大拼盘，而不像一个独立的法律门类。他的观点旗帜鲜明，同塞耶斯泰德显然是针锋相对的。

第三种意见认为，国际组织法实际上是一种在比较中求共性的法律体系，可以荷兰学者谢默思和布洛克为其代表。他们认为，国际组织尽管千差万别，但是在日常运作过程中遭遇的大量问题却多有类似之处，而且这些问题都有其法律方面的共性，因此国际组织法是以国际组织的章程性文件为基础，对各个国际组织可能遇到的共同法律问题所进行的一种比较研究。一个国际组织的法律和实践并不当然适用于另一个国际组织，但是不妨碍它们能够彼此借鉴，有参考意义而非规范性效力。[②] 这种观点给人的印象似乎是有意无意地在用对国际组织的研究方法去取代对国际组织法的定性，更多的是把国际组织法视为一种比较法。不过，他们也旗帜鲜明地主张国际组织法具有“多样性中的统一体”的特性。[③] 这种说法似乎有点令人费解，但看起来也比较符合实际情况，在学界还是有相当的影响力的。

第四种意见接近于折中派，可以资深的国际组织官员阿莫拉辛格(C. F. Amerasinghe)为其代表。他一方面承认每个国际组织都有其特殊性，都有其独特的原则和规则体系，另一方面又认为国际社会已经在国际组织一些问题上发展出某些可以广泛适用的法律原则。因此，所谓国际组织法既

---

① See Paul Reuter, First Report on the Question of Treaties between States and International Organizations or between Two or More International Organizations, A/CN. 4/258 (April 3, 1972).

② See Henry G. Schermers & Niels M. Blokker, *International Institutional Law*, Fifth Revised Edition, Martinus Nijhoff Publisher, 2011, pp. 21—28.

③ Ibid., Preface.

包括了各个国际组织的章程等基本文件，同时也包括了某些可以一般适用的法律原则、在实践中形成的习惯法以及某些协定性国际法规则等。[①]

上述四种观点表明了学界对何谓国际组织法的不同认知，各有其真知灼见和合理性，对人们理解这一概念大有助益，很难简单地加以肯否取舍或标以轩轾，也凸显出从法理上解决这一问题的难度。值得注意的是，这些不同认识还在很大程度上影响了学者个人对国际组织法的研究方法、研究重点和研究内容等核心问题的选择。例如，塞耶斯泰德力图发掘和建构一个“国际组织的共通法”，在研究中注重归纳和演绎的方法，致力于阐明国际组织法的一般规则，力图围绕国际组织运行建构一个体系完整的国际组织法。而谢默思和布洛克则彻底贯彻了比较研究的方法，注重对国际组织实践的总结和类比，致力于对各国际组织共同法律问题的发掘和归类，至于国际组织法的体系性和系统性显然未成为其关注重点。这也在很大程度上影响了他们对国际组织法理论的发掘，使得他们那部百科全书式的著作在理论上略显苍白。而阿莫拉辛格的说法似取中庸之道，博采众长，兼容并包，看起来有较大的包容性和认受度。

国际学界关于何谓国际组织法的争议，焦点似乎集中在是否存在一个如同国际法其他分支一样的可以普遍适用于国际组织的统一法典，无异于陷入了一个无解的方程式。在笔者看来，问题的关键其实并不在统一法典的有无以及是什么，而在于要确认实践中是否真实存在规范国际组织的法律，以及这些法律有没有同一性，能不能形成一个有别于国际法其他分支的特殊门类。笔者认为，倘若不拘泥于何谓国际组织法的严格界定，对国际组织法概念的理解似应从规范意义和学科意义两个层面来解说，换言之，所谓国际组织法是由规范意义的国际组织法和学科意义的国际组织法两个部分共同组成。

就其规范意义上来说，国际组织法是用以规范、调整政府间国际组织的建立和运作的所有原则、规则、章程和制度的总和。这些规范无疑属于法律范畴，但它们并没有或者说没有可能表现为一个统一的可以普遍适用于所有国际组织的国际组织法典，而是更多地体现为每一个组织各具特色的法律规范。它们固然是实在的、彼此独立的个体，但又有不可否认

---

① See C. F. Amerasinghe, *Principles of the Institutional Law of International Organizations*, Second Revised Edition, Cambridge University Press, 2005, pp. 13—21.

的共性,共同组成国际组织法这个整体。

同时,国际组织法的研究对象不拘泥于每个国际组织的个别法,而是集中关注所有国际组织都可能共同面对的法律问题、法律规则和制度。其中既涉及各国际组织自身的基本文件、组织决议、内部规则和制度等内部法律体系,也涉及适用于国际组织的一般国际法、国际习惯法和一般法律原则等国际法原则和规则,如国际法基本原则、国际强行法规则、国际组织的法律人格、对外权利和义务、国际责任等。从国际实践发展来看,这些一般性质的国际法原则和规则,正在日益成为国际学界的研究重点,国际组织法研究或许在逐步从比较法研究转向规范性研究。

作为一个独立学科的国际组织法,其中的"法"除了在实践中体现为国际组织的具体规范外,更多强调的是法律研究方法,即国际法学者运用规范的视角和法律的思维去研究国际组织实践中存在的各种法律问题,推动国际组织运作的法治化、规范化。面对国际组织这一活生生的国际现象,向来有不同学科、不同视角的研究方法,包括政治学、经济学、历史学、社会学的等;而国际组织法学科强调的是从国际法的角度对国际组织这一充满多样性的现象加以研究,从规范性视角切入,现行法(*lex lata*)和应然法(*les ferenda*)并重,实在法和自然法兼容。换言之,国际组织法作为一个学科,强调的是国际法学者在研究国际组织方面特有的视角、方法、维度和价值取向。正是这种独特性,使得国际法学者得以在对何谓国际组织"法"存在争议的情况下,能够共同推动形成一个独立的国际组织法学科。也正因为如此,国际组织法的学科内容具有相当的开放性,尤其是在教材写作方面,不同学者对于哪些问题应该纳入国际组织法、基于何种体系和原则来梳理和阐述国际组织法,往往产生出多样化的解说,带有鲜明的个人见解。

规范意义上的国际组织法和学科意义上的国际组织法是密切关联、相辅相成的,既要看到两者的区分,更要注重两者的联系。一方面,规范意义上的国际组织法构成国际组织法学科的实在法依据和研究基础,而对国际组织法规范层面的不同理解,也往往导致该学科研究上的不同方向与方法。另一方面,学科意义上的国际组织法日益为国际组织的各种规范提供合理性、正当性的理论支撑,促进国际组织法规范的丰富和发展,加固国际组织法同国际法的密切关联。对国际组织法的认识只有同时关注规范意义和学科意义两个层面的问题和研究,才能真实反映这一国际法分支的全貌,避免偏颇。

国际组织法具有不同于国际法其他分支学科的许多特点,我们未必要、未必能以国际法其他学科惯常的标准或模式来要求它、衡量它。纵使国际社会不存在一个统一的成文化的国际组织法法典,没有一个可以普遍适用于所有政府间国际组织的法律体系,但并不妨碍人们对涉及国际组织的法律问题进行综合、比较以及分类的研究,不足以忽略或否认国际组织法学科确立的合理性。相反,它需要人们用更加开放的思维来看待国际法序列中的这一特殊成员,用有别于国际法以往的理念和方法来开展研究。

二、国际组织法的渊源和性质

每一种法律规范都有自己特定的渊源,而法律渊源也在一定程度上决定了规范的法律性质。全面深入地理解何谓国际组织法,离不开对其渊源和性质的考察。

国际组织法的规范具体表现为与国际组织运作相关的原则、规则、章程和制度,其规范对象主要不是作为国际法基本主体的主权国家,而是国际组织自身、组织的各个机构、国际公务员,以及国际组织的全体组成成员,一定意义上还涉及与组织相关的其他国际法主体,表现出具有约束力的法律性质。那么作为国际法一个分支的国际组织法,其法律渊源又是什么呢?说到这里不免要提到《国际法院规约》第 38 条 1 款。[①] 尽管这一著名条款历经了 70 多年的风雨,近年来也常常被呼吁要与时俱进,但迄今为止仍然被公认为厘清国际法渊源的最权威、最完整的表述[②],其适用范围几乎囊括整个国际法体系的所有规范。国际组织法既然被认定为国际法的一个分支,当然也应该以这一规定作为考察其法律渊源的依据和标准。不过实践表明,国际组织法的渊源固然主要受这一条款的约束,不可逾越其外,但是另一方面又超出了上述条款的要求,具有自己独特的渊源,个中原因无疑要归结于国际组织法构成的特殊性。

实践中,国际组织法的构成主要表现为国际法性质的规范和组织内

---

① 见《国际法院规约》,载王铁崖等编:《联合国基本文件集》,中国政法大学出版社 1990 年版,第 63 页。

② 王铁崖:《国际法引论》,北京大学出版社 1998 年版,第 51—55 页。

部法性质的规范两大类。第一类规范可以从《国际法院规约》第 38 条 1 款去寻找其法律渊源，第二类规范则产生于国际组织的内部运作过程。就其第一类规范的渊源而言，首先也是最重要的，当属规定组织成立的创始性多边条约或其他国际法文件，通常称之为组织基本文件；其次则包括适用于组织运作的一般国际法、国际习惯法和一般法律原则，最后还包括组织缔结和参与的其他国际条约。[①] 毫无疑问，这类形式的渊源都属于国际法范畴，国际组织可以从它所承认、接受和遵循的国际条约、国际习惯以及一般法律原则中，也就是说从国际法的传统渊源中去寻找和确定自己的法律规范。《国际法院规约》第 38 条 1 款有关国际法渊源的规定完全适用于国际组织，从而也奠定了国际组织法的国际法性质基础。在学界，国际组织法中这类规范的国际法性质是不被质疑的。

就其第二类规范、即组织内部法的渊源而言，显然就不能仅仅从《国际法院规约》第 38 条 1 款中去寻找依据，而是还必须从组织内各机构的议事规则、管理规则，习惯法规则，特别是各机构通过的大量决议中去寻找和确定。正是这些规则、制度和决议构成了国际组织内部法的渊源。这一类渊源产生于组织内部的运作过程而非国家间关系中，其规范对象主要也不是国际法主体（成员国在这里主要表现为组织内部成员），而是组织的内部运作，它们从数量上看占据国际组织日常规范的大部分，从表现形式上看迥然不同于现有的国际法，那么它们究竟能否纳入国际组织法的渊源，到底属于什么性质的法律？

首先，国际组织的内部法无法归入国内法。因为它们不是以国内法为依据、产生于国内权力机构，并非表现为国内法上的成文法或判例法；也不是以国内社会关系为规范对象，不能直接适用于国家内部法律秩序。尽管它们同国内法有很多相似之处，但也无法从国内法体系去寻求其渊源、确定其法律性质，显然不能归属于国内法。其次，国际组织的内部法同国际法有千丝万缕的联系。它们是依附于组织基本文件、即特定的国际多边条约而产生的，国际法性质的基本文件构成其宪制性法律，其法源

---

① 国际法院在 1980 年《世界卫生组织与埃及于 1951 年 3 月 25 日所定之协议的解释》的咨询意见中指出："国际组织是国际法主体，因此受国际法一般规则、组织章程及其所参加条约所施加之任何义务的约束。"参见 International Court of Justice, "Interpretation of the Agreement of 25 March 1951 between the WHO and Egypt, Advisory Opinion", *I. C. J. Reports 1980*, pp. 89—90。

是国际法而不是国内法；其规范对象是作为国际法特殊主体的国际组织及其内部的机构、公务员和组织成员，效力范围也只及于国际组织；更何况内部法的运作始终要遵循、服从适用于组织的国际法，脱离了国际法它们就难以自立。鉴于国际组织的内部法只能是在国际法的特定环境下产生和运作，即使其中一部分仅仅涉及组织内部的行政管理，看起来似乎与国际法性质没有很大的关联，但它们不可能游离于国际组织之外，而是属于整个国际组织法的组成部分，只能合乎逻辑地以国际法作为或间接作为自己的渊源，从而决定了国际组织的内部法只能排他地从属于广义上的国际法体系，具有法律属性。

三、国际组织法的分类与学科体系

每一个学科或其分支都有自己特定的学科结构，都有对其研究对象类别的划分。为深入理解国际组织法的内涵起见，似有必要同时考察一下它们的分类和学科体系。

1. 国际组织法的分类

国际组织法因其规范对象的不同以及各组织性质、构成、职能的差异，在类别上表现出多样性、异质性的特点，很难找到一个可以囊括国际组织法所有规范的统一法典或体系。从学科意义上看，如果以其研究对象为区分标准，国际组织法可以呈现出若干研究形态。

作为国际组织法最基本、最常见的形态，也是国际组织法主要研究对象的，当属国际组织的机构法。欧洲学者习惯于称之为国际机构法（International Institutional Law），而美国学者多称之为国际组织法（Law of International Organizations）。[①] 名称虽有区别，内容大同小异，即专门研究国际组织的宗旨职能、机构设置与程序规则等基本问题。它们是国际组织法学科的起源和初衷，构成国际组织法研究的核心内容和基础，始终占据国际组织法学科的主要位置。[②] 不过，国际机构法显然尚不足以涵盖与国际组织活动有关的所有法律问题，特别是涉及国际法的法律问题，

---

① See, F. L. Kirgis, *International Organizations in their Legal Settings*. 2nd ed., West Publishing Co., 1993.

② 这一点可以谢默斯、布洛克的《国际机构法》和克莱博斯的《国际组织法导论》为其代表。

因此也有学者提出了国际组织法律秩序的概念[①]，即以组织基本文件为核心，把涉及国际组织活动的所有法律关系、法律问题统统包容进来，称之为国际组织的法律秩序。当然，此中也包括了国际机构法，并且以它为主要内容。这一概念无疑是对国际组织法认识的一个提升，看起来似乎也可以成为国际组织法的一个别称。不过由于其范围过广、结构比较松散，偏重于描述、归纳组织在各方面的法律活动，其规范性和体系性似乎不是很强，至今仍未能被广泛接受为对国际组织法学科的命名。

除上所述，国际组织法的类别还包括其他一些形态。例如，有专门研究世界上最重要的普遍性国际组织——联合国法律体系的联合国法[②]，以及组成联合国系统各专门机构法律的联合国专门机构法[③]；有专门涉及某一类型或某一领域国际组织法律的组织法，如国际经济组织法、世界贸易组织法[④]；有专门研究区域性国际组织法律的区域组织法，如欧洲联盟法、美洲国家组织法、东南亚国家联盟法[⑤]；有专门涉及国际组织职员管理的国际公务员法[⑥]，也有专门涉及国际组织内部各机构程序规则的国际行政法[⑦]，如此等等。

在以上这些类别之外，也有学者倾向于把国际组织法分为外部法与内部法两大类。[⑧] 外部法是指规范国际组织同成员国、非成员国以及其他国际组织之间关系的准则和规则，亦即不同国际法主体之间适用的法

---

① See O. Schachter, *United Nations Legal Order*, Cambridge, 1995, Two Volumes. Also see, Henry G. Schermers & Niels M. Blokker, *International Institutional Law*, Fifth Revised Edition, Martinus Nijhoff Publisher, 2011.

② See Hans Kelsen, *The Law of the United Nations*, 1951. Also See O. Schachter, *United Nations Legal Order*, Cambridge, 1995, Two Volumes..

③ See Henry G. Schermers & Niels M. Blokker, *International Institutional Law*, Fourth Revised Edition, Martinus Nijhoff Publisher, 2003, Annex III, pp. 1225—1231. 国内学者研究参见江国青：《联合国专门机构法律制度研究》，武汉大学出版社 1993 年版。

④ See J. H. Jackson, World Trade and the Law of GATT, 1969; The Jurisprudence of Gatt and the WTO, 2000; also see K. W. Dam, The GATT Law and International Economic Organization, 1970.

⑤ See D. Chalmers, *European Union Law*, 1998; O. C. Stoetzer, *The Organization of American States*, 2nd ed., 1993; V. Muntarbhorn, *The Challenge of Law: Legal Cooperation among ASEAN Countries*, 1986.

⑥ See C. F. Amerasinghe, *The Law of International Civil Service*, 2nd ed., 1994.

⑦ See B. Kingsbury and L. Casini, "Global Administrative Law Dimensions of International Organizations Law", 6 *International Organizations Law Review*, 2009, pp. 319—58.

⑧ 主要是欧洲学界的主张，如德国马普国际法研究所和荷兰莱顿大学的谢默斯教授。

律规范。这些规范无疑属于国际法的范畴，分别散见于各国际组织的对外交往中，不过也曾有过相关的国际法律文件对组织对外关系加以明确规范，例如1975年的《维也纳关于国家在其对普遍性国际组织关系上的代表权公约》和1986年的《维也纳关于国家与国际组织间或国际组织相互间的条约法公约》（此两公约至今尚未能生效），以及2011年联大通过的《国际组织责任条款》。[①] 至于国际组织的内部法则指调整、规范组织内部各类关系的制度和准则，如各机构的程序规则、议事规则、财务规则、人事规则，组织内部各机构间的关系规则，以及各机构海量的决议文件，等等。内部法是组织内一个包罗万象、更为复杂的法律系统，若想了解和利用好国际组织，脱离了对内部法的研究是很难做得到的。国内学界以往对此重视不够，缺少熟悉特定国际组织内部法的专家，似应加大对内部法的发掘和研究力度。

需要指出的是，国际组织的内部法和外部法在实践中很难精准区分，而且内部法往往具有外部的法律效力，组织决议可以对成员国、其他国际法主体或非主体产生法律效果。联合国安理会的决定，世界贸易组织争端解决机构的裁决，国际民航组织制定的规则和标准等，都提供了大量例证。

2. 国际组织法的学科体系

从学科意义上考察，不论国际组织如何千姿百态，不论国际组织法的类别有多少样式，它们所研究的法律问题或对象终有许多雷同之处，它们的结构体系也具有某种同一性，诚可谓不同而和。国际组织法学科的使命，恰恰不仅要关注国际组织的个性，更要注重国际组织的共性，要兼顾国际组织法体系的完整性。过去的70多年中，国际组织法固然业已形成自己的机构法体系，但自“冷战”结束后也有学者倾向于认为，现今的国际组织法不能仅仅局限于组织机构法的研究，还应该包括组织法律秩序的内容，这样才能构筑一个全面完整的、基础性的国际组织法学科体系。[②] 笔者颇以为然，并试图由此出发来阐释对国际组织法学科体系的认识。

在笔者看来，国际组织法学科体系是由组织机构法和组织法律秩序两大部分组成。所谓组织机构法，主要是由国际组织相对静态（static

---

① 前两个公约的中文本，可分别见王铁崖等主编：《国际法资料选编》，法律出版社1981年版；《国际法资料选编》（续编），法律出版社1993年版。《国际组织责任条款》见《联合国大会决议》（A/Res/66/100）英文本。

② O. Schachter, *United Nations Legal Order*, 1995, Preface.

state)的法律规范组成，偏重于对组织机构及程序性问题的研究，主要涉及国际组织活动中普遍存在的一般性法律原则、规则、章程和制度，此即传统的国际机构法的研究对象和路径。在过去很长一段时间，机构法几乎成为国际组织法的代名词。然而，国际组织法又是一个“活生生的法”(living law)，始终处于发展、动态的过程。所谓组织法律秩序，则更多关注的是国际组织相对动态(dynamic state)的法律运作过程，涉及国际组织对一般国际法、国际习惯法以及一般法律原则的适用，也涉及各国际组织在自己特定领域活动时所形成的习惯法规则和机制。在一定意义上，机构法似乎较多地涉及程序法、实在法，而组织法律秩序则较多地涉及实体法、应然法。国际组织法的这两大部分内容有机结合、缺一不可，实践中很难严格划分，在教科书中则往往是融为一体，交叉列述。①

组织机构法的构成

概括地看，组织机构法所研究的对象和问题至少包括以下八个方面：

1. 组织的基本文件

即组织的组成条约或曰组织法。这是国际组织的宪制性文件，规定了组织的宗旨、原则、职能、机构设置、主要程序规则等，是组织赖以成立与运作的法律基础，也是组织人格和职权的法律来源。有关基本文件的核心内容、法律效力与地位，及其制订、生效、解释与修订等，历来是国际组织法研究的基本问题。

2. 成员资格与代表权

涉及组织成员的类型、加入组织的条件与程序、成员的权利与义务、成员资格的代表权，以及成员资格的丧失等问题。成员国与国际组织的关系始终是影响国际组织运作的最重要的一对矛盾关系。

3. 组织的法律地位

主要涉及国际组织在国内法与国际法上的法律人格问题，包括国际组织法律人格的取得与确认，组织权力的来源与基础，法律人格属性带来的法律后果等问题。其中，组织权力的来源至今仍为学界争议的热点。

---

① 克莱博斯在其《国际组织法导论》(第三版)中即采用这种方法。即便是谢默斯和布洛克，在其《国际机构法》第四版、第五版中也专门增设了“法律秩序”一章。

4. 组织机构及其职能

涉及组织内各主要机关、辅助机关、附属机关的设置、组成和职能，各机关的权利能力与行为能力，各机关之间的相互关系，机关的越权行为问题，以及司法审查等问题。机构职权向来是机构法的研究重点。

5. 组织机构的程序规则

主要涉及组织各机构的决策程序及决议效力，包括各机构的会议制度、议事规则、表决制度，以及各机构决议的效力问题。其中，表决制度和决议效力是研究重点。

6. 组织内部的管理制度

也有称为国际组织行政法的，主要包括组织内部的行政管理制度、财政制度和人事管理制度。行政管理制度主要指组织秘书处的运作，涉及对一个庞大的国际官僚机构的全方位管理，其中秘书长是行政首长、运作中枢。财政制度也被称为组织预算法，涉及组织预算的制订程序、收入的来源与筹集、支出的方式与管理，以及成员国之间围绕预算问题的政治较量。人事管理制度也被人称为国际公务员法，涉及国际公务员的招聘、任用、管理制度，以及与公务员有关的争端解决机制。

7. 组织的对外关系

也称为国际组织的对外关系法，主要规范国际组织对外的权利能力和行为能力，包括对外关系权以及特权与豁免两部分。前者涉及国际组织的缔约权、使节权、承认权、求偿权及其他对外关系的能力，后者涉及组织本身、成员国使团以及国际公务员的特权与豁免。

8. 国际组织的解散与继承

既涉及组织解散的缘由与形式，也涉及组织继承的根据、方式以及财产、债务、职员与职能等方面具体的继承问题。至此得以从法律上为一个国际组织划上句号。

上述八个方面仅仅是对国际组织机构法主要内容的列举式归纳，未必已穷尽其所有内涵。这八个方面看起来可以针对所有组织适用，似乎具有一定的同质性，但由于国际组织本身的多样性，机构法在不同国际组织的具体表现形式、内容、范围、程度上实际上是各有千秋、不尽一致的。不存在一个统一固定的机构法模式可以套用于所有国际组织，而是必须具体地考察每个国际组织的具体情况。

组织法律秩序的构成

国际组织法学科另外一部分的内容则是涉及组织的法律秩序，着重研究国际组织运作过程中的法律问题和法律适用，似乎也带有一定的法理色彩。其主要涉及组织内各机构的造法、决策职能及决策程序的正当性、合法性，组织决议的法律地位与法律效力，司法审查机制，组织对成员国义务的监督实施机制、制裁惩罚机制、争端解决机制，国际组织的责任制度，国际组织的宪政秩序，以及全球治理体系等问题。而国际组织法律秩序的考察，往往需要和一般国际法以及具体的部门国际法集合起来加以考察。这部分内容在国际和平与安全、人权、贸易、环境等领域表现得尤其突出，也是晚近以来一些国际法学者更有兴趣的研究对象。与组织机构法相比，组织法律秩序研究的兴起既是学科范围的一种扩充，也是研究视角与方法的一种调整。

以联合国法研究为例，20 多年前美国哥伦比亚大学的沙赫特教授撇开传统的对联合国组织机构法的研究模式，集中围绕其各个活动领域的法律秩序来展开论述。他把联合国系统的活动归纳为至少 18 个专门领域，即武力与军备控制、人权、自决权、难民与移民、妇女、劳工、经济关系与发展问题、教育科学文化与信息、环境、海洋法、海运、邮政与电讯、民航、外层空间、卫生、粮食与农业、国际犯罪、国际私法的统一等，逐一地深入探讨联合国系统内各个领域的法律运行状况。他认为，在联合国体系中，在上述领域内各自形成了在全球范围内起作用的自成体系的法律秩序，把它们汇合起来即组成所谓的“联合国的法律秩序”。[①]沙赫特教授的研究颇有创意，虽然他仅仅是针对一个组织的法律秩序进行考察，但实际上启发和带动了整个国际组织法研究的新视角、新领域。

从学科意义上讲，组织法律秩序的研究固然较多的是以各个国际组织为侧重对象，但也需要致力于对各组织法律秩序中共有问题的研究，唯此它们才能同组织机构法结合在一起，组成一个完整、全面的国际组织法学科体系。从规范意义上讲，组织法律秩序同组织机构法一起，有效规范、调整着各个国际组织以及国际组织整体的活动，这种法律秩序既是相

---

① 参阅 Oscar Schachter, *United Nations Legal Order*, 1995, Vol. 1—2.

对独立的,也构成整个国际社会法律秩序的一部分。

实事求是地说,与打磨多年的组织机构法相比,晚近出笼的组织法律秩序研究似乎尚欠成熟与系统,还处于不断发展、演进的过程中。法律秩序较多的涉及实体法规范,但其相当一部分又带有明显的应然法的理想色彩,缺少必要的国际实践验证,实施效力难免受到质疑;法律秩序中的规范看起来范围很广,但较多涉及所谓"软法",而软法在国际法上的性质和效力至今仍混沌不清,多少会影响到组织法律秩序的定性问题。这些问题都是国际组织法发展前路中难以避免而又必须正视和解决的。

四、国际组织法与国际法的关系

对于何谓国际组织法的理解,还离不开对它与国际法关系的考察。国际组织法之所以被归类于国际法,不仅仅因为国际组织是依据国际法而创立,遵循国际法而运作,而且还因为国际组织法(国际组织)在国际法发展中起到重大的能动作用。国际法学者不但重视对国际组织法自身体系的研究,而且也很关注国际组织对国际法发展的影响。鉴于国际组织法的这种作用主要通过国际组织的活动而体现,而国际组织的活动又多表现为法律运作,二者密不可分,实为一体,因此,笔者在谈到这种作用时姑且交叉、混同使用国际组织与国际组织法这两个不同的概念。

1. 国际组织法促进了国际合作原则的制度化、法律化

促进国际合作是联合国的四大宗旨之一[①],而各国之间依照联合国宪章彼此合作的义务则被公认为国际法的一项基本原则[②],现代国际法就是一部由国家间共存法不断向国家间合作法发展的历史。[③] 国际合作是需要载体和规范的,而国际组织则是实现国际多边合作的载体,是国家间多边合作的制度性安排;国际组织法则致力于把国际合作这一国际法原则制度化、法律化,促使国际社会不断从高度分权状态走向有组织状

---

① 见《联合国宪章》第 1 条第 3 款,载王铁崖等编:《国际法资料选编》,法律出版社 1981 年版,第 819 页。

② 见《关于各国依联合国宪章建立友好关系及合作之国际法原则宣言》,载王铁崖等编:《国际法资料选编》,法律出版社 1981 年版,第 1 至 9 页。

③ Wolfgang Friedmann, *The Changing Structure of International Law*, Columbia University Press, 1964.

态，推动国际社会全球治理能力和机制的提升。不妨说今日世界离开了国际组织就谈不上国家间多边合作，国际组织法已构成全球化时代的合作国际法的重要组成部分。《联合国宪章》本身就被公认为一份具有最高权威的规范国际合作的国际法文件，而所谓全球治理的国际体制，正是建立在国际组织的框架基础上的。

2. 国际组织法渗透到国际法的各个分支，国际组织成为现代国际法发展的重大动力

有学者认为，全球化和普遍性国际组织的出现是 20 世纪的一个创新；如果说现代国际法存在着某种重要特征的话，那就是国际组织的发展和影响。[①] 也有学者指出，“1945 年以来国际法发生的多数变化是在国际组织框架内发生的”。[②] 诚然，国际组织法不具有如同条约法公约、海洋法公约、外层空间法公约、人权法公约、外交关系法公约那样的统一法典，也不像国际法其他分支那样在国际事务中具有相对独立的实体领域，但恰恰是由于国际法的各个分支都设置有相关的国际组织，国际组织法得以分佈、渗透到并作用于国际法的所有领域，在一定意义上构成一类跨越于国际法各分支的具有某种超然性特点的国际法部门法。

自第二次世界大战结束以来，以联合国为代表的现代国际组织已成为影响、促进国际法发展的主要动力之一。[③] 用专门研究国际组织造法职能的美国学者阿瓦雷兹(J. E. Alvarez)的话讲，国际组织的运作“不仅改变了国际法的造法过程，也改变了国际法的内容”。[④] 政府间国际组织的全方位活动不但形成了自己独特的法律秩序，构成国际法的一部分，而且极大地丰富、发展了现代国际法整体。人们注意到，现代国际法的发展已经不仅仅依赖于主权国家的实践，而且在很大程度上也有赖于国际组织的实践。国际组织不但具有创设、确认国际法或证明国际习惯法形成的作用，而且以自己卓有成效的创新性活动塑造着国际社会的法律秩序，

---

① M. N. Shaw, *International Law*, 6th Ed., Cambridge University Press, 2008, pp. 1284—1285.

② H. G. Schermers and N. M. Bloker, *International Institutional Law*, Martinus Nijhoff, 2003, p. 6.

③ 参阅饶戈平主编：《国际组织法》，北京大学出版社 1996 年版，第 21—24 页。又见梁西：《国际组织法》(修订第四版)，武汉大学出版社 1998 年版，第 15—21 页。

④ J. E. Alvarez, *International Organizations as Law-makers*, Oxford University Press, 2005, Preface.

推进全球治理的实施，不断向国际法提出新问题、新挑战，大大冲击、扩展传统国际法的领域和范围。实践表明，政府间国际组织业已被承认为具有独特的国际法律人格、成为特殊类型的国际法主体，从而突破了传统的国际人格、国际法主体的范围；国家主权权利能够被成员国部分地自主让渡给国际组织行使，国际组织的重要决议被视为具有某种效力的国际法形式渊源，从而扩展了国际法渊源的范围；国际组织推动国际法的编纂与发展，极大地丰富了国际造法活动；国际组织参与和丰富国际法的实施机制，强化了国际法的效力；等等。凡此种种昭示人们，国际组织能够以其独特方式为现代国际法的发展注入活力，对国际组织和国际组织法研究的重视怎样强调都不为过分。

3. 国际组织推动着国际法的编纂与发展

以国家为主要规范对象的国际法是主权国家合意的产物，但国际社会不存在凌驾于国家之上的统一的立法机构，传统上习惯法的形成、条约的制定，都是经由国家实践自主完成的，主权国家是国际法的造法者。现代国际组织的兴起在一定意义上打破了这种局面，以国家为中心的国际法造法模式很大程度上让位为国际组织造法，国际组织日益承担起国际法编纂与发展中心的角色。自国际联盟特别是联合国成立以来，涉及国际社会各领域的国际公约和多边条约的发起、起草和通过，适应国际社会需求的各种国际法原则、规则和制度的制定，几乎都是经由相关的国际组织来完成的，国际组织俨然成为现代国际法的造法者。《联合国宪章》把提倡、促进国际法的发展与编纂列为自己的使命，还特别为此成立了工作机构——国际法委员会和联合国国际贸易法委员会。联合国专门机构，如国际劳工组织、国际民航组织、世界卫生组织等，也进行了有关国际法律方面的许多编纂。阿瓦雷兹指出，当今国际社会所拥有的用以调整国家间关系的大量规则，是通过国际组织的努力而得以发起、提出、谈判和解释的，也往往是由此获得实施的。早期的统计数字表明，截至 1995 年，现行约 1500 个多边条约中，几乎有一半可以归功于联合国体系内的组织，而在国际组织发起下缔结新条约的速度似乎正在稳定上升。[①] 不妨说，国际组织扮演的角色，已经并将继续加速国际法的编纂与发展，促进

---

① J. E. Alvarez, *International Organizations as Law-makers*, Oxford University Press, 2005, Preface.

国际法的成文化、系统化。

4. 国际组织参与和丰富国际法的实施机制

国际法向来被视为一个弱法或软法，很大程度上在于它不具有如同国内法一样的强制实施机制。国际法的形成或制订建立在各国共同同意的基础上，其实施也有赖于各国的善意遵守或被动执行。国际法的实施机制传统上主要表现为国家的自我遵守和自助行为，整体上处于一种各行其是、分散无序的无政府状态，很大程度上影响和限制了国际法效力的实现。第二次世界大战以后政府间国际组织作为一类特殊的国际法主体进入国际法律体系，逐步参与到国际法的实施进程中，尤其在"冷战"结束后越来越多地被赋予或强化国际法实施的职能。其实施方式在国际组织实践中至少可以表现为：国际争端的和平解决机制，制止武装冲突及维护和平的强制执行机制，多边条约实施中的报告与通知制度，审议与核查制度，监督与制裁制度，以及促进缔约国履约能力的建设制度，等等。尤其引起人们关注的是，在维护国际和平与安全、军备控制、人权的国际保护、环境与气候公约的实施、国际贸易协定的遵守与争端解决，以及针对国际刑事犯罪的管辖与审理等领域，国际组织参与国际法实施的作用表现得尤其突出。

与国家对国际法的实施相比较，国际组织一方面表现为直接参与国际法某些特定规则的实施，成为国际法直接的实施者；但是另一方面，更为重要的形式是间接地参与实施，即并不是取代国家或凌驾于国家之上去实施国际法，而主要表现为以组织约章和国际法为依据，运用组织的整体力量和优势，通过国际多边合作的制度性安排，去敦促、协助和监督成员国履行其国际义务。国际组织参与国际法的实施，本质上是对国家实施国际法的一种必要补充，是国际法实施中的辅助形式，它们和国家的主体作用一起构成国际法实施的现代机制。国际组织参与国际法实施的实践，改变了国际法实施中的成员构成，丰富、充实了国际法的实施方式，增强了国际法的实施效力与实施效率，从整体上促进了国际法实施机制的发展，同时也强化了国际治理、全球治理的法律保障。[①]

① 该节内容可参见饶戈平主编：《国际组织与国际法实施机制的发展》，北京大学出版社2013年版。

《巴黎协定》与全球环境治理*

宋　英**

全球环境治理很难给出一个普遍接受的定义，不过，如果把这个概念分解开来，那么“治理”至少可以指一个主体通过一个具有权威地位的价值、规则、规范、程序、实践、政策和组织构成的复杂系统对公共事务进行管理。① 环境就是这样的公共事务，环境治理是对环境公共事务进行管理，因此，全球环境治理则应该至少包括以下三个方面：第一，治理的主体应该是国际的，可能包括国际组织、国家和非国家的实体分别或共同组成的主体；第二，这个复杂系统应该是国际层面的或者是由国际、区域和国内共同组成的多层次的体系；第三，治理的对象主要是那些影响全球（而不是区域）的环境公共事务。全球气候变化便是全球环境治理中最具有代表性的一个领域。

全球气候变化是当今人类社会面对的严峻挑战，事关我们这一代人和子孙后代的生存与发展，而且只有通过全人类共同努力才能应对。但是谁来组织应对、按照什么原则组织应对、采取什么样的措施应对、建立什么样的制度应对等都成为全球环境治理的重要议题。2015 年 12 月 12

---

* 原文刊于《北京大学学报》2016 年第 6 期。

** 北京大学法学院副教授，博士生导师。

① Thomas G. Weiss, *Global Governance: Why? What? Whiter?*, Polity Press, 2013, p. 98; Richard E. Saunier & Richard A. Meganck, *Dictionary and Introduction to Global Environmental Governance*, 2nd ed., Earthscan, 2009, pp. 3—38.

日,《联合国气候变化框架公约》(以下简称为《公约》)[①]的缔约方终于对2020年以后应对气候变化的国际措施与制度达成了具有法律约束力的协议——《巴黎协定》(以下简称为《协定》),对2020年以后许多应对气候变化悬而未决的重大问题作出了规定与安排,推动了应对气候变化的全球环境治理的进展。本文将对该《协定》的科学确定性问题、共同但有区别原则、机构设置、减缓与适应措施、遵约机制等五个问题从全球环境治理的角度进行简要的解读与分析。

一、《巴黎协定》与科学确定性问题

科学的确定性是治理的前提与基础。限制或禁止某些行为的前提与基础是这些行为导致的后果是有害的,科学上已经清楚证明了行为与后果的因果关系。例如向饮用水源排放有害物质必然造成饮用水的污染,直接危害人类的身体健康,因此各国法律都明确和严格禁止的这种行为。但是有些事情并非这样一目了然,那么这就给环境治理带来诸多挑战。气候变化就是其中之一。

气候变化是指气候状态的变化。这种变化可以通过气候特征的均值和/或变率的变化进行识别,而且这种变化会持续一段时间,通常为几十年或更长时间。导致气候变化的原因主要包括两种:气候自然内部的原因(例如,海洋的变化)和气候外部强迫的原因(例如太阳活动的改变、火山喷发、人类活动或人类对土地利用的持续改变等)对大气成分的改变。[②] 这里值得注意的是,尽管人类活动的原因只是气候变化外部原因的一个部分而非全部,但是《公约》第1条(2)在对气候变化进行界定时则突出和强调了人类活动的原因是主要原因,是《公约》规范的对象:"气候

---

① 《联合国气候变化框架公约》,1992年5月9日签订,1994年3月21日生效,同日对中国生效,截止到2016年9月3日共有197个缔约方。《京都议定书》1997年12月11日签订,2005年2月16日生效,同日对中国生效,截止到2016年9月3日共有192个缔约方。《巴黎协定》,2015年12月12日通过,2016年4月22日开放签署,截止到2016年10月20日共有191个缔约方签署,包括中国、美国在内的83个缔约方(约占全球就温室气体排放总量的60%)批准了该协定。2016年9月3日,中国与美国同时批准该《协定》。根据该《协定》第21条第1款的规定,《协定》生效的条件是"双55",即《联合国气候变化框架公约》的55个缔约方的批准,同时批准方温室气体排放总量需达全球排放总量的55%。该《协定》将于2016年11月4日生效。

② 政府间气候变化专门委员会,"术语表",《气候变化2014—综合报告》(SYR,中文版),2015,第120页。

变化指除在类似时期内所观测的气候的自然变异之外，由于直接或间接的人类活动改变了地球大气的组成而造成的气候变化”。从科学上讲，气候系统是由五个主要部分组成的高度复杂的系统：大气、水圈、冰冻圈、岩石圈、生物圈，以及它们之间的相互的作用。科学家也是从 20 世纪六七十年代中期才开始注意到全球就气候发生了持续的、异常的变化，但是究竟是什么原因造成的这种变化以及如何应对等经历一个不断发现与认识的过程。

20 世纪六七十年代，气象科学家注意到大气中二氧化碳的成分在持续增多，与此同时全球平均气温在不断上升。科学家对冰芯的研究也证实了这一点。期间，其他领域的科学家也注意到全球气候持续变化，农民、渔民和业余自然观察者都相继从不同角度、不同的地域观察到气候这种异常的变化。但究竟是什么原因造成的这种变化，以及这种变化的后果是什么、应该如何应对等，科学家并没有给出相同的答案。科学上存在相当的不确定性。由于全球气候变化毕竟是一个事关人类现在和未来的大问题，需要全世界的科学家联合起来共同研究和解决，因此 1988 年世界气象组织和联合国环境规划署共同建立了政府间气候变化专门委员会(Intergovernmental Panel on Climate Change，IPCC，以下简称为专门委员会)，主要负责对气候变化的成因、气候变化对人类和地球生态系统的影响以及应对措施进行科学分析与评估。联合国大会嗣后通过决议支持其建立。

这个专门委员会与其他科学机构不同的是：它本身并不从事原始、具体的气候变化科学研究或气候变化检测等工作，而是将已经取得的原始、具体研究的成果进行汇集、分析与评估，并最终形成评估报告，向包括联合国在内的国际组织和《公约》缔约方提供评估结论和应对建议。其中，报告中“对决策者的建议”还需要经过专门委员会所有参加会议的缔约方政府代表的同意。负责撰写最终综合报告的科学家大致有 50 位左右，但是全球数以千计各个领域的科学家以各种方式、直接或间接参与了该专门委员会各个工作组的工作。专门委员会自建立以来共发表了五份气候变化评估报告，分别于 1990 年、1996 年、2001 年、2007 年和 2014 年发表，为国际社会应对气候变化的行动提供了科学依据，逐步减少了关于气候变化科学的不确定性。2007 年，专门委员会与前美国副总统的戈尔共同获得当年的“诺贝尔和平奖”，以表彰他们对应对气候变化作出的贡献。

专门委员会评估的范围主要包括三个方面的科学信息：人类是否导致了气候变化、人类导致的气候变化的影响是什么、应该采取哪些适应和减缓措施。从专门委员会发表这五份报告来看，关于人类活动导致全球气候变化的科学确定性从60%左右提高到90%以上。这五份报告与应对气候变化的全球环境治理框架与机制的发展有着密切的关系。

1990年，专门委员会的第一份评估报告提出，由于人类活动的各种排放使大气中温室气体的浓度显著增加，所以地球表面的温室效应增强，使全球变暖。同时，该报告明确承认科学存在不确定性，建议应尽快启动一项框架公约的谈判，以灵活和渐进的方式分阶段推进全球应对气候变化的措施。① 因此同年，联合国大会通过决议启动了《公约》的谈判。1991年，政府间谈判委员会举行第一次会议。谈判进展顺利，1992年该委员会通过了《公约》草案，并于同年5月在里约举行的联合国环境与发展大会上开放签署。1994年3月《公约》生效。该《公约》建立全球应对气候变化的法律框架与原则。《公约》与许多国际环境条约在全球环境治理方式上的共同特点是先制定框架性公约，就原则性问题进行初步约定，接下来通过议定书和附件具体规定缔约方的权利义务。由于国际上没有超国家的立法机构，所以国际环境公约的缔约方大会(Conference of Parties, COP)就成为缔约方后续谈判的平台和环境治理的最高机构。

1995年《公约》缔约方在柏林举行了第一次缔约方大会，通过了"柏林授权"(Berlin Mandate)，开始就各国温室气体具体减排计划与安排进行谈判。1996年初，专门委员会发表了第二份评估报告(《气候变化1995》)，明确提出大气中二氧化碳成分增加是人类外部强迫气候变化的主要原因，因此必须采取切实有效的减排措施。② 1997年11月在京都举行的第三次缔约方大会上通过了《京都议定书》(以下简称为《议定书》)，使《公约》提出的目标和原则能够得以实现。《京都议定书》具体规定了37个工业化国家和欧洲共同体(附件一缔约方)在第一承诺期(2008—

---

① IPCC, *First Assessment Report 1990* (*FAR*), http://www.ipcc.ch/ipccreports/1992%20IPCC%20Supplement/IPCC_1990_and_1992_Assessments/Chinese/ipcc_90_92_as sessments_far_overview_zh.pdf，访问时间：2016年9月3日。

② IPCC, Second Assessment Report: Climate Change 1995 (SAR), http://www.ipcc.ch/pdf/climate-changes-1995/ipcc-2nd-assessment/2nd-assessment-cn.pdf，访问时间：2016年9月3日。

2012)内按照1990年的基准平均减排5%的法律义务。欧洲共同体(即现在的欧洲联盟)承诺减排8%,俄罗斯等向市场经济过渡的国家可以维持在1990年的水平,美国承诺减排7%[①]。为了实现这些目标,《议定书》设计了几种新的机制协助缔约方履约。但是,《议定书》的批准和生效过程十分曲折,美国没有批准《议定书》,该《议定书》一直等到2005年由于俄罗斯的批准才得以生效。

2001年专门委员会发表了第三份评估报告,对评估的结论的科学确定性进行了明确的量化评定。例如,该报告提出自从20世纪中期以来所观测到的气候变暖有66%的可能性是由于人类活动造成的。[②] 2007年,专门委员会第四份评估报告发表。报告称在过去50年里的全球平均气温变暖的原因要归于人类活动的原因,其可能性高于90%。报告还呼吁《公约》缔约方采取更加有效的措施减少温室气体的排放。[③] 为此,同年12月在巴厘岛举行的《公约》第13次缔约方大会上通过了"巴厘路线图",启动新的、有所有缔约方参加的应对气候变化新协议的谈判进程,以期达成一个2012年后全面的、有效的、可持续的应对气候变化的行动计划,实现《公约》目的。但是,2008年经济危机的发生使谈判应对气候变化新协议的紧迫性和重要性降低了。2009年,《公约》第15次缔约方大会只是通过了一份没有法律约束力的《哥本哈根协议》(Copenhagen Accord),要求缔约方各自提交减排计划和安排。2010年12月,《公约》第16次缔约方大会通过了《坎昆协议》,缔约方就一个新的、全面的应对气候变化的一揽子协议达成一致,除了减缓(减排)之外,还对适应、资金、技术、能力建设等方面进行了更加详细的安排。2011年,在德班举行的《公约》第17次缔约方大会取得重要进展,缔约方达成共识:有必要达成一项新的、所有缔约方都参与的、具有法律约束力的气候变化协定,并为此建立了"德班平台"(Durban Platform)。2012年在多哈举行的《公约》

---

① 根据《京都议定书》第24条的规定,议定书生效须经缔约方批准。2001年2月,新当选的美国总统布什,以气候变化存在科学上的不确定性,议定书严重损害美国利益,以及中国和印度等没有承担减排义务为由,撤回了对《京都以议定书》的签署,也没有提交参议院审查和批准该议定书。

② IPCC, *Third Assessment Report*: *Climate Change 2001* (*TAR*), http://www.grida.no/publications/other/ipcc_tar/,访问时间:2016年9月3日。

③ IPCC, *Four Assessment Report*: *Climate Change 2007* (*AR4*), http://www.ipcc.ch/publications_and_data/ar4/syr/zh/contents.html,访问时间:2016年9月3日。

第18次缔约方大会上，巩固了过去三年气候变化谈判所取得成果，并为新协定的谈判开启大门。同时会上还决定对《京都议定书》进行修改，将其有效期延长至2020年，从2013年1月到2020年1月为《议定书》第二承诺期，发达国家继续承担《京都议定书》规定的具有法律约束力的量化减排义务，使《议定书》的规定与谈判中的新协定无缝对接。2013年在华沙举行的第19次缔约方大会就确保2015年底前达成一项新协定达成共识并作出了积极的努力。2014年专门委员会发表了第五份评估报告。报告指出，人类对气候的影响是清楚的，人类影响是1951—2010年期间全球气候变暖的主要原因，其科学可能性在95%—100%之间。如果没有新的、适用于全球的减缓措施的话，2100年全球平均气温与工业化前的水平比较将增加3.7℃—4.8℃。而如果坎昆缔约方大会的成果能够实现的话，那么全球气候变暖可以控制在3℃之内，因此达成新的协定是最好的选择。① 这样，2014年在利马举行的第20次缔约方大会上，缔约方对新协定的一些原则性问题和主要内容达成协议。

2015年12月12日，在巴黎举行的第21次缔约方大会上，通过最后艰苦的谈判，缔约方终于达成一项新的、所有缔约方都参与的、具有法律约束力的协定——《巴黎协定》。

《巴黎协定》共有共计29个条款，其核心内容主要包括以下几点：第一，长远目标——确保全球平均气温较工业化前水平的升高控制在1.5℃—2℃之内。1880—2012期间已经上升了0.65℃—1.06℃。2050年后，使人为碳排放量降至森林和海洋能够吸收的水平，实现“零排放”。第二，减缓目标—— 各方同意每隔5年重新核定各自自主减缓目标。目前已有180多个国家和地区提交了从2020年起始的5年期限内减缓目标。第三，评估目标—— 若存在“减排差”(emission gap)，各方今后4年内重新评估各自的减缓目标，以便适时调整。第四，透明度——要求缔约方报告各自的温室气体排放情况以及减缓进展，但赋予发展中国家适度“弹性”空间与安排。第五，资金机制——设立“绿色气候基金”，发达国家向发展中国家提供资金支持，帮助后者减少碳排放以及适应气候变化。虽然《协定》没有具体、硬性的规定，但规定了“路线图”。第六，损

① IPCC, *Climate Change 2014—Synthesis Report* , http://www.ipcc.ch/pdf/assessment-report/ar5/syr/SYR_AR5_FINAL_full_wcover.pdf，访问时间：2016年9月3日。

失损害——"承认"气候变化导致的损失和损害,使"华沙国际机制"为相关国家提供支持。

从上述对气候变化由科学不确定性到确定性发展的回顾可以看出,在全球环境治理的过程中,科学的确定性仍然是治理的前提条件与基础,但是为了应对科学不确定性给治理带来的挑战,先建立一个治理框架、确定一些核心的原则是第一步,然后随着科学确定性的增加,一步步完善相关的治理措施与制度。这不仅是合理的,也是可行的。应对气候变化的治理过程印证了这一点。[①]

二、《巴黎协定》与共同但有区别的责任原则

全球环境治理的另一个挑战是如何在法律上国家主权平等与现实中国家间政治、经济、文化、法律、社会等方面巨大的差异之间找到治理系统的平衡。国家在国际法上是平等的,这意味着在一项国际条约中缔约方应该享受同样的权利并承担同样的义务。但是面对环境问题,各国应对这些问题的能力、手段、方式和方法以及紧迫性都存在巨大差异。气候变化问题,首先是发达国家在过去一百多年工业发展累计排放温室气体造成的,其次才是发展中国家在近些年发展过程中排放造成的。即使就今天的排放而言,发达国家人均排放也远高于发展中国家的人均排放。在这样的情况下,让发达国家与发展中国家承担完全相同的法律义务是既不合理也不公平。

为了在全球环境治理这个复杂系统中找到平衡点,国际环境条约中逐步发展出一项原则——共同但有区别的责任原则(Common but Differentiated Responsibilities, CBDR,简称共区原则)。这是指在国家在为国际环境保护目标共同努力的同时,根据各国不同的经济、社会情况和对当前环境问题的历史贡献,承担有区别/不同的义务。这项原则被一系列国际环境条约接受,并在此基础上设计和实施了各种机制、制度与措

① 有的学者对于这两者的关系有不同的解读,见 Michael Finus & Pedro Pintassilgo, "Formation of climate agreements: the role of uncertainty and learning", in Todd L. Cherry *et al*. eds., *Towards A New Climate Agreement—Conflict, Resolution and Governance*, Routledge, 2014, pp. 29—43.

施。这项原则的实质是在承担共同义务的前提下,各国承担不同的、有差别的义务。从国际法来看,包含差别义务或差别待遇条款的国际条约可以追溯到20世纪初。[①] 而共区原则作为国际环境法上的法律原则开始频繁出现在国际环境条约和文件中是20世纪80年代中期。1987年《蒙特利尔议定书》第5条(1)特别为发展中国家最终履行条约义务设定了一个为期10年的过渡期。1992年《里约宣言》原则七明确了该原则的核心:各国应本着全球伙伴关系的精神进行合作,以维持、保护和恢复地球生态系统的健康和完整。鉴于造成全球环境退化的原因不同,各国负有程度不同的共同责任。发达国家承认,鉴于其社会对全球环境造成的压力和它们掌握的技术和资金,它们在国际寻求持续发展的进程中承担着责任。

1992年《气候变化框架公约》第3条规定的原则中进一步明确了该原则的含义:(1) 各缔约方应当在公平的基础上,并根据它们共同但有区别的责任和各自的能力,为人类当代和后代的利益保护气候系统。因此,发达国家缔约方应当率先应对气候变化及其不利影响。(2) 应当充分考虑到发展中国家缔约方尤其是别易受气候变化不利影响的那些发展中国家缔约方的具体需要和特殊情况,也应当充分考虑到那些按本公约必须承担不成比例或不正常负担的缔约方别是发展中国家缔约方的具体需要和特殊情况。1997年《议定书》基于这一原则更加明确为发达缔约方(附件一国家)特别设定了明确具体的量化减排目标,而对其他缔约方则没有这样的规定,仅仅是鼓励它们采取减排政策与措施。

《协定》继续坚持了共区原则,特别在以下这些条款将该原则细化。第2条(2)明确规定本《协定》的履行将体现公平以及共同但有区别和各自能力的原则,考虑不同的国情。第3条在规定缔约方通报义务需逐步增加时,明确承认发展中国家需要支持的需求,以便能够有效履约。第4条关于自主贡献的规定,再次确认体现共同但有区别和各自能力的原则,考虑不同的国情。发达国家的缔约方应当继续带头,努力实现全经济范围内的绝对减排目标。发展中国家的缔约方应当继续加强他们的减缓努力,鼓励它们根据不同的国情,逐渐转向全经济范围减排或限排的目标。

---

① Ellen Hey, Common but Differentiated Responsibility Principle, 2006, *Max Planck Encyclopedia of Public International Law*, www.mpepil.com,访问时间:2016年8月25日。

《协定》还在适应、资金机制和能力建设等方面都进一步细化了该原则。例如第 9 条规定，发达国家缔约方应为协助发展中国家缔约方减缓和适应两方面提供资金，以便继续履行在《公约》下的现有义务。根据《公约》缔约方第 21 次缔约方会议决议，发达国家计划在减缓行动和实施的透明度框架内，将其现有集体筹资目标持续到 2025 年。在 2025 年，缔约方大会应该在考虑到发展中国家的需要和优先事项的情况下，设定一个新的集体量化的资金目标，每年最低 1000 亿美元。[①]

国际法是主权者之间的游戏规则，其主体在法律上是平等的，因此大多数双边或多边条约的所有缔约方大多享受/承担相同的权利/义务，法律权利义务存在明显的对等性/互惠性，即双边/多边条约缔约方之间权利义务的对称性/互惠性（reciprocal），同时权利义务的实施与救济措施也存在对等性/互惠性。但是从全球环境治理的角度来看，各国对大气层中温室气体的历史贡献的不同，目前各国排放量也存在巨大差异，各国经济，社会发展水平的差异和各国政治、法律、文化制度与传统和国情也存在不同，如何建立一个适用于全球的、多边的、公平的国际法律框架和行之有效的国际/国内规制的机制是一个重大挑战。共区原则正是为了应对这个挑战而提出的。《协定》从上述几个方面更加细化这个原则，推动了这个原则的发展。

三、《巴黎协定》与减缓和适应的政策与措施

从国际环境治理的角度而言，应对气候变化的国际措施的目标首先是稳定人为温室气体的排放，然后逐步减少人为排放，并最终实现“零排放”，以缓解并避免气候变化给人类和生态系统带来的危害和其他不利后果。因此，减缓和适应是应对气候变化最重要的政策与措施。气候变化减缓（mitigation of climate change）是指为减少温室气体的排放源（source）[②]或

---

① 《公约》第 21 次缔约方会议决议，第 53 段，2016 年 1 月 29 日，FCCC/CP/2015/10/Add. 1，第 8/34 页。

② 排放源是指向大气排放温室气体、气溶胶或温室气体前体的任何过程或活动。

增加温室气体的汇(sink)[①]而进行的人为干预[②],也就是减少温室气体的人为排放。适应(adaptation)是指针对实际的或预计的气候及其影响进行调整的过程。在人类系统中,适应是力图缓解或避免危害,或利用各种有利机会。在某些自然系统中,人类的干预也许有助于适应预计的气候及其影响。[③]

(一) 减缓的政策与措施

《公约》的目标是将大气中温室气体的浓度稳定在防止气候系统受到危险的人为干扰的水平上。这一水平应当在足以使生态系统能够自然地适应气候变化、确保粮食生产免受威胁并使经济发展能够可持续地进行的时间范围内实现。但是作为框架性条约,《公约》并没有具体规定如何去实现这些目标。《议定书》是第一份具体规定减缓的国际法律文件,第3条(1)明确规定了37个附件一缔约方应确保温室气体人为二氧化碳当量排放总量不超过《议定书》的限制和减少排放,以使其在2008年至2012年第一承诺期内这些气体的全部排放量从1990年水平至少减少5%。然后,《议定书》为37个国家每个国家制定了明确的减排百分比。尽管《议定书》还规定了谈判放权交易制度、联合履约和清洁发展机制等具有相当大灵活性的机制,但是总的来说,《议定书》所规定的模式是"自上而下"的法律机制,即缔约方经过谈判,确定减排的目标,然后为实现这个目标,将具体减排安排分解到各缔约方去实施。这是国际环境条约经常采取的模式。

《协定》是第一份所有《公约》缔约方都承担限制和减少温室气体排放法律义务的国际法律文件。《协定》没有采取为缔约方设定一个共同量化减排的目标,而是规定所有的缔约方自愿准备、通报和实施自主贡献(nationally determined contribution, NDC)目标并通过国内措施实施。第4条规定,所有缔约方必须每五年通报一次其自主贡献,并确保其通报信息的清楚和透明;而且每次通报的自主贡献应该比上一次通报的有所进步,

---

① 汇是指从大气中清除温室气体、气溶胶或温室气体前体的任何过程、活动或机制。

② 政府间气候变化专门委员会,"术语表",《气候变化2014—综合报告》(SYR,中文版),2015,第125页。

③ 同上书,第118页。

展示出更大的减缓决心。发达国家缔约方应该继续率先承担全经济范围内的绝对减缓,发展中国家缔约方应该强化它们的减缓努力,并鼓励后者根据他们不同的国情转向全经济范围的减缓目标。与《议定书》相比,《协定》采取了这种"自下而上"的减缓模式,即首先由所有缔约方自己提出减缓目标;然后由《公约》机构进行测算,看看是否符合《协定》规定的减缓目标,即 1.5 ℃—2 ℃。虽然《协定》没有明确规定,但是如果缔约方的自主贡献与减缓目标出现排放差[①],缔约方下一步只能通过谈判决定进一步的减缓措施,那么下一步的模式将可能是"自上而下"的模式。因此,《巴黎协定》很有可能是"自下而上"+"自上而下"的模式。

(二) 适应的政策与措施

《公约》的目标是稳定温室气体的排放,因此在其生效后的初期,其重点放在了减缓政策与措施上面,适应并没有得到更多地关注。在专门委员会 2001 年第三份评估报告以后,适应措施的地位逐步得到加强。缔约方决定逐步应对气候变化的危害和不利后果,建立适应措施必须的资金安排。目前,在公约不同的机构中都开展不同的适应的工作,在 2010 年坎昆第 16 次缔约方大会决议的框架下建立了一个"适应委员会"(Adaptation Committee, AC)主要负责适应方面的工作。

《协定》同样规定了适应措施,并规定建立了全球适应目标,通过国际合作,协助缔约方应对气候变化——加强应对能力、强化恢复力并降低应对气候变化的脆弱性。所有缔约方都需要提交并定期更新其适应通报,注明它们的优先选择、实施和协助需求、计划和行动。发展中国家将获得更多的适应行动方面的支持。(第 7 条)

四、《巴黎协定》与机构设置

任何法律原则、规则和制度,如果得不到落实和实施,不能影响或改变人/国家的行为,那么它们仅仅是白纸上的黑字而已。因此,全球环境治理,不仅需要原则、规则和措施,更需要建立能够监督并实施这些规范

---

① 排放差(emission gap), UNEP, *Narrowing the Emission Gap: Contribution from Renewable Energy and Energy Efficiency Activities*, UNEP, 2015.

和政策的机构。与其他国际条约机构相比，环境条约的机构要更为复杂一些。环境条约的条约机构主要包括四类：第一类是决策机构，通常是缔约方大会(Conference of Parties, COP)；第二类是专业技术性的机构，通常是专业技术委员会，负责提供专业技术方面的咨询与建议；第三类是负责监督和管理条约履行的机构，解决审查和处理履约中问题；第四类是行政辅助机构，通常是秘书处，负责条约实施期间的辅助工作，包括准备缔约方大会的召开等。从国际环境治理角度来看，国际环境条约的内容越来越复杂，涉及技术、资金等方方面面，其职责范围也越来越宽泛和复杂，但是从目前环境条约的机构设置与权限来看，远远不足以满足环境条约发展和全球环境治理的需要。

《公约》设立了缔约方大会(COP)，1995 年以后每年召开大会，负责审查《公约》的执行情况。《议定书》的缔约方从 2005 年以后每年召开《议定书》的缔约方大会(Conference of the Parities serving as the meeting of the Parties to the Kyoto Protocol, CMP)，负责审查《议定书》的执行情况。《公约》和《议定书》下面设立两个常设机构：一个是履行附属机构(Subsidiary Body of Implementation, SBI)；另一个是科学与技术咨询附属机构(Subsidiary Body for Scientific and Technological Advice, SBSTA)，负责协助缔约方大会的工作。缔约方大会通过决定的方式又设立各种委员会，如常设资金委员会(Standing Committee on Finance)等。《公约》和《议定书》设有共同的秘书处。

《协定》继续沿用《公约》和《议定书》的机构模式。首先，《协定》也设立了缔约方大会，是《协定》最高权力机构[第 16 条(1)]，负责定期审查和评估《协定》的履行情况，在《协定》授权范围内作出决定，包括有权设立必要的附属机构以履行《协定》所需的其他职能[第 16 条(4)]。其次，由于《公约》已经建立了一套机构，在处理《协定》缔约方会议和《公约》缔约方会议的关系上，《协定》采取了“融合”的方式，《协定》规定其缔约方常会应与《公约》缔约方会议常会合并举行，除非另有决定[第 16 条(6)]。这是因为《公约》缔约方自主决定是否、以及何时加入《协定》，不存在所有《公约》的缔约方都会在短时间内成为《协定》的缔约方可能性。《协定》还规定《公约》的秘书处也是本《协定》的秘书处(第 17 条)；《公约》设立的附属科学技术咨询机构和附属履行机构，也同时是本《协定》附属科学技术咨询机构和附属履行机构，并行使相关的职能（第 18 条）。最后，《协定》设立了一个负责遵约的专家委员会（第 15 条），将在本文下面遵约机制中具体研究。

尽管《协定》在其规定的范围内建立了一个机构的框架，并为以后发展奠定了基础，但是从全球环境治理的角度来看，这些条约机构（treaty bodies）毕竟是一个特定条约内部的临时机构，而不是一个常设的、具备协调与管理全球环境事务的机构，其条约规定的职责、技术资源、人力资源和财务资源明显满足不了应对气候变化的宗旨与目的。这些资源仍然掌握在缔约方手中，尤其是发达国家的缔约方手中。从目前的发展来看，国家似乎缺乏强化全球环境治理机构设置的政治意愿。

五、《巴黎协定》与遵约机制

条约必须遵守（*Pacta sunt servanda*）是条约法[①]的原则，也是国际法律秩序的基础。一项根据国际法缔结的条约应该被善意履行和遵守。如果一项有效的国际条约没有被善意履行和遵守，那么国际法也提供了相应的救济措施（remedies）和争端解决机制，尽管在这方面不如国内法更具有强制性。环境条约是国际环境治理的基础和主要的治理方式，因此环境条约的履行和遵守事关国际环境治理的成败。从近些年国际环境条约缔约实践来看，国际环境条约的履行有其区别于与其他条约的特点。首先，从环境条约规范的内容来看，像应对气候变化这样高度依赖国内措施的条约，通常仅规定缔约方特定的目标义务，例如《议定书》所规定的附件一缔约方的量化减排目标等，而不规定缔约方通过何种方式、采取哪些措施实现这些目标。缔约方在选择履约方式与方法上有很大的自由裁量权。其次，目前环境条约的履行与遵约机制的核心是缔约方的报告/通报（report/communication）制度，而不是实地检查或核查。环境条约通常规定缔约方定期提交履约报告或特别报告等。尽管条约对缔约方报告义务都有所规定，但是缔约方以什么方式、提供哪些信息的决定权都在缔约方手中，条约机构进入缔约方进行实地核查的可能性及有效性，即使存在也是很低的。缔约方在许多环境条约框架下的履约报告中仅仅报告颁布了

---

① 1969 年《条约法公约》第 26 条。

哪些法律，实施了哪些政策和措施，取得了哪些成就。条约机构既没有权力，也没有能力对报告内容的真实性进行核查。再次，从环境条约本身来看，要加强条约的遵守，就必然要设立强有力的监督条约履行的机构，有权审查履约报告、审议并处理履行不利的问题。国际环境条约在过去十年里加强了履约机制的建设，专门设立负责履约的机构，定期对履行情况进行收集、整理和公布，并对条约履行中出现的问题进行研究和解决。[①]最后，从救济措施方面来看，国际环境条约也不同于其他条约。这类条约一个突出的特点是其非对等性（non-reciprocal）和非对抗性（non-confrontational）。传统国际法是建立在对等的法律关系基础之上的，两个国家缔结一项条约，一国没有履行条约，另一个国家可以采取反措施（counter measures），其中包括不履行、索赔、惩罚等。这是国际法上的对等性的体现。多边条约对于不履行条约的国家，通常采取惩罚措施，例如在联合国框架下的集体制裁措施等。这是国际法上的对抗性的体现。但是采取这些应对措施在国际环境条约情况下，对于实现环境保护的条约宗旨与目的几乎没有什么益处，而且条约履行不利可能源于履约能力的缺乏，这也不是依靠惩罚可以解决的。因此，国际环境条约的守约机制必须寻求非对等和非对抗的途径。[②]

《公约》和《议定书》在借鉴其他环境条约的经验基础上设计和建立一整套独特的履约与遵约机制。[③]《公约》和《议定书》除了设立缔约方大会这样的最高权力机构之外还引入了“灵活机智”（flexible mechanisms），鼓励缔约方之间在资金支持、技术合作、减排成本分担和能力建设方面进行合作，更多地利用经济刺激手段降低减排成本，实现全球减缓的目标。这些机制包括碳排放交易（emission trading）、联合履约（joint implementa-

---

① Malgosia Fitzmaurice, “Environmental Compliance Control” (May 2010), *Max Planck Encyclopedia of Public International Law*, http://opil. ouplaw. com/home/EPIL，访问时间：2016 年 8 月 25 日.

② Ultich Beyerlin, Peter-Tobias Stoll & Rüdiger Wolfrum eds., *Ensuring Compliance with Multilateral Environmental Agreements—A Dialogue between Practitioners and Academia*, Martinus Nijhoff Publishers, 2006, p. vii.

③ Rüdiger Wolfrum/Jürgen Friedrich, “The Framework Convention on Climate Change and the Kyoto Protocol”, in Ultich Beyerlin, Peter-Tobias Stoll & Rüdiger Wolfrum eds., *Ensuring Compliance with Multilateral Environmental Agreements—A Dialogue between Practitioners and Academia*, Martinus Nijhoff Publishers, 2006, pp. 53—68.

tion)、清洁发展机制(clean development mechanisms)。碳排放交易是指《议定书》附件一缔约方之间在满足一定条件的前提下,可以就减排单位进行交易,其目的以尽可能低的成本实现减排的目标。联合履约与清洁发展机制都是以项目为基础的机制。联合履约是指《议定书》附件一缔约方之间在满足一定条件的前提下,可以相互间通过在对方投资减排项目的方式获得"减排单位"(emission reduction units)。实践中接受这种投资项目的国家通常是附件一的经济转型国家。《议定书》专门设立一个监督委员会负责监督和审查相关项目。清洁发展机制与前两者不同之处在于发展中国家的参加。在这个机制下,《议定书》允许发达国家在发展中国家投资减排或清除(removal)温室气体的项目,并获得抵消其减排量化义务的额度。《议定书》专门设立一个执行理事会负责监督和审核。

尽管《协定》尚未生效,但从《协定》文本可以看出它是如何设计和推进遵约机制建设的。《协定》第 15 条提出建立一个机制,促进执行和遵守本《协定》的规定。该机制将由一个委员会组成,以专家为主,并且是促进性的,行使职能时采取透明、非对抗的、非惩罚性的方式。该委员会应特别关注缔约方各自的国家能力和情况。该委员会应在作为《巴黎协定》缔约方会议的《公约》缔约方会议第一届会议通过的模式和程序下运作,每年向作为《巴黎协定》缔约方会议的《公约》缔约方会议提交报告。这里明确了以下几点:第一,这是一个由专家组成的委员会,其宗旨是促进《协定》的遵守。第二,其运作的方式是透明的、非对抗性的、非惩罚性的。尽管这样的履约机制尚未建立,但可以预见到的是,这个机制如果想要成功,它应该是合作而非对抗、平等的伙伴而非居高临下的执法者。第三,该委员会将作为《公约》框架下的遵约机构,向《公约》缔约方大会报告和负责。从法律上讲,这也意味着该委员会将取代《公约》和《议定书》的遵约机构。《协定》的这些遵约机制的成败有待《协定》生效后的实践来检验。

六、结　论

正如从本文前面看到的那样,即将生效的《巴黎协定》不仅仅是一项适用于 2020 年后的应对气候变化的国际环境条约,更是全球气候治理的基础与平台。该《协定》所确立的原则、规则、措施、机构和遵约机制等既反应了全球就环境治理的现状,也预示全球环境治理的发展方向。随着其正式生效,它还将推进国际法的发展,特别是《协定》在全球环境治理的角度下如何处理主权平等与差别待遇的关系、如何体现公平原则、全球环境治理模式的"自上而下"和"自下而上"的转化与结合、国际环境法律与政策与国内环境法律与政策之间的衔接与关系、国际环境条约的遵约机制与救济措施等方面都提供了一个很好的研究对象。随着应对气候变化国际合作的进展,全球环境治理也一定会向更加成熟的方向发展。

浅析国际投资协定的一般例外条款*

张智勇**

国际投资协定的例外条款①，也称不予排除的措施(non-precluded measures, NPM)条款，是东道国基于国家安全或公共利益采取规制措施并免除投资协定义务的法律依据。近年来，出于维护国家规制权(the right to regulate)的考虑，国际投资协定开始引入类似"关贸总协定"(GATT)第20条和/或"服务贸易总协定"(GATS)第14条的一般例外条款(general exceptions clause)。②③ 虽然相关国际投资协定中的一般例

---

* 原文刊于《中国国际法年刊(2016)》，法律出版社2017年版。

** 北京大学法学院副教授，博士生导师。

① 国际投资协定的主要法律渊源是双边投资协定(BIT)。不过，近年来的自由贸易协定(FTA)中也包含了投资的议题，条款的内容与体例与BIT类似。此外，还有一些国际条约或协定也涉及国际投资的相关领域。WTO框架下的服务贸易总协定(GATS)所界定的商业存在服务提供模式也与投资相关。《能源宪章条约》则有关于能源投资的内容。出于研究的需要，本文将国际投资协定的范围主要限定在BIT和包含投资内容的FTA。此外，一些国家也有其自身的BIT范本。虽然BIT范本并非现行有效的BIT，但也会反映在这些国家对外签订的BIT之中。在本文中，出于叙述的便利，在提及国际投资协定时，也会使用相关国家BIT范本进行阐述。

② 在WTO成立后，之前的1947年GATT经修改后成为了1994年GATT的组成部分。本文中除非另有说明，提及GATT时为1994年GATT。GATT第20条规定如下：本协定不得解释为阻止缔约方采取或实施如下措施，只要这些措施不在情况相同的国家之间构成武断或不合理的歧视手段或成为对国际贸易的伪装的限制：(a) 为保护公共道德所必需的措施；(b) 为保护人类、动植物的生命或健康所必需的措施；(c) 与黄金或白银的进出口有关的措施；(d) 为保证与本协定不相抵触的法律或法规得到遵守而采取的必要的措施，包括与海关执法、按第2条第4款和第17条实行垄断、保护专利权、商标权和版权以及防止欺诈行为有关的措施；(e) 与监狱劳工产品有关的措施；(f) 保护具有艺术、历史或考古价值的国宝的措施；(g) 与保护可用尽的自然资源有关的措施，如果此类措施对国内生产或消费实施同样的限制；(h) 为履行任何政府间国际商品协定下的义务而采取的措施，只要该商品协定符合提交缔约方全体(在WTO成立后缔约方全体应理解为部长会议)且缔约方全体没有不予批准的标准，或该商品协定曾提缔约方全体且缔约方全体没有不予批准；(i) 作为政府稳定计划的一部分，在国内原材料的国内价格被压低于国际价格的期间，为确保国内加工产业对该原材料的所必需的数量，而对国内原材料的出口在一段期间内实施的限制；但此类限制不应为促进国内产业出口或为国内产业提供保护而实施，也不得背离本协定关于非歧视的规定；(j) 在产品存在普遍或局部供应短缺时，为获取或分配产品所必要的措施；但此类措施应符合所有缔约方均有权取得该产品的国际供应的公平份额的原则，且与本协定的其他条款相抵触的此类措施，应在导致其实施的条件不存在时立即停止适用。

③ GATS第14条规定：本协定不得解释为阻止WTO成员采取或实施如下措施，只要这

外条款存在着差别，但其共同之处都在于维护缔约方基于保护公共道德、公众健康和环境等原因而采取规制措施的权利，也是允许缔约方偏离投资协定的所有义务而非某一具体条款下义务的法律依据。不过，国际投资协定的一般例外条款要起到维护国家规制权的作用，其条款设计和解释需要注意哪些问题？国际投资协定的一般例外条款要实现维护国家规制权的目标，是否也需要改革现行的"投资者—国家投资争端解决机制"（Investor-to-State Dispute Settlement，ISDS）？本文拟在论述国际投资协定引入一般例外条款的背景与实践的基础上，对这些问题进行初步的探讨。

一、国际投资协定引入一般例外条款的背景与实践

（一）国际投资协定引入一般例外条款的背景

外国直接投资能够为东道国带来资金、技术并促进其经济发展。为了吸引外资，自 20 世纪 60 年代欧洲出现"双边投资协定"（BIT）以来，对外资提供保护一直是国际投资协定的主要特点。[②] 不过，国际投资协定并非是对外资给予绝对的保护，东道国仍有权对外资予以规制。联合国大会于 1974 年 12 月 12 日通过的《各国经济权利和义务宪章》第 2 章第 2 条指出，每个国家有权对其管辖范围内的外国投资以及跨国公司的活动

些措施不在情况相同的国家之间构成武断或不合理的歧视手段或成为对服务贸易的伪装的限制：(a) 为保护公共道德或维护公共秩序）所必需的措施；(b) 为保护人类、动植物的生命或健康所必需的措施；(c) 为保证与本协定不相抵触的包括与下列事项有关的法律或法规得到遵守而采取的必要的措施：(i) 防止欺骗或欺诈做法或处理服务合同的违约情况；(ii) 与个人资料的加工和散播相关的个人隐私保护和个人账户与记录秘密的保护；(iii) 安全。(d) 与第 17 条不一致的措施，只要差别待遇是为了保证对其他成员的服务或服务提供者平等和有效地课征或收取直接税；(e) 与第 2 条不一致的措施，只要差别待遇是源于避免双重征税协定或该成员受约束的其他协定或安排中的避免双重征税条款。

② Anna Joubin-Bret, Marie-Estelle Rey and Jörg Weber, "International Investment Law and Development", in Marie-Claire Cordonier Segger, Markus W Gehring and Andrew Newcombe (ed.), *Sustainable Development in World Investment Law*, Kluwer Law International, 2011, p. 19.

进行管理,并有权对外国财产进行国有化或征收。① 因此,规制权(the right to regulate)是一国的主权体现,国际投资协定中也有允许东道国采取规制措施并免除协定义务的例外条款。例如,美国和阿根廷的BIT第11条规定:“本协定不应排除任何缔约方为维护公正秩序、履行维护或恢复国际和平与安全、或保护其自身的根本安全利益而采取必要的措施。”该条规定也称为安全例外。② 事实上,即使缔约方国家在国际投资协定中作出对其行使规制权的限制,也不意味着其规制权的完全丧失。③

不过,随着投资者—国家争端解决机制的建立④,外国投资者自20世纪90年代以来借助ISDS机制来挑战东道国规制措施的案件开始不断增加。⑤ 与此同时,经济的发展也带来了环境保护和公共健康等方面的

---

① 其具体条文为:每个国家有权:(1) 按照其法律和规章并依照其国家目标和优先次序,对在其国家管辖范围内的外国投资加以管理和行使权力。任何国家不得被迫对外国投资给予优惠待遇;(2) 管理和监督其国家管辖范围内的跨国公司的活动,并采取措施保证这些活动遵守其法律、规章和体例及符合其经济和社会政策。跨国公司不得干涉所在国的内政。每个国家在行使本项内所规定的权利时,应在充分顾及本国主权权利的前提下,与其他国家合作;(3) 将外国财产的所有权收归国有、征收或转移。在收归国有、征收或转移时,应由采取此种措施的国家给予适当的补偿,要考虑到它的有关法律和规章以及该国认为有关的一切情况。因赔偿问题引起的任何争议均应由实行国有化的国家的法院依照其国内法加以解决,除非有关各国自由和相互同意根据各国主权平等并依照自由选择方法的原则寻求其他和平解决的方法。

② 在安全例外的表述方面,美国等国缔结的BIT采用的是“根本安全利益”(essential security interest),德国BIT采用“公共安全”,还有的采用“国际和平与安全”。参见,余劲松主编:《国际投资法》(第4版),法律出版社2014年版,第257页。

③ 例如,尽管国际投资协定为征收设立的条件,但征收的权利本身并不受到影响。See Rudolf Dolzer and Christoph Schreuer, *Principles of International Investment Law*, 2nd Edition, Oxford University Press, 2012, p. 98.

④ 1965年的《解决国家与他国国民之间投资争议公约》(也称《华盛顿公约》)建立了解决投资争端国际中心(ICSID),专门处理缔约国和另一缔约国国民之间直接因投资而产生的法律争议。此后,ISDS机制逐渐成为了国际投资协定的标准内容。ISDS机制的核心是通过国际仲裁来处理外国投资者和东道国之间的投资纠纷。投资协定中的仲裁机制(treaty-based investment arbitration)包括机构仲裁和临时仲裁两类。在机构仲裁方面,ICSID则是国际投资协定所经常选择的机构。在临时仲裁方面,国际投资协定也通常规定仲裁庭采用联合国国际贸易法委员会(UNCITRAL)所颁布的仲裁规则(UNCITRAL arbitration rules)。

⑤ 1990年ICSID关于亚洲农产品公司诉斯里兰卡案的仲裁裁决[Asian Agricultural Products Ltd. (AAPL) v. Republic of Sri Lanka, ICSID Case No. ARB/87/3, Award, 27 June 1990]被认为是ISDS机制下的第一个案例。See UNCTAD, *World Investment Report 2015*, p. 124.

问题,国际社会也越来越关注吸引外国投资与可持续发展的关系。① 但是,国际投资协定中的现行条款难以被东道国作为出于维护公共道德、公众健康和环境等公共利益而采取规制措施的法律依据。例如,安全例外条款适用于国家处于危机状态的特殊情况,直接关系到国家的主权与安全,而国家出于环境保护和可持续发展采取的规制措施则属于经济和社会中的常态问题。再如,尽管有的国际投资协定中有环境方面的规定,但并非严格意义上的缔约方可基于环境保护采取与投资协定不符措施的例外条款。以《北美自由贸易协定》(NAFTA)第 1114 条为例。该条第 1 款规定:本章规定不得解释为阻止缔约方采取、维持或实施任何与本章其他规定相符的措施,如果缔约方认为该措施是为确保其境内的投资活动以对环境密切关注的方式进行所适当的。该条第 2 款也指出缔约方认识到通过放松国内健康、安全或环境措施来吸引投资是不合适的。但是,第 1 款"与本章其他规定相符"的表述实际上限制了缔约方采取环境规制措施,第 2 款的表述则是宣示性的,并没有赋予缔约方确定的权利。在 Matalclad 案中,第 1114 条的规定并没有阻止仲裁庭得出墨西哥的措施违反了 NAFTA 第 1105 条(最低待遇标准)和第 1110 条(征收与补偿)下的义务的结论。② 虽然仲裁庭的裁决随后被法院部分撤销,但法院依然支持了仲裁庭认定墨西哥的措施构成了未给予投资补偿的征收从而违反

---

① 可持续发展经常被引用的定义是:满足当前需求的发展,而不以削弱后代满足其需求的能力为代价。可持续发展应当考虑的要素包括:经济发展、社会发展以及环境保护。See Markus Gehring and Andrew Newcombe, "An Introduction to Sustainable Development in World Investment Law", in Marie-Claire Cordonier Segger, Markus W Gehring and Andrew Newcombe (ed.), *Sustainable Development in World Investment Law*, Kluwer Law International, 2011, p. 6.

② 美国公司 Matalclad 通过其在墨西哥的子公司收购了另一家墨西哥公司,准备在墨西哥建立一个危险废弃物填埋场。该项目于 1993 年 1 月获得了墨西哥联邦政府的批准。但是,填埋场所在的地方政府却拒绝颁发建设许可。根据 NAFTA 第 11 章的 ISDS 机制组成的仲裁庭按照 ICSID 的附件便利规则(Additional Facility Rules)审理了案件,裁定墨西哥违反了 NAFTA 第 1105 条(最低待遇标准)和第 1110 条(征收与补偿)下的义务。虽然 NAFTA 第 1114 条有关于环境措施的条款,但仲裁庭认为其结论并不受第 1114 条的影响,因为墨西哥联邦政府对该项目的许可表明其认为项目是符合环境要求的。See Matalclad Corporation v. The United Mexican States, ICSID Case No. ARB (AF)/97/1, Award, 30 August 2000, paras. 98, 101, 112.

NAFTA 义务的结论。[①]

因此,正如联合国贸发会议(UNCTAD)所指出的,当前的国际投资协定可能导致东道国在外国投资的规制方面失去灵活性。[②] 因此,在实践中,相关国家也开始采取一系列措施来维护其规制权,其中的一个举措就是在国际投资协定中引入类似于 GATT 第 20 条和/或 GATT 第 14 条的"一般例外"条款。

(二)国际投资协定引入一般例外条款的实践

根据 UNCTAD 的统计,在国际投资协定中为实现可持续发展而引入保护规制权的条款已成为一个趋势。[③] 不过,现行国际投资协定中的一般例外条款与 GATT 第 20 条和 GATS 第 14 条并不完全一样,各投资协定在一般例外条款也存在着差别。

在立法技术方面,有的国际投资协定采取了并入 GATT 第 20 条和/或 GATS 第 14 条的做法,有的则是采用了与 GATT 第 20 条和/或 GATS 第 14 条的类似用语。例如,欧盟和加拿大 2016 年 10 月底签署的《全面经济和贸易协定》(CETA)第 28 章的标题为"例外"(exception),其

① 在 NAFTA 签署时,墨西哥和加拿大都不是《华盛顿公约》的缔约方(加拿大于 2013 年 11 月 1 日批准加入《华盛顿公约》,该公约于 2013 年 12 月 1 日起对加拿大生效)。因此,NAFTA 选择采用了 ICSID 附加便利规则。附加便利规则适用于:在一个争端当事方并非缔约方或缔约方民的情况下,解决投资争端所适用的调解或仲裁程序;在至少一个争端当事方是缔约方或缔约方国民的情况下,解决非直接产生于投资的争端所适用的调解或仲裁程序;事实查明程序。不过,根据附件便利规则作出的仲裁裁决不适用《华盛顿公约》第 53 和 54 条关于裁决承认和执行的规定(第 54 条要求缔约方将根据《华盛顿公约》作出的裁决视同该国法院的最终判决),是受仲裁地法院监督的。Matalclad 案的仲裁地是加拿大温哥华,因此墨西哥政府请求加拿大不列颠哥伦比亚省最高法院撤销该仲裁裁决。法院认为,仲裁庭认定墨西哥违反 NAFTA 第 1105 和第 110 条义务的三个理由中,有两个是以 NAFTA 第 18 章的 1802 条的透明度为基础的,但 NAFTA 关于投资的第 11 章并没有关于透明度的规定,因此仲裁庭存在越权裁定(decisions beyond the scope of the submission to arbitration)的情况。关于加拿大法院的判决,See United Mexican States v. Metalclad Corp., 2001 BCSC 664.

② UNCTAD, *International Investment Rule-making: stocktaking, challenges and the way forward*, UNCTAD Series on International Investment Policies for Development, 2008, pp. 3—4.

③ 在 1962—2011 年的 1372 个 BIT 中,有 12%包含了保护人类和动植物生命健康或保护可用竭的自然资源的一般例外条款,但在 2012—2014 年的 40 个 BIT 中,这一比例则上升到了 58%。See UNCTAD, *World Investment Report 2016*, p. 114.

第 28.3 条为一般例外(general exceptions)。[①] 第 28.3 条明确规定将 GATT 第 20 条并入 CETA,适用于第 8 章(投资)和第 2 章(货物的国民待遇和市场准入)等章节。第 28.3 条进一步明确 GATT 第 20 条(b)项允许缔约方采取的措施包括为保护人类和动植物生命或健康而采取的必要的环境措施,GATT 第 20 条(g)项允许缔约方采取的措施也适用于保护可用竭的自然资源的措施。我国和东盟的投资协议则采取了使用与 GATT 第 20 条和 GATS 第 14 条类似用语的做法。该《协议》第 16 条的标题为"一般例外",规定了两款例外情形。第一种情形为:在此类措施的实施不在情形类似的缔约方、缔约方的投资者或投资者的投资之间构成任意或不合理歧视的手段,或构成对任何一方的投资者或其设立的投资的变相限制的前提下,本协议的任何规定不得解释为阻止任何成员采取或实施以下措施:(1) 为保护公共道德或维护公共秩序所必需的措施;(2) 为保护人类、动物或植物的生命或健康所必需的措施;(3) 为使与本协议的规定不相抵触的法律或法规得到遵守所必需的措施,包括与下列内容有关的法律或法规:防止欺骗和欺诈行为或处理服务合同违约而产生的影响;保护与个人信息处理和传播有关的个人隐私及保护个人记录和账户的机密性;以及安全;(4) 旨在保证对任何一方的投资或投资者公平或有效地课征或收取直接税;(5) 为保护具有艺术、历史或考古价值的国宝所采取的措施;(6) 与保护不可再生自然资源相关的措施,如这些措施与限制国内生产或消费一同实施。

就一般例外条款的体例而言,对于包含投资章节的自由贸易协定(FTA)来讲,有的将一般例外作为适用于整个协定管辖事项(包括货物贸易、服务贸易和投资)的条款而设计(如 CETA),有的则是在投资章节中专门规定只适用于投资的一般例外条款。例如,我国和澳大利亚的自由贸易协定第 9 章是关于投资的,该章第 8 条为"一般例外",其内容与我国和东盟投资协议的第 16 条近似。

此外,国际投资协定的一般例外条款的具体内容与 GATT 第 20 条和/或 GATS 第 14 条并不完全一样,各投资协定之间也存在差异,即使

---

① CETA 涉及货物贸易、服务贸易和投资等方面的内容,其第 8 章是关于投资的规定。CETA 第 28 章是关于协定管辖内容的总体性的例外规定。第 28 章除了一般例外之外,还有资本流动和支付保障措施例外(第 28.4 条)、国际收支例外(第 28.5 条)、国家安全例外(第 28.6 条)、税收例外(第 28.7 条)、信息披露例外(第 28.8 条)、文化例外(第 28.9 条)等。

是一国与不同缔约方之间的国际投资协定中也是如此。例如,CETA关于投资的一般例外是以GATT第20条为基础的,而我国和东盟的投资协议第16条规定的第一类例外情形则是综合了GATT第20条和GATS第14条的相关内容。我国和东盟的投资协议第16条除了第一种例外情形外,还规定了金融审慎例外[①],但金融审慎例外并不属于GATT第20条和GATS第14条本身的内容,而是GATS金融服务附件的规定。[②] 对此,有的国际投资协定制定了专门的金融服务例外条款。[③]再比如,我国和加拿大的BIT第33条的标题为"一般例外",其第2款的内容与GATT第20条类似,第6款也有类似于GATS第14条(c)项关于信息披露的规定。但是,除此之外,第33条还包括了文化例外、金融审慎例外、安全例外等方面的内容,这比我国和东盟之间的投资协议第16条的范围更加广泛。

国际投资协定的一般例外条款存在上述差异主要是下列因素所导致的:

首先,国际投资领域没有类似于贸易领域WTO那样的多边体制。BIT以双边为主,而包含投资章节的FTA虽然也有数个国家作为缔约方的例子[④],但仍是区域性的。因此,各国在缔结国际投资协定时并没有一个多边的基准。由于一国与不同国家的经济关系和投资流动存在差异,其缔约对手也有各自的诉求,各投资协定的条款当然不会完全一致。此外,由于各投资协定的缔约时间也存在先后,这也会导致投资协定的条款存在差异。

其次,贸易协定和投资协定分属两个自成一体的体系。尽管WTO下的多边贸易体制有一些规则涉及了投资,但其出发点是消除对贸易具

---

① 其条文是:对于影响提供金融服务的措施而言,WTO协议附件1B GATS关于金融服务的附件第2款(国内规制),经必要调整后并入本协议,构成协议的一部分。

② GATS关于金融服务的附件第2款允许WTO的成员基于审慎监管的原因而采取相应措施(taking measures for prudential reasons),包括保护投资者、存款人采取的措施,以及为保证金融体系的统一和稳定而采取的措施,即使这些措施与GATS不符。

③ 例如,美国2012年BIT范本第20条允许缔约方可为保护投资者、存款人的利益或维护金融系统的统一和稳定而采取针对金融服务的审慎措施,并采取非歧视的、普遍适用的货币、信贷或汇率政策。

④ 例如,我国和东盟国家之间的自由贸易区有11个成员。

有扭曲作用的投资措施，并非建立一个专门的投资体制。[①] BIT 以及包含投资章节的 FTA 则旨在建立一个全面的投资体制，涵盖了投资保护、投资自由化和投资争端解决等方面的内容。在 WTO 体制下，货物贸易和服务贸易的多边规则是由 GATT 和 GATS 来统辖的，且 GATS 的出现要晚于 GATT，因此 GATT 和 GATS 也需要分别规定例外条款。由于服务一般是无形的，具有即时产生和即时消费的特点，因此 GATS 第 14 条的一般例外并不涉及自然资源的问题，但也会涉及相关服务是否符合当地公共道德和公共利益的问题。相比之下，投资规则是在一个协定之中[②]，也没有关于涉及货物和服务产业的投资类别的划分，投资领域的一般例外条款是一个统一适用的条款。

再次，贸易和投资的特点也决定了国际投资协定的一般例外条款可以参照贸易协定的一般例外条款，但不会完全一致。产品生产过程可能会产生环境问题和导致自然资源的枯竭，而某些产品的使用也可能危及人类或动植物的生命健康。产品的制造主体可能是国内企业，也可能是外商投资企业，而产品的使用者也会包括国内和国外的用户。因此，贸易和投资都会涉及环境、公众健康等公共利益问题，国际投资协定的一般例外条款是可以借鉴 GATT 第 20 条和 GATS 第 14 条的。不过，外国投资者在东道国生产的产品如果只在当地销售而不出口的话，GATT 规则是无法约束的。需要指出的是，产品的生产方法可能是导致环境等问题的原因，但 GATT/WTO 的实践表明，一国不得以其他国家的产品未满足其本国的环保标准（包括产品生产方法和过程）为理由而禁止其他国家产品的进口，也不得寻求在其他国家执行本国的规则，即使是出于保护健康或自然资源的目的。[③] 因此，国际投资协定的一般例外条款对于东道国基于保护公共道德、公共秩序和公共健康和环境等原因而采取规制措施

---

① 例如，《TRIMs 协定》只是禁止 WTO 成员采用与 GATT 第 3 条和第 11 条不一致的与货物贸易有关的投资措施，并未将双边投资条约（BIT）中的国民待遇引入到贸易体制，影响服务贸易的投资措施也不受该协议管辖。在服务贸易领域，尽管《服务贸易总协定》（GATS）是第一个包含投资规则的多边框架，但其第 16 条关于市场准入和第 17 条关于国民待遇的要求属于 WTO 成员具体承诺的范畴。WTO 成员的服务提供者能否在另一成员境内通过商业存在提供服务，要看该另一成员的具体承诺表中是否允许该种服务提供方式以及是否存在市场准入和国民待遇的限制。

② 有的投资协定正文后还会有就某些问题进行专门说明附加的议定书，该议定书也是投资协定的组成部分。例如，我国和德国签订的 BIT。

③ WTO, *Understanding the WTO*, 5th edition, 2015, pp. 69—70.

就更为重要。这也不难理解CETA第28.3条强调GATT第20条(b)项和(g)项下允许缔约方采取的措施包括必要的环境措施和适用于保护可用竭的自然资源的措施。

此外,国际投资协定中既有例外条款的体例也决定了其内容与GATT第20条和GATS第14条的差异。在引入一般例外条款之前,国际投资协定中的例外条款除了安全例外,通常还有税收例外(taxation—carve-out or taxation exception)条款。税收例外条款是20世纪60年代后开始出现在国际投资协定之中的。[①] 税收例外条款指向的税收措施主要是直接税(所得税)措施。缔约方在投资协定中写入税收例外条款,是不希望将投资协定的义务适用于它们根据避免双重征税协定和国内法而采取的税收措施。[②] 因此,在已有税收例外条款的情况下,国际投资协定的一般例外条款一般不会包含类似于GATS第14条(d)项和(e)项的税收例外的内容。

综上所述,国际投资协定的一般例外与GATT第20条和GATS第14条是有差别的,但也有共同之处,其目的都在于维护缔约方基于保护公共道德、公共秩序和公共健康等原因而采取规制措施的权利,也都是允许缔约方偏离投资协定的所有义务而非某一具体条款下义务的法律依据。[③] 不过,国际投资协定写入类似于GATT第20条和/或GATS第14条的一般例外条款后,如何才能真正实现维护国家规制权的目的?本文接下来将进行探讨。

---

① Matthew Davie, "Taxation-Based Investment Treaty Claims", (2015) 6 *Journal of International Dispute Settlement* 202, p. 211.

② 在UNCTAD看来,有以下几方面的原因:(1)一些国家为了最大限度地保护税收主权而倾向于通过单独的税收协定来解决税收问题。(2)缔约方可通过税收协定给予来自另一国的投资在对等减让的基础上以更优惠的税收待遇,而不需要担心其他国家基于BIT的最惠国待遇条款来主张同样的待遇。(3)税收问题的复杂性决定了也不适宜纳入与BIT一样的待遇条款。See UNCTAD, *Taxation*, UNCTAD Series on Issues in International Investment Agreement, 2000, p. 36.

③ UNCTAD在其世界投资报告中也将"一般例外"界定为GATT或GAT类型的旨在为保护合法公共目的而采取措施的条款(GATT-or GATS-type general exceptions for measures aimed at legitimate public policy objectives)。See UNCTAD, *World Investment Report 2014*, p. 120.

二、国际投资协定一般例外条款作用之实现：条款的设计与解释

国际投资协定引入一般例外条款的目的在于维护缔约方的规制权。但是，缔约方也不应滥用规制权而歧视外国投资或是损害外国投资者的正当权益。一般例外条款的设计应当在维护国家规制权和保护投资者正当权益之间实现平衡。正如 UNCTAD 所指出的，国际投资协定的一般例外条款应当注意如下几个方面：列举缔约方基于哪些公共政策而采取的规制措施可以适用例外条款；缔约方采取的规则措施应当是为实现前述公共政策目标所必需的；缔约方采取的措施应当是非歧视的，且不构成伪装的投资限制措施。[①]

（一）一般例外条款的适用范围

在这方面，现行国际投资协定的一般例外条款没有实质区别，基本都明确适用于缔约方基于公共健康、公共秩序和环境保护等公共政策目标(public objectives)而采取的规制措施。不过，投资协定如果在序言和协定正文中进一步明确国家的规制权，显然是更好的选择。例如，CETA 第 8.9 条第 1 款明确表明缔约方保留其规制权和为实现合法的公共目标(如公共健康、安全、环境、公共道德和文化多样性)而采取措施的权利。该条第 2 款进一步明确缔约方通过修改法律等措施实施规制权，即使对投资的利润(包括预期利润)产生了负面影响，也不构成缔约方对协定义务的违反。这就能够在产生争议时为仲裁庭解释协定提供清晰的指导。[②]

此外，为了维护缔约方的规制权，国际投资协定还应当对征收(特别是间接征收)与规制措施的界限作出划分。东道国对外国投资的国有化或征收是外国投资者面临的政治风险之一，而国有化或征收又是国家主权的体现。为了平衡国家主权和外国投资者的利益，国际法上对国有化

---

① UNCTAD, *World Investment Report 2015*, pp. 140—141.

② European Commission, *Investment provisions in the EU-Canada free trade agreement (CETA)*, February 2016.

或征收限定了如下条件:国有化或征收应基于公共目的;以非歧视的方式进行;通过正当法律程序;给予补偿。[①]

经过二战后的国有化浪潮后,国家通过国有化或征收措施来直接取得外国投资所有权的做法已经很少见了。与此同时,间接征收(indirect expropriation)开始为国际社会所关注。在间接征收的做法下,尽管国家并没有取得外国投资的使用权或将其占有,但具有与直接征收类似或等同的效果。[②] 间接征收问题的出现有这样两方面的因素:一是国际投资条约注重保护外国投资者的权利,他们能够直接挑战东道国的行为;二是国家对经济的干预越来越频繁,且国家的管制措施对私人投资者的经济利益产生了负面影响。[③]

不过,间接征收的认定远比直接征收复杂,一个突出的问题是如何划清间接征收与规制权之间的界限。理论上讲,国家出于公共目的或利益而采取的规制措施,是国家主权和职能的体现。尽管这些措施会影响外国投资者的利益,但原则上不构成征收,也不需要给予补偿。Saluka 案的仲裁庭指出:国际法承认国家无需对外国投资者补偿,如果国家正常行使其规制权力并善意和非歧视的为实现公共福利而采取措施。[④] 与之相对,对外国人财产的征收原则是需要补偿的。[⑤]

从国际投资协定的实践来看,一般都明确国家规制措施原则上不属于间接征收。[⑥]为了进一步界定国家规制措施和间接征收的界限,一些国家也在其投资协定或范本中专门通过关于征收的附件来做进一步的说明。以美国 2012 年 BIT 范本为例,在关于征收的附件中,认定间接征收应基于个案的事实进行审查,并考虑如下因素:(1) 政府措施的经济影

---

① UNCTAD, *Expropriation*, UNCTAD Series on Issues in International Investment Agreement II, 2012, p. 1.

② UNCTAD, *Expropriation*, p. 12.

③ UNCTAD, *Expropriation*, p. 2.

④ Saluka v. the Czech Republic, UNCITRAL Arbitration, Partial Award, 17 March 2006, para. 255.

⑤ 国际投资协定并没有针对间接征收规定有别于直接征收的补偿规则。不过,在理论上对间接征收的补偿标准存在三种学说。参见蔡从燕、李尊然:《国际投资法上的间接征收问题》,法律出版社 2015 年版,第 52—56 页。

⑥ 例如,哥伦比亚和印度 2009 年的 BIT 第 6.2 条 c 项规定:缔约方基于保护公共健康、安全和环境等目的而采取的非歧视的规制措施并不构成国有化或征收;在极其特殊的情况下,除非这些措施如此严厉以至于不能够被合理地认为是基于为实现其目标而善意实施的。

响。但是，只是因为政府措施对投资的价值造成了负面影响本身不足以认定其构成间接征收。(2) 政府措施对明确的投资合理预期的干预程度。(3) 政府措施的特征。此外，除了极其特殊的情况以外，政府基于保护公众健康、公共安全或环境的合法目的而采取的非歧视的规制措施不构成间接征收。这也为现实中的国际投资协定所借鉴。[①]

(二) 采取必要的规制措施

国际投资协定的一般例外条款要求缔约方所采取的规制措施应当是为维护公共利益所必要(necessary)的。这涉及两个问题，一是该措施是否为必要的，由谁来判定？以及判定措施是否为必要的要素是什么？

1. 自行判定和非自行判定的区分

如果例外条款中有"缔约方认为必要的措施"的表述，理论上可将其归入自行判定的类型(self-judging)；如果没有"缔约方认为必要的措施"的表述，则为非自行判定(non self-judging)的类型。

以安全例外为例，阿根廷—美国BIT第11条由于没有缔约方认为必要的表述，仲裁庭认为属于非自行判断的条款。缔约方可以援引该条进行抗辩时，仲裁庭也有权审查缔约方的措施。[②] 不过，也有观点认为安全例外条款在本质上属于自行判定条款，仲裁庭没有考虑缔约方的真实意图：国家安全直接关系一个国家的主权和利益，从缔约方的真实意图看，很难认定缔约方会将如此重大的事项交由第三方来审查。是否危及国家安全也只有当事国自己最清楚，当事国应最有权根据自己的判断来采取其认为必要措施，这不应属于第三方判断的事项。置身事外的当事方的事后所做的任何判断都无法取代当事国在紧急情况时的判断和决策。[③] 在实践中，出于澄清缔约方意图的考虑，美国2004年的BIT范本第18条增加了"缔约方认为"(it considers)的措辞。[④] 美国2012年的BIT范本第18条也维持了这样的表述。

---

① 例如，我国和新西兰2008年的自由贸易协定关于征收的附件(附件13)也有类似的规定。

② 参见CMS案裁决第373段以及LG&E案裁决第212段。

③ 参见余劲松：《国际投资法》，第258页。

④ 其条文为：本协定不能解释为排除任何缔约方为履行与维护或恢复国际和平与安全的义务相关、或与保护其自身根本安全利益相关而采取其认为必要的措施。

不过,即使是自行判定的安全例外条款,仲裁庭也有审查缔约方措施的理由[①]:首先,国际法院、欧盟法院、欧洲人权法院等国际司法和仲裁机构从来承认安全问题因具有一定的政治性而成为它们行使管辖权的法律障碍。其次,根据《维也纳条约法公约》第26条的规定,缔约方应当善意(good faith)履行条约义务,仲裁庭应有权审查缔约方的措施是否符合这一要求。再次,这也是平衡投资者保护和国家自由行动的需要。

上述讨论也适用于一般例外条款。虽然一般例外条款适用的情形与安全例外不同,但安全利益和保护公共道德、公共健康和环境都关乎国家利益,而且各国之间的情况也是不同的。因此,除非在协定中明确规定了相应的核准程序或明确排除了不能采取某些措施[②],缔约方应是其自身公共利益的判定者。当然,为了明确缔约方的规制权,在一般例外条款中加入"缔约方认为必要"的表述也是可取的。不过,即使是自行判定的一般例外条款,也不能完全排除仲裁庭对缔约方规制措施的审查,除非投资协定将此类争议明确排除适用ISDS机制,但国际投资协定一般并不采用这种做法。[③] 如果仲裁庭不能审查缔约方的规制措施,也会产生缔约方滥用一般例外而规避投资协定义务的情况。事实上,借鉴GATT第20条和GATS第14条的国际投资协定的一般例外条款也要求缔约方的措施应当是为维护公共理由所必要的,也不能在情形类似的缔约方、缔约方的投资者或投资者的投资之间构成任意或不合理歧视的手段,或构成对任何一方的投资者或其设立的投资的变相限制。因此,问题的关键在于,仲裁庭不能代替缔约方决定采取何种措施,但仲裁庭有权裁定缔约方的措施是否符合协定所规定的采取规制措施的要件。

---

① William W. Burke-White and Andreas Von Staden, "Investment Protection in Extraordinary Times: The Interpretation and Application of Non-Precluded Measures Provisions in Bilateral Investment Treaties", (2008) 48 *Virginia Journal of International* 307, pp. 377—379.

② 以《国际货币基金协定》为例,接受《国际货币基金协定》第8条义务的成员国未经国际货币基金组织批准,不得限制经常性国际交易的支付与转移的义务。

③ 以CETA为例,根据其第8.18条,ISDS机制适用于缔约一方的投资者主张另一缔约方违反如下义务的争议:(1) 在投资的扩展、经营和投资的处置等方面违反投资非歧视待遇;(2) 违反投资保护义务条款且投资者遭受损失的情况。因此,CETA中的ISDS机制并非适用于涉及协定所有条款的争议,比如投资者不能就其投资未获得市场准入而产生的争端而适用ISDS机制。但是,投资者认为东道国以一般例外为理由采取的规制措施实质上违反了投资待遇和保护义务时,仍可诉诸ISDS来解决。

2. 何为“必要”的措施

既然缔约方的规制措施与公共利益相关，仲裁庭就需要审查缔约方援引一般例外条款时是否存在真正的公共利益。在 ADC v. Hungary 案中，该案涉及匈牙利和塞浦路斯 BIT 第 4 条(征收)的适用，该条设立的征收的要件之一为基于公共利益(public interest)。仲裁庭指出，满足公共利益的要件需要存在真正的公共利益(genuine interest of the public)。如果只是提及“公共利益”就能神奇地满足“公共利益”要件要求的话，BIT 的这一规定就没有意义了。[①]虽然一般例外和征收分别为投资协定的两个不同的条款，但二者都存在“公共利益”的要件，ADC 案仲裁庭的观点也同样适用于一般例外条款。作为投资协定一般例外条款模型的 GATT 第 20 条和 GATS 第 14 条也是如此。在中国出版物和音像制品案中，该案的专家组指出 WTO 成员以 GATT 第 20 条(a)项的公共道德为理由采取背离 GATT 义务的措施应当是“必要”(necessary)的。对于中国管制出版物和音像制品进口和销售的措施，专家组采取了三个步骤来审查是否为必要的：首先，专家组考察了中国采取的措施和声称的措施目标之间的关系(通过避免含有禁止性内容的出版物在中国境内销售来保护公共道德)。其次，专家组分析了措施目标的重要性和中国措施的保护水平。最后，专家组对中国采取的背离其义务的各项措施进行了如下分析：措施对实现所追求的目标所做的贡献；措施对贸易的限制性影响；“贡献程度”“限制性影响”和“保护公共道德属于非常重要的政府利益以及中国采取了高水平保护的事实”三个因素之间的权衡和平衡(weighing and balancing)。[②]

不过，在审查其成员的措施是否为必要时，GATT/WTO 的案例还会考查是否存在其他限制性影响更小的替代措施。关贸总协定时期的泰国香烟案就是一个例子。虽然专家组认为采取减少香烟消费的措施符合 GATT 第 20 条(b)项下保护人民健康的目标，但仍裁定泰国实际采用的

---

① ADC Affiliate Limited and ADC & ADMC Management Limited v. The Republic of Hungary, ICSID Case No. ARB/03/16, Award of the Tribunal, October 2, 2006, para. 432.

② China—Measures Affecting Trading Rights and Distribution Services for Certain Publications and Audiovisual Entertainment Productions, Report of the Panel, WT/DS363/R, 12 August 2009, paras. 7.751—7.793, 7.828.

限制香烟进口许可证方法的做法并非属于第 20 条(b)项要求的"必要措施",因为还有其他与总协定义务并不抵触的替代方案(比如调节香烟的销售价格)。[①] 在中国出版物和音像制品案中,上诉机构也认为,当 WTO 成员采取限制非常严格的措施时,应确保该措施是仔细设计的,并结合其他相关因素确认实施该措施的必要性是大于(outweigh)措施所带来的限制性影响的。[②]

WTO 争端解决机构采用的上述做法,在理论上也被称为"相称"(proportionality)或"比例"原则。相称原则源于国内行政法和宪法,也为国际法院、欧盟法院等机构所采用。[③] 有观点认为,相称性的评估至少涉及三个步骤:首先,仲裁庭应审查相关措施是否与其设定的目标或公共利益相关;其次,审查是否存在限制更小的措施(less restrictive means, LRM);最后,审查措施是否符合相称性,即措施所带来的成本是否过度或与目标要实现的利益是否相称。[④] 在实践中,有的国际投资的案例也采用了类似的做法。例如,在 Tecmed 案中,仲裁庭指出,要根据相称原则来审查东道国的措施是否在保护投资者利益和维护东道国公共利益之间是适当的。[⑤] 在 Continental 案中,仲裁庭认为阿根廷—美国 BIT 第 11 条来源于美国友好通商航海条约(FCN)范本,而这样的条款在 1947 年 GATT 第 20 条也有体现,因此,参考 GATT/WTO 的案例是更合适。[⑥]

理论上讲,国际投资领域采用相称原则来审查缔约方的规制措施是否必要并无不当。缔约方的规制措施属于公法性质的。既然在国内法律制度中能够进行司法审查,那么 ISDS 机制下的仲裁庭也不应存在理论

① Thailand—Restrictions on Importation of and Internal Taxes on Cigarettes, Report of the Panel adopted on 7 November 1990, DS10/R—37S/200.

② China—Measures Affecting Trading Rights and Distribution Services for Certain Publictions and Audiovisual Entertainment Productions, Report of the Appellate Body, WT/DS363/AB/R, 21 December 2009, para. 310.

③ Kinsbury and Schill, Public Law Concepts to Balance Investors Rights with State Regulatory Actions in the Public Interest—the Concept of Proportionality, pp. 80—85.

④ Kurtz, "Adjudging the Exceptional at InternationalI nvestment Law", (2010) 59 *International and Comparative Law Quarterly* 325, p. 366.

⑤ Technicas Medioambientales Tecmed S. A. v. The United Mexican States, ICSID Case No. ARB (AF)/00/2, Award, May 29, 2003, para. 122.

⑥ Continential Casualty Co. v. Argentine Republic, ICSID Case No. ARB/03/9, Award, 5 September, 2008, para. 192.

上的例外。不过，在贸易领域，考查是否存在对贸易限制效果更小的措施要相对容易。就GATT/WTO的理念来讲，关税措施要比数量限制的影响更小。[①] 但是，在投资领域，要确定对投资限制效果更小的措施则相对困难。如果缔约方的规制措施是普遍适用而非针对特定行业的，其对不同行业或投资者的影响也会不同。即使规制措施只影响某和行业的外国投资者，且投资者因规制措施受到的影响容易计算出来（如对其利润和预期利润的影响和测算），但公共利益却是难以量化或通过金钱价值来衡量的。此外，缔约方可以采取的规制措施即便存在多个选项，但具体选择哪种措施以及哪种一定会奏效，缔约方在决策时并不是能够很容易作出判断的。在措施的选择方面，不同国家以及国际组织也会有不同的观点。例如，在东南亚金融危机时，泰国执行了国际货币基金组织的救助方案（包括实行紧缩的货币和财政政策），但付出了两年紧缩和GDP下降近35%的代价。2003年的独立评估办公室对国际货币基金组织在应对印尼、韩国和巴西资本危机的方案的评估报告也指出，国际货币基金组织虽然认识到了银行部门的脆弱性，但低估了其严重性及可能导致的宏观经济风险。[②]

因此，在投资领域，审查是否存在限制更小的措施并不能作为一个不可或缺的条件，而是应当根据缔约方所追求的目标来衡量，也不应以事后的效果作为评判是否相称的唯一指标。相称审查应当关注的是缔约方作出的决策是否符合了正当法律程序，以及结合下面将要讨论的另一个条件，即是否构成了不符合投资协定义务的对外国投资者的歧视或是伪装的投资限制。

（三）非歧视的规制措施

从GATT/WTO的实践来看，WTO成员援引GATT第20条或

---

① 理论上讲，关税和数量限制都具有阻碍国际贸易的壁垒作用，但相比之下，关税具有透明度，能清楚地反映了保护的程度，并且允许产品的竞争，有利于最有效的生产者的产品的进入。但是，最有竞争力的产品却不一定会得到配额或许可证。事实上，许可证或配额等方式还会产生腐败。此外，GATT/WTO作为关税减让的谈判场所，关税水平通过减让谈判得以降低并通过最惠国待遇原则多边化。因此，GATT第11条将取消数量限制作为一个基本原则进行了规定。

② 参见沈联涛：《十年轮回：从亚洲到全球的金融危机》，杨宇光、刘敬国译，上海远东出版社2009年版，第142、110—113页。

GATS 第 14 条时,其采取的措施还应当符合这两条句首的要求,即不在情况相同的国家之间构成武断或不合理的歧视手段或成为对国际贸易的伪装的限制。上诉机构在美国汽油案中指出:为了适用 GATT 第 20 条,相关措施必须属于(a)—(j)项的情形,同时满足该条句首的条件。[①] 在美国虾案中,上诉机构也指出:第 20 条句首是为了防止 WTO 成员滥用该条的例外。[②]

对于借鉴 GATT 第 20 条和 GATS 第 14 条的国际投资协定的一般例外条款来讲,在审查缔约方的规制措施时,显然也要进行类似的分析。不过,WTO 关于认定其成员的措施是否为 GATT 第 20 条和 GATS 第 14 条句首所不允许的歧视或伪装的限制的实践并不当然能够适用于国际投资协定。一方面,WTO 体制和国际投资协定适用的对象不同,前者适用于产品,后者适用于投资者及其投资;另一方面,国际投资协定的一般例外条款以及协定的体例结构也是与 WTO 不同的。在国际投资的实践中,虽然还没有适用一般条款的案例,但有的仲裁庭在涉及投资协定其他条款的案件中也拒绝适用 WTO 的案例。Occidental 案的仲裁庭指出,WTO 案例涉及相同产品(like product),而 BIT 中强调的是"类似情况(in like situations)",不能同等对待。Methanex 案的仲裁庭逐条分析了 NAFTA 各章的条文,并与 WTO 的用语相比较,得出的结论是,NAFTA 各章用语与 WTO 非常类似,但唯独第 11 章(投资)不同。仲裁庭认为这是 NAFTA 的缔约方有意为之,故对第 11 章提及的类似情况做有别于 WTO 的自主的解释。[③]

此外,国际投资协定的一般例外条款是缔约方偏离协定所有义务的法律依据,当然也包括投资协定下的最惠国待遇、国民待遇和公正与公平待遇等条款下的义务。这些投资待遇条款一般没有各自的例外规定,或

---

① United States—Standards for Reformulated and Conventional Gasoline, Report of the Appellate Body, WT/DS2/AB/R, 29 April 1996, p. 22.

② United States—Import Prohibition of Certain Shrimp and Shrimp Products, Report of the Appellate Body, WT/DS58/AB/R, 12 October 1998, para. 120.

③ 参见单文华、娜拉—伽拉赫:《中外投资条约研究》,魏艳茹、李庆灵译,法律出版社 2015 年版,第 171 页。

者例外规定不涉及一般例外条款下的公共利益的情况。[①] 在缔约方的规制措施影响到投资者的待遇时，也应以审查缔约方的措施是否违反了这些待遇条款为适用一般例外条款的前提。因此，相关投资待遇条款中的歧视的理解对于适用一般例外条款也是有关联的。

三、一般例外条款作用之实现：ISDS 机制的改革

需要指出的是，一般例外条款是否能够起到维护缔约方规制权的作用，还有待实践的检验，或者说要看 ISDS 机制下的仲裁庭如何适用和解释一般例外条款。迄今为止，尚未有关于一般例外条款的案件。不过，既有的一些案例表明，现行 ISDS 机制存在着一些问题。尽管相关案例尚未涉及一般例外条款，但现行 ISDS 机制的问题是具有共性的，也会影响到一般例外条款的解释与适用。因此，为了维护缔约方的规制权，也需要考虑对现行 ISDS 机制进行改革。

（一）现行 ISDS 机制的问题

客观地讲，ISDS 机制通过排除投资者本国政府的介入，具有使投资争议的解决非政治化的作用。[②] 不过，近年来 ISDS 机制招致了一些批评。个别国家甚至采取了退出《华盛顿公约》或者在投资协定中不规定 ISDS 机制的做法。[③]

---

① 以我国和德国签订的 BIT 第 3 条为例，该条共 4 款，前 3 款分别是关于公正与公平待遇、国民待遇和最惠国待遇的规定，第 4 款则指出，该条第 1—3 款所述的待遇，不应解释为缔约一方有义务将由下列原因产生的待遇、优惠或特权给予缔约另一方投资者：(1) 任何现存或将来的关税同盟、自由贸易区、经济联盟以及共同市场的成员；(2) 任何双重征税协定或其他有关税收问题的协定。

② 在历史上，主要为发达国家及其投资者寻求使用来解决投资者与东道国之间的投资争议方法，有外交保护和外国法院诉讼。外交保护是投资者母国出面解决投资者与东道国争端的做法。外国法院诉讼则是由投资者在东道国以外的法院对东道国提起诉讼。发达国家及其投资者对这两种方法的滥用，遭到发展中国家的普遍反对。参见余劲松：《国际投资法》，第 375 页、406—416 页。

③ 例如，玻利维亚、厄瓜多尔和委内瑞拉退出了《华盛顿公约》。澳大利亚和新西兰的更紧密经济关系贸易协定的投资议定书没有规定投资者—东道国争端解决机制。参见王彦志：《投资者与国家间投资争端仲裁机制的废除：国际实践与中国立场》，载《中国国际法年刊》(2012年)，法律出版社，第 455—489 页。

对于ISDS机制（特别是仲裁方式）的批评主要集中在如下几个方面：

首先，东道国的规制权受到了限制。这种观点认为：国际仲裁给予了外国投资者在东道国司法体系之外挑战东道国措施或决定的渠道，如果东道国规制社会经济活动的措施或决定被裁定违反了投资协定，东道国的规制权就被剥夺了。①

其次，即使是同一个投资协定，不同的仲裁庭也会对相同的条款作出不同的解释，或者基于相同的事实得出不同的结论。这就导致了投资协定条款解释的不确定性，也无法为将来的案件中适用这些协定提供可预见性。② 例如，在阿根廷经济危机所引发的一系列仲裁案中，阿根廷以其与美国之间的BIT第11条的安全例外作为其采取的一系列措施的抗辩。CMS案的仲裁庭认为，阿根廷虽然陷入了经济危机，但并未出现经济和社会全面崩溃的局面，因此不能援引第11条免责，应给予外国投资者补偿。③ 但是，LG&E案的仲裁庭则认为阿根廷在2001年12月—2003年4月的经济状况已经导致了最高程度的社会秩序混乱并威胁到了阿根廷的根本安全利益，阿根廷可根据第11条免责，无需对投资者予以补偿。④

再次，仲裁缺乏透明度和上诉机制。大多数的仲裁是不公开审理的。尽管ICSID公布了大多数裁决，但也没有公开所有的裁决和当事人的陈述。尽管ICSID有仲裁撤销程序，但适用范围有限。ICSID的撤销委员会也面临无法撤销或纠正裁决的情况，即使其认为仲裁裁决存在明显的

① Reinhard Quick, "Why TTIP Should Have an Investment Chapter Including ISDS", (2015) 49 *Journal of World Trade* 199, p. 200.

② UNCTAD, *Reform of investor-State Dispute Settlement: In Search of a Roadmap*, IIA Issues Note, No. 2, June 2013, p. 3.

③ CMS Gas Transmission Company v. Argentine Republic, ICSID Case No. ARB/01/8, Award of the Tribunal (12 May 2005), paras. 281, 355, 468, 469, 471.

④ LG&E Energy Corp., LG&E Capital Corp. and LG&E International Inc. v. Argentine Republic, ICSID Case No. ARB/02/1, Decision on Liability (3 October 2006), paras. 229—238.

法律错误。[1] 而且，撤销委员会同仲裁庭一样，是针对个案临时设立的，也可能存在结论不一致的情况。[2]

如何看待针对 ISDS 机制的上述批评呢？

首先，不能因为仲裁庭可以审查东道国的措施就认为其规制权当然受到了限制。缔约方在投资协定中写入 ISDS 机制是自我行使主权的体现。投资协定如果存在 ISDS 机制，缔约方就应当遵守，这也是国际法的基本原则。从国际实践看，由独立的第三方来审查一国措施的争端解决机制并不罕见。一个典型的例子就是 WTO 的争端解决机制。

其次，也不能只因为裁决东道国违反投资义务就当然认为东道国的规制权受到了限制。如果东道国的做法确实违背了条约义务，仲裁庭裁决东道国败诉恰恰是为了实现投资协定保护外国投资者的目的。还应当看到，也存在仲裁庭裁决投资者主张不能成立的情况。根据联合国贸发会（UNCTAD）的统计，政府胜诉的案件仍占多数。[3] 再以美国为例，在过

---

① 《华盛顿公约》第 52 条第 1 款规定，任何一方当事人可基于下列一个或几个理由向秘书长提出书面申请，要求撤销仲裁裁决：(1) 仲裁庭的组成不适当；(2) 仲裁庭明显超越其权限；(3) 仲裁庭成员存在腐败行为；(4) 严重违背仲裁基本程序；(5) 裁决未陈述其所依据的理由。在 CMS 案中，仲裁庭还根据联合国国际法委员会编撰的国家对国际不法行为的责任条款（Articles on Responsibility of States for Internationally Wrongful Act）来审查阿根廷的相关措施是否满足了该条款第 25 条的要件。第 25 条第 1 款规定：一国不得援引危机情况作为排除其不符国际法义务的不法行为的理由，除非：(1) 该国的根本安全利益面临严重和迫在眉睫的危险，而该国采取的行为是保障其根本安全利益所唯一可行的方法；(2) 该国的行为并不严重损害该国负有的义务的国家或国际社会的根本利益。该条第 2 款还规定：在任何情况下，一国不得援引危机情况作为排除其不法行为的理由，如果(1)该国承担的国际义务排除其援引危机情况的可能性；或(2)该国自身的行为导致了危机情况。仲裁庭认为阿根廷应对金融危机的措施并非唯一的方案，而是有替代方案的。因此，第 25 条关于措施“唯一”性的要求意味着阿根廷无法根据第 11 条的安全例外免责。不过，CMS 案的撤销委员会认为仲裁庭的解释存在法律错误：阿根廷—美国 BIT 第 11 条和责任条款第 25 条是不同的，CMS 案的仲裁庭应对此进行分析并决定二者是否都能够适用于本案，而不是简单假定就是同等适用的。但是，撤销委员会认为仲裁庭没有明显越权而没有撤销该裁决。See CMS Gas Transmission Company v. The Republic of Argentina, ICSID Case No. ARB/01/8, Decision of the ad hoc Committee on the application for annulment, 25 September 2007, paras. 97, 127, 129—131, 136, 150, 157—159.

② UNCTAD, *Reform of investor-State Dispute Settlement: In Search of a Roadmap*, p. 4.

③ 根据 UNCTAD 统计，截至 2014 年结案的通过投资者—东道国争端解决机制处理的 356 个案件中，37% 的案件（132 个）东道国胜诉，25% 的案件（87 个）投资者胜诉。参见 UNCTAD, *Recent Trends in IIAs and ISDS*, IIA Issues Note, No. 1, February 2015, p. 8.

去三十多年里，美国在ISDS机制下没有输掉过一起案件。① 在欧盟委员会看来，ISDS机制具有保护外国投资者免受东道国的歧视或不公平待遇的作用。在某些情况下，投资者通过东道国的司法体系取得救济可能并不容易。② 此时，ISDS机制对投资者就非常重要。缺乏ISDS机制的投资协定将使得东道国的投资环境缺少竞争力。③

不过，仲裁裁决的不一致以及ISDS机制缺乏透明度和上诉审查机制等问题则是毋庸置疑的，但这些问题是可以通过改进ISDS机制来解决的。比如，国际投资协定加强了ISDS程序透明度的要求。④ 此外，国际投资协定还强调了缔约方可作出约束仲裁庭的解释。CETA也建立了全新的国际投资法庭机制（包括上诉法庭）。下面就这两个问题做进一步阐述。

（二）缔约方作出约束仲裁庭的解释

在外国投资者和东道国产生争议并诉诸ISDS机制的仲裁时，协定条款的解释至关重要。国际投资协定属于国际条约。《维也纳条约法公约》第31—32条作为条约解释的最重要的规则，也为仲裁庭所使用。⑤ 国际投资协定关于ISDS机制的协定部分也会明确规定仲裁庭应适用的准据法。⑥ 此外，国际投资协定还规定缔约方对协定的解释对于ISDS下

---

① US Chamber of Commerce, 13 Myths About Investment Agreements and Investor-State Dispute Settlement (ISDS), https://www.uschamber.com/sites/default/files/13_myths_about_investment_agreements_and_isds.pdf (Last visited February 15, 2017).

② 例如，东道国司法系统对外国投资者存在偏见，或者法院拒绝审理外国投资者与本国政府之间的征收争议。当东道国没有把投资协定转化为国内法时，东道国法院即使受理投资者的起诉，投资者也可能无法在国内法院中主张适用投资协定。See European Commission, *Incorrect Claims about Investor-State Dispute Settlement*, 3 October 2013.

③ European Commission Communication, *Towards a Comprehensive European International Investment Policy*, (COM) 2010, 343 final.

④ 例如，CETA第8.36条的标题即为程序的透明度。该条第1款明确规定《联合国贸易法委员会投资人与国家间基于条约仲裁透明度规则》(UNCITRAL Rules on Transparency in Treaty-based Investor-State Arbitration)将适用于CETA下的争端解决程序，强调了ISDS机制的透明度：案件的所有文件（当事人的陈述、裁决等）原则上都将在联合国网站上公开，案件的听证原则上对公众开放，非政府组织和工会也可提交意见。

⑤ Dolzer and Schreuer, pp. 28—31.

⑥ 例如，我国和加拿大的BIT第30条第1款规定，依据本部分设立的仲裁庭应根据本协定、可适用的国际法规则处理争端涉及的问题，在适当时，仲裁庭应考虑东道国缔约方的法律。CETA第8.31条第1款明确规定要根据《维也纳条约法公约》和其他适用于缔约方的国际法规则和原则来解释解释协定，第2款则不允许争端解决机构审查缔约方的措施在其国内法下的效力。

的仲裁庭具有约束力。[①] 不过,国际投资协定的缔约方具有双重身份:一方面缔约方是投资协定的主体,另一方面,缔约方也会成为与投资者争端的当事方。那么,当一个缔约方与投资者产生争端时,其与其他缔约方共同作出的解释如果约束仲裁庭的话,是否存在利益冲突?缔约方的解释是否具有溯及既往的效力?NAFTA 有关案件在这方面的实践就反映了这一问题。

NAFTA 第 1131 条第 2 款规定,NAFTA 下设立的自由贸易委员会对协定条款的解释对于仲裁庭具有约束力。NFATA 的自由贸易委员会在 2001 年对该协定第 1105 条第 1 款的含义进行了解释。NAFTA 第 1105 条第 1 款规定:各缔约方应根据国际法,给予另一缔约方投资者投资的相应待遇,包括公正和公平的待遇以及全面保护和安全。自由贸易委员会认为[②]:该款中对另一缔约方投资者投资的待遇是指根据习惯国际法而给予外国人的最低待遇标准;"公正与公平"和"全面保护与安全"的概念并不要求给予超出习惯国际法给予外国人的最低待遇标准;缔约方违反 NAFTA 其他条款或另一独立的国际协定义务,并不能用于确定缔约方违反了第 1105 条第 1 款。

当该解释作出时,已经有几个案件在审理之中。在 Pope & Talbot 案中,由于仲裁庭在解释之前业已作出了中期裁定,因而其通过与加拿大和其他 NAFTA 缔约方的换文表达了该解释追溯适用中期裁定所涉及的正当程序问题的考虑。尽管投资者还认为自由贸易会的解释事实上构成了协定的修改,仲裁庭也对此表示了同情,但还是接受了自由贸易委员会的解释。不过,由于仲裁庭最终认定加拿大违反了 NAFTA 的义务,也就没有对解释是否溯及既往的效力问题作出回答。在 ADF 案中,仲裁庭也接受了自由贸易委员会的解释,并认为该解释并不构成协定的修改,其理由为 NAFTA 的缔约方(包括该案的被诉方)没有提交任何构成修改的文件。[③]

虽然 NAFTA 相关案件的仲裁庭接受了自由贸易委员会的解释,但

---

① 例如,CETA 第 8.31 条第 3 款还规定,当协定的解释将引起严重关切时,CETA 下的服务和投资委员会可建议联合委员会作出解释。联合委员会关于协定的解释对法庭具有约束力。

② NAFTA Free Trade Commission, Notes of Interpretation of Certain Chapter 11 Provisions, July 31, 2001, http://www.naftaclaims.com/commissionfiles/NAFTA_Comm_1105_Transparency.pdf (Last visited February 15, 2017).

③ UNCTAD, *Interpretation of IIAs: What States Can Do?*, IIA Issue Note, No. 3, December 2011, p. 13.

前述提及的问题仲裁庭并没有作出直接的回应。虽然缔约方作出对仲裁庭有约束力的解释具有澄清协定条款含义的作用，但缔约方使用起来也应当慎重。由于国际投资协定涉及投资者的权益，缔约方的解释不能减损投资者业已根据协定取得的权益，也不应违背正当程序。例如，《欧盟—新加坡自由贸易协定》就规定在最终裁决尚未作出，但仲裁庭已经在考虑条约条款的解释时，需要对服务、投资和政府采购委员会提出条约解释建议实施必要的限制。[①] 再如，CETA 第 8.31 条第 3 款也规定，联合委员会可决定其解释产生约束力的特定日期。此外，根据 ISDS 机制成立仲裁庭之前，一般也有投资者和东道国进行磋商的程序。[②] 在磋商阶段，根据磋商的进展情况（如能否通过磋商解决争议），缔约方是可以考虑就相关条款寻求作出解释的。如果将缔约方之间作出解释的时间限定在仲裁庭组成之前或仲裁程序开始之前的话，可能更为公正。[③] 还需要指出的是，缔约方的解释不能取代仲裁庭的职责。作为公正处理争端的机构，仲裁庭也不能完全为缔约方所控制。由于缔约方的解释需要在达成一致的条件下作出，如果缔约方未能就相关协定条款作出解释，仲裁庭也有权自行解释。[④]事实上，缔约方之间达成一致作出解释，也在一定程度上对保护投资者的利益具有保障作用。在非争议当事国的缔约方对采取规制措施的缔约方的做法有不同意见时，各缔约方之间可能也不会就条款的解释达成一致。不过，不论缔约方之间是否会就相关条款作出解释，彼此

---

① 参见张生：《国际投资法制框架下的缔约方解释研究》，载《现代法学》2015 年第 6 期。

② 例如，我国和加拿大的 BIT 第 21 条规定了提请仲裁的前提条件，其中之一为：在争端投资者将诉请提请仲裁之前，争端各方应首先进行磋商，以求友好解决诉请。除非争端各方另有约定，磋商应在诉请提请仲裁的意向通知提交后的 30 日内进行。

③ 在这方面，国际投资协定关于税收争议提交 ISDS 仲裁的做法也是一个类似的例子。虽然国际投资协定的税收例外条款原则上排除适用于缔约方的税收措施，但也规定在特定情况下投资协定的相关条款（如征收）仍适用于税收措施。这是为了防止缔约方滥用税收例外条款从而借助税收方式实施征收（包括间接征收）的行为。不过，当投资者将此类税收争端诉诸 ISDS 的仲裁时，国际投资协定一般设置了前置程序。例如，美国 2012 年 BIT 范本第 21 条规定，投资者诉诸 ISDS 机制的仲裁来处理涉及征收的税收措施之前，应先将该争议提交缔约双方税收主管当局。如果缔约双方税收主管当局未能在 180 天内就该税收措施不构成征收达成一致，仲裁程序才能启动。

④ 例如，我国和加拿大签订的 BIT 第 30 条第 2 款还规定：如果争端缔约方提出抗辩，主张被诉违反的措施属于该 BIT 第 8 条第 1、2、3 款所规定之保留与例外，则应争端缔约方请求，仲裁庭应要求缔约双方对该问题作出解释。在请求送达后的 60 日内，缔约双方应向仲裁庭提交其共同书面解释。该解释应对仲裁庭具有约束力。若缔约双方未能在 60 日内提交解释，仲裁庭应对该问题进行裁决。

都需要了解对方的规制措施。一个缔约方也会关注另一缔约方是否履行了条约义务,而且国际投资协定中还有缔约方间的争端解决机制。① 为此,一般例外条款的设计还可参考韩国与日本签订的 BIT 第 16 条的做法。该条要求缔约方采取规制措施时应通知对方,并告知采取措施的目的和法律依据等事项。② 这样的规定能够避免缔约方滥用例外而在采取措施之后寻找理由,也能够促使缔约方在采取措施之前评估是否是为了应对危机情况所必须的。③

(三) CETA 的国际投资法庭方案

2015 年 9 月 16 日,欧盟还发布了国际投资法庭(Investment Court System)的方案,并纳入到了 CETA 文本之中。CETA 设立了专门的初审法庭(Tribunal of First Instance)和常设上诉法庭(Appeal Tribunal)来审理投资者和东道国的投资纠纷,可以说是 ISDS 机制的一次革命。

投资法庭是比照国内法院和国际司法机构的模式设计的。投资法庭和上诉法庭的法官由缔约方任命。初审法庭由 15 名法官组成。5 名为欧盟成员国的国民,5 名为加拿大国民,其余 5 名为第三国国民。15 名法官应具有担任缔约方国内法官的资格,或是被认可的法学家,同时应具有国际公法、特别是国际贸易和投资争端解决的专业知识。④ 初审法庭法官任期为 5 年并可联任一次。⑤ 初审法庭案件的审理由 3 名法官负责,1 名来自欧盟成员国,1 名来自加拿大,1 名来自第三国。审理案件的法院不是由争端当事方选择,而是由初审法庭的主席任命。具体哪三位法官

---

① 例如,我国和德国签订的 BIT 第 8 条为缔约方之间争议解决的规定。缔约双方对该协定的解释或适用所产生的争议,应尽可能通过外交途径协商解决。如果争议在 6 个月内未能协商解决,根据缔约任何一方的要求,可将争议提交专设仲裁庭解决。裁决是终局的,对缔约双方均有拘束力。

② 韩国与日本签订的 BIT 第 16 条第 1 款规定了安全例外、公众健康和公共秩序例外;第 2 款要求缔约方不应滥用第 1 款的例外而规避协定义务;第 3 款则要求:缔约方根据第 1 款采取措施时,应在措施生效前或生效后尽快通知另一方,并说明:措施适用的对象;与措施相关的协定条款和国内法依据;对该措施内容的详细说明;采取措施的目的。

③ Catherine H. Gibson, Beyond Self-Judgement: Exceptions Clauses in US BITs, (2015) 38 *Fordham International Law Journal* 1, p. 50.

④ 参见 CETA 第 8.27 条第 4 款。

⑤ 参见 CETA 第 8.27 条第 5 款。不过,自 CETA 生效之日起,15 名初审法官中的 7 名的任期可延长到 6 年。

审理案件,以轮换为基础并确保具有随机性和不可预测性。[①] 这与仲裁机制下投资者和东道国可选择仲裁员是截然不同的。

上诉法庭法官的人数 CETA 没有规定,而是由欧盟和加拿大组成的联合委员会来决定。上诉法庭审理对初审法庭裁决的上诉。上诉法庭审理案件的上诉由随机挑选的 3 位法官负责。[②] 上诉法庭可以维持、修改或推翻初审法庭的裁决,上诉法庭的裁决是终局的。[③]

客观地讲,建立国际投资法庭的观点在欧盟的方案提出之前就已有理论上的讨论[④],但欧盟则是首次将其付诸实践。

现行 ISDS 机制下的仲裁是参照传统的国际商事仲裁设计的,有的投资协定还直接选择了国际商事仲裁机构(如斯德哥尔摩商会、国际商会)进行仲裁。但是,投资者与国家之间的投资争端与一般的国际商事纠纷是不同的。国际商事纠纷当事人的地位是平等的,而投资者与东道国的投资纠纷则是国家行使公权力采取规制措施所导致的。在国内法中,这是能够通过司法审查来解决的。在国际层面借助商事仲裁的机制来处理投资者—国家投资争端并不妥当。欧盟的方案则是针对投资者—国家投资争端的特点而设计的。在欧盟委员会看来,由公正的法官通过透明和中立的程序审理案件符合投资者和东道国的利益。[⑤]

既然设立投资法庭,那么上诉机制也是不可或缺的。事实上,国际间针对政府规制措施的争端解决也有上诉机制的先例。最典型的就是 WTO 争端解决机制下的上诉机制,虽然 WTO 争端解决机制的设立并不冠以法庭的名称。理论上讲,在投资领域的 ISDS 机制中建立上诉机制,也能够避免目前仲裁机制下法律解释和裁决不一致的问题,也为纠正仲

---

① 参见 CETA 第 8.27 条第 7 款。

② 参见 CETA 第 8.27 条第 7 款和第 5 款。

③ 参见 CETA 第 8.28 条第 2 款和第 9 款。

④ 比如,Gus Van Harten, *Investment Treaty Arbitration and Public Law*, Oxford University Press, 2007.

⑤ 例如,由于法官的薪酬由缔约方支付,因而争端解决的费用也比仲裁要少。法庭方案对于中小企业也是有利的。中小企业投资者更容易遭受东道国的歧视和不公正待遇,而投资者母国保护器投资者的传统方式中(如外交保护和国家间争端解决机制)却并不经常用于保护中小企业。相比之下,在法庭方案下,中小企业投资者的救济路径是开放的。法庭方案下费用的降低对中小企业也是有利的。CETA 也明确了案件的审理期限(初审法庭和上诉法庭分别应当在 18 个月和 6 个月内作出裁判),而现行投资协定下的程序可能要持续 3—4 年。See European Commission Fact Sheet, *Why the new EU proposal for an Investment Court System in TTIP is beneficial to both States and investors*, 12 November 2015.

裁庭的法律错误提供了渠道。不过,WTO 争端解决机制(包括上诉机制)是以多边贸易体制为基础的,而投资领域并不存在多边实体规则。ICSID 秘书处在其 2004 年的一份文件中指出:各投资协定下都建立各自的上诉机构,可能出现各上诉机构对于法律解释不一致的情况,违背建立上诉机制设立的初衷。因此,该文件建议由 ICSID 设立统一的投资上诉机制,单一的上诉机制不仅可以提高仲裁裁决的一致性,还可以避免多个上诉机制可能造成的混乱。[①] 美国的 BIT 范本也体现了倾向于通过多边协定建立的上诉机制来审查协定仲裁的思路。[②] CETA 第 8.29 条也提出缔约方应与其他贸易伙伴一起努力建立多边的投资法庭和上诉机制。多边投资法庭和上诉机制的设想能否实现,取决于各方谈判和博弈的结果。不过,欧盟的实践毕竟提供了一个实验的路径,至少通过区域性投资上诉机制的建立而最终迈向多边上诉机制存在理论上的可能。如果 ISDS 机制的改进能够在吸引外资和维护国家规制权之间达成平衡,国际投资协定引入一般例外条款的目的就不会落空。

结　　语

国际投资协定引入类似 GATT 第 20 条和/或 GATS 第 14 条的一般例外条款是国际投资法的发展趋势。GATT 第 20 条的主要款目是 20 世纪大量双边通商条约形成的习惯规则的表述,主要产生于 19 世纪欧洲各国关于海关卫生检疫的标准由各国自订的传统和各国对本国自然资源保护的要求。[③] 迄今为止,虽然国际间已有一些环境等方面的公约,但各国

---

① ICSID Secretariat Discussion Paper, Possible Improvements of the Framework for ICSID Arbitration, October 22, 2004, https://icsid.worldbank.org/apps/ICSIDWEB/resources/Documents/Possible% 20Improvements% 20of% 20the% 20Framework% 20of% 20ICSID% 20Arbitration.pdf (Last visited February 15, 2017).

② 美国 2004 年颁布的 BIT 范本第 28 条第 10 款提出:若对缔约双方生效的另一单独的多边协定建立了审查投资纠纷仲裁裁决的上诉机构,则缔约双方应当努力达成一致,允许该多边协定对缔约双方生效后启动的仲裁中,由该上诉机构审查根据本协定下作出的仲裁裁决。美国 2012 年的 BIT 范本第 28 条第 10 款也有类似表述,其条文是:若未来在其他制度安排中产生出审查投资者—国家争议解决仲裁庭裁决的上诉机制,缔约方应考虑该上诉机制是否适用于根据本协定作出的仲裁裁决。

③ 参见赵维田:《世界贸易组织(WTO)的法律制度》,吉林人民出版社 2000 年版,第 326—327 页。

有权制定自身立法的格局依然没有改变。GATT1947 的第 20 条也没有因 WTO 的成立而发生变化。随着经济的发展,贸易和投资的联系与日益密切,而产品的生产和使用都可能涉及环境和健康问题。因此,在维护缔约方基于公共健康和环境等公共利益而采取措施的规制权方面,贸易协定和投资协定是具有共同之处的。

需要指出的是,GATT 第 20 条和 GATS 第 14 条虽然允许 WTO 成员基于公共利益采取规制措施,但也设定了相应的条件。在 GATT/WTO 的实践中,少有争端能够真正援引一般例外条款而成功抗辩。但不能因此认为一般例外条款没有实际意义。事实上,在绝大多数争端中,被诉方的措施并不符合公共政策目的的要求;少数案件中,即使争议措施满足了公共政策目的的要求,其实施方式也没有满足公正实施的要求。[①] 因此,对于借鉴 GATT 第 20 条和 GATS 第 14 条的国际投资协定的一般例外条款来讲,理论上也具有平衡规制权和保护外国投资的作用。不过,WTO 多边体制的运行与其争端解决机制是分不开的。相比之下,以双边协定为主的国际投资协定中的 ISDS 机制则存在一些问题。国际投资协定的一般例外条款要真正发挥作用,除了要注意条款本身的设计和解释外,也需要对现行 ISDS 机制进行完善。

本文对于一般条款的探讨原则上也适用于我国的情况。不过,我国签订的国际投资协定中的例外条款也可单独作为一个题目来研究。限于篇幅,本文在此做如下简要说明。

自 1982 年与我国与瑞典签订第一个 BIT 以来,我国现行有效的 BIT 已达 104 个。[②] 此外,我国对外签订的自由贸易协定中也包含投资保护和投资促进的内容。[③] 我国的上述国际投资协定(特别是 BIT),也经历了

---

① 参见韩立余:《世界贸易组织法》(第 3 版),中国人民大学出版社 2014 年版,第 20 页。

② 参见商务部条法司网站:http://tfs. mofcom. gov. cn/article/Nocategory/201111/20111107819474. shtml,访问时间:2015 年 2 月 15 日。需要指出的是,UNCTAD 网站(http://investmentpolicyhub. unctad. org/IIA/CountryBits/42#iiaInnerMenu)中也有我国对外签订的国际投资协定(包括 BIT 和包含投资内容的 FTA)的统计。不过,UNCTAD 网站把我国曾经签署但尚未生效和业已终止的 BIT 也包括在内了。

③ 例如,我国与巴基斯坦、新西兰、秘鲁、哥斯达黎加、澳大利亚等国的自由贸易协定中均有专门的"投资"章节。这些投资章节的内容与 BIT 类似。我国和东盟的自由贸易区采取了分别签订货物贸易协议、服务贸易协议和投资协议的做法。我国和冰岛的自由贸易协定第 8 章(投资)虽然没有类似于 BIT 的内容,但第 92 条规定:双方认识到 1994 年 3 月 31 日双方签署的《关于促进和相互保护投资协定》在为双边投资创造良好条件方面发挥的重要性,及其对根据本协定建立的自由贸易区所作的贡献。此外,我国内地与香港和澳门的两个 CEPA 也有投资便利化的条款和附件。关于我国自由贸易协定的情况,参见中国自由贸易区服务网:http://fta. mofcom. gov. cn/,访问时间:2015 年 2 月 15 日。

不断的发展历程[①],近年来的突出特点是进一步实现投资自由化[②],并扩充了 ISDS 机制的争端范围。[③] 同时,我国的国际投资协定中也开始引入一般例外条款。但是,包含一般例外条款的国际投资协定仍然是少数。由于我国在国际投资协定的签署中是以继受国外(特别是发达国家)的实践为主,而国际间的投资协定引入一般例外条款的时间也不长,出现这样的情况也是能够理解的。我国一直是吸引外国直接投资的大国,近年来海外投资也发展迅速。作为资本输入国,随着我国经济的发展,我国也面临着产业的进一步升级换代,也面临着环境治理等问题。由于我国的一些投资协定中允许投资者诉诸国际仲裁的范围很宽,面临被诉的风险较大。[④] 因此,我国需要在投资协定中明确对规制权的维护并完善国际投资协定的例外条款,特别是对引入一般例外条款予以重视。从资本输出国的角度讲,在投资协定中明确例外条款(包括一般例外条款)既是对东道国规制权的尊重,也有避免东道国滥用规制措施的作用。

还需要指出的是,作为世界主要经济体,我国对于国际投资规则不应仅仅停留在继受的阶段,也应当把握时机引领国际投资规则的制定。由于欧盟成员国是全球现行投资协定中差不多一半协定的缔约方[⑤],我国可以中欧投资协定谈判为契机,与欧盟共同推出能够为国际社会所接受的方案。

---

① 例如,有学者将我国的 BIT 划分为三代:1982—1989 年间的 BIT 属于第一代;1990—1997 年的 BIT 为第二代;1998 年至今的为第三代。参见单文华、娜拉—伽拉赫:《中外投资条约研究》,魏艳茹、李庆灵译,法律出版社 2015 年版,第 35—45 页。

② 例如,我国和加拿大的 BIT 引入了准入前最惠国待遇。我国与美国的 BIT 谈判以“准入前国民待遇+负面清单”为基础。

③ 例如,根据我国和德国签订的 BIT 第 9 条规定,缔约一方与缔约另一方投资者之间就投资产生的任何争议,应尽可能由争议双方当事人友好解决。如争议自其被争议一方提出之日 6 个月内,未能解决,应缔约另一方的投资者的请求,可以将争议提交仲裁。

④ 参见陈安主编:《国际投资法的新发展与中国双边投资条约的新实践》,复旦大学出版社 2007 年版,第 359—360 页。

⑤ European Commission Concept paper, *Investment in TTIP and beyond—the path for reform. Enhancing the right to regulate and moving from current ad hoc arbitration towards an Investment Court*, 5 May 2015.

被遗忘的话语

——20世纪初期中国学者眼中的春秋国际法*

易　平**

一、导　　言

正如科斯肯涅米(M. Koskenniemi)精辟指出的,19世纪末以前的国际法史就是一部不加反思的欧洲中心主义的历史。[①] 对于近代国际法来说,欧洲既是其源头也是其发展的动力和终极目标。在欧洲以外的地域(美国除外),直到进入18、19世纪欧洲列强推行暴力性殖民扩张的时代,才开始大规模地遭遇到作为舶来品的欧洲国际法。其结果是,伴随着这些国家和地区对欧洲国际法的"继受"[②],作为欧洲文化之产物的国际法,从一种特殊的地方性知识,发展成为一套可以普遍适用的全球性制度体系。这一时期也因此被称为"欧洲国际法对外扩张的时代"。

---

* 原文刊于《中国国际法年刊(2014)》,法律出版社2015年版。

** 北京大学法学院副教授。

① See Martti Koskenniemi, "Histories of International Law: Dealing with Eurocentrism", (2011), 19 *Rechtsgeschichte*152, p.158. 直到19世纪中期,在欧洲具有广泛影响力的国际法教科书,很多还在使用"欧洲国际法"的名称。如 Johann L. Klüber, *Droit des gens moderne de l'Europe: avec un supplément, contenat une bibliothèque choisie du droit des gens*, Nouv. éd., rev., annotée et complete, par M. A. Ott, (Paris: Guillaumin, 1861); August. W. Heffter, *Das europäische Völkerrecht der Gegenwart auf den bisherigen Grundlagen*, 5. Ausg, (Berlin: E. H. Schroeder, 1867), etc.

② 正如下文所述,亚洲国家对欧洲国际法的"继受"决不意味着全盘照搬,所以此处及以下的"继受"都打上了引号。关于殖民主义背景之下欧洲与非欧洲世界之间互动关系的精辟分析,可参见 Antony Anghie, "Finding the Peripheries: Sovereignty and Colonialism in Nineteenth-Century International Law", (1999), 40 *Harvard International Law Journal* 1, pp.1—80.

然而,这一扩张过程决非一帆风顺,而是充满了跌宕起伏。就亚洲国家而言,当面对来自欧洲国际法的冲击时,大多经历了一个从漠视或抗拒,到比附和模仿,再到克服并超越的曲折过程。但基于各自的国情,不同国家在应对方式和接受程度上也存在着巨大的差异。与日本和韩国相比,中国,作为一个在亚洲具有最悠久的历史文化传统且有着根深蒂固的华夷观念的国家,在 19 世纪中期遭遇到欧洲国际法这一几乎完全陌生的知识体系时,表现出了最为复杂的态度。换言之,欧洲国际法在向中国扩张的过程中,并没有直接取代或者覆盖中国的传统法律文化,而是与中华文明之间发生了激烈的碰撞,导致其自身也不得不产生了微妙而实质性的变化。初次遭遇欧洲国际法的中国知识分子与其说心甘情愿地接受西方思想的洗礼,不如说更倾向于运用中国传统的国际秩序观和儒家学说的认知框架,来解读欧洲国际法中各种陌生的概念,对其进行或大胆或谨慎的取舍选择,甚至重新创造。这种做法不能被简单的理解为文化误读,从另一个角度来看,可以说,是中华世界的特质渗透到了对欧洲国际法的理解和认知之中,这使得当时在中国传播的国际法知识中蕴含了丰富的生机与想象力。正如美国著名汉学家柯文(Paul A. Cohen)所指出的,

> 单纯用西方冲击与中国回应来解释所发生的现象是不够的,因为其中还含有一种西方对中国冲击所产生的回应,……在这些西方概念能够引起回应之前,首先得进行交流,而交流只有通过中国语言及其思想方式的过滤才可能实现。这种过滤不可避免的会造成对原义的歪曲。其实,使大多数中国人作出回应的正是这种经过歪曲的本土的说法,而不是外国原有的说法。[①]

如果我们不是站在今天的立场上居高临下的评判过去,而是置身于历史情境之中设身处地去感受当时的人们所面临的处境,就会发现,在那个特殊的时代背景之下成长起来的知识分子,既抱有时代所强加的苦闷和抑郁,又具有时代所铸就的敏锐感受力。他们中的大多数人,都不是简单地在中国传统抑或西洋理论中任择其一,而是被迫要在两个截然不同的精神世界之间完成搭建桥梁的工作,这项工作需要同时对两个世界进行创新和改造。同时,他们的伦理意识和政治见解又以隐微曲折的方式

① 柯文:《在中国发现历史——中国中心观在美国的兴起》(增订本),林同奇译,中华书局 2002 年版,第 6 页。

体现在学术作品的字里行间，并在批判性的意义上相互呼应，构成了一个极富纵深感和延展性的思想场域。

这个特殊的思想场域所蕴含的张力和复杂性，在一个特定的历史时期——20 世纪初期——达到了巅峰。不同于 19 世纪后期清末知识分子对中国传统文化的固执和迷恋，对于在 20 世纪初期形成自己知识体系的大多数知识分子来说，清朝的灭亡，民国的成立，第一次世界大战的结束，国际联盟的形成，以及新文化运动的兴起，带来了一个古今中外各种思想文化传统产生实质性碰撞从而引起急剧动荡的时代，他们更加自觉地游走在多个知识传统的罅隙之间。当时的中国知识界，群英辈出，大师云集，出现了无数彼此冲突而又相互缠绕的思想潮流。在国际法和国际关系领域，也涌现出了一批独特的观点和主张。可以说，直到第二次世界大战爆发时为止，中国出现了一个难得的文化繁荣时期。遗憾的是，当时那批知识分子对现实社会的独特理解和对未来世界的各种想象，大部分已经被后世所遗忘。今天的我们，很难再去重现他们在认知结构上的丰富性和复杂性。

另一方面，即便我们说，起源于欧洲基督教国家的"欧洲国际法"，伴随着资本主义殖民扩张进程和二战后反殖独立运动的展开和完成，已经在地理适用范围上覆盖了全球，今天我们所身处的国际社会，依然不能被简单地视为欧洲国际社会的地理扩大版。当代国际社会是一个多元文化并存的重层结构体，国际法的主体和行动者都呈现出多元化的发展趋势。回顾 20 世纪初期中西文化碰撞过程中中国知识分子的国际法观，有助于我们打破一些约定俗成的固定观念，深刻理解当今国际社会的复杂性和多重性，为欧洲中心主义的"单线发展观"提供一种相对化的视角：当代国际社会的原型之一产生于近代欧洲，但是当代国际社会绝不仅仅是欧洲国际社会的简单复制和地理性扩张，在漫长的历史发展过程中出现过诸多变量，欧洲国际社会始终与"外部世界"并存并受到后者的制约与影响。笔者试图揭示的是，作为"外部世界"之一的中国，面对欧洲国际社会的扩张所表现出来的应对方式，恰恰构成了一个重要的变量因素，与西方的观念和制度之间产生了实质意义上的政治互动。

有鉴于此，本文以 20 世纪初期中国知识分子的国际法观作为研究对象，而重点尤其放在他们对春秋国际法[①]的描述和分析上。之所以如此，原因有三：

第一，20世纪初期曾涌现出诸多国际法学的研究文献，但其中有一批特殊的文献，专门考察和论证春秋战国时期的国际法，认为这种古老的法律秩序与当时欧洲的国际法之间，无论在制度、结构，还是在原则、规则上，都存在着高度的相似性。从这一大规模的附会现象中体现出来的中国知识分子的国际法观，尽管明显受到当时西方学者的影响，却和后者不尽相同。回顾这批文献，揭示出它们所可能具有的历史意义，是本文的创作动机之一。

第二，关于清朝末年国际法如何传入中国的问题，已有诸多方家发表过论著。[②] 但是关于20世纪初期知识分子的国际法观，还鲜有人从事研究，尤其是关于他们对春秋国际法的看法，其研究领域几乎是一片空白。[③] 本文试图在此做一些抛砖引玉的工作，以推动对这一领域的更全面和更深入的研究。

第三，更为重要的是，时至今日，真正能够引起西方世界对中国敬畏之心的依然是中国的传统思想文化和古典文明体系。相对于当代中国的知识分子而言，20世纪初期的知识分子对于中国古典文化有着远为深厚

---

① 本文用"春秋国际法"来指称春秋战国时期各国间通行的法律制度和规范。

② 代表性的论著包括，蒋廷黻：《国际公法输入中国之起始》，载《清华大学政治学报》创刊号，1933年；李抱宏：《国际法之初次输入中国问题》，载《外交研究》1939年第1卷第6期；Immanuel C. Hsü（徐中约），*China's Entrance into the Family of Nations: The Diplomatic Phase 1858—1880*, Harvard University Press, 1960; Wang Tieya, "International Law in China: Historical and Contemporary Perspectives", Chap. II, (1991) 221 *Recueil des cours* (1990-II), Hague Academy of International Law, pp. 226—262；李兆杰："How International Law was Introduced into China"，载《国际法律问题研究》，中国政法大学出版社1999年版；田涛：《国际法输入与晚清中国》，济南出版社2001年版；Lydia H. Liu, *The Clash of Empires: The Invention of China in Modern World Making*, Harvard University Press, 2004; Rune Svarverud, *International Law as World Order in Late Imperial China: Translation, Reception and Discourse, 1847—1911*, Brill, 2007；佐藤慎一：《近代中国的知识分子与文明》，刘岳兵译，江苏人民出版社2008年版；林学忠：《从万国公法到公法外交》，上海古籍出版社2009年版；等等。

③ 据笔者所见，这方面仅有何勤华的论文：《略论民国时期中国移植国际法的理论与实践》，载《法商研究》2001年第4期，第136—144页。该文笼统地介绍了民国时期的国际法出版物，重点在于介绍当时中国的国家实践而非国际法思想，也没有触及民国学者关于古代中国国际法的观点和学说。另外，孙玉荣在其著作中提及了几本民国学者关于中国古代国际法的著作，但并未展开分析，参见孙玉荣：《古代中国国际法研究》，中国政法大学出版社1999年版，第2页。

的素养。在那个国难当头、内忧外困的特殊历史时期，他们以欧洲国际法作为参照系，致力于发掘中国古代国际法传统的努力，并非仅仅出于纯粹学术研究的兴趣。说到底，这是试图在一个由西方主导的世界秩序中，通过挖掘自身传统开辟出切合当代语境的普遍性话语，以此作为出路来保存并弘扬古典文化的诺亚方舟式的努力。因此，透过 20 世纪初期知识分子对春秋国际法的研究，我们也许能够更好地理解自身的思想传统所留下的宝贵遗产，更好地思考中国应该如何构建适合于自己的国际法叙事，建立起中国与西方平等对话的前提，让中国真正加入到全球话语体系的建构之中。从这个意义上说，20 世纪初期的中国知识分子始终生存在我们的时代，因为他们思考的问题也恰恰是我们所必须思考的问题，对他们的研究也是为我们自身面临的困境寻找解决出路的一种努力。

以下，本文将分为五个部分来展开论述。首先，介绍中国古代国际法观的先驱者丁韪良所从事的工作（第二部分）；其次，依照时间发展顺序来分析和整理 20 世纪初期中国学者关于这一问题的观点和主张，其中又分为三个阶段：萌芽阶段（第三部分）、发展阶段（第四部分）和成熟阶段（第五部分）；最后，结合时代状况对这些观点进行评价（第六部分）。

二、丁韪良的译介工作

有趣的是，第一位系统论证古代中国曾经存在过国际法的人，并非中国人，而是一位美国传教士——丁韪良（1827—1916，William A. P. Martin）。丁韪良于 1850 年作为长老会的传教士来到中国传教，直到 1916 年去世，在中国生活了长达半个多世纪。他在华期间，一方面主持翻译出版了多部西方国际法著作的汉译本，另一方面致力于向西方人介绍中国的古代国际法，这两项工作具有紧密的内在关联，也深刻影响了中国知识分子对国际法的认知和理解。因此，要充分理解 20 世纪初期知识分子关于春秋国际法的观点，还得先从丁韪良的翻译和介绍工作入手。

（一）西方近代国际法著作的翻译

关于丁韪良主持翻译的西方国际法学著作，已有诸多研究，本文不再赘述。[1] 毋庸讳言，其中第一部也是影响力最大的一部是他翻译的美国外交官和国际法学者惠顿（Henry Wheaton）的经典教科书——《国际法原理》（*Elements of International Law*）。丁韪良将书名译为《万国公法》，于1864年刊行。[2]

但是在丁韪良开始着手翻译《万国公法》的时候，古老的中国对于西方那套国际法知识几乎一无所知，英语中的很多词汇在汉语中根本找不到对应词，丁韪良不得不通过大量的创造性工作，在两种语言之间勉强搭建起一种假设的对应关系，使之能够相互理解。

举例而言，"公法"这个译词就非常微妙。当时在西方国际法学界，"international law"和"law of nations"都可以用来指称国际法。这两个词虽然有时会被混用，但严格说来，它们代表了两种不同的倾向："law of nations"沿袭了万民法（*jus gentium*）的传统，强调其背后的自然法基础，带有普遍的和正义的意涵，而"international law"更侧重实证法（positive law），认为国际法的效力取决于各主权国家的共同意志，国际法的普遍性要通过大量国家实践来证明。[3] 对于惠顿在《国际法原理》中刻意区分使用的"international law"和"law of nations"，丁韪良一律译为"万国公法"，或者简称为"公法"，甚至故意不翻译惠顿明确表达其对"international law"之偏好的一段话[4]，这都是为了抹煞两者的细微区别，使之脱离西方语境下的争论，让其中的自然法色彩得到突显。

中国古代语言中的"公"在最直观的意义上是指朝廷和国家，丁韪良在翻译时对其加以限定但基本保留了这一意涵。例如，对于"公使"，他解释说："夫封疆大吏、因公差遣之人，皆得谓之公使。而书中所谓公使，则

---

① 关于丁韪良的翻译活动，可详见蒋廷黻：《国际公法输入中国之起始》，第1—33页，以及Immanuel C. Hsü, *China's Entrance into the Family of Nations*, pp. 121—131。此外还可参见王铁崖：《中国与国际法——历史与当代》，载《中国国际法年刊》（1991年卷），1992年，第25—31页，以及ジャニン・ジャン、「『万国公法』成立事情と翻訳問題——その中国語訳と和訳をめぐって」、加藤周一・丸山真男校注『翻訳の思想』（東京：岩波書店、1991年）、第381—400頁。

② 惠顿（Henry Wheaton）：《万国公法》，丁韪良译，何勤华点校（依据北京崇实馆1864年版本点校），中国政法大学出版社2003年版。

③ 民国时期学者刘达人和袁国钦在其著作《国际法发达史》中，也引述了当时西方学者关于区分"international law"和"law of nations"的观点，并对此提出了自己的见解。参见刘达人、袁国钦：《国际法发达史》，商务印书馆1937年版，收录于何勤华、殷啸虎主编：《华东政法学院珍藏民国法律名著丛书》（第二辑），胡娟勘校，中国方正出版社2006年版，第15页。

④ 参见张用心：《"万国公法"的几个问题》，载《北京大学学报》（哲学社会科学版）2005年第5期。

惟此国之君简派前往他国者，方可称之。”[①]同时，他又充分利用中国文化中“公”这个词的多义性，对其作出宽泛解释，来促进国际法的可译性。例如，在《万国公法》的凡例中，丁韪良指出：“是书所录条例，名为万国公法，盖系诸国通行者，非一国所得私也。”[②]这里的“公”，很明显具有“公开、普遍”的含义，是一种更大范围的领域性概念，“万国”一词更加强化了这一意涵。随后他又解释说：“是书所称‘公师’，乃各国学士、大臣秉公论辩诸国交际之道者，以其剖明义理不偏袒本国，是以称为诸国之公师焉。”[③]这里的“公”，则意味着“公正而不偏私”。接下来，在第一卷“释公法之义、明其本源”中，他阐明万国公法的来源，“或问此公法，既非由君定，则何自而来耶，曰，将诸国交接之事，揆之于情，度之于理，深察公义之大道，便可得其渊源矣”。[④] 这里的“公”，则具有“正义、平等、普遍的道义性”等伦理意涵，并且是在国际正义的意义上使用的，而不仅仅是个人之间的正义观。[⑤]

由此一来，“公法”这个译词就很容易让中国知识人联想到“礼制”“仁政”“王道”等儒家伦理政治原则以及“天命”“天道”等中国哲学观念。对于王道政治的向往，使得中国人对“公法”所规范的理想的国际秩序充满好感，习惯于通过道德判断来认识“公法”的文化意义。丁韪良通过这种具有高度创造性的翻译活动，使西方的国际法文本更容易与中国人的传统思想相契合，让中国人更乐意将这套法律体系作为一种具有普遍意义的文化思想来加以接受。可以说，他的翻译活动不仅仅是在两种特殊的

---

① 查尔斯·马顿斯(Charles de Martens)：《星轺指掌》，(清)联芳、庆常译，丁韪良鉴定、校核，傅德元点校(依据同文馆聚珍版1876年点校)，“凡例”，中国政法大学出版社2006年版。

② 惠顿：《万国公法》，“凡例”。另外，在丁韪良翻译的《公法便览》的“凡例”中也有类似表述：“公法者，邦国所恃以交际者也。谓之法者，各国在所必遵之；谓之公者，非一国所得而私焉。”吴尔玺(Theodore Dwight Woolsey)：《公法便览》(*Introduction to the Study of International Law*)，丁韪良、(清)汪凤藻译，同文馆聚珍版，1878年，第2页。

③ 惠顿：《万国公法》，“凡例”。

④ 同上书，第一卷第一章第一节，第5页。

⑤ 关于“公法”的翻译问题，可详见赖骏楠的分析：《“万国公法”译词研究》，载《法律科学》2011年第2期，第3—12页。类似的做法还可见于丁韪良对“权”字的翻译之中。丁韪良以单音节的“权”字作为前缀或者后缀，构造出大量复合新词来表达“sovereignty” “autonomy”“authority”“right”“power”“privilege”等多个英文词汇的含义，正是这些新词型构了中国人了解和认知国际法的思维框架，也界定了在中国传播的西方国际法知识的内涵和边界。对于丁氏所用术语的详细分析，可参见丘宏达：《中国国际法问题论集——兼论最近国际法问题》，商务印书馆1968年版，第23—39页。

文明体系之间搭建起相互理解的桥梁，而实际上在试图建构一种能够同时涵盖中国和西方的传统语境、具有超越性和普遍性意义的规则体系。因为只有这样，“欧洲国际法”才有可能脱离它所得以产生的特殊的历史文化背景，融入另一种异质的文化传统之中，成为真正的“国际法”。

（二）中国古代国际法思想的传播

除了将西方国际法著作翻译为汉语以外，丁韪良还致力于向西方介绍中国。1881年，他在柏林的世界东方学大会（The International Congress of Orientals in Berlin）上宣读了一篇论文。会后，他的发言以“古代中国国际法遗迹”为题，用法文发表①，继而被英文报刊转载②，又收录于他的英文论文集《翰林论丛》（*Hanlin Papers*）③中。同时，这篇文章也由他的助手汪凤藻翻译为中文，题为《中国古世公法论略》，由同文馆出版。④

这篇文章的主旨在于证明，中国的春秋战国时代已经存在“国际法”。丁韪良认为，国际法的产生需要具备两个前提条件，即存在多个独立自主的平等国家，它们之间有相互交往的需要，而春秋时期恰恰具备这一历史条件。⑤ 丁韪良通过分析中国典籍如《周礼》《春秋三传》《国语》《战国策》等的记载，得出结论：春秋战国时期，以“礼”的形式体现出来的各诸侯国间的交往规则，与欧洲国际公法中的相关规则一样。这说明，中国自古以来就有“国际法”，即便没有冠以这个名称，也留下了遗迹。因此，现在的中国人也会自愿遵守国际法。⑥

丁韪良撰写这篇文章的意图显而易见。一方面，作为传教士，他要向

---

① W. A. P. Martin, Les vestiges d'un droit international dans l'ancienne Chine, (1882), 14 *Revue de Droit International et de Lègislation Comparée* 227, pp. 227—242.

② W. A. P. Martin, "Traces of International Law in Ancient China", (1883), 14 *The International Review* 63, pp. 63—77; *Ibid.*, (1883), 14 *The Chinese Recorder* 380, pp. 380—393.

③ W. A. P. Martin, International Law in Ancient China, in *Hanlin Papers, or Essays on the History, Philosophy, and Religion of the Chinese*, 2nd series, Kelly & Walsh, 1894, pp. 111—141.

④ 丁韪良：《中国古世公法论略》，（清）汪凤藻译，同文馆1884年版。全文收录于（清）于宝轩编：《皇朝蓄艾文编》（卷十三法律），上海官书局印1903年版，第19—42页。

⑤ 同上书，第19页。

⑥ 同上书，第25页。

中国人介绍和传播西方的宗教和法律观念，而他深知，只有符合中国人传统观念的东西，才最容易被接受，所以他要致力于证明，西方国际法上的那些原则和规则，其实是中国古代早已存在的东西，尊重传统的中国人应该很熟悉而且乐意接受这些规则。另一方面，当时有很多西方人对于国际法能否适用于欧洲以外的国家和地域，表示了担心和疑虑。一个典型事例是，1875年国际法研究院(Institut de droit international)海牙会议的议题之一就是关于"欧洲国际法对于东洋各国的适用可能性"(Applicabilité du droit des gens européen aux nations orientales)。与会学者就欧洲"文明国家"内部产生的国际法是否应该或是否可能扩大其适用范围这一问题，展开了激烈的争论。① 产生这一争论的背景在于，西方强国在19世纪的殖民扩张过程中，不仅用炮舰来打败那些古老的帝国，而且把社会进化论运用到对东西文化关系的比较分析之中。很多西方学者热衷于对不同地域的文明加以排序，突显出欧洲文明的优越地位，将其他国家贬斥为半文明国或者野蛮国家。② 这种对不同文明体系进行价值评判和等级排序的观念，弥漫在整个西方学科之中，也潜移默化的影响了国际法学科的认知结构。基于东方对西方的从属地位这一认识前提，一些西方国际法学者认为，国际法，作为欧洲文明的产物，不可能适用于欧洲以外的国家和地域，即使适用，也是不完全的和不平等的适用③，这体现为一系列不平等条约中所规定的领事裁判权、租界、条约开港、协定关税、片面最惠国待遇、势力范围等制度。对此，丁韪良在这篇文章中要向西方人证明，今天欧洲国际社会中通行的各种制度和规则，在中国古代社会中早已存在，所以西方应该吸收中国成为国际法大家庭中的一个成员。

---

① 关于学者们在这次会议上的激烈争论，可参见広瀬和子、「国際社会の変動と国際法の一般化——十九世紀後半における東洋諸国の国際社会への加入過程の法社会学的分析」寺沢一ほか編、『国際法学の再構築(下)』(東京：東京大学出版会、1978年)、第131—146頁；藤田久一、「東洋諸国への国際法の適用——十九世紀国際法の性格」『法と政治の理論と現実(関西大学法学部百周年記念論文集)』(東京：有斐閣、1987年)、第148—169頁。另可参见施密特从完全不同的角度对这一现象作出的精彩分析，Carl Schmitt, *Der Nomos der Erde: im Völkerrecht des Jus Publicum Europaeum*, 4. Aufl., unveränderter Nachdruck der 1950 erschienenen 1. Aufl, (Berlin: Duncker & Humblot, 1997), pp. 200—212.

② James Lorimer, "La Doctrine de la Reconnaissance, Fondement du Droit International", (1884), 16 *Revue de Droit International et de Lègislation Comparée*, pp. 335—336.

③ James Lorimer, *The Institutes of the Law of Nations*, Blackwood, 1883—1884, pp. 101—102, 216—219; Sheldon Amos, *Lectures on International Law*, Stevens and Sons, 1874, p. 17.

从某种意义上说，丁韪良致力于介绍和传播中国古代国际法思想，与他所从事的翻译工作是一脉相承的。两种类型的努力都是为了扩大国际法的适用范围，使之成为一种真正"普遍"的规则体系。而要实现这一点，则需要给国际法找到、甚至创造出一个共通的思想基础，使其无论是在东方还是西方，无论是在古代还是现代，都可以得到普遍适用。[①] 事实上，他的这种努力并没有白费，自他在柏林发表演说后过了约 20 年左右，古代中国存在国际法的观点得到了中国知识分子的热切关注和积极回应。

三、中国学者的春秋国际法观：萌芽阶段

19 世纪后期，当有着"华夷之辩"的漫长传统的中国，在欧美列强的炮舰外交之下，突然之间变成了国际社会中的一个普通成员、甚至一个劣等成员时，这种突如其来的变化对中国人的国际秩序观造成了强烈的冲击。有不少知识分子很快联想到了中国历史上的春秋战国时期。他们纷纷指出，中国的春秋战国与当代欧美国际社会之间存在着高度的类似性。如，冯桂芬写道："今海外诸夷，一春秋列国也，不特形势同，即风气亦相近焉。"[②]王韬写道："……地球四大洲已可由分而合，棋布星罗，有若春秋时之列国，……"[③]彭玉麟写道："当今日之时势，强邻日逼，俨成战国之局，虽孔孟复生，亦不能不因时而变矣。尝读春秋……(发现当时的列国)似无异于今日泰西各国。"[④]这种将外来的新鲜事物与中国固有的事物联结起来的逻辑，可以称之为"附会论"。通常来说，"附会论"的逻辑在于赋予外来事物以正当性。[⑤] 但是，19 世纪后期在中国大量涌现的"附会论"并非着眼于此，它们的论述重点往往是对两种社会秩序的结构("列国并立")和生存法则("弱肉强食")进行类比，其目的在于以史为鉴，警示中国

---

① 这一观点在丁韪良等翻译的德国公法学家布伦(J. C. Bluntschli)的《公法会通》(*Le Droit International Codifié*)一书中体现得非常明显，其中写道："公法虽出于泰西奉教诸国，而始行于西方，然不局于西方，亦不泥于西教，盖公法本乎人性、宜乎人类，与国法毫无违碍，论其创述，则赖各国法家及执政大臣焉，盖公法不分畛域，无论东教西教，儒教释教，均目为一体，毫无歧视也。"步伦：《公法会通》，丁韪良与(清)联芳、庆常共译，同文馆聚珍版，1880 年，第一卷第五章。

② 冯桂芬：《校邠庐抗议》(卷下)，中州古籍出版社 1998 年版，第 214 页。

③ 王韬：《弢园文录外编》(卷四)，中州古籍出版社 1998 年版，第 186 页。

④ 郑观应：《盛世危言》，上海古籍出版社 2008 年版，"彭玉麟序"，第 9 页。

⑤ 佐藤慎一：《近代中国的知识分子与文明》，第 11 页。

人正视现实、发愤图强，找到应对当下危机的出路。

但是正因为这种救亡图存的迫切愿望的存在，这个时期的“附会论”更多停留在政治愿景和抽象理念的层面上，并没有伴随着对具体规则、制度和思想的微观比较和细致分析。这一状况在进入20世纪之后才有所改变。20世纪初的一些欧美留学生，在他们的学位论文中已经开始比较娴熟的运用中西方文献对这个问题进行具体分析。中华民国成立后，更是出现了一批学贯中西的学者，他们对西方国际法的研究水平远远超过前辈。除了探讨当代问题以外，其中一部分人还致力于对春秋国际法进行系统论证，试图从中寻找到出路，以解决当时中国所面临的紧迫危机。到二战爆发前为止，在这个领域中出现了相当丰硕的研究成果。以下，本文将分为三个阶段——“萌芽阶段”“发展阶段”和“成熟阶段”——来考察当时有关“春秋国际法”的代表性观点。

首先，我们来看一下萌芽阶段的春秋国际法观。萌芽阶段指的是20世纪的最初十年，这个时期的主要代表人物是赴欧美留学并获得学位的一些中国留学生。以下，略举两个有代表性的例子。

（一）Yü Chüan Chang 的硕士论文

1903年，一位英文署名为 Yü Chüan Chang 的中国留学生完成了其在美国耶鲁大学法学院的硕士论文——《中国在国际法上的地位》（*China's Position in International Law*）。[①] 该论文为笔者所见的第一部由中国人使用西方语言创作的国际法“学术”作品。该文延续了丁韪良早在1881年就已提出的思路，将中国东周时期的“国际法”与格劳秀斯的作品进行比较，认为东周时期存在着大量的国际法规则，这些规则涉及国家的独立与平等、领土、管辖权、外交使节制度、战争法和中立法等。[②] 虽然作者的讨论还略显粗糙，但是这篇论文已经很自觉地在规则层面上进行比较和分析。

值得注意的是，作者的意图并不只是要介绍中国古代的国际法，他的核心关切在于探究中国在近代国际法上的地位究竟如何。作者的结论

---

① Yü Chüan Chang, *China's Position in International Law*, Thesis (LL. M.), Yale Law School, 1903.

② *Ibid.*, pp. 3—69.

是，秦朝大一统之后，中国古代国际法就走向了衰亡。由于长期采取闭关锁国的政策，中国置身于国际法团体之外，因此在近代国际法上，中国的地位是"耻辱"的。[①] 作者主张，当代中国人要通过最大限度的采纳和实行西方国际法，争取一个公正的国际交往环境。[②] 这也是当时中国国际法学界常见的思路。尽管作者使用了相当长的篇幅来讨论中国历史上的"春秋国际法"，但是最终，近代中国的唯一出路则是接受西方国际法的那套标准和话语，对本国法律体系进行"近代化"的改造，以期融入世界体系。

（二）马德润的博士论文

马德润是在德国取得法学博士学位的第一个中国人，他的博士论文所关注的也是中国的国际法地位问题。[③] 在这篇 1907 年提交给柏林大学的博士论文中，作者指出，中国春秋战国时期曾出现过列国并立的状态，如果当时能像罗马帝国解体后的欧洲一样，"有此密布国民主权之区而成为各国独立之永久现象"[④]，也一定会出现频繁的国际交往和国际法。但是秦朝大一统之后，尤其是汉代以后，孔子倡导的儒家天下观成为中国的正统思想，中国在亚洲也一直处于"一统尊大"的中心地位。因此，当近代中国遭遇到承认主权平等的西方国际法时，自然会表现出反抗和排斥的态度。

值得注意的是，作者在论文的主体部分列举了近代中国与西方国家签订的一些条约，认为这些条约的缔结足以证明中外关系正是建立在国际法的对等基础之上，而且中国在条约实践上的所作所为也符合国际法的原则，因此，中国已经完全进入"国际法共同体"，是国际法上的完

---

① Yü Chüan Chang, *China's Position in International Law*, Thesis (LL. M.), Yale Law School, 1903, pp. 73—93.

② *Ibid.*, pp. 92—96.

③ See MA Do Yün, *Der Eintritt des Chinesischen Reiches in den Völkerrechtlichen Verband*, *Dissertation von königlichen Friedrich-Wilhelms Universität zu Berlin* (*1907*). 其后，作者将自己的德文博士论文翻译为中文在中国出版。本文的引注出自中文版，即马德润：《中国合于国际公法论》，商务印书馆 1908 年版，第 10—16 页。

④ 同上书，第 18 页。

整主体。[①] 他刻意回避提及不平等条约给中国带来的实质损害，而是从纯粹形式主义的观点出发肯定这些条约的有效性。虽然作者的意图是要提高中国在近代国际法上的地位，但从某种意义上说，在一个中国明显遭受不公正待遇的时代，试图论证中国已获得完整主权，这更类似于一种掩耳盗铃的文字游戏。

（三）小结

具有讽刺意味的是，虽然 Yü Chüan Chang 和马德润对中国在近代国际法上的地位问题给出了截然相反的回答，但在两点上却比较趋同。首先，他们都认为中国古代具备了产生国际法的条件，并且存在着国际法的实践，只是秦朝的大一统阻碍了它的发展。因此，今日中国不仅应该而且能够重新加入国际法共同体。其次，他们共同使用着他们的欧美老师所传授的"文明"语言，娴熟的运用西方文献，不假思索的采用西方标准来衡量中国。或许，在他们的潜意识中，西方思想就是一种"放之四海而皆准"的普遍性知识。这两点恰恰是丁韪良当年所极力呼吁并切望达成的目标：让中国人将西方国际法的知识内化为自身最熟悉的历史，从而自愿接受这套规则；由此，西方国际法才能成为一套真正普遍适用的规则。正如丁韪良在晚年的回忆录中所言："中国人士，每以春秋时代比近世之欧洲。若辈往往于古籍中，见有与近世泰西国际法上相同之习惯，字义及思想，故若辈对于泰西国际法，颇表欢迎。行见泰西国际法为环球各国和平与公正之基，可断言矣。"[②]在 20 世纪初的欧美留学生那里，尽管论证尚欠缜密，处于萌芽阶段，但他们确实回应了当年丁韪良的呼声。进入民国时期后，丁韪良的主张则产生了更加深远的影响。

---

① See MA Do Yün, *Der Eintritt des Chinesischen Reiches in den Völkerrechtlichen Verband*, *Dissertation von königlichen Friedrich-Wilhelms Universität zu Berlin* (*1907*). 其后，作者将自己的德文博士论文翻译为中文在中国出版。本文的引注出自中文版，即马德润：《中国合于国际公法论》，商务印书馆 1908 年版，第 47—56 页。关于 Yü Chüan Chang 和马德润的学位论文，感谢 Anne Peters 和赖骏楠在提供资料方面的惠助。

② W. A. P. Martin, *The Lore of Cathay*, *or The Intellect of China*, Fleming H. Revell Company, 1901, p. 449. 译文来自于何炳松：《中国古代国际法》，载《法政学报》1920 年第 2 卷第 5 期，后收录于《何炳松文集》(第 2 卷)，商务印书馆 1996 年版，第 16 页。

四、中国学者的春秋国际法观:发展阶段

发展阶段指的是20世纪的10年代至20年代这二十年左右的时间，这是中国国际法学自我酝酿并迈向成熟过程中的一个重要阶段,涌现出了一批专业的国际法学者和历史学家。关于春秋国际公法,他们或者是出版了专著或论文,或者是在其撰写的国际法教科书中专辟一章进行了介绍。

(一) 继承与延续

从某些方面来看,这些学者的观点延续了从丁韪良到早期欧美留学生的思路。这一点可以从如下事实中看出:很多人都会在其论述中提到丁韪良的翻译和介绍工作,并对其大加赞赏[①],有的人甚至在其书中全文抄录丁韪良的《中国古世公法论略》一文。[②] 另一方面,尽管他们的具体观点有所不同,但在一个问题上完全一致,即,主张中国古代早已存在过国际法的观念和实践,以此来极力反驳一部分西方人蔑视中国、认为国际法不能对中国适用的说法。例如,1916年在普林斯顿大学获得硕士学位的著名历史学家何炳松在谈到丁韪良翻译的西方国际法著作时指出,一些西方学者:

> 因昧于吾国国情,尚多责丁氏之多事。其意以为国际法者,开明国家间交际之准则也,中国何国,而可谕以国际法耶? ……辄用英文著为斯篇,藉以证明中国古代固有国际法之可寻,彼西人之议吾国为

---

① 例如,刘人熙:《春秋公法内传》,1909年初版,1913年重印,黄杰序,第1页;蓝光策:《春秋公法比义发微》,南京南洋印刷官厂,1911年,"自序",第2页;宁协万:《现行国际法》(上),商务印书馆1926年版,第34—35页;何炳松:《中国古代国际法》,载《法政学报》1920年第2卷第5期,后收录于《何炳松文集》(第2卷),商务印书馆1996年版,第6页。

② 例如,谭焯宏在其著作中全文抄录了丁韪良的《中国古世公法论略》。参见谭焯宏:《国际公法原论》(第3版),中华书局1934年版,第15—27页。

无法者，盖未尝深究吾国之古籍者也。①

曾任职于南京国民政府的张心澂在其撰写的《春秋国际公法》自序中谈及创作动机时也说道：

> 台氏(Davis)谓东洋诸国无国际法观念……若台氏之见解者当不乏人。……然我民族终当有以自辩白也。……此乃吾民族历史上之实在事迹，足征吾民族早年即具有国际法观念及缜密之条理，不可不表暴于世，以见吾民族爱和平之思想与夫讲信修睦之道不在他人后也。②

而为他这本书作序的国民政府高官颜惠庆和外交官顾维钧也都力挺这一说法。颜惠庆指出，"春秋列国之间隐然具备国际团体之形态，其维系此国际团体者，则有见于经传之公法"③，顾维钧甚至把那些对中国国际法持否定态度的欧洲学者，与固守华夷观念、妄自尊大的清朝士大夫相比，认为两者是同样的傲慢。④

(二) 变化与发展

当然，继承前人观点只是一个方面，这个时期还出现了一些新的发展和变化，这主要体现在如下两个方面：

1. *超越丁韪良，面向西方发声*

首先，一些学者开始用批判性的眼光来看待丁韪良的学说，他们试图找到更多的史料，进行更深入的研究，以进一步发掘春秋国际法的价值和意义。如张心澂认为，丁韪良对中国古代公法的研究只不过是"略举其

---

① 何炳松：《中国古代国际法》，载《法政学报》1920年第2卷第5期，后收录于《何炳松文集》(第2卷)，商务印书馆1996年版，第6页。曾任职于南京国民政府的张心澂在其撰写的《春秋国际公法》自序中谈及创作动机时也说道："台氏(Davis)谓东洋诸国无国际法观念，……若台氏之见解者当不乏人。……然我民族终当有以自辩白也。……此乃吾民族历史上之实在事迹，足征吾民族早年即具有国际法观念及缜密之条理，不可不表暴于世，以见吾民族爱和平之思想与夫讲信修睦之道不在他人后也。"张心澂：《春秋国际公法》，永华印刷局1924年版，"自序"，第7—8页。而为他这本书作序的国民政府高官颜惠庆和外交官顾维钧也都力挺这一说法。颜惠庆指出，"春秋列国之间隐然具备国际团体之形态，其维系此国际团体者，则有见于经传之公法"，"颜惠庆序"，第1—2页。顾维钧甚至把那些对中国国际法持否定态度的欧洲学者，与固守华夷观念、妄自尊大的清朝士大夫相比，认为两者是同样的傲慢。"顾维钧序"，第6页。

② 张心澂：《春秋国际公法》，永华印刷局1924年版，"自序"，第7—8页。

③ 同上书，"颜惠庆序"，第1—2页。

④ 同上书，"顾维钧序"，第6页。

例,实未尝详考"[①],而且在具体问题,如诸侯等级制度的理解上存在错误。张氏借此指出:"此等小误,固亦无关宏旨,本不过藉引一二端,然则即此可见外人之观察我,虽甚明了,终不如我自表白之丝毫不爽其真相也。"[②]不仅如此,张氏还明确表达了要把自己的书翻译为英文,与欧美学者平等交流的意图[③],甚至为其拟定了英文题目"*International Law in Ancient Orient*"。[④] 可以看出,这个时期的中国学者已经开始有意识地打破一直以来被动接受西方国际法知识的局面,而开始尝试进行本土化的研究,并且面向西方发出中国人的声音。[⑤]

2. 重视中西比较

其次,这一阶段的很多学者都具备中学和西学的良好素养,他们更加自觉的对中西两种文化进行细致的对比。事实上,自鸦片战争爆发之后,清王朝统治下的中国,作为非西方世界的一员,在实践和思想两方面都与西方国家进入到一种对立和紧张关系之中。因此,很多中国知识分子的言论和著述中经常能够见到中西比较的观点和视角。到 20 世纪初期,这一思想潮流已经深刻影响了中国思想界的自我认同和世界观,"自我/他者"或"东方/西方"的二元界分成为学者们思考问题的一个基本框架。

(1) 中西国际法规则的比较

首先,学者们从中国古代典籍中发掘出大量的史实,用以证明在中国春秋战国时期早已存在国际法的规则、制度和实践。

例如,何炳松声称,"间尝读希腊罗马之国际法,颇有与吾国左氏传中所载者相同"[⑥],他把《春秋左氏传》中所说的"礼",比之为西方近代国际法上的"习惯",认为"国际习惯,为泰西近世公法之源;列国之礼,为吾国古代公法之始"。[⑦] 随后,他又从外交使节、缔结同盟和国际干涉等方面列举了诸多史实以兹证明。[⑧] 谭焯宏赞同某些学者的观点,认为在国际

---

① 张心澂:《春秋国际公法》,永华印刷局 1924 年版,正文第 5 页。

② 同上书,正文第 4—5 页。

③ 同上书,"自序",第 8 页。为其作序的颜惠庆也对这一构想给与了热情洋溢的鼓励,"颜惠庆序",第 3 页。

④ 同上书,"凡例",第 1 页。

⑤ 可惜笔者并没有找到这本书英文版的出版信息。

⑥ 何炳松:《中国古代国际法》,载《法政学报》1920 年第 2 卷第 5 期,后收录于《何炳松文集》(第 2 卷),商务印书馆 1996 年版,第 6 页。

⑦ 同上。

⑧ 同上书,第 7—11、13—15 页。

秩序结构上,"春秋战国诸侯以周室为中心各治其国,类似欧洲中世诸国以罗马教皇为中心各奉教命,故当时俨然形成国际状态"。[①] 而宁协万则进一步指出,春秋战国时代的国际法实践包括"伐聘会盟、折冲樽俎、救灾恤邻、通商立约等事,史不绝书,难以枚举"[②],倘若有古代中国学者,像西方的格劳秀斯一样,对当时通行的国际法实践进行系统总结并流传后世,"安见东方之国际法学不为世界文明之先河哉?"[③]从这里可以看出,中国的国际法学者不仅认为中国古代存在着与西方国际法相近的实践和规则,而且认为这些足以成为世界文明的一个组成部分。遗憾的是,这些古代的规则和实践未能作为一个成熟的体系流传至今,但它们依然能够用来证明中国作为一个文明国家的地位。

更进一步,有些学者并不满足于从中国实践中找到与西方国际法相类似的规则或制度,而是着眼于指出中国古代实践不同于西方近代实践之处。例如,张心澂指出:"春秋时势与现今不同,不可以纯粹之现今国际公法眼光观察当时之是否有国际公法之存在,要之,当时因时势之所在,自有其应乎时势之国际公法,与现今之国际公法不能完全一致也。"[④]在论证的过程中,他不时结合中国古代的具体实例与西方进行异同比较,指出其不同于西方近代国际法之处。例如,春秋时期各种类型的外交使节在近代国际法上找不到对应物,作者就自行拟定了各种名称并加以解释,包括"会盟专使"(笔者注:非常设的全权大使)、"聘使"(笔者注:临时派遣的全权公使)、"会葬使和弔使"(笔者注:去外国参加其国君或王公之葬礼的专使)等。[⑤] 可以看出,他已经开始有意识的把西方国际法作为参照物来进行比较,而不像早期的欧美留学生那样,不假思索的采用西方标准来衡量中国,用中国素材来证明西方理论的正确性。这个时期的中国学者开始有意识的打破一直以来被动接受西方国际法知识的局面,尝试进行本土化的研究。尽管所谓的"本土化"研究是以西方为参照物才得以界定的,但是它至少表明,中国国际法学者的研究已经开始具有相对的独立性,而不再是一味的附和或迎合西方设定的标准了。当然,张心澂只完成

① 谭焯宏:《国际公法原论》,第 11 页。
② 宁协万:《现行国际法》(上),第 35 页。
③ 同上。
④ 张心澂:《春秋国际公法》,正文第 6 页。
⑤ 同上书,第 227—233 页。

了初步的工作，即，发掘出一些中国本土特有的国际法规则，他并没有继续往下思考：这样一些古代的实践是否能够用来丰富和完善当代国际法，为改变当下的国际秩序作出贡献，抑或是仅仅作为历史的遗迹被人铭记，或者至多，作为一种地方性的习惯在小范围内继续沿用。

(2) 中西国际法史和文明标准的比较

不仅如此，有些学者更尖锐的指出，中国国际法观念的产生，实际上比西方更早。如张心澂说道："国际法之观念，在东亚大陆实为最早，在春秋时最为完密，已在罗马创设万民法以前。"[①]著名法学家宁协万则进一步指出，国际法之存在必须具备两大前提条件：各国独立和各国平等。中国在春秋战国时期已然具备这些条件；与之相比，古代希腊人把外邦人视为野蛮人，把俘虏当作奴隶；古代罗马人以帝国治天下，志在独霸世界。后两者都不容许在自身之外还有独立平等之国家，这与国际法的根本观念相悖，不可能产生国际法。[②] 因此，"东方之国际关系，与国际法意，实较西方产生为早。"[③]这种分析一语中的。近代西方国际法迟至 17 世纪中期才正式形成，而中国的春秋战国时期却是从公元前 770 年到公元前 221 年之间，中国出现国际法的历史远远早于西方。但是，仅仅论证中国国际法的历史起源较早并不能说明太多问题，毕竟，这套体系在秦王朝统一中国后就已经消失了。于是，张心澂进一步论证道，春秋国际公法不仅产生的时间早，而且和西方近代国际法相比，其思想更加缜密，理想更为高远。因为前者不因人种或宗教而设定限制，而是以文明发达程度作为国际法团体的入门标准。[④] 可以说，和西方学者 Woolsey、Hall 所谓的国际法只适用于基督教国家的观点相比，春秋国际公法更接近于大同社会的目标。[⑤]

当然，这个论断并非毫无问题。事实上，早期的国际法确实起源于欧洲白种人基督教国家，但是当殖民主义时代到来，国际法试图将本身拓展到欧洲之外的广大地域时，正如施瓦岑博格所指出的："欧洲国际法为了

---

① 张心澂：《春秋国际公法》，第 2 页。

② 宁协万：《现行国际法》(上)，第 34 页。

③ 同上书，第 35 页。

④ 张心澂：《春秋国际公法》，第 6 页。他引用了孔子之言，"孔子作春秋之旨，所谓中国而夷狄，则夷狄之；夷狄而进于中国，则中国之"。

⑤ 同上书，第 6—7 页。除了张心澂以外，当时还有其他一些学者也喜欢把儒家文化与基督教文化或者希腊罗马文化相对比，如蓝光策、樊增祥、何炳松等，此处不再一一赘述。

实现其普遍化而付出的代价就是逐渐脱离基督教的标准,其伦理的要素越来越稀薄。国际法的普遍化就是它逐步走上形式化的过程。”[①]此时,一种新的价值认同孕育而生,这就是更具有包容性和灵活性的“文明”的概念。当然,关于19—20世纪早期的国际社会是否存在过一套清晰可辨的“文明”标准,后世的国际法学者之间有很大的争议[②],但是至少,一套“文明”的话语是始终存在的。因此,张心澂认为西方国际法以人种或宗教作为门槛的观点并不十分准确。

不过,从另一个角度来理解,19—20世纪早期的国际法学文本中出现的“文明”概念与其说是一个具有包容性和灵活性的概念,不如说是一个具有压迫性和排斥性的概念。即便欧洲国际法适用对象的主体资格从基督教国家和白人国家变成了“文明国家”,只要这个文明仅仅意味着欧洲文明,欧洲国际法依然不可能平等地适用于拥有异质文明的国家。从表面上看,欧洲国家提出的“文明”标准似乎具有将自身相对化的可能性,但是如果缺乏与其他文明进行平等对话、交流的意愿,它就只是不断强化欧洲中心主义的歧视政策的体现。[③] 而从实践效果上看,这套“文明”的话语一方面将西方对非西方的大规模殖民活动予以正当化,另一方面也提供了一种对“国际法共同体”的成员及其候选人予以有效限制的学说。它在地球表面划分出了一条“文明”与“非文明”的界限,并且对界限两侧的地带赋予了完全不同的法律后果。[④] 正是在这套话语之下,国际法的适用范围限

---

① Georg Schwarzenberger, The Standard of Civilization in International Law, 1955, 8 *Current Legal Problems* 212, p. 220.

② 江文汉认为,19世纪国际法中存在一套清晰的文明标准,他列举了其中的一些关键要素,参见 Gerrit W. Gong, *The Standard of "Civilization" in International Society*, Clarendon Press, 1984, pp. 14—15. 但是他的分析遭到了很多学者的质疑,参见 Martti Koskenniemi, *The Gentle Civilizer of Nations: The Rise and Fall of International Law 1870—1960*, Cambridge University Press, 2001, pp. 132—136; Barry Buzan, "The 'Standard of Civilization' as an English School Concept", 2014, 42 *Millennium: Journal of International Studies* 576, p. 580. 在该问题上,详见赖骏楠:《国际法与晚清中国》,上海人民出版社2015年版,第6—7页。

③ 施瓦岑博格一针见血地指出,这种“文明”标准不过是在国际法理论的伪装之下得以正当化的权力政治关系,参见 Georg Schwarzenberger, *The Inductive Approach to International Law*, Stevens, 1965, pp. 60—61. 此外,阿纳德以此为证据,来批判国际法秩序中所具有的帝国主义和殖民主义要素,参见 R. P. Anand, "Rôle of the 'New' Asian-African Countries in the Present International Legal Order", 1962, 56 *American Journal of International Law* 383, pp. 386—389.

④ 参见赖骏楠:《国际法与晚清中国》,上海人民出版社2015年版,第10页。

定在欧洲“文明”国家,歧视非欧洲文明,与殖民主义站在了一起。[①]

20世纪早期的中国国际法学者,亲身经历了西方列强对中国的凌辱和欺压,他们感受到的正是“文明”话语包装之下的西方国际法的压迫性和排斥性的侧面。从这个意义上说,张心澂的优劣比较也并非毫无道理。在他心目中,在理念上和实践中对异民族都保持开放态度的春秋国际公法,比起为殖民主义提供正当性话语的西方国际法来说,“更接近大同社会的目标”。

(三)小结

如前所述,这一时期的学者对春秋国际法的研究较之以前已有明显进步。不过总的说来,除了张心澂等少数学者以外,大部分学者并没有对春秋国际法进行系统全面的整理和分析,而只是侧重于从自己熟悉的几个方面来展开论述,有些学者甚至把国内法和近代法上的概念直接带入到古代国际法的论述中。例如,刘人熙在考察春秋公法时,着重从“明人伦”“重主权”“贵独立”“贵和平”“恶贪残”“奖科学”等角度来进行分析[②];蓝光策在春秋公法的名义下也讨论了大量国内法上的问题,如即位、命名、婚配、篡弑、盗杀大臣等[③];何炳松仅仅侧重介绍了外交使节、缔结条约、结成同盟和国际干涉等几个方面的问题;谭焯宏为了证明春秋国际公法的存在,只举了三个例子:“孟子之民族自决说”“孟子之武装中立说”“孟子之国家要素说”[④],然后全文抄录了丁韪良的论文;而宁协万的《现行国际法》一书对西方国际法的研究达到了很高的水准,系统性很强,可是对于春秋国际法,在长达750页的篇幅中仅仅花了3页纸(一小节)予以介绍,题为“东西古代国际法学之我见”,内容主要是通过介绍丁韪良、马德润和何炳松的观点来进行阐发。

这些学者的研究较为肤浅,在论证上也错误百出,并且想当然地断定中西两种国际法在本质上是一致的。尽管存在诸多缺陷,但他们的主张与张心澂的系统研究互相辉映,共同把春秋国际法的问题推上了历史的前台,使之受到更多学者的瞩目。这一时期国际法学研究中体现出来的

---

① Lorimer最为直白地表达了这种歧视性态度。

② 刘人熙:《春秋公法内传》,第4—10页。

③ 蓝光策:《春秋公法比义发微》,第1—19页。

④ 谭焯宏:《国际公法原论》,第12—13页。

一些新趋势，也为下一阶段的发展奠定了良好的基础。

五、中国学者的春秋国际法观：成熟阶段

成熟阶段指的是从1930年到第二次世界大战爆发前，大约十年左右的时间。自鸦片战争前后清朝知识分子开始大规模接触西学时起，直到此时，已经过将近一百年的时间[①]，东西两种文化的相互冲击和融合已经达到相当大的规模和相当深的层次。可惜的是，日本侵华和二战爆发打断了这个发展过程。但恰恰因为如此，可以说，中国学术界近百年的积淀在这个时期达到了它的最高潮。

这个时期中国学者对春秋国际法的研究也达到了迄今为止的最高水平，甚至超过了第二次世界大战后对这一问题的研究水准。当然，这个时期的大部分学者在某些基本问题上仍然延续了早期的思路。例如，促使他们展开深入研究的动力仍然是自我辩护，以回应某些西方学者对中国的质疑和偏见[②]：中国古代已然形成国际社会，也早已存在过国际法，而且是比西方近代的国际法更加完善的国际法，因此，说国际法不适用于中国只是西方学者的偏见。同时，为了增强其观点的说服力，他们继续引用丁韪良[③]以及其他支持这一观点的中外学者[④]的论文。而引用的目的既是为了提供佐证，也是为了指出其不足，以继续推进研究，达到"用科学之方法证明中国古代是否存在国际公法之根本原则"[⑤]的目的。[⑥] 这种批判

---

① 1839年第一次鸦片战争前瓦特尔的国际法著作被翻译为中文，自此，中国知识分子开始了大规模接触西学的道路，至第二次世界大战爆发前，正好一百年左右。

② 这一态度在当时非常普遍，例如陈顾远说道："然欧美学者每谓西洋古代有国际法规，东亚古代无之，则又所见乎浅矣！"洪钧培编著：《春秋国际公法》，中华书局1939年版，"陈顾远序"，第1—2页。徐传保指出："吾人所最彷徨不安者，即关于先秦究确有否国际一点。然吾人编著，乃本乎学者当忠于事实之精神；先秦历史如斯，吾人据实言之，不愿多所顾虑，尤不愿作无谓之顾虑。"徐传保编著：《先秦国际法之遗迹》（第二部分），中国科学公司1931年版，"卷首言"，第70页。徐传保在开展论述之前，从先秦国家的数目和性质两方面来考察先秦社会是否构成了名符其实的国际社会，结论是它完全符合国际社会的标准。

③ 刘达人、袁国钦：《国际法发达史》，第19页，以及洪钧培编著：《春秋国际公法》，第4—8页，都引用了丁氏论文的摘要。

④ 如洪均培还引用了法国人路易娄非（Louis le Fur）、比利时人望海（P. Ven Hée）、英国人葛而斯（Geles）以及中国学者陈顾远、徐传保、宁协万等人的著述。参见洪钧培编著：《春秋国际公法》，第4—10页。

⑤ 同上书，第14页。

⑥ 参见洪均培对丁韪良和路易娄飞的批判性分析。同上书，第6—7、8—9页。

性分析的做法有助于形成一个良好的学术思想传统，而且在事实上，也确实推动这个领域中的研究走向了一个比较成熟的阶段。很明显，这个时期学者的工作，已经很少是在制度和规则层面上进行中西比较，而是更加自觉地着眼于春秋国际法的体系性建构和法律渊源上的创新。必须留意的是，这个时期的中国学者在精神层面上的挣扎和斗争也达到了顶峰，越来越严峻的社会现实迫使他们进一步深入思考，研究春秋国际公法在当下的国际环境中究竟具有什么样的现实意义，萦绕在他们心头的，是如何通过系统的学术研究来拯救或者改变当代中国的命运这样一个沉重的问题。他们努力的方向与这样一种超学术的动机密不可分。

那么，这个时期的研究究竟在哪些方面超越了以前的研究？以下本文将从体系性和法律渊源这两个方面来进行分析和考察。

（一）国际法的体系

首先，这个时期的学者，不再满足于从某几个具体问题出发来进行考察，而是致力于建立起一套完整的体系结构，来系统地分析中国古代各种纷繁复杂的国际法现象。之前的学者重点考察过的外交使节、缔约、结盟、战争等问题，仍然是他们的主要关注对象，但是，这些问题现在被融入到一个整体的认知结构中来加以阐述，而不再是一个个孤立的分析对象。例如，在巴黎大学获得法学博士学位的徐传保在《先秦国际法之遗迹》一书的开头，讲述了这部书的写作缘起。他在巴黎大学留学期间，创作了长篇论文《国际公法与古代中国》（*Le droit des gens et la Chine antique*）。全文分为两卷：第一卷是“思想”（*Les Idées*），考察先秦诸哲关于国际关系的著名学说；第二卷是“事实”（*Les Faits*），考察先秦诸国之间相互交往的事例。由于时间紧迫，他在巴黎只出版了上卷[①]，学成归国后又花了六年时间重新搜集资料加以整理，终于完成下卷。这部大作，不仅对春秋战国时期的国际法实践加以全面整理，还涉及周代以前的实践；不仅探讨了国际公法的问题，还兼及“国际刑法”与“国际私法”领域中的问题。因此，作者并没有沿用第一卷的题名——“国际公法与古代中国”，而是以“先秦国

---

① Siu Tchoan-pao, *Le droit des gens et la Chine antique*, Tome I, Introduction, Partie I: Les Idées, Librairie de Jurisprudence Ancienne et Moderne, 1926.

际法之遗迹”为题来出版。[①]

从整体上看，这部书的体系与当时流行的一般国际法教科书有很大差别。全书主体分为两章：外交机关和国际关系，后者又分为三个大的领域：国际公法、国际刑法与国际私法，而其中国际公法显然是重点，所占篇幅也达到全书的一半以上。国际公法这一部分中将国际关系分为四种：和谐关系、不睦关系、战争关系以及会同关系。作者在解释四类国际关系的区分标准时指出，和谐关系、不睦关系、战争关系针对的是两国或少数国家之间的关系，会同关系则是多数国家共同结成的关系。[②] 而和谐关系、不睦关系与战争关系，共同构成了一个递进结构，代表了国际关系中从和平相处到发生争议并尝试解决，直到解决不成引发战争的三个阶段，这与当时西方通行的国际法教科书中把国际法分为“平时国际法”和“战时国际法”两部分[③]在本质上是相通的，只不过更加细化了而已。这种三阶段的划分方法既考虑到了春秋国际法的特点，又清晰地展现了作者对于当代国际关系的独特理解。

同时，在每一种关系之下，作者都进行了详细解说，并建立了复杂的结构。以“和谐关系”为例，作者从政治、经济、法律和恻隐关系四个角度进行了细致的梳理；其中，政治关系又分为形式上的政治关系和实质上的政治关系；形式上的政治关系中还包括“聘问”“郊劳”和“偕蒐”三类；“聘问”又分为“值新君接位之聘问”与“平时聘问”；“值新君接位之聘问”之下还有三种不同的分类；在最末的层级之下，作者逐一列举事例以兹证明。[④] 再来看看“会同关系”，作者认为东周之前的“会同关系”是临时性的同盟关系，而东周之后的“会同关系”其实就是国际组织，最典型的就是由齐桓公创立的“同盟会”。作者认为，无论是在和平相处时期、发生国际争端的时期还是在战争时期，都分别有不同类型的“会同关系”，作者对这些历史实例进行了分门别类的细致整理，一一考察了它们的成立过程、组

---

① 徐传保编著：《先秦国际法之遗迹》，“卷首言”，第 69 页。

② 同上书，正文第 303 页。

③ *See*, R. Phillimore, *Commentaries upon International Law*, Vol. I—III, 3nd ed., Butterworths, 1879—1885; T. J. Lawrence, *The Principles of International Law*, Macmillan, 1895; H. E. Hall, *A Treatise on International Law*, 4th ed., Clarendon Press, 1895; and J. Westlake, *International Law*, *Part I*: *Peace*, Cambridge University Press, 1904, *id.*, *International Law*, *Part II*: *War*, Cambridge University Press, 1907.

④ 徐传保编著：《先秦国际法之遗迹》，“详细目录”，第 11—68 页。

织机构和制度设置,包括集会的周期、集会的地点、集会的内容、集会的程序和礼仪等。[①]

可以说,这部书是作者在对春秋国际法实践进行了全面考察的基础上自创出的一个新体系,术语的采用也最大限度的符合其考察对象的性质,尽量沿用中国古代典籍中的术语,而不是直接采用西方国际法学中的术语。但同时,作者也没有刻意回避西方的体系和术语,而是有选择的加以利用,如外交机关、条约、关税、侨民等,从中也可以看出他所受到的西方法学训练的痕迹。

像徐传保这种试图融合中西两种法学传统的分析思路,在这个时期的著述中并非偶发现象。例如,民国时期著名法学家陈顾远的《中国国际法溯源》[②]一共分为四编。第一编相当于总论,讨论了国际法之主体、国际法之客体、国际活动与外交使节、国际正义与国际公断等基本问题。随后三编则分别讨论了"常时之邦交""临时之策略"与"战时之法则"。在"常时之邦交"中,作者讨论了朝觐、聘问、弔恤等规则;在"临时之策略"中,作者讨论了会同、盟誓、质执等制度。[③] 虽然作者的分类方法与徐传保有较大区别,但在总体结构上还是依循了"平时国际法"与"战时国际法"的二元思路。[④] 而同时期出版的一部国际法史专著——《国际法发达史》——的作者刘达人和袁国钦,几乎完全沿袭了陈顾远的观点;留学比利时和法国的洪均培,不仅引用了陈顾远的观点,而且邀请陈顾远为其著作《春秋国际公法》作序。这说明陈的观点在当时已经受到同行学者的认可。

以上这些自创的体系虽然侧重点各有不同,但是相较于之前的研究来说,其体系性已经达到较高的水准,展现出了中国学者的原创性思考以及他们对于国际法、国际关系的独特认知。由于这个时期的学者大多学

---

① 徐传保编著:《先秦国际法之遗迹》,第345—354页。

② 陈顾远:《中国国际法溯源》,上海书店1933年版。

③ 同上书,"目录",第1—16页。

④ 事实上,"平时国际法"与"战时国际法"的二元体系思路在当时中国国际法学界非常普遍。例如宁协万的《现行国际法》,除了第一部分"绪言"以外,总体分为"和平法"与"战争法"两大部分,宁协万:《现行国际法》(上),"目录",第3—26页。此外还出现了多部以《平时国际法》和《战时国际法》命名的教科书或专著,如郑斌:《平时国际法》《战时国际法》,商务印书馆1933年版等。而洪均培在其专门研究中国古代国际法的专著《春秋国际公法》中,"概论"之后也分为两编:"平时法规"和"战时法规",洪钧培编著:《春秋国际公法》,"目录",第1—22页。这里可以看出近代西方的国际法理论对他们的影响。

贯中西,因此他们的研究既不是僵化固守自身的传统,又不是盲目追随西方的潮流,而是致力于在两种知识体系之上构建起一个新的体系。这个新的体系虽然借鉴了西方国际法的某些知识,但主要是立足于春秋战国时代的具体实践,通过对实践的归纳和整理而提炼出新的规则。这恰恰与同时期的西方实证主义国际法形成了鲜明的对照。根据后者,国际法是起源于欧洲国家间的实践,“非欧洲地域”由于缺乏这种具体的历史性实践,因而不属于国际法的适用范围。徐传保和陈顾远通过他们对中国历史实例的大量考察,雄辩的证明了起源于欧洲的“国际法”只是一种地方性知识,并不是放之四海而皆准的真理。春秋战国时期同样存在着极其丰富的国际法实践,在体系结构的完整性上,丝毫不逊于“欧洲国际法”。

正如导言中所述,“欧洲国际法”在向亚洲扩张的过程中,并没有直接取代或者覆盖亚洲各国的传统法律文化,中国知识分子与其说心甘情愿地接受西方思想的洗礼,不如说更倾向于对其进行或大胆或谨慎的取舍选择,甚至再创造。人们往往以为“欧洲国际法”的全球扩张就意味着国际法的普遍化,但是真正“普遍主义”的产生,并不是单方面扩张的结果,而是发生在欧洲与非欧洲之间由于碰撞而产生的互动关系之中。

(二)国际法的渊源

除了体系上的创新以外,这个时期的学者,对于春秋国际法的内容,特别是法律渊源,也发表了很多新鲜有趣的见解。

例如,关于春秋国际公法的渊源,陈顾远认为主要由“最高法令”(即周天子制定的礼法制度)、“国际惯例”和“国际盟约”构成,而次要的渊源中则包括自然法和各种典籍等。与之类似,洪均培认为以下五种渊源共同构成了春秋国际公法:自然法或国际道德,周朝旧制,习惯,条约以及国内法。但如果我们把眼光投向当时的西方国际法学界会发现,19 世纪末 20 世纪初,随着实证主义(positivism)方法论击败自然法主义(naturalism)在法学研究中占据优势地位,作为实证法之体现的习惯和条约成为了国际法最重要的渊源。在当时的西方著作中,“自然法或国际道德”很少再与习惯和条约相提并论，同列为重要渊源。[①] 即便仍然有少数西方学者，如惠顿等，并未彻底抛弃自然法，在他们作品的导论部分，自然法常常被奉为国际法的来源之一，但是谈到各种具体的国际法制度时，自然法往往被抛诸脑后，绝大多数篇幅都用来罗列欧洲国家间的条约、协议和惯例，并且从中抽取出规则。[②] 可见，自然法不过是用来装点门面的。但是这个时期的中国学者，却不仅仅是在导论部分不约而同的采取了这样一种“双重视角”，即自然法主义与实证主义的结合，或者说超验的、具有普遍适用效力的法律原则与具体的外交实践的结合，而且在后文的具体论述中同样坚持了这样一种混合的视角。[③] 这并不是一种简单的杂糅或者调和，其背后有着更深的用意。

对于像格劳秀斯（Hugo Grotius）、普芬道夫（Baron Samuel von Pufendorf）等生活在18世纪之前的国际法学家来说，国际法乃是自然法的一部分或至少源于自然法，而自然法是普遍的正当理性的体现。因此，国际法具有先验的普遍性，可以平等适用于所有国家。世界上所有民族，都是这个普遍人类社会中的一员。而18世纪后期兴起的国际法实证主义却反对这种先验的预设，并转而强调国际法是主权国家意志的产物，其内容必须从包括条约、协议和国际惯例在内的“文明国家”的外交实践中去推求。由于非西方国家“没有文明”或者“文明不足”，所以他们的主权在诸多领域都要被降低等级或者被削弱。相比于自然法学派，国际法实证主义呈现出一种地缘上的封闭性，这种思维方式与殖民主义之间，有着一种强烈的话语上的亲和性，两者都是对19世纪弱肉强食的世界格局的真实记录，而“文明”则为这种记录披上了意识形态的正当化外衣。[④]

---

① 当时西方主流的国际法学家，如 R. Phillimore, T. E. Holland, W. E. Hall, T. J. Lawrence, J. Westlake 等，均不持这种观点。

② 惠顿：《万国公法》。

③ 除了陈顾远和洪均培以外，张心澂也认为，春秋国际公法的渊源包括：自然法，王制，礼，学说及著书，国际惯习，条约及列国会议决议，各国之法令及训令，判决，外交历史，外交文书等。张心澂：《春秋国际公法》，第一章第一节，第8—21页。这些学者的观点应该也受到了丁韪良的影响。丁氏在其译书中多次明确表达过这一观点，这与他试图建构普遍国际法的努力也是密不可分的。例如，他在为《公法会通》所做的序言中指出，国际法的渊源分为三类：自然法、条约和习惯。参见布伦：《公法会通》，“丁韪良序”，第2页。

④ 赖骏楠：《国际法与晚清中国》，第10—13页。另可参见安吉对殖民主义与“文明”话语之间关系的精辟论断，Antony Anghie, *Imperialism, Sovereignty, and the Making of International Law*, Cambridge University Press, 2005, pp. 32—114.

对于陈顾远和洪均培等生活在20世纪初期的中国学者来说，坚持“双重视角”正是对上述趋势的一种反抗。中国传统思维中根深蒂固的普遍主义特征，在他们眼中，与西方的自然法有着某种程度的契合性，是更具有包容性而不是排斥性的[①]；而春秋战国时期各国的外交实践则具有至少不逊于当代欧美国家外交实践的效力。建立在“双重视角”之上的春秋国际法，不仅可以用来证明中国是一个不折不扣的“文明国家”，可以平等地享有国际法上的权利，甚至从理念上说，它比放弃了自然法思维的实证主义“欧洲国际法”更加优越，因为它具有更大的包容性和更高的均衡性。这种优越性还体现在陈顾远把周天子制定的礼法制度（the ritual system of the Zhou Dynasty）也列为国际公法的渊源这一点上。这种观点在西方国际法学著作中找不到任何根据。但这并不是心血来潮的信口开河，而是与当时的学者对于周天子与诸侯间关系的理解、以及对国际秩序的整体想象密切相关。例如，陈顾远解释说：

> 古代国际法之适用，有以最高法令为根据者。此言骤闻之，似不合理。盖国际法之存在，以各个国家之平等地位为其原则，无有任何一国高于其他国家之上者，有之，则为国内法而非国际法。但若是之国际法，究非真正之国际法，此愚所为称现代国际法为外交作用法也。必在各国家之上，另有一主持国际法之团体，如所谓世界的共和国或国际的联邦国之存在，然后国际法始能确有其效用，而为真正支配国家相互间各种关系之法；不然，则否。周代，天子临于诸侯之上，而又各以其国，为结合之单位，定以礼法，相互遵守；天子虽尊，不侵诸侯，诸侯相侵，则有征讨。于是国际间之和平，得以维持，国际法之适用，始有力量。且周又以宾客之礼待遇诸侯，则周虽为制法者，司法者，而仍自列为国际团体中之一员。降至春秋，周室虽衰，而齐桓晋文之辈，依然以“同奖王室”为名，主盟诸夏，国际法规，益以昭著。不废周之名义，而使法有所归，彼与遵守，莫敢或异。自春秋末年，迄于战国，霸主之政既衰，尊王之意亦微，……此种规律，仍一较高之命

① 当然不可否认的是，从陈顾远和洪均培著作中的表述来看，他们对于西方自然法的起源和实质了解不多，只是从普遍主义的角度出发，认为两者之间存在共性。实际上，起源于神学的西方自然法思想在诸多方面都不同于中国传统的普遍主义思维。

令也。……大国托王命而立法定制，效果亦莫敢违。[①]

事实上，这种观点，早在"发展阶段"时就已有学者提及，只是没有展开分析。例如，顾维钧在为张心澂的《春秋国际公法》所作的序言中指出：

> 今世列国无最高权力者临于其上，故公法家言，大抵纂集惯例条约及学说为多，春秋不然，周天子虽守府，诸侯犹共戴一尊，故国际往还大抵谨守或假托一王之制度为多，试观今世之霸者，恒自恃其威力，而春秋之霸者，辄挟天子以令诸侯。[②]

在这些学者眼里，法律渊源上的差异，体现出春秋国际法比西方的具有更高的优越性。在中国古代，周天子的普遍权威能够对各国的行为施加一定的束缚，更容易维持国际间的和平，也更有利于增强国际法的力量。这才是"真正的国际法"。进而言之，只有当在独立平等的国家之上，还存在着类似于"世界的共和国"或"国际的联邦国"[③]这样的精神权威共同体时，国际法才能切实发挥效用，真正成为支配国家相互间关系的法律。周天子作为一种"超然的存在"，起到了这种作用。[④] 换句话说，春秋国际公法的实质优越性恰恰在于，在看似各自为政的国家之上，还存在着一个"大一统"(The Great Unification)的普遍秩序。"国家之上的国际法"和"国家之间的国际法"相辅相成，并行不悖；正是前者，构成了后者发挥效用的保障。从某种意义上看，这种蕴含在人为定立的礼法制度之中的普遍秩序，与同样作为普遍秩序之体现的自然法有着异曲同工之妙，尽管两者在起源和内容上殊为不同，但在普遍约束所有国家这一点上是一致的。

基于上述认识，陈顾远把春秋国际法的渊源进一步明确归纳为四大类：国际规律——"礼"(international rules)，国际道德——"信"(international morals)，国际仪貌——"敬"(international comity)和国际公理——"义"(international axioms)。他总结说："要之，礼以行义，信以守礼，敬

---

① 陈顾远：《中国国际法溯源》，第4—6页。

② 张心澂：《春秋国际公法》，"顾维钧序"，第6页。

③ 据笔者推测，陈顾远提出这种观点的背后，很可能受到了当时新成立的国际联盟的影响。关于国际联盟的成立对于中国近代知识分子的影响，笔者将另行撰文进行考察。

④ 陈顾远：《中国国际法溯源》，第15页。

以行礼,(礼、信、敬)三事相辅,而后义存,此古代对于国际关系上之整个的观点也。”[①]在笔者看来,这是中国知识分子对于春秋国际法最精辟的总结,也体现了中国人对于理想中的国际法和国际秩序的美好想象。

六、尾　　声

以上,我们考察了20世纪初期中国学者对于古代中国国际法的基本观点。如果回顾一下19世纪后期丁韪良的译介工作就会发现,这些中国学者对于实证国际法背后的自然法基础以及实证法之上的普遍秩序观的认识和想象,在某些方面与丁韪良的努力是一脉相承的。但是这种认识,却与当时欧美国际法学界的主流理论以及国际社会的主流实践背道而驰。

正如前文所提到的,“international law”和“law of nations”代表了两种不同的理论倾向。但是从19世纪中后期开始,西方的国际法学说越来越重视作为欧洲国家实践之产物的国际法。在方法论上,实证主义的视角占据了上风,而那种超越性的、普遍主义的自然法视角则退居幕后,一个典型表现就是“international law”这个术语逐渐取代“law of nations”,得到更广泛的使用。

这种转变所造成的影响也波及到了那些拼命学习西方国际法的非欧美国家。例如日本,在明治维新之后,便迅速走上以实用主义和实证主义的态度来学习和运用国际法的道路,把国际法视为强权政治(power politics)的工具,为后者提供合法性证明。相对应的,在日语词汇中,1873年,日本学者箕作麟祥(KICHUKURI Rinsyo)翻译吴尔玺(T. D. Woolsey)的《国际法研究导论》(*Introduction to the Study of International Law*)时,首次用“国際法”这个词取代了丁韪良创造的“萬国公法”[②],其后这个词逐渐成为“International Law”的固定译法。“国際法”不是高高在上、统摄万国、具有普遍性效力的理性法,而是通过对多个平等国家间出现的条约、习惯等实践进行总结归纳而形成的规则的集合,大量事实的积累可以上升为规范,而这套规范的背后体现的是主权者的共同意志。

---

① 陈顾远:《中国国际法溯源》,第15页。

② 穂積重遠,『法窓夜話』(東京:有斐閣,1932年),第179頁。

与此同时，日本国际法学家借1894—1995年甲午战争之机，向西方读者发起了“国际法攻势”，极力宣传日方“遵守”国际法而中国完全漠视国际法的形象。这一宣传攻势在欧美国际法学圈内收到了极大的效果，对于日本摆脱“野蛮”国家的身份、跻身于“文明”国家的行列起到了重大作用。可以说，日本对于国际法的理解和相应的对外行动，直接影响到了中国的政治遭遇和命运，甚至影响到西方世界对于中国国际法地位的认定，导致了两国的政治命运在甲午战争之后走上截然不同的轨道。

甲午战争之后，很多有志青年赴日留学，很快就把这样一种国际法观念带回了中国。自20世纪初起，汉语世界中的国际法话语传统发生了爆炸式的变迁，丁韪良创造的词汇体系迅速的被各种日文术语所替代[①]，“国际法”一词的使用频率不断增高，“万国公法”走向谢幕。术语的变化反映的是时代精神的变迁，当满载着普遍正义幻想的“万国”和“公”被客观无情的“国际”所取代时，意味着对国际关系的现实主义思考压倒了理想主义的期待。

毫无疑问，理论上的转变正是现实生活的映照。20世纪初的国际秩序处于弱肉强食的丛林法则的支配之下，西方列强之间的殖民斗争达到了最高潮。在殖民主义铁蹄下饱受蹂躏的中国人，对丁韪良创造的“万国公法”的神话，表达了深刻的质疑与不满。同时，普遍主义的思想传统也在急速衰落。

奇怪的是，与这种主流趋势相悖，在20世纪初期的中国，却出现了这样一批学者，尽管大多具有留洋经历，具有丰富的国际性视野，他们却绝不愿意被“全盘西化”，反而致力于彰显弘扬中国传统的优越性。他们从春秋战国时期的故纸堆中发掘出了具有中国特色的“国际法”，想方设法为其注入生命的活力。他们认为古代中国国际法中带有“天理”“王道”的浓厚色彩，与西方的自然法思想同出一辙，甚至比西方的社会秩序原理具有更大的合理性。尽管他们也探讨通过国家实践所形成的具体规则和制度，但是实践背后的普遍秩序和伦理价值才是他们的真正关心之所在。

从严格的学术观点来看，无论是丁韪良还是这些中国学者对于古代中国国际法的叙述中，都有不少值得商榷之处。但是，重要的问题不在于

---

① Rune Svarverud, *International Law as World Order in Late Imperial China*, pp. 163—185.

他们的法律论证是否无懈可击，而在于这种法律主张的背后蕴含了一种文明的视角，或者说，这是一场文明话语的较量。

当西方殖民者一手拿着武器、一手拿着法律，用国际法的道德和权威来为自己征服世界的行动提供合法性论证时，中国的国际法学者，也将国际法当作一种文明符号的象征，通过论证中国自古以来就有“国际法”，来对抗殖民主义者的话语逻辑，这是面对西方文明的大规模蚕食与入侵作出的本能性抵抗。当他们断然驳斥那些漠视甚至蔑视中华文明的西方学者时，是和丁韪良站在同一阵线上，前后遥相呼应。有所不同的是，丁韪良宣扬中国古代国际法的意图主要在于说服今日的中国人接受西方国际法，向古老的东方输入近代西方的文明；而这些中国学者的努力，却是在否定传统、轻视传统的一片哀鸿声中重新确立并肯定传统文明的价值与底蕴。他们的目的不仅仅在于向西方人证明，中国应该属于国际法团体中的一员，而更希望在一个由西方主导的世界秩序中，寻找到可靠的路径来保存中国的伟大传统，通过发掘自身传统开辟出切合当代语境的普遍性话语，期待着中华文明再次普照天下的那一天。

必须指出的是，这些学者绝不是冥顽不化、一味拒斥西方的保守派。在同时代人中间，他们对西方的态度是积极开放并且勇于学习的。他们只是清醒的意识到，向西方学习并不能够也不应该等同于放弃自我、割裂传统。学者的任务是把那些新鲜的知识吸纳到传统的秩序中来，扩大秩序的边界，丰富秩序的内涵，重新激发秩序的活力，同时小心翼翼不要破坏秩序的核心。但毋庸置疑，这是一项艰难的甚至几乎不可能完成的任务，在残酷的现实面前，这种思想上的挣扎显得太微不足道。面对“全盘西化”的浪潮，他们势单力薄；第二次世界大战的炮火又加速掩埋了他们微弱的声音；直到战争结束之后很久，他们依然默默地被人遗忘。今天，当我们翻开这批尘封已久的文献时，会不禁感受到一种深深的触动。对于知识体系已经高度西化、在中华传统文明面前已经感到陌生的这一代人来说，从这泛黄的书页中所看到的，不仅仅是学术的主张，更是一个古色苍然的帝国的最后的荣光，这是近代中国知识分子在帝国主义强权压迫下发出的天鹅最后的绝唱。不过，倘若他们曾经付出的努力能够以某种另外的方式复活，这就不止于是一次绝唱，更有可能成为一场充满着悲情与荣耀的涅槃。

跨国劳动法的兴起:概念、方法与展望[*]

陈一峰[**]

一、引言:全球化条件下的劳工保护

进入 21 世纪以来,全球化继续向纵深发展,日益成为思考和应对诸多政治、经济、社会问题的大背景。全球化不仅仅加深了世界各国在经济政治上的相互依赖程度,同时也加深了环境、贸易、劳工、人权等各个不同社会领域之间的关联程度。全球化还在一定程度上模糊或者消解了国际和国内的绝对区分,传统上属于国内管辖的事项越来越多地受到国际组织、国际法和国际关系的影响。如劳工保护这样传统上被视为主权国家管辖的事项,也越来越深刻地受到全球化的影响。可以说,全球化已经成为我们今天思考劳工保护所必须加以考虑的大背景和限定性条件,主权国家的权力运作深刻地受到全球化的限定和改造。

劳工保护在全球化时代是一个突出的社会和政治问题。在全球化时代,跨国公司获得了在全球布局生产链的能力,而其中低廉的劳动力成本则往往是跨国公司投资生产决策的重要考量因素。全球化重新分配了资本和劳工之间的权力关系,强化了资本的权力,弱化了劳工的权力。随着通讯、交通等技术的发展,随着贸易自由化和国际投资便利化的深入发展,资本、商品、技术、生产和消费都实现了高度全球化,劳工日益被视为是全球化中保守和消极的力量。劳工的政治权力和影响力在不断下降。

如何应对全球化,现有的劳动法制度遭遇着一系列深刻的挑战,应对

---

* 原文刊于《中外法学》2016 年第 5 期。

** 北京大学法学院副教授。

乏力。第一,从劳动法的调整对象来看,全球化条件下,越来越多的劳务外包,带来劳动关系非标准化。[①] 而传统的劳动法主要是适用于标准劳动关系,劳动关系的非标准化使得现有劳动法在适用上面临着诸多困难。第二,现有劳动法不敷所用。全球化带来了移民工人、海外派驻工人、外劳接受收和管理等劳工跨界移动等问题,而传统的国内劳动法和国际劳动法显然还没有跟上全球化的步调,对跨国劳工的保护不够充分。第三,越来越多的劳工保护问题发生在劳动法体系之外。劳工问题和贸易、投资、环境、人权等问题深刻地交织在一起,劳工权益的保护和实现日益深刻地受到国际贸易体制、国际投资保护制度运行的影响。第四,越来越多的劳工保护发生在主权国家管辖外的机构和场所。譬如国际金融机构的业务活动,就经常涉及劳工政策的制定;国际人权机构会大量处理劳工权利保护的问题;区域性国际组织如欧盟在劳工领域制定了大量的条例和指令。劳工保护日益成为一个具有很强渗透力的话语,不仅影响相关国际机构的日常运作,同时也正在重塑劳工保护的法律秩序和法律空间。如何在全球化条件下促进和实现劳工保护,已经成为劳动法学的新课题。

面对这些新的发展,西方学界从上世纪 90 年代初开始关注经济全球化对劳工规制的影响,一方面关注生产的全球化格局带来的劳动关系形态的变化,另一方面探索"跨国劳动管理"(transnational labour regulation)的可能性及其路径。[②] 2000 年以后,在不同的名称之下,例如"国际劳工维度"(international labour dimension)[③]、劳工关系规制方面的跨国主义"(transnationalism in the regulation of labor relations)[④]、"全球劳

① See generally Katherine Stone, "A New Labor Law for A New World of Work: The Case For A Comparative-Transnational Approach", 28 *Comparative Law and Policy Journal*, 565—581 (2007).

② See Katherine Van Wezel Stone, "Labor and the Global Economy: Four Approaches to Transnational Labour Regulation", 16 *Michigan Journal of International Law*, 987—1028 (1995).

③ David M. Trubek et. Al, "Transnationalism in the Regulation of Labor Relations: International Regimes and Transnational Advocacy Networks", 25 *Law and Social Inquiry*, 1187—1211(2000).

④ Brian Burkett, "The International Labour Dimension: An Introduction", in John D. R. Craig & S. Michael Lynk (eds.), *Globalization and the Future of Labour Law*, Cambridge University Press, 2006, pp. 15—50.

动法"(global labour law)[①]、跨国劳动法(transnational labour law)等[②],越来越多的学者开始关注"国界之外的劳动法"(labour law beyond borders)[③],关注劳工保护的溢出问题,关注主权之外的劳工保护问题。最近几年,越来越多的相关研究开始采用"跨国劳动法"这个概念,跨国劳动法成为一个话语旗帜。

从西方学界现有的研究来看,跨国劳动法已经成为一个新的研究热点。跨国劳动法汇聚了学界当下对主权之外劳工保护机制的思考和探索,相关研究发展迅速,正在以一种积极的姿态回应全球化条件下的劳工保护和社会正义问题。跨国劳动法的研究目前在西方学界受到高度重视,相关研究刚刚起步,其方法论和研究对象等方面也存有很大的不确定性,但是已经迅速成长为一个引人瞩目的新兴研究领域,值得深入关注。

国内学界对于全球化条件下劳工的国际保护问题也有一些初步的研究,但是主要是国际经济法方面的研究,例如对于国际贸易体制下劳工保护的探讨[④]、对跨国劳动监管的制度建构等。[⑤] 劳动法学界的研究集中在国际劳工标准本身及其在中国的适用,在这些方面,相关研究已经颇为深入细致。[⑥] 有些学者的研究已经在一定程度上触及了跨国劳动法的内

---

① Harry Arthurs, "Reinventing Labor Law for the Global Economy: The Benjamin Aaron Lecture", 22 *Berkeley Journal of Employment and Labor Law*, 271—294(2001).

② See Antonio Ojeda-Aviles, *Transnational Labour Law*, Wolters Kluwer, 2015; also Adelle Blackett & Anne Trebilcock (eds.), *Research Handbook on Transnational Labour Law*, Edward Elgar, 2015.

③ Patrick Macklem, "Labour Law Beyond Borders", 5 *Journal of International Economic Law* ,605—645(2002).

④ 参见杨松才:《国际贸易中的劳工权利保障研究》,法律出版社 2013 年版;李雪平:《多边贸易自由化与国际劳工权益保护——法律与政策分析》,武汉大学出版社 2007 年版;刘文华主编:《WTO 与中国劳动法律制度的冲突与规避》,中国城市出版社 2001 年版;梁洪杰:《论国际贸易中的劳工标准》,对外经济贸易大学 2009 年博士论文;戴德生:《国际贸易体制中的劳工标准问题研究》,华东政法大学 2007 年博士论文;胡政武:《贸易自由化与劳工权益的国际法律协调制度研究》,西南政法大学 2007 年博士论文。

⑤ 郑丽珍:《跨国劳动监管制度的重构》,社会科学文献出版社 2014 年版。

⑥ 参见林燕玲主编:《国际劳工标准》,中国劳动社会保障出版社 2007 年版;佘云霞:《国际劳工标准》,社会科学文献出版社 2006 年版;刘旭:《国际劳工标准概述》,中国劳动社会保障出版社 2003 年版;石美遐:《全球化背景下的国际劳工标准与劳动法研究》,中国劳动社会保障出版社 2005 年版;杜晓郁:《全球化背景下的国际劳工标准分析》,中国社会科学出版社 2007 年版;林燕玲:《国际劳工标准与中国劳动法比较研究》,中国工人出版社 2015 年版;杨帅、宣海林:《国际劳工标准及其在中国的适用》,法律出版社 2013 年版。

容，例如对劳动法域外适用的反思等。[①] 总的说来，国内学界对于跨国劳动法还是相对陌生的，对前述问题的研究仍然是个别而孤立的，不成体系，相关问题值得进一步探讨。

对于全球化条件下的劳工保护，有必要确立一个系统的理论和分析框架，整合现有的理论和实践，同时又更好的引领和推进学术研究。借用并借鉴国际学界对于"跨国劳动法"的研究，结合现有的国际实践，本文试图对跨国劳动法的若干基本问题做了一个初步的探索，希望加强和改善国内学界对这个问题的理解。同时考虑到国际学界目前对于跨国劳动法的研究在理论方面仍然缺乏体系性，本文着重于对跨国劳动法的理论和方法论进行系统化地阐述。本文在第二和第三部分对国内劳动法和国际劳动法在全球化条件下面临的困境进行简要地梳理，由此引出跨国劳动法发生的背景。在第四至六部分，本文对跨国劳动法的概念、特点、主要内容、局限性等问题做了具体分析。

二、国内劳动法的困境

随着全球化的深入，现有的国内劳动法面临诸多挑战，已经不能充分、有效地回应全球化背景下劳工保护的复杂性。[②] 主权国家对于其境内外国投资公司的劳工政策管制能力有限，很多涉及劳工保护的公司经营方案和策略是在跨国公司总部决定的，而当地的工会和劳工行动往往很难发挥有效影响。以摩托罗拉 2012 年全球裁员为例，总部决定全球裁员 4000 人，2/3 是在美国以外的地区进行，中国地区裁员超过 1000 人。南京摩托罗拉公司执行其美国总部的决定进行裁员，既未依法提前 30 日向工会和全体职工说明情况、听取意见，也未向当地人力资源和社会保障部门报告和登记，尽管当地员工采取了抗议等行动，但是对于企业大规模裁员的决定，基本没有产生实质性的效果。又如，主权国家面对劳工的跨境流动，管理能力有限，保护乏力。随着全球化的深入，劳动力的跨境流动已经成为常态。我国工人劳动权益在海外受到侵犯而酿成惨案的事例

---

① 孙国平：《论劳动法的域外效力》，载《清华法学》2014 年第 4 期。

② See Harry Arthurs, "Reinventing Labor Law for the Global Economy: The Benjamin Aaron Lecture", 22 *Berkeley Journal of Employment and Labor Law*, pp. 281—285.

也屡见不鲜。2008 年 4 月 1 日,外交部发言人姜瑜在例行记者会确认,在赤道几内亚(Guinea)承建工程项目的大连某公司的近百名劳务人员,在当地进行罢工,引发冲突,造成中方人员 2 死 4 伤。[①]

国内《劳动法》在应对全球化中的第一个问题是《劳动法》原则上不具有域外效力。劳动法是具有高度属地性质的部门法,国内劳动法的适用一般遵循属地原则。一般说来,一个国家的劳动法仅仅适用于本国领土管辖范围内所建立的劳动关系。这也是绝大多数国家劳动立法所采取的法律原则,德国、法国、意大利、西班牙等国莫不如此。我国劳动立法采取的是同样的立场。1994 年《劳动法》第 2 条规定:"在中华人民共和国境内的企业、个体经济组织和与之形成劳动关系的劳动者,适用本法。"2007 年《劳动合同法》也仅仅适用于中国境内的用人单位。

劳动法域外适用的情形很少,从实践来看,主要有以下两种情况:第一种情形,是在涉外劳动合同的适用上。根据当事人约定或者东道国法院的冲突法规则,适用外国的劳动合同法。在这种情况下,不少国家的立法都要求本国关于劳工保护的强制性规范不应当被规避。第二种情形,是一个国家在其劳动立法上或者司法实践中单方面将某些特定劳动法规范予以域外适用。国内法的域外适用,各国都比较谨慎,在劳动法领域尤其如此,这种域外适用往往只是针对某些少数特定的情况。目前只有美国和英国有非常少量的有关域外适用的立法和司法实践,如美国的 1967 年《反对就业年龄歧视法》在经过 1984 年修订以后,可以适用于美国公民在海外被美国公司或者其分支机构雇佣的情形。[②] 英国国会上议院在 2006 年的一个决定中,确认英国的 1996 年《雇佣权利法》可以在很有限情况下适用于被英国雇主派往海外的工人。[③] 可见,除了极个别例外情

---

① 2008 年 4 月 1 日外交部发言人姜瑜举行例行记者会,http://www.fmprc.gov.cn/ce/ceee/chn/ztlm/zgwjbfyrth/t420120.htm,访问时间:2016 年 9 月 5 日。

② Carson Sprott, "Competitive and Fair: The Case for Exporting Stronger Extraterritorial Labor and Employment Protection", 33 *Hastings International and Comparative Law Review*, 487—488(2010). 除此以外,美国的劳动法也是严格的属地主义,反对域外适用的。也有学者认为美国实践中对劳动法容忍了一定程度的域外适用。See Katherine Van Wezel Stone, pp. 1011—1019. 对美国劳动法域外效力的详细考察,参见 James Michael Zimmerman, *Extraterritorial Employment Standards of the United States: The Regulation of the Overseas Workplace*, Quorum Books, 1992.

③ See William L. Keller & Timothy J. Darby (eds.), *International Labor and Employment Laws*, Third Edition, Volume 1A, Arlington, BNA Books, pp. from 8—12 to 8—14.

况，世界各国的劳动法都是在领土管辖范围内适用的。

需要说明的，美国在其普惠制政策和对外贸易法中，单方面要求普惠制受益国和贸易国遵守美国认定的“国际公认之劳工标准”。这样的法律具有一定的域外政治效果，但这并不构成美国劳动法的域外实施。这样极具侵犯性的对外政策往往构成对他国内政的不法干涉，有很强的霸权色彩。

更根本的问题，是国内劳动法背后的主权想象和限定。劳动法背后隐含的运行架构是主权国家。主权国家支配着传统劳动法学思维，主权无须出场却无时无处不在。传统劳动法学者对于劳动法的理解是社会性的，劳动法的主要职能要调整劳动关系，纠正劳动者和雇主之间在权力上的不平等地位，从而保护劳动者。劳动法的基本假设是在一个主权国家的疆域之内，国家通过积极干预，来调整劳动者和雇主之间的权利义务关系。在传统的劳动法思维中，主权既是一个稳定的法律框架，也是可能性的法律边界。传统上劳动法主要是一个国内性质的法律部门。①

在全球化条件下，劳工保护规则的生成、适用、实施很多时候是在主权国家之外的法律空间发生的，有的还是在传统劳动法领域之外发生的。例如，近年来越来越多的自由贸易体制开始涉及劳工权利的实施，最近的一个例子是 2015 年《跨太平洋伙伴关系协定》(TPP)。在美国的推动下，该协定对劳工保护做了专章规定，并且允许对劳工保护的争议诉诸争端解决。国际组织在其业务活动中也越来越多的涉及劳工保护，如国际金融公司要求借款方遵守特定的劳工标准。大量的劳工保护事项发生在主权国家之外，相关规则的制定和实施往往也不通过主权国家、更无须主权国家的同意。主权国家对于劳工保护不再享有垄断性的特权，甚至在一定情况下，还可能成为被实施劳动法的对象。

三、国际劳动法的局限性

回应全球化条件下劳工保护的第二个可能的路径，是国际劳动法。国际劳动法的发展，缘起于 1919 年成立的国际劳工组织，国际劳动法指

---

① Patrick Macklem, “Labour Law Beyond Borders”, 5 *Journal of International Economic Law* ,p. 605.

以国际劳动组织制定的国际劳工公约、宣言和建议书为主体的有关劳工保护的原则、规则和标准。迄今为止，国际劳工组织发展出来的国际劳动法，涉及劳工保护的方方面面，体系完整，内容庞杂。自1919年成立以来，迄今国际劳工组织已制定了195项国际劳工公约(含6项议定书)，通过了204项建议书。[①] 国际劳工公约也不能自动对成员国生效，成员国也并无法律上的义务必须要批准或者采纳。[②]

从内容上来看，国际劳动法的内容既涵盖了免于强迫劳动、结社自由、不受歧视、集体谈判等基本劳工权利的确认，也涉及最低工资和工时保护、职业安全和卫生等劳动工作条件的规定，并且对国家的就业政策、培训、劳动监察、社会保障等方面也做了相关规定。此外，对于特殊群体，例如妇女和未成年人就业保护、移民工人保护、海员保护等方面，国际劳动法中也有大量规定触及。国际劳动法对于世界各国尤其是发展中国家的劳动立法和实践都产生了重大的影响。

但是，国际劳工组织和国际劳动法也都面临困境。传统国际劳动法的制定和实施面临诸多问题。[③] 第一，国际劳工立法数量的锐减。从20世纪90年代末开始，国际劳工组织的劳动立法的速度相比之前，已经大大下降。甚至从1998年到现在，国际劳工组织仅仅制定了7项公约和2项议定书。第二，国际劳动法的实施，有赖于主权国家的自愿接受和实施，国际劳工组织强制实施国际劳工标准的能力有限。[④]第三，国际劳工组织所制定的国际劳工标准，主要都是基于西方工业化国家的国内劳动法经验[⑤]，对于发展中国家关注不够，特别是对发展中国家经济转型中的劳工保护问题和劳工法治建设缺乏针对性。

---

① 参见国际劳工组织：http://www.ilo.org/dyn/normlex/en/f? p=1000:1:0::NO:::，访问时间：2016年9月5日。

② 参见《国际劳工组织章程》第19条第5—6款，载王铁崖编：《联合国基本文件集》，中国政法大学出版社1991年，第417—437页。

③ See generally Jan Klabbers, Marginalized International Organizations: Three Hypotheses Concerning the ILO, in Ulla Liukkunen & Chen Yifeng (eds.), *China and ILO Fundamental Principles and Rights at Work*, Kluwer, 2014, pp. 181—196.

④ Patrick Macklem, "Labour Law Beyond Borders", 5 *Journal of International Economic Law*, p. 618.

⑤ 国际劳工组织起源上是一个以欧洲为中心、由欧洲国家主导的国际机构，并在此基础上试图对劳工问题建构全球性的普遍管辖。参见 Chen Yifeng, International Labour Organisation and Labour Governance in China 1919—1949, in Ulla Liukkunen & Chen Yifeng (eds.), *China and ILO Fundamental Principles and Rights at Work*, *Kluwer*, 2014, pp. 19—54.

20 世纪 90 年代开始，劳工保护日益成为全球化中突出的社会问题，国际劳工组织于 1998 年通过了《关于工作中基本原则和权利宣言》，确认了四项核心劳工权利，包括：结社自由和有效承认集体谈判权利；消除一切形式的强迫或强制劳动；有效废除童工；消除就业与职业歧视。这可以看作是在全球化日益深刻的背景下，国际劳工组织希望通过该宣言捍卫其在保护劳工方面的核心地位，重申其对国际劳工事项垄断管辖的努力。

国际劳工组织在劳工保护方面面临竞争压力。国际劳工组织自身也处在不断被边缘化的危险中，其政治和社会影响力也在不断下降。越来越多的国际组织会在其工作中涉及劳工保护问题，但是国际劳工组织制定的劳动立法对于这些机构并无法律上的约束力。[①] 国际劳工组织对劳工的国际保护有其章程基础，也获得国际社会广泛支持，但是国际劳工组织对于劳工保护在国际层面并无专属管辖。[②] 越来越多的机构和程序绕开国际劳工组织，推行自己的劳工标准和实施程序。

同样地，国际劳动法在应对全球化条件下的劳工保护，也并不成功。根本上说，不论是国内劳动法还是国际劳动法，在意识形态上还是国家中心主义的劳工保护模式。国际劳动法不仅没有改变劳动法的制定和实施的主权国家架构，相反，很大程度上国际劳动法强化了主权国家在劳工保护方面的中心地位和正当性。

四、跨国劳动法的提出及其概念

面对全球化条件，国内劳动法和国际劳动法在劳工保护都面临着鞭长莫及、力不从心的困境。全球化带来的真正挑战是非国家化，是要突破主权这个一元的棱镜来重新审视劳工保护的问题。国家已经无力将劳工保护垄断在主权疆界之内。从 20 世纪 90 年代初开始，学界关注全球化开始关注全球化导致的劳工保护的溢出问题及其跨国管理的需要。早在

---

① 在欧盟法律体系内，欧盟的条例和指令才是最主要的劳动法渊源，国际劳工公约居于次要性的地位。参见 Jill Murray, *Transnational Labour Regulation: The ILO and EC Compared*, Kluwer Law International, 2001.

② 国际劳工组织 1998 年在《关于工作中基本原则和权利宣言》中重申："国际劳工组织是根据章程授权制定和处理国际劳工标准的国际组织和主管机构，并在促进作为其章程原则之体现的工作中基本权利方面享有普遍的支持和认同。"

1995年,美国劳动法学者凯瑟琳·斯通(Katherine Stone)教授,探讨了经济全球化对劳工规制提出的挑战,并比较和分析了有关“跨国劳动管理”(transnational labour regulation)的四种路径。[①]

2000年以后,“国界之外的劳动法”(labour law beyond borders)问题日益受到关注,跨国劳动法逐渐成长为一个新的研究领域。英国知名劳动法学者鲍勃·赫普尔(Bob Hepple)教授的《劳动法和全球贸易》(2005)一书虽然沿用了“跨国劳动管理”的概念,但是从劳工保护的角度重新审视了国际组织的实践、相关贸易和投资制度等,具有开创性。[②] 美国纽约大学法学院国际法教授菲利普·奥尔斯顿(Philip Alston)主编的论文集《作为人权的劳动权利》(2005)[③]、加拿大西安大略大学法学院的约翰·克雷格(John Craig)和米歇尔·林科(Michael Lynk)主编的论文集《全球化与劳动法的未来》(2006)[④]、瑞士苏黎世大学克里斯汀·布赖宁—考夫曼(Christine Breining-Kaufmann)教授的《全球化与劳工权利:核心劳工权利与国际经济法之冲突》(2007)的出版[⑤],丰富和拓展了跨国劳动法的研究视野。[⑥]

近两年出版了两本以跨国劳动法为主题的书,可以说是把跨国劳动法的研究推向了一个新的学术热点。2014年西班牙塞维利亚大学安东尼奥·奥赫达·阿维勒(Antonio Ojeda Aviles)教授以《跨国劳动法》为名出版了一部专著,着重探讨了调整跨国劳动关系方面的冲突法规范和实体劳动法。[⑦] 2015年加拿大蒙特利尔大学阿黛尔·布莱克特(Adelle

---

① Katherine Van Wezel Stone. 2007年斯通教授再次撰文,强调为了有效的保护劳动权利,“必须采取比较的方法、跨国的视角以及本土的行动”。Katherine Stone, “A New Labor Law for A New World of Work: The Case For A Comparative-Transnational Approach”, 28 *Comparative Law and Policy Journal*, 566 (2007).

② Bob Hepple, *Labour Laws and Global Trade*, Hart Publishing, 2005.

③ Philip Alston (eds.), *Labour Rights as Human Rights*, Oxford University Press, 2005.

④ John D. R. Craig & S. Michael Lynk (eds.), *Globalization and the Future of Labour Law*, Cambridge University Press, 2006.

⑤ Christine Breining-Kaufmann, *Globalisation and Labour Rights: The Conflict between Core Labour Rights and International Economic Law*, Hart Publishing, 2007.

⑥ 对前述基本著作,美国威斯康辛大学法学院戴维·特鲁贝克(David Trubek)教授以《跨国劳动法的兴起》(transnational labour law)为题,在《美国国际法杂志》发表了书评。David Trubeck, pp. 725—733 (2005).

⑦ See Antonio Ojeda-Aviles, *Transnational Labour Law*, Wolters Kluwer, 2015.

Blackett)教授和国际劳工组织前法律顾问安娜·特莱比尔库克女士(Anne Trebilcock)主编了一本《跨国劳动法研究手册》[①],该书立意新颖,视野开阔,内容丰富,共收录38篇论文,分别从跨国劳动法的法律性、跨国性以及实体劳动法问题三个层面进行了较为深入的探讨。

跨国劳动法的生成和滋长,恰恰是在主权国家管辖之外,或在传统的劳动法领域之外,亦或在传统的劳工保护机构和体制之外。跨国劳动法并非是简单地将国内劳动法或者国际劳动法的适用范围扩展到跨国空间,而是一个全新的、自成体系的理论再造,是在跨国空间之中建设自成一体的劳工保护实体规则、程序规则和机构制度[②],而这个跨国空间本身又是通过管辖、价值、规范、机构等建构而成的。换言之,跨国劳动法的要义在于,它并非是对主权的延伸,而是对主权的重构;并非对国内劳动法或者国际劳动法的再述,而是对劳工保护实体规范的再定义和执行机制的重新构建。随着跨国劳动法的发展,劳动法的国内渊源正在逐步被削弱。[③]

何谓跨国劳动法,对此国际学界尚无明确的定义。甚至在以跨国劳动法为名的两本著作里面,对此也是语焉不详。阿维勒教授更多地探讨了跨国法的概念和特征,没有定义何谓跨国劳动法。[④] 甚至布莱克特教授和特莱比尔库克女士在其主编的论文集的开篇《跨国劳动法的概念》一文中,也回避了对跨国劳动法下定义。[⑤] 可见国外学界采取了一种实用主义的态度,更多地是将跨国劳动法看成是一个研究领域,一面话语旗帜。在跨国劳动法概念化和理论化程度方面,还有不少的工作要做。

本文将跨国劳动法定义为是在跨国空间中或者国际层面上有关劳工保护的规范、机构、制度和程序的总体。这样一个定义具有一定的宽泛性,具体可以从以下三个维度来加以理解:

---

① See Adelle Blackett & Anne Trebilcock (eds.), *Research Handbook on Transnational Labour Law*, Edward Elgar, 2015.

② 伯克特(Burkett)律师也认为国际劳工层面包含三个方面:规范和标准(norms and standards)、程序(processes)和机构(institutions)。参见 Brian Burkett, pp. 15—50, at 40—44.

③ Silvana Sciarra, Collective Exit Strategies: "New Ideas in Transnational Labour Law", in Guy Davidov & Brian Langille, *The Idea of Labour Law*, Oxford University Press, 2011, pp. 405—419, at 406.

④ See Antonio Ojeda-Aviles, pp. 3—7.

⑤ See Adelle Blackett & Anne Trebilcock, pp. 3—31.

一是本体论意义上的，注重从规范的角度来考察跨国劳动法，关注跨国劳动法的法律渊源和实体规范。跨国劳动法包含了传统的国际劳动法和国内劳动法部分内容，也包括了国际人权法、国际贸易法、国际组织法和国际私法等领域相关的国际法规范。跨国劳动法研究国际人权法、国际贸易法等相关领域，着重在于发掘相关领域中劳工保护的原则、规则和制度。因此跨国劳动法的面目看起来不是纯粹劳动法的，而是一个杂糅了国际法和国内法、混合了劳动法和其他部门法的体系。

二是方法论上的，把跨国劳动法视为一个不同主体、规范和制度进行对话的语言、过程和空间。[①] 跨国劳动法是一个非中央化的体系，承认法律多元主义，充分认识到在不同的机构和制度下劳工保护的内容、方式和程度各不相同，同时又相互联系、相互影响。因此跨国劳动法也是一个各个主体共同构建、参与、互动的法律政治空间，在此空间中主权国家(包括法院、立法机构、司法机构、劳工执法机构、利益集团等)、国际组织(包括国际劳工组织、国际金融机构、国际贸易安排等)、跨国行为者(包括跨国公司、国际工会联盟等)、当地企业、个人和非政府组织都能以不同的方式参与。[②] 因此，跨国劳动法强调公开透明、广泛参与。

三是价值取向上的，跨国劳动法最根本的价值追求是劳工保护，关注全球化进程中的社会正义和社会分配的问题。[③] 因此，跨国劳动法的研究旨趣在于拓展全球化进程中的社会保护的方法、程序、制度和领域，寻求在非主权性的领域促进劳工保护的可能性及其条件。跨国劳动法的研究视角和研究方法具有开放性、包容性，主张多学科、跨学科的整合，但是跨国劳动法的出发点和立足点始终是加强和完善对劳工的国际保护。

当然，选用跨国劳动法(transnational labour law)这个名称也需要做一些说明。这样一个领域没有采用国际劳动法(international labour law)的措辞，是因为长期以来“国际劳动法”都是跟国际劳动组织及其劳动立法联系在一起，已经形成一个专门的研究领域。[④] 因此，对于当前这

---

① see Brian Burkett, p. 15.

② 对参与跨国劳动法的行为者的分析，参见 David M. Trubek et. al, pp. 1187—1211.

③ See Adelle Blackett & Anne Trebilcock, pp. 3—31.

④ 例如，参见 N. Valticos & G. von Potobsky, *International Labour Law*, Second revised edition, Kluwer Law and Taxation Publishers, 1995; Jean-Michel Servis, *International Labour Law*, Third Revised Edition, Wolters Kluwer, 2011.

个新的研究领域，再采用国际劳动法的名称容易带来混淆。跨国劳动法和传统国际劳动法有不少重要的区分，国际劳动法主要是以国际劳工组织及其劳动立法为主，而跨国劳动法的关注点绝不仅仅限于此，包括了对国际贸易投资体制、国际金融机构、区域性国际组织、相关国内法的考察；跨国劳动法不仅包括硬法，也包括软法[①]；跨国劳动法的制定和执行不只有主权国家和国际劳工组织，还有其跨国的方面。[②] 当然，两者也存在一定的联系，国际劳工组织本身也参与跨国劳动法，并且对跨国劳工法的实践也有很大影响。

有学者用全球劳动法（global labour law）这个措辞。[③] 但是"全球劳动法"容易让人产生相关法律是高于主权国家、在主权国家之上、对所有国家普遍适用的误解。跨国劳动法能够恰如其分地表明，这个领域内的法律是分散的、非中央的，是正在形成和发展中的，在不同领域或者区域的发展都还是不均衡的。

五、跨国劳动法的若干特点

跨国劳动法打破了传统劳动法的国家中心主义、法律一元主义和唯劳动法主义。跨国劳动法具有以下鲜明的特点：

第一，跨国劳动法正视全球化背景下的后民族国家结构，突破了传统劳动法上的"国家中心主义"的管制模式。传统的劳动法制度，将制定、实施、实现劳动法的权力和责任全部赋予给了主权国家，国家作为一种积极的力量来介入和重塑劳工和雇主之间的法律关系，折射出的是一种根植于劳动法体系的国家中心主义。既然劳动法是国家积极介入劳动关系而产生的法律，那么主权之外也就无劳动法。随着全球化的深入发展，大量的劳工保护问题发生在主权国家直接管辖的场域之外。不少跨国劳动法的规范创设、适用和实施都不经过主权国家。[④] 而跨国劳动法则试图回应全球化背景下民族国家影响力不断下降的现实，注重发掘民族国家之外促

---

① See Bob Hepple, p. 4.

② See David Trubek, "The Emergence of Transnational Labor Law", 100 *American Journal of International Law*, 729 (2005).

③ See Harry Arthurs, pp. 271—294.

④ See Antonio Ojeda-Aviles, p. 19.

进劳工治理的机构、制度、场域、程序和路径，重视国际机构、跨国公司、国际工会联盟等不同机构和实体在实现劳动法方面的自主性和可能性。

第二，跨国劳动法接纳法律多元主义。[①] 传统劳动法主要关注主权国家内部制定的法律，或主权国家之间通过签订条约制定的国际劳动法，至多仅仅承认国际劳动法和国内劳动法的二元主义。[②] 换言之，法律是主权者的命令[③]，主权之外无法律。相反，跨国劳动法则主张接受法律多元主义，承认主权空间之外还有有效的法律秩序。跨国劳动法是一个多元的、多层次的混杂的法律秩序和空间。跨国劳动法不仅包括国家通过国内立法和国际条约制定的硬法，也包括软法，甚至在一定程度上包括了具有私人性质的规范。[④] 跨国劳动法注重发掘软法规范在接受、内化、实现和促进劳工权利保护方面的积极作用。从范围上看，跨国劳动法的软法规范是相当广泛的，包括国际组织的非约束性文件、跨国行为者制定的规范性文件、甚至包含了行业协会制定的指导方针等等。[⑤]

第三，跨国劳动法关注劳动法和其他法律部门的制度交叉、机构互动、规则渗透，反对传统劳动法的唯劳动法主义。传统上劳动法认为劳工保护主要是通过建立和完善劳动法律体系，通过强化劳动者的权利来保护劳动者。这是一种劳工保护的劳动法内部视角，是唯劳动法主义的态度。跨国劳动法则是注重发掘劳工保护的外部视角，重视劳动关系存在之社会经济法律环境，强调劳动法与公司法、国际人权法、国际贸易法、国际投资法等法律部门的互动，强调国际贸易、投资、知识产权体制对劳工权利的深刻现实影响。[⑥] 上述法律领域正在全球化条件下深刻地影响着劳工权利实现的可能性条件和最终实现。在全球化条件下，劳工问题具

---

① David M. Trubek et. al, p. 1193.

② 很多国家规定国际劳工公约只有通过国内法才能在国内实施。关于劳工条约在国内实施的讨论。参见 Virginia Leary, *International Labour Conventions and National Law: The Effectiveness of the Automatic Incorporation of Treaties in National Legal System*, Martinus Nijhoff Publishers, 1982.

③ 参见约翰·奥斯丁：《法理学的范围》，刘星译，中国法制出版社 2002 年版，第 156 页。

④ See David Trubek, p. 727.

⑤ 跨国公司可以以不同方式参与了跨国劳动法制定和实施。参见 Ulla Liukkunen, "Transnational Labour Law and Fundamental Labour Rights: Making Chinese Workers Matter", in Ulla Liukkunen & Chen Yifeng (eds.), *China and ILO Fundamental Principles and Rights at Work*, Wolters Kluwer, 2014, pp. 163—180.

⑥ See David Trubek, p. 727; also Harry Arthurs, p. 292.

有很强的扩散性和关联性，与诸多其他国际体制密切地交织在一起。很多劳工保护问题发生在传统的劳动法之外，往往跟国际经济交往、国际金融机构的业务活动、国际人权机构的实践等联系在一起，因此需要在劳动法之外探求劳工保护的问题。跨国劳动法试图以砥砺革新的姿态和使命感，回应全球化的深刻挑战，努力在一个更为全面和综合的框架下，来加强劳工的国际保护。在此意义上，跨国劳动法极大地拓展了劳动法学的研究领域和范围，同时也在知识储备和语言能力等当面对劳动法学者均提出了更高的要求，不啻为是对劳动法学科知识体系的一场变革。

第四，跨国劳动法不仅仅重视实体性的劳动法规范，同样注重劳动法规范实施的主体、场域和程序，强调从规则到进程的视角转换。国际劳动法和传统国内劳动法关注的焦点是规则，是劳动者实体性的权利和义务规则，是在法院或者行政机关处理劳动争议时如何确定权利和义务的分配。因此，传统的劳动法是规则中心主义的、立法中心主义的、静态的视角，强调劳动法的规范性。而跨国劳动法则将劳动法视为一个不同法律主体不断予以确认、实施和实现的过程，是一个以法律实现为核心的、动态的、开放性的进程。因此，跨国劳动法对劳动法规范实现的主体、场域和程序予以充分的重视。与劳动法实施有关的主体，例如世界银行、国际货币基金组织、区域性的国际组织、跨国企业、跨国工会、跨国非政府组织等，均有必要在一定程度上纳入研究范围。

第五，跨国劳动法避免把劳工保护的实现看成是一个自上而下的单向的过程①，进而主张将跨国条件下的劳工保护看作由多个不同主体参与的相互对话、彼此承认、甚至含有相互对抗、紧张等丰富状态的互动过程。传统劳动法的实施模式是一种（从国际到国内）从国家到社会、自上而下、单向度的规范传递链条。国家被认为是一个积极的规范创制主体，其他行为者包括企业、工会和劳动者个人等，都是规范传递链条上的消极要素。而跨国劳动法则认为，在劳动法的实现过程中，国家、国际劳工组织、国际贸易安排、区域性国际组织、跨国公司等都是劳工权利保护的积极要素，是具有自主性的主体，劳工保护并不是一个严格等级化的、自上

---

① John Craig & S. Michael Lynk, Introduction, in John D. R. Craig & S. Michael Lynk (eds.), *Globalization and the Future of Labour Law*, Cambridge University Press, 2006, pp. 1—12, at 4.

而下的规范性传递过程,各不同机构之间就有关劳工保护存在着互动和对话,相互适应和调整。[①] 跨国劳动法的实现既有自上而下的方面,也有自下而上的层面,同时也还有平行的国际制度之间的对话和互动。

六、跨国劳动法的研究内容

作为一个新兴的研究领域,跨国劳动法尚在形成和发展过程中,其研究对象和范围也在不断的拓展和修改。从现有的研究成果来看,至少有以下几个方面的内容,可以而且应当被纳入跨国劳动法的研究视野。

第一,劳工跨国流动的规范与保护。随着交通的便捷和国际经济交往的密切,劳动力的跨国流动日益成为国际社会的常态现象,而跨国劳工由于语言、文化等原因,往往是一个社会中较为脆弱的群体,侵害外国劳工权利的现象在各国都时有发生。移民工人的权利保护,长期以来都受到国际社会的重视,1990 年联合国大会通过了《保护所有移徙工人及其家庭成员权利国际公约》,专门针对移徙工人及其家庭成员的政治、经济、社会和文化权利等做了规定。此外,海外劳务派遣、短期海外派驻已经成为跨国劳动法研究的一个新的热点问题。[②]

我国也面临着如何加强海外劳工保护的问题。根据商务部统计,2015 年末,我国在外各类劳务人员 102.7 万人。2015 年我国对外劳务合作派出各类劳务人员 53 万人,其中承包工程项下 25.3 万人,劳务合作项下派出 27.7 万人。[③] 特别是随着我国“一带一路”战略建设的深入推进,随着越来越多中国企业“走出去”,如何加强对对我国劳工在境外劳动权利保障,企业如何遵守和适应东道国的劳动法律体系,都是新的研究课题。

第二,一国对外经济合作中的劳工保护问题,这主要是一些西方大国的实践。长期以来,美国一直力主将国际贸易与劳工保护联系起来。美

---

① 有学者称之为“管辖权间互动”(inter-jurisdictional dynamics)。参见 Bob Hepple, p. 275.

② 例如, Stephane Lalanne, “Posting of Workers, EU Enlargement and the Globalization of Trade in Services”, 150 *International Labour Review*, 211—234 (2011).

③ 参见商务部统计数据: http://hzs.mofcom.gov.cn/article/date/201601/20160101239878.shtml,访问时间:2016 年 9 月 5 日。

国《1974年贸易法》第301节授权美国贸易代表办公室对系统性违反劳工权利的贸易国采取单边的贸易救济和报复措施。[①]

普惠制也是推行劳工标准的一个重要手段。普惠制是工业发达国家根据联合国贸易发展会议的倡议，从20世界70年代开始，在非对等和非歧视的基础上，对发展中国家出口的产品提供单边的、普遍的优惠关税待遇。但是发达国家经常将其普惠制的实施以受益国的劳工保护标准为条件。美国的普惠制适用《1974年贸易法》，该法于1975年通过，后几经修订。该法明确将未采取有效措施以保护"国际公认的劳工权利"(internationally recognized worker rights)的国家[②]和未能兑现消除"最恶劣形式的童工"(worst forms of child labor)之承诺的国家，排除在接受普惠制的范围之外。[③] 美国通过本国贸易法令咄咄逼人地、单方面地强迫他国接受和实施特定劳工标准，包括某些甚至连美国自己都没有接受的标准，这种做法在美国国内也遭到了学者的批评。[④]

相比美国的强迫模式，欧盟采用的是鼓励模式。欧盟从1971年开始对特定发展中国家的产品进口实施普惠制，目前适用的规定是依据欧盟于2012年颁布的第978号条例。该条例全面修订了其普惠制，于2014年1月1日开始生效。[⑤] 在一般的普惠制之外，欧盟专门设立了"为实现可持续发展和善治的一种特殊激励安排"，要求参与此种优惠制的国家参加并落实人权、劳工、环境、社会治理等27项国际公约。在劳工保护方面，受益国需要参加并落实国际劳工组织在1998年《关于工作中基本原则和权利宣言》所认定的全部8项核心国际劳工公约。[⑥]以劳工保护标准

---

① 近年来，有学者将美国对外关系中有关劳工标准的法律，总结归纳为"美国国际劳工关系法"，表明了这个领域的重要性。参见 Steve Charnovitz, "The U. S. International Labor Relations Act", 26 *ABA Journal of Labor & Employment Law*, 311—325 (2010—2011).

② 根据《美国贸易法》，国际公认的劳工权利包括：(1) 结社权；(2) 工会权和集体谈判权；(3) 禁止使用任何形式的强迫劳动；(4) 规定雇佣儿童工人的最低年龄并禁止最恶劣形式的童工；(5) 最低工资、工作时间、职业安全与健康方面可接受的工作条件。

③ General System of Preferences Renewal Act (1984), s 503.

④ Philip Alston, pp. 1—35.

⑤ Regulation (EU) No. 978/2012 of the European Parliament and of the Council of 25 October 2012, see *Official Journal of the European Union*, L 303 (October 31, 2012), pp. 1—82.

⑥ See Article 9 and Annex VIII, Regulation (EU) No. 978/2012 of the European Parliament and of the Council of 25 October 2012, see *Official Journal of the European Union*, L 303 (October 31, 2012), pp. 1—82.

作为普惠制的授予条件,是否合乎国际法?是否干涉了受益国的内政?在实际效果上是否确实促进了受益国劳工的权利实现?有待细致考察。

此外,一国对外经济合作中的其他方面也经常涉及劳工保护问题。例如对外援助,个别西方国家以特定的劳工保护作为给予经济援助的条件。我国在对外援助的一些大型项目中,也涉及对本国派遣劳工和外国当地劳工的保护问题,个别项目的实施受到了当地居民和工人的批评。这些问题都构成跨国劳动法的研究内容。

第三,国际贸易和投资体制下的劳工保护问题。这是个老问题,早在世界贸易组织的谈判期间,就存在着不少分歧和争论。美国等试图将劳工标准纳入贸易体制,但是遭到了发展中国家的抵制,最终没有成功。[①]这个话题在沉寂了一阵以后,在美欧的推动下,近几年又有了新的发展,值得高度关注。

2011 年 8 月 9 日,美国在中美洲自由贸易协定框架下,指控危地马拉未能有效落实其结社自由和集体谈判等劳动法中的权利,要求成立争端解决小组。这是历史上第一次有国家利用自由贸易协定机制来提起劳工保护争议。危地马拉迫于压力,于 2013 年 4 月 25 日与美国签署了一份包含 18 个方面内容的实施劳动法的计划,以此换取美国贸易代表办公室暂时中止争端解决程序。危地马拉采取了大量的立法和行政措施来改善其对劳动法的遵守。但是美国并不满意,2014 年 9 月 18 日继续启动自由贸易协定框架下的争端解决程序。[②]

在美国主导下,2015 年《跨太平洋伙伴关系协定》中,专门设立了劳工保护一章,建立了被认为是有史以来所有贸易协定中对劳工保护最强的机制。[③] 该协定要求所有国家都要全面实施国际劳工组织确认之四项核心劳工标准,并通过国内立法对最低工资、工作时长、职业安

---

① 也有学者探讨了在世界贸易组织制度下,来单方面实施核心劳工权利的可能性和法律要件。Patrick Macklem, pp. 621—631.

② Office of the U. S. Trade Representative & the U. S. Department of Labor, Standing Up for Workers: Promoting Labor Rights through Trade (February 2015), https://ustr.gov/sites/default/files/USTR%20DOL%20Trade%20-%20Labor%20Report%20-%20Final.pdf, pp. 8—11.

③ 这是美国贸易代表办公室的自我评价,https://medium.com/the-trans-pacific-partnership/labour-66e8e6f4e8d5#.b9zx6z1jj,访问时间:2016 年 9 月 5 日。

全、健康等问题作出规定。[①] 同时,在劳工保护实施机制上,成员国之间不仅可以进行合作性劳工对话(第 19.11 条),还可以诉诸劳工磋商程序,磋商未果的,可以要求设立专家组,启动争端解决程序(第 19.15 条)。[②]

从 2010 年开始,欧洲也在贸易协定中提倡“可持续发展”,不断强化劳工保护和环境标准。[③] 从 2011 年开始,欧盟与韩国(2011 年)、与中美洲国家(2012 年)、安第斯国家共同体(2012 年)、新加坡(2014 年)缔结的自由贸易协定中均有“贸易与可持续发展”一章。美欧目前正在谈判《跨大西洋贸易与投资伙伴关系协定》(Transatlantic Trade and Investment Partnership),从目前欧盟披露的文件来看,欧盟正在力主将多项劳工权利纳入其中,并且可以设立专家组来解决劳工争议。[④]

在贸易和投资机制中强化劳工权利的保护,这是新动向。其实施机制和程序如何?哪些劳工权利得到了强化?以及在多大程度上将贸易、投资和劳工保护予以联系是合理的正当的?是否会构成所谓国际经济合作的“自由国家联盟”而形成一种意识形态歧视?都值得密切关注。

第四,国际金融机构业务活动中的劳工保护问题。[⑤] 世界银行等国际金融机构在维护世界金融稳定、协助发展中国家实现发展和良治、促进

---

① 国内学界的研究,参见郑丽珍:《跨国劳动监管制度的重构》,社会科学文献出版社 2014 年版,第 176—201 页。

② 商务部研究院组织翻译了一个中文版本,参见 http://www.caitec.org.cn/article/gzdt/xshd/201512/1453.html,访问时间:2016 年 9 月 5 日。

③ European Commission, Trade, Growth, and World Affairs: Trade Policy as a core component of the EU's 2020 Strategy, COM (2010) 612, http://trade.ec.europa.eu/doclib/docs/2010/november/tradoc_146955.pdf,访问时间:2016 年 9 月 5 日;European Commission, Trade, Growth, and Development: Tailoring trade and investment policy for those countries most in need (January 27, 2012), COM(2012) 22, http://trade.ec.europa.eu/doclib/docs/2012/january/tradoc_148992.EN.pdf,访问时间:2016 年 9 月 5 日。

④ see EU Position Paper, *Trade and Sustainable Development Chapter/ Labour and Environment: EU Paper outlining key issues and elements for provisions in the TTIP*, tabled for discussion with the US in the negotiating round of 19—23May 2014 and made public on 7 January 2015, http://trade.ec.europa.eu/doclib/docs/2015/january/tradoc_153024.pdf,访问时间:2016 年 9 月 5 日。*EU Textual Proposal: Trade and Sustainable Developmen*t, tabled for discussion with the US in the negotiating round of 19—23 October 2015 and made public on 6 November 2015, http://trade.ec.europa.eu/doclib/docs/2015/november/tradoc_153923.pdf,访问时间:2016 年 9 月 5 日。

⑤ 国内学者对国际金融机构中的劳工保护也有所研究,参见郑丽珍:《跨国劳动监管制度的重构》,社会科学文献出版社 2014 年版。

全球治理等方面世界银行都是举足轻重的参与方。[①] 长期以来,世界银行在其贷款条件中往往要求成员国放松劳工管制、增加劳动力市场的灵活性以促进经济增长,因而饱受批评。2002 年,世界银行开始调整其劳工政策,公开宣布支持核心劳工标准。[②] 2006 年 5 月,世界银行集团下属的国际金融公司(IFC)率先采纳了"环境和社会可持续发展政策"和"环境和社会可持续性绩效标准",要求借款方在其借款所涉项目范围内,必须达到国际金融公司所要求的劳工保护标准。2012 年 1 月 1 日开始,国际金融公司又对相关政策作了更新。[③] 2012 年 10 月,世界银行开始就其"环境和社会保障政策"与有关各方开展磋商。在总结各方意见的基础上,世界银行于 2014 年 7 月提出了其"环境和社会保障政策"的初稿,并最终于 2016 年 8 月 4 日通过了其《环境与社会框架》,提出了十项标准。其中第二项就是劳工与工作条件,对借款国以及供应商的劳工标准,提出了具体的保护要求。[④] 有关劳工保护标砖将其用于世行所有的项目投资贷款,属于重大政策调整。可以预见,将对世界各国的劳工保护都产生深远的影响,值得密切关注。

---

① 国际货币基金组织的相关法律和实践,参见 Franz Christian Ebert, "International Financial Institutions' Approaches to Labour Law: The Case of the International Monetary Fund", in Adelle Blackett & Anne Trebilcock (eds.), *Research Handbook on Transnational Labour Law*, Edward Elgar, 2015, 124—137.

② World Bank, Transcript of Town Hall Meeting with NGOs, Washington, January 2002, cited from Peter Bakvis & Molly McCoy, Core Labour Standards And International Organizations: What Inroads Has Labour Made?, 2008, http://isslerhall.org/drupal/sites/default/files/C5_Bakvis_McCoy_Core%20Labour%20Standards%20_fes-2008.pdf,访问时间:2016 年 9 月 5 日。

③ International Finance Corporation, *Policy on Environmental and Social Sustainability* (January 1, 2012), http://www.ifc.org/wps/wcm/connect/topics_ext_content/ifc_external_corporate_site/ifc+sustainability/our+approach/risk+management/environmental+and+social+sustainability+policy,访问时间:2016 年 9 月 5 日;*Performance Standards on Environmental and Social Sustainability* (January 1, 2012), http://www.ifc.org/wps/wcm/connect/topics_ext_content/ifc_external_corporate_site/ifc+sustainability/our+approach/risk+management/performance+standards/environmental+and+social+performance+standards+and+guidance+notes,访问时间:2016 年 9 月 5 日。

④ World Bank, Environmental and Social Framework: Setting Environmental and Social Standards for Investment Project Financing (August 4, 2016), http://consultations.worldbank.org/Data/hub/files/consultation-template/review-and-update-world-bank-safeguard-policies/en/materials/the_esf_clean_final_for_public_disclosure_post_board_august_4.pdf,访问时间:2016 年 9 月 5 日。

此外，劳工标准也受到区域性的开发性金融机构的广泛关注。例如，亚洲开发银行在2001年9月通过社会保障战略(social protection strategy)，允诺在其工作中促进核心劳工标准的实现。[①] 2002年5亚洲开发银行还与国际劳工组织签署了备忘录，加强双方在工作领域方面的合作。[②] 此外，美洲开发银行、欧洲复兴开发银行以及非洲开发银行，都对其业务活动中的劳工保护给予了不同程度的关注。[③]

第五，国际人权保护体系下的劳工权利保护问题。很多劳工权利都构成基本人权，并无争议。不少国际人权公约对工作权和劳工权利作了明确的规定和确认。例如，1966年《经济、社会、文化权利国际公约》在第6—9条对工作权、良好工作条件、男女同工同酬、参加工会的权利、获得社会保险的权利都做了全面规定。还有一些人权公约对特殊人群的劳工权利予以了专门保护。[④] 在联合国人权机构的工作当中，特别是人权理事会和经济社会文化权利委员会，也大量涉及劳工权利保护，值得重视。[⑤]

第六，区域性一体化机制中的劳工保护。目前，区域一体化进展中涉及劳工保护问题的，主要是欧盟。1957年西欧国家签订《罗马条约》，建立了欧洲经济共同体，其中就提及了社会政策。20世纪80年代中期欧洲经济共同体提出建立统一市场，实现货物、资本、服务和劳动力的自由

---

① See Asian Development Bank, *Core Labor Standards Handbook*, Manila, 2006, http://www.adb.org/sites/default/files/institutional-document/33480/files/cls-handbook.pdf，访问时间:2016年9月5日。

② 关于备忘录全文，参见 http://www.adb.org/sites/default/files/institutional-document/33511/files/mou-ilo.pdf，访问时间2016年9月5日。

③ See Peter Bakvis & Molly McCoy, "Core Labour Standards And International Organizations: What Inroads Has Labour Made?", 2008, http://isslerhall.org/drupal/sites/default/files/C5_Bakvis_McCoy_Core%20Labour%20Standards%20_fes-2008.pdf，访问时间2016年9月5日；Franz Christian Ebert & Anne Posthuma, *Labour Standards and Development Finance Institutions: A Review of Current Policies and Activities*, *ILO International Institute for Labour Studies Discussion Paper Series*, 2010, http://www.ilo.org/wcmsp5/groups/public/—dgreports/—inst/documents/publication/wcms_192837.pdf，访问时间:2016年9月5日。

④ 1979年《消除对妇女一切形式歧视公约》第11条、1989年《儿童权利公约》第32条、《残疾人权利公约》第27条，专门对妇女、儿童和残疾人的工作权保护做了专门规定。1990年《保护所有移徙工人及其家庭成员权利国际公约》则是专门针对移徙工人及其家庭成员的政治、经济、社会和文化权利做了规定。

⑤ See George P. Politaki, *Protecting Labour Rights as Human Rights: Present and Future of International Supervision*, International Labour Organization, 2007.

流动。与此同时,欧洲一体化进程中的劳工问题受到极大关注,开始从劳工的自由移动到强调劳工的社会保护。从1989年欧洲经济共同体的《工人基本社会权利宪章》,到2000年的《欧盟基本权利宪章》,加强劳工保护始终是欧盟社会政策的核心部分。[①] 欧盟通过条例和指令对很多具体的劳工问题作出了内部立法,来同化和协调欧盟各成员国的劳工保护标准和措施[②],并针对欧盟内部人员流动中的劳工保护问题制定了专门规定。[③]

第七,劳工的跨国私人实施。跨国企业是全球化进程的载体、参与者、受益方和积极推动力。鉴于国际和国内劳工管制的局限性,跨国公司在制定和实施劳工标准的能力和可能性受到越来越多的学者的重视。[④] 首先,不少跨国公司主动设定和实施劳工标准。劳工标准越来越成为许多跨国公司内部行为准则的一部分,通过企业内部管理架构获得实施。"知名跨国公司有能力将公司行为准则适用于公司的所有雇佣关系而不论其位于何处,从而阐明和实施劳工标准,因而具有生成一种新的国际劳工管理模式的潜力。"[⑤]同时,由于全球生产链,不少处于上游的跨国公司,往往对其下游供应商的生产过程产生重大的影响能力,包括要求遵守和实施特定的劳工标准。以美国苹果公司为例,苹果公司被指责对中国零部件供应商和组装工厂的劳工违法情况漠不关心,因此在2009年苹果公司对其供应商启动了内部审查机制,并与美国的非政府组织公平劳工协会(fair Labor Association)一起对中国的数百家一级和二级供应商进行了实地调查。[⑥]

此外,全球工会联盟则积极推进国际框架协议(International Framework Agreements),鼓励跨国企业与全球工会签署协议,将有关劳工标准适用于跨国公司的总部以及所有海外子公司和分支机构。另外,联合国、

---

① See Roger Blanpain, *European Labour Law*, 14th Edition, Wolters Kluwer, 2014, pp. 237—321; Brian Bercusson, *European Labour Law*, 2nd Edition, Cambridge University Press, 2009, pp. 99—255.

② See Katherine Van Wezel Stone, pp. 987—1028.

③ 例如,Directive 2014/67/EU (15 May 2014).

④ See for example, Harry Arthurs, pp. 271—294.

⑤ Patrick Macklem, p. 632.

⑥ Richard M. Locke, *the Promise and Limits of Private Power: Promoting Labour Standards in a Global Economy*, Cambridge University Press, 2013, pp. 6—8.

国际劳工组织、经济合作发展组织(OECD)等都在建立不同层面的制度和机制,激励、推动和深化跨国公司的劳工保护责任。[①] 例如,联合国在2000年提出了《联合国全球契约》(United Nations Global Compact),提出了企业在人权、劳工、环境和反腐败方面应当遵守的十项原则。[②]

上述七个方面,已经比较确定地属于跨国劳动法的研究范畴。有的研究领域刚刚起步,有的领域成果相对丰富,都值得学界共同关注,并从跨国劳动法的角度深入研究。随着全球化的深入发展,相信在将来还会有更多领域和问题进入跨国劳动法的研究视域。关于跨国劳动法的研究对象和范围,学界尚未展开深入讨论。上述七个方面也仅是个人浅见,有待学界今后继续探讨、凝聚共识。

七、跨国劳动法的局限性

跨国劳动法作为一个研究视角和研究领域,具有创新性,同时也存在相当的局限性。这些局限性和问题,有必要简单阐述一下,在研究中加以重视。

第一,跨国劳动法的法律渊源含糊不清,规范性不足。跨国劳动法接受了法律多元主义,国际劳动法、国内劳动法、国际贸易法规范、国内贸易法规范、国际组织文件、跨国公司行为指南等等都被纳入其中。好处是包罗万象,带来的风险则是模糊了法律和其他社会规范之间的区分,大量的软法规范得以充斥其中,可能会降低跨国劳动法中规范的约束性。由此带来的问题是,有些跨国公司关注劳工权利,更多是出于社会形象和公共关系的考虑,劳工保护沦为市场营销的标签,实际上对劳工保护的促进意义有限。

第二,能够进入跨国劳动法视野的实体劳工权利极为有限。国内劳动法对劳动者在工作时间和休假、劳动条件、职业安全和卫生、参加工会和集体谈判等都有全面的保障。国际劳动组织下的国际劳动立法同样是广泛地涵盖了劳工保护的各个不同方面。但是,从实践来看,能够进入跨

---

① See Roger Blanpain (ed.), *Multinational Enterprises and the Social Challenges of the XXIst Century: The ILO Declaration on Fundamental Principles at Work, Public and Private Corporate Codes of Conduct*, Kluwer Law International, 2000.

② 参见 https://www.unglobalcompact.org/,访问时间:2016年9月5日。

国劳动法视野并加以保护的实体劳工权利,往往是不全面的。例如,在国际贸易体制下,不少劳工保护限于国际劳工组织确认的四项核心劳工权利,即包括结社自由和有效承认集体谈判权利;消除一切形式的强迫或强制劳动;有效废除童工;以及消除就业与职业歧视。这些核心劳工权利从内容上看,主要还是劳工的政治权利和参与权利,缺少对经济权利的关注,隐含着对西方自由主义的意识形态。① 当然,不同领域的跨国劳动法对实体劳工权利的保护范围不尽相同,有待具体问题具体分析。总的来说,跨国劳动法深刻地受限于具体的机构和语境,有其局限性,不能取消或者替代国际劳动法和国内劳动法的保护。

第三,在研究和推广跨国劳动法过程中,有可能存在这样的风险:以强化劳动保护为名,助长了新的国际贸易和投资壁垒。跨国劳动法将投资和贸易等国际经济规范纳入其考察范围,从积极的方面来看,是拓展了劳动法的研究领域和影响力。但是也有可能发生这样的情况,劳工保护被贸易和投资体制所绑架和消费,劳工保护沦为西方国家在国际投资和贸易中对发展中国家施加歧视性待遇和壁垒的借口。因此,在对跨国劳动法开展研究的过程中,有必要坚持劳动法的主体性,研究贸易和投资体制应当是平衡地、逐步地加强和实现劳工保护,而不是以贸易和投资体制取代劳动法保护。

第四,跨国劳动法跟全球化进程一样,背后也存在着南北政治经济学的问题,需要保持足够的学术敏锐和批判精神。发达国家在经济发展水平、生产模式和劳动保护水平方面的优势,可能转化为劳工保护的强势话语,以发展中国家相对滞后的劳工保护水平为借口,将其他国家视为国际社会的二等公民,动辄以贸易、最惠国待遇、普惠制等为要挟或制裁发展中国家。从 2010 年开始,美国奥巴马政府开始积极利用贸易安排来对其贸易伙伴方施压,要求后者提高劳工保护标准。美国对巴林、约旦和哥伦比亚都提起了劳工保护磋商,迫使上述各国都大幅改革其劳工标准。美

---

① See Ulla Liukkunen & Yifeng Chen, Fundamental Labour Rights in China—A New Approach to Implementation, in Ulla Liukkunen & Chen Yifeng (eds.), *Implementation of Fundamental Labour Rights in China: Legal Architecture and Cultural Logic*, Springer, 2016, pp. 1—17.

国的策略很明确，就是要“通过贸易推进劳工权利”。[①] 这些做法是否真的有利于劳工保护，是值得深入研究的。

第五，跨国劳动法还有可能陷入新自由主义经济学的陷阱。“冷战”以后，新自由主义对国际制度层面上的影响，表现为以私有产权、效率观念和市场机制重塑公共机构，同时以非国家中心主义的方式建构全球经济和社会秩序。[②] 跨国劳动法生成，也离不开经济全球化、民族国家被不断解构和新自由主义盛行的背景。跨国劳动法，倡导的是一种后民族国家结构下的劳工权利保护机制，建构的是一种非中央化的劳工权利实施方式，赋予并强化了包括国际金融机构、国际贸易体制、跨国公司等主题认定劳工权利并加以实施的权力和正当性。承认和执行劳工标准的权力和正当性，从国家转向了非国家实体。这样的做法有可能使得发展中国家的角色更加边缘化，国家在劳工保护方面的能力和自主性都被进一步弱化。

八、结语：加强劳动法学科的国际面向

跨国劳动法，作为一种社会现象，值得关注；作为一个研究领域，值得开拓；作为一个研究方法，值得思考。跨国劳动法本身的概念、理论和分析工具还处于初步阶段，尚未发展出完整的理论体系。不论在理论架构和实务适用上，都存有很大开放性。可以预见，随着国际实践的增加，跨国劳动法在未来相当长的一段时间里都将是国际学界的一个研究热点，值得中国学界积极关注和参与。

跨国劳动法开辟了新的研究领域、路径和视角，而不是对传统方法的简单否定或者替代。跨国劳动法又力图独立于国际劳动法和国内劳动法，自成一体。[③] 但同时，跨国劳动法的提出，不是为了替代传统的国际

① 美国贸易代表办公室和劳工部在 2015 年 2 月联合发布了一份特别报告，标题就是“为劳工发声：通过贸易促进劳工权利”，Office of the U. S. Trade Representative & the U. S. Department of Labor, Standing Up for Workers: Promoting Labor Rights through Trade (February 2015), https://ustr. gov/sites/default/files/USTR% 20DOL% 20Trade% 20-% 20Labor% 20Report%20-%20Final. pdf，访问时间：2016 年 9 月 5 日。

② 参见诺姆·乔姆斯基：《新自由主义与全球秩序》，徐海铭、季海宏译，江苏人民出版社 2000 年版。

③ See Silvana Sciarra, p. 407.

劳动法和国内劳动法,事实上也不可能替代。很多传统的国际劳动法和国内劳动法没有解决的问题,跨国劳动法同样也不能加以彻底地解决。跨国劳动法也是在实践中不断探索、发展和调整的,对于很多问题的解决既不是一蹴而就的,也不是千篇一律的。

跨国劳动法的研究,一方面拓展了劳动法学科的研究领域、开阔了研究视域、强化了话语权,另外一方面也对劳动法学科现有的知识结构提出了新的挑战。现有的劳动法学以国内劳动法或者比较劳动法为主要知识谱系。而跨国劳动法的研究,要求劳动法学者需要学习和借鉴国际公法、国际组织法、国际经济法、对外关系法、国际关系等学科的知识,劳动法学者、国际法学者和国际关系学者今后有必要大力开展跨学科的合作。

劳动法治建设对于中国成长为具有全球性影响力的大国具有重要意义。中国的劳动法研究不能仅仅是内向型的,还需要是国际面向的。在劳动法学者的推动下,中国劳动法制建设在过去二十多年间已经取得了重大进步。研究跨国劳动法,将推动中国的劳动法研究更快地走向国际化,要求学界更加重视劳工保护的国际机制和跨国要素。通过国内劳动法和跨国劳动体制的互动和对话,既改善中国国内的劳动法治,又提升中国在国际上的软实力,既有道德力量,又有规范意义。在中国成长为负责任的世界性大国的过程中,跨国劳动法的研究将具有战略意义,中国的劳动法学者也大有可为。

进化中的环境法上的权利类型探析
——以环境享有权的核心构造为中心*

汪　劲**

一、环境法上权利类型问题的提出

“这是一个权利无敌的时代，但也是一个权利无奈的时代。”[①]在中国，对环境权理论的讨论虽看似从未无敌，但却一直处于无奈之中。如果将凌相权教授于1981年发表的论文《公民应该享有环境权——关于环境、法律、公民权问题探讨》[②]设为中国学者研究环境权问题的起点[③]的话，那么2004年则是环境权问题研究的成果到达最为繁盛的顶峰[④]时期。尽管中国关于环境权问题的研究至今已走过35年的历程，然而摆在我们面前的却是另一幅令人困惑的图景：环境权理论不仅仅没有像一株长势茂盛的植物一样生根发芽、枝繁叶茂，其本身的合理性与合法性都面临着一定程度的质疑。当我们想寻觅在环境权理论模型指引下的环境法律实践时，却会发现这些披着“环境法”外衣的“实践”往往在本质上更类

---

* 原文刊于《上海大学学报》2017年第2期。

** 北京大学法学院教授，博士生导师。

① 彭中礼：《权利话语的时代限度——以美国权利话语为例的分析》，载《长白学刊》2012年第1期。

② 该论文发表于《环境科学与技术》1981年第1期，但是从学术影响来看，蔡守秋教授发表于《中国社会科学》1982年第3期的《环境权初探》则普遍被认为是中国环境权理论研究的开山之作。

③ 参见王社坤：《环境利用权研究》，中国环境出版社2013年版，第4页。

④ 吴卫星：《我国环境权理论研究三十年之回顾、反思与前瞻》，载《法学评论》2014年第5期。

似于一种泛政治化的公民运动；当我们强调环境法的"革命性"或者环境权的"新颖性"时，则以当下环境权理论积淀而论远远不会取得与公权、私权相并列的或者功能上相匹配的权利模型；而当我们从另一条思路出发希望将环境权解构为公法权利与私法权利的混合权利束时，则更容易引发从根本上指责环境权存在的必要性的质疑。

本文所称的环境法上的权利，在相当长的时间里是与"环境权"这一称谓存在混淆的。从时间序列上考察，除去工业化带来的污染威胁的激发，中国学者对于环境权的研究本身也是伴随"权利本位"思想的井喷而诞生的。当环境权理论借助"权利本位"的东风持续繁衍发酵时，却也是权利话语在中国政治生活与法律实践之中悄然归隐的开始。遗憾的是，搭了"顺风车"的环境权研究在中国缺少环境法治实践的检验，在环境保护思潮的侵袭下给人留下的更多是"重目标理念、轻方式手段、推崇价值判断、忽略制度建设；带着浓烈的情感看待问题、感性呼吁多于理性分析；把环境问题抽象为价值问题，缺乏对现实利益的关注"[①]等问题特征。这种自然主义的研究倾向直接导致了法定权利与道德权利的混淆、法律与规律的混淆、理性认知与感性期待的混淆。因而在每一个选择是否在法律条文中明确确立环境权利的路口，立法机关的态度一直都很犹豫。

在缺乏宪法或者国家法意义上的权利宣示的条件下，经由司法途径证成或许也是某种权利得以生发的路径。但是，环境权概念自身定位的暧昧不清又直接引发了环境权现实功能上的困境。在权利保障实践之中，环境权被证明在技术上是不可行的。这种技术上的不可行可分解为公法和私法两个面向。并且这两个面向存在着一种独特的牵连关系。

公法面向上，环境权现实功能困境在于其概念外延的虚化，这已经波及到了传统行政法理论上的公民知情权、公民决策建议权与宪法理论上的诉讼权等。其中，程序性环境权近来作为一种可行的进路备受学者关注。但也有学者指出：我国法治语境下的程序性环境权自身缺乏独立的规范效力，其规范依据来源于宪法民主原则和知情权、程序基本权、诉讼权等已有人权，其发展仍需要从解释论与立法论两个层面进一步发展。[②]

---

① 巩固：《环境伦理学的法学批判——对中国环境法学研究路径的思考》，法律出版社2015年版，第303—306页。

② 〔奥〕凯尔森：《法与国家的一般理论》，沈宗灵译，商务印书馆2013年版；陈海嵩：《论程序性环境权》，载《华东政法大学学报》2015年第1期。

而实体性质的环境权则多见于各国宪法之中①,实践上是通过宪法诉讼或者行政诉讼得到救济的。在我国,当环境民事公益诉讼先于环境行政公益诉讼得到立法认可时,就出现了质疑的声音:“行政诉讼本应成为环境保护领域救济权利、维持法律秩序、确保国家行政权力合法行使、实现环境正义的主要司法途径,以民事公益诉讼形式试图实现这一目标未免有南辕北辙、抱雪向火之嫌。”②

在私法面向上,新近的研究表明,环境权已被民法一般条款所吸收作为一种民法上的利益进入民事权利体系内部,具体化为对动物的特殊保护、不可量物侵害救济、环境契约、环境人格权等诸多命题。③ 正是基于这种考量,部分环境法学者始终对于环境权的证成持一种否定或者消极的态度,认为由于公害往往同时侵害多种法益,导致用“环境权”这一概念来概括上述被侵害的法益遇到了难以克服的困难,也使得立法机关难以在宪法和法律之中作出规定。另外,“现行法律关于侵害人身权、生命权、财产权的刑罚显然比侵害所谓‘环境权’要重得多。”

考究环境法上权利的最直观表现形式,我们可以发现,与环境相关的法律权利实践在我国最为实务的环保部门与公众所认可的是政府/企业/公民的“主体三分法”。对于政府而言,其拥有的权利最主要分支是代表国家行使的自然资源所有权。对于企业而言,其在环境法上拥有的权利主要是环境资源的开发利用权。对于普通公民而言,其拥有的权利主要就是我们经常提到——笔者一直称之为“公民本能利用的权利”——的环境权,这也是最狭义的环境权的概念。与政府和企业这两类主体的权利基本得到立法确认不同,公众的权利还处在由应有权利向法定权利的过渡阶段。④

面对着学界对环境法上的权利的重重质疑,我们被迫回头拷问与反思过往环境权发展中那些不为人知却又作用关键的细节与影响因素,尤其是当“环境权”这一概念已在学界泛化的时候,将视域扩展到更为广阔

① 吴卫星:《我国环境权理论研究三十年之回顾、反思与前瞻》,载《法学评论》2014 年第 5 期。

② 高琪:《我国民事公益诉讼的原告适格限制——以德国利他团体诉讼制度为借鉴》,载《法学评论》2015 年第 3 期。

③ 叶知年等:《环境民法要论》,法律出版社 2014 年版。

④ 汪劲:《论环境享有权作为环境法上权利的核心构造》,载《政法论丛》2016 年第 5 期。

的与环境相关的权利类型上，似乎能让我们更清晰地廓清环境法上的权利在未来发展的方向。

以下本文试图通过对环境法上关联权利的梳理，说明环境法上存在固有的权利。在厘清与民法上的权利关系的基础之上，探究环境法上的权利发展的真实需求与社会动因，并为以法律手段满足这种需求与动因提供理论上的方案。

二、环境法上权利类型发展的现实需求

尽管在修法时学界“环境权入法”的呼吁甚高，但2014年全国人大常委会通过的修订后的《环境保护法》仅在第53条出现了整部法律唯一一次对公民“权利”一词的完整表述，即“公民、法人和其他组织依法享有获取环境信息、参与和监督环境保护的权利”。立法机关认为这一条是关于有关环境权利及其保障机制的规定，其以法律的形式确认了获取环境信息、参与环境保护和监督环境保护三项具体的环境权利。同时，立法机关考虑到《环境保护法》修订时各方意见不一致，这次修改没有采用环境权的概念[①]。然而，在环境法学研究之中，被讨论与建议确立的环境权利则风生水起，较之于实定法上的环境权利丰富得多。具体可见下图[②]所示：

对图1中的诸多权利类型的研究中，较为有代表性的诸如在自然资源利用权方面，以利用方式为标准，自然资源利用权利的类型可以重构为资源载体使用权和资源产品取得权。载体使用权—产品取得权的类型划分方法揭示了自然资源权利研究的主要方向，符合了资源中心主义的发展趋势和相应的制度设计机理。[③]

在环境容量资源权属方面，环境容量资源所有权及使用权满足财产权的基本特征，具有财产性与可转让性，这为其成为担保物权中权利抵押

---

① 尤其值得注意的是本次《环境保护法》修订在立法说明中，首次着重强调了保障有关环境权利实现的机制这一重要命题。具体内容可以参阅全国人大常委会法制工作委员会：《中华人民共和国环境保护法释义》，法律出版社2014年版，第185—187页。

② 就图1的形成与本部分内容的撰写，笔者曾与北京大学法学院副教授王社坤、清华大学法学院副教授邓海峰、中国人民大学法学院教授竺效、华侨大学法学院副教授刘超等进行了专题讨论。其中王社坤副教授与邓海峰副教授还为本文提供了文字意见，在此表示感谢！

③ 北京大学法学院王社坤副教授提供了本部分的文字意见，更为详尽的论述可以参考王社坤：《自然资源利用权利的类型重构》，载《中国地质大学学报》(社会科学版)2014年第2期。

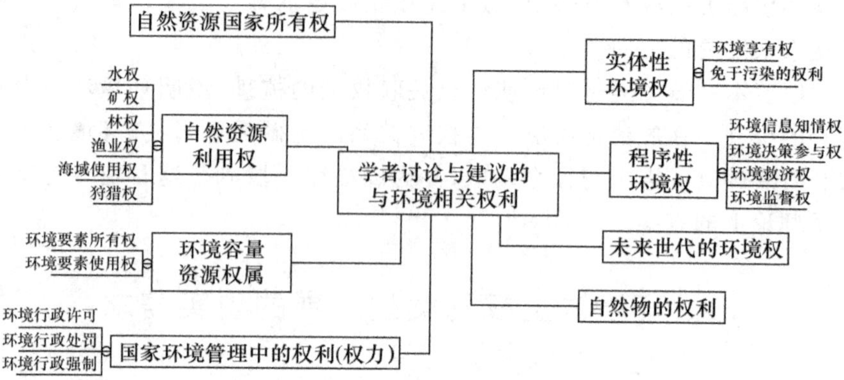

图 1　国内学者讨论与建议的环境相关权利

的客体并进一步确立排污权抵押制度提供了可能。排污权抵押宜以登记要件主义作为物权登记的公示基础，并应通过确立市场化导向的权利实现保障机制确保对抵押权人利益的有序救济。[①]

而在国家环境管理中的权利（权力）问题方面，中国的国家环境管理权居于各种环境权利（权力）的主导地位，但伴随生态文明制度建设的改革，中国环境管理的重心正逐渐朝向公民环境权的方向偏移，在平衡点的不断调整下二者终将达到新的均衡。比较国内外的主要环境立法文本，可以进一步印证国家环境管理权与公民环境权关系均衡论的可信性，因此有学者认为应将其应用于我国《环境保护法》的修改完善之中，进一步加强公民环境权的制度设计。[②]

（一）有效应对环境问题的法律方法需要基石性范畴的支撑

作为制度本体和研究客体的环境法，既有相对的稳定性，又具备一定的变易性，更需要确立起其自身的基石性范畴。

环境法的基石范畴作为对概念的高度提炼，稳定性是其主流，但仍然会随着法律制度、法律理念的变化而有相应的调整；通过把握范畴的变化，可以集中体察法律制度的变迁和环境法学理论的演进，并在此基础上

---

① 清华大学法学院邓海峰副教授提供了本部分的文字意见，更为详尽的论述可以参考邓海峰：《排污权抵押制度研究》，载《中国地质大学学报》（社会科学版）2014 年第 2 期。

② 中国人民大学法学院竺效教授提供了本部分的文字意见，更为详尽的论述可以参考竺效：《国家环境管理权与公民环境权关系均衡论》，载《江汉论坛》2014 年第 3 期。

形成有效地应对环境问题的方法。例如，面对学科基础性范畴的需求，实体性环境权与程序性环境权试图作出一定程度的回应。

在基本范畴提炼问题上，对于新兴权利——实体性环境权的研究聚焦于其基础的法理构造、环境权入宪的实证考察、作为派生性的实体环境权的宪法渊源、实体性环境权的可司法性以及中国的环境权宪法化的路径选择等诸多命题，学说各异、聚讼纷纭、莫衷一是。与此同时，公众程序性环境权利也逐渐受到关注，作为正当程序的基本要求，其发展依赖于公众参与理论。

然而本文认为，实体性环境权与程序性环境权本身并不完全适配学科基础性范畴的定位。其原因在于实体性环境权与程序性环境权理论本身并不能满足前述的适应性与超前性两个要件。一方面，实体性环境权与程序性环境权的逻辑更多生发于对于既有环境保护法制工作中新思路、新做法的总结与归纳，很容易形成一个逐步堆积起来的“权利库”，这个“权利库”本身就是面向过去的。另一方面，实体性环境权与程序性环境权与宪法上的与环境相关权利、诉讼法中与消费者团体诉讼和劳动者团体诉讼重合的部分较多，不易作为面对新问题时提供创造性对策成果的土壤。仍以团体诉讼理论作对比[①]，法学者对团体诉讼与公益诉讼的区别、团体诉讼与诉讼担当及诉讼信托等当事人适格理论的关系等诉讼法领域基础性范畴的反思与重构，为环境公益诉讼、消费者团体诉讼提供了相较程序性环境权本身更多的知识供给。例如，日本的民众诉讼制度就相当于一般意义上的行政公益诉讼，日本《行政事件诉讼法》规定民众诉讼需要有单行法的特别规定。目前，日本的民众诉讼只有与选举诉讼和住民诉讼两种，环保和消费者领域尚无特别的行政公益诉讼。[②] 但是，这不意味着对于实体性环境权和程序性环境权的研究没有价值，在实体性环境权和程序性环境权的基础上，能够提炼出属于环境法自身的、与权利相关的基础性范畴，应当是环境法上的权利发展的首要需求。

---

① 刘学在：《民事公益诉讼制度研究——以团体诉讼制度的构建为中心》，中国政法大学出版社 2015 年版，第 77 页。

② 全国人大常委会法制工作委员会行政法室：《行政诉讼法立法背景与观点全集》，法律出版社 2014 年版，第 372 页。

（二）环境保护的法律实践需要加强法律权利的赋能

在实体性环境权与程序性环境权之外，对于未来世代的环境权以及自然物的权利作为环境法研究发展中的浓墨重彩一笔，勾连了法学与伦理学、自然科学、政治哲学诸多领域，作出了其实质性的贡献。

自然物（在此特指非人类）与人类之间存在千丝万缕的联系。这些联系涵盖了情感利益、经济利益、工具价值、审美需要与生命支持系统等各个方面。如何看待、理解和认识这些联系，是众多人文社会科学研究领域的重要议题。而未来世代的环境权，也称未来人、未来人类或后代人的环境权，在国内外均存在一定的争议。争议的起因不难理解，"无救济则无权利"这一古老法谚在今日依旧适用。如何加强符合适格要件的当事方提起诉讼的能力，让纸面上的环境权利落实为生活中普通与公民能够感知、触碰、参与具体的环境保护的权利。

由于权利指引给人们留下了较大的自我选择余地，因此其预设的法律后果具有较大的或然性也即不确定性。[①] 这种不确定性作为权利构成的天然硬伤在环境保护领域暴露得尤为明显。且不说自然物与未来世代提起诉讼的资格问题，时至今日，更为接近实体权利的私权性质的环境权在环境权斗争的发源地日本乃至全世界范围内都遭受到相当程度的反对，几乎没有得到法院判例的任何支持、也一直未能成为学界通说。我们可以从日本法院的判决中得到司法上就这些问题所给出的答案："① 作为根据的《宪法》第 13 条、第 25 条规定并不是要赋予公民某项具体权利；② 环境权作为私权所应给与的救济可以通过维护所有权、人格权的方式充分实现；③ 根据环境权，要求在环境损害发生之前阻止环境破坏，都超出了私法救济的范围，要认可这样的环境权必须有某些法律上的明文规定作为根据；⑤ 环境权的内容和范围不够明确"[②]。也即，不论是依据法学理论上的环境权学说，还是依据现行明确规定了环境权的实在法律文本，法律工作者在诉诸环境权以图开展相关工作的时候，环境权理论能够

---

① 张文显：《马克思主义法理学——理论、方法和前沿》，高等教育出版社 2003 年版，第 302 页。

② 交告尚史等：《日本环境法概论》，田林、丁倩雯译，中国法制出版社 2014 年版，第 150 页。参见大阪地判昭 49・2・27，载《判例时报》第 729 号第 3 页；札幌地判昭 55・10・14，载《判例时报》第 988 号，第 37 页。

提供的理论依据与行动指南是不足以形成有效的社会动员的。另一方面,我国几乎所有的自然资源都属于国家所有或者集体所有,国家作为所有人几乎不会直接从事自然资源的开发利用,往是通过许可的方式由私主体进行具体的开发利用。而集体所有者往往通过发包的方式由具体的集体成员对自然资源进行开发利用。如果这种实体的环境资源利用权利没有得到强有力的法律保护,则其要么失之于自然资源的浪费;要么失之于环境资源的破坏。要有效解决上述问题,就必须明确界定非所有者开发利用自然资源的权利,也即自然资源利用权利。

由此看来,如何有效加强法律权利的赋能,将理论上的权利落实到实践之中,也就成为环境法上权利发展的重要需求。

(三)法律应对环境问题的进化需要体系化与精密的环境权利

体系化与精密是环境法上权利向前发展的必要特征。一方面,体系性,是从学科的内部结构而言。范畴尤其是较高层次范畴的提炼,表明环境法学不再仅仅是环境法律制度的简单复述,而是具有理论化和体系化的特征。范畴是概念的抽象,范畴内部又有较强的体系划分,这给整个环境法学科的体系建构提供了有力的理论支撑。"我们要解决一个复杂的战略问题,即同时去做两件相互矛盾的事情:在一个困难的境遇之中,既要谨慎小心地运用物质和人力资源,又要快速地使用资源,对诸种可能性与风险作出冷静的判断。为了做到这一点,必须学会根据我们已有的系统的特征来进行现实的思考,并采取行动。系统的这类特征,为我们提供大量的资源,这类资源,与我们运用过于简单的推论方式所认识到的资源相比,要丰富得多。"①

科学的、体系化的环境权利类型群落不仅可以供给法律适用人员明确的法律依据指引,更能够在更广阔的社会视野中实现公民权利与国家权力的有效的、良性的互动。回顾历史,财产认证体系的建立对西方税收国家、福利国家的构建有着极为重要的意义。同样的原理可以应用于在国家推进环境保护事业的进程中对环境利益的确认。这种确认一方面给予了国家有关国土资源与环境的具体信息,这在事实上拓展了国家信息

---

① 米歇尔·克罗齐耶:《法令不能改变社会》,张月译,上海人民出版社2008年版,第42页。

获取的广度与深度，同时也使得公民经由认证获取了与自身相关的环境利益的细致、可测量、查验并作为诉讼中证据的信息。[①] 中共中央全面深化改革领导小组第二十九次会议审议通过的《自然资源统一确权登记办法（试行）》着力点即在于此。[②] 确立自然资源权属，尤其是国家所有权，对于保障我国的战略安全和经济安全、保护和合理开发利用自然资源具有重要的正向支撑功能。在此基础上，我们还可以更进一步探索环境容量资源担保权。

作为环境法领域一种尚未被学界和实务界触及的潜在权利类型，它以实现了权利物化以及权利凭证证券化的环境容量资源所有权与环境容量资源用益物权（最为典型的是环境容量使用权）的交换价值为权利生成的根据，以担保一定的债权实现为权利设立的目的，藉由此路径，实现与现有私法体系的对接。对于更加体系化的、更加精密的权利的研讨与探索，也是环境法上权利研究向前推进的重要方向。

（四）环境治理之中良好的法律遵从需要可得的与可实践的权利

实现良好的环境法律遵从，首先要从打破“立法迷信”开始。“立法迷信”意指当某一问题出现并且亟待解决的时候，人们的第一反应就是国家进行立法加以规制。这种“立法迷信”的心理机制是“以科学真理为核心的世界观导致人们相信存在某些具有普遍效力（‘放之四海而皆准’）的真理与理性，而立法被看作了一种类似万灵药的万能工具。

但事实往往是有了法律之后，普通公民没有积极遵守法律的激励。尽管在相对成熟的公法（刑法）领域同样存在着激励缺失的问题，从中国的法治实践看来，法律激励正是通过正向激励的法律奖励制度与反向激励的法律惩罚制度两个维度展开的，并且“法律激励理论正是通过在这两个维度上的交错运用，凭借对理想形态的追求和对基本模式的实施，在时空的二维平面上绘制出了法律治理的基本图景”[③]。而正向的奖励激励

① 吴凯：《中国环境法上合作原则的演化路径与治理功能——以城市环境治理中认证能力为中心的考察》，载《南京工业大学学报》（社会科学版）2016 年第 2 期。

② 中华人民共和国国土资源部网站：中央深改组会议通过《自然资源统一确权登记办法（试行）》，http://www.mlr.gov.cn/xwdt/jrxw/201611/t20161102_1420760.htm，访问时间：2016 年 11 月 1 日。

③ 丰霏：《法律制度的激励功能研究》，法律出版社 2015 年版，第 162—163 页。

与反向的惩罚激励都是我国目前环境法治建设的短板。在德国,环境保护原则的义务对象主要是立法部门、行政部门和司法部门。立法者必须在政治上建构环境国,而其他国家权力则应当在解释法律规范、进行利益权衡以及裁量的时候考虑环境保护原则。[①]

在公民面对环境问题时,他们无法有效在遵从法律与享有优美的环境之间建立起较强的正相关关系,而当考察作为立法的执行部分的国家环境管理权力时,我们不难发现我国环境立法对环境行政许可有较多地限制,且程序繁琐,种类繁多。实践中,法律规定的环境行政处罚与环境行政强制已不能满足环境执法需求,不能有效预防环境违法行为、治理环境污染。因此不论是公民主张还是国家干预,我们在环境问题的对策上找不到可得性较强与可实践性较强的权利作为保护我们对抗环境侵害的武器。

三、环境法上权利类型再出发:“行为—权利”两造的建构

笔者曾在论述传统法不合环境保护目的性的时候,强调过其根源在于传统的伦理观对自然和环境之固有价值认识的缺陷,它们是现代环境法得以兴起的法律缺陷的根源。[②] 鉴于此,笔者认为环境法上的权利的不确定性已经成为传统法不能全面处理环境问题的一个主要障碍[③],在法律上确立环境权益当为发展环境立法的一个重要的课题。

事实上,除去对自身环境恶化所产生的独特心理焦虑,法律面对环境问题产生的困惑,在历史上法律面对“无形财产”——知识产权的时候也同样出现过。而该领域学者在总结知识产权法(尤其是版权)的发展脉络时,得出了相对普适性的结论:法律制度或者说所有的制度都是科学主义模式的,都是着眼于普遍性而忽视个体的。人类制度的建构,不可避免以一定的普遍原则为前提,否则人类将承受“制度不可理解”的痛苦。法律

① 罗尔夫·施托贝尔:《经济宪法与经济行政法》,谢立斌译,商务印书馆2008年版,第330页。

② 汪劲:《环境法律的理念与价值追求:环境立法目的论》,法律出版社2000年版,第146页。

③ 同上注,第146—147页。

制度永远是以世俗合理性为基础的。制度不可能是后现代的。[①] 在此意义上，距离中国学者研究环境权问题起点的三十年之后，公民环境权在中国的再出发之路必须以人的普遍特性为基础与依归来构建其复兴之路。而今，由于未来世代的权利以及自然物的权利在法律上的定位仍存在争议，我们无法立刻在一个逻辑严密的论证体系之中为其找到较为精准的定位，但就本文之前论及的其他诸项环境法上的权利而言，却已经可以形成一个初见雏形的权利（权力）体系构成。（具体如图 2 所示）

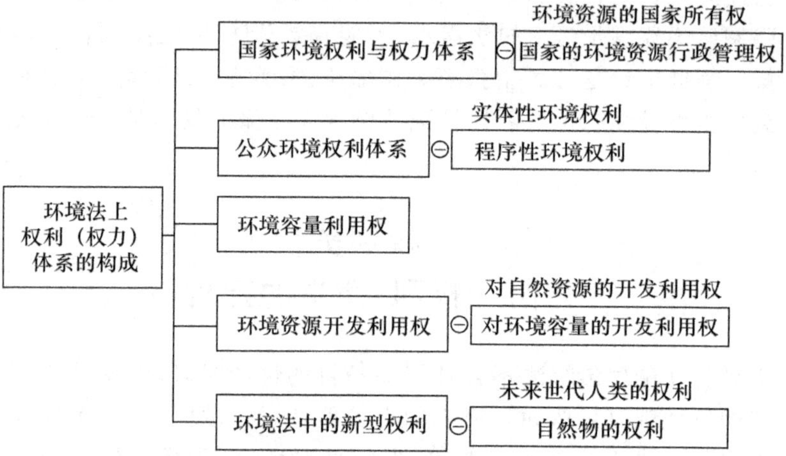

图 2 环境法上的权利（权力）体系的构成

从图 1 所示的为学者讨论与研究的相关权利展示样态，到图 2 所示的初见雏形的环境法上的权利（权力）体系构成的演进，虽然类型化的成熟程度与精细程度还不那么令人满意、还需要继续发展，但中国环境法上权利的类型化进程及其证成事业已经启动。

例如，对于实体性的环境权的进一步类型化，其首要的问题是明确公众的实体性环境权利的本质内容，即对环境的非经济利益（主要是生态利益）的权利确认；其次是明确公众实体性环境权利的权能，即拥有此类权利对权利人有哪些好处，其相对应的义务人及其义务是什么；最后需要明确公众实体性环境权利的保障与实现机制。而对于程序性环境权的进一步类型化，其发展首要需要考虑的问题是明确这些权利的性质，尤其是其

① 李琛：《论知识产权法的体系化》，北京大学出版社 2005 年版，第 33—34 页。

与实体性环境权利之间的关系;其次是要明确这些权利的构造,即权利主体、客体与权能。

对于环境资源的国家所有权的进一步类型化,首要的问题是明确国家所有权的性质,即是私法上的所有权还是公法上的所有权;其次是要明确国家所有权的权利构造,即权利主体、客体与内容;最后要明确国家所有权行使方式及其相应的法律后果。而对于国家的环境资源行政管理权的进一步类型化,首要的问题是明确环境资源国家管理权的性质;其次是要明确环境资源管理权的主体和内容;最后是要明确环境资源管理权的行使方式。

在自然资源开发利用权的进一步类型化研究方面,首要的问题是明确传统物权理论与立法在自然资源开发利用权研究的适用范围和方式;其次是要明确自然资源开发利用权的构造,即主体、客体与权能、取得与流转;最后是要对各类自然资源的开发利用权,例如取水权、采矿权、采伐权、养殖权等进行进一步的类型化研究。[①] 而对于环境容量的开发利用权的进一步类型化研究,首要的问题是明确此种权利存在的理论与现实依据及其性质;其次是要明确环境容量利用权的权利构造;最后是探析环境容量有权交易的基本法律问题,包括初始分配、交易规则、交易限制等。

较为有趣的是环境法中的新型权利的研究,在尚且不具备类型化条件的情形下,已经开始从应然层面分析新型权利的产生背景、必要性、正当性基础、权利构造等问题,从实然层面分析新型权利的立法与司法状况及其保障与实现机制。

除去上述在现有权利(权力)体系雏形上的改造,环境法上的权利类型化还将面临一个问题:假如这种对于现有体系本身的弥补并不足以构建起作为学科基石的范畴体系的话,我们将从何处寻求更好的环境法上权利的类型化成果?

"纸上得来终觉浅,绝知此事要躬行",具体的环境保护实践本身为环境法上权利的类型化提供了比较丰富的素材,在这些素材之上,就能够提炼出崭新的权利构造。

---

① 王社坤:《环境法学》,北京大学出版社 2015 年版,第 91 页。

(一)环境法治工作中治理行为的下移是必然选择

随着改革开放的深入,新时期党中央对于城镇化给予了新的定位:城镇化是现代化的必由之路,是破除城乡二元结构的重要依托。随着高素质人口的大量流入,中国的城镇数量、面积与密度都在迅速增加,随着人口和资本的迁移与集中,引发了大量的城市规划、历史文化风貌保护、城市基础设施、城市环境和都市应急机制等法律问题。[①] 从西方发达国家应对环境问题的经验看,城市,尤其是大都市所在的地方政府在建设良好环境与形成区域性的环境保护合力方面起到了相当积极的关键作用。[②]《中共中央关于制定国民经济和社会发展第十三个五年规划的建议》借鉴重庆市、陕西省、贵州省等地的经验,提出实行省以下环保机构监测监察执法垂直管理制度。其本质意涵就是强化地方政府环保责任。将省以下环保机构改为双重或垂直管理,把环境监测监察执法职能从地方政府事务中独立出来,有利于建立严格独立的环境监管体系、科学规范的环境监测体系、公正严明的环境执法体系。在我国,区域的联防联控、区域间的生态补偿机制都是地方政府积极投入环境保护工作的制度性成果。这种现象,本文将其总结为"治理下移"。治理下移绝不意味着中央政府层面的宏观方针政策不重要,而是将环境保护任务因地制宜拆解到具体参与微观实践的主体身上,以期取得符合当时当地实际环境保护需求的成果。作为一种必然的趋势,这种"治理下移"的终点就是对具体的主体之行为的规制。在我们构想的环境治理理想图景中,环境权就是一种法律的权利。但是主流法理学教科书依然认为法律权利是"规定或隐含在法律规范中、实现于法律关系中的,主体以相对自由的作为或不作为的方式获得利益的一种手段"[③]。而"权利的内容一般是指法律关系主体可以这样行为或不这样行为,或者要求其他人这样行为或不这样行为"[④]。也即在面对环境治理难题时,我们不能忽视法律规范所表彰的权利与规范的行为

---

① 倪贵荣:《贸易、环境与公共健康——全球治理与在地需求之调和》,台湾元照出版有限公司 2010 年版,第 188 页。

② Gerald E. Frug, Richard T. Ford, David J. Barron, *Local Government Law*, West Academic Publishing, 2015, p. 188. 大橋洋一:《都市空間制御の法理論》,日本有斐阁 2008 年版,第 88 页。

③ 张文显:《法理学》,高等教育出版社、北京大学出版社 2011 年版,第 94 页。

④ 沈宗灵:《法理学》,北京大学出版社 2014 年版,第 62 页。

之间独特而紧密的联系。

所谓治理下移也就是必须以环境权得以展开的行为模式作为治理的最前沿，从而为目前备受空洞质疑的环境权理论注入坚实的实践基因。这就当然引出了我一直倡导的环境利用行为的概念。环境利用行为是指人类为满足生存需要而有意识地获取环境要素或者从环境要素中牟取利益的活动。环境利用行为的构成要素有三：第一，环境利用行为的主体是人（含自然人和法律拟制的人）；第二，行为在主观上是为了满足人的生存或生活需要；第三，行为的结果是获取环境要素或者从环境要素中谋取利益。[①] 这种利用行为直接勾连了众多传统的法律领域对于环境问题的研究，也形成了可供认证、统计与纳入国家治理体系的环境治理子单元。

（二）对环境利用行为的规制终将成为环境治理领域的前沿

倡导环境利用行为论的目的是想告诉大家，环境法学者从理论到理论、从体系出发解释现实环境法律现象的做法是徒劳无功的，甚至是南辕北辙、事与愿违的。"哲学家们只是用不同的方式解释世界，而问题在于改变世界。"与其纠结于停留在纸面与书本中的权利与权利（权力）的冲突，不如实现全社会多维度的合作的环境利用行为有效规制。德国公法学家阿斯曼教授在论述环境法的合作原则时强调了在合作原则之下，社会与国家之间责任领域之区分保持弹性。环境保护应由国民与国家共同承担，并各尽其力。合作的形式包括国家与个人之间的合作，以及国家与利益团体联合组织之间的合作，例如技术规范之制定。

此外，公众参与亦属之，例如国家通过环保信息及利用环保意识作为管制的方法。[②] 这种具体化到个人生活之中的行为规制（包括了鼓励与惩罚）相比于经过环境权"中转"的调整机制能够在以风险预防与污染治理结合为特色的我国环境治理之中发挥更大的作用，也更具有可操作性。

（三）环境享有权将成为环境法上权利类型的核心构造

虽然环境权目前在全国性立法之中没有得到明确的承认，但是在上

---

① 汪劲：《环境法学》，北京大学出版社 2014 年版，第 54 页。

② 施密特·阿斯曼：《秩序理念下的行政法体系建构》，林明锵等译，北京大学出版社 2012 年版，第 111 页。

海、福建、海南、宁夏、深圳等地的环境保护条例之中都有明确的规定。这些地方性立法中的环境权条款对我国的环境司法实践是否产生了影响、能否被司法适用以及如何被司法适用都值得关注。反观其他国家，即使其没有在成文法之中确立“环境权”的概念，其何以形成良性的环境治理？基于这种考虑，一个完整的、十全十美的环境权理论模型在一国环境保护的实践之中是否必要？这有对这些问题作出有针对性的、有效的回答的最终目的是找到环境权理论在真实的社会生活之中落地生根的触角。

目前看来，在形形色色的环境法上的权利之中，相对适合承担这一使命的概念应当是环境享有权。可以初步认为良好环境享有权的主要内容包括三个方面：一是接近并享受良好环境的自由权；二是在他人行为损害了环境及其生态功能时有权要求其停止侵害、排除妨害的排除干预权；三是在环境破坏发生时或者基于提高环境质量的需要而要求他人采取措施恢复或者提高环境质量的环境改善请求权。环境是否良好，要根据环境质量标准来判断。[①] 环境享有权的功能恰恰在于保护公民拥有的舒适环境、能够欣赏文化与自然美。这种新型的权利类型应当是我国环境法上权利的核心构造，也应在现实的司法裁判中通过法律解释与法律续造的方式逐步得以确立。[②]

四、结　　语

如果环境保护部公布的“我国环境质量拐点或在‘十三五’期间出现”的预测在日后能够实现的话，则正好可以说明污染防治任务的重点将在不久之后被转移。“污染治理型”环境法的时代将随着德日公法理论中以“环境国”来表彰的一种良好环境治理状态的实现而终结。除去法律权利，抽象的情感生活世界同样是影响自由与福祉的重要因素，但在简单的权利话语之下，这些关切却仅仅因为找不到它所对应的“权利”而不得不被阻隔在对话之外。[③] 至此，詹姆斯·C. 斯科特教授的警示言犹在耳：“将一个尚未被理解的复杂关系体和过程割裂开来，从而试图得到单一工

---

① 王社坤：《环境法学》，北京大学出版社 2015 年版，第 45 页。

② 汪劲：《论环境享有权作为环境法上权利的核心构造》，载《政法论丛》2016 年第 5 期。

③ 玛丽·安·格伦顿：《权利话语——穷途末路的政治言辞》，周威译，北京大学出版社 2006 年版，第 6—7 页。

具价值的做法是非常危险的。”[①]

在笔者看来，从权利构建到行为治理，进而形成的“环境享有权—环境利用行为”双重结构是中国环境法上权利理论体系生长并扎根的较为可行的路径。在环境利用行为规制成为环境治理的前沿的那一刻，公民环境享有权也就成为作为环境法上权利核心构造的生成的起点。

---

① 詹姆斯·C.斯科特：《国家的视角：那些试图改善人类状况的项目是如何失败的》，王晓毅译，社会科学文献出版社2004年版，第20页。

自然资源利用权利的类型重构*

王社坤**

一、引　　言

中共中央《关于全面深化改革若干重大问题的决定》中明确提出了要“使市场在资源配置中起决定性作用”,市场配置资源的前提是产权的明确界定。基于此,该《决定》提出要“对水流、森林、山岭、草原、荒地、滩涂等自然生态空间进行统一确权登记,形成归属清晰、权责明确、监管有效的自然资源资产产权制度”。在我国几乎所有的自然资源都属于国家所有或者集体所有。国家作为所有人几乎不会直接从事自然资源的开发利用,往往是通过许可的方式由私主体进行具体的开发利用;集体所有者往往通过发包的方式由具体的集体成员对自然资源进行开发利用。因此,在我国要使市场在自然资源配置起到基础性作用,就必须明确界定非所有者开发利用自然资源的权利,也即本文所谓的自然资源利用权利。

在自然资源利用权利的研究中,存在着两种完全不同的研究进路。一是将自然资源利用权利视为一种具有确定内涵的概念,试图归纳出自然资源利用权利的一般理论,进而通过概念演绎的思维方法解释各类具体的自然资源利用权利,这种研究进路可以概括为概念思维。[①] 二是将自然资源利用权利视为有关水、矿产、森林、草原、海域、野生动物等自然资源开发利用的一类权利的概称,这些不同类型自然资源的利用权利本

* 原文刊于《中国地质大学学报》(社会科学版)2014 年第 2 期。

** 北京大学法学院副教授。

① 代表性论著如黄锡生:《自然资源物权法律制度研究》,重庆大学出版社 2012 年版。

身并无统一的、逻辑自洽的本质内涵，只是因为其客体都是自然资源而被归为一类，这种研究进路可以被概括为类型思维。[①]

概念是通过精确地列举出其固定不变的特征来加以定义的，概念具有封闭性、分离性，概念的判断只有“是或者不是”，而没有“多或少”。而类型则通过形形色色的特征组合来呈现出其所共同拥有的某种“意义”，所以对类型无法采用定义、无法列举出物理项目之相同，而仅能够诉诸一种“整体性的观照”。[②] 概念思维是演绎逻辑的必然体现，其有助于理论的深化和扩展，实现理论研究相对于实践应有的抽象和升华。但问题在于，当概念高度抽象之后，就会失之于空洞。面对物理特性极具差异的自然资源，概念思维就面临着这种困境。

最近几十年来，大陆法系的许多国家（德国、法国以及北欧的一些国家）几乎一直都走在扬弃概念思维、积极探索新的法律适用方法的道路上。而晚近出现的类型思维，在实践中事实上已经替代概念思维而成为民法学、刑法学等学科的主流思维方法，影响极为深远。[③]

正是基于自然资源本身的特性与法学研究方法的演进，类型思维在自然资源利用权利研究中具有十分重要的意义，甚至可以说是解开自然资源权利理论迷宫的钥匙。事实上，也正是苦于无法从缤纷复杂的自然资源权利中抽象出概念思维所需的本质内涵。我国学者也“被迫”转向类型思维，对各类自然资源利用权利进行了研究。然而，现有的有关自然资源利用权利的类型研究及其指导之下的立法并不成功。

二、基于资源类别的自然资源利用权利类型及其局限

基于对人类不同需求的满足，产生了不同的自然资源经济行业，进而形成了对自然资源进行类型划分的依据。这种自然资源类型划分方法又

① 此类研究进路的代表性论著表现为对各类具体自然资源权利的研究论著，如周伯煌：《物权法视野下的林权法律制度》，中国人民大学出版社 2010 年版；李永军：《海域使用权研究》，中国政法大学出版社 2006 年版；孙宪忠主编：《中国渔业权研究》，法律出版社 2006 年版。

② 亚图·考夫曼：《类推与“事物本质”——兼论类型理论》，吴从周译，台湾学林文化事业有限公司 1999 年版，第 115 页。

③ 吴学斌：《刑法思维之变革：从概念思维到类型思维——以刑法的适用为视角》，载《法商研究》2007 年第 6 期。

通过自然资源立法得到了进一步的固化和延伸。例如，我国就分别制定有《森林法》《草原法》《渔业法》《矿产资源法》《水法》等自然资源法律。

与上述认识相适应，主流的研究方法也是以基于经济行业的自然资源类型划分为基础，将自然资源利用权利类型化为水权、矿权、林权、渔业权、海域使用权、狩猎权等。[①] 这种自然资源利用权利的类型划分方法，也基本上被《物权法》所采纳，其在用益物权编的一般规定中规定了海域使用权（第 122 条）和探矿权、采矿权、取水权、养殖权、捕捞权（第 123 条）。下文将在梳理此种类型划分方法下各类自然资源利用权利内容的基础上，分析基于资源类别的自然资源利用权利类型划分方法的局限。

（一）基于资源类别的自然资源利用权利类型

我国《物权法》确认了海域使用权、探矿权、采矿权、取水权、养殖权和捕捞权。在自然资源权利理论中上述被概括为海域使用权、矿权、水权、渔业权四种自然资源利用权利类型。除此之外，我国《森林法》《野生动物保护法》还分别确认了林权与狩猎权这两种自然资源利用权利类型。以下对这六类自然资源利用权利类型进行系统梳理。

关于海域使用权的法律属性在《海域使用权管理法》颁布前后曾存在争论，立法者倾向于将海域使用权笼统地定性为自然资源使用权[②]，而学者们更倾向于将海域使用权定性为一种新型用益物权，且是一种典型物权。[③] 这一点也得到了《物权法》的肯定，《物权法》第 122 条单独规定了海域使用权，而没有与取水权、养殖权等自然资源权利规定在第 123 条，即是例证。海域使用权人的权利包括使用权、占有权、收益权、出租权、设立抵押权、转让权、入股权、优先的续期使用权、取回权和补偿权。[④] 依据不同的标准，可以对海域使用权的体系进行不同的划分。依据使用目的，海域使用权可以分为建设用海权和养殖用海权[⑤]；依据取得海域使用权

---

① 由于土地历来就是物权法和财产法关注的焦点，以土地为客体的权利体系已经非常完善和成熟，因此本文所探讨的自然资源利用权利主要是对土地之外的其他自然资源利用的权利。

② 卞耀武等主编：《中华人民共和国海域使用权管理法释义》，法律出版社 2002 年版，第 6 页。

③ 崔建远：《海域使用权制度及其反思》，载《政法论坛（中国政法大学学报）》2004 年第 6 期。

④ 尹田主编：《中国海域物权制度研究》，中国法制出版社 2004 年版，第 53—56 页。

⑤ 李永军主编：《海域使用权研究》，中国政法大学出版社 2006 年版，第 66 页。

是否支付对价为标准，海域使用权可以分为有偿取得的海域使用权和无偿取得海域使用权。[①] 依据使用目的对海域使用权的划分更具法律意义，建设用海权和养殖用海权在权利取得方式、条件、行使方式等方面都存在着较大差异。我国《海域使用管理法》也采取了这种分类方式。总体上看，关于海域使用权的研究基本形成共识，存在疑问的是：利用海域从事渔业生产的权利属于海域使用权还是渔业权？[②] 与之类似，利用海域采矿的权利属于海域使用权还是采矿权？

《物权法》所谓的探矿权、采矿权，在理论研究中通常被称为矿业权（简称矿权）。勘探一定的国有矿产资源，取得矿石标本、地质资料等之权利，叫做探矿权；开采一定的国有矿产资源，取得矿产品之权，称为采矿权。[③] 探矿权的核心内容是在依法取得的勘查许可证规定的范围内勘查矿产资源。除此之外探矿权的内容还应包括取得矿石标本、地质资料的权利[④]以及优先取得勘查作业区内矿产资源的采矿权的权利。[⑤] 探矿权的客体是特定区域（工作区）的地下土壤及其中可能赋存的矿产资源。[⑥] 探矿权的内容包括排他性的占有权、勘探作业权、排他权、铺设管线权、临时用地权、通行权、优先取得权、自行销售权、转让权、保留权、妨害排除权和地下使用权等。[⑦] 采矿权的核心内容是对采矿许可证规定范围内的特定矿产资源进行开采，获得所开采的矿产品。[⑧] 除此之外，采矿权人还拥有在矿区范围内建设采矿所需的生产和生活设施权利、根据生产建设的需要依法取得土地使用权等其他权利。采矿权的客体是特定区域（矿区）内的地下土壤和其中赋存的矿产资源。[⑨] 关于矿权概念的合理性存在争论，有学者认为探矿权和采矿权是性质迥异的两类不同权利，将它们作为

---

① 尹田主编：《中国海域物权制度研究》，中国法制出版社 2004 年版，第 47—49 页。

② 赞同渔业权的代表性论著是崔建远：《论争中的渔业权》，法律出版社 2006 年版；赞同海域使用权的代表性论著是税兵：《论渔业权》，载《现代法学》2005 年第 2 期。

③ 崔建远：《准物权研究》，法律出版社 2003 年版，第 179 页。

④ 同上。

⑤ 蒋承菘主编：《地质矿产行政管理》，地质出版社 1998 年版，第 117 页。

⑥ 崔建远：《准物权研究》，法律出版社 2003 年版，第 185 页。

⑦ 李显冬主编：《中国矿业立法研究》，中国人民公安大学出版社 2006 年版，第 126 页。

⑧ 崔建远：《准物权研究》，法律出版社 2003 年版，第 231—233 页。

⑨ 同上书，第 185 页。

一个整体即矿业权来分析判断其属性是不科学的。[①] 矿权仅是为了行政管理便宜，而对探矿权和采矿权的合称，矿权本身并无实质内涵，采矿权相对于探矿权而言更具研究价值。[②]

《物权法》所谓的取水权在理论研究中通常被称为水权。目前，关于水权并无统一认识，大体上可以归结为一权说、二权说和多权说。一权说认为，水权是指依法对于地面水和地下水进行使用、收益的权利，其母权是水资源所有权。[③] 一权说所谓的水权不是一种单一的权利，而是一个集合概念，是汲水权、蓄水权、排水权、航运水权、竹木流放水权等一系列权利的总称；不同类型的水权在性质、功能和效力上存在着一定的差别。[④] 二权说认为，水权就是指水资源的所有权和使用权[⑤]，这也是我国水利实务界的主流观点。多权说认为，水权是由多种权利组成的权利束。但是这个权利束的组成有不同的认识，有的认为包括水资源的所有权、经营权和使用权[⑥]，有的认为水权涉及到使用权、收益权、处分权和自由转让权[⑦]，有的认为水权是由水资源所有权、水资源使用权、水环境权、社会公益性水资源使用权、水资源行政管理权、水资源经营权、水产品所有权等不同种类的权利组成的权利束[⑧]；还有的认为水权是由水物权和取水权作为上位权利以及与之相应的一系列下为权利组成的有机体系，具体而言，水物权包括资源水物权（资源水所有权和资源水他物权）和产品水

---

① 朱晓勤、温浩鹏：《对矿业权概念的反思》，载《中国地质大学学报》（社会科学版）2010 年第 1 期。

② 从行业发展的角度看，探矿与采矿是上游产业是下游产业的关系，但这种关系的存在并不能为将采矿权和探矿权合并为矿业权提供足够的合理性支持。权利的分类有其特有的标准，产业链中先后出现的权利，并不一定就是同质的权利。如果仅仅为了行政管理便宜，将探矿与采矿合称为矿权，未尝不可。但是，如果理论研究循此思路，去研究所谓的矿权的概念、客体、性质，注定是误入歧途。从研究方法看，关于探矿权的争论根源于对探矿权与采矿权关系的认识，主流的观点采取了演绎的逻辑方法：首先，以采矿权为原型抽象出了矿权这一概念，然后将探矿权和采矿权作为矿权的下位概念，以矿权的一般理论解释探矿权的主体、客体、内容。然而，基于探矿权和采矿权之间的本质差异，这种解释方法注定充满争议和矛盾。

③ 裴丽萍：《水权制度初论》，载《中国法学》2001 年第 2 期。

④ 崔建远：《水权与民法理论及物权法典的制定》，载《法学研究》2002 年第 3 期。

⑤ 汪恕诚：《水权和水市场——谈实现水资源优化配置的经济手段》，载《中国水利》2001 年第 11 期。

⑥ 姜文来：《水权及其作用探讨》，载《中国水利》2001 年第 12 期。

⑦ 张范：《从产权角度看水资源优化配置》，载《中国水利》2001 年第 6 期。

⑧ 蔡守秋：《水权体系和水市场》，http://www.civillaw.com.cn/article/default.asp?id=20261，访问时间：2014 年 1 月 10 日。

他物权(产品水所有权和产品水他物权),取水权包括法定取水权和特许取水权。[①] 上述三种观点的主要分歧有两点:第一,如何理解水权中的"水"? 第二,如何理解水权中的"权"? 大体上看,对"水"的理解有水资源、水容量和水产品,对"权"的理解有所有权、使用权(广义的、所有权之外的权利)。取水权属于水权的具体类型之一,是指借助取水工程或者设施直接从江、河、湖泊、地下水中引水或取水的权利。[②] 取水权行使的结果是改变了水在自然状态下的空间位置。依据取水目的的不同,取水权又可分为生活用水权、工业用水权、农业用水权和市政用水权等。[③]

《物权法》所谓的养殖权与捕捞权,在理论研究中通常被称为渔业权。渔业权一般是指依法在特定水域上设定的从事渔业生产经营活动的权利,即利用水域直接进行水生动植物资源的养殖或捕捞行为的权利。[④] 关于渔业权概念存在较大争议,渔业权概念的反对者认为,渔业权并不具有存在的合理性:首先,渔业权不具有统一的权利客体,养殖权的客体是其所支配的特定水域,而捕捞权的客体则是水生动植物资源;其次,作为渔业权两大构成要素的养殖权和捕捞权的个性远大于共性,两者在权利性质、权利内容、立法价值、产生的法律依据等方面均存在重大差异;最后,从权利的分离看,养殖权已被现有的用益物权体系所吸收;利用海域养殖的可归为海域使用权,利用内陆淡水养殖的则可归为土地承包经营权。[⑤] 虽然对渔业权概念的存在与否有较大争议,但是对组成渔业权的养殖权和捕捞权的权利属性则并无争议。养殖权一般是指,在一定水域从事养殖水生动植物的权利。养殖权包括三方面的权利:一是权利人占有一定水域并养殖水生动植物的权利;二是该水体的使用权;三是保持该特定水域里水生动植物生存、生长状态的权利。捕捞权一般是指,在一定水域从事捕捞水生动植物的权利。捕捞权包括三方面的权利:一是占有一定水域捕捞鱼类并取得其所有权的权利;二是一定水域的使用权;三是特定水域里水生动植物生存、生长状态的权利。[⑥]

---

① 黄锡生:《水权制度研究》,科学出版社 2005 年版,第 78—88 页。

② 按照我国《取水许可和水资源费征收管理条例》的解释,取水工程或者设施,是指闸、坝、渠道、人工河道、虹吸管、水泵、水井以及水电站等。

③ 李晶主编:《中国水权》,知识产权出版社 2008 年版,第 37 页。

④ 孙宪忠:《中国渔业权研究》,法律出版社 2006 年版,第 11 页。

⑤ 税兵:《论渔业权》,载《现代法学》2005 年第 2 期。

⑥ 崔建远:《准物权研究》,法律出版社 2003 年版,第 370 页。

目前，关于林权的概念和外延并无统一认识。根据林权客体的不同，可以分为一元说、二元说与多元说。一元说认为林权是对林木的所有权、用益物权和担保物权。① 二元说认为林权应限定于对森林资源开发利用及收益的权利，具体表现为森林使用权与林木所有权。② 多元说林权的认识有所差别，有的认为"林权"是"涉林物权"的统称，包括森林资源所有权、林木所有权、林地所有权、林地承包经营权合称为林权。森林资源应限定为"森林"，而不应扩及于其他。③ 有的认为林权是指国家、集体、单位或个人对森林、林木、林地享有的所有权、用益物权和担保物权。④ 有的认为林权包括森林、林木和林地的所有权和使用权。⑤ 有的以林权权能的不同为标准，林权有广义和狭义两种：广义上的林权是指森林、林木、林地等森林资源的所有权和使用权；狭义上的林权是指非所有权人对森林资源进行使用的权利。⑥ 还有的认为林权是指森林资源物权，即森林资源的所有权和使用权，广义的森林资源物权包括林地、林木以及依托林地、林木生存的植物和微生物的所有权和使用权，而狭义（如物权法意义上）的森林资源仅指林地和林木的所有权和使用权。⑦ 以上三种学说的主要分歧在于对"林"和"权"的理解。关于林权客体的范围，大体可以识别出林地、森林资源、森林、林木四类。关于林权的"权"，大体上可以识别出所有权和非所有权两大类，非所有权又分为使用权和担保权两类。

目前，我国学界在对"狩猎权"的界定存在较大的分歧。关于狩猎权客体争论的核心在于，对土地和生活于其中的野生动物的关系作何理解。有的认为狩猎权的客体具有复合性，既包括特定的狩猎场所，也包括生活于其中的特定种类的可猎捕野生动物。⑧ 这种观点显然是受到了美国和

---

① 高利红：《林业权之物权法体系构造》，载《法学》2004年第12期。

② 张璐：《"林权"概念的误读与理性认知》，载《中国地质大学学报》（社会科学版）2010年第1期。

③ 温世扬：《"林权"的物权法解读》，载《江西社会科学》2008年第4期。

④ 韦贵红：《集体林权制度改革中有关法律问题研究》，载《北京林业大学学报》（社会科学版）2008年第1期。

⑤ 刘宏明：《我国林权有关问题评述》，载《绿色中国》2004年第4期。

⑥ 吕祥熙、沈文星：《林权主体及林权的物权属性分析》，载《南京林业大学学报》（自然科学版）2010年第1期。

⑦ 徐丰果、周训芳：《论集体林权制度改革中的林权流转制度》，载《林业经济问题》2008年第4期。

⑧ 戴孟勇：《狩猎权的法律构造——从准物权的视角出发》，载《清华法学》2010年第6期。

德国的立法例的影响，将狩猎权视为土地所有权的组成部分，认为狩猎权的实现依赖于对私人所有土地的进入的权利。[①] 而有的则认为狩猎权的客体就是野生动物资源，而不包括野生动物所栖息的土地。土地作为承载野生动物资源的载体，是狩猎权的辅助客体，被狩猎权的目的客体——野生动物资源所吸收。[②] 关于狩猎权的性质也存在较大争议，有的认为狩猎权属于用益物权[③]，有的认为狩猎权属于特许物权[④]，有的认为狩猎权属于准物权。[⑤] 狩猎权的内容包括三项：一是占有、使用狩猎场所；二是在一定的狩猎场所实施狩猎行为；三是取得猎获物的所有权。三者之间体现出明显的层次性：如果没有狩猎场所的使用权，狩猎权人就会无处实施狩猎行为；如果没有狩猎权人合法实施的狩猎行为，狩猎权人就不可能获得猎获物的所有权。[⑥]

（二）基于资源类别的自然资源利用权利类型的局限

按照德国著名法学家拉伦茨的观点，类型化具有双向功能：一方面，它是对抽象概念等元叙事的进一步区分和演绎，表现为一种具体化的精致思考；另一方面，它更是对生活要素和具体个案的提炼与归纳，体现为一种抽象化的概括思维。[⑦]

所谓"抽象化的概括思维"可以理解为：通过类型化，实现对具有大致相同的外部特征的经验事实和社会现象的分类，从而使得相关研究由片面的深刻走向全面的深刻。很显然，对自然资源利用权利研究而言，类型划分的目标是要实现第二种功能，即通过类型划分，实现对自然资源开发利用行为的分类，进而使得权利理论能够更为精致地描述、规范和指引社会实践中的自然资源开发利用行为。

令人遗憾的是，主流的、基于资源类型的自然资源利用权利类型划分方法并不能很好地实现上述目标，并未从本质上提升自然资源利用权利

---

① 宁红丽：《狩猎权的私法视角界定》，载《法学》2004年第12期。

② 金海统：《资源权论》，法律出版社2010年版，第163页。

③ 屈茂辉：《用益物权论》，湖南人民出版社1999年版，第281—282页。

④ 王利明主编：《中国物权法草案建议稿及说明》，中国法制出版社2001年版，第413—417页。

⑤ 崔建远：《准物权研究》，法律出版社2003年版，第20页。

⑥ 戴孟勇：《狩猎权的法律构造——从准物权的视角出发》，载《清华法学》2010年第6期。

⑦ 卡尔·拉伦茨：《法学方法论》，陈爱娥译，商务印书馆2003年版，第347页。

理论的精致程度。基于资源类型的自然资源利用权利类型划分方法的局限主要表现在以下几个方面：

第一，仅仅是对自然资源开发利用实践的映射，未能实现理论研究应当具备的指引功能。主流的自然资源利用权利类型方法真实、客观地反映了当前的自然资源开发利用实践，根据人类社会经济发展过程中陆续形成的不同自然资源行业，形成了不同的自然资源利用权利类型。

然而，随着人类科学技术的进步，会不断产生新的自然资源类型。按照主流的类型方法，随着也应该要对应新的自然资源利用权利类型。此时，已有的、以现有资源类型为基础的自然资源利用权利理论，对这些新的自然资源利用权利基本上不具备解释能力，失去了理论研究源于既有现实、指引未来实践的功能和目标。

第二，局限于传统的物权或财产权理论，未能回应自然资源的特殊性。主流的自然资源利用权利类型方法，在解决将类型标准确定为资源类型之后，对各类自然资源利用权利的研究基本上局限在传统的物权或财产权理论框架之内。传统物权或财产权理论的客体是“物”或“财产”，而且这些“物”或“财产”是已经进入人类社会流通领域的“人造”物或财产。传统的财产权或物权规则的主要制度设计目标是规范人造财富的归属和流转秩序，实现物尽其用，其所谓的“用”主要是指物的经济效用。因此，大陆法系物权理论中才设计出了“用益物权＋担保物权”的权利框架，实现了对物的使用价值和交换价值的最大化利用。

在传统的物权或财产权规则和理论体系中，自然资源是被忽视甚至忽略的。在很长一段时间里，自然资源只被视为人造财富的源泉，其本身并非权利的客体。只是随着自然资源稀缺现象的加剧，自然资源利用权利的实际需求和法律实践才开始出现。此时，以人造财富为规范重心的财产权或物权规则体系已臻于完善，这些规则能否适用于天赋的自然资源开发利用实践还是一个有待认真思考的问题。

另外，自然资源作为环境要素具有多重价值，其中最为重要是经济价值和生态价值。完全沿袭以物尽其用为指导理念的权利规则，必然会引发严重的环境问题，进而导致社会秩序的混乱。因此，自然资源开发利用权利的制度目标应当是通过权利制度的设计实现自然资源的可持续利用。这一点在以资源类型为基础的自然资源利用权利类型框架中也没有得到应有的重视。

第三，自然资源类型划分的非周延性导致以此为基础的权利类型的交叉、冲突。自然资源依据不同的标准，可以进行不同的分类。例如以自然资源所在物理位置为标准，可以分为陆地自然资源与海洋自然资源；以数量多少为标准，可以分为可耗竭资源与不可耗竭资源；以能否再生为标准，可以分为可再生资源与不可再生资源；当然，更广为接受的是以自然资源行业为标准，分为水资源、森林资源、草原资源、矿产资源、渔业资源等。以自然资源行业为标准的资源类型划分也到了我国《宪法》[①]《物权法》[②]等法律的正式确认。

然而，以行业为标准的自然资源类型划分并不周延，存在交叉冲突。例如，森林资源中的林地资源与土地资源发生了交叉、海域中的水产资源与渔业资源发生了冲突。与之相适应，以资源类型为基础的自然资源利用权利类型也存在交叉冲突。例如，渔业权与海域使用权的交叉冲突、养殖权与水体使用权的交叉冲突等。实际上，这种交叉冲突现象的背后，往往可能隐藏着新思想的火花。就自然资源利用权利类型划分来说，这可能蕴含着某种更为科学、合理的自然资源利用权利类型方法。例如，通过对捕捞权与狩猎权的权利客体、权利内容及权利取得及行使限制等方面的比较，可以发现两者并不存在实质性区别，应当属于同一性质的权利。[③]

总体上看，主流的自然资源利用权利类型化方法将焦点集中在了自然资源本身，这种方法对于自然资源权利的研究当然大有裨益，可以明晰各类自然资源的不同特性及其权利差异。但是，由于自然资源是一个类概念，是对一类自然环境要素的概称。自然资源的物理形态千差万别，既有固定的草原、森林，也有流动的水和野生动物；既有深埋地下的矿产，又有附于地表的水流。以资源类型为基础，对自然资源利用权利进行类型化研究，必然导致各自为营，无法总结出具有一定抽象度和解释能力的自然资源利用权利理论，从而无法实现“抽象化的概括思维”的理论研究目标。

---

① 《宪法》第 9 条明确列举了矿藏、水流、森林、山岭、草原、荒地、滩涂等自然资源类型。

② 《物权法》第 46—49 条则明确列举了矿藏、水流、海域、森林、山岭、草原、荒地、滩涂、野生动植物等自然资源类型。

③ 戴孟勇：《狩猎权的法律构造——从准物权的视角出发》，载《清华法学》2010 年第 6 期。

三、基于利用方式的自然资源利用权利类型的重构

正是认识到基于资源类型的自然资源利用权利类型划分存在的局限，有学者开始了新的尝试，以自然资源利用所满足的不同人类需求为标准，将自然资源利用权分为自然性资源权和人为性资源权。自然性资源权是指法律上的人为满足人的“自然需求”——生存而对自然资源所享有的进行合理利用的权利。人为性资源权是指人为性资源权是法律上的人为满足人的“人为需求”——发展而对自然资源所享有的进行合理利用的权利。①

此种类型化方法基本上摆脱了对资源类型的依赖，而从自然资源利用的目的出发，对自然资源权利进行了重新的类型化，具有一定的合理性。但是，这种类型化方法也存在缺陷。一方面，自然性资源权是为了满足人的生存需求而产生的权利，这种权利应定性为生存权；而人为性资源权是为了满足人的发展需求而产生的权利，这种权利应定性为发展权；将具有发展权和生存权属性的两类权利统合到资源权的名目下，并赋予其实质含义，显然在逻辑上存在硬伤。另一方面，自然资源利用权利的制度设计不应承载太多的价值追求，其应仅限于对自然资源经济价值的分配和确认；至于自然资源满足人生存需求的那一部分价值、作为环境要素的生态价值等非经济价值，应当排除在自然资源利用权的体系框架之外，而另谋解决之道。

通过上述分析，本文基本上否定了基于资源类型和利用目的的类型划分方法。那么，对自然资源利用权利进行类型划分的合理标准又应当是什么呢？

对照传统的财产权、物权分类理论可以发现，其也以权利客体之类型化为权利类型化的重要参照，但是其权利类型化的最主要的标准依然是权利内容本身之特性，而非权利客体之特性。物权与债权的区分、物权中所有权与他物权之区分，莫不如此。因此，要想通过类型化，实现自然资源利用权理论抽象度上的升华，必须超越自然资源的类型化，而关注自然资源利用方式，即自然资源权利内容的类型。

---

① 金海统：《资源权论》，法律出版社 2010 年版，第 111—116 页。

对此,已有学者进行了初步尝试。有的将自然资源开发利用的方式分为三类:将自然资源作为物质载体的、利用自然资源自身的生产能力的、直接获取自然资源的,其中最后一种在学理上可被称为“对物的采掘”;在此基础上,自然资源权利分为“非对物的采掘”和“对物的采掘”两个基本类型。[①]还有学者将和自然资源有关的权利分为目的性权利和手段性权利,并认为取水权、捕捞权和狩猎权是手段性权利。[②] 上述两种分类有异曲同工之妙,对物采掘类自然资源权利和手段性自然资源权利指向大致相同,而目的性自然资源权利和非对物采掘类自然资源权利指向也大致相同。

本文认为上述两种类型化方法具有合理性,值得借鉴,但尚需改进。以是否“采掘”为标准,比较直观,但仅指出了两类权利差异的表象,而未涉及其实质性差异。以手段性—目的性为标准,基本上抓住了两类权利的实质性差异,但是过于抽象,仅从名称本身无法理解权利的核心内容。

本文在借鉴上述两种自然资源利用权利类型化方法的基础上,以自然资源利用方式为标准,将自然资源利用权分为两类:一是资源产品取得权,即以取得自然资源产品所有权为直接目的的自然资源利用权;二是资源载体使用权,即不改变自然资源的物理属性和自然分布,利用自然资源作为从事人类活动的平台或利用自然资源自身的生产能力从事生产活动的自然资源利用权。资源产品取得权是以获取自然资源产品为主要目的权利。从利用方式看,资源产品取得权往往是通过特定方式使自然资源脱离自然状态成为资源产品。从外延上看,资源产品取得权主要包括捕捞权、狩猎权、采矿权、采伐权和取水权等具体权利种类。资源载体使用权的主要内容就是权利人有权对处于自然状态的自然资源进行某种使用而获取利益。其利用方式主要是将自然资源作为物质载体或利用自然资源自身的生产能力进行经济性开发利用活动。能够满足上述利用方式要求的,只能是那些具有基础性地位的自然资源类型,最为典型的即为土

---

① “对物的采掘”直接将处于自然赋存状态下的自然资源转化为资源产品,是一种消耗性的利用方式;非对物采掘则是以特定的自然资源为媒介完成一定的社会经济活动,其能够保持自然资源原有赋存状态的不变。“非对物的采掘”类自然资源权利可以在传统物权制度的框架内解决,但“对物的采掘类”自然资源权利由于其无法兼容于传统物权理论,而往往成为自然资源权利相关研究中争议的焦点所在。张璐:《生态经济视野下的自然资源权利研究》,载《法学评论》2008 年第 4 期。

② 崔建远:《准物权研究》,法律出版社 2003 年版,第 17 页。

地、水体和海域。从类型上看，资源载体使用权主要包括土地使用权(含草地使用权、林地使用权等)、海域使用权、水体使用权(含养殖权)等具体权利种类。

类型研究的本质目的在于变换观察视角，达到“横看成岭侧成峰”的效果。因此，本文对自然资源利用权的类型重构，其实并没有创造新的权利，只是换了一个视角对已有的自然资源利用权利种类进行了全新的描述。例如，作为资源产品取得权的取水权，与作为水权的取水权并没有本质的冲突，并不存在非此即彼的竞争关系，只是体现了观察取水权的不同角度。当然，这种不同的观察角度，往往也揭示出了其他观察角度所不能察觉的理论增长点。

具体到以利用方式为标准的自然资源利用权利类型方法，这种观察视角所揭示出的问题主要包括两方面：

第一，揭示了自然资源利用权利理论研究的主要方向。通过技术处理和解释论的运用，资源载体使用权基本上可以适用传统的用益物权理论和规则进行规范，无需进行所谓的制度创新。只不过，通过资源载体使用权客体的范围要大于传统的用益物权。除了土地之外，开发利用水体、海域这两类自然资源的行为也可以通过用益物权来建议描述和规范。

与之相反，资源产品取得权在传统的物权体系中并没有相应的位置。资源产品取得权所要解决的是如何将用权利工具描述和规范将天然之物变成“人造之物”的行为。在这个意义上，资源产品取得权是一种新型权利，是对物之权，但很难说就是物权，更准确说是取得物权之权。

因此，通过基于利用方式的类型化，可以发现自然资源利用权利研究的重点应当是作为新型权利的资源产品取得权，而非资源载体使用权。

对于资源产品取得权的研究重点则应当包括两个方面：一方面，人类社会的物质财富主要源于自然资源，因此资源产品取得权研究的主要目标是如何规范由自然资源到资源产品的转化过程，实现公平、有效率的自然资源利用。另一方面，取得资源产品的过程必然意味着自然环境现状的改变，因此资源产品取得权研究必须考虑如何兼顾自然资源经济利益获取与生态利益保护，如何处理行政管制与资源产品取得权的关系，如何理解数量、地点、种类、方式等限定条件与资源产品取得权的边界之间的关系等问题。

第二，揭示了自然资源利用权利制度设计的发展机理和趋势。在自然资源利用的权利制度设计中，存在着“土地中心主义”与“资源中心主义”两种各具特色的制度建构理念与思路。土地中心主义以其他自然资源依附于土地这一物理现象和客观事实为依据，将地表和地下的自然资源视为土地的成分、附属物或天然孳息，土地的所有人对其土地内赋存的其他自然资源拥有所有权。[①] 资源中心主义鉴于自然资源在人类社会生活中的重要性，将土地与以其为载体的其他各种自然资源进行区分，认为土地与依附于土地的矿藏、水、森林等同为自然资源的组成部分。[②] 在权利制度设计方面，资源中心主义具体表现为土地所有权与其他自然资源所有权相分离，土地所有权人并不当然成为其土地上各种自然资源的所有人，其他自然资源的所有权也并不因其所赋存的土地及其所有权或其他权利的不同而改变。[③]

土地中心主义和资源中心主义是不同经济发展和技术水平条件下，人类对自然资源开发利用强度和方式的法律描述。随着人类对自然资源开发利用强度的不断增强和方式的不断精细化，自然资源利用权利制度设计的必然趋势是由土地中心主义走向资源中心主义，这也是现代社会中土地利用关系走向多元化趋势的必然结果。[④]

虽然基于资源类型的自然资源利用权利类型划分，也注意到了这两种研究思路的差别，并采取了资源中心主义。但是，并没有把握土地中心主义与资源中心主义的本质区别以及自然资源权利制度设计未来的发展趋势。

土地之所以能够作为自然资源权利制度设计的核心，是因为土地是林、矿、草、水等各种自然资源赋存的基础。但是，土地并不是唯一具有这种功能的自然资源。随着人类科学技术的进步，水体[⑤]和海洋同样可以蕴含其他的自然资源。因此，土地中心主义中“土地”的本质含义应当是指“资源载体”，即应当根据自然价值、开发利用强度和水平，逐渐将资源

---

① Diane Chappelle, *Land Law*, Pearson Education Limited, 2004, p. 2.

② Daniel W. Bromley, Michael M. Cernea, *The Management of Common Property Natural Resources: Some Conceptual and Operational Fallacies*, The World Bank, 1989, p. 15.

③ 金海统：《资源权论》，法律出版社 2010 年版，第 40 页。

④ 梅夏英：《特许物权的性质及立法模式选择》，载《人大法律评论》(2001 年卷第 2 辑)，中国人民大学出版社 2002 年版，第 150 页。

⑤ 在从字面含义看，水体包括海洋。但是，在我国的资源法律体系中，水体特指陆地水体，如我国的《水法》《水污染防治法》《水土保持法》等法律中的水体均指地表水。

与其载体相分离，构建不同的权利类型。

资源载体使用权和资源产品取得的类型划分，就能很好地反映自然资源开发利用的这种发展趋势，具有了相当的理论前瞻性和指导性。

四、结　　语

尽管自然资源开发利用是多元法律调整的领域，民法关注的主要是自然资源的经济价值及其权利配置，行政法关注的主要是自然资源管理，而环境法关注的主要则是自然资源生态价值的保护。但是，自然资源开发利用权利问题在任何法域都是一个基础性、前置性问题。

自然资源并非严格的法律概念，而是环境科学对一类环境要素的概称。如果遵循演绎逻辑的思路，试图直接构建以自然资源为客体的权利理论，不免失之空洞；而如果完全按照归纳逻辑的思路，仅关注各具体自然资源的权利，则不免失之零乱。因此，借助类型化的方法对自然资源利用权进行研究，可能是最为合理和可行方法。

然而，本文的分析表明，主流的基于资源类型的自然资源利用权利类型方法具有局限性。因自然资源类型的多样性，以此为基础的自然资源利用权的类型化必然是差异性大于共同性，无法实现自然资源利用权理论的适度抽象，从而失去了类型化的意义。

要想通过类型化实现自然资源利用权理论抽象度上的升华，必须超越自然资源的类型化，而关注于自然资源利用方式。基于利用方式的差异，本文构建了资源载体使用权和资源产品取得权这一自然资源利用权利类型框架；前者包括土地使用权（含草地使用权、林地使用权等）、海域使用权、水体使用权（含养殖权）等具体权利种类，后者包括捕捞权、狩猎权、采矿权、采伐权和取水权等具体权利种类。载体使用与产品取得这一类型划分，可以揭示出自然资源利用权利理论研究的主要方向，揭示出自然资源利用权利制度设计的发展机理和趋势。

信息公开

——强制征地制度的第三维度*

陈若英**

关于我国征地制度①的学理讨论和法律实践较多集中于两个问题：赔偿标准和地方土地财政。本文指出，赔偿标准的制定和执行以及地方财政问题的解决都需要获得和解读大量关于征地和财政信息，但这里存在严重的信息不对称问题。在现行财政制度和征地制度下，这些信息散落于基层政府甚至是村民委员会的工作过程中，被征地人的诉求和上级政府的立法执法面临高昂的信息获取成本。

与其他已经完成城市化和工业化的国家相比，中国目前的征地频率高居不下，征地单位项目和总体上涉及的地域范围和被征地户数可谓史无前例，进一步加剧了信息不对称的负面影响。信息不对称造成"柠檬市场"，对于消费者和生产者造成的危害也会体现在公共产品的提供和消费中，公民和媒体都很难区分"好"的拆迁和"不好"的拆迁，使公共政策的制定和个体损害救济都很难理性地进行。这一现状是我们不能绕过的一个严峻现实，也难以从其他国家的征地监管历史和实践中挖掘现成的答案。参考法律制度在其他领域应对信息不对称的制度安排，一条可能的出路是建立征地信息和基层政府财政收支信公开制度，以每个征地项目为单位进行披露，对征地的地方政府施加强制信息披露义务，增强披露信息的

---

* 原文刊于《中外法学》2011年第2期。

** 北京大学法学院副教授。

① 除特别说明之处，本文采用了广义上的征地概念，既指政府对农村集体土地和房产的征收，也包括政府对城市房地产的征收，既包括自愿的征收，也包括在双方未就征地赔偿安排达成合意后发生的强制征地。

可用性，使被征地人、监管部门和公众能够获得足够的相关信息，同时提高基层政府的决策质量和公信力。对信息公开的重视和制度建设不仅有利于解决赔偿标准问题和土地财政的改革，还具有更长期的功能：推动我国财政透明度的提高，提高政府决策的信息质量和公信力从而舒缓社会矛盾，为公民知情权的实现提供制度保障，培养公民和政府官员参与公共决策的能力，为实现民主财政这一基本宪政价值提供更坚实的制度根基。

全文共分四个部分。第一部分阐释了赔偿标准确定的地方性和信息不对称问题，特别是赔偿中涉及的拆迁和安置成本福利只能由地方政府依据地方情况确定，并指出赔偿标准的确定和执行都必须依赖地方政府掌握的财政经济信息。第二部分指出，我国对征地冲突防止和处理不力的原因之一是征地制度和地方财政收支的透明度不高，在这一制度背景下推行物业税来平衡地方财政收支需要三思而行。借鉴物业税发达的法域美国的经验，对待土地财政更现实和长期性的策略是赋予个人、上级监管机关和公众进行监督的权能。而要实现这一权能，同样需要让相关各方获得地方财政收支和其他地方性信息和知识，同样需要面对现行财政制度和征地制度造成的信息不对称问题。第三部分将信息不对称问题置于更广阔的理论和制度背景下，讨论在环境污染防治领域和证券市场监管领域解决信息不对称的制度安排，指出了强制信息披露和信息公开制度对我国征地制度改革的借鉴意义。在分析我国现有政府信息公开制度和征地制度不足的基础上，第四部分提出了具体的政策建议和价值，并分析了这一制度革新可能面临的挑战。第五部分小结全文。

一、征地赔偿标准的地方性和执行监督

征地的补偿主要涉及两个部分：一部分是对被征收人失去房地产的损失补偿，另一部分则涉及被征收人搬迁和安置。我国现行的法律制度在两方面都有着墨，并力图在国家法律法规的层面对地方政府的行为进行规制。但有关这两个赔偿问题的具体规则都难以制定全国性普遍适用的规范加以进行规制。相反，都有赖于地方政府，甚至是村民委员会利用地方性的信息和知识加以明确和具体化。我们因此要对地方规则的合理性、合法性和最终的执行情况进行判断必须具有地方性的信息基础，如当地房地产市场的价格和成本、居住成本等。村民委员会虽然不是一级政

府，仅是“村民自治组织”[①]，但其在征地赔偿和安置中扮演重要角色，与村民的冲突不断，司法实践中不乏村民就这些问题状告村民委员会的案例[②]；尽管其在诉讼中的法律地位并不明朗[③]，除特别说明之处，本文所指的基层政府不仅包括我国《地方各级人民代表大会和地方各级人民政府组织法》中定义的市县级和县镇级两级政府[④]，还包括村民委员会。

对赔偿标准的规定，我国现行的法律规定反映了城乡二元的差异，并实行了房地分离原则，对各类房地产类型的标准规定支离破碎，对耕地征收的具体赔偿标准则畸低。《土地管理法》作为法律效力仅次于宪法的法律，奠定了征地补偿的基调：按照“原用途”补偿的原则[⑤]，其明确限定了耕地征收的赔偿标准，却对其他类型的集体土地和城市国有土地使用权保持了沉默。农村宅基地上的房屋长期被《土地管理法》作为地上附着物对待，农村居民直到2010年获得了“合理补偿安置”的权利[⑥]，但其规定的“建筑重置成本”却似乎与“合理”相去甚远。宅基地的补偿标准则则仅仅笼统要求补偿总水平“应能保障其选购合理居住水平的房屋”[⑦]，细节循地方规定。[⑧] 城市房屋的补偿标准问题同样悬而未决，相关的法律法规仅笼统地要求政府“依法给予拆迁补偿”[⑨]和“保障被征收人的居住条件”等[⑩]，并未规定具体的补偿标准或金额计算方法。

---

① 《村民委员会组织法》第2条，1998年11月4日修订。

② 例如厦门市马巷镇西坂村一案，厦门市中级人民法院终审判决村民胜诉，见《厦门：妇孺状告村委会 获赔百万征地款》，http://www.fj.xinhuanet.com/news/2008-09/25/content_14500146.htm，访问时间：2010年10月2日。

③ 章永乐、杨旭：《村民自治与个体权利救济——论村民委员会在行政诉讼中的地位》，载罗豪才主编：《行政法论丛》(第5卷)，法律出版社2002年版。例如，在天津一个案例中，法院依据村民自治原则，未对征地赔偿问题作出判决，见陈虹伟、焦红艳：《征地补偿款怎分配 61份起诉书折射难题》，载《法制日报》2008年4月20日。

④ 《地方各级人民代表大会和地方各级人民政府组织法》，2004年10月27日修订。

⑤ 《土地管理法》第47条，2004年8月28日修订。

⑥ 见国土资源部《关于进一步做好征地管理工作的通知》第3条第(八)项，2010年6月26日，及《保障被征地农民生产生活和长远生计——部耕保司负责人解读〈关于进一步做好征地管理工作的通知〉》(下文简称“2010年征地通知”)最后一段，2010年7月10日，见中央政府门户网站：http://www.gov.cn/zwhd/2010-07/10/content_1650569.htm，访问时间：2010年10月20日。

⑦ 见“2010年征地通知”第3条第(八)项。

⑧ 同上。

⑨ 《物权法》第42条，2008年1月1日生效。

⑩ 《城市房地产管理法》第6条，2007年8月30日修订。

面对征地中因赔偿标准异议而引发的暴力冲突，希翼通过明确赔偿标准约束征地行为的立法意图便油然而生。国务院法制办 2010 年 1 月公布的《国有土地上房屋征收与补偿管理条例（征求意见稿）》和附随的说明也彰显了这个问题在此次法律变革中的中心地位。[①]建议稿采纳了实质和程序相结合的立法模式，将赔偿金额的确定权从政府手中拿走，交予适格且经合法程序任命的房地产评估机构，并规定了一个底线："房屋征收决定生效之日类似房地产的市场交易价格。"[②]这一立法技术巧妙避开了详细描述补偿标准的繁琐任务，但却可能面临新的挑战：可供参考的市场价格在今天的中国是否可寻。

这一标准可谓是站在了巨人的肩膀之上："合理市价"（fair market value）已经被联邦判例法规定为实现"公平补偿"（just compensation）的具体标准[③]，但"魔鬼隐藏于细节中"，此中国市场非彼美国市场。截至 2009 年年底，美国房地产市场的市值达到了近 11.5 万亿美元[④]，加之无论是征地发生的频率还是征地涉及的户数规模，都不可与中国的旧城改造或是农村城市化的征地同日而语，合理市价核算的精准性和便利性问题凸显。我国的城市房地产交易市场的成长速度可观[⑤]，但发展历史不到三十年。农村城市化过程中的征地是矛盾最为尖锐，最需要明确补偿标准，但农村和城乡接合部确是房地产市场市场最新近出现和最薄之处，市场可比价格也最难确定。这就使得市场价格这一魔术棍在最需要它的地方无能为力。

---

① 见国务院法制办公室《关于公布〈国有土地上房屋征收与补偿条例（征求意见稿）〉公开征求意见的通知 》，http://www.gov.cn/gzdt/2010-01/29/content_1522355.htm，访问时间：2010 年 10 月 3 日。

② 《国有土地上房屋征收与补偿条例（征求意见稿）》第 20 条及第三章的其他条款，2010 年 1 月 29 日。

③ Coniston Corp. v. Village of Hoffman Estates, 844 F. 2d 461, 464 (7th Cir. 1988).

④ Andrew C. Florance, Norm G. Miller, Jay Spivey and Peng Ruijue, Slicing, Dicing and Scoping the Size of the U. S. Commercial Real Estate Market (2010 年 4 月 26 日草稿，Copyright CoStar, Inc., 2010)，附表 3：http://www.sandiego.edu/business/documents/sizeofthemarket-draftApril26.pdf，访问时间：2010 年 10 月 2 日。

⑤ 根据国家统计局的统计数据，房地产企业投资额在 2009 年、2008 年和 2007 年分别达到了人民币 36 亿元、35 亿元和 25 亿元。链接分别为：http://www.stats.gov.cn/tjsj/jdsj/t20100119_402614880.htm；http://www.stats.gov.cn/tjgb/ndtjgb/qgndtjgb/t20090226_402540710.htm；http://www.stats.gov.cn/tjsj/ndsj/2008/indexch.htm，访问时间：2010 年 10 月 29 日。

其次,即使可以经济地推定合理市价,政府官员按照该标准进行赔偿可能只是个美好的理想。美国的经验值得注意。第一个方面是地方政府对不同计算方法的选择权。市场参考价格的确定并非自动的发现过程,而需要在具有细微差别的不同计算方法中谨慎选择,不同的选择会给最终的结果带来巨大的差异。对于可供选择方法的提供和选择需要的考虑因素,美国征地的主要联邦判例均没有涉及具体的方法和选择,而由地方法院审查[①],审查的依据则是每个州各自的征收法律中的相关规定。另外,数项实证研究揭示,政府经常更多地是在赔偿标准之上[②]或之下[③]进行补偿。Patricia Munch 对芝加哥市 1962 年到 1970 年的征地案件进行的研究甚至揭示了过度补偿和补偿不足的固定模式:房地产价格高的区域的被征地人获得赔偿普遍高于赔偿标准,而低价区域的被征地人获得的赔偿则普遍低于赔偿标准。[④] 台湾地区学者张永健对纽约 1990 年到 2002 年的征地案件研究证实,90%的被征地人获得赔偿都偏离了公平市价。[⑤]张对台湾征地案件的研究提供了台湾地区征地补偿额偏离法定补偿标准的实证案例。[⑥]至于偏离的原因,学者们解释各异,有的认为尽量

---

① Christopher Serkin, "The Meaning of Value: Assessing Just Compensation for Regulatory Takings", 99 *Nw. U.L. Rev.*, p. 677、683.

② 较有影响力的一项研究是:Nicole Stelle Garnett, "The Neglected Political Economy of Eminent Domain", 105 *Mich. L.Rev.* 101 (2006), 揭示了赔偿的金额甚至是评估价格的 1.5 倍。但这一实证研究的对象仅是印第安纳州(Indiana) 一个市区(St. Joseph County)的征地赔偿案例,代表性不足。

③ 例如:Curtis J. Burger & Patrick J. Rohan, "The Nassau County Study: An Empirical Look into the Practices of Condemnation", 67 *Colum. L. Rev.* 430, 439—40 (1967),作者揭示:在纽约的一个州(Nassau County),在 1960 年到 1964 年期间,84%的被征地人获得的补偿额都比按照两种不同的计算方法计算出来的标准金额的低端还低,在 57%的征地赔偿案例中的赔偿额都低于评估值的 90%。

④ Patricia Munch, "An Economic Analysis of Eminent Domain", 84 *J. Pol. Econ.* 473 (1976)(finding that in Chicago, Illinois, from 1962 to 1970, low-valued properties received less than market value and high-valued properties received more than market value).

⑤ Yun-chien Chang, "An Empirical Study of Compensation Paid in Eminent Domain Settlements: New York City 1990—2002", *Journal of Legal Studies*, 39(1), 201—244.

⑥ Yun-chien Chang, "Empire Building and Fiscal Illusion? An Empirical Study of Government Official Behaviors in Takings", http://lsr. nellco. org/cgi/viewcontent. cgi? article = 1146&context=nyu_lewp,访问时间:2010 年 10 月 20 日。

压低补偿金是地方官员趋利避害的自然选择[1],而超标准补偿则被认为是地方官员为继任获得选票屈服于政治势力强大的被征地人的结果。[2]地方政府的实际赔偿偏离合理市价似乎是常态,因此需要对偏离幅度的合法性和合理性进行判断。但无论是对这一问题的判断和还是对合理市价的探寻,我们都需要更丰富的市场信息和财政收支信息。

考察完对失地和拆房的补偿问题,我们还需面对被征地人在被拆迁时的一个沉重负担:迁移和安置。美国联邦政府 1970 年通过了一项法案,专门针对征地中产生的迁移和安置问题(relocation),要求联邦政府机构和所有使用联邦政府资金的地方项目在征地时提供给统一(uniform)和公正(equitable)的拆迁安排。[3] 这一法案授权联邦政府支付给被拆迁人每户不超过 22500 美元的搬迁安置费。[4] 与失地拆房的损失相比,搬迁安置费计算要求更多的地方性知识和地方性信息。房地产市场的发展在很大程度上逾越了地方行政区划的界限,为失地和拆房的补偿提供了一定的参考标准。但我国目前还未出现一个贯通全国的搬迁和安置市场,农村征地中的农民安置问题更缺乏市场先例。由于缺乏地方性知识和信息,且中国经济正处于无前例可循的急剧的转型和调整中,信息更新速度惊人,由中央和省级政府汇总出普遍的标准和规则既不经济也缺乏合理性,几乎完全依赖于地方政府的安排,受制于地方财政、居住条件和就业等状况。对地方政府安置安排的评价也因此必须基于地方性的信息和知识。

当然,如果地方政府能完全内化征地给被征地人和其所在社群造成的损失,我们兴许根本不需要知晓地方政府制定了怎样的补偿标准及其执行情况,关于政府赔偿的地方性信息缺失也会变得无足轻重。但这一

---

① 这一派通常被称为"财政幻想派"(Fiscal Illusion Theory),该派认为,在地方官员眼中,征地行为的唯一成本是政府需要支付的补偿金,例如:William A. Fischel, "Takings and Public Choice: The Persuasion of Price", in 2 *The Encyclopedia of Public Cholce* 549, Charles Rowley ed., 2002。

② Daryl J. Levinson, "Making Government Pay: Markets, Politics, and the Allocation of Constitutional Costs", 67 *U. Chi. L. Rev.* 345, 357 (2000)。

③ 《1970 年安置协助和不动产收购政策法案》(2004 年最后一次修订,Uniform Relocation Assistance and Real Property Acquisition Policies Act of 1970, 42 U. S. C. § 4601—4655 (2004) 前言。

④ 《1970 年安置协助和不动产收购政策法案》Section 203(a)。

可能性已经在现实的镜子上撞得粉碎[①]，补偿不足导致政府和被征地人的暴力冲突频繁发生，促使我们将目光投向我国现有地方公共财政的积弊和由此而生的策略性行为。如何使地方政府摆脱土地财政的羁绊遂成为了征地问题讨论中又一重要维度。在第二部分的分析中，我们将不难看到，解决土地财政更需要解决地方政府财政收支和经济状况信息的获取难题，在财税制度透明度不高的现状下，我们需要更为谨慎地进行地方税收权的改革。

二、土地财政改革和财税信息公开

中国公共财政体制财权上收和公共产品提供责任下分造成了地方政府财权和事责的严重匹配差距，加剧了地方政府对所谓土地财政[②]的依赖。土地出让收入在本级财政收入中的比重从2001年的约16％上升到了2007年的约50％。[③] 为提供城市化所需要的公共设施和公共产品，地方政府压低征地的赔偿额和拉高土地出让金的冲动日益加剧。在地方事责不变的前提下，地方政府财权的多元化似乎成为解开土地财政之结的当然方向。土地的物理特征和经济特征使其成为了理想的征税对象，其永续性、稳定性和较低的征收管理成本对地方政府具有不可抵御的吸引力。学者们根据土地税收的一般经济原理建言为地方政府提供永续稳定的财政收入来源，开设物业税[④]，在中国现阶段推行这一普适原理和制度似乎顺利成章，且具有现成的法律基础。[⑤] 但我国现有财政制度中的信息不透明问题却有理由让我们质疑这一建议。

土地出让金和相关税费的收取本质上是对土地开发建设行为的征税

---

① William A. Fischel & Perry Shapiro, "Takings, Insurance, and Michelman: Comments on Economic Interpretation of 'Just Compensation' Law", 17 *J. Legal Stud*. 269, 269—70 (1988).

② 关于这一问题的论述很多，参见张清勇：《纵向财政竞争、讨价还价与中央——地方的土地收入分成对20世纪80年代以来土地收入的考察》，载《制度经济学研究》2009年第1期；李尚蒲、罗必良：《我国土地财政估算》，载《中央财经大学学报》2010年第5期。

③ 见唐在富：《中国土地制度创新与土地财税体制重构》，经济科学出版社2008年版，第159页。

④ 蒋省三、刘守英、李青：《土地制度改革与国民经济成长》，载《管理世界》2007年第9期。

⑤ 1985年10月1日生效的《中华人民共和国房产税暂行条例》第2条规定"房产税由产权所得人缴纳"，但该《条例》第5条第(4)款对"个人所有非营业用房产"暂免征收。

行为;与物业税(property tax)等针对财产权持有征收的税种向比,存在两个本质的区别,且两个区别都与信息透明度问题密切相关。第一个区别是税基计算机制。前者是通过市场化的谈判(协议)或竞标(招拍挂)中价格撮合机制。尽管划拨和协议出让土地比例不低[①],但其不透明的缺点已经使其逐渐在推出土地资源分配过程。随着市场的发展和成熟,市场撮合机制的效率和公平性也会逐步提高。在物业税发达的美国,物业税的税基基本是评估机构评估辅之以政府的核算确定,其面临的基本问题是评估质量和政府核算的公正性。前者可以依靠足够的市场竞争来保障,后者则由政治选举制度、司法监督和媒体监督来支撑。在我国,这两方面的监督都有缺失。我国对房地产评估机构实行准入管理,以提供了一定的寻租和腐败空间,未来如果将评估结果与缴税义务相挂钩,会加大寻租的动力和预期收益,将税务机关扯入利益链,恐会催生更严重和广泛的寻租行为。赋予税务或是房地管理部门核定税基和征税的权力面临类似的担忧。现行制度与物业税的第二个区别在于征收频率:前者是一次性的税收,而后者一般每年都要估值和征收。在透明度欠缺的政府决策过程中,与被征税人频繁接触博弈的危害可能会远胜于一次性的谈判博弈。此外,物业税征收所需要的财力和人力远非既有的地方政府人员编制所能承载,必然需要扩大税收部门的编制和资金。规模和财力的扩大在一定程度上会缓解专业化的压力,但并不能自动驱除透明度缺乏带来的担忧。约瑟夫·斯蒂格利茨(Joseph Stiglitz)将通过不透明的税制征税形象描绘成"如何拔鹅毛却不让鹅叫"的艺术。[②] 为长远来看,一个财政不透明的大政府可能比一个同样不透明的小政府更糟糕。

物业税与透明度的第一个连接点是税赋水平的确定。如果以平衡地方财政收支为目标,减少地方政府使用征地制度,在确定合理的税赋总水平和税率时,我们至少需要了解和量化各种不同收入来源之间可能的消长关系。而这一发现过程必定涉及关于地方政府收支的基本数据的收集和分析,包括征地行为中的收支。地方政府为既往的决策应当已经收集

---

① 蒋省三、刘守英:《土地融资与财政和金融风险——来自东部一个发达地区的个案》,载《中国土地科学》2005 年第 5 期。

② 原文为:"the art of taxation as akin to plucking a goose in a manner that ensures that it does not squawk", Joseph Stiglitz On Liberty, the Right to Know, and Public Discourse: The Role of Transparency in Public Life, Oxford Amnesty Lecture, January 27, 1999.

了大量的信息。但在外界从未知晓过这些数据之前，如果要求地方政府为增加新税种的目的提供哦你数据，很可能引发严重的道德风险，将很难避免地方政府在数据提供上的策略行为，因为地方政府必然会希望开征新税种，并尽力证明较高税率水平的必要性。为避免这样道德风险引致的策略行为，我们需要将这些基本信息的公开与新税种开征相分离，而分离的基本途径就是基本信息的公开独立先行，为日后税种调整和税率确定提供可靠的历史数据。

最后，即使开征物业税，也不能期望地方政府会在短时间内彻底放弃征地和其他就房地产收取税费的增收手段，而对后者的监督依然要依赖于对征地成本和地方财政收入的信息。物业税最为发达的美国提供了最好的说明。美国的市镇级政府(municipal government)需要负担本级财政支出的约三分之二，物业税占了其中一半，而剩余地方财政收入的约三分之一来自财产税之外发展出的一系列土地税费征收制度。[①] 针对具体的公共产品提供和改善对受益人征收的“地产特别费”(special assessments)源于英国 1250 年颁布的一项法案[②]，在 20 世纪上半叶构成了市镇级政府收入的重要来源；根据 1913 年的一项统计，在洛杉矶等四个城市，地产特别费占到这些城市市政收入的 20%，在所有人口超过 10 万人城市中的占比也达到 12%。[③] 美国各地都出现了大量几乎完全依赖地产特别费收入运行的“商业复兴区”(Business Improvement Districts)，2005 年时全美大约有 1000 个这样特别区域。[④] 此后，地方政府通过对开发权附加“开发负担”(development exactions)，把某些公共产品和基础设施的提供义务作为开发权授予的先决条件，发展到直接向开发商事先收取费用，确保公共产品和设施在未来的供应[⑤]，类似我国向开发商收取的土地

---

① Statistical Abstract 2003，第 302—303 页。更新数据：http://www.census.gov/compendia/statab/st_abstracts.html，访问时间：2010 年 10 月 20 日.

② 关于这项制度的介绍和历史，见 Stephen Diamond，“The Death and Transfiguration of Benefit Taxation: Special Assessments in Nineteenth-Century American”，12 *J. Legal Stud.* 201 (1983).

③ Tax Foundation，Inc.，Special Assessments and Service Charges in Municipal Finance (1970)，第 9—10 页。

④ 参见 Richard Briffault，“A Government for Our Time? The Business Improvement District and Urban Governance”，99 *Colum. L. Rev.* 365 (1999).

⑤ Vicki Been，“‘Exit’ as a Constraint on Land Use Exactions: Rethinking the Unconstitutional Conditions Doctrines”，91 *Colum. L. Rev.* 473 (1991)。

使用权出让金和附加的经济适用房开发任务。自20世纪上半叶,美国市镇级政府对这一收费手段的运用急速上升;但鉴于政治制度和司法制度对这些手段使用的充分监督,联邦立法机关和法院,甚至是各州的立法机关和法院对此基本采取了放任的态度。[①] 中美政治经济制度迥异,但在微观层面上,个人在面对经济利益和政治约束时的考量和选择大同小异。地方政府通过征收土地房产税费增加收入减轻负担的动力难以完全消除甚或是驯服,对这些手段和日后可能不断翻新的增收减负手段进行财政收支和预算监督才是长久之计,而信息公开则是预算监督时间的基础。[②]

三、信息不对称

本文的第一部分和第二部分讨论了中国征地制度改革中两个重要维度均需要我们就征地和地方财政获取大量的信息。但在被征地人和征地机关,在地方政府和进行征地改革和财税改革的上级政府之间都存在严重的信息不对称:征地的地方政府掌握了几乎所有的信息,个人、上级政府或公众缺乏法律手段抑或替代机制获取这些信息。与其他已经完成城市化和工业化的国家相比,中国的政府征地发生频率更高,涉及的地域范围和户数更广更大,进一步加剧了信息不对称给立法和执法带来的困难和成本。这是任何公共决策都不能绕过的一个严峻现实,也因此无法在其他国家的征地监管历史和实践中寻找到可资利用的答案。此外,信息不对称造成"柠檬市场"的机理[③]也会在公共产品市场上造成类似的结果:当公民和媒体因为缺乏信息来却别地方政府的"坏"征地和"好"征地时,而只看见"坏"征地带来的危害时,会倾向于假设所有的征地行为都是"坏"行为,消弭地方政府进行"好"征地的动力。

---

① 见 Been & Ellickson, *Land Use Conrols*, *Cases and Materials*, Aspen Publishers, 2005。

② 李燕:《财政信息公开透明是预算监督管理的基础》,载《财政研究》2010年第6期。

③ George Ackerlof, The Market for Lemons: Quality Uncertainty and the Market Mechanism", *Quarterly Journal of Economics*, 84 (3) (1970), 488—500.

信息不对称问题和其影响早已受到学者重视。[①]类似于消费市场，对立法和执法而言，信息不对称使法律对有害行为的发现和惩处成本高昂，难以避免复杂的博弈、腐败甚或是彻底失败。政府的主动查处和受害人追诉这些传统的法律手段都常常因此而失去惩处和威慑的功能。降低法律执行成本的一条路径就是迫使信息持有人披露信息以换取一定范围的行动自由，奖励能以较低成本获取信息的第三方主动披露信息，改善立法质量，使有效执法成为可能。以下仅举两例说明这一思路在法律制度上的具体运用和效果：企业对污染物排放的报告制度和上市企业及其关联人和内幕人对关联交易和内幕交易的披露制度。

污染物排放几乎是生产活动的必然产物，法律对此采取了排放量控制而非禁止的手段，通过对超标排放施加法律责任来威慑和减少污染排放行为。但无论是排放标准的制定，还是对超标排放的惩处都需要获得排放物构成和排放量的基础信息。排放企业的数量和地理分布决定了由执法部门或潜在受害者来进行监控的成本过高。美国创设了对污染企业施加了污染物排放的强制报告义务[②]，并辅之以一系列的制度安排确保报告义务的履行。[③]这些措施至少有以下的优势：能增加消费者对这些信息的需求，从而将消费者给予企业的市场竞争压力转变成为廉价有效的法律执行手段，调动第三方，例如企业股东和雇员的信息优势，使一般公众关注此问题，对企业形成社会压力，进一步增加企业的违法成本。[④]

遭遇严重信息不对称，强制信息披露制度被发挥得最为淋漓尽致的

① Joseph Stiglitz 为 2001 年诺贝尔经济学奖颁奖所做的发言提供了一个综述：Information and the Change in the Paradigm in Economics, Prize Lecturer, December 8, 2001, http://nobelprize.org/nobel_prizes/economics/laureates/2001/stiglitz-lecture.pdf，访问时间：2010 年 10 月 20 日。

② 例如我国《大气污染防治法》第 12 条，美国的《清洁水法》第 308(a)(A)条，《清洁空气法》第 114 条。

③ 这些措施涵盖科技、刑法和奖励：联邦法律要求排放企业安装 24 小时不间断的实时监控仪器，并在仪器记录上出现时间空白时认定企业超标排放，减少企业关闭仪器的动力。对谎报、漏报和私自改动排放监控设备的行为甚至施加了刑事责任；与此同时，用财务奖励诱使可能掌握排放信息的第三方主动向政府部门报告：法律禁止企业开除或是歧视向政府提供企业上述行为信息的雇员；法律明文授权环保部门对提供上述信息的人士给予重金奖励，奖金可以高达 25 万美元。上述内容摘自：Robert V. Percival, Christoner H. Schroeder, Alan S. Miller and James P. Leape, *Environmental Regulation*: *Law*, *Science and Policy*, 4th edition, Aspen Publishers, p. 933—944。

④ 例如，Khanna, M., "Non-Mandatory Approaches to Environmental Protection", *J. Economic Surveys*, 15(3), 2001: 291—324.

领域无疑是上市公司的监管。高度分散股权和数量巨大遍布各地的股东为上市公司的关联人和内幕人的机会主义行为提供了沃土；经济决策的复杂性和巨大的行政成本也是得政府监管部门无法胜任侦探和公诉人的功能。强制信息披露制度都已经成为证券市场监管的最主要手段。在美国，尽管学者对于联邦证券监督管理委员会对上市公司施加的强制披露义务多有质疑①，这些质疑都从未否认过及时获得准确信息对于保护相关利益方和公众的必要性。他们从多个视角批评上市公司强制披露制度，但这些理由都不适用于我国的征地制度。这其中最尖锐的批评是所谓"市场失灵"并不存在，政府因此没有足够的理由取代市场施加强制披露义务，因为上市公司在投资者和消费者"用脚投票"的市场竞争压力下会自愿披露足够的信息。②政府不同于公司，公民用脚投票的一般可能性很小，获取信息的权利诉求更为强烈。③ 在我国征地的情形下，除了从地方政府获得征地的有关信息，被征地人没有替代的信息来源。同时，地方政府之间也鲜有竞争，被征地人几乎不能"用脚投票"。而有能力"用脚投票"(永久迁徙和移民)的个人几乎都是社会的精英阶层，被征地或是在被征收中被侵权的可能性最小。还有学者认为联邦证券披露制度有违美国的联邦制原则，可以被各州迥异的强制披露制度有效替代④，但这一法律障碍和政治体制障碍在我国并不存在。因此，面对众多地方政府在全国各地进行的征地行为，强制信息披露制度仍然有希望成为保护被征地人和公众的一把利剑。

无论是污染物的排放还是关联交易都是企业经济活动必不可少的组成部分，不可能也不应当完全杜绝，政府部门的征地也是如此。对于这些

---

① Michael D. Guttentag, "An Argument for Imposing Disclosure Requirements on Public Companies", 32 *Fla. St. U. L. Rev.* 123 (2004). 该文对支持和反对美国联邦证券市场信息披露制度的理论问题提供了较为全面的文献综述。

② Stephen A. Ross, "Disclosure Regulation in Financial Markets: Implications of Modern Finance Theory and Signaling Theory", in Franklin R. Edwards ed., *Issues in Financial Regulation* 1979, p. 177.

③ Hirschman, Albert O., *Exit, Voice, and Loyalty: Responses to Decline in Firms, Organizations, and States*, Harvard University Press, 1970，转引自 Stiglitz 文。

④ Roberta Romano, "Empowering Investors: A Market Approach to Securities Regulation", 107 *Yale L. J.* 2359, 2372 (1998); Stephen J. Choi & Andrew T. Guzman, "Portable Reciprocity: Rethinking the International Reach of Securities Regulation", 71 S. *Cal. L. Rev.* 903 (1998).

能够创造经济利益的行为，一味地堵截和限制地方政府行动只能加剧代理问题、使各方的博弈转入地下，浪费大量公共资源，也达不到影响被监管企业行为的效果。强制信息披露制度却能在大幅减少监管部门和受害者执法成本的基础上加强监管效果，避免了政府臆断给市场造成的效率损失，增大了社会福利。这些优势使得这一手段的使用范围由污染控制传导至环境监管的其他领域，如房屋涂料的铅含量报告制度，食品营养成分报告制度等。我们希望将这一思路引入对政府征地行为的控制和监管。在纵览现有信息公开制度基础上，本文将在第四部分中提出具体的制度安排建议，分析其功能和价值，并对可能面临的问题和挑战加以说明。

四、征地信息公开的制度建议及其价值与面临的挑战

司法界有识之士已经提出了土地知情权的概念和法理基础[①]，征地信息和地方财政收支信息的公开在法律法规中已有提及。在《政府信息公开条例》(以下简称《条例》)中，与地方财政和和征地补偿有关的信息属于政府应当"重点公开"的信息。[②] 国土资源部的《征用土地公告办法》也早在 2002 年就要求征地政府公告征地的补偿标准和人员安置计划。[③]但就知情权、决策权和监督权实现的角度而言，这一法律框架却面临一系列问题。

首当其冲的问题是《条例》本身的执行状况堪忧。[④] 当然，只要推动这一立法出台的动力仍然存在，我们有理由相信这一《条例》的执行情况会不断改善。同时，公民可以要求行政机关公开相关信息，也出现了要求

---

① 王振清、胡华峰：《土地知情权保护若干问题探讨——以政府信息公开制度下个人土地权益的保护为视角》，载《法律适用》2010 年第 6 期。

② 《政府信息公开条例》第 10、11、12 条，2008 年 5 月 1 日生效。

③ 国土资源部《征用土地公告办法》第 5 条，2002 年 1 月 1 日生效。

④ 程义峰、秦亚洲、陈冀杨、金志：《"信息公开"年考观察》，载《瞭望》2009 年 7 月 20 日。转引自：http://news.xinhuanet.com/legal/2009-07/20/content_11737839.htm，访问时间：2010 年 10 月 2 日。

基层财政部门公布信息的诉求[①],公民还可以以行政机关未公布相关信息的行为提起行政诉讼,或是依据《物权法》提起侵权之诉[②],但此种不告不理的模式对个人的成本过高,处理周期长,不能适应我国大量征地行为的推进速度。第二个问题是要求公开的信息无助于被征地人和监督机关的判断和决策。《条例》要求公布的信息是乡镇级、市县级和省级的分级别汇总数据,提供了分级财产预决算所需的基本信息,但并不能为具体的被征地人提供具体征地项目的赔偿信息,更不能为被征地人提供横向比较和衡量的基准。《征用土地公告办法》要求征地政府公告补偿标准和人员安置计划,但该公告是在实际征收前作出,并不能反映实际执行的情况,既不能作为补偿标准横向比较的对象数据,更不能作为进入地方财政收支表的数据。最后,《政府信息公开条例》所规定的信息公开义务止于乡镇政府,而不涉及村委会。预算公开的制度框架下,县级和乡镇的预算公开也仅是某些地区的实验。[③] 尽管村委会负有村务公开的义务,但征地赔偿和安置,以及相关的收入与支出并不在必须公开的信息之列。[④]这部分信息的缺失将使得全面衡量补偿水平和基层政府财政状况变得异常困难。因此,无论是从当事人对具体征地项目赔偿水平做横向比较的角度,还是从改革土地财政的决策角度,目前的信息公开体制都有空白。

为达致上述目标,我们需要大幅度提高信息的可用性。首先,需要扩大公开主体和信息结构。具体而言,信息公开要针对每一具体的征地项目进行,而非一定期限内的汇总数。对于每一项目,公开的内容应当至少包括征地事由,赔偿金,安置和相关成本等。因为征地的执行机关通常会延伸至村民委员会,与此相匹配,信息公布的义务主体也需要延伸到村民委员会。为方便当事人匹配政府在具体项目上的征地支出与收入,应当公开的信息涉及的时间段应当延伸至被征地的抵押、出让、开发,甚至是销售阶段,追踪提供该地块的土地出让金收入、政府和私人开发成本及最终

① 2009年,杭州陈旭律师和他的当事人向杭州市财政局和国土资源局申请公开拆迁有关信息,见上海财经大学公共政策研究中心:《2010中国财政透明度报告——省级财政信息与部门行政收支公开状况评估》,上海财经大学出版社2010年版,第16页。

② 《物权法》第62、63条。

③ 例如,上海市财政局《关于进一步推进区县预算信息公开的指导意见》(2009年10月22日)要求公开七项财政收支信息。上海市财政局《推进实际预算信息公开的实施方案》(2009年11月5日)罗列了必须要公开的具体信息类别,包括"国有土地使用权出让金"收入。

④ 《村民委员会组织法》第19、22条。

的用途和销售价格等。对于不能完全匹配的征地项目与开发项目应当予以简要说明。当然,为使当事人和政府的判断不偏颇,便于本级和上级政府的预算收支平衡表编制,相关的各级政府应当提供各种收入和支出的分类和汇总数。最后,信息公布的对象不仅包括被征地人,上一级人民政府,还还应提交县级和其他本级人民代表大会,供后者对公开行为进行监督。

为确保这一新制度的切实执行,从财力保障、威慑和激励三个角度同时建立配套制度实属必要。如果新制度对地方财政负担雪上加霜,很容易引发地方政府的抵制和拖延。因此,首先,我们建议中央对此配套预算资金,用以帮助地方政府应付数据的整理、公布和报告所产生的额外负担。在充分的财力支持下,可以考虑可供专门的政府网站公布并保存公布的信息,便于个相关利益人和公众随时查询和研究。其次,为避免地方政府的浪费和其他投机性行为,还应由审计署或是聘请的独立第三方审计师对公布的信息进行抽样和突击审计,对地方政府不公布或是公布不准确的行为形成威慑。第三个辅助制度是对履行信息公开义务的地方政府通过中央财政转移支付的方式进行奖励,奖励的具体形式可以部分或全额报销地方政府支付给被征地人的补偿金。尽管通常的报销制度会引致道德风险,导致滥发补偿金的危险,该风险在这一制度中却未必会很严重,因为已经公布的补偿金会受到其他相关利益实体的监督。

就这一制度的可行性而言,两个要考虑的因素是成本与改革动力。就财务成本而言,其负担也许并不如想象中那么大。地方政府处于私利和平衡地方财政的需要,一般会根据二级市场的价格和历史成本倒算出让金和征地补偿金等支出,这些信息已经是地方政府过去和未来决策必定要产出的信息,将勿需为履行新的披露义务而专门额外制备。而且,从经济学角度看,既然公共财政已经承担了这些已经存在的信息的收集成本,也理应供公开这些信息。但信息的公开平台设立和运行本身需要投入一定的成本,如果中央政府能在技术和财政资源上给予补贴和支持,会减少这一制度推行的成本阻力。而这一假设的情形是否能发生,涉及改革的动力问题——一个需要日后的事实加以证伪的经验性问题。但这一制度可能具有的功能和价值兴许会催生出推进这一制度的动力。

相较于直接修改集体土地和农村房产的赔偿标准疑惑是开征物业税,这一制度将能在现有法律框架内达成提高集体土地和农村房产的补偿标准的目标,因为城市房地产征收和农村的大量协议征收已经远高于《土地管理法》确定的标准，对这些信息的公开将有助于拉动拉动农村征地的整体补偿标准。同时，信息的公开将可能为利益相冲突的各方和公众提供理性对话的可能性，因为这是帮助人们区分好理由和坏理由最保险的方法[1]，缓解日益尖锐的矛盾和冲突。这两个功能都将使我们更接近于征地改革的目标。解决征地冲突和土地财政紧迫性因此可能成为信息公开制度建立的动力。

征地项目信息中的主要成分是地方政府的财政收入情况，是财政透明度要求公开的重要信息。财政透明度又是现代政府公共治理和民主财政的一项基本价值。[2]但我国财政透明度与国际规范和各主要工业国家实践的差距明显，财政透明度对一国吸引投资、平衡财政状况的社会收益并未足以推动财政透明度在中国的制度建设。[3]而自上而下的改革模式存在决策者"信息和知识的匮乏，决策和行动将面临更高的错误成本"[4]，征地项目的信息公开将有助于提供自下而上的推动力。这一潜在的功能将会为财政部和一些地方财政部门正在尝试的财政预算透明度改革提供自下而上的动力，从而获得这些部门的配合。

除了对财政透明度和民主财政上述间接作用外，征地项目的信息公开还具有更为直接的功能：为财政透明度的制度建立提供人力资本的准备。信息的收集、编制、公开和信息决策的过程将会给地方政府的各级人员提供一个绝佳的培训机会，为财政管理人力资本的积累和升级探索出一条自下而上的途径。与此同时，被征地人，特别是农民也获得了公民教育的特殊机会。由政府自上而下组织的培训教育与基础教育一般很难企及遍布在城市和乡村角落里的被征地人。且不说这种抽象培训的实际效果，畸高的私人成本就难以将个人吸引到讲堂中。不同于一般性的公共参与信息，面对征地过程中公布的信息，被征地人会因其巨大的激励效果，在个人经济利益驱动下解读和思考，从而积攒参与公共财政生活所需

---

① John Steward Mill, "On Liberty", in *The Philosophy of John Stuart Mill*, M. Cohen Ed., Modern Library, 1961, pp. 185—319.

② 晏晨辉：《论财政透明度、良好公共治理与构建民主财政》，载《当代财经》2006 年第 6 期。

③ 王雍君：《全球视野中的财政透明度——中国的差距和与努力方向》，载《国际经济评论》2003 年第 7—8 期。

④ 王锡锌：《公众参与和中国法治变革的动力模式》，载《法学家》2008 年第 6 期。

要的微观经济知识、财政知识和公共管理知识[①]，增强参与私权救济和公共治理的能力和需求。人力资本的开放性用途使得这一制度将能惠及其他的公民教育和公共参与能力培训，分享这些领域的动力。

五、结　　语

中央政府在短期内动用大量资源修订城市拆迁条例的决心，成都等地方政府具有创造性和强调人性的改革措施都让我们看到了我国征地制度改革的希望。但成都经验的出现在某种程度上具有可遇不可求的偶然性：地方官员的魄力和能力以及灾后重建带来的制度契机和推动力。[②]这些经验能否在政治经济生态各异的其他地区推广尚存疑问。与此类似，中央政府修订《城市房产征收条例》的最后助推力也得益于令人痛心的突发事件，但后者却未能将修法变为坚实和具体的法律保障。我们因此需要为土地制度和地方政府探寻更为普遍、稳定和长期性的改进动力，为之提供制度性的保障。而这样的动力不可能来自于远离土地的中央政府，只能来自于生活于土地之上、与之利益攸关的居民和对之进行管理的地方基层政府。建立信息由政府向个人的流动机制将有可能催生这样的动力，并为这一动力的持续存在提供具体细致的制度保障。

---

① 笔者在关于到香港上市的国有企业的研究中发现了类似的区别激励机制，并对该机制进行了较为详尽的描述：当现代财务和管理技能是公司上市成功所必需，而成功上市会给企业高管带来巨大的经济利益和政治资本时，国有企业的管理人员学习效果明显提高，与传统的培训项目和行政高压形成鲜明的对比。见 Ruoying Chen, "The Information Challenge to China's Legal System under the Economic Transition", http://papers.ssrn.com/sol3/papers.cfm?abstract_id=1665435，访问时间：2010 年 10 月 20 日。

② 在北京大学国家发展研究院综合课题组《还权赋能——成都土地制度改革的调查研究》一文中，作者明确提及了地震重建带来的契机和对改革进程的快速推进，第 15—19 页。

反就业歧视法的一般理论

——中美两国的建构与反思*

阎　天**

导论：反就业歧视法研究的“元问题”

2014年，中美两国同时迎来了反思本国反就业歧视法的契机。五十年前，美国国会通过了《一九六四年民权法》，其中第七篇专门规定就业歧视问题，将反歧视的禁令从公职推广到私人部门，并建立了独立的执法机关。十年前，中国全国人大常委会颁布了《传染病防治法》(修正案)，将传染病人增列为平等就业的保护对象，由是开启了中国反就业歧视法快速发展的新阶段。此后，公务员招录不再排斥乙肝病原携带者，《妇女权益保障法》修法新增禁止性骚扰等内容，就业歧视受害人的诉权写入《就业促进法》……十年一大步。如今，中国学界面临梳理反就业歧视法发展脉络、提出一般理论加以解释和评价的任务。

什么是一般理论？一般理论是指对反就业歧视法制度和理念的系统理解。它具有三个根本特征：一般理论是对具体问题研究的抽象和体系化；一般理论注重揭示制度与理念之间的互构关系和张力；一般理论同时具备描述性和规范性。正因如此，一般理论区别于反就业歧视法具体问题的研究，区别于单纯的制度之辨与理念之争，也区别于纯粹实然或应然层面的解说。一般理论堪称反就业歧视法研究的“元问题”。在美

---

* 原文刊于《环球法律评论》2014年第6期。

** 北京大学法学院助理教授。

国，一般理论的提出被视作反就业歧视法研究成熟的标志。

研究中国反就业歧视法，需要直面“元问题”。尽管法制发展的头绪日增，改革方案亦接踵而出，但是中国反就业歧视法的一般理论仍不发达。与其他国家类似，中国反就业歧视法的研究在很大程度上以美国为参照系。学者在具体制度层面借鉴和反思美国经验的努力甚多，在抽象理念层面——特别是反就业歧视法的价值追求——引进美国学说的尝试也不鲜见。可是，两个层面之间的连结尚很松散，缺乏融通。与实践一样，中国反就业歧视法的理论面临碎片化的危险。

半个世纪以来，美国学界普遍主张：建构反就业歧视法一般理论的关键，在于阐明法律所追求的“平等就业”概念。平等的观念是空洞的，其内容有待于外在价值的填充。[①] 而“平等”与“歧视”乃一体两面，平等的概念取决于如何定性歧视的“错”：歧视究竟错在违背择优用人理念，还是将某些群体置于弱势地位，抑或其他？[②] “纲举目张”，对于这个问题的回答，决定了反就业歧视法保护谁、如何设定证明标准及分配举证责任、如何配置规制手段和法律责任等制度问题；而制度问题的回答，又反过来影响甚至塑造着法律对于歧视性质的理解。反就业歧视法的一般理论就是围绕平等概念的“纲”展开的。反就业歧视法的发展，就是平等观逐步形成、遭遇挑战、寻求出路的过程。

本文就从平等观入手，尝试建构中国反就业歧视法的一般理论。经过短暂的混沌之后，围绕乙肝病原携带者的平等就业问题，中国树立了以用人绩效为价值追求的主流平等观，认为歧视的本质是否定“量能就业”[③]，并据此建构起反就业歧视法的“侵权法模式”：注重歧视的主观要件，以隐私保护为杜绝偏见的重要手段，为此突出平等所包含的精神利益，倚重司法救济途径。但是，侵权法模式立即遭遇三方面挑战：(1) 法院只接受以直接证据证明歧视；(2) 劳动者在健康等方面的虚假陈述被

---

① 阎天：《平等观念是空洞的吗？——一页学术史的回思》，载强世功主编：《政治与法律评论》(第2辑)，法律出版社2013年版，第137页。

② 对于歧视之“错”可以从多个角度加以区分，比如损害的是机会平等还是结果平等？是主观偏见还是客观排斥？是导致新生不公还是延续既往不公？等等。这些角度都曾出现在美国的司法学说之中，也为国内学界所不同程度引介。但是正如下文第一节将论证的：究竟追求个体择优还是群体地位改善，是平等/歧视观念最重要的区分，其他区分基本可用这个区分来解释。

③ 这一概念源自喻术红、杜莹：《量能就业原则引入我国劳动就业中的可行性探讨》，载《法学评论》2008年第5期，第77页。

定性为欺诈;(3) 获得支持的精神损害赔偿金额偏小。在本质上,这些挑战都源于主流平等观无法处理用人绩效与其他价值之间的位阶关系。而当反就业歧视法的保护重心从乙肝病原携带者转向妇女,侵权法模式的不足就显露无遗:无论是退休年龄歧视之争,还是生育成本分担之争,以及职场性骚扰问题,都要求局部牺牲用人绩效,建立反就业歧视法的目标分层。为此,中国反就业歧视法应当树立以改善群体弱势地位为价值追求的新平等观,界定其与既有的、以用人绩效为追求的平等观之间的关系;新平等观获得宪法文本和行宪机关的支持,落实为制度,就可能产生反就业歧视法的"宪法模式"。[①]

一、从反归类原则到反屈从原则:反就业歧视法一般理论的美国经验

1. 理念与制度之间的中介原则

在美国,平等就业的宪法文本依据来自美国《宪法》第十四修正案"平等保护条款"。一方面,"平等保护"一语含义宽泛,无法直接适用于具体制度及个案,需要以一定的宪法解释作为中介。而另一方面,为保持法律的自洽性、融贯性及可预测性、安定性,对"平等保护"的解释不可一事一议,必须较为稳定和超脱,也即原则化。这种中介性与原则性兼具的解释,被称作"中介原则"(intermediate principle)。[②] 自下而上地看,中介原则具有描述性,概括了制度和个案在追求何种平等;自上而下地看,中介原则又具有规范性,表达了宪法和法律要求制度和个案实现何种平等。中介原则就是美国反就业歧视法一般理论的"纲"之所在。

中介原则并非制/修宪时就确定,而是在具体制度建构和个案裁判中逐步生成、由学者加以阐发和明晰化的。1971 年,时任芝加哥大学法学院副教授的欧文·费斯发表《公平就业法论》[③],"首次系统论证了《1964

---

① 限于篇幅,本文主要讨论两个群体——乙肝病原携带者和妇女——的就业歧视问题。

② 这一概念源自 Owen M. Fiss, "Groups and the Equal Protection Clause", 5 *Phil. & Pub. Aff.* 107 (1976).

③ Owen M. Fiss, "A Theory of Fair Employment Laws", 38 *U. Chicago L. Rev.* 235 (1971).

年民权法》第七篇”。[①] 在此基础上，费斯教授于1976年写就《平等保护条款之群体观》[②]，将主流的司法学说总结为“反歧视原则”(antidiscrimination principle)，并提出以“群体劣化原则”(group-disadvantaging principle)加以补充。上述两原则很快被分别改称为“反归类原则”(anticlassification principle)和“反屈从原则”(antisubordination principle)，并主导了自由派宪法学者的平等观。[③] 尽管联邦最高法院对于反屈从原则的态度一贯暧昧[④]，但是反归类与反屈从原则之争已然成为美国反就业歧视法最重要的一般理论争议。[⑤] 四分之一个世纪之后，已成为耶鲁大学法学院思特灵讲座教授的费斯撰写了《另一种平等》，回顾了争议的后续发展，并回应了二十位教授的评论。[⑥] 费斯教授的著作是建构反就业歧视法一般理论的范本，也是本文讨论中国问题的主要参照。

2. 反归类原则的提出

概言之，反归类原则认为，歧视就是依特定标准归类，就业歧视错在归类标准与目标不匹配。最常见的情形是：归类的目的是选拔劳动能力最强的劳动者，而归类的标准——如种族或性别——却会将某些劳动能力强的求职者排斥在外。反归类原则的核心是工具理性，“因为行为是否获准并不取决于其所增进的目标的价值，抑或其所造成的损害的严重度，而是取决于手段与目的之间的关系”。[⑦] 围绕工具理性这一核心，美国联

---

① George A. Rutherglen & John J. Donohue III, *Employment Discrimination: Law and Theory*, Foundation Press, 2005, at p. 30.

② Owen M. Fiss, “Groups and the Equal Protection Clause”, 5 *Phil. & Pub. Aff.* 107 (1976).

③ 其他学者曾将反屈从原则称作“反等级制(anticaste)原则”“反压迫(antisubjugation)原则”等。例如，Cass R. Sunstein, “The Anticaste Principle”, 92 *Mich. L. Rev.* 2410 (1994); J. M. Balkin, “The Constitution of Status”, 106 *Yale L. J.* 2313 (1997).

④ 尽管如此，有学者认为，“反屈从价值已然且将继续在反归类原则实践意涵的塑造中扮演关键角色”。Jack M. Balkin & Reva B. Siegel, “The American Civil Rights Tradition: Anticlassification or Antisubordination?”, 58 *U. Miami L. Rev.* 9, 13 (2003). 费斯本人则认为，联邦最高法院在某些判决中的推理只能用反屈从原则来解释。Owen M. Fiss, “Another Equality”, in *Issues in Legal Scholarship*, Volume 2, Issue 1 (Aug 2002): The Origins and Fate of Antisubordination Theory, pp. 4—5。该文由阎天翻译，载章剑生主编：《公法研究》(第13辑)，浙江大学出版社2015年版。

⑤ 关于这一争议的代表文献，可参见 John H. Garvey, T. Alexander Aleinikoff & Daniel A. Farber, *Modern Constitutional Theory: A Reader*, 5th ed., West, 2004, pp. 460—522.

⑥ Owen M. Fiss, “Another Equality”, in *Issues in Legal Scholarship*, Volume 2, Issue 1 (Aug 2002): The Origins and Fate of Antisubordination Theory. 评论文章均收入该期专号。

⑦ Ibid., p. 1.

邦最高法院建构了反归类原则的所谓“上层建筑”。其中包括对于归类目标本身的审查,更重要的则是对于手段与目标匹配程度的不同要求:如果归类标准属于种族等“嫌疑归类”(suspected classification),或者归类影响到某些“根本权利”(fundamental right),则手段与目标之间的匹配要更严格;而如果允许立法或行政机关“分步实现”(one-step-a-time)平等目标,或者所追求的某些正当利益“压倒”(compel)了平等目标,则手段与目标之间的匹配可更宽松。[①] 举例来说,我国学者普遍要求引入第七篇上所谓“真实职业资质”(Bona Fide Occupational Qualifications)抗辩,主张用人单位对求职者的归类标准只要确系履职所需,就不构成歧视。真实职业资质抗辩背后的逻辑即为:择优用人、提高效率的正当利益压倒了平等目标。

反归类原则能够成为联邦最高法院的主流观点,其吸引力何在?费斯提出了五点原因。[②] 第一,反归类原则所主张的平等,大体与司法过程中所贯彻的、法律适用的平等相当。哈兰大法官的名言是:“我们的宪法是色盲”[③];正义/司法(justice)女神的形象则以布蒙眼,二者不无契合。第二,反归类原则据信可以实现法官的“价值中立”,防止法官带入个人价值判断,侵夺立法职权。“司法裁判的裁量权限看起来无异于店员就鞋是否合脚发表意见。”[④]第三,反归类原则可以实现裁判的客观性。亦即,原则的要求可以较为清楚地表达出来,适用时无需过多调查事实或做程度判断,且结论不会因时而变。第四,反归类原则信守个人主义,只需考虑个人是否获得了恰当的对待,而无需引入群体观念,这就防止了法律促成阶级/群体意识的觉醒。第五,反归类原则的保护在表面上具有普遍性,而不是仅仅保护一部分人。这类似于“禁止性别歧视”与“禁止歧视妇女”之分。

3. *对反归类原则的批评*

费斯批评反归类原则的第一步,是指出该原则的上述“优点”基本限

---

① Owen M. Fiss, “Groups and the Equal Protection Clause”, 5 *Phil. & Pub. Aff.* 107, 111—116 (1976).

② Ibid., 118—129 (1976).

③ Plessy v. Ferguson, 163 U.S. 537, 559 (Harlan, J., dissenting) (1896).

④ Owen M. Fiss, “Groups and the Equal Protection Clause”, 5 *Phil. & Pub. Aff.* 107, 120 (1976).

于其核心部分——手段与目的的匹配性。一旦越出核心，进入反归类原则的上层建筑，“优点”就会减损乃至消失。比如，就价值中立而言，工具理性诚然无需作出价值判断，但是何种目标正当、何种归类可疑、何种权利根本、何种利益有压倒性、何种匹配适度，诸如此类判断都必须以价值标准为前提。[①] 又如，就个人主义而言，联邦最高法院经常引入群体观念来判断目标的正当性和利益的优先性；所谓“不可改变性”(immutability)也无法解释为何种族构成嫌疑归类、身高之类却并不如此——唯有引入黑人群体相对于矮个子群体的特殊性方可理解。[②]

费斯对反归类原则的第二步批评则变换角度，主张反归类原则无法解释两类重要的法律制度：禁止某些表面无害的归类标准，以及对黑人的优待。禁止表面无害的归类标准即所谓“差别结果”(disparate impact)学说。有时，涉案的归类标准虽然表面无害，但是适用的结果极富戏剧性，以至于除了种族之类法律禁止的原因以外找不到其他的解释。[③] 而在更多的案件中，适用的结果既可以用法律禁止的归类标准来解释，也可以用法律许可的归类标准来解释。反归类原则将无所适从。为此，联邦最高法院对反归类原则做了三种修补，而费斯指出：这些修补不仅将突破反归类原则的工具理性、减损其吸引力，而且未必能够解决问题。[④] 修补之一是将涉案的个人权利(例如就业权)认定为基本权利，从而收紧匹配程度的要求。然而，反归类原则本身并不包含判断何种权利“基本”的标准。修补之二是引入“过去歧视”(past discrimination)的概念，主张涉案的归类延续了过去的歧视，从而纳入打击范围。然而，确定过去歧视的存在势必要求大量的事实调查，这会令反归类原则的“客观性”落空。并且，反归类原则也不能解释为何要将法律的关注点从现时移向过往。某些个人即便过去受过歧视，但是歧视者通常并非涉案的用人单位；让用人单位对他人行为承担责任，违背反归类原则的个人主义追求。再者，用人单位完全

---

① Owen M. Fiss, “Groups and the Equal Protection Clause”, 5 *Phil. & Pub. Aff.* 107, 121 (1976).

② Ibid., 123—126 (1976).

③ 例如，在 Gomillion v. Lightfoot 案中，亚拉巴马州将某市的政区从方形修改为二十八边形，使得几乎全部黑人选民都被划在了市外，而全体白人则安然无恙。联邦最高法院认为这种后果本身足以证立种族歧视。364 U.S. 339 (1960).

④ Owen M. Fiss, “Groups and the Equal Protection Clause”, 5 *Phil. & Pub. Aff.* 107, 143—146 (1976).

可以主张涉案的归类能够提高效率，究竟为何要牺牲效率、成全平等，反归类原则也无力解释。[①] 修补之三则是引入歧视效果［discriminatory effect，又称事实歧视（de facto discrimination）］概念，主张不论归类的标准如何，只要造成了相当于法律所禁止的归类的结果，就违背平等保护。然而，如此将彻底放弃反归类原则的关注焦点——归类，使得该原则名不副实。

如果说，禁止表面无害的归类标准案件需要对反归类原则作出较大修补，那么，优待黑人的案件则因为广泛涉及价值判断，而与反归类原则尖锐冲突，无法通过修补来调和。[②] 优待黑人的做法即所谓“纠偏行动”（affirmative action）。根据反归类原则，首先要寻找优待做法的正当目的。而正如费斯所言，能够找到的目的——如提高黑人的社会地位——几乎都以群体为导向，与反归类原则的个人主义取向不合。[③] 并且，手段与目标之间几乎肯定会发生严重的匹配不当。为了解释这种不当的合宪性，反归类原则同样可做三种修补。修补之一是引入行政便利（administrative convenience）的概念，主张为了行政便利可以牺牲一些平等价值。然而，既然可以为了保护黑人之便而牺牲白人的平等，为什么不能为了保护白人之便而牺牲黑人的平等呢？反归类原则不包含损益权衡的标准，且固守保护的普遍性，无法回答这个问题。[④] 修补之二是引入污名化（stigmatization）的概念，主张优待黑人的目的是为了纠正对于黑人身份

---

① Owen M. Fiss, “Another Equality”, in *Issues in Legal Scholarship*, Volume 2, Issue 1 (Aug 2002): The Origins and Fate of Antisubordination Theory, p. 3 & p. 8.

② Owen M. Fiss, “Groups and the Equal Protection Clause”, 5 *Phil. & Pub. Aff.* 107, 129—136 (1976).

③ 在 Grutter v. Bollinger 案中，奥康纳大法官将“呈现多样观点以丰富教育环境”认定为高校录取中纠偏行动的目标。539 U. S. 306 (2003). 费斯的质疑可概括为两点：(1) 能够促进观点多样性的不仅有种族的多元，而且包括宗教、经济、政治地方等方面的多元，那么宗教少数群体之类为何不能要求纠偏行动？(2) 多样性这个价值的规范力量很小，何以主张其能够压倒平等价值、支持将匹配标准从嫌疑归类大幅放松到“加高审查”(heightened scrutiny)？两个问题都必须通过引入群体观念和黑人群体的特殊性方可获得解答。Owen M. Fiss, “Another Equality”, in *Issues in Legal Scholarship*, Volume 2, Issue 1 (Aug 2002): The Origins and Fate of Antisubordination Theory, pp. 5—6.

④ 又如，某些政策将黑色人种视作消极指示物（proxy），与违法犯罪等联系起来（例如“种族分析”[race profiling]）；另一些政策则将黑色人种视作积极指示物，与利益的倾斜分配联系起来（例如纠偏行动）。反归类原则无法解释为何前者应被禁止、后者应获许可。Owen M. Fiss,“Another Equality”, in *Issues in Legal Scholarship*, Volume 2, Issue 1 (Aug 2002): The Origins and Fate of Antisubordination Theory, pp. 2—3.

的普遍污名化，为此可以牺牲一些平等价值。这样做不仅仍然需要权衡损益，而且将法律的关注点从归类转向了后果，无法用反归类原则来解释。修补之三则是主张优待黑人仅为第一步，要允许分步实现各种族待遇的普遍提高。然而，反归类原则既不能解释为何应当准许分步提高而非一步到位，也不能解释为何应当先改善黑人而非其他种族的待遇。优待黑人必然导致对于其他种族成员的不公，反归类原则的根本局限就在于无法证立这种不公符合宪法平等保护。

4. 反屈从原则的证成

针对反归类原则解释力的局限，费斯提出新的原则——反屈从原则。“反屈从原则的总体理念是：歧视等社会实践应受谴责，其原因并不在于手段与目的匹配不当所引发的单项事务的不公，而在于这些做法导致或延续了受拒斥者所在群体的屈从地位。”[①]反屈从原则在保护对象和禁止的行为两方面区别于反归类原则。首先，反屈从原则所保护的是“弱势群体”(disadvantaged group)。弱势群体具有三项特征：一是社会性，既独立于成员个人而存在，其身份和福祉又与成员相互依存(interdependence)；二是在经济上不仅居于底层，而且状况长期得不到改善，从而形成了屈从地位；三是政治上无权，由于人数有限而无法影响选举，由于财力微弱而无法支撑竞选，并且由于“分散且孤立”而无法与有权群体结盟。黑人完全符合所有特征，是最典型的弱势群体，也是反屈从原则的首要保护对象。其次，反屈从原则所禁止的是加重或延续弱势群体屈从地位的行为，或说造成地位损害(status harm)的行为。虽然“加重”和“延续”的用语暗示了历史维度的存在，但是费斯认为，受歧视的历史并非获得反屈从原则保护的必要条件。诚然，反屈从原则允许将弱势群体历来所受的歧视当作强势群体的集体债务，从而将反歧视法用作偿债工具。但是即便并不存在集体歧视的历史，弱势地位的现时存在本身就违背了反屈从原则。无论屈从的现状从何而来，为了维护社会和平、维系共同体团结，以及赋予屈从群体成员充分的发展机会，反屈从原则都要求法律消灭屈

① Owen M. Fiss, “Another Equality”, in *Issues in Legal Scholarship*, Volume 2, Issue 1 (Aug 2002): The Origins and Fate of Antisubordination Theory, pp. 3—4.

从状态。①

与反归类原则相比，反屈从原则将打击对象从归类手段与目标的不匹配，转移到屈从地位；从以个人为本位，转移到以群体为本位；从表面上对所有人的普遍保护，转变为对弱势群体的偏一保护。更重要的是，反屈从原则放弃了表面上的价值中立，转而挑明价值追求②、设定价值位阶、作出价值取舍。费斯鲜明地提出：屈从地位的消除具有极高的价值位阶，足以使得为此作出的价值牺牲具备正当性。他的论述主要从三方面展开。一是社会整合度的牺牲问题。反屈从原则以群体为本位，在一定时期内会强化群体身份认同、挑战社会的整合度。但是，身份认同的源头是共同的屈从地位，反屈从原则消灭这个源头就可以最终弱化身份认同。③因此，社会整合度的牺牲只是一时现象，终将获得弥补。二是其他群体利益的牺牲问题。反屈从原则具有强烈的再分配属性，其优待黑人等做法必然导致利益分布的此消彼长。但是，黑人的处境差于其他任何群体，如果要分步实现福利的普遍上涨，应该从改善境况最差者起步。并且，优待黑人只是在效果上导致其他种族失去机会，这与公然将黑人隔绝在机会之外不可同日而语，并不会造成地位损害。④ 三是社会整体福利的牺牲问题。在就业领域，反屈从原则要求突破择优用人，这必然导致社会整体生产率的损失。对此，费斯认为，以反屈从原则为标准，某些所谓社会整体福利其实并不正当。例如，将某个人群排除出劳动力市场，当然有助于缓解就业机会的稀缺性，有利于其他人群，但这种利益不为法律所承认。即便是正当的整体福利，也会被消灭屈从地位的目标所压倒。⑤ 公民为此付出的牺牲"可以被视作正当的公民义务，这很像为了实现第一修正案的更大目标——维持公共辩论的活力——而要求公民作出的牺牲：名誉

① Owen M. Fiss, "Groups and the Equal Protection Clause", 5 *Phil. & Pub. Aff.* 107, 147—155 (1976); Owen M. Fiss, "Another Equality", in *Issues in Legal Scholarship*, Volume 2, Issue 1 (Aug 2002): The Origins and Fate of Antisubordination Theory, p. 21.

② 费斯因此认为反屈从原则比反归类原则更"坦白"(frankness)。Owen M. Fiss, "Groups and the Equal Protection Clause", 5 *Phil. & Pub. Aff.* 107, 171 (1976).

③ Owen M. Fiss, "Another Equality", in *Issues in Legal Scholarship*, Volume 2, Issue 1 (Aug 2002): The Origins and Fate of Antisubordination Theory, pp. 19—20.

④ Owen M. Fiss, "Groups and the Equal Protection Clause", 5 *Phil. & Pub. Aff.* 107, 163—164 (1976).

⑤ Ibid., 165—166 (1976).

的扭曲和损害”[①]。

尽管反归类原则与反屈从原则差异巨大，但是费斯认为，二者并非完全互斥，而是可以根据一定规则共存。他将反歧视法上的主要制度分成三个顺位。第一顺位的制度是禁止对黑人的公然排斥。该制度无论根据反归类原则或反屈从原则均可证立，故不存在原则的选取问题。第二顺位的制度是禁止某些表面无害的归类标准。反归类原则必须作出较大修补方可证立这一制度，因而适用反屈从原则更佳。第三顺位的制度是优待黑人。该制度与反归类原则冲突尖锐，应适用反屈从原则。[②] 换言之，费斯将反歧视法的各项制度视作一个连续的光谱：伴随顺位的下降，反归类原则的适用性呈递减态势，而对于反屈从原则的需求则愈加强烈。

二、从侵权法模式到宪法模式：反就业歧视法一般理论的中国探索

费斯学说对于中国反就业歧视法的启示是多方面的。中国可以从美国学到什么？答案不应仅仅是理论或制度的某些片段。制度多变、理论常新，观察者与其奋力追赶，毋宁动中取静，寻找共通的、恒定的规律作为抓手。一般理论就是这个抓手。首先，美国经验表明了一般理论对于反就业歧视法的重要意义。费斯不但展示了一般理论对于纷繁复杂的法律实践的解释力，而且将理念与制度之间的张力集中呈现出来，指明了反就业歧视法研究的方向。十年来，中国反就业歧视法的实践从稀缺到纷杂，制度从单纯到复合，理念从一统到分殊。“乱花渐欲迷人眼”，片段式的研究已无法统摄全局，一般理论的探索呼之欲出。其次，美国研究展示了反就业歧视法一般理论的结构和论证方法。费斯构造了反就业歧视法研究的纵深结构：“元问题”是一般理论，一般理论的关键是平等就业的意涵，平等观的根本分歧则在于不同价值的冲突。为了逐步抵达问题的核心，费斯采取了四步论证法：首先概括主流理论——反归类原则，之后提出主

---

① Owen M. Fiss, “Another Equality”, in *Issues in Legal Scholarship*, Volume 2, Issue 1 (Aug 2002): The Origins and Fate of Antisubordination Theory, p. 9.

② Owen M. Fiss, “Groups and the Equal Protection Clause”, 5 *Phil. & Pub. Aff.* 107, 170—172 (1976).

流理论的一些局部的、非致命缺陷，再后指明其总体的致命缺陷并做超越，最后反思超越的产物——反屈从原则。[①]

一般理论的纵深结构与论证方法——而非具体观点——才是费斯研究的精髓，也是中美两国反就业歧视法研究的连接点。本文探索中国反就业歧视法的一般理论，不仅认同费斯对于纵深结构的判断，而且运用类似的论证方法：首先将我国反就业歧视法律与实践的主流概括为“侵权法模式”，之后分析其在乙肝病原携带者维权中的局限，再后揭示该模式对于维护妇女等群体平等权利的根本不足，提出新的平等观，最后讨论新平等观落实为制度、建立“宪法模式”的可能性。

（一）侵权法模式的生成

自 1980 年代中期起，经过《劳动法》与《就业促进法》两大里程碑，中国反就业歧视法形成了“侵权法模式”。该模式分为理念与制度两个方面。在理念上，侵权法模式以用人绩效为单一价值追求，藉此提高用人单位和整个经济体的生产率。在制度上，侵权法模式以用人单位的主观状况为关注核心，要求“净化”人事决策过程，并因此形成五大制度特征：一是倚重诉讼而非监察手段；二是主攻民事而非行政争议；三是认为歧视引发的是侵权之债而非其他类型之债；四是同时主张平等就业权和隐私利益保护；五是突出精神损害而非经济损失赔偿，以人格权而非财产权纠纷立案。个人主义贯穿了理念和制度层面，成为侵权法模式的哲学基础。

1.*《劳动法》与侵权法模式的奠定*

《劳动法》第一次规定了平等就业的法律权利，是当代中国反就业歧视法的正源。[②] 什么是“平等就业”？“平等”乃“歧视”的对称。《劳动法》第 12 条规定：“劳动者就业，不因民族、种族、性别、宗教信仰不同而受歧视。”根据立法者的解释，该条的意义是：“每个劳动者在劳动力市场的求职竞争中具有同等的权利，站在同一起跑线上，享受同等的机会，也就是

---

① 虽然费斯对于批判法学的主要观点并不苟同，但是类似的论证方式俨然已成为批判法学的通法：“综合出正统观点——局部批判——整体批判并超越——对批判的批判。”Robert W. Gordon, “Critical Legal Histories”, 36 *Stan. L. Rev.* 57, 58 n. 3 (1984). 可见，论证方法并不与特定观点相联接，而可为立场不一的论者所采纳。

② 《劳动法》第 3 条的规定。阎天：《重思中国反就业歧视法的当代兴起》，载《中外法学》2012 年第 3 期。

平等竞争。"[1]可见，就业的平等是指竞争机会的平等，平等竞争就是将法律所禁止的因素从人事决策过程中排除出去。

那么，以机会平等为内容的平等就业，其价值追求何在？原劳动部认为：平等就业是为了择优。[2] 而这一观点的依据则是《劳动法》立法的指导思想之一："效率优先，兼顾公平。"虽然这一思想直到《劳动法》出台前夕才获得中央的采纳[3]，但其根源可追溯到1986年发表的《效率优先、兼顾公平——通向繁荣的权衡》一文。[4] 文章提出两种平等观，将"效率"对应到机会均等，将"公平"对应到结果均等。作者认为，作为国家曾经的主流平等观，结果均等"在实践中已走到了它的尽头"，暴露出重大不足：一方面，为了实现公平，不得不将分配的权力集中于国家，限制了劳动者和用人单位的自由，阻碍了劳动力资源通过市场的配置；另一方面，结果均等违背了按劳分配原则，挫伤了劳动者的积极性。合二为一，结果均等的要害就在于降低经济效率。作者主张树立保障效率的新平等观："社会主义平等观的实质——机会均等本身就是一条效率原则。"虽然如此，作者并不主张全盘舍弃公平，而是尝试以责任分配的方式来界定效率与公平、机会均等与结果均等的关系：公平由国家来实现，而企业只负责提高效率，并不承担实现公平的成本。

"效率优先、兼顾公平"在两种平等观——机会均等与结果均等——之间作出了抉择。《劳动法》基本接受了这个抉择，一方面将用人单位的责任限定在保障平等竞争、择优用人，另一方面以专章规定由国家建立社会保障制度。《劳动法》评价人事决策的依据，是选人标准与目标——经济绩效——之间的匹配性，这与费斯笔下的反归类原则并无二致。但是，

---

① 全国人大常委会法制工作委员会国家法行政法室、中华人民共和国劳动部政策法规司、中华全国总工会法律工作部编著：《〈中华人民共和国劳动法〉释义》，中国工人出版社1994年版，第37页。

② 1994年8月31日，原劳动部下发《贯彻〈劳动法〉的依据和需立法的项目》，将1986年颁行的《国营企业招用工人暂行规定》作为《劳动法》第12条的"执行依据"。《暂行规定》通篇未提"平等"或"歧视"，而是强调企业招工必须"择优录用"。可见，原劳动部认为"择优录用"与歧视相对，而与平等相符。

③ 《中共中央关于建立社会主义市场经济体制若干问题的决定》，中国共产党第十四届中央委员会第三次全体会议1993年11月14日通过，第2节、第23节。《决定》是《劳动法》立法的直接依据。

④ 周为民、卢中原：《效率优先、兼顾公平——通向繁荣的权衡》，载《经济研究》1986年第2期。

对于妇女问题,《劳动法》的规定又突破了“效率优先、兼顾公平”。其一,《劳动法》在禁止性别歧视之外,又专门规定了不得歧视妇女;其二,《劳动法》以专章规定了包括产假、职业禁忌在内的女职工的特殊保护;其三,《劳动法》在规定由国家兴办生育保险之外,又将女职工特殊保护的诸多责任赋予用人单位。为什么《劳动法》要打破对各性别的普遍保护?为什么要允许牺牲一些效率?为什么让企业分担实现公平的责任?立法者的回答是:因为女性有特殊的生理困难。[①] 然而问题仍未解决,只不过更换形式:为什么女性的特殊生理困难可以成为打破普遍保护、牺牲效率、将责任加诸企业的理由?有生理困难的劳动者何其多!女性究竟“特殊”在何处,配得上法律的优待?在机会均等的平等观之内,问题无解。

尽管存在无解之题,但在《劳动法》颁布后的十余年间,以用人绩效为追求的平等观并未遇到重大挑战,成为中国反就业歧视法的主流平等观。《劳动法》并未完成这一平等观的制度化。就业歧视行为长期不可仲裁、不可诉讼,也不在劳动监察范围之内。制度的生长、理念与制度的结合,尚有待《就业促进法》来实现。

2.《就业促进法》与侵权法模式的生成

《就业促进法》赋予就业歧视的受害者以诉权,这是侵权法模式下制度生成的关键一步——侵权法模式的全部制度特征可以概括为“以精神损害赔偿为主要诉求的人格侵权民事诉讼”。在很大程度上,这一制度体系是乙肝平权运动与政府法制改革之间持续互动的产物。[②] 乙肝病原携带者的行动策略和话语建构,不仅影响了法律制度的设计,而且影响了司法机关和行政机关对制度的理解。因此,回溯侵权法模式下制度生成的经过,可将乙肝平权运动作为线索。

(1) 平等理念的确立。自 1990 年代末期起,乙肝病原携带者通过虚拟结社等手段,逐步建立起身份的共同体——“乙人”。2003 年,乙人中的积极分子借公共事件发起平权运动,要求修改公务员招录体检中的歧

---

① 全国人大常委会法制工作委员会国家法行政法室、中华人民共和国劳动部政策法规司、中华全国总工会法律工作部编著:《〈中华人民共和国劳动法〉释义》,中国工人出版社 1994 年版,第 39、40 页。

② 对这一互动的详细描述和讨论,见 Tian Yan, *China's Responsive Legal Reform: The Case of Employment Discrimination Law*, J. S. D. Dissertation, Yale Law School, June, 2014。以下除非另行注明,讨论有关事实皆以该文为依据。

视性标准。在理念层面，乙肝平权运动的主张有二：一是乙肝病原携带者并不具有传染性，不会威胁公共卫生；二是乙肝病原携带者身体机能无损，不会影响工作。合二为一，是否携带乙肝病原与正当的目标——公共卫生和用人绩效——之间并无关联，因此乙肝不应成为人事决策的考虑因素，这就是乙人诉求的平等。用人绩效仍然是乙人平等的价值旨趣，行动者显然试图附和《劳动法》奠定的主流平等观。

其实，乙肝病原携带者虽可能长期不发病，但仍有可能在任内转为肝炎病人；一旦发病，不仅传染性剧增，且症状将会影响履职，从而导致用人单位承担批准病假、调整岗位、另聘他人等成本的风险。然而，行动者通过话语建构，刻意隐去了这些影响效率的因素。他们不要求照顾和迁就，只要求择优录用的机会。究其原因，首先当然是为了尽量弱化诉求的再分配属性，争取健康人群的支持。其次也与行动者的骨干多毕业于法学院或从事律师工作有关：他们一方面受到法学界流行的机会平等观念影响，另一方面自身专业背景较强，有能力通过平等竞争获得工作。

(2) 制度改造的进展。理念一经确立，乙肝平权运动就进入制度改造阶段。法律作为乙肝歧视的最大源头，本身便首当其冲地成为改造对象。随着《传染病法》的修订，《公务员录用体检通用标准（试行）》、《就业促进法》和《就业服务和就业管理规定》相继颁行，以及行政部门一系列规范性文件①的发布，法律本身的改造基本告竣。平权运动的重心移向法律实施。个案执法有两大途径：劳动监察和劳动诉讼。而诉讼从第一天起就成为行动者所倚赖的主要途径，其原因可分为实体与程序两个方面。在实体方面，劳动监察部门缺乏释法权限，无力对法律规定不清的歧视概念加以建构；劳动监察仅适用于劳动关系，无力管辖公共部门的就业歧视；劳动监察部门也无权就损害赔偿诉求作出裁决。而在程序方面，劳动监察中法律专业人士发挥作用的空间较小，支持乙肝平权的律师和法律学者无用武之地；劳动监察的持续性、阶段性均不及诉讼，不利于行动者

---

① 主要包括：原劳动和社会保障部《关于维护乙肝表面抗原携带者就业权利的意见》[劳社部发(2007)16号]；人力资源和社会保障部、教育部、原卫生部《关于进一步规范入学和就业体检项目维护乙肝表面抗原携带者入学和就业权利的通知》[人社部发(2010)12号]；原卫生部办公厅《关于加强乙肝项目检测管理工作的通知》[卫办医政发(2010)38号]；人力资源和社会保障部、教育部、原卫生部《关于切实贯彻就业体检中乙肝项目检测规定的通知》[人社部发(2011)25号]；原卫生部办公厅《关于进一步规范乙肝项目检测的通知》[卫办政法发(2011)14号]；等等。

配合案情宣传理念、制造社会影响。此外，劳动监察部门对就业歧视问题的高度审慎，以及美国将私人诉讼用作首要执法工具的制度安排，也对劳动诉讼独大局面的形成起到了作用。

反就业歧视诉讼无非有行政和民事二途。与民事诉讼相比，行政诉讼中法院角色受制更多：其一，法院缺乏受理就业歧视纠纷的法律依据，又不愿轻易开罪行政机关，导致立案难。其二，即便法院立案受理了纠纷，政府的歧视行为往往也有规范性文件为依据。法院无权审查行政规章以上文件的合法性；虽然有权拒绝适用规章及以下文件，通常也因顾虑与行政机关的关系而作罢。其三，即便法院认定了歧视，由于《国家赔偿法》上没有明文规定，法院对于判决赔偿极其谨慎。民事诉讼遂成为反就业歧视诉讼的主要类型。

要提起民事诉讼，就必须将用人单位与受歧视的劳动者之间的关系塑造为某种债的关系。合同之债、缔约过失和侵权之债都曾成为行动者和法官的选项，而侵权之债最终成为主流。与侵权之债相比，其他两个选项各有缺陷。就合同之债特别是违约之债而言，精神损害赔偿并不适用。[①] 并且，违约责任以劳动合同的成立和生效为前提，无法涵盖求职阶段的歧视。就缔约过失之债而言，虽然北京、深圳均有判决援用缔约过失框架，且影响颇大[②]，但是劳动立法终究并未一般性地建立劳动缔约过失责任制度，两地判决的法律依据因而成疑。况且，缔约过失责任的赔偿范围通常只及于信赖利益和经济损失，不包含履行利益和精神损害。[③] 更严重的是，假如用人单位在招录启事中就公然宣称“不招乙肝病原携带者”等，则应聘人无从建立劳动合同将会成立的信赖，不可主张损害赔偿，而故意的歧视恰恰应是法律打击的重点。如此一来，法律构成要件较为清晰、损害赔偿范围较为广泛的侵权之债就成为上佳之选。[④] “侵权法模

① 虽然学界较多支持将精神损害纳入违约责任范围，但是最高人民法院的否定态度并未松动。参见韩世远：《合同法总论》(第 3 版)，法律出版社 2011 年版，第 616—621 页。

② 俞里江：《劳动者在乙肝歧视案中的利益保护》，载《人民司法》2008 年第 24 期；汪洪：《用人单位招工时歧视乙肝病毒携带者的责任认定——深圳中院判决肖春辉诉环胜公司劳动争议纠纷案》，载《人民法院报》2010 年 11 月 4 日。

③ 关于缔约过失不赔偿履行利益，参见王泽鉴：《债法原理》(第 2 版)，北京大学出版社 2013 年版，第 246—247 页。关于缔约过失不赔偿精神损害，参见李宝军：《非财产损害赔偿与缔约过失责任》，载《当代法学》2003 年第 3 期。

④ 笔者掌握判决书的 28 宗反就业歧视案例中，有 23 宗以侵权类案由立案。

式"轮廓渐显。

(3) 理念与制度之间。但是,侵权之债之所以成为中国反就业歧视法的主导性制度框架,根本原因在于它适应了以用人绩效为价值追求的平等观的需要。如果这个条件不具备,那么侵权之债就算具备前文谈及的优势,也不可能获得主导地位。正如反归类原则那样,中国的主流平等观要求将与绩效无关的因素排除出人事决策,其关注焦点在于决策者的主观状态。而侵权之债的过错责任原则恰恰提供了评价主观状态的制度基础。相比之下,违约责任一般属于无过错责任,不评价主观状态。缔约过失责任虽然属于过错责任,但是在劳动合同未达成的情况下,其过错有特定内容,即缺乏通过磋商达成合意的意愿[①],这与大多数就业歧视案件的情况不符。唯有侵权之债下的故意、过失、过错推定和无过错责任形成完整的序列,为法院认定歧视的主观状态提供了充分的空间。

侵犯平等就业权之债是对人事决策的事后评价,歧视的受害者不免有"缓不济急"之感。与其事后否定决策中带入的无关因素,不如事前阻止这些因素进入决策。为此,实务上将乙肝病原携带者的健康信息当做隐私,纳入名誉侵权的保护范围。[②] 正因为名誉权的人格属性,乙肝歧视纠纷的原告多以精神损害赔偿为主要诉求[③],法院也多以人格侵权方面的案由立案。[④] 相比之下,经济损失的赔偿除缔约成本外,尚缺乏法定的标准和范围,获得法院支持的机会不大、程度不高,故非原告主张的重点。[⑤]

---

① 韩世远:《合同法总论》(第 3 版),法律出版社 2011 年版,第 125—127 页。至于可否根据诚实信用原则扩张缔约过失所涵盖的过错内容,实务和学理上尚有争议。

② 隐私利益被当做名誉权的内容,始自《最高人民法院关于贯彻执行〈中华人民共和国民法通则〉若干问题的意见(试行)》第 140 条。原劳动和社会保障部 2007 年即发文提出保护乙肝病原携带者的隐私权。2010 年,人力资源和社会保障部等三部门发出通知,要求乙肝检测必须由受检者提出方可进行。2010 年、2011 年,原卫生部办公厅连续发文,禁止入职体检时检测乙肝,受检者要求检验的权利被限定于在职体检。

③ 笔者掌握判决书的 28 宗案例中,全部提出了精神损害赔偿诉求。18 宗案件的法院认定了侵权存在,其中有 15 宗都判决了精神损害赔偿,获赔率达到 83%。

④ 笔者掌握判决书的 23 宗以侵权类案由立案的案例中,有 15 宗以人格权或隐私类案由立案,有 7 宗为兼顾精神损害和经济损失赔偿诉求而以就业权或更宽泛的侵权类案由立案,仅有 1 宗以财产权纠纷立案。

⑤ 笔者掌握判决书的 28 宗案例中,9 宗的原告提出了缔约成本的赔偿诉求并均获支持。22 宗的原告要求赔偿履行利益或消极损害,其中 14 宗由于法院认定侵权不成立、应先由劳动仲裁管辖等原因而未获支持;获得支持的有 8 宗(获赔率仅 36%),其中只有 6 宗提及损失的计算方法,且观点各异、尚无定论。

主流平等观对于人事决策主观状况的高度关注,同样决定了劳动监察和行政诉讼不可能成为乙肝平权运动所倚重的制度。就劳动监察而言,由于主观状况往往需要通过原被告的多回合对抗来逐步查明,而监察执法缺乏展开对抗的结构条件,所以劳动监察更适合于调查客观而非主观的情况。事实上,《劳动保障监察条例》所列举的、应当承担法律责任的情形,其归责基础均为行为或后果的违法性,至于行为人的主观状况则在所不问。类似地,就行政诉讼而言,由于要求招录机关重做行政行为、录用原告缺乏现实条件(职缺已被递补考生占据),原告一般只能主张国家赔偿。而国家赔偿遵循违法归责原则,同样不评价侵权人的主观状态。[①]与之类似的是:美国联邦最高法院对于国家歧视行为的归责,早先也并不以过错为条件。[②]

总之,以用人绩效为价值追求的主流平等观,贯通了十年来的乙肝平权运动。影响法制的因素纷繁复杂,但是主流平等观是唯一对于中国反就业歧视法五大制度特征都发挥重大塑造作用的因素,也是决定性的因素。理念与制度的结合催生了"侵权法模式",而个人主义则成为理念与制度共同的哲学基础。[③] 虽然平权运动的行动者总是宣称为本群体代言,但是他们所要求的并非整个群体地位的提升。至多可以说:他们并不要求群体各成员的地位同步提高,而是希望遵循绩效原则,能者先就业、先提高地位。行动者的言不由衷,无疑构成巨大的讽刺,也预示着侵权法模式下平等观的危机。

(二)侵权法模式的危机

侵权法模式的危机,首先从乙肝歧视案件显现,到性别歧视争论中则暴露无余。从表面上看,危机发生在制度层面:法院不接受以间接证据证

---

① 参见杨小君:《国家赔偿的归责原则与归责标准》,载《法学研究》2003 年第 2 期。

② 美国联邦最高法院的主要理由包括:尊重立法和行政机关,避免扣"歧视者"帽子;取证困难;即便认定存在主观的歧视,立法和行政机关完全可以换个非歧视的理由重做行为,使得司法审查沦为无用。Daniel A. Farber, William N. Eskridge, Jr. & Philip P. Frickey, *Cases and Materials on Constitutional Law: Themes for the Constitution's Third Century*, 4th ed., West, 2009, pp. 210—211.

③ 《侵权责任法》的立法者明确指出:"过错责任原则的理论基础,是个人主义哲学。"全国人民代表大会常务委员会法制工作委员会编:《中华人民共和国侵权责任法释义》(第 2 版),法律出版社 2013 年版,第 43 页。

明歧视，不承认劳动者有权在健康方面作出虚假陈述，也不支持大额精神损害赔偿请求；男女同龄退休的法律改革尝试接连受挫，大幅延长产假的动议引发争执，反性骚扰的法定义务遭到用人单位抵制；等等。然而，制度危机的根源在于理念危机。侵权法模式所秉持的主流平等观，固守用人绩效的唯一价值追求，无法论证为了用人绩效而牺牲其他价值，更无法论证为了其他价值而牺牲用人绩效。

1. 乙肝歧视案件的难题

(1) 法院只接受以直接证据证明歧视。“证明难”一直是就业歧视诉讼的首要障碍。压倒多数的法院要求原告必须提供证明用人单位具有过错的直接证据，尤其是歧视性言词的记录。[①] 随着用人单位法律风险防范意识的增强，原告取得直接证据越来越困难。用人单位往往并不暴露自己知晓原告携带乙肝病原，或者在通知不予录用时坚决不承认考虑过乙肝因素。有鉴于此，学界一致要求改造证据规则，降低歧视的证明难度：一是允许单纯以间接证据证明歧视；二是适时转移证成责任。具体而言，原告只需以间接证据满足初步证明要求，证成责任就转移给被告；被告如果不能提出人事决策的正当理由，就要承担败诉风险。[②] 这与美国差别对待(disparate treatment)歧视的证明方式非常接近。[③] 确有少数法院接受了学界意见。[④] 然而，绝大多数法院仍持观望态度，并不放松直接证据要求，也不愿意打破“谁主张、谁举证”的民事诉讼一般规则。原因何在？

回答这一问题，需要反思学界方案的实质。学者的观点假定：无论采信直接还是间接证据，也无论证成责任如何分配，证明的对象都是一样的——用人单位的主观过错。而这个假设大可商榷。对于以直接证据证明歧视的案件来说，用人单位过错的性质是故意：其对于乙肝病原携带者遭到不利对待持希望、至少是放纵态度。而在学者的改革方案中，胜败的

---

① 笔者掌握判决书的28宗案例中，除1宗未提歧视的证明问题以外，剩余27宗中，有7宗通过用人单位当庭承认来认定歧视存在，14宗通过劳动者提交用人单位具有歧视性的言词证据来认定。只有6宗完全不涉及直接证据。

② 例如，蔡定剑教授生前主持拟定的《反就业歧视法(专家建议稿)》第46条，载蔡定剑、刘小楠主编：《反就业歧视法专家建议稿及海外经验》，社会科学文献出版社2010年版，第19—20页。

③ 参见Steven J. Kaminshine：《差别对待歧视理论：重述的必要》，载阎天编译：《反就业歧视法国际前沿读本》，北京大学出版社2009年版，第45页。

④ 典型者如俞里江：《劳动者在乙肝歧视案中的利益保护》，载《人民司法》2008年第24期。

关键在于人事决策是否有正当理由。换言之,法律命令不再是禁止歧视的故意,而是要求用人单位在作出涉及乙肝病原携带者的人事决策时,提高注意水平:从通常无需顾虑理由正当与否(亦即不受限制的用人自主权),提升到必须有正当理由。[①] 违反注意义务的效果是认定过失。[②] 学界方案的实质是将歧视的主观要件从故意降低为过失——不仅是程序规则之变,更是实体规则之变,是对用人自主权的进一步限制。如果说,法院有权为矫正劳动者举证能力劣势而改造程序规则,那么,实体规则的改造同样需要从价值上论证:用人绩效何以如此重要,以致现行的故意歧视制度都不够用、还要求建立过失歧视制度来进一步限制用人自主权?显然,主流平等观无法提供论证依据。在美国,反归类原则解决类似问题的办法是引入价值位阶的判断——而这已然越出工具主义的内核,属于"上层建筑"了。

(2)就乙肝问题所做的不实陈述被认定为欺诈。乙肝病原携带者求职时,往往遭遇用人单位询问健康状况。例如,是否携带乙肝病毒,是"大三阳"还是"小三阳",等等。实务上公认:携带乙肝病毒的情况并不属于劳动者如实说明义务的范围。[③] 其论证逻辑是:《劳动合同法》第8条将如实说明内容限于"与劳动合同直接相关的基本情况",而"与劳动合同直接相关"就是与履职能力相关。是否携带乙肝无关履职能力,不仅不在说明义务之内,而且为了防止求职者携带乙肝这一信息进入人事决策过程,还需将其作为隐私保护起来。[④] 据此,劳动者享有拒绝告知的权利。这与追求用人绩效的主流平等观完全一致。但是,"不说"的权利不等于"说假话"的权利。劳动者如果并不拒绝回答,而是告知虚假信息,为何不构

---

① 美国学者对差别对待和差别结果歧视中被告法律义务的实质作出了相同解读。Richard Thompson Ford, "Bias in the Air: Rethinking Employment Discrimination Law", 66 *Stan. L. Rev.* 1381, 1396—1403 (2014)。有人据此提出"过失歧视"的概念。David Benjamin Oppenheimer, "Negligent Discrimination", 141 *U. Pa. L. Rev.* 899 (1993).

② 此系《侵权责任法》立法者观点。并且,我国法律上也有提高特定情况下注意义务的先例。全国人民代表大会常务委员会法制工作委员会编:《中华人民共和国侵权责任法释义》(第2版),法律出版社2013年版,第46—47页。

③ 例如,严奇荣:《何谓"劳动者的如实说明义务"》,载《中国劳动保障报》2008年3月25日。

④ 立法者即认为,《劳动合同法》第8条"主要是为了防止用人单位侵害劳动者的隐私权"。全国人民代表大会常务委员会法制工作委员会编:《中华人民共和国劳动合同法释义》(第2版),法律出版社2013年版,第29页。

成欺诈，使得用人单位在违背真实意思的情况下签约，从而导致劳动合同无效？[①]

对于这个问题，可以有三种解释。第一种解释来自某些法官：构成欺诈的要件之一是隐瞒或不实陈述内容与履职能力相关。虚假陈述只要不涉及履职能力，就不构成欺诈。[②] 然而，这种观点假定：用人单位决策是否聘用某人，只考虑履职能力。事实上，履职能力以外的因素当然也会影响决策。只要这些因素并不被法律所禁止，就是正当的。例如，在若干履职能力相当的求职者中，某人谎称系用人单位领导亲属，于是脱颖而出、获得聘用。按照法官的逻辑，一旦谎言被揭穿，用人单位不能以欺诈为由主张劳动合同无效，这显然是荒谬的。第二种解释是：构成欺诈的另一要件是违背用人单位真实意思。此处用人单位发问的目的在于排斥乙肝病原携带者，其真实意思具有歧视性，不受法律保护。然而，法律在认定欺诈时，并不评价真意本身是否合法，只关心真意是否遭到违背。打击歧视故意自有法定途径，不应以非法打击另一非法。只有最后一种解释可以说得通：如果劳动者拒绝告知携带乙肝病原的情况，则用人单位几乎可立即推断拒绝是为了掩饰，乙肝因素也几乎肯定会进入人事决策，导致歧视。这与整个隐私保护的思路一致。然而，为了实现用人绩效、保护乙肝隐私，为什么可以甚至必须违反《劳动法》第 26 条的文义，牺牲用人单位根据真实意思缔约的用人自主权？主流平等观再次面临挑战：在追求用人绩效之外，如何确定各价值的位阶？

（3）获得支持的精神损害赔偿金额偏小。精神损害赔偿是就业歧视案件原告的主要诉求。但是，法院判赔的精神损害金额通常只占诉求数目的很小比例，绝对数量一般也仅数千元。[③] 原因何在？法院的理由可概括为：乙肝歧视所造成的精神损害并不严重。[④] 虽然法律并未明确判

---

① 《劳动合同法》第 26 条规定："下列劳动合同无效或者部分无效：（一）以欺诈、胁迫的手段或者乘人之危，使对方在违背真实意思的情况下订立或者变更劳动合同的；……"

② 牛元元（北京市朝阳区人民法院）：《法律辩弈：职场隐婚 VS 就业歧视——北京朝阳法院判决志荣维拓公司诉徐娜娜劳动争议案》，载《人民法院报》2014 年 5 月 1 日。

③ 笔者掌握判决书的 28 宗案例中，有 15 宗判决了精神损害赔偿，总金额 8.8 万元，仅占诉求金额的 14%左右，平均每宗案件获赔不足 6000 元。

④ 损害的严重性是精神损害赔偿的必要条件。《侵权责任法》第 22 条、《最高人民法院关于确定民事侵权精神损害赔偿责任若干问题的解释》第 8 条。有的法院认为，由于损害轻微，判决赔礼道歉即足以弥补。

断损害严重与否的标准，但是有的法院将受歧视者的再就业当做重要的考虑因素：因为歧视而求职受挫后，如果找到其他工作，并且另找工作所费时间不多，则精神损害并不严重。也就是说，歧视之所以会造成精神损害，是由于找不到工作的事实本身，而非找不到工作的缘由——歧视。遭到歧视的求职者只要有了工作，精神就不再痛苦——这和其他怀才不遇的人的痛苦没什么不同。法院的观点符合主流平等观：法律所救济的精神损害的成因仅限于没有按照自身绩效获得评价。

可见，破解精神损害赔偿支持数额偏小问题的关键，在于论证歧视所造成损害的严重性。原告大多求助于医学，希望将精神损害诊断为精神病变，从而完成严重性的证明。但是，实际达到病变程度的案例很少，而未病变的事实反过来被用人单位当做损害不严重的证据。唯一的出路在于：论证歧视受害者遭受了其他怀才不遇者所不曾遭受的损害。普通怀才不遇者即便偶遇挫折，只要另寻开明的用人单位，或者提高个人绩效竞争力，总能够摆脱困境。然而乙肝歧视的受害者却不能。由于乙肝歧视普遍存在，即便另寻工作，也很可能再度遭遇歧视；由于乙肝并不能够治愈，受害者也无法通过改变自身条件来避免歧视。于是，乙肝歧视的受害者陷入近乎绝望的状态，这与普通怀才不遇者“偶尔的痛苦和不高兴”① 不可同日而语。任何一次歧视都会催生和加重这种绝望，歧视者因此应付出更多的精神损害赔偿。这一观点美国法上的“过去歧视”理论可谓异曲同工。然而，上述论证突破了以用人绩效为价值追求的平等观：其一，上述论证将歧视是否遍在、引发歧视的特质是否可以改变用作评价精神损害的标准，而主流平等观在决定精神损害时只考虑是否怀才不遇，无法涵盖其他因素。其二，绝望情绪并非全由某一用人单位造成，而是社会整体环境及多次负面体验累积的产物。让某一用人单位承担先前歧视者乃至整个社会的行为后果，违背了自己责任原则，突破了主流平等观的哲学基础——个人主义。至此，主流平等观在乙肝歧视案件中的危机已充分暴露。

2. 保护群体转换的困境

乙肝平权运动在法律改革上取得的成就引人瞩目。包括妇女、残疾

---

① 全国人民代表大会常务委员会法制工作委员会编：《中华人民共和国侵权责任法释义》（第 2 版），法律出版社 2013 年版，第 123 页。

人、同性恋者、艾滋病毒携带者等在内的许多其他社会群体，都尝试复制乙肝平权运动的经验。他们不仅学习了乙肝平权运动的组织、话语和行动策略，而且在一定程度上接受了以用人绩效为价值追求的平等观。乙肝歧视案件的难题大多源于为了用人绩效而牺牲其他价值，而新群体所抛出的价值危机要尖锐得多：他们要求为了其他价值而在一定程度上甚至大幅牺牲用人绩效。价值危机集中反映在方兴未艾的妇女平权运动之上。

(1) 退休年龄歧视之争。早在新中国成立后不久，我国就确立了强制退休制度，规定男性60岁退休，女干部55岁退休，女工人50岁退休。改革开放以后，国家多次出台文件，允许处级以上女干部和女性专业技术人员将退休年龄延长到60岁。然而，大部分用人单位仍然强制女干部在55岁退休。[①] 学界普遍认为，男女不同龄退休构成性别歧视。论者努力将男女同龄退休的正当性建立在用人绩效之上：女性年过半百之后，婚育和家庭负担减轻，且工作经验丰富，工作能力更强；如果强制退休，不但剥夺了女性根据自身能力就业的机会，而且阻止了用人单位录用高绩效的女性员工。问题在于：工作能力因人而异，为什么以对中年女性工作绩效的总体估计，代替用人单位针对每位员工的具体分析？这会让绩效判断失准，也违背了个人主义的取向。一些地方的解决方案是将退休最迟年龄的决定权部分还给劳资自治：女干部满55周岁、女工人满50周岁后，经过协商，既可以延长到60岁退休，也可以提前退休。

然而，女性的最迟退休年龄既然已经统一，最低退休年龄为什么仍要区分女干部和女工人？干部与工人之别，是基于身份而非绩效，为什么不构成歧视？与女干部大多从事脑力劳动相比，女工人主要从事体力劳动甚至重体力劳动。这种劳动对劳动者身体损耗较大，导致女工人的劳动绩效到一定年龄后即呈下降趋势，年龄较大的女工人很容易失去与年轻人竞争的能力。可见，要求女工人比女干部提前退出职场符合绩效考量，并不构成歧视。然而，既然最迟退休年龄可以具体分析，那么最低退休年龄为什么仍要“一刀切”？国家和地方在这一问题上从未退让，其原因可

---

① 参见退休年龄问题研究课题组：《退休年龄问题研究报告》，载刘小楠主编：《反就业歧视的策略与方法》，法律出版社2011年版，第317页。以下除非另行注明，引用有关事实及学界观点均源于此文。

用美国法上的“行政便利”来解释：如果允许劳资协商确定最低退休年龄，会给国家行使养老保险征管、社会救助等职能带来诸多不便，产生成本。但是，为什么可以为了降低行政成本而牺牲用人绩效？主流平等观无法解释。

(2) 生育成本分担之争。妇女生育会影响工作能力。根据“效率优先，兼顾公平”的原则，企业人事决策应当只考虑用人绩效，生育成本应当由政府来承担才算公平。生育保险制度就集中体现了政府办社会、负担生育成本的职能。最近更有论者提出：为了减轻用人单位对于女员工生育的顾虑，应当将产假延长为3年，期间由社会保险基金支付生育津贴。[①] 根据这一方案，女员工怀孕、生育、哺乳期间均不在岗，用人单位无需依《女职工劳动保护特别规定》提供减轻劳动量、调换合适岗位、安排休息、设置育婴室等便利，而这些便利所带来的用人成本与用人绩效是矛盾的。因此，这一方案减轻了女性劳动者工作能力的劣势，使得她们在面对追求用人绩效的单位时获得了更大的竞争力，而并不违背主流平等观。然而，即便生育保险能够均摊部分成本，只要女员工休产假，用人单位就不得不找人替工，付出招聘或调岗的成本；产假期满后复职，用人单位又需要安置替工者。用人单位既然以用人绩效为唯一追求，为什么无权以拒招或解聘女工来规避这些成本？问题的关键仍然在于：为什么可以为了女职工生育而牺牲用人绩效、违背主流平等观？

(3) 职场性骚扰之争。禁止职场性骚扰写入了修订后的《妇女权益保障法》《女职工劳动保护特别规定》又确立了用人单位预防和制止性骚扰的义务。学界通说认为性骚扰侵犯平等就业权，是性别歧视的一种。那么，首当其冲的疑问是：性骚扰系男员工所为，为何要求用人单位承担注意义务？[②] 诚然，男员工实施性骚扰，可能使得被骚扰者情绪低落、工作能力下降。纯为用人绩效考虑，用人单位也应遏制性骚扰。但是，这一论证的当然推论是：追究单位责任须以被骚扰者绩效下降为要件。这不仅很难证明，而且分明将女员工视作纯粹的工作机器，有否定其人格之嫌。

---

① 邹乐：《人大代表建议产假延长至3年》，载《北京晨报》2014年8月11日。

② 不履行这种注意义务就构成组织过失，用人单位可能因此承担法律责任。参见班天可：《雇主责任的归责原则与劳动者解放》，载《法学研究》2012年第3期。

为此，学者将禁止性骚扰的论证视角从加害人转向受害人[①]，主张性骚扰与侮辱、猥亵、强奸妇女等行为一样，都损害了妇女的人格，应受到制裁。这已经超出了"只问绩效，不顾人格"的主流平等观。并且，强奸入罪，侮辱猥亵也至少可以给予治安处分；而性骚扰并非犯罪，通常也不可给予治安处分，推论便是性骚扰对人格法益的损害最轻。这会给受害人寻求精神损害赔偿带来困难：性骚扰所致精神损害的赔偿应低于侮辱猥亵的赔偿。对此，受害人可以主张：性骚扰所致精神损害可能大于侮辱猥亵。虽然侮辱猥亵所造成的一次性精神损害更大，但毕竟不常发生，受害人总有事过境迁、甩掉思想包袱的机会。而性骚扰行为正如乙肝歧视一样，几乎是一种遍在。[②] 每一次性骚扰都会提醒受害人无处可逃，这种绝望情绪才是侮辱猥亵的受害者很少会有的。然而，也正如乙肝歧视的精神损害论证一样，这一观点让用人单位承担先前骚扰者乃至整个社会的行为后果，进一步突破了"只问绩效，不顾人格"的主流平等观。

综上所述，侵权法模式的所有危机——无法论证为了用人绩效而牺牲其他价值，也无法论证为了其他价值而牺牲用人绩效——都迫切需要通过引入新原则、建立价值位阶来实现，而这恰恰是追求单一价值的主流平等观所无法实现的。

（三）走向宪法模式？

侵权法模式的危机，关键在于主流平等观的局限，这种局限又源自价值追求的单一性——只图用人绩效，无法处理用人绩效与其他价值的冲突。这与美国反归类原则的缺陷是一致的。虽然反归类原则在表面上只讲求工具理性，并不亮明价值取向，但是费斯鞭辟入里地指出了工具理性所力图掩饰的价值矛盾。掩盖是徒劳的，只会削弱法律对于价值矛盾的调节能力，减损法律的权威。从 1930 年代的法律现实主义者批评法律形

---

① 美国反歧视法上亦有从"延续歧视者的视角"到"受害人视角"的转变。Alan David Freeman, "Legitimizing Racial Discrimination through Anti-discrimination Law: A Critical Review of Supreme Court Doctrine", 62 *Minn. L. Rev.* 1049, 1052—1057 (1978).

② 何瑞琪、穗妇宣：《九成女大学生身边有过性骚扰》，载《广州日报》2014 年 6 月 13 日。

式主义[①]，直到批判法学和当代自由派法学家批评法律过程学派[②]，这一观点可谓一以贯之。

费斯认为，克服反归类原则的缺陷必须具备两个条件：一是树立新的平等观，二是让新的平等观成为中介原则，也即主流的宪法解释，以落实宪法的方式贯彻到制度和个案当中。对于中国而言，解脱侵权法模式的危机，同样需要树立以改善弱势群体地位为价值追求的新平等观。对于牺牲其他价值、保证用人绩效的情形，新平等观能够论证牺牲的正当性，加固主流平等观；而对于牺牲用人绩效，保证其他价值的情形，新平等观同样能够论证牺牲的正当性，克减主流平等观。群体的弱势属性越强，为改善其弱势地位而牺牲用人绩效的程度就越深，新平等观对于主流平等观的克减就越重。

费斯的论述展现了新平等观经由宪法实现制度化的诱人前景。新平等观的"宪法化"，既需要在我国 1982 年《宪法》（以下简称《八二宪法》）中寻得足够的依据，又需要说服行宪机关，启动行宪机制。我国宪法文本和实践提供了建立反就业歧视法宪法模式的可能。

1. 新平等观的理念与制度

为了克服侵权法模式的危机，中国反就业歧视法应当从反思主流平等观入手，参考反屈从原则，建立以改善弱势群体地位为价值导向的新平等观。"弱势群体"的概念与费斯的用法基本相当。它首先是"群体"：既可以是基于某种自然属性而生，如乙肝病原携带者、妇女，也可以是由于社会建构而来，如干部、工人，更多的时候则兼具区别于其他人群的自然和社会特质，如进城务工人员。它又居于"弱势"：与其他人群比较，不仅处在较低层级、占有较少资源，而且地位长期得不到改变。任何加重或延续群体弱势地位的人事决策，都违反新平等观，应受反就业歧视法打击。

新平等观信守群体本位，偏一保护弱势群体，追求地位改善，要求矫正人事决策的消极效果。而主流平等观遵从个人主义，对所有人一视同

---

① 有关文献选编为 William W. Fisher III, Morton J. Horwitz & Thomas A. Reed (eds.), *American Legal Realism*, Oxford University Press, 1993.

② 批判法学对法律过程学派的批评，例如 Morton J. Horwitz, *The Transformation of American Law, 1870—1960: The Crisis of Legal Orthodoxy*, Oxford University Press, 1992。当代自由派法学家对法律过程学派的批评，例如 Robert Post, "Theorizing Disagreement: Reconceiving the Relationship between Law and Politics", 98 *Cal. L. Rev.* 1319 (2010).

仁,追求用人绩效,要求排除人事决策的无关因素。二者的差异可谓一目了然。不过,在不涉及价值冲突和选择的时候,适用哪种平等观的效果并无区别,二者可以相互替代。毕竟,正如费斯所言,群体与成员的福祉相互依存,如果主流平等观命令改善个人处境,那么对于提高群体地位也会有所裨益。然而,当价值冲突显露出来的时候,就需要同时适用两种平等观。一方面,对于需要为了用人绩效而牺牲其他价值的情形,新平等观能够为牺牲提供依据,从而扫除主流平等观的适用障碍。例如,将歧视的主观要件从故意降低为过失,以及将乙肝病原携带者的陈述义务从可以拒绝陈述降低为可以虚假陈述,都会进一步限制用人自主权,也都可以视作为改善乙肝病毒携带者群体的弱势地位而付出的必要代价。另一方面,对于需要为了其他价值而牺牲用人绩效的情形,新平等观同样能够为牺牲提供依据,从而克减主流平等观的适用范围。例如,让用人单位分担生育成本、赔偿因先前歧视和性骚扰所造成的损失,均可视作改善妇女和乙肝病原携带者地位的要求;为了便利行政机关改善妇女地位,即便对妇女最低退休年龄"一刀切"、禁止结合个人情况具体分析,也是值得的。并且,新平等观克减主流平等观的程度根据群体属性而有所区别。费斯就意识到:各群体的弱势程度不同,矫正时应优先改善"特别弱势群体"(specially disadvantaged group)——黑人——的处境。[①] 进一步地,可以将群体依其弱势程度排列成谱系:群体的弱势越严重,往往就需要更大程度地牺牲用人绩效,方可改善其地位,则新平等观对于主流平等观的克减就越重。

2. 新平等观的"宪法化"?

新平等观如何落实到制度上,成为中国反就业歧视法的指针,从而建立理念与制度合一的新模式?当费斯提出反屈从原则的时候,他毫不犹豫地诉诸美国《宪法》。唯有美国《宪法》能够落实反屈从原则的制度改造蓝图。这是因为《宪法》居于法律体系的顶端,具有最高的法律效力;也是因为《宪法》文本、修宪和释宪历史等可以支撑反屈从原则作为中介原则的地位。反屈从原则的"宪法化"由此分成两个逻辑步骤:首先要在诸多平等观的竞争中胜出,然后要将反屈从原则输入执行宪法的机器。

① Owen M. Fiss, "Groups and the Equal Protection Clause", 5 *Phil. & Pub. Aff.* 107, 155 (1976).

费斯的局限性恰恰在于：他既没有充分论证反屈从原则比其他平等观更合乎《宪法》，也没有说服联邦最高法院，启动美国最重要的行宪机制——宪法裁判。费斯论证的薄弱性尤其体现在：没有讲清为什么可以因为反屈从而牺牲社会整合度、其他群体利益和社会整体福利。对于社会整合度的损失，他认为只是一时的问题，却没有论证如何确定"一时"的长度。例如，纠偏行动何时应当停止，以免矫枉过正？[①] 对于其他群体利益的损失，他认为效果上的排斥和主观上的公然隔绝不可等量齐观，却忽视了反屈从原则恰恰以结果为导向。[②] 而对于社会整体福利的损失，他认为应将承担损失定为公民义务，却回避了最基本的损益权衡问题。[③]《平等保护条款之群体观》发表后的数十年间，自由派宪法学者致力于加强费斯论证的薄弱环节，但是说服最高法院的努力收效甚微。这当然有说理不足的缘故，也和渐趋保守的最高法院自有价值判断并不那么"讲理"有关。

"宪法化"是新平等观在中国落地的可行路径吗？"宪法模式"可能成长为与侵权法模式并立的理念和制度框架吗？答案同样取决于两个条件：新平等观能否在《八二宪法》中找到足够依据，以及能否将新平等观输入我国的行宪机制。对此，谨慎的乐观似乎是最合理的态度。

(1) 新平等观的《八二宪法》依据。《劳动法》和《妇女权益保障法》承认《八二宪法》为立法依据，从而建立了我国反就业歧视法与《八二宪法》之间的联系。我国学界寻找反就业歧视法的宪法依据，均以行文类似美国《宪法》平等保护条款之故，诉诸《八二宪法》第 33 条第 2 款的规定："中华人民共和国公民在法律面前一律平等。"但是，该款究竟仅适用于法律执行，抑或同样适用于法律制定，学界有争论，且与实务界观点分歧甚大。其实，《八二宪法》较之美国的优势之一，便是大量明文规定了妇女和劳动

---

① 关于矫正时效问题的重要讨论见于 Paul Gewirtz, "Choice in the Transition: School Desegregation and the Corrective Ideal", 86 *Colum. L. Rev.* 728 (1986).

② 一些利益受损的群体即"以其人之道还治其人之身"，主张对黑人的优待构成对自身的反向歧视。参见 Charles A. Sullivan, "Circling Back to the Obvious: The Convergence of Traditional and Reverse Discrimination in Title VII Proof", 46 *Wm. & Mary L. Rev.* 1031 (2004).

③ 由此引发了反歧视法是否有效率之争。参见 John J. Donohue III, "Is Title VII Efficient?", 134 *U. Pa. L. Rev.* 1411 (1986); Richard. A. Posner, "The Efficiency and the Efficacy of Title VII", 136 *U. Pa. L. Rev.* 513 (1987); John J. Donohue III, "Further Thoughts on Employment Discrimination Legislation: A Reply to Judge Posner", 136 *U. Pa. L. Rev.* 523 (1987).

问题。寻找新平等观的宪法依据,应当采用体系解释,推究文本内各条款之间的关系。[①]《八二宪法》支持新平等观的内容可分为两个方面:

第一,《八二宪法》在公民权利的普遍保护之外,支持对特定群体的偏一保护。这突出反映在关于妇女群体的规定:《八二宪法》不仅保障妇女"享有同男子平等的权利",而且特别提出培养妇女干部、保护母亲、禁止虐待妇女。[②]《劳动法》上偏一保护妇女的条款与《八二宪法》相呼应。偏一保护否定了主流平等观的绝对个人主义和用人绩效导向,为群体本位和地位改善导向的新平等观开辟了空间。

第二,《八二宪法》中突出劳动的政治和社会意义,为新平等观克减主流平等观、超越单纯的经济绩效目标提供了依据。正如论者指出的,如果将《八二宪法》上的"劳动"等同于"劳动权",进而等同于《劳动法》所建构的劳动关系中的权利,就陷入了方法论的误区。[③] 更根本地,这种释宪思路将劳动矮化为劳动契约的标的,不仅为用人单位待价而沽只论绩效的做法提供了依据,而且剥离了劳动的政治和社会意涵,违背了《八二宪法》的规定。[④] 无论在中国还是美国,宪法视野下的劳动从来不仅仅是谋生手段。美国宪法精神的开创者将工作与公民身份(citizenship)联系起来,主张工作取酬是获得和保有公民身份的必要条件。他们既反对"不劳而获"的贵族,也反对"劳而不获"的奴隶,否定了欧洲的贵族制和奴隶制;他们将工作视为美德和劝诫,否定了基督教将工作视为原罪之罚的消极观点。这种主张被称为"社会公民身份"(social citizenship)理论。它虽然没有明文写入《宪法》,但是被各地移民所接受,成为维系美国共同体的隐性传统,并被视作美国对世界宪政的重要贡献。[⑤] 而《八二宪法》褒扬劳动,主张劳动光荣,提倡"爱劳动",不但将参加劳动视作国家伦理,而且明

---

① 参见 Adrian Vermeule & Ernest A. Young, "Hercules, Herbert, and Amar: The Trouble with Intratextualism", 113 *Harv. L. Rev.* 730 (2000).

② 《八二宪法》第 48 条、第 49 条。

③ 王德志:《论我国宪法劳动权的理论建构》,载《中国法学》2014 年第 3 期。

④ 对《八二宪法》中劳动的政治意涵的开示,见王旭:《劳动、政治承认与国家伦理——对我国〈宪法〉劳动权规范的一种阐释》,载《中国法学》2010 年第 3 期。

⑤ 参见茱迪·史珂拉:《美国公民权:寻求接纳》,刘满贵译,上海人民出版社 2006 年版。在传统政治日益衰败的当代,职场日益成为公共生活的重心,培养公民美德、维系共同体都有赖于职场内的融合。这使得劳动的社会政治意义更加突出。参见 Cynthia Estlund, *Working Together: How Workplace Bonds Strengthen a Diverse Democracy*, Oxford University Press, 2003.

确以劳动为获得公民身份的条件——劳动是公民的义务。[①] 在国家秩序的建构上，劳动纪律如同法律和道德一样不可或缺，发挥支柱作用。[②] 因此，如果为了用人绩效而造成某些劳动者被排斥在职场之外的后果，为了劳动的经济价值而否定其社会和政治价值，不仅会损害劳动者的政治和社会人格，而且会伤及共同体的伦理和秩序基础。此时，引入新平等观、克减主流平等观的做法就获得了正当性。

但是，《八二宪法》又规定了"各尽所能，按劳分配"[③]，这与主流平等观"量能就业"的取向相吻合。由于《八二宪法》的承认，量能就业不再仅仅是劳动契约的原则，而是具备了对于共同体的一般意义。换言之，用人单位以绩效为标准作出人事决策时，不仅促进了自身利益，而且帮助了国家目标的实现。如此一来，该条款与劳动政治社会意义条款之间存在冲突。围绕这个冲突必然发生漫长的宪法对话和解释之争，新平等观能否最终胜出尚且未卜。

（2）新平等观与行宪机制的启动。如果新平等观能够在宪法平等的解释之争中胜出，那么如何将其输入我国的行宪机制，展开广泛的平权改革？与美国显著不同的是，我国法院包括最高人民法院都不是我国行宪机制的主要部分。[④] 其主要原因大概并不在于法院不愿讨论宪法解释[⑤]，而在于法院缺乏行宪的机构胜任力（institutional competence）。[⑥] 与此相反，全国人大和国务院虽然远比法院有行宪能力，但是长期缺乏讨论宪法解释的意愿。[⑦] 中国的现状不仅与传统的、"司法中心主义"的行宪理念[⑧]不合，也与美国近年兴起的、强调立法和行政部门行宪角色的"部门宪政

---

① 《八二宪法》第 24 条、第 42 条。

② 《八二宪法》第 53 条。

③ 《八二宪法》第 6 条。

④ 通过激活"违宪审查"来建构反就业歧视法的尝试均遭遇挫折。参见周伟、李成、李昊等编著：《法庭上的宪法——平等、自由与反歧视的公益诉讼》，山东人民出版社 2011 年版。

⑤ "齐玉苓案"等反映了法院释宪的强大冲动。

⑥ "机构胜任力"的观念兴起于 20 世纪初叶的美国公法思想，并为后来的法律过程学派等所继承和发展。William N. Eskridge, Jr. & Philip P. Frickey, An Historical and Critical Introduction to The Legal Process, in Henry M. Hart Jr. & Albert M. Sacks, *The Legal Process: Basic Problems in the Making and Application of Law*, Foundation Press, 1994, pp. lix—lxii.

⑦ 唯一的例外可能是全国人大对准宪法——《香港基本法》的活跃解释。

⑧ 对中美法学界司法中心主义行宪理念的批评，见田雷：《重新发现宪法——我们所追求的宪法理论》，载强世功主编：《政治与法律评论》（2010 年卷），北京大学出版社 2010 年版，第 253 页.

主义”观点[①]不合。如此看来,行宪机制的启动似乎无解,新平等观的落实近乎绝望。

但这并非生活的全部。行宪不是国家的禁脔。行宪机制应当、且已经包括民众。随着宪政观念的深入人心,《八二宪法》在公共讨论中的能见度明显提高。越来越多的群体将诉求论证为《八二宪法》的要求,期望凭藉《八二宪法》的最高政治和法律效力加以实现。[②] 宪法诉求虽然法律意义微弱,但是由于民众支持,其所包含的政治和道德力量日增,往往促使国家作出回应。[③] 正是在国家与民众之间诉求—回应的不断循环中,宪法的意涵得以开示和更新。如果新平等观能够进入这一循环,未尝没有获得国家支持、落实到制度层面的机会。理念与制度相结合的、反就业歧视法的“宪法模式”就有了生成的可能。

这并不是空想。即使在司法审查传统深厚的美国,民众在行宪机制中也不曾缺席。动员起来的民众或者通过压倒多数的选举彰显力量,唤起各个国家机关的响应,协力缔造行宪的“宪法时刻”[④];或者在最高法院大法官遴选之争中展现意志,促使总统和国会服从民意,改变最高法院的阵型和版图,将宪法审查引向民众欲求的方向。[⑤] 更重要地,美国民众发起许多绵延多年的社会运动,通过同一主题的连串案例和事件,与各个国家机关不断沟通,锲而不舍地渗透和改造行宪机关对于宪法意涵的认知,并最终落实在立法、判例和行政决策中。[⑥] 这可称作行宪的“宪法对话”模式。如果说,中国并没有“宪法时刻”这样一举而定乾坤的机遇,那么,至少“宪法对话”这样润物无声、滴水穿石的路径,对于中国并非完全的奢侈品。

宪法对话是实现新平等观的行宪机制。它的运转取决于两个条件:

---

① 强调立法部门行宪角色的如:William N. Eskridge & John Ferejohn, *A Republic of Statues: The New American Constitution*, Yale University Press, 2010;强调行政部门行宪角色的如:Sophia Z. Lee, “Race, Sex, and Rulemaking: Administrative Constitutionalism and the Workplace, 1960 to the Present”, 96 *Va. L. Rev.* 799 (2010).

② 近年的“《物权法》违宪之争”和“异地高考之争”都是例证。

③ 学者将民众影响下的行宪概括为“公民行宪”。见张千帆:《宪法实施靠谁?——论公民行宪的主体地位》,载《比较法研究》2014 年第 4 期,第 1 页。

④ Bruce Ackerman, *We the People, Volume 3: The Civil Rights Revolution*, The Belknap Press of Harvard University Press, 2014.

⑤ Jack M. Balkin & Sanford Levinson, “Understanding the Constitutional Revolution”, 87 *Va. L. Rev.* 1045 (2001).

⑥ Reva B. Siegel, “Constitutional Culture, Social Movement Conflict and Constitutional Change: The Case of the de facto ERA”, 94 *Cal. L. Rev.* 1323 (2006).

一是社会动员，将新平等观阐释为《八二宪法》的愿景，将民众集合在《八二宪法》的旗帜下；二是官民互动，推动民众与政府的相互交流、学习、磨合和妥协，让新平等观成为公共生活的议题，让《八二宪法》成为公共讨论的文法，潜移默化地进入法治体系。由是观之，宪法对话需要宪法的阐释者，需要民众的组织者，需要立法和行政规则制定中的公众参与，需要政协和其他机关的协商民主，需要舆论监督，需要理性讨论，需要开放的治道，以及最重要地——需要耐心。对于中国反就业歧视法来说，过去十年那样“高歌猛进”的时代已然结束。下一个时代会是怎样？最可能的答案是：通过宪法对话，落实新平等观，建立中国反就业歧视法的“宪法模式”。

结语：重新思考“持续的平权改革”

“中国需要持续的平权改革”[①]——这可称得上中国反就业歧视法研究者和行动者的共识。从乙肝平权运动起算，这场改革已经走过了十年历程。随着平权运动的不断展开和深入，其内部的张力愈发显著。越来越多的行为被主张成歧视，越来越多的人群要求平等保护，越来越多的主体参与平等观的塑造。矛盾、断裂乃至冲突，而非融贯、连续以及和谐，日益成为这场运动带给研究者的主要观感。一切的矛盾都来自“平权”的“持续”：时间的推移不断展拓平等的疆土，不但令其边界愈发模糊，而且使得核心与边缘、本质与外延之间的联系趋于松散——平等碎片化了，改革随之碎片化。碎片化损害了改革的道德力量，也阻碍了改革的思想和组织动员。碎片化还削弱了平等作为维系共同体的价值基础的凝聚力，并模糊了平等作为宪法愿景的感召力。时间是每一个伟大共同体和伟大理想的天敌。

对于中国反就业歧视法来说，时间在十年前重新开始。后来者的使命，便是努力开掘和建构法律内部的融贯性，用反就业歧视法的一般理论来不断整合平等观，不断凝聚改革共识。在美国联邦最高法院渐趋保守、平等观走向分裂的时代，费斯教授提出反屈从原则，为民权运动的重新出发鼓呼。在中国反就业歧视法的侵权法模式面临危机的今天，探索反就业歧视法的一般理论，就是继承先行者志业的最好方式。

---

① 戴志勇：《中国需要持续的平权改革》，载《南方周末》2011年7月21日。